Kochen Tag für Tag

Thomas Becker

Kochen Tag für Tag

Mit über 1800 Rezepten, Tips, Anleitungen
und 48 ganzseitigen Farbtafeln

Gondrom Verlag, Bayreuth

Farbfotos von Küchenchef Ernest Richter

Printed in Italy
ISBN 3-8112-0172-7

VORWORT

„Kochen Tag für Tag“ – der Titel dieses Buches wurde mit Bedacht so gewählt, denn hier liegt nicht nur ein Sonntags-Kochbuch vor oder ein Kochbuch mit allerlei ausgefallenen Rezepten für Hobby-Köche, sondern ein handfestes, praktisches Kochbuch für jeden Tag, ein echtes Grundkochbuch also.

Hier findet die junge Hausfrau die notwendigen und klaren Angaben für die Zubereitung schmackhafter Gerichte einschließlich der entsprechenden Kalorien- und auch Joule-Angaben. Es sind ebenso vollständig die Zutaten wie die Zubereitungsart aufgeführt und auch, wo nötig, die entsprechende Kochzeit. Allgemeinen Einführungskapiteln über gesunde Ernährung, Küchengeräte und Küchenmaschinen oder die Kunst des Würzens folgen die sehr wichtigen Mengentabellen und dann die großen Kapitel über Vorspeisen, Suppen und Kaltschalen; Soßen; Eiergerichte und Toasts; Fischgerichte; Gemüsegerichte; Kartoffelgerichte, Klöße, Teigwaren und Reis, die verschiedenen Fleischgerichte und . . . und . . . und: selbstverständlich Salate, Kuchen und Backwaren, Süßspeisen und Desserts. Wesentlich ist auch das Eingehen auf moderne, zeitsparende Kochhilfen, wie den Römertopf, den Druckkochtopf oder die Alu- und Bratfolie. Auch ein Kapitel über Getränke wurde nicht vergessen, ausreichender Raum wurde dem Einwecken und Tiefgefrieren gewidmet, und nicht zuletzt wurde auch die notwendige Schon- und Diätkost berücksichtigt.

Dieses umfassende und grundlegende Kochbuch aber für den täglichen Gebrauch schließt die „feinere Küche“ und auch bestimmte Spezialitäten nicht aus – kein Wunder, enthält es doch nicht weniger als 1800 Rezepte! Warum sollte man denn auch an Köstlichkeiten aus der italienischen und französischen, der osteuropäischen oder asiatischen Küche vorbeigehen oder auf feine österreichische Mehlspeisen oder schweizerische Spezialitäten verzichten! Ebenso wie sie aber lassen auch Besonderheiten aus den verschiedenen deutschen Gauen das Wasser im Munde zusammenlaufen, vor allem, wenn diese Gaumenfreuden so verführerisch auf Farbbildern vor uns ausgebreitet sind.

Verwöhnen Sie also Ihre Lieben Tag für Tag mit „Kochen Tag für Tag“ – diesem Kochbuch, das es Ihnen leicht macht!

Ihr
Thomas Becker

Inhaltsverzeichnis

Was die Köchin wissen muß

GESUNDE ERNÄHRUNG

Die Grundlage eines gesunden Lebens ist zweifellos die richtige Ernährung, sie muß nicht nur vollwertig, sondern auch abwechslungsreich und wohlschmekkend sein. Damit der menschliche Organismus sich erhalten kann, benötigt er als Baustoff (für Wachstum und Erneuerung der Zellen) Nähr- und Brennstoffe. Baustoffe sind Eiweiß, Brennstoffe sind die Fette und Kohlenhydrate; darüber hinaus aber benötigt der menschliche Organismus auch Wirkstoffe (Vitamine), Mineralstoffe und verschiedene Spurenelemente und Ballaststoffe. Damit dem Menschen das Essen mundet, braucht er überdies Geschmacksstoffe, die den Appetit und die Verdauung anregen bzw. fördern.

Je mehr Nährstoff nun ein Nahrungsmittel aufweist, desto höher wird auch der Nährwert für den menschlichen Organismus. Je vollwertiger die Nahrung sein soll, desto gemischter muß das Angebot an Nahrungsmitteln sein, da ja nur in der vollwertigen Nahrung alle Stoffe enthalten sind, die zur Erhaltung des Lebens notwendig sind: Eiweiß, Fett, Kohlenhydrate, Säuren, Salze, Mineralien, Vitamine, Spurenelemente.

Wird dem Körper längere Zeit einer dieser Stoffe entzogen, so ist die Gesundheit ernstlich gefährdet. Daher soll das oberste Gebot einer jeden verantwortungsbewußten Hausfrau und Köchin lauten: Stets eine möglichst gemischte Kost anzubieten, die im turnusmäßigen Ablauf alle notwendigen Stoffe enthält, das heißt, die Hausfrau soll ihren Speiseplan stets so vielfältig wie nur möglich gestalten. Zu vermeiden ist die Eintönigkeit, die Einseitigkeit. Jede Hausfrau und Köchin soll hin und wieder ein Kochbuch in die Hand nehmen und neue Rezepte versuchen. Denn je bunter, je gemischter der wöchentliche Speisezettel ist, desto größer ist die Gewähr und Sicherheit, daß man dem Körper tatsächlich alle notwendigen Nahrungs- und Vitalstoffe zuführt.

Wir wiederholen: Die tägliche Kost soll kalorienbewußt abgestimmt sein, es darf vor allem kein Zuviel an Brennstoffen geben, die unverarbeitet im Körper sich als Fett ablagern.

Sie soll außerdem einen Eiweißanteil von etwa 15 Prozent aufweisen.

Weiters muß der Bedarf an Vitaminen, Mineralstoffen und Spurenelementen gedeckt sein.

Dem **Eiweiß** fällt die Aufgabe zu, den Körper aufzubauen. Es ist besonders in der Milch, in Hülsenfrüchten, Eiern, Käse sowie in allen Fleisch- und Fischarten enthalten. Leber- und Nierenkranken und ebenso Gichtleidenden ist die Aufnahme eiweißreicher Nahrungsmittel nur in mäßiger Menge erlaubt.

Fett sorgt für die nötige Wärme- und Energiemenge für den Körper. Es ist in allen tierischen und pflanzlichen Nahrungsmitteln enthalten. Pflanzliche Öle und

das Milchfett (Butter, Sahne) sind am bekömmlichsten, schwerer verdaulich sind Schlachtfette.
Die **Kohlenhydrate** liefern dem Organismus Wärme und Kraft; sie sind vorwiegend in Körnerfrüchten (Getreide), Kartoffeln, Reis und Hülsenfrüchten enthalten.
Besonders wichtig sind aber Bestandteile, die mengen- und gewichtsmäßig kaum eine Rolle spielen, deren Fehlen aber folgenschwere Ausfallerscheinungen bedingen würde. **Vitamine** sind vor allem in den Gemüsen und im Obst enthalten, so das Vitamin A in Eigelb, Karotten, grünem Gemüse, Milch, Butter und Lebertran, das Vitamin B in Milch, Obst, Gemüse, Mais, Reis, Leber, Hefe, Vollkorn und das Vitamin C in Paprika, Zitrusfrüchten, Hagebutten, Sanddorn, grünem Gemüse, Kartoffeln und Sauerkraut; dabei ist zu beachten, daß das Vitamin C vom menschlichen Körper nicht gespeichert werden kann (die Tageserfordernis eines Erwachsenen beträgt 75 mg, einer Schwangeren 100 mg); es ist außerdem sehr hitzeempfindlich (wird beim Kochen weitgehend zerstört); auch der Luftsauerstoff baut das Vitamin C rasch ab (daher angeschnittene Zitronen in Alufolie packen, Früchte und Gemüse nicht vorzeitig zerkleinern); auch beim »Aufwärmen« geht das Vitamin verloren.

Von den lebenswichtigen **Mineralien** seien genannt: Kalzium, Eisen, Magnesium, Kalium, Phosphor, Natrium, an lebensnotwendigen **Spurenelementen** benötigt der menschliche Organismus u. a. Jod, Kobalt, Kupfer, Mangan, Zink, Molybdän, vermutlich auch Fluor, Silizium und Selen.
Bei einer frischkostreichen, vielseitigen — gemischten — Kost deckt der gesunde Mensch seinen Bedarf an all diesen Stoffen aus den Lebensmitteln, die auf seinen Eßtisch gelangen.
Eine gute Köchin hat nicht nur darauf zu achten, keine schwerwiegenden Ernährungsfehler zu machen, sie soll in erster Linie ein bekömmliches Essen herstellen, sie soll die ungesunden Lebensformen unserer Zeit durch eine bekömmliche Ernährung ausgleichen. Folgende Grundsätze sollen sie dabei ständig leiten: Stets reichliche Rohkost, nie zuviel Fett, nach Möglichkeit Pflanzenöle verwenden, reichlich Getreidekeime verwenden, nicht zuviel Kochsalz und zuviel Raffinadezucker, auch nicht zuviel »aus der Dose« kochen, und wenn, dann durch Rohkost ergänzen oder die hochwertigen Tiefkühlprodukte und Tiefkühl-Fertiggerichte bevorzugen.
Neben den Kalorien, dem Gehalt an biologisch wirksamen Substanzen und dem persönlichen Geschmack muß auch die Verdaulichkeit der Speisen berücksichtigt werden. Denn die Stoffe, aus denen die Speisen zusammengesetzt sind, benötigen eine verschieden lange Verweilzeit im Magen. Zirka 2 Stunden verweilen Getränke, gekochte Süßwasserfische und Reis, ca. 3 Stunden Milch, Weißbrot, Kekse, Kartoffeln (gekocht), Gemüse, Seefische (außer Aale, Öl- und Räucherfische), 4 Stunden etwa verweilen Hühnerfleisch, gekochter Schinken, Kalbfleisch, Bratkartoffeln, Radieschen und Schwarzbrot, 5 Stunden Hülsenfrüchte, Enten, Gänse, Wild und Pökelfleisch, 6—7 Stunden benötigen Pilze, Speck und Räucherfische. Wer an Säureüberschuß im Magen leidet, soll Nahrungsmittel mit Säureüberschuß meiden (wie Fleisch, Eier, Quark, Käse, Weißbrot, Teigwaren,

Hülsenfrüchte) und basenreiche (alkalische) Speisen bevorzugen (wie Milch, Kartoffeln, Spinat, Rhabarber, Tomaten, Kopfsalat, Johannisbeeren, alle frischen Obst- und Gemüsearten sowie die frisch gepreßten Säfte).
Die Verdaulichkeit wieder hängt ab von der Art der Zubereitung (gut gekocht, fein verarbeitet), von der Temperatur (je wärmer, desto leichter sind die Speisen den Verdauungssäften zugänglich), von der Menge und von der Speisenzusammensetzung. Die Verdauungsorgane werden nur dann zur Höchstleistung angeregt, wenn die Zusammensetzung der Nahrungsmittel richtig gewählt wird, zum Beispiel wird man zu fetten Speisen gerne trockenes Brot oder zu kräftigen, eiweißreichen Speisen (Fleisch) leicht pflanzliche (Gemüse, Salate, Kompotte) essen, die sich auch im Geschmack gut ergänzen. Eine sorgfältige und geschmackvolle Zusammensetzung erhöht außerdem auch die Eßfreudigkeit, den gesunden Appetit.

KÜCHENGERÄTE UND KÜCHENMASCHINEN

An Messern soll in einer modernen Küche vorhanden sein: Brotmesser, Aufschnittsäge, Kartoffelschälmesser, Tomatenmesser, Buntschälmesser, Schabemesser (für Wurzelgemüse), Apfelsinenschälmesser, Geflügelschere.
Zum Backen benötigt man Meßbecher (mit Einteilung für Gramm und Kubikzentimeter), Rührlöffel, Schneebesen oder Radschneeschläger, Schüttelsieb für Mehl, Halteplatte für Rührschüsseln, Blitzrührer, Mandelmühle, Sahnespritzer (mit verschiedenen Spritztüllen), Teigrädchen (zum Ausradeln).
An Küchengeräten zum Kochen, Braten und Backen: Zitronenpresse, Eierzerteiler, Kaffeefilter, Kaffeesieb, Käsehobel, Schneidboy, Muskatreibe, Pfeffermühle, Handmixbecher, Handreiber mit 3 oder 4 verschiedenen Reibflächen (zum Raspeln, Stifteln, Reiben, Hobeln), Schaumlöffel, Pfannenmesser, Apfelausstecher, Kirsch- und Pflaumenentkerner, Kartoffelpresse, Passiermaschine, Pommes-frites-Schneider, Glasreiben für Obst, Schaumschläger verschiedener Ausführung, Quirl, Schöpfkelle, Saucenlöffel, Korkenzieher, Puddingform.
Ferner eine Universalküchenmaschine mit verschiedenen Antriebswellen zum Aufstecken eines Mixers oder anderer Geräte oder ein Mixgerät, an das verschiedene Geräte angesetzt werden können, zum Beispiel Rühr- und Knetwerk (mit Rührschüssel, Knethaken und Schlagbesen), Schnitzelwerk (mit Schnitzel, Raffel- und Schneidscheiben), Mixaufsatz (mit Messerkreuz, das wiegt, mahlt, püriert oder mischt), Kaffeemühle, Fleischwolf (mit Back- und Reibvorsätzen), Fruchtsaftzentrifuge.
Unerläßlich ist der Kühlschrank, aber auch das Tiefkühlmöbel (Tiefkühlbox, Tiefkühltruhe, Tiefkühlschrank), mit deren Hilfe jede Hausfrau selbst Lebensmittel tiefgefrieren kann, ist heute schon selbst in vielen Kleinhaushalten zu finden.
Koch- und Brattöpfe können aus Aluminium, Stahlblech, rostfreiem Edelstahl, feuerfestem Porzellan und feuerfestem Glas gefertigt sein. Sehr praktisch sind auch Dampftöpfe (für kurze Garzeiten) bzw. Druckkochtöpfe und Turmkochtöpfe sowie ein Römertopf.

JAHRESTABELLE FÜR GEMÜSE, SALATE UND OBST

Für alle, die billig einkaufen wollen, ist es wichtig, die Zeit der Schwemme zu wissen. Hier auf einen Blick zusammengestellt verschiedene Sorten, wann sie günstig auf den Markt kommen.

Januar:	Rosenkohl, Weißkohl, Rotkohl, Grünkohl, Chicorée, Endivie, Lauch, Sellerie
Februar:	Rosenkohl, Weißkohl, Rotkohl, Grünkohl, Chicorée, Endivie
März:	Spinat, Gartenkresse, Möhren, Weißkohl, Wirsing
April:	Spinat aus dem Treibhaus, Radieschen, Artischocken, Fenchel, grüner Salat, Kresse, Möhren, Mangold, Rhabarber
Mai:	Rhabarber, grüne Stachelbeeren, Spargel, Spinat und Radieschen (aus dem Treibhaus), Fenchel, Gurken, Kohlrabi, Möhren
Juni:	Erdbeeren, Johannisbeeren, Kirschen, Rhabarber, grüne Stachelbeeren, Blumenkohl, Puffbohnen, Erbsen, Spargel, Möhren, Kohlrabi
Juli:	Aprikosen, Heidelbeeren, Kirschen, Johannisbeeren, Himbeeren, Stachelbeeren, Erdbeeren, Tomaten, Bohnen, Kohlrabi, Pilze, Blumenkohl, Erbsen, Puffbohnen, Gurken, Möhren, Salat, Zwiebeln
August:	Pfirsiche, Aprikosen, Birnen, Frühäpfel, Himbeeren, Johannisbeeren, Preisel-, Brom- und Heidelbeeren, Stachelbeeren, Mirabellen, Reineclauden, Pflaumen, Holunderbeeren und Nüsse, Gurken, Tomaten, Mohrrüben, Karotten, Pilze, Bohnen, Erbsen, Kohl, Kohlrabi, Blumenkohl, Rettich, Maiskolben, Weißkohl, Paprikaschoten
September:	Quitten, Pflaumen, Pfirsiche, Preiselbeeren, Hagebutten, Birnen, Äpfel, Holunder- und Moosbeeren, Nüsse, Kürbis, Tomaten, Gurken, Lauch, Sellerie, Kohl, Spinat, Pilze, Bohnen, Kohlrabi, Mohrrüben, Auberginen, Blumenkohl, Rotkohl, Schnittlauch, Paprikaschoten
Oktober:	Trauben, Quitten, Pflaumen, Hagebutten, Äpfel, Birnen, Nüsse, Gurken, Kürbis, Tomaten, Schwarzwurzeln, Lauch, Sellerie, Mohrrüben, Kohlrabi, Pilze, Blumenkohl, Mangold, Rotkohl, Steckrüben, Wirsing
November:	Schlehen, Äpfel, Birnen, Quitten, Kürbis, Gurken, grüne Tomaten, rote Beten, Blumenkohl, Paprikaschoten, Steckrüben
Dezember:	Grünkohl, Rosenkohl, Kastanien, Möhren, Rüben, Steckrüben

DIE KUNST DES WÜRZENS

Das richtige Würzen macht das Kochen erst zur Kunst. Als Hauptregeln gelten: Sparsam würzen, denn Gewürze sollen den Eigengeschmack des Gerichts nicht übertönen! Vorsichtig würzen, denn nachwürzen kann man immer noch! Nicht alle Gewürze ergänzen einander! Unzerteilte Gewürze (Körner) mitkochen, Gewürze in Pulverform erst in das fertige Gericht geben (ausgenommen Paprika, Curry). Frische gehackte Kräuter erst zum Schluß unter die fertige Speise mischen, getrocknete Kräuter müssen einige Minuten mitgekocht werden.

Und nun, welches Gewürz und welche Kräuter zu welchem Gericht:
Anis: Suppen, Obstsalat, Lebkuchen, Biskuit, Backwaren, Karotten, Gurken, Rotkohl
Basilikum: Salate, Kräutersoßen, Gemüsesuppen, Bohnen, Sauerkraut, Schweinefleisch, Leberklöße, Tomaten, Spaghettisoßen, Eintopfgerichte, Krabben, Muscheln, Eierspeisen
Beifuß (Pimpernell): Enten- und Gänsebraten, Schweinebraten, Hammelbraten, Rüben, Weißkohl
Bibernelle: Salate, Suppen, Gemüse, Soßen
Bohnenkraut (Pfefferkraut): Grüne Bohnen, Kräutersuppen, Hammelbraten, Pilzgerichte, Gurkensalat, Wurstfülle, Hackfleisch, Sauerkraut, Soßen, Bohnengerichte
Borretsch (Gurkenkraut): Gemüse, Salate, kalte Soßen, Hackfleisch
Brunnenkresse: Als Salat und zu Salaten, Quark
Chili (Cayennepfeffer): Tomatensoße und -suppe, scharfe Fleischsoßen, Hackfleisch, Tatar, Bohnengerichte, Soßen
Curcuma (Gelbwurz): Eier, Dressings, Reis, Hühnergerichte
Currypulver: Suppen, Soßen, Hühner-, Fisch- und Fleischgerichte, Hackfleisch, Krabben, Reis, Eierspeisen
Dill: Fischgerichte, Fischsoßen, Salate, grüne Bohnen, Erbsen, Gurken, Tomaten, Spinat, Quark, Suppen, Dillsoße
Estragon: Suppen, Hühner, Fische und Krabben, Kalbs- und Lammbraten, Salate, Reis, Soßen, Mayonnaisen
Fenchel: Sauerkraut, Linsen, Brot, Gebäck, Sommergemüse, Gurken
Gewürznelken: Kompotte, Sauer- und Schweinebraten, Fisch- und Hühnergerichte, rote Bete, Wildsoßen, Rotkohl, Apfelkompott, Reis und Backwaren
Ingwer: Soßen, Kompotte, Kürbis, Suppen, Kalbsbraten, Gebäck, Geflügelgerichte, gebratene Bananen, Reis
Kapern: Soßen, Ragouts, Tatar, Fleisch-, Geleegerichte, Fische, Eiergerichte
Kardamom: Kuchen, Pasteten, Brot, Hackfleisch, Schweinefleisch, Hühnergerichte, Erbsensuppe, Kaffee, Punsch
Kerbel: Kartoffelsuppe, Würzsoßen, Suppen, Tomaten, Quark, Kartoffeln, grüne Salate
Knoblauch: Suppen, Salate, Soßen, Gemüse, Steaks, Schweinebraten, Hammelbraten, Eintopfgerichte, Balkangerichte
Koriander: Salate, Reis, Schweinebraten, Würste, Pasteten, Apfelkompott, Kuchen, Lebkuchen, Schweine-, Hammelfleisch, Kohl, Karotten, Wild, eingelegte Früchte
Kümmel: Sauerkraut, Kohlgerichte, Schweinebraten, rote Bete, Brot und Gebäck, Quark, Käse, Kutteln, Kartoffeln, Suppen
Liebstöckel: Suppen, Salate, Rohkost, Fisch, Braten und Ragouts, Soßen
Lorbeer: Wildgerichte und Beizen, Sauerkraut, Fischsud, Suppen, Marinaden, Ragouts, eingelegte Gurken
Macis (Muskatblüte): Kuchen, Backwaren, Fruchtsalate, Kompotte, feine Soßen, Pasteten, Fischgerichte

Majoran: Kartoffelsuppe und -gerichte, Pilzgerichte, Ente, Gänsebraten, Hühner, Hackfleisch, Gemüse, Salate, Leber, Pilze, Karotten, Wurstfülle, grüne Bohnen, Bohnen
Meerrettich: Zu gekochtem Fleisch und Fisch, zu Würstchen, pikanten Soßen, Kartoffelpüree, Tatar, Zunge, Schinken
Melisse: Suppen, Gemüsesoßen, Mischgemüse, grüne Salate, Hackfleisch
Minze: Hülsenfrüchte, Soßen, Salate, Erbsensuppe, Lammbraten, Hackfleisch, Karotten, Kartoffeln
Muskatnuß: Suppen, weiße Soßen, Spinat, Blumenkohl, Kartoffelpüree, Hackfleisch, Ragouts, Reisgerichte, Möhren, Pasteten, Kuchen
Oregano (Dost): Tomatensuppe und -soßen, Lamm, Würste, Eintopfgerichte, Möhren, Gurken, Kalbfleischgerichte, Spaghettisoßen, Gemüse und Eierspeisen, Pizza
Paprika: Soßen, Gulasch, Pörkölt, Schaschlik, Reis, Käse, Eier, Salate, Hühnergerichte, Fische, Quark, Weißkohl, Chinakohl, Salate
Petersilie: Kräutersuppen und -soßen, Gemüsesuppen, zur Garnierung, Fleischfüllen, Hackfleisch, Omeletts, Eintopfgerichte, gekochter Fisch
Pastinak: Als Gemüse; die Samen zum Würzen von Salaten und Gemüsegerichten
Pfeffer: Suppen, Soßen, Salate, Eierspeisen, Gemüse, Hülsenfrüchte, Steaks, Geflügel, Hackfleisch, gekochter Fisch, Wildbeizen, Fischmarinaden
Piment: Suppen, milde Gemüse, Salate, Eintopfgerichte, Hackfleisch, gekochter Fisch, Wildsoßen, Gebäck
Portulak: Suppen, grüne Salate, Tomatensoße, Quark, Kapernersatz
Rosmarin: Gemüsesuppen, alle Braten, Hühner, Gemüseeintopfgerichte, Kräutersoßen, Pilze, Kartoffeln, Wildgerichte
Safran: Für helle Fleischbrühen und Soßen, Reis, Fisch- und Fleischgerichte, Hühner, Kompotte und Kuchen
Salbei: Braten, Hühnerleber, Kaninchen, zu Salaten, Geflügel, Tomaten, Minestrone, Grillspieße, Steaks, Hackfleisch
Sauerampfer: Grüner Salat, Gemüsesuppen
Schnittlauch: Eierspeisen, Suppen, Gemüse, Salate, Kräutersoßen, Quark, Tatar
Sellerie: Als Selleriesalz zu Suppen, Gemüsegerichten, Braten, Eintopfgerichten, Rohkost
Senf: Senfkörner zu Sauerbraten, Fischmarinaden, Salaten, als Senfzubereitung, zu Wurst, kaltem Braten, Schinken usw.
Thymian: Gemüsesuppen, Fische, Braten, Lebergerichte, Spaghettisoßen, Wildsoßen, Tomatensalat, Pilzgerichte, Omeletts, Kartoffeln
Vanille: Süßspeisen, Obstsalat, Kuchen, Backwaren, Gefrorenes
Wacholderbeeren: Wildfleisch, Wildgeflügel, Kohlgerichte, Sauerkraut, Beizen und Marinaden
Weinraute: Für Essig, Minestrone, Einlegegurken, Wildbeizen, Hammelgerichte, grüne Salate
Ysop: Kalbsbraten, südliche Gemüseeintopfgerichte, Tomatensalat, Kartoffeln, Quark

Pizza napolitaine

Rezept Seite 35

Zimt: Milchreis, Grießbrei, süße Soßen, Apfelkuchen, Pfannkuchen, Kompotte, Wildbraten, Sauerbraten
Zitronenmelisse: Grüne Salate, Wildbraten, Tomatensoße, gekochte Fische, Quark, grüne Soße, Omeletts
Zwiebel: Frisch und als Zwiebelpulver, Zwiebelsalz und Zwiebelflocken zu Braten, Suppen, Soßen, Pilzen, Salaten, Fischen, Kartoffeln

KALORIEN UND JOULE

Jedes Rezept in diesem Buch weist auf, wie viele Kalorien bzw. Joule (sprich: dschaul, auch: dschul) pro Portion das Gericht enthält. Diese Zahl gibt der Köchin Aufschluß darüber, wie »nahrhaft« das Gericht ist, wieviel Nähr- bzw. Brennwert man zu sich nimmt.
Denn eine Kalorie (exakter eine »Kilokalorie«, abgekürzt »kcal«) entspricht jener Wärmemenge, die man benötigt, um 1 Liter Wasser um 1 Grad Celsius zu erwärmen. Laut einer neuen internationalen Vereinbarung wird ab 1. Januar 1978 das alte Einheitsmaß der Kalorie (kcal) durch die neue Einheit für die Energie, das Joule (abgekürzt »J«), ersetzt. Es gilt folgender Umrechnungswert:

1 kcal = 4,184 J
1 J = 0,239 kcal
Wir geben in diesem Buch beide Werte an.

Die Kalorie bzw. das Joule ist das Einheitsmaß für die Wärmeerzeugung bzw. »Verbrennung« in unserem Körper, der in jedem Zustand, ob in Ruhe oder in Arbeit, Energie verbraucht und deswegen auch immer wieder durch Nahrungsaufnahme Energiezufuhr benötigt. Den täglichen Kalorienbedarf einer vollbeschäftigten Frau (ob im Haushalt oder im Beruf) nimmt man mit etwa 2600 kcal an. Auch Lebensalter, Körpergröße und -gewicht spielen dabei eine wichtige Rolle. So benötigt ein Jugendlicher natürlich mehr als ein älterer Organismus. Nach dem 40. Lebensjahr soll man sich daher mit den kalorienreichen Nahrungsmitteln bereits knapper halten, vor allem was kohlenhydratreiche Speisen und Fett, das ebenfalls einen hohen »Brennwert« hat, anlangt (so enthalten 100 Gramm Salat 15 kcal, 100 Gramm Speck bereits mehr als 600 kcal!). Auch ist Kalorie nicht gleich Kalorie, Joule nicht gleich Joule! Denn die verschiedenen Nährstoffe entwickeln im menschlichen Organismus keineswegs die gleiche Wärmemenge. So ergeben 1 Gramm Fett 38 J oder 9,3 kcal, 1 Gramm Kohlenhydrate etwa 17 J oder 4,7 kcal, 1 g Alkohol aber 30 J oder 7,1 kcal. Die gesunde und richtige Ernährung darf man also nicht allein von der Joule- bzw. Kalorienzahl abhängig machen. Auch eine kalorienreiche Kost kann auf die Dauer zu Mangelerscheinungen führen, wenn sie zum Beispiel nicht genügend Vitamine enthält. Außerdem ist dabei zu beachten, daß die Kalorien- bzw. Jouleangaben zu den einzelnen Rezepten stets nur Zirkawerte sind, denn die genauen Werte der dazu verwendeten Lebensmittel schwanken nach Herkunft, Aufbereitung, Lagerzeit und Qualität oft erheblich. Nicht mitberechnet sind außerdem die diversen Beilagen.

MENGENTABELLE

Für Anfängerinnen oder weniger Geübte sind hier einige Vergleichswerte zusammengestellt, wie man mit Tasse und Löffel auch »ohne Waage« perfekt kochen kann; es sind Erfahrungswerte für Grundmengen und Maßangaben, die Sie rasch und sicher zu einer perfekten Köchin machen.

Ein **Eßlöffel voll** (bei trockenen Lebensmitteln ein leicht gehäufter, bei flüssigen und bei fetten ein »gestrichener«) ist:

Butter	15 g	Mehl	20 g
Fett (zerlassen)	10 g	Milch	13 g
Graupen	20 g	Öl	12 g
Grieß	20 g	Parmesan (Reibkäse)	20 g
Haferflocken	10 g	Rahm, sauer	15 g
Honig	30 g	Reis	15 g
Kaffee (gemahlen)	6 g	Schlagsahne (gehäuft)	15 g
Kakaopulver	8 g	Paniermehl (Brösel)	20 g
Maizena (Maisstärke)	20 g	Stärkemehl	20 g
Margarine	12–15 g	Quark (gehäuft)	40 g
Mayonnaise	25 g	Zucker (Kristall)	15 g

Ein **Kaffeelöffel oder Teelöffel voll** ist:

Backpulver	3 g	Öl	3–4 g
Gemüse, gemahlen	2–3 g	Parmesan	8 g
Honig	10 g	Salz	5 g
Kaffee, gemahlen	2 g	Stärkemehl	8 g
Kakaopulver	3 g	Tomatenmark	10 g
Mayonnaise	8 g	Zucker (Kristall)	5 g

Eine **Tasse voll** ist:

Flüssigkeiten (Wasser, Milch usw.)	2 dl = 16 EL	Mehl	110 g
		Reis	160 g
Haferflocken	70 Gramm	Zucker (Kristall)	100 g

Ein **Glas voll** (»normal« gefülltes Trinkglas) ist:

Branntwein	2 cl (1 Zentiliter = 0,01 l)	Südwein	5 cl
Schaumwein (Sekt)	1 dl (Deziliter = 0,1 l)	Wein	⅛ l
		Weinbrand	2 cl
Bier	¼ l	Whisky	4 cl

Wieviel wiegen ...?

1 Ei (Güteklasse »A«)	60 g	1 Käse-Scheiblette	30 g
Eigelb	20 g	1 Rahm-Frischkäse, Packung	62,5 g
1 Joghurt (Normalbecher)	175 g	1 Teller Suppe	¼ l
1 Käse-Ecke (Schmelzkäse)	62,5 g	1 Zuckerwürfel	3 g

Pro Person / Portion rechnet man:

Aufschnitt	40 g	Kaffee	⅛ l
Gefrorenes	75 g	Kartoffeln	200 g (2–3 Stück)
Hackfleisch	100 g	Kuchen	70–100 g
Fisch (Rohgewicht)	200 g	Reis (Trockengewicht)	60 g (= 4 EL)
Fleisch (Rohgewicht)	120–150 g	Suppe	¼ l
Geflügel		Suppeneinlagen	25 g
(Rohgewicht mit Knochen)	150–200 g	Teigwaren (Trockengewicht)	
Gemüse (als Beilage)	250 g	als Beilage	60–70 g
Hülsenfrüchte (Rohgewicht)	60 g	Torten	70–80 g
Käse (Hartkäse)	40 g	Wild (Rohgewicht)	150 g

Menge für 4 Personen

Suppe als Vorgericht	1 l	Weiße Bohnen	350 g
Suppe als Hauptgericht	2–2½ l	Kompott aus Beeren	500–750 g
Soße	½ l	Kompott aus Steinobst	700–1000 g
Schmorbraten (ohne Knochen)	750 g	Nudeln	375 g
Hackbraten	500 g	Grieß	125 g
Fisch, gekocht (mit Abfall)	1500 g	Reis	250 g
Fisch, gebraten	750 g	Flüssigkeit für Süßspeisen	½ l
Erbsen, geschält	250 g	Kartoffeln	500 g
Erbsen, ungeschält	300 g	Gemüse	500–750 g
Linsen	350 g	Obst	500 g

Mehlbutter: 20 g Mehl werden mit 20 g Butter zu einem Klößchen geformt und im Bratensaft zerkocht.

Wie viele Portionen ergeben ...?

1 Kuchen (Kasten- oder Rundform, Kranz)	= 12 Stück	1 Torte	= 12–16 Stück
		1 runde Pizza	= 8 Stück
1 Obstkuchen (Rundform)	= 12 Stück	1 Gugelhupf	= 12 Stück
		1 Blechkuchen	= 24 Stück

ABKÜRZUNGEN IM BUCH

g	Gramm	EL	Eßlöffel
l	Liter	KL	Kaffeelöffel
dl	Deziliter (Zehntel eines Liters)	TL	Teelöffel
cl	Zentiliter (Hundertstel eines Liters)	Msp	Messerspitze

Alle Rezepte sind, wenn nicht ausdrücklich anderes angegeben ist, für **4 Portionen** berechnet, die Kalorien- beziehungsweise Jouleangaben dagegen sind meist nur für 1 Portion berechnet. Beilagen sind nicht mitberechnet.

DER »EISERNE« VORRAT

Jede Hausfrau kommt einmal in die Zwangslage, durch Vorrat im Haushalt eine »einkaufslose« Zeit zu überbrücken. Gründe dazu gibt es genug: Erkrankungen, unvorhergesehener Besuch etc. Daher sollten Sie jeden Vorrat sofort wieder ergänzen, wenn Sie einmal davon Gebrauch machen mußten. Außerdem helfen Ihnen gerade diese stummen Diener oft in ihrer Improvisationskunst. Daher trachten Sie immer, einen gewissen Vorrat zu halten, etwa:
1 kleine Dose Olivenöl, Räucherspeck (Bacon), auch in Büchsen oder in Vakuumpackung erhältlich, Pflanzenfett oder Margarine, 10 Eier, 1 Dose Grapefruitsaft, 1 Dose Tomatensaft, 1 Dose Ölsardinen, 2 Dosen Cocktail-Snacks (marinierte Räucherfische), 1 Dose Würstchen, 1 Dose Lunch-Meat, 1 Dose Thunfisch, 1 Dose Leberwurst oder Pastete, 1 Dose gebackene Bohnen, 1 Dose grüne Erbsen, 1 Dose Spargel, 2 Dosen Gulasch, 2—3 Dosen kondensierte Milch, 1 Flasche Tomaten-Ketchup, 1 Glas Gewürzgurken, 1 Glas Mixed Pickles, 1 Glas Oliven, 1 Glas kleine Zwiebeln, 1 Tube Mayonnaise, 1 Tube Tomatenmark, 1 Glas Meerrettich, 1 Tube Senf, je 1 Dose Hühnercreme- oder Ochsenschwanzsuppe, Brühwürfel, 1 Paket Kartoffelpüree-Pulver, Knäckebrot, 1 kg Reis, 1 kg Zucker, 1 kg Mehl, 2—3 kg Kartoffeln (je nach Lagerungsmöglichkeit), 2 Zitronen, Nüsse (in Dosen), 1 Glas Pulverkaffee, 1 Dose löslicher Kakao, 1 Packung Teebeutel, tiefgekühlten Blätterteig.

Vorspeisen

KALTE VORSPEISEN

Forelle in Aspik

Die Forelle in einem Sud aus Essig, Lorbeerblatt, Pfefferkörnern und Salz garkochen, abkühlen lassen, enthäuten und entgräten. 1 Liter Fischsud abschmecken und erhitzen, die in kaltem Wasser aufgeweichten Gelatineblätter ausgedrückt in die Brühe geben und darin auflösen. Eine Form mit etwas Aspikbrühe aufgießen, erstarren lassen, kurz davor aber die Olivenscheiben und den gehackten Schnittlauch einlegen, den Fisch in Stücken darauflegen und mit der Gelierflüssigkeit zugießen. Kalt stellen. Dann die Form stürzen. Mit Tomatenspalten garnieren.
Pro Portion etwa 130 Kalorien / 545 Joule.

1 Forelle, 1 Eßlöffel Essig, 1 Lorbeerblatt, Salz, 4 Pfefferkörner, Oliven, mit Paprika gefüllt, Schnittlauch, 2–4 Gelatineblätter

Gänseleber mit Trüffeln

Die Weißbrotscheiben toasten, etwas auskühlen lassen, eine Seite mit Butter bestreichen und die Gänseleberscheiben darauflegen. Mit Trüffelscheiben garnieren.
Pro Portion etwa 240 Kalorien / 1000 Joule.

1 Dose Gänseleber (ca. 200 g), 2 Trüffeln (aus der Dose), 20 g Butter, 8 Weißbrotscheiben

Vorspeisensalate

Von Fleisch, Fisch, Gemüsen, Schalentieren u. a. lassen sich ausgezeichnete Vorspeisensalate bereiten. Man kann mit einiger Phantasie immer wieder neue Variationen zusammenstellen. Gern richtet man kleine Salate, die man zuvor eine Zeitlang mariniert, in ausgehöhlten Gurkenstücken oder ausgehöhlten, innen marinierten Tomaten oder auf Salatblätter an.

Hier einige Vorschläge zu Vorspeisensalaten:

Fischsalat: Seezunge oder Steinbutt, Tomaten, Perlzwiebeln, Champignons, in Essig und Ölmarinade.
In dünne Streifen geschnittener Rehbraten mit Pfifferlingen in einer Mayonnaise bereitet.

Salat von Kalbfleisch, Paprikaschoten und Tomatenketchup.
Geflügelmayonnaise mit Spargelköpfen und Champignons.
Teufelssalat: In Streifen geschnittenes kaltes Roastbeef und Piccalillis in einer scharfen Salatsoße.
Marinierte Geflügelstreifen mit in groben Streifen geschnittenen Pfirsichen.
Rindfleischsalat mit jungen Gemüsen.
Frankfurter Salat: Scheiben von Frankfurter oder Wiener Würstchen, Salzgurken, Tomaten in einer Senfmayonnaise.
Elsässer Salat: Wurstscheiben, Käse und Radieschen.
Salat von Spargel mit feingeschnittenem Räucherlachs.
Hummersalat.
Salat von Artischockenböden und feingeschnittenem Räucherlachs.
Salat von Scampi, hartgekochten Eiern und sauren Gurken.
Salat von Pfahlmuscheln, grünen Gurken und Tomaten.
Salat von Krebsschwänzen, Artischockenböden und Wachteleiern.

Salat Bristol

½ Hühnerbrust, ½ Knollensellerie, 100 g Pfeffergurken, 2 Trüffeln, 2 säuerliche Äpfel, 4 EL Mayonnaise, 2 Tomaten, Pfeffer, Salz, Worcestershiresauce, Salatblätter

Gebratenes Hühnerfleisch und Trüffeln kurznudelig, Gurken, Äpfel und die gekochte Sellerieknolle blättrig schneiden, mit Pfeffer, Salz und Worcestershiresauce würzen und mit Mayonnaise binden, auf marinierten Salatblättern erhaben anrichten, mit Tomatenscheiben garnieren.
Pro Portion etwa 380 Kalorien / 1591 Joule.

Eiersalat auf griechische Art

8 hartgekochte Eier, 1/16 l Öl, 1 EL Essig, 1 KL Senf, Salz, Pfeffer, 1 Salatkopf, 8 frische Zwiebelchen (oder Schalotten), 1 KL Dille, 1 EL Essig, 4 EL Öl, Salz

Eier der Länge nach in 8 Teile schneiden, in der Mitte einer runden Glasplatte anrichten und mit der aus den Zutaten gemischten Salatsoße übergießen. Wenigstens eine Stunde kalt ziehen lassen. Den Salatkopf in 6 Salatherzen teilen, gut waschen und mit einer Salatsoße aus Essig, Öl, Salz und dem Dillkraut vermischen. Die geschnittenen Zwiebelchen dazugeben. Die Salatherzen rund um die marinierten Eier anrichten.
Pro Portion etwa 365 Kalorien / 1528 Joule.

Fischsalat

Abgetropfte Sardinen der Länge nach teilen, entgräten, mit Zitronensaft beträufeln, mit Sahne begießen, leicht salzen und etwas ziehen lassen. Apfel fein hacken oder raffeln, mit der feingehackten Senfgurke und der in Scheiben geschnittenen Karotte vermengen und vorsichtig mit den marinierten Sardinen mischen. Mit Zitronenscheiben garnieren.
Pro Portion etwa 340 Kalorien / 1420 Joule.

1 Dose Ölsardinen, Zitronensaft, 1 bis 2 Eßlöffel saure Sahne, Salz, 1 Apfel, 1 Senfgurke, 1 gedünstete Karotte, 1 Zitrone

Fleischsalat

Alle festen Zutaten schneiden, mit Mayonnaise sehr vorsichtig mischen. Als Würze Essig, Senf, gehackte Kapern und Schnittlauch dazugeben, nach Geschmack salzen und pfeffern. Mit Eischeiben, Zitronenscheiben oder Tomatenscheiben, Essiggurken und eventuell etwas Aspik verzieren.
Pro Portion etwa 385 Kalorien / 1612 Joule.

350 g Bratenreste, 150 g gekochtes Rindfleisch, etwas Schinken, Zunge und Wurst, 3 kleine Äpfel, 4 gekochte Kartoffeln, 3–4 EL Mayonnaise, Essig, Senf, Kapern, Schnittlauch, Zitrone, 2 Tomaten, 2 Essiggurken, 2 hartgekochte Eier, Aspik

Heringssalat

Heringe einige Stunden in kaltem Wasser wässern, dann putzen und in kleine Würfel schneiden. Die Äpfel schälen, ebenfalls kleinwürfelig schneiden; die gekochten, geschälten Kartoffeln auch kleinwürfelig schneiden und mit den feingewürfelten Essiggurken und den gewiegten Kapern gut vermischen. Etwas Heringsmilchner, wenn vorhanden, passieren, mit Sahne und Öl gut verrühren, etwas geschnittenen Schnittlauch dazugeben, über die mit Salz, Zucker, Essig marinierte Hering-, Äpfel-, Kartoffelmasse gießen und gut vermischen. Mindestens 2 Stunden durchziehen lassen.
Dieser Heringssalat kann auch mit würfelig geschnittenen Sellerieknollen, in Salz-Zitronen-Wasser weich gekocht, variiert oder kurz vor dem Servieren mit gekochten, würfelig geschnittenen roten Beten vermischt werden.
Pro Portion etwa 590 Kalorien / 2470 Joule.

3 Heringe (Matjes- oder Bouillonheringe), 1000 g Salatkartoffeln, 4 Äpfel, saure Sahne, Kapern, 2–3 Essiggurken, 100 g gekochte Bohnen, Salz, Zucker, Essig, Öl

Geflügelsalat

400 g gares Geflügelfleisch (Dose, Bratenreste), 1 Glas Champignons, 1 Dose Spargelabschnitte, 1 Tasse Dosenerbsen, ½ Tasse Mayonnaise, Saft einer halben Zitrone und Apfelsine, Salz, 1 Prise Zucker, 1 feingeschnittener Apfel

Geflügelfleisch (gebraten oder gekocht) in Würfel und Champignons in feine Scheiben schneiden, mit Spargelabschnitten, Erbsen und Apfelschnitzeln vermischen und mit der Marinade aus Mayonnaise, Zitronen- und Apfelsinensaft, Salz und Prise Zucker vermengen. Nach Belieben mit Orangenscheiben oder Mandarinenspalten, Mayonnaisetupfen und Petersiliensträußchen garnieren.
Pro Portion etwa 360 Kalorien / 1535 Joule.

Hummersalat

300 g Hummerschwänze (Dose), 2 Endiviensalat, 1 Artischocke (Dose), 100 g grüne Bohnen, 1 EL Zitronensaft, 1 EL Sherry, 1 EL Estragonessig, 2 EL Olivenöl, 1 TL französischer Senf, Pfeffer, Salz

In Scheiben geschnittenen Hummerschwanz, grüne Bohnen und Artischockenböden mit feinnudelig geschnittener Endivie vermischen, mit der Soße aus Zitronensaft, Sherry, Essig, Öl, Senf, Salz und Pfeffer gut vermischen. Mit einigen Stückchen Hummer und Artischocken garnieren. Sofort servieren.
Pro Portion etwa 315 Kalorien / 1319 Joule.

Krabbensalat

1 Dose Krabben, 1 Apfel, 50 g Mayonnaise, 1 EL Dosenmilch, 1 TL Tomatenketchup, Salz, Zucker, Paprika, Curry, Zitronensaft, Petersilie

Krabben wässern und abtropfen lassen, geschälte, entkernte Äpfel würfeln, mit den Krabben vermengen. Die übrigen Zutaten zu einer pikanten Salatsoße verrühren und über Krabben und Apfelscheiben gießen. Mit gehackter Petersilie bestreuen.
Pro Portion etwa 455 Kalorien / 1905 Joule.

Räucherfischsalat

300 g geräucherter Fisch, 2 Stangen Staudensellerie, 2 Tomaten, 1 Zwiebel, 125 g Emmentaler, 2 EL Zitronensaft, 1½ EL Olivenöl, je 1 Spritzer Tabasco und Worcestershiresauce, weißer Pfeffer, Salz

Fisch und Selleriestangen in Scheiben, die gehäuteten, entkernten Tomaten und die Zwiebel kleinwürfelig schneiden, den Emmentaler in Stäbchen schneiden. Alles zusammenmischen und mit der Soße aus Öl, Zitronensaft, Tabasco, Worcestershiresauce, Pfeffer und Salz vermischen. Eine Stunde zugedeckt im Kühlschrank ziehen lassen. Vor dem Servieren nochmals umwenden.
Pro Portion etwa 388 Kalorien / 1620 Joule.

Ochsenmaulsalat

Das gekochte Ochsenmaul in Streifen schneiden, mit geschnittener Zwiebel, Gewürzgurken und gehacktem Petersiliengrün gut vermischen. In einer Essig-Öl-Marinade, mit Salz und Pfeffer gewürzt, anmachen.
Pro Portion etwa 500 Kalorien / 2093 Joule.

500 g Ochsenmaul, 1 Zwiebel, 1–2 Gewürzgurken, Petersiliengrün, Essig, Öl, Salz, Pfeffer

Reissalat

Den Reis in Salzwasser halbweich kochen, abseihen und in frischem Salzwasser nicht zu weich fertigkochen, abseihen, abschrecken und gut abtropfen lassen. Mit den Einlagen nach Wahl vermengen. Mit Salz, Essig und Öl vermischen und mit geschnittenem Schnittlauch bestreuen.
Pro Portion etwa 604 Kalorien / 2520 Joule.

200 g Langkornreis, Salzwasser, Öl, Salz, Essig, Schnittlauch, 400 g Einlage (Schinken, Thunfisch, Erbsen, Bratenreste, Käse hartgekochte Eier u. a. m.)

Rindfleischsalat

Fleisch, Kartoffeln und Tomaten in Scheiben schneiden, Zwiebel, Gurken und Kapern hacken, alles gut vermengen, mit der Gartenkresse bestreuen. Aus Öl, Essig, Senf, Salz und Pfeffer eine Vinaigrettesoße rühren und kurz vor dem Servieren den Salat damit anmachen.
Pro Portion etwa 460 Kalorien / 1925 Joule.

200 g gekochtes Rindfleisch ohne Fett (auch Reste), 100 g gekochte Salatkartoffeln, 2 Tomaten, 1 Zwiebel, 2 Essiggürkchen (Cornichons), 1 TL Kapern, 1 Schachtel Gartenkresse, 3 EL Öl, 3 EL Essig, 1 TL scharfer französischer Senf, Pfeffer, Salz

Shrimpssalat

Salatherzblätter, geachtelte Tomaten, Selleriescheiben und die Shrimps vermischen. Eine Marinade aus Joghurt, Eigelb, Öl, Zitronensaft, Salz und Cayennepfeffer über die angerichteten Shrimps geben, mit gehackten Haselnüssen bestreuen.
Pro Portion etwa 340 Kalorien / 1428 Joule.

200 g geschälte Shrimps (tiefgekühlt), 1 Kopfsalatherz, 1 Tomate, 2 Stangen Staudensellerie, 1 Becher Magerjoghurt, 1 Eigelb, 1 EL Öl, 2 EL Zitronensaft, Cayennepfeffer, Salz, 1 EL gehackte Haselnüsse

Salat Windsor

4 gebratene Hühnerkeulen, 150 g Champignons (aus der Dose), ¼ rohe Sellerieknolle, 1 Salzgurke, 3—4 EL Mayonnaise, 2 TL Meerrettich (Glas), 1 TL Worcestershiresauce, Feldsalat, 2 EL Öl, 1 EL Zitronensaft, Salz, weißer Pfeffer, Prise Zucker

Das Hühnerfleisch ohne Haut und Knochen in feine Streifen schneiden. Die gut abgetropften Champignons in dünne Blättchen schneiden. Sellerieknolle putzen, waschen, schälen und raspeln. Die Gurke in feine Streifen schneiden. Hühnerfleisch, Champignons, Sellerie und Gurke miteinander vermengen. Mayonnaise, Meerrettich und Worcestershiresauce verrühren, salzen, pfeffern, mit Prise Zucker abschmecken, zu den Salatzutaten geben und vermischen. ¼ Stunde zugedeckt im Kühlen ziehen lassen. Öl, Zitronensaft, Salz, Pfeffer, Zucker zur Marinade verrühren. Den Salat kuppelartig auf einer Platte anrichten, mit gewaschenem Feldsalat umkränzen und die Marinade auf den Feldsalat träufeln.
Pro Portion etwa 410 Kalorien / 1670 Joule.

Wurstsalat

400 g Wurst beliebiger Sorte, 200 g Joghurt, 1 kleine Zwiebel, Öl, Essig, Salz, Pfeffer, nach Belieben Senf

Wurst abziehen und in feine Würfel oder Streifen schneiden, Zwiebel hacken und mit den übrigen Zutaten zu einer Soße verrühren. Die Wurstwürfel darin ziehen lassen. Man kann auch hartgekochte Eierscheiben, Tomatenachtel, Delikateßspeckscheibchen, Oliven, Streifen von Paprikaschoten mit Wurstsorten mischen und in einer leichten Mayonnaise anmachen.
Pro Portion etwa 338 Kalorien / 1415 Joule.

Zungensalat

400 g gekochte geräucherte Zunge, 2 EL Madeirawein, 1 Dose Spargelspitzen, 6 Pfirsichhälften (aus Dose), 4 hartgekochte Eier, 1 Kopfsalat, 4 EL italienische Salatsoße, 4—6 EL Mayonnaise, Salz, Senf, 1 EL Öl, 2 EL saure Sahne oder Joghurt, 2 EL Kräuteressig, Meerrettich (aus Glas), 2 EL Kognak, Kresse, 1 hartgekochtes Ei

Zunge häuten, Fettstreifen wegschneiden und die Zunge in Streifen schneiden. Abgetropfte Spargelspitzen, in Stücke geschnittene Pfirsiche, die in Streifen geschnittenen Gewürzgurken und geschälte, entkernte, in Scheiben geschnittene Tomaten und Eischeiben zusammen vorsichtig vermengen.
Mayonnaise und Joghurt, Zitronensaft und Kognak verrühren, Meerrettich und Senf dazurühren, mit Salz, Pfeffer, Zucker und Worcestershiresauce würzen und abschmecken. Über den Salat gießen und ¼ Stunde im Kühlen ziehen lassen. Dann den Salat anrichten, mit gewaschenen Kresseblättchen und geachtelten gekochten Eiern garnieren.
Pro Portion etwa 450 Kalorien / 1885 Joule.

Russische Eier

Die geschälten Eier in der Mitte durchschneiden, die Enden flachschneiden und die Eier auf einem Gemüsesalatsockel aufstellen. Das Eigelb mit feingehacktem Räucherlachs durch ein Sieb streichen, mit Salz und Pfeffer abschmecken und die Eierhälften damit füllen. Mit einer sehr fest gerührten Mayonnaise aufdressieren und mit Kaviar oder Sardellenringen garnieren. Links und rechts grünen Salat, Tomatensechsteln und gehacktes Gelee geben.
Pro Portion etwa 420 Kalorien / 1840 Joule.

6 hartgekochte Eier, Gemüsesalat, Mayonnaise, Räucherlachspüree, Kaviar, Sardellenringe, Tomaten, Gelee

Eier mit Kaviar

Die geschälten Eier der Länge nach halbieren und unten abflachen. Das Eigelb durch ein feines Sieb streichen, mit der schaumig gerührten Butter vermengen. Mit Salz, Pfeffer und Senf würzen und abschmecken. Die Masse wieder in die Eierhälften füllen, glattstreichen. Je ein Häufchen Kaviar auf die halben Eier legen, den Kaviar mit einem dünnen Kranz Mayonnaise garnieren. Auf eine flache Platte, 1 cm hoch mit Gelee überzogen, setzen, sobald das Gelee halbfest wird. Im Kühlschrank erstarren lassen. Dann den Geleerand auszacken (mit heißem Messer oder Förmchen) oder mit dicker Mayonnaise garnieren. Mit kleinen Zitronen- oder Grapefruitschnitzchen und Petersilie bestecken. Man kann die Kaviar-Eier auch mit Sardellenstreifen, rund um die Eierhälften gelegt, dekorieren, mit lauwarmem Gelee befestigen und auf Salatblättern anrichten.
Pro Portion etwa 200 Kalorien / 837 Joule.

4 hartgekochte Eier, 50 g Butter, Salz, Pfeffer, Senf, 23 g Kaviar, Gelee, Sardellenstreifen, Salatblätter oder Mayonnaise, Zitrone oder Grapefruit, Petersiliengrün

Kräutereier

Die hartgekochten Eier schälen, halbieren, unten etwas abflachen. Das Eigelb herausnehmen, passieren und mit schaumig gerührter Butter, feingehacktem Schinken, Zitronensaft, feingeschnittener Zwiebel, gewiegten Kapern, Petersilie und Gurken gut vermischen. Mit Salz, Pfeffer und Senf abschmecken. Die Eihälften mit der Masse füllen, mit Schnittlauch bestreuen. Jeweils auf einem Sockel von französischem Salat anrichten. Mit marinierter Brunnenkresse garnieren.
Pro Portion etwa 270 Kalorien / 1150 Joule.

4 hartgekochte Eier, 40 g Butter, 60 g magerer Schinken, 1 TL Kapern, Salz, Pfeffer, 1 TL Senf, Zitronensaft, 1 kleine Zwiebel, Petersilie, 2 Essiggurken, Schnittlauch, Brunnenkresse, französischer Salat

Avocadococktail

2 Avocados; Cocktailsoße: 2 TL feingeriebene Schalotten sowie Meerrettich oder 30 g Roquefortkäse, 2 TL Tomatenketchup, 2–4 TL Zitronensaft, Grapefruitsaft, Salz, Prise Cayennepfeffer, ½ l geschlagene Sahne und 1 Tasse Mayonnaise; Orangensaft, Worcestershiresauce, etwas Ingwer

Aus den angegebenen Zutaten die Cocktailsoße bereiten, zusätzlich mit Orangensaft, Worcestershiresauce und etwas Ingwer abschmecken. Die geschälten Avocados in kleine Scheiben oder Würfelchen schneiden und in die Gläser füllen. Mit der Cocktailsoße auffüllen. Mit dünnen Scheiben der Avocados und nach Belieben auch mit je einer Cocktailkirsche schmücken.
Pro Portion etwa 398 Kalorien / 1666 Joule.

Grapefruitcocktail

2 Stück Grapefruits, je 1 Tasse blaue und grüne Weintrauben, ½ Kopfsalat, 3 EL gehackte Haselnüsse, 6 EL Mayonnaise, 2 EL süße Sahne, Salz, Rosenpaprika, 2 Maraschinokirschen

Die Grapefruits gut waschen, querdurch halbieren, das Fruchtfleisch herausschälen und in kleine Würfel schneiden oder durch ein Sieb streichen. Mit Weintrauben, in Streifen geschnittenem Kopfsalat und Haselnüssen gut mischen. Mayonnaise und geschlagene Sahne vermischen, mit Salz und Paprika würzen und unter die Salatmischung heben. In die ausgehöhlten Grapefruithälften füllen. Auf Glastellerchen anrichten. Mit je einer halben Maraschinokirsche belegen.
Pro Portion etwa 240 Kalorien / 1005 Joule.

Hummercocktail

1 Dose Hummer, 2 Pfirsiche, Weinbrand, Salz und Zitronensaft nach Geschmack, ⅛ l Mayonnaise, Salatblätter

Hummerfleisch zerkleinern, mit Pfirsichstreifen mischen und mit einer Prise Salz, Zitronensaft und einem Schuß Weinbrand würzen. Das Ganze durchziehen lassen, mit Mayonnaise binden und auf Salatblättern anrichten.
Pro Portion etwa 415 Kalorien / 1737 Joule.

Falscher Hummercocktail

1 Dose Thunfisch, ⅛ l Mayonnaise, 2 gehäufte EL Ananasschnitzeln, 2–3 EL Tomatenketchup, ¼ Flasche Sekt, Salatblätter, 1 Zitrone

Thunfisch zerpflücken. Das mit Mayonnaise, Tomatenketchup und Ananasschnitzen vermischte Thunfischöl hinzufügen und kalt stellen. Erst vor dem Auftragen den Sekt unterziehen und auf grünen Salatblättern in Gläsern anrichten. Mit Zitronenschnitzen garnieren.
Pro Portion etwa 340 Kalorien / 1420 Joule.

Tomatenpilze, gefüllt

Ganze Tomaten aushöhlen, mit Waldorfsalat füllen, die abgeschnittene Tomatenscheibe als Deckel obenaufsetzen. Mit einigen Mayonnaisetupfen den Deckel fliegenpilzartig garnieren. Gelatinepulver mit 1 EL kaltem Wasser quellen lassen und ⅛ l kochendes Wasser hinzurühren. Gelee im Augenblick des Erstarrens über die Tomaten, auf ein Gitter gelegt, gießen.
Pro Portion etwa 302 Kalorien / 1260 Joule.

8 Tomaten, Prise Salz, 8 EL Waldorfsalat, 1 TL Mayonnaise, 1 TL Gelatinepulver

Wurstnestchen

Butter erhitzen. Die Wurstscheiben mit Haut darin auf einer Seite anbraten, bis sich die Wurst an den Rändern hochhebt. Die Eier aufschlagen und in die Wurstschalen verteilen. Etwas geriebenen Käse und Petersilie darüberstreuen. Etwas Sahne zufügen, die Pfanne zudecken und bei geringer Hitze backen. Jedes Toastbrot mit Tomatenscheiben belegen und mit einem gefüllten Nestchen anrichten.
Pro Portion etwa 410 Kalorien / 1835 Joule.

40 g Butter, 8 dickere Scheiben Salami, 8 Eier, geriebener Käse, 1 EL kleingehackte Petersilie, 3–4 EL Sahne, 8 Scheiben hellgeröstete Toastbrote, Tomatenscheiben

Wursttüten

Wurstscheiben ohne Haut zu Tüten formen. Mit Zahnstochern zusammenhalten. Den Rettich waschen, säubern, reiben und unter den Quark mischen. Mit einigen Tropfen Essig und Salz würzen, Schnittlauch dazugeben und in die Wursttüten füllen. Tütenöffnung mit hartgekochten Eischeiben abdecken.
Pro Portion etwa 328 Kalorien / 1370 Joule.

8 Scheiben Cervelatwurst oder Pariser, 6–7 EL Sahnequark, 1 Rettich, Essig, Schnittlauch, 1 hartgekochtes Ei

Lachsrollen

Den Limburger glattrühren und mit dem Schneebesen die Kondensmilch unterziehen. Kapern und Ei fein hakken und daruntermischen. Diese Masse auf die Lachsscheiben verteilen. Den Lachs aufrollen und auf halbierte, mit Butter bestrichene Weißbrotschnitten legen. Mit dünnen Zwiebelringen garnieren.
Pro Portion etwa 328 Kalorien / 1370 Joule.

125 g geräucherter Lachs in Scheiben, ½ Schachtel Limburger, 1 EL Kondensmilch, 2 TL Kapern, 1 hartgekochtes Ei, 4 Scheiben Weißbrot, Butter, 1 Zwiebel

Schinkenrolle mit Spargel

12 Stangen Spargel (aus der Dose), französische Salatsoße, Salz, Pfeffer, 4 Scheiben gekochter Schinken, Mayonnaise

Spargel in 7–8 cm lange Stücke schneiden, mit Salatsoße aus der Flasche marinieren, mit Salz und Pfeffer abschmecken. Auf Schinken so ausbreiten, daß Spargelspitzen sichtbar bleiben, aufrollen und mit Mayonnaise garnieren.
Pro Portion etwa 445 Kalorien / 1890 Joule.

WARME VORSPEISEN

Schnecken auf Burgunder Art

2 Dutzend Schnecken (tiefgefroren), 2 l Bouillon, 200 g Butter, Salz, Pfeffer, Zitronensaft, 2 Knoblauchzehen, 1 kleine Zwiebel oder 2 Schalotten, 1 EL Petersilie

Schnecken auftauen und in der Bouillon 3–4 Stunden leicht kochen. Aus Butter, Salz, Pfeffer, etwas Zitronensaft, zerdrückten Knoblauchzehen, gehackter Petersilie und feingeschnittener Zwiebel eine Kräuterbutter bereiten, in Alu-Folie einrollen und im Kühlschrank anziehen lassen. Die gereinigten Schneckenhäuser mit etwas Kräuterbutter füllen, das Schneckenfleisch hineinfüllen, mit Kräuterbutter dicht abschließen. Diese Schneckenhäuser auf ein mit Salz bestreutes Backblech oder in eine eigene Schneckenpfanne legen und im heißen Backofen so lange erhitzen, bis die Butter zu schmelzen beginnt.
Pro Portion etwa 580 Kalorien / 2430 Joule.

Würstchen in Blätterteig

4 Paar Wiener (»Frankfurter« Würstchen), 2 Pakete Blätterteig (tiefgekühlt), 1 Eigelb, Salz, Kümmel

Würstchen zuerst in kochendes Wasser legen, herausnehmen und häuten. In viereckig geschnittenen aufgetauten Blätterteig einrollen, mit Eigelb bestreichen, mit Salz und Kümmel bestreuen und im heißen Backofen etwa 10 Minuten backen.
Pro Portion etwa 860 Kalorien / 3600 Joule.

Spargel mit Butter und Käse

750 g Spargel, 75 g geriebener Käse, 60 g Butter, Salz, Zucker

Den Spargel reinigen, reichlich in Salz-Zucker-Wasser weichkochen. Herausheben, gut abtropfen lassen und auf einer vorgewärmten Platte anrichten. Die Spitzen des Spargels mit Reibkäse und heißer Butter übergießen.
Pro Portion etwa 235 Kalorien / 985 Joule.

Sellerieschеiben, überbacken

Die Sellerieknolle waschen, schälen, in Scheiben schneiden und in Brühe weich kochen. In eine mit Butter ausgestrichene feuerfeste Schüssel legen, mit Parmesan bestreuen, würzen und mit Butterflocken belegen. Im heißen Ofen überbacken.
Pro Portion etwa 230 Kalorien / 965 Joule.

1 Sellerieknolle, Fleischbrühe, 50 g Butter, 50 g geriebener Parmesan, Salz, Pfeffer, Zucker

Sardellen, überbacken

Zerkleinerte Sardellenfilets in kleine, mit Butter ausgestrichene Auflaufförmchen geben. In Butter geröstete Zwiebelstreifen darauf verteilen, dünn gehobelte Kartoffelscheiben darüberlegen. Sahne und etwas von der Sardellendosenflüssigkeit gut verrühren, nachwürzen und die halbe Menge über die Sardellen gießen. Etwas Reibkäse daraufstreuen und einige Butterflöckchen darauflegen. Im Backofen 20 Minuten überbacken. Nach 10 Minuten noch etwas von dem Sahnegemisch daraufgießen.
Pro Portion etwa 469 Kalorien / 1960 Joule.

12 Sardellenfilets, 2 Zwiebeln, 40 g Butter, 4 rohe Kartoffeln, $\frac{4}{10}$ l Sahne, Salz, Pfeffer, 40 g Reibkäse, 20 g Butter

Diplomatenpastetchen

Die Pastetchen aus dem Butterteig bereiten und backen. Während dieser Zeit das vorbereitete Huhn mit etwas Suppengrün weich kochen. Dann kalt stellen, das Fleisch von den Knochen lösen und durch die feinste Scheibe des Fleischwolfes drehen. Eine helle Mehlschwitze von 60 g Mehl und Butter mit der Hühnerbrühe aufgießen, einige Zeit kochen lassen, durchpassieren und mit 2 Eigelb und 3 Löffel Sahne legieren. Ein Stück Butter, einige Tropfen Zitronensaft, Salz, Pfeffer und geriebenen Muskat dazugeben. Das Hackfleisch mit der Hälfte dieser Einmachsoße zu einem festen Haschee verrühren, heiß machen und in die heißen Pastetchen füllen. Jedes Pastetchen wird dann mit einem dressierten, mit etwas Zitronensaft, Butter und Brühe gedünsteten Champignonkopf belegt und kranzförmig auf einer runden Platte angerichtet. In die Mitte des Kranzes gießt man die restliche Soße auf, wobei auch die Pastetchen damit halb überzogen werden.
Pro Portion etwa 705 Kalorien / 2950 Joule.

500 g Butterteig oder fertig gekaufte Pastetchen. 1 Suppenhuhn, Suppengrün, 100 g Butter, 60 g Mehl, 2 Eigelb, 3 EL Sahne, 1 Zitrone, Salz, Pfeffer, 200 g Champignons, Muskat

Kalbsragout

250 g Kalbfleisch, Pfefferkörner, Suppengrün, 100 g Champignons, 2 EL grüne Erbsen, ½ Stück Blumenkohl, 30 g Butter, 20 g Mehl, 1 Zitrone, Muskat, 2 EL Sahne, 1 Eigelb, Salz, Muskat, Pfeffer, Prise Zucker, Pastetchen

Kalbfleisch im ganzen mit Suppengrün, Salz und Pfefferkörnern zum Kochen bringen. Sobald das Fleisch weich ist, aus Mehl und Butter eine Mehlschwitze zubereiten, mit der Kalbfleischbrühe dickflüssig aufgießen, mit Zitronensaft, Prise Zucker, Salz, Pfeffer, Muskat würzen, 10 Minuten kochen, vom Feuer nehmen und mit einem Eigelb und 2 EL Sahne binden. Das weichgekochte Kalbfleisch in kleine ½ cm große Würfel schneiden und mit den extra gekochten Erbsen, den separat in Butter gedünsteten Champignons und dem Blumenkohl in die Soße geben. Dieses Ragout füllt man in Butterteigpastetchen. Das Ragout kann man unter Weglassen von Erbsen und Blumenkohl mit Beigabe von Bries, Zungenwürfeln und Farcenockerln variieren.
Pro Portion etwa 670 Kalorien / 2805 Joule.

Ragout fin

1 gekochte Kalbszunge, 1 Kalbsmilcher (Bries), 100 g gekochtes Hühner- oder Kalbfleisch, 125 g Champignons, 40 g Butter, 2 EL Mehl, Salz, Pfeffer, Zucker, ½ l Brühe, 2 EL Käse, 1 TL Kapern, ½ Glas Weißwein, 1 Eigelb

Zunge, Fleisch und Bries extra kochen, überkühlen, häuten und kleinwürfelig schneiden. In heißer Butter das Mehl anschwitzen, mit Fleischbrühe auffüllen, die feingeschnittenen Champignons beigeben, Kapern und Weißwein dazugeben, würzen und abschmecken. Dann kurz kochen lassen, die Fleischwürfel etc. dazugeben und erhitzen. Dann vom Feuer nehmen, mit Eigelb binden. Man kann das Ragout beliebig variieren, indem man Fleischreste (Braten) von Kalb und Hühnerfleisch oder Wildfleisch, Pfifferlinge oder Kalbszunge, Hühnerfleisch und Champignons zusammen bereitet oder Kalbshirn und Kalbfleisch, auch Kalbszunge und Geflügelleber kann man zusammen auf diese Weise zu einem Ragout fin bereiten.
Pro Portion etwa 650 Kalorien / 2720 Joule.

Fleischpastetchen

600 g gemischtes mageres Hackfleisch, 2 Zwiebeln, 30 g Butter, ¼ l Weißwein, Salz, Pfeffer, Petersilie, 1 EL Parmesan, 2 hartgekochte Eier, Pastetchen

Fleisch zusammen mit den feingeschnittenen Zwiebeln in der Butter anrösten, mit Wein aufgießen, mit Salz, Pfeffer und Petersilie würzen und so lange bei geringer Hitze dünsten, bis alle Flüssigkeit aufgesaugt ist. Den Käse und die feingehackten Eier dazugeben und mit dieser Fülle die vorgewärmten Pastetchen füllen.
Pro Portion etwa 440 Kalorien / 1840 Joule.

Suppeneinlagen

Rezepte Seite 43 ff.

Borschtsch

Rezept Seite 53

Käse, gebacken

Aus Mehl, Ei, Öl, Wein und Salz einen Backteig bereiten. Die Käseschnitten darin eintauchen und kurz abtropfen lassen, dann in heißem Fett schwimmend hellbraun backen. Beilage: Tomatensalat.
Pro Portion etwa 590 Kalorien / 2490 Joule.

4 dickere Schnitten oder Stücke Käse, 100 g Mehl, 1 Ei, ½ KL Öl, ⅛ l Wein (oder Bier), Salz

Käse, paniert

Die Käsescheiben salzen, pfeffern oder paprizieren, in Mehl, verquirltem Ei und Bröseln panieren und in heißem Fett goldgelb backen. Beilage: Grüner Salat oder Tomatensalat.
Pro Portion etwa 870 Kalorien / 3640 Joule.

4 Scheiben Käse (Edamer oder Emmentaler), 2 EL Mehl, Brösel, Salz, Pfeffer oder Paprika, Fett zum Backen

Käsekrapfen (Auflaufkrapfen)

Aus Wasser, Butter, Mehl, Salz und Paprika einen Brandteig bereiten. Vom Feuer ziehen, die Eier und den Käse nach und nach einrühren. Mit einem Teelöffel nußgroße Krapfen ausstechen, in das heiße, aber nicht mehr siedende Fett geben und im Fett schwimmend backen. Dabei müssen die Krapfen auflaufen. Abtropfen lassen.
Pro Portion etwa 455 Kalorien / 1905 Joule.

150 g Mehl, 100 g Butter, 125 g geriebener Käse (Parmesan oder Schweizer Käse), 3 dl Wasser, 4 Eier, Salz, Paprika, Fett zum Backen

Käseschnitten mit Schinken

Weißbrotscheiben kurz im Ofen überbacken, auskühlen lassen, mit Butter bestreichen und mit Schinken belegen, mit Senf bestreichen, je eine Käsescheibe darübergeben. Paprizieren, Tomatenscheibe (oder Tomatenmark) daraufgeben und die Schnitten so lange im heißen Rohr überbacken, bis der Käse geschmolzen ist. Beilage: Grüner Salat.
Pro Portion etwa 465 Kalorien / 1945 Joule.

4 Weißbrotscheiben, 120 g Schinken, 4 Käsescheiben, Butter, Senf, Paprika, Tomate

Käsesoufflé

Milch mit Butter aufkochen, wenig Mehl darunterrühren, geriebenen Käse beifügen, würzen, alles glattrühren, mit Eigelb vermischen, Eierschnee unterziehen, in gebutterte Auflaufschale füllen, im Ofen bei mäßiger Hitze ca. 20–25 Minuten backen. Sofort servieren. Das Soufflé soll innen nicht ganz fest sein und muß hoch aufgehen.
Pro Portion etwa 500 Kalorien / 2100 Joule.

100 g Butter, ¼ l Milch, 40 g Mehl, 100 g geriebener Parmesan, Salz, Pfeffer, Muskat, 4 Eigelb, 4 Eiweiß, Butter für die Form

Pizza (Grundrezept für Hefeteig)

500 g Mehl,
20 g Hefe,
⅛–¼ l lauwarme Milch,
2 KL Salz,
Prise Zucker,
1–2 EL Olivenöl

Vorteig: Zerbröckelte Hefe, 150 g Mehl und etwas von der lauwarmen Milch zu einem Teig verrühren und zugedeckt an einem warmen Ort zur doppelten Menge aufgehen lassen. Dann die restlichen Zutaten (Milch nach und nach) dazugeben und tüchtig verarbeiten, mit dem Kochlöffel durchschlagen, bis der Teig Blasen wirft und geschmeidig sich vom Geschirr löst (mit der Hand ca. 20–25 Minuten, mit der Rührmaschine 8–10 Minuten). Dann wieder zugedeckt an einem warmen Ort (im Ofen oder auf dem Herd) ca. 1 Stunde aufgehen lassen. Dann den Teig noch einmal durchschlagen, auf bemehltem Brett ausrollen, zur gewünschten Größe ausschneiden und in eine flache, mit Butter ausgestrichene Form legen und backen.

Der Handel bietet überdies heute auch schon fertige Pizzateige an. Sie sind nach Vorschrift zu behandeln.

Gebacken wird die Pizza im Haushaltsofen. Ein festerer Hefeteig benötigt ca. 225–250 Grad Hitze und 8–10 Minuten Backzeit. Die Oberhitze soll nicht zu stark sein. Den Teig wird man gegebenenfalls mit Folie oder Pergamentpapier abdecken. Denn die Pizza soll immer saftig, weich und geschmeidig bleiben.

Es gibt auch spezielle elektrische Pizzaöfen im Handel, mit eingebautem Thermostat und Zeituhr.

Pizza auf Mailänder Art

Hefeteig; Belag: 100 g tiefgekühlte Garnelen,
2 EL Tomatenmark,
2 Knoblauchzehen,
Salz, 2 Zwiebeln,
125 g Pfeffersalami,
12 gefüllte grüne Oliven, Pfeffer,
Oregano, Basilikum,
100 g Mozzarella

Den Hefeteig bereiten, ausrollen und in eine gebutterte flache Form geben. Den Rand etwas dicker machen. Tomatenmark auf Teig streichen, zerdrückte Knoblauchzehen darüberstreuen. Zwiebelringe in kochendem Wasser pochieren, auf Pizza verteilen. Ebenso aufgetaute Garnelen und die Salamischeiben daraufgeben. Dann die in Scheiben geschnittenen Oliven daraufstreuen. Mit Pfeffer, Salz, Oregano und Basilikum würzen. Würfelig geschnittenen Mozzarellakäse darauf verteilen. 25 Minuten auf mittlerer Schiene backen.

Pro Portion etwa 550 Kalorien / 2310 Joule.

Pizza napolitaine

Hefeteig bereiten, auf bemehltem Brett ausrollen und in eine gebutterte Form legen. Den Rand etwas dicker auslegen. Mit einer Gabel mehrmals einstechen. Sardellenpaste und 1 EL Olivenöl verrühren, dünn auf den Teig streichen oder Sardellenringe oder -streifen in Reihen auf die Tomatenscheiben legen. In Scheiben geschnittene Tomaten darauf verteilen, leicht salzen und zukkern. Mozzarellawürfel und etwas Olivenöl darauf verteilen. Mit Salz, Pfeffer, Basilikum und Oregano würzen. Im vorgeheizten Ofen auf unterster Schiene 10 Minuten backen. Dabei eventuell mit Folie oder Pergamentpapier abdecken.
Pro Portion etwa 928 Kalorien / 3885 Joule.

Hefeteig; Butter oder Öl für die Form, geschälte Tomaten, 1 EL Zucker, Salz, Pfeffer, 2 TL Basilikum, Oregano, 1 TL Sardellenpaste oder Sardellenringe, 3 EL Öl, Mozzarellakäse

Pizza romana

Teig auf bemehltem Brett ½ cm dick ausrollen. Auf geöltes Backblech oder Tortenbodenformen legen. Mit der Gabel einige Male einstechen. Mit Öl befeuchten und mit etwas Schweineschmalz bestreichen. In Scheiben geschnittene Tomaten darauflegen. In die Zwischenräume Streifen von Hartwurst, Pilzen und Olivenscheibchen füllen. Mit Salz, Pfeffer und Oregano bestreuen. Häufchenweise Käsestücke über die Fläche verteilen, mit Öl beträufeln und im heißen Ofen backen, dabei mit Folie abdecken.
Pro Portion etwa 705 Kalorien / 2950 Joule.

500 g Brotteig, etwas Mehl, 250 g Tomaten, 125 g Pilze, 125 g Hartwurst, 12 Oliven, 150 g Mozzarella-Büffelkäse, Salz, Pfeffer, Oregano, etwas Olivenöl, etwas Schweineschmalz

Pizza siziliana

Hefeteig auf bemehltem Brett messerrückendick in 2 oder 4 Flecken ausrollen, in geölte, flache Formen legen, den Rand etwas höher drücken, mit Thunfisch, geschnittenen Tomaten, Oliven und feingehackten Zwiebeln belegen. Mit Salz, Pfeffer und Oregano würzen. Im heißen Ofen bei mittlerer Hitze 20 Minuten backen.
Pro Portion etwa 328 Kalorien / 1370 Joule.

Hefeteig; Mehl, Olivenöl, 350 g Thunfisch, 15 Oliven, 4 Tomaten, ½ Zwiebel, Salz, Pfeffer, Oregano

Suppen und Kaltschalen

Der Küchenchef unterscheidet die klaren Fleischbrühen und die gebundenen (legierten) Suppen. Die klaren Fleischbrühen unterteilen sich wieder in klare Rinderbrühe, Kraftbrühe, kalte und warme Suppenessenzen, doppelte Kraftbrühe, ferner in klare Geflügel-, Gemüse-, Wild- und Fischbrühen. Zu den gebundenen Suppen gehören legierte (gebundene), Püree-, Creme- und eingemachte Suppen. Darüber hinaus gibt es noch die Kaltschalen und süße Suppen.
Die Fleischbrühe bzw. die Suppe soll in Farbe, Ausgiebigkeit und Einlage stets auf die folgenden Gerichte der Speisenfolge abgestimmt werden. Zu Fleischspeisen in einer Soße und mit Sättigungsbeilagen wähle man eine leichte Fleischbrühe, zu naturgebratenen Fleischspeisen kann man eine »dicke«, gebundene Suppe nehmen.
Um eine qualitätsvolle Brühe bzw. Suppe zu erhalten, muß man eine gute Grundbrühe (Fond) bereiten, man muß das Fleisch etc. so lange kochen, bis es alle Substanz abgegeben hat.

KLARE BRÜHEN

An erster Stelle qualitätsvoller Suppen steht die aus Rindfleisch gewonnene klare Fleischbrühe. Voraussetzung für eine kräftige Fleischbrühe ist, daß man Qualitätsfleisch verwendet, das man nach dem Kochen allerdings nur mehr sekundär für Einlagefüllung, Salate, Haschees etc. verwenden kann. Will man von einem Stück Rindfleisch nur eine kräftige Brühe, dann setzt man das Fleisch mit dem kalten Wasser an. Nur wenn man das Fleisch in das bereits kochende Wasser einlegt, bekommt man in erster Linie ein vorzügliches Rindfleisch (weil sich die Poren des Fleisches sofort schließen), die Brühe dagegen wird dabei nicht so qualitätsvoll.

Helle Fleischbrühe (Bouillon)

250 g Rinderknochen (Blutknochen), 600 g saftiges, durchwachsenes Rindfleisch (Querrippe, Bug, Brustkern, Wadschenkel, Schwanzstück etc.); nach Wahl je 1 Stück Leber, Milz sowie etwas Fett; 1 Bündel Suppengrün (1 Stück Sellerieknolle, Petersilienwurzel, Möhre, 1 Stück Lauch, Grünes von Sellerie und Petersilie, ev. 1 Tomate), 1 Champignon, ½ Zwiebel mit Schale, 4 Pfefferkörner, Salz (pro Liter Wasser 5 g), 1 EL Kognak, Muskat

Die gut gewaschenen (abgespülten) und gehackten Knochen in kochendem Wasser ein paar Minuten kräftig kochen, dann abseihen und mit kaltem Wasser abschwemmen.
Die Knochen mit dem gewaschenen Rindfleisch in einen großen Topf geben und mit so viel kaltem Wasser auffüllen, daß Knochen und Fleisch handbreit bedeckt sind. Die Gewürze beigeben. Zum Kochen bringen. Nicht zugedeckt sehr langsam kochen lassen. Das Wasser soll dabei immer nur von einer Seite her aufwallen (bei starkem Kochen würde die Brühe trüb werden). Nach 1 Stunde Kochzeit die halbe Zwiebel mit Schale, gereinigtes Suppengrün im ganzen sowie Champignon und Tomate beigeben, ebenso Salz und Pfefferkörner. Langsam weiterkochen lassen. Es ist nicht notwendig, diese Brühe abzuschäumen, weil sie sich durch das langsame Kochen von selbst klärt. Der Schaum enthält außerdem u. a. wertvolle Eiweißsubstanzen. Wenn das Fleisch kernigweich gekocht ist (Qualitätsfleisch muß ca. 1½ Stunden kochen), nimmt man es heraus und verwendet es anderweitig: es ist stark ausgelaugt und kann nur mehr zu Rindfleischsalat, Haschees, als Fülle von Suppeneinlagen etc. verwendet werden.
Die Fleischbrühe wird langsam durch ein Sieb geseiht, auf das man vorher etwas frische Muskatnuß gerieben hat. Mit Salz gut abschmecken. Vor dem Anrichten nach Wunsch die Brühe mit 1 Eßlöffel Kognak verfeinern.
Will man in erster Linie gutes Rindfleisch, dann darf man das Rindfleisch erst in das bereits kochende Wasser geben. Die übrigen Zutaten ebenfalls erst nach einer Stunde beigeben. Salz darf man erst ganz zum Schluß dazugeben. Markknochen dürfen nicht mit dem Mark mitgekocht werden; die Brühe würde dadurch trübe und fett werden. Das Mark nimmt man heraus, schneidet es in Scheiben oder kleine Würfel und gibt diese kurz vor dem Anrichten in die kochende Brühe. Dadurch bleibt der gute Geschmack des Marks erhalten. Klare Fleischbrühe wird immer mit feingeschnittenem Schnittlauch serviert.
Pro Portion etwa 200 Kalorien / 850 Joule.

Braune Fleischbrühe

300 g Rinderknochen (Blutknochen), 600 g saftiges Rindfleisch (Wadschenkel, Querrippe etc.), 60 g Rindsleber, 30 g Milz, 40 g Fett, 1 Zwiebel, Suppengrün, Salz, 5 Pfefferkörner, 2 Gewürzkörner, Muskat

Die Knochen gut waschen, kleinhacken und in heißem Wasser gut überkochen, abseihen und mit kaltem Wasser abschwemmen. In heißem Fett kleingeschnittene Leber und Milz rösten, die Zwiebel, ebenfalls fein geschnitten, mitrösten. Auch die Knochen können kurz mitgeröstet werden. Dann mit kaltem Wasser aufgießen. Das Ganze muß etwa handbreit mit Wasser bedeckt sein. Dann das Fleisch im ganzen und die Gewürze beigeben. Zum Kochen bringen und nicht zugedeckt langsam wie die helle Fleischbrühe kochen. Den Schaum nicht abschäumen. Sobald das Fleisch weich ist, herausnehmen (und anderweitig verwenden). Auf das Passiertuch Muskat reiben, die Brühe langsam darübergießen. Die braune Fleischbrühe kann man geschmacklich noch verbessern, indem man Knoblauch, Paprikaschote, Tomaten, Kohlblatt etc. mitkocht.
Da die braune Fleischbrühe einen kräftigen Geschmack nach Suppengrün und eine kräftigere Farbe hat, wird sie gern zu lichten Suppeneinlagen verwendet.
Pro Portion etwa 200 Kalorien / 850 Joule.

Kalbfleischbrühe

250 g Kalbfleisch und 500 g Kalbsknochen (Hals, Füße), Suppengrün, Salz, ½ Zwiebel, 4 Pfefferkörner, Wasser

Das Kalbfleisch und die gewaschenen Kalbsknochen zerkleinern und mit den Gewürzen in so viel kaltem Wasser aufstellen, daß Fleisch und Knochen handbreit damit bedeckt sind. Das Ganze etwa 2 Stunden bei schwachem Feuer kochen lassen, dabei regelmäßig abschäumen. Ca. ¾ Stunde vor der Garzeit Salz und das gewaschene und zerkleinerte (oder gebündelte) Suppengrün beigeben und mitkochen. Man kann auch die Brühe von gekochten Champignons oder Spargelschalen zur geschmacklichen Verbesserung beigeben.
Kalbfleischbrühe wird leicht trüb, soll sehr mild gewürzt werden und wird mit reichlich gehacktem Petersiliengrün bestreut angerichtet. Sie findet als Diätkost Verwendung und zur Herstellung feiner gebundener Suppen, wie der hellen Einbrennsuppe und der Wiener Einmachsuppe, sowie zum Aufgießen für verschiedene Soßen.
Pro Portion etwa 65 Kalorien / 272 Joule.

Rinderknochenbrühe

Die zerhackten Knochen waschen und 3 bis 5 Minuten in stark kochendem Wasser abbrühen, abseihen und mit kaltem Wasser abschwemmen. Die Knochen mit kaltem Wasser bedecken, das gereinigte Suppengrün, die Zwiebel und die Gewürze dazugeben und alles 2–3 Stunden langsam kochen. (Im Dampfdrucktopf ca. 45 Minuten.) Dann die Brühe abseihen, mit Salz abschmecken (eventuell auch mit Suppenwürze, wie Maggi etc.). Das Suppengrün und die Knochen kann man vor dem Kochen in 30 g Fett anrösten (wie bei der braunen Fleischbrühe); man kann auch eine mittelgroße, aufgerissene Tomate in der letzten halben Stunde mitkochen.
Pro Portion etwa 230 Kalorien / 963 Joule.

500 g Rinderknochen (Blutknochen), 1 Suppengrün, 1 mittelgroße Zwiebel, Salz, 6 Pfefferkörner, 3 Gewürzkörner

Helle Kalbsknochenbrühe

Die kleingehackten Knochen in heißem Wasser einige Minuten überkochen, dann mit kaltem Wasser abschwemmen. Mit kaltem Wasser erneut auf den Herd stellen und 1 Stunde langsam kochen. Dann erst Suppengrün, die Zwiebel, Pfefferkörner und etwas Salz dazugeben. Nicht zugedeckt sehr langsam kochen lassen. Nicht abschäumen. Nach 1½ Stunden Kochzeit durch ein Sieb seihen, auf das zuvor frischer Muskat gerieben wird. Zum Schluß die Brühe entfetten. In einer guten Küche soll immer eine helle Kalbsknochenbrühe vorhanden sein. Sie dient vorwiegend zum Aufgießen gebundener Suppen und zur Zubereitung von Soßen. Eine **braune Kalbsknochenbrühe** bekommt man auf die gleiche Weise, nur röstet man zuvor in wenig Fett das kleingeschnittene Suppengrün und die Zwiebel leicht an, bevor man alles in das kochende Wasser gibt.
Pro Portion etwa 75 Kalorien / 315 Joule.

500 g Kalbsknochen, 1½ l Wasser, 1 Suppengrün, 1 kleine Zwiebel, Salz, 4 Pfefferkörner, Muskat, Petersiliengrün

Mitternachtsbrühe

Tomatensaft mit Kraftbrühe und Hühnerbouillon zum Kochen bringen. Mit Salz, Pfeffer und einer Spur Ingwer pikant abschmecken. In Suppentassen geben, mit feingehackter Petersilie bestreuen und mit Zitronenscheiben garnieren. Man kann dazu mit Knoblauchbutter bestrichene Toastbrote servieren.
Pro Portion etwa 480 Kalorien / 2009 Joule.

¼ l Tomatensaft, ¾ l Kraftbrühe, ⅜ l Hühnerbouillon, Salz, Pfeffer, Ingwer, Petersilie, 1 Zitrone

Hühnerbrühe (Hühnerbouillon)

1 Suppenhuhn (1000 g), Suppengrün, Salz, 3 Pfefferkörner, ½ Zwiebel, 1 abgezogene Tomate, Hühnerleber, Schnittlauch, Petersilie

Das kochfertige, gewaschene Huhn im ganzen in einen Kochtopf geben, mit so viel Wasser übergießen, daß das Huhn gut bedeckt ist. Salz und Pfefferkörner beigeben. Ca. 2½ Stunden kochen. Etwa 1 Stunde vor der Garzeit Zwiebel, Suppengrün sowie die gehäutete Tomate beigeben. Die Hühnerleber kann man kurz vor dem Garwerden dazugeben und noch einige Minuten mitkochen. Sobald das Huhn gar ist, herausnehmen und warm stellen. Die Brühe durch ein feines Sieb seihen. Eventuell entfetten. Abschmecken. Dann das Huhn von Haut, Knochen und Knorpel befreien, das Fleisch kleinschneiden und in die fertige Brühe geben. Man kann extra Suppengrün in Salzwasser kochen und als Einlage in die Brühe geben. Vor dem Anrichten mit gehacktem Schnittlauch und Petersiliengrün bestreuen.
Pro Portion etwa 380 Kalorien / 1595 Joule.

Klare Gemüsebrühe

500 g Gemüse nach Wahl und Jahreszeit, 4 Tomaten, 3 Pfefferkörner, 2 Gewürzkörner, 2 EL gehackte Kräuter (Kerbel, Basilikum, Estragon, Bohnenkraut, Petersilie u. a.), Selleriesalz, Pfeffer, 40 g Butter, ev. 1—2 Fleischbrühwürfel

Das geputzte und gewaschene Gemüse kleinschneiden. In 1½ l Wasser langsam garkochen lassen. Erst in den letzten 20 Minuten auch die Gewürze, die zerteilten Tomaten und die Kräuter mitkochen. Nach Belieben die Fleischbrühwürfel auflösen. Die Brühe abseihen, mit Selleriesalz und Pfeffer abschmecken. Zuletzt mit frischer Butter verfeinern. Man kann diese Brühe mit feingeschnittenem Schnittlauch oder mit feingehackter Kresse bestreut anrichten. Gemüsebrühe eignet sich auch für Diätkost. Kräftiger wird diese Brühe, wenn man sie samt dem Gemüse serviert. Man kann Gemüsebrühe auch eiskalt servieren.
Pro Portion etwa 120 Kalorien / 500 Joule.

Schildkröten-Consommé

1 Dose Schildkrötensuppe, 4 Ananasscheiben, 4 Eigelb, 4 EL Sahne, 4 EL Mandelsplitter, 20 g Butter, 1 TL Curry, ⅛ l Sherry, 4 TL Schlagsahne

Die Schildkrötensuppe heiß werden lassen (nicht kochen!). Kleinwürfelig geschnittene Ananas, mit Sahne verquirltes Eigelb und die Mandelsplitter in die heiße Suppe einrühren. Den in heißer Butter angeschwitzten Curry ebenfalls dazurühren. Mit Sherry kräftig abschmecken. In Tassen servieren. Auf jede Tasse einen Tupfen Schlagsahne geben.
Pro Portion etwa 150 Kalorien / 630 Joule.

Kraftbrühe (Consommé)

1½ l klare Fleischbrühe; zum Klären: 400 g mageres sehnen- und fettfreies Rindfleisch, Eiweiß von 2 Eiern, 50 g gemischtes Wurzelwerk, 1 EL feingeschnittene Zwiebel, 2 KL Tomatenmark, Salz

Die Kraftbrühen sind das besondere Konzentrat aus einer klaren Brühe oder Bouillon und extra Klärfleisch. Bei den Kraftbrühen kommt es vor allem auf die Qualität, nicht so sehr auf die Menge an. Wird gerne auch als Krankenkost und für Genesende bereitet.

Kraftbrühen werden in Tassen serviert, meist ohne Einlage; nur nach Wunsch werden sie mit feingeschnittenem Schnittlauch bestreut angerichtet. Man kann natürlich auch die verschiedenen Suppeneinlagen verwenden, nur müssen sie dann in ihrer Konsistenz feiner, zarter, in ihrer Form kleiner gehalten werden.

Eine besonders kräftige Kraftbrühe mit der doppelten Menge Klärfleisch nennt man Consommé double — doppelte Kraftbrühe. Die konzentrierteste Kraftbrühe nennt man Beeftea.

Zuerst das Klärfleisch vorbereiten: Das Eiweiß wird mit einem Viertelliter kaltem Wasser gut verrührt und mit dem Schneebesen gut zerschlagen. Das grobgehackte Rindfleisch (es kann auch durch den Fleischwolf gedreht werden), kleingeschnittenes Suppengrün, Zwiebel, Tomatenmark und Salz dazugeben, alles gut verrühren und etwa 1 Stunde in den Kühlschrank stellen.

Die klare Fleischbrühe, die vollkommen entfettet werden muß, lauwarm werden lassen, das vorbereitete Klärfleisch dazugeben und gut durchrühren. Das Ganze zum Kochen bringen, dabei öfter umrühren. 1—1½ Stunden langsam kochen lassen. Dann vom Feuer ziehen und noch einmal am Kochplattenrand ½ Stunde ziehen lassen. Dann schöpfkellenweise die Brühe durch das Passiertuch seihen. Das Klärfleisch darf dabei nicht aufgerührt werden. Diese Kraftbrühe vollkommen entfetten und mit Salz abschmecken.

Pro Portion etwa 480 Kalorien / 2009 Joule.

Zuppa pavese

4 Eier, Salz-Essig-Wasser, 4 Weißbrotschnitten, 20 g Butter, 40 g Parmesan, 1 l Kraftbrühe, Salz, Pfeffer, Schnittlauch

Die Weißbrotscheiben in der Butter leicht rösten und in vorgewärmte Suppenteller legen. Darauf die in kochendem Salz-Essig-Wasser pochierten Eier legen. Etwas geriebenen Parmesan über die Eier streuen und die gut abgeschmeckte, kochende Kraftbrühe vorsichtig darübergießen. Mit geschnittenem Schnittlauch bestreut heiß servieren.

Pro Portion etwa 394 Kalorien / 1650 Joule.

Klare Ochsenschwanzbrühe

400–500 g Ochsenschwanz, 4 EL Öl oder 40 g Räucherspeckwürfel, 20 g Butter, 3 dl trockener Weißwein, 1 Karotte, ¼ Sellerieknolle, 1 Lauch, 1 Zwiebel mit Nelke und Stück Lorbeerblatt gespickt, ¼ Kohlkopf, Salz, 3 schwarze Pfefferkörner, 1 Eiweiß, ⅛ l Madeira, Kognak

Speckwürfel in heißer Butter glasig anlaufen lassen, den Ochsenschwanz, in ca. 5 cm lange Stücke geschnitten, dazugeben und rundum anbraten. Mit dem Weißwein ablöschen und die Flüssigkeit auf die Hälfte einkochen. Alles in einen Suppentopf geben, alle anderen Zutaten (außer Eiweiß, Madeira und Kognak) ebenfalls dazugeben, mit ca. 2 l Wasser auffüllen, aufkochen lassen und abschäumen. Dann 3–4 Stunden zugedeckt mehr ziehen als kochen lassen. Abseihen. Das halbsteif geschlagene Eiweiß dazugeben und 10 Minuten leicht kochen lassen. Dann die Brühe durch ein Tuch seihen, entfetten, noch einmal erhitzen, den Madeira dazugeben und wieder ca. 20 Minuten mehr ziehen als kochen lassen. Zum Schluß mit Kognak und Gewürzen abschmecken. Als Einlage gibt man das vom Ochsenschwanz abgelöste und in kleine Würfel geschnittene Fleisch.
Pro Portion etwa 560 Kalorien / 2340 Joule.

Beeftea

500 g mageres, fett- und hautfreies Rindfleisch, 1 l Fleischbrühe, 1 Eiweiß, ¼ l Wasser, Salz

Das Rindfleisch sehr fein hacken, durch den Fleischwolf drehen, leicht salzen und das Wasser mit der Hand in das Fleisch einkneten. ½ Stunde kühl stellen und ziehen lassen. Dann die Masse in ein Einkochglas geben, die Fleischbrühe dazugießen. 1 Eiweiß schaumig schlagen und ebenfalls dazugeben. Das Glas sehr fest verschließen und in ein kaltes Wasserbad stellen. Das Wasser zum Kochen bringen und 2–3 Stunden sehr langsam kochen, bis der aufsteigende Fleischsaft ganz klar geworden ist. Das Glas aus dem Wasserbad nehmen, die Brühe durch ein Tuch seihen und heiß oder kalt servieren. Nach Wunsch mit Sherry abschmecken.
Die restlichen Fleischfasern sind nicht mehr zu verwenden. Als Diätkost kann man Beeftea auch ohne Salzbeigabe zubereiten. Man kann kurz vor dem Servieren einen konzentrierten Kräuter- und Gemüsefond dazugeben, man kann Beeftea auch mit verschiedenen Einlagen servieren.
Pro Portion etwa 498 Kalorien / 2084 Joule.

SUPPENEINLAGEN

Suppeneinlagen werden in der feinen Küche meist extra in leicht gesalzenem Wasser gar gekocht und dann erst in die fertige Fleischbrühe bzw. Kraftbrühe gegeben. Allerdings kann man sie auch gleich direkt in der Fleischbrühe kochen, doch wird die klare Brühe dabei meistens etwas trübe. Suppeneinlagen immer in die kochende Flüssigkeit geben und garkochen. In der Regel gibt man helle Suppeneinlagen in eine dunkle Fleischbrühe, dunkle Einlagen in eine helle klare Fleischbrühe.
Als Fertigware bekommt man im Handel u. a. Fadennudeln, Sternchen, Hörnchen, Buchstaben, Eiergräupchen, Riebele, Backerbsen, Frittaten usw.

Bouillon mit Ei

1 l Bouillon (oder Kraftbrühe), 4 Eigelb, Schnittlauch

Die heiße Bouillon in vorgewärmte Suppentassen gießen, je ein rohes Eigelb vorsichtig in die Bouillon gleiten lassen, damit das Eigelb ganz bleibt. Fein geschnittenen Schnittlauch daraufstreuen und sofort servieren. Der Gast verrührt sich das Eigelb in der Tasse selbst.
Pro Portion etwa 164 Kalorien / 687 Joule.

Brühe mit Reis

1¼ l Fleischbrühe, 50 g langkörniger Reis, Suppengemüse, Salz, Kräuter (Petersilie, Kerbel, Basilikum, Liebstöckel, Kresse)

Den Reis waschen, abtropfen lassen. In die kochende, leicht gesalzene Brühe geben und 20—25 Minuten ziehen lassen. Die fertige Brühe wird mit feingehackten Kräutern nach Wahl angerichtet.
Pro Portion etwa 440 Kalorien / 1840 Joule.

Fleischbrühe mit Graupen (Rollgerstel-, Ulmergerstelsuppe, Graupensuppe)

1¼ l Fleischbrühe, 200 g Graupen

In 1¼ l klare Fleischbrühe gibt man 60—75 g in Salzwasser extra gekochte (ca. 1½ Stunden Kochzeit) Graupen. Graupen kann man auch in eine gebundene Suppe (Einmachsuppe) bzw. in eine gebundene Reissuppe und in eine gebundene Fleischreissuppe als Extra-Einlage geben.
Pro Portion etwa 350 Kalorien / 1460 Joule.

Fleischbrühe mit Grieß

1¼ l Fleischbrühe, 60 g Weizen- oder Maisgrieß

Den Grieß in die fertig gekochte Fleischbrühe einrühren und unter ständigem Rühren ca. 10 Minuten kochen.
Pro Portion etwa 370 Kalorien / 1550 Joule.

Fleischbrühe mit Haferflocken

1¼ l Fleischbrühe, 125 g Haferflocken, 20 g Butter, Salz

Die Haferflocken einige Stunden in kaltes Wasser einweichen, dann in die kochende Brühe geben, 1 Stunde langsam kochen, durchpassieren, salzen und mit einem Stück frischer Butter vollenden.
Pro Portion etwa 350 Kalorien / 1840 Joule.

Nudeln

125 g griffiges Mehl, 1 Ei, Salz, 1 EL Wasser

Mehl mit Ei, Prise Salz und etwas lauwarmem Wasser zu einem festen, glatten Teig kneten. Kurz rasten lassen, dann sehr dünn auswalken, zusammenrollen und feine Nudeln (Fadennudeln) schneiden. Ausbreiten und trocknen lassen. Die Nudeln in die kochende Brühe geben und ca. 5 Minuten kochen lassen. Natürlich kann man auch fertige Suppennudeln verwenden. Suppennudeln in reichlich Salzwasser (10mal soviel Wasser wie Nudelmenge) weich kochen, abseihen, mit kaltem Wasser abschwemmen und in die kochende Fleischbrühe geben. Kocht man die Nudeln direkt in der Fleischbrühe, wird diese leicht trüb.
Anstelle von Nudeln kann man auch breite Bandnudeln, kleine recht- oder schiefwinkelige Fleckchen, Sternchen oder andere kleine Figuren ausschneiden. Diese Nudeln kann man auch auf Vorrat machen, nur darf man dann kein Salz beigeben, weil sie sonst grau werden können.
Pro Portion etwa 180 Kalorien / 760 Joule.

Teigwaren in klarer Brühe

100–200 g kochfertige Teigwaren (Fadennudeln, Sternchen, Hörnchen, Buchstaben, Fleckerln etc.)

Die Teigwaren 5–8 Minuten in reichlichem, leicht gesalzenem Wasser kochen. Dann abseihen, mit kaltem Wasser abschwemmen und in die heiße Brühe geben, einmal aufkochen lassen, mit feingehackter Petersilie oder Schnittlauch bestreut servieren.
Zum Kochen von Teigwaren benötigt man zehnmal soviel Wasser wie Teigwaren.
Pro Portion etwa 173 Kalorien / 724 Joule.

Eingetropftes

Ei salzen, mit einer Prise Muskat würzen, mit Mehl und etwas Wasser zu einem dickflüssigen Teig verquirlen, bis der Teig fadenförmig vom Löffel rinnt. Die Masse aus einem Schnabelgefäß oder durch einen Spatzenseiher direkt in die kochende Fleischbrühe tropfen. Einmal aufkochen lassen. Vor dem Auftragen mit geschnittenem Schnittlauch bestreuen.
Man kann den Tropfteig auch ohne Wasser oder Milch bereiten; dazu nimmt man auf 1 Ei etwa nur 30 g Mehl.
Pro Portion etwa 153 Kalorien / 640 Joule.

1 Ei, Salz, 60 g Mehl, Muskat, 2–3 EL Wasser (oder Milch), 1¼ l Fleischbrühe, Schnittlauch

Riebele

In das leicht gesalzene Mehl das Ei und etwas Wasser geben und zu einem festen Nudelteig kneten, bis der Teig sehr glatt ist. Ca. 1½ Stunden rasten lassen, dann durch ein grobes Reibeisen passieren und auf einem Brett ausgebreitet übertrocknen. Dann in leicht gesalzenem Wasser 2 bis 3 Minuten kochen, abseihen, abschwemmen und in die kochende Fleischbrühe geben. Man kann den Teig auch direkt in die kochende Fleischbrühe geben. Mit geschnittenem Schnittlauch bestreut sofort servieren.
Riebele kann man auch in heißer Butter goldgelb backen und dann erst in die Brühe geben. Man kann die geriebenen Teigkügelchen auch im heißen Ofen kurz überbacken oder in Fett leicht anrösten. Wenn man Strudelteigreste dazu verwendet, so soll man diese vorher stets in wenig Fett rösten, da ein Teig ohne Ei beim Kochen zergehen würde.
Pro Portion etwa 180 Kalorien / 760 Joule.

1–2 Eier, Salz, ca. 200 g Mehl, 1 EL Wasser, 1¼ l Fleischbrühe, Schnittlauch

Butterspätzle (Butternocken)

Butter schaumig rühren, mit Eigelb und dem würfelig geschnittenen, in Milch geweichten und gut ausgedrückten Brötchen verrühren, salzen, mit geriebenem Muskat würzen. Zuletzt den steifen Schnee und das Mehl abwechselnd einheben. Mit dem Löffel kleine Nocken ausstechen und in siedendem Salzwasser mehr ziehen als kochen lassen. Zu empfehlen ist, ein Probenockerl zu kochen.
Pro Portion etwa 430 Kalorien / 1800 Joule.

100 g Butter, 2 Eigelb, 1 altbackenes Brötchen, etwas Milch, Salz, Muskat, 150 g Mehl, 2 Eiklar

Grießnockerln

1 Ei (60 g schwer), 1 Ei schwer Butter oder Margarine (60 g), 2 Ei schwer grober Grieß (120 g), Salz, Muskat

Butter, Salz und geriebenen Muskat schaumig rühren. Das ganze Ei einrühren. (Nimmt man mehrere Eier für eine größere Masse, dann die Eier nach und nach einrühren.) Zuletzt den Grieß daruntermischen und 10 Minuten rasten lassen. Aus der Masse mit einem Teelöffel kleine Häufchen ausstechen, die man im Kühlschrank anziehen läßt. Dann in leicht gesalzenem Wasser ca. 10 Minuten mehr ziehen als kochen lassen (das Wasser dabei mehrmals mit kaltem Wasser abschrecken). Zuerst ein Probespätzle kochen.
Pro Portion etwa 160 Kalorien / 670 Joule.

Leberspätzle

120 g Rinderleber, 1 Stück Milz, 1 altbakkenes Brötchen, etwas Milch, 1 kleine Zwiebel, 20 g Fett, Petersilie, 1 Ei, Salz, Pfeffer, Majoran, Knoblauch, Zitronenschale, 30 g Semmelmehl

Die Rinderleber und die ausgedrückte Milz, ein in Milch geweichtes, gut ausgedrücktes Brötchen und die in etwas Fett angeschwitzte Zwiebel, die zerdrückte Knoblauchzehe und gehacktes Petersiliengrün durch den Fleischwolf drehen. Dann die Masse mit Ei binden, mit Salz, Pfeffer, Majoran, feingeriebener Zitronenschale würzen und abschmecken. Nach Notwendigkeit die Masse mit Semmelmehl festigen. Mit dem Löffel kleine Spätzle ausstechen und in Salzwasser ca. 8 Minuten mehr ziehen als kochen lassen.
Pro Portion etwa 260 Kalorien / 1050 Joule.

Fleischklößchen

100 g Fleischreste, 30 g Fett, 1 Ei, Salz, Pfeffer, 40–50 g Semmelmehl, etwas Milch, etwas Mehl

Reste von gekochtem oder gebratenem Fleisch fein schneiden und durch die Fleischmaschine treiben, dann mit Fett und Ei gut verarbeiten. Mit Salz und Pfeffer würzen, dann das mit etwas Milch befeuchtete Semmelmehl und so viel Mehl beigeben, daß man aus der Masse kleine Klößchen bilden kann. Die Masse etwas ziehen lassen, bevor man die Klößchen formt, ca. 10 Minuten in Salzwasser mehr ziehen als kochen lassen. Man kann auch 1 kleine feingeschnittene Zwiebel, in wenig Fett leicht geröstet, sowie etwas gehacktes Petersiliengrün dazugeben und zusätzlich mit etwas Majoran würzen.
Noch einfacher ist es, aus frischen Bratwürstchen kleine Klößchen herauszudrücken und diese 10 Minuten in der Brühe kochen lassen.
Pro Portion etwa 200 Kalorien / 837 Joule.

Backerbsen

Mehl, Ei, Salz, Prise Zucker und etwas Öl, Milch oder Wasser zu einem dickflüssigen Teig gut verrühren. ½ Stunde rasten lassen. Den Teig durch einen Spatzenhobel oder durch ein groblöcheriges Sieb oder einen Schaumlöffel in das heiße Backfett tropfen lassen. Die erbsengroßen Teigbällchen goldbraun backen und mit dem Schaumlöffel herausheben.
Pro Portion etwa 164 Kalorien / 687 Joule.

80 g Mehl, 1 Ei, 1 TL Öl, Salz, Prise Zucker, ca. 4 EL Milch oder Wasser, Fett zum Backen

Flädle, Eierkuchen (Frittaten)

Das leicht gesalzene Ei mit der Milch und dem nötigen Mehl verquirlen, bis ein dickflüssiger Eierkuchenteig entsteht. In einer Pfanne Fett erhitzen, schöpfkellenweise den Teig eingießen, gleichmäßig auf dem Pfannenboden verrinnen lassen und auf beiden Seiten goldgelb backen. Die fertigen Pfannkuchen aufeinanderlegen, zusammenrollen und in sehr schmale Streifen schneiden. Erst vor dem Servieren in die Brühe geben. Mit geschnittenem Schnittlauch bestreuen. Man kann auch feingehacktes Petersiliengrün in den Teig geben.
Pro Portion etwa 198 Kalorien / 829 Joule.

1 Ei, Prise Salz, ¼ l Milch, Mehl nach Bedarf, Öl oder 30 g Butter

Grießklößchen

Milch, Butter, Muskat und Salz aufkochen lassen, den Grieß beigeben und diesen etwas nachrösten. Diese Masse überkühlen, dann die Eier beigeben und aus der Masse mit den Händen sehr kleine Klößchen formen. Diese werden in kochendes Salzwasser eingelegt. Die Kochzeit beträgt je nach Größe ca. 15 Minuten. Sie sind gar, wenn sie von selbst an die Oberfläche kommen.
Pro Portion etwa 160 Kalorien / 670 Joule.

60 g Grieß, ¼ l Milch, 30 g Butter, 1—2 Eier, Salz, Muskat

Semmelklößchen

Brötchen abreiben, in feine Scheiben schneiden und mit etwas heißer Fleischbrühe oder Milch anfeuchten. Mit der schaumig gerührten Butter verrühren. Das Ei beigeben, gehacktes Petersiliengrün und Salz dazugeben und gut vermengen. Aus der Masse Klößchen formen und in kochendem Salzwasser ca. 5 Minuten langsam ziehen lassen.

2 alte Brötchen, Fleischbrühe oder Milch, 1 EL Butter, Salz, Muskat, 1—2 Eier, Petersiliengrün

Leberklößchen

250 g Rinds- oder Kalbsleber, etwas Nierenfett, 50 g Milz, 1 altbackenes Brötchen, ¼ Zwiebel, ½ TL gehackte Petersilie, 1 EL Öl, 1 Ei, Salz, Pfeffer, ½ TL Majoran, ½ Knoblauchzehe, 2—3 EL Paniermehl, etwas Zitronenschale

Die Leber und die Milz sorgfältig reinigen und mit dem eingeweichten, gut ausgedrückten Brötchen und dem Nierenfett zweimal durch den Fleischwolf drehen. Die Zwiebel fein hacken, mit der Petersilie und der zerdrückten Knoblauchzehe im Öl erhitzen und dann zu der Leber geben. Das Ganze mit dem Ei binden, mit Salz, Pfeffer und Majoran würzen, mit der notwendigen Menge Paniermehl zu einer streichfähigen Masse verarbeiten und kurz beiseite stellen. (Im Kühlschrank ansteifen lassen.) Dann kleine Klöße formen (mit nassen Händen). In schwach kochendes Salzwasser legen und 15—20 Minuten bei kleiner Flamme ziehen lassen.
Pro Portion etwa 245 Kalorien / 670 Joule.

Markklößchen

100 g Rindermark, 1 Eigelb, 1 Ei, 1 altbakkenes Brötchen, 1/16 l Milch, Salz, Pfeffer, Muskat, Petersilie, 60 g geriebenes Weißbrot

Das Rindermark zerkleinern, in einem kleinen Topf auf kleinstem Feuer erwärmen, abseihen und mit Ei, Eigelb, Salz, Pfeffer und Muskat sehr schaumig rühren. Das Brötchen abrinden, in Milch und Wasser einweichen, dann gut auspressen und passieren. Mit der Rindermark-Ei-Masse gut verrühren. Gehackte Petersilie und geriebenes Weißbrot dazurühren. Etwa 20 Minuten ruhen lassen. Aus der Masse mit nassen Händen kleine Klößchen formen und in kochendem Salzwasser 3—5 Minuten mehr ziehen als kochen lassen. Probeklößchen kochen! Eventuell Masse korrigieren: mit Paniermehl festigen oder mit flüssiger Butter lockern.
Pro Portion etwa 270 Kalorien / 1130 Joule.

Schwemmklößchen

⅛ l Milch oder Wasser, 30 g Butter oder Margarine, Salz, 70 g Mehl, 1 Ei, Muskat

Milch oder Wasser mit Butter und Salz kochen, das Mehl dazugeben. Unter ständigem Rühren erhitzen, bis sich der Teig vom Kochtopf lösen läßt. Das Ei dazugeben und die Masse glattrühren. Mit einem in heißes Wasser getauchten Teelöffel kleine Klößchen abstechen und diese 3—4 Minuten in kochendem Wasser oder gleich in der Brühe garziehen lassen. Sobald sie obenauf schwimmen und sich umdrehen, sind sie gar.
Pro Portion etwa 170 Kalorien / 700 Joule.

Schneeklößchen

Das Eiweiß mit einer Prise Salz zu steifem Schnee schlagen. Mit dem Teelöffel kleine Klößchen ausstechen und in kochendes Wasser (oder direkt in die fertige heiße Brühe) geben und steif werden lassen.
Pro Portion etwa 30 Kalorien / 130 Joule.

2 Eiweiß, Salz

Tiroler Knödel

Die Brötchen in ganz kleine Würfel schneiden. Den würfelig geschnittenen Speck anschwitzen und zu den Brötchenwürfel geben. Das mit Milch verrührte Ei dazugeben, würzen, gut durchmischen, warten, bis die Würfel feuchtweich sind. Zuletzt das Mehl und das kleingehackte Räucherfleisch daruntermischen. Aus der Masse kleine Klößchen formen und in der kochenden Fleischbrühe 10 Minuten mehr ziehen als kochen lassen.
Pro Portion etwa 420 Kalorien / 1760 Joule.

2 altbackene Brötchen, 1 Ei, 3 EL Milch, 100 g Speck, 50 g Mehl, 100 g mageres gekochtes Räucherfleisch (oder Wurst), Salz, weißer Pfeffer

Biskuitschöberl

Das Eigelb leicht salzen und pfeffern und mit einer Prise Muskat würzen. Mit etwas Sahne gut verrühren. Mehl und den aus den 2 Eiweiß steifgeschlagenen Schnee gleichzeitig darunterziehen. (Man kann auch feingehacktes Petersiliengrün beigeben.) Die Masse auf ein gefettetes, mit Mehl leicht gestaubtes Backblech fingerdick aufstreichen und bei mittlerer Hitze 15 Minuten goldgelb backen. Dann stürzen und überkühlen. Das gare Biskuit in kleine Rhomben schneiden.
Pro Portion etwa 125 Kalorien / 544 Joule.

2 Eigelb, 2 Eiweiß, etwas Sahne, Salz, Pfeffer, Muskat, 40 g Mehl, Butter und Mehl zum Backen

Kaiserschöberl

Butter und Eigelb schaumig rühren, salzen, dann Sahne oder Milch beigeben. Eiweiß mit Prise Salz steifschlagen und den Schnee und das Mehl gleichzeitig abwechselnd einheben. Die Masse auf ein gut gebuttertes und mit Mehl bestreutes Backblech fingerdick aufstreichen, im vorgeheizten Backrohr (180 Grad) hellgelb 15–20 Minuten backen. Überkühlt in beliebige Stücke schneiden. Die »Schöberl« werden in die vorgewärmten Suppenteller gelegt, und die siedende Fleischbrühe wird darübergegossen. Mit geschnittenem Schnittlauch bestreuen.
Pro Portion etwa 130 Kalorien / 540 Joule.

60 g Butter, 2 Eigelb, Salz, 3 Eiweiß, 2 EL Sahne oder Milch, 80 g Mehl, Butter und Mehl für die Formen

Milzroulade

30 g Butter, 140 g Weißbrot (Brötchen), 1 Ei, Petersilie, Salz, 70–80 g Milz, 2–3 EL feingeschnittene Zwiebel, Majoran, Brösel, Butter für die Serviette

Flaumig gerührte Butter mit Ei, entrindeten, in Milch oder Wasser geweichten, ausgedrückten und passierten Brötchen sowie feingehackter Petersilie verrühren, salzen, mit etwas Bröseln festigen. Dann die Masse in zwei Hälften teilen. Die eine Hälfte zu einer Fläche formen, die zweite Hälfte mit feingeschabter Milz, in Fett gerösteter Zwiebel und Majoran vermengen, mit Bröseln eventuell noch etwas festigen. Dann diese dunkle Milzfarce auf die helle Farce streichen, wie eine Roulade einrollen und das Ganze auf eine gefettete Serviette legen, einrollen mit Bindfaden zusammenbinden und 1 Stunde im Wasser kochen. Herausnehmen, überkühlen, aus der Serviette rollen und in Scheiben schneiden.
Pro Portion etwa 240 Kalorien / 1000 Joule.

Eierstich

1 Ei, 2 Eigelb, ⅛ l Sahne oder Milch, Salz, Muskat, weißer Pfeffer, 10 g Butter

Ei, Eigelb und Sahne gut verquirlen, mit Salz, Pfeffer und Muskat würzen. Die Masse in eine gut gebutterte Kastenform oder Stieltöpfchen füllen, die Form zugedeckt in ein heißes, nicht kochendes Wasserbad stellen und stocken lassen. Überkühlen, dann auf ein Brett stürzen und in die gewünschten Formen schneiden. Erst unmittelbar vor dem Servieren in die heiße Bouillon geben. Variationen: Eierstichmasse mit Tomatenmark, passiertem Spinat, feingehackten Kräutern (Petersilie, Kerbel, Basilikum, Estragon) oder Paprika einfärben bzw. geschmacklich durch Beigabe von Geflügelfleisch, Leber, Milz, Fisch, Gemüse etc. variieren.
Pro Portion etwa 89 Kalorien / 370 Joule.

Leberreis

120 g Leber (Rind oder Schwein), 30 g Fett, 1 kleine Zwiebel, 1 EL Mehl, Petersiliengrün, 1 Ei, Salz, Pfeffer, Majoran

Die Masse, wie bei »Leberspätzle« angegeben, bereiten. Die fertige, durch den Fleischwolf gedrehte und gewürzte Masse mit Ei und etwas Mehl binden. Die etwas weicher gehaltene Lebermasse durch einen Spatzenseiher in die kochende Fleischbrühe reiben und 3–4 Minuten kochen lassen. Vor dem Anrichten die Brühe mit gehackter Petersilie bestreuen.
Pro Portion etwa 260 Kalorien / 1050 Joule.

Lungenstrudel

Zuerst bereitet man aus Mehl, Salz, Ei, Öl und etwas lauwarmem Wasser einen Strudelteig. Diesen rasten lassen, auf gut mit Mehl gestaubtem Tuch dünn ausziehen und ein Drittel der Teigfläche mit etwas verklopftem Ei bestreichen. Die feingeschnittene Zwiebel in dem Schweinefett anrösten, Majoran, Pfeffer und gehackten Kümmel sowie feingehacktes Petersiliengrün beigeben, ebenso die in Salzwasser gekochte, kleingeschnittene, durch den Fleischwolf gedrehte Lunge mitrösten, salzen und dann die Masse auf die zwei Drittel des ausgezogenen Strudelteiges auftragen. Den Strudel zusammenrollen, mit einem Kochlöffelstiel alle 5 cm eindrücken und abschneiden, so daß kleine Teigpolster entstehen, die man an den Enden gut zusammenpreßt.
Diese Strudelstücke in kochendem Salzwasser 5 bis 6 Minuten mehr ziehen als kochen lassen.
Man kann den Strudel auch im ganzen auf einem leicht gefetteten Backblech im mittelheißen Rohr etwa ½ Stunde goldbraun backen. Verwendet man statt Lunge Bratenreste, erhält man den **Fleischstrudel.**
Pro Portion etwa 310 Kalorien / 1300 Joule.

Teig: 200 g glattes Mehl, Salz, 1 KL Öl, lauwarmes Wasser, 1 Ei
Fülle: 150 g Kalbs- oder Schweinelunge, 30 g Schweinefett, 1 Zwiebel, Petersiliengrün, Salz, Pfeffer, Kümmel, Majoran

Julienne

Das Weiße vom Lauch, Karotten, Sellerieknolle und weiße Rüben in sehr feine Streifen (ca. 3 cm lang, 1 mm dick) schneiden, in Butter oder Bouillonfett weichdünsten. Dazu ein Stück in feine Streifen geschnittenen blanchierten Kohl geben sowie frische grüne, extra gekochte Erbsen.
Pro Portion etwa 175 Kalorien / 733 Joule.

Lauch, Karotten, Sellerie, weiße Rüben, Butter oder Bouillonfett, Stück Kohl, grüne Erbsen; 1¼ l Fleischbrühe

GEBUNDENE SUPPEN, PÜREE- UND CREMESUPPEN

Diese Suppen sind kräftiger und nahrhafter als die klaren Brühen und können eine Hauptmahlzeit ersetzen (zum Beispiel am Abend). Sie werden meist mit einer hellen Mehlschwitze aus Butter und Mehl oder anderen stärkehaltigen Produkten hergestellt. Als Aufgußflüssigkeit verwendet man in erster Linie Kalbsknochenbrühe. Auch Brühen aus Halbfertigprodukten (wie Brühwürfel) kann man verwenden, ebenso die Kochflüssigkeit von Gemüsen, Fleisch, Geflügel, Fisch und Einweichwasser (bei Hülsenfrüchten). Alle Aufgußmittel müssen vorher gut entfettet werden. Auch die halbfertigen Suppen können zusätzlich gebunden werden.
Gebunden werden diese Suppen immer unmittelbar vor dem Anrichten. Man verrührt dazu die gewünschte Menge Milch oder Sahne mit Eigelb und rührt dies in die fertige Suppe ein. Danach darf die Suppe nicht mehr kochen. Gebundene Suppen kann man jeweils noch mit einem Stück frischer Butter (Butterflocken) verfeinern (»montieren«) und mit frischen Kräutern vollenden. Allenfalls muß man auch noch etwas nachwürzen.
Püreesuppen sind gebundene Suppen, die durch ein Sieb gestrichen werden. Püreesuppen werden besonders cremig, wenn man sie im Mixer laufen läßt. (Püreesuppen aus Fleisch werden durch den Fleischwolf gedreht!) Die Bindung dieser Püreesuppen erfolgt meistens durch die Mehlschwitze oder durch Kartoffeln, so wie bei den Gemüsesuppen; bei Hülsenfrüchten gern durch eine helle Mehlschwitze, bei Wildsuppen mit Linsen, heller oder brauner Mehlschwitze. Auch die Püreesuppen bestreut man vor dem Anrichten mit gehackten Kräutern.

Für die helle **Mehlschwitze** verwendet man Butter, für die braune Mehlschwitze Öl oder Schweinefett. Auf 1¼ l Suppenflüssigkeit rechnet man je 30–40 g Fett und Mehl. Je brauner die Mehlschwitze, desto länger muß man die Suppe kochen lassen.
Nach dem Anschwitzen des Mehles gießt man unter ständigem Rühren mit dem Schneebesen das Aufgußmittel zur gewünschten Menge auf und läßt das Ganze langsam kochen.

Gebundene Suppe (Grundrezept)

Die Butter erhitzen, das Mehl beigeben, verrühren und kurz anrösten, mit wenig kalter Flüssigkeit löschen und unter ständigem Rühren nach und nach mit der heißen Aufgußflüssigkeit aufgießen, dabei mit der Schneerute das Ganze glattrühren. ½ Stunde kochen lassen.
Vor dem Anrichten legieren: Eigelb, Milch oder Sahne und eventuell etwas von der zu legierenden Suppe gut verrühren (verquirlen) und in die nun nicht mehr kochende Suppe einrühren. Die Suppe darf jetzt nicht mehr kochen! Nach Bedarf mit einem Stück frischer Butter vollenden und mit gehackten Kräutern bestreuen. Wenn notwendig, auch noch nachwürzen.
Gebundene Suppe mit Getreideprodukten pro Teller 75—80 Kalorien / 315—335 Joule.
Gebundene Suppe mit Hülsenfrüchten pro Teller 85—90 Kalorien / 355—375 Joule.

1¼ l Aufgußflüssigkeit, gut entfettet, 2 EL Butter, 2 EL Mehl
Zum Legieren: etwas Sahne oder Milch, 1 Eigelb, Salz, Muskat
Kräuter: Petersilien- und Selleriegrün, Kerbel, Schnittlauch; 20 g Butter

Borschtsch
(Russische Rote-Bete-Suppe)

Die roten Bete schälen, raffeln und die Nacht über mit 1 EL Zucker und einigen Löffel Essig stehen lassen. Am nächsten Tag im Mixer entsaften.
Das Rindfleisch waschen, in 2 l gesalzenem Wasser zum Kochen bringen und 2 Stunden langsam kochen lassen. Dann die geschälten, würfelig geschnittenen Kartoffeln und den in Streifen geschnittenen Kohl (oder Wirsing) beigeben. Inzwischen den Roten-Beten-Brei in Öl etwas erhitzen und unter ständigem Rühren leicht durchrösten, Tomatenmark und Zucker beigeben, aufkochen lassen und den Brei der kochenden Fleischbrühe beigeben. Zwiebel und Mohrrüben, fein geschnitten, in heißem Öl hellbraun rösten, mit Mehl stauben, durchrösten, mit 1—2 Schöpflöffel Brühe aufgießen, gut verrühren und 5 Minuten leicht kochen lassen und dann ebenfalls in die Fleischbrühe einrühren. Das Gewürzsäckchen beigeben und 1½ Stunden langsam kochen lassen. Dann Gewürzsäckchen entfernen, mit Zucker, Essig und Weißwein abschmecken. Mit gehacktem Dillkraut bestreuen. Auf jeden Teller 1—2 EL saure Sahne geben und die Suppe darübergießen. Borschtsch kann öfter aufgewärmt werden und wird dabei immer geschmackvoller.
Pro Portion etwa 607 Kalorien / 2541 Joule.

200 g Ochsenfleisch (Brust), 100 g Schinkenspeck, 2 mittelgroße rote Bete, 300 g Weißkohl oder Wirsing, Salz, Pfeffer, Essig, Zucker, 1 Bund Suppengrün, etwas Dillkraut, 1 Zwiebel, ½ Lorbeerblatt, saure Sahne

Blumenkohlpüreesuppe

1 Blumenkohlrose, 1 Zwiebel, 40 g Butter, 40 g Mehl, 1¼ l Kalbsknochenbrühe, Salz, Pfeffer, Muskat, 2 Eigelb, ⅛ l Sahne, 20 g Butter, Petersiliengrün

Den Blumenkohl säubern, ½ Stunde wässern und in leicht gesalzenem Wasser 20—30 Minuten weich kochen (nicht zu weich kochen). Die feingeschnittene Zwiebel in heißer Butter anlaufen lassen, mit Mehl stauben und durchrösten. Dann mit der Knochenbrühe (in der man Blumenkohlabfälle mitkochen kann) aufgießen. ⅔ der Blumenkohlrosen dazugeben, glattrühren und ½ Stunde langsam auskochen lassen. Dann die Suppe passieren (oder im Mixer pürieren). Mit Salz, weißem Pfeffer und etwas Muskat würzen und abschmecken. Eigelb und Sahne verrühren und die Suppe binden. Mit Butter vollenden. Als Einlage kann man ⅓ der Blumenkohlröschen geben. Mit feingehacktem Petersiliengrün bestreuen.
Pro Portion etwa 169 Kalorien / 707 Joule.

Bohnensuppe

200 g weiße getrocknete Bohnen, 1½ l Wasser, 1 Lorbeerblatt, 3 Pfefferkörner, Salz, Essig, Majoran, Bohnenkraut, 1½ l Fleischbrühe (auch Würfelbrühe), 1 zerdrückte Knoblauchzehe, 40 g Fett, 1 Zwiebel, 30 g Mehl, Salz, Pfeffer, Paprika, 100 g Räucherspeck

Die über Nacht eingeweichten Bohnen im Einweichwasser aufkochen, dann abseihen. Erneut mit 1½ l warmem Wasser aufkochen, mit den Gewürzen ca. 1½ Stunden langsam weich kochen. Abseihen. ⅔ der Bohnen passieren, den Rest warm stellen. Aus Fett, feingeschnittener Zwiebel, etwas mit Salz zerdrückter Knoblauchzehe und Mehl eine etwas bräunere Mehlschwitze bereiten (man kann vor dem Aufgießen etwas Rosenpaprika dazustreuen), sofort mit etwas kalter Flüssigkeit ablöschen, gut verrühren, mit dem heißen Bohnensud und den passierten Bohnen aufgießen, gut verrühren, mit Salz, Pfeffer und Essig abschmecken und ca. 20 Minuten kochen lassen. Speckwürfel extra bräunen und über die fertige Bohnensuppe streuen.
Pro Portion etwa 520 Kalorien / 2200 Joule.

Grießsuppe

40 g Butter, 60 g Grieß, 1 l klare Gemüsebouillon (oder Erbsenbrühe), Salz, Muskat, Petersilie oder Schnittlauch

In heißer Butter den Grieß goldgelb rösten, mit der heißen Brühe aufgießen. Verrühren, die Gewürze beigeben und unter öfterem Rühren ¼ Stunde kochen lassen. Mit den Gewürzen abschmecken und mit Schnittlauch oder Petersilie bestreut anrichten. Man kann die Suppe zusätzlich mit Sahne und Eigelb binden.
Pro Portion etwa 235 Kalorien / 984 Joule.

Serbische Bohnensuppe

Die Bohnen die Nacht über einweichen und im Einweichwasser aufkochen, abseihen und dann mit 1⅓ l warmem Wasser, der halbierten Zwiebel, dem Knoblauch und Salz erneut zum Kochen bringen und etwa 1½ Stunden weich kochen. Zwiebel und Knoblauch dann entfernen.
In heißem Öl die feingeschnittene Zwiebel hellbraun rösten, die in kleine Stücke geschnittenen, gereinigten Paprikaschoten ebenfalls anrösten, mit Rosenpaprika würzen, mit kaltem Wasser aufgießen, verrühren, die geschälten, würfelig geschnittenen, rohen Kartoffeln beigeben und in 20 Minuten alles zusammen weich dünsten. Dann das Ganze zu den Bohnen geben.
Inzwischen auch die Schweinsrippe extra in Wasser etwa ¾ Stunden kochen, das Fleisch von den Knochen lösen und in die Bohnensuppe geben. Mit Salz und Pfeffer abschmecken. Muß sehr heiß serviert werden.
Pro Portion etwa 528 Kalorien / 2210 Joule.

200 g weiße Bohnen, 100 g Räucherspeck, 2 mittlere Zwiebeln, 1 EL Öl, 1 EL Mehl, ½ Lorbeerblatt, Thymian, Salz, Pfeffer, ½ Knoblauchzehe, 2 Paprikaschoten, 1 EL Paprika, 2 Kartoffeln, 300 g geräucherte Schweinsrippe

Bouillabaisse (Französische Fischsuppe)

Fische sorgfältig putzen, waschen, in Portionsstücke teilen.
Die Fischabfälle davon in etwas Salzwasser und mit einer halben Zwiebel 1 Stunde auskochen und dann abseihen. Den Fischsud beiseite stellen.
In heißem Öl feingeschnittene Zwiebel, die Lauchstange, in dünne Scheiben geschnitten, und die zerdrückte Knoblauchzehe anrösten. Die Fischstücke dazugeben, die enthäuteten, würfelig geschnittenen Tomaten dazugeben, mit Fischsud und Weißwein begießen, so viel Wasser dazugeben, daß alles bedeckt ist. Würzen und 10—20 Minuten bei schwacher Flamme garkochen.
Die fertige Suppe mit gehackten frischen Kräutern (nach Geschmack und Möglichkeit) bestreuen. Über Weißbrotschnitten, im Rohr trocken geröstet, auf jeden Teller die heiße Suppe gießen.
Pro Portion etwa 615 Kalorien / 2574 Joule.

500 g verschiedene Fische (es sollen mindestens 6 Sorten sein), ½ Zwiebel, ½ Lauch, 2 Tomaten (oder 1 EL Tomatenmark), 2 EL Öl, ½ Zitrone, ½ Knoblauchzehe, 1 Lorbeerblatt, Fenchel, Thymian, Petersilie, Salz, Pfeffer, Safran, ¼ l Weißwein

Dubarry-Rahmsuppe

500 g Blumenkohl, 40 g Mehl, 40 g Butter, 1¼ l Bouillon, ⅛ l Milch, ⅛ Sahne, 1 Eigelb, Salz, Pfeffer, Muskat

Den Blumenkohl ca. 10 Minuten kochen, abgießen und einige kleine Röschen zur Garnitur zurückbehalten und garkochen. Aus Mehl und Butter eine helle Mehlschwitze bereiten, mit der Bouillon aufgießen, glattrühren, den Blumenkohl beigeben, würzen und langsam bei kleinem Feuer weich kochen. Dann die Suppe durch ein feines Sieb streichen und mit der Milch aufkochen. Nachwürzen und abschmecken. Mit Sahne und Eigelb, gut verquirlt, binden. Die restlichen Röschen gibt man als Einlage in die Suppe.
Pro Portion etwa 240 Kalorien / 1005 Joule.

Einmachsuppe auf Wiener Art

1¼ l Kalbsknochenbrühe, 60 g Butter, 40 g Mehl, 1 Eigelb, ⅛ l Sahne, Salz, Pfeffer, Muskat

Aus Butter und Mehl eine helle Mehlschwitze bereiten, mit etwas kalter Brühe löschen, verrühren und unter ständigem Rühren mit dem Schneebesen mit der heißen Brühe aufgießen und 20 Minuten auf kleiner Flamme leicht kochen lassen. Mit Salz, Pfeffer und Muskat würzen und abschmecken. Zum Schluß mit Sahne und Eigelb, gut verquirlt, binden. Als Einlage gibt man Bröselklöße oder Markklößchen oder Weißbrotwürfel. Man kann die Suppe durch die Beigabe von etwas Weißwein verfeinern.
Pro Portion etwa 280 Kalorien / 1170 Joule.

Fischbeuschelsuppe

300 g Kopf- und Schwanzstück eines Karpfens, 1 Karpfenrogen, 1 Suppengrün, 40 g Mehl, 40 g Butter, 1/16 l Rotwein, 5 Pfefferkörner, Stämmchen Thymian, ¼ Lorbeerblatt, Essig, Salz, Pfeffer, Zucker

Die Karpfenstücke in kaltem Essigwasser mit Zwiebel, Lorbeerblatt, Thymian und zerdrückten Pfefferkörnern ca. 1 Stunde zugedeckt kochen lassen. In heißem Fett das Mehl anschwitzen, durch Beigabe von einer Spur Zucker braun rösten, feingerissenes Suppengrün beigeben und mitrösten. Dann mit dem Rotwein löschen, verrühren und sofort mit der abgeseihten Fischbrühe aufgießen. In der Zwischenzeit den Karpfenrogen extra in gesäuertem Wasser kochen und gegen Ende der Kochzeit ebenfalls in die fertige Suppe geben. Mit Zitronensaft, Essig, Salz und Pfeffer würzen und abschmecken. Als Einlage gibt man geröstete Weißbrotwürfelchen.
Pro Portion etwa 194 Kalorien / 810 Joule.

Grüne Erbsenpüreesuppe

Die über Nacht eingeweichten Erbsen in genügend Wasser oder Brühe mit Mohrrübe, ½ Lorbeerblatt, 1 Thymianstämmchen und 2 Gewürznelken zum Kochen bringen, etwas später zwei geschälte, rohe, grobwürfelig geschnittene Kartoffeln dazugeben und mitkochen. Die Zwiebel mit dem würfelig geschnittenen heißen Speck anlaufen lassen, das Mehl dazugeben und zusammen mit den Erbsen 10 Minuten kochen. Dann das Ganze durchpassieren und würzen. Mit einer Prise Zucker, etwas Sahne und der Butter vollenden. Statt der Fleischbrühe kann auch ein Stück Räucherspeck mit der Schwarte im Wasser mitgekocht werden.
Pro Portion etwa 710 Kalorien / 2970 Joule.

1½ l Räucherfleischbrühe oder Wasser, 200 g getrocknete grüne Erbsen, 1 Mohrrübe, Thymian, ½ Lorbeerblatt, 2 Gewürznelken, 2 rohe Kartoffeln, 100 g Räucherspeck, 1 kleine Zwiebel, 20 g Mehl, 1 EL Zucker, 20 g Butter, etwas Sahne

Frankfurter Suppe

Das kleingeschnittene Suppengrün und den geschnittenen Wirsingkohl in wenig Fett rösten, die feingeschnittene Zwiebel dazugeben, mitrösten und mit der Kalbsknochenbrühe aufgießen. Dann eine Mehlschwitze aus Butter und Mehl bereiten, etwas gehacktes Petersiliengrün mitschwitzen lassen, in die Suppe verrühren, gut aufkochen lassen. Salzen und pfeffern. Das Ganze durch ein Sieb streichen und die saure Sahne hineinquirlen. Kleingeschnittene Würstchen darin erhitzen lassen. Nochmals aufkochen und mit in Butter gerösteten Weißbrotwürfeln servieren.
Pro Portion etwa 885 Kalorien / 3705 Joule.

30 g Fett, 200 g Suppengrün, 250 g Wirsingkohl, 1 kleine Zwiebel, 1½ l Kalbsknochenbrühe, 30 g Butter, 30 g Mehl, Petersiliengrün, Salz, Pfeffer, ⅛ l saure Sahne, 2 Paar Würstchen, Weißbrotwürfel

Geflügelkleinsuppe

Geflügelklein vorbereiten, mit kleingeschnittenem Suppengrün in das kochende, leicht gesalzene Wasser geben und 1—1¼ Stunden langsam kochen. Dann abseihen, entfetten, erneut zum Kochen bringen und mit dem mit Mehl und Sahne verrührten Eigelb binden. 5 Minuten noch ziehen lassen, aber nicht mehr kochen. Das Geflügelklein sehr fein in dünne Streifen schneiden, die gesondert gar gemachten jungen Erbsen dazugeben, aber die Suppe nicht mehr kochen lassen. Abschmecken und evtl. nachwürzen und mit gehacktem Petersiliengrün bestreut anrichten.
Pro Portion etwa 360 Kalorien / 1507 Joule.

500 g Geflügelklein, 1½ l Wasser, Salz, Suppengrün (Lauch, Mohrrübe, 1 Stück Sellerieknolle, Petersilienwurzel), 125 g junge Erbsen, 1 Eigelb, 1 EL Mehl, 2 EL Sahne, Petersilie

Gemüsesuppe

300 g Gemüse nach Saison, 1¼ l Kalbsknochenbrühe, 40 g Butter, 40 g Mehl, Salz, Pfeffer, Muskat, frische Kräuter, etwas Butter

Das Gemüse putzen, waschen und kleinwürfelig oder feinnudelig schneiden. In der Knochenbrühe weich kochen. Aus Butter und Mehl eine helle Mehlschwitze bereiten, mit der Brühe und dem Gemüse aufgießen, verrühren, 10 Minuten noch langsam kochen lassen. Mit Salz, Pfeffer und Muskat würzen und abschmecken. Zum Schluß mit einem Stück frischer Butter verfeinern. Mit feingehackten Kräutern bestreuen. Als Einlage gibt man Weißbrotwürfel, in wenig Butter geröstet.
Pro Portion etwa 230 Kalorien / 963 Joule.

Gulaschsuppe

200 g Zwiebeln, 500 g Rinderschulter ohne Knochen, 2 EL Schweinefett (oder Öl), 200 g Kartoffeln, ½ KL Rosenpaprika, ¼ KL Kümmel, etwas Majoran, Salz, Spritzer Essig, 1 KL Tomatenmark, eventuell 1 kleine Knoblauchzehe

Die feingeschnittenen Zwiebeln in heißem Fett goldgelb rösten, Paprika darüberstreuen und sofort mit etwas Essig-Wasser löschen, das kleinwürfelig geschnittene Rindfleisch mit gehacktem Kümmel, Salz und Tomatenmark (eventuell auch etwas Knoblauch) beigeben und das Ganze im eigenen Saft weich dünsten; dabei immer wieder rühren und mit etwas Flüssigkeit aufgießen. Dann die geschälten, würfelig geschnittenen Kartoffeln beigeben, mit Fleischbrühe (oder Wasser) aufgießen und zugedeckt alles weich kochen (ca. 20 Minuten). Zum Schluß nachwürzen. Eventuell mit etwas saurer Sahne abschmecken. Als Einlage kann man in Scheiben geschnittene Debreziner Würstchen geben, die man in der fertigen Suppe heiß macht. Auch rote und grüne Paprikaschoten oder — für solche, die es gerne scharf haben — auch Peperoni, klein gehackt, kann man dazugeben.
Pro Portion etwa 475 Kalorien / 1988 Joule.

Haferflockensuppe

100 g Haferflocken, 60 g Butter, 1¼ l Kalbsknochenbrühe, 1 Eigelb, ⅛ l Sahne, Salz, Pfeffer, Muskat, Schnittlauch

Die Haferflocken in der heißen Brühe goldgelb rösten, mit der heißen Brühe aufgießen und 20 Minuten unter öfterem Rühren kochen. Mit Salz, Pfeffer und Muskat würzen. Sahne und Eigelb verquirlen und damit die fertige Suppe binden. Mit feingeschnittenem Schnittlauch bestreuen.
Pro Portion etwa 214 Kalorien / 895 Joule.

Kartoffelsuppe

Die rohen, geschälten, würfelig geschnittenen Kartoffeln mit Kümmel, etwas zerdrücktem Knoblauch und Majoran in der Brühe weich kochen. Aus Mehl und Fett eine mittelbraune Mehlschwitze bereiten, mit der Kartoffelbrühe aufgießen, gut verrühren und 10 Minuten verkochen lassen. Mit Salz und Pfeffer abschmecken. Mit einem Stück frischer Butter vollenden.
Pro Portion etwa 320 Kalorien / 1360 Joule.

750 g Kartoffeln, 1¼ l Kalbsknochenbrühe (oder Räucherfleischbrühe), 40 g Fett, 40 g Mehl, Salz, Kümmel, Knoblauch, Majoran, Pfeffer, 20 g Butter

Minestra alla napolitana

Das Öl erhitzen, den würfelig geschnittenen Speck darin glasig werden lassen. Zwiebel und Knoblauch, zerschnitten, mitrösten. Kleingeschnittene Paprikaschote, Zucchini, die entsteinten Oliven und die zerkleinerten Sardellenfilets beigeben, den gewaschenen, abgetropften Reis 5 Minuten unter Rühren mitrösten, das gehackte Minzblättchen beigeben, ebenso das Tomatenmark. Mit so viel heißer Fleischbrühe aufgießen, daß der Reis gerade bedeckt ist, und zugedeckt dünsten lassen. Sobald die Flüssigkeit verdunstet ist, mit der restlichen Fleischbrühe aufgießen. Langsam das Ganze noch 20 Minuten fertigkochen. Mit Gewürzen abschmecken. Mit geriebenem Parmesan bestreut anrichten.
Pro Portion etwa 555 Kalorien / 2325 Joule.

3 EL Öl, 125 g Speck, 1 Zwiebel, 2 Knoblauchzehen, 1 grüne Paprikaschote, 1 Zucchini, 5 schwarze Oliven, 2 Sardellenfilets, 130 g Reis, 5 Minzblätter, 10 g Tomatenmark, 1¼ l heiße Fleischbrühe, weißer Pfeffer, Basilikum, Oregano, 50 g Parmesan

Minestrone

Feingeschnittene Zwiebel und zerdrückte Knoblauchzehe in heißem Öl rösten. Würfelig geschnittenes Fleisch und das Gemüse dazugeben, kurz durchdünsten lassen und mit ca. 2 l kochendem Wasser aufgießen und mit den Gewürzen zusammen ca. 1 Stunde bei mäßiger Hitze weichdämpfen. 20 Minuten vor dem Garwerden Reis oder Teigwaren dazugeben und mitkochen. Mit Salz und Pfeffer abschmecken, mit Rotwein verbessern. Reichlich mit geriebenem Parmesan bestreut servieren.
Pro Portion etwa 710 Kalorien / 2970 Joule.

750 g feinstreifig oder würfelig geschnittenes Gemüse nach Saison, 2 Tomaten (oder 1 EL Tomatenmark), 1 kleine Zwiebel, ½ Knoblauchzehe, 150 g gekochtes oder gebratenes Fleisch und/oder Schinken, 3 EL Öl, ⅛ l Rotwein, 1 Schale Reis oder kleine Teigwaren, 50 g Parmesan, Salz, Pfeffer, 1 Lorbeerblatt, Thymian, Basilikum, Oregano

Gebundene Ochsenschwanzsuppe

500 g Ochsenschwanz, gliedweise gehackt, 100 g Speck, Suppengrün (Mohrrübe, Petersilienwurzel, ¼ Sellerieknolle), 1 Zwiebel, Salz, 4 Pfefferkörner, 3 Gewürzkörner, ½ Lorbeerblatt, 1 Thymianstämmchen, 2 Gewürznelken, 50 g Öl oder Fett, 40 g Mehl, ⅛ l Rotwein, Madeira

In heißem Fett den würfelig geschnittenen Speck hellbraun rösten, Suppengrün und Zwiebel, kleingeschnitten, im Speck mitrösten. Den gewaschenen, abgetropften und zerkleinerten Ochsenschwanz dazugeben, kräftig von allen Seiten anrösten und mit ca. 1 l heißem Salzwasser aufgießen. Die Gewürze, in ein Mullsäckchen gebunden, dazugeben. Das Ganze so lange kochen, bis das Fleisch am Ochsenschwanz gar ist. Den Ochsenschwanz dann herausnehmen, das Fleisch von den Knochen lösen, in die Suppenschüssel geben und warm stellen.

Aus Fett und Mehl eine dunkle Mehlschwitze bereiten, mit der abgeseihten Brühe aufgießen und unter Rühren 15 Minuten kochen lassen. Mit Salz, Pfeffer und Rotwein abschmecken. Mit 1—2 EL Madeira verfeinern. Dann die Suppe über die Fleischstücke gießen. Mit gerösteten Weißbrotwürfelchen servieren.

Pro Portion etwa 400 Kalorien / 1670 Joule.

Pilzsuppe

200 g Pilze (Steinpilze oder Champignons), 1¼ l Bouillon, 2 EL Butter, 2 EL Mehl, 1 Tasse Milch, Salz, Muskat, 1 Prise Zukker, Petersilie

Aus Butter und Mehl eine helle Mehlschwitze bereiten, mit kalter Milch ablöschen, dann mit heißer Bouillon aufgießen, gut verrühren und die in feine Scheiben geschnittenen Pilze, zuvor in wenig Butter geschmort, dazugeben. Aufkochen und mit den Gewürzen abschmekken. Mit Röstbrotwürfeln und Petersilie bestreut anrichten.

Pro Portion etwa 190 Kalorien / 790 Joule.

Rosenkohlsuppe

400 g Rosenkohl, 1 l Kalbsknochenbrühe, 1 EL Mehl, 1 EL Butter, Salz, Pfeffer, Muskat, 2 EL Sahne, 1 Eigelb, Petersiliengrün

Den geputzten Rosenkohl in Salzwasser weichkochen und durch ein grobes Sieb passieren. Mit der heißen Knochenbrühe aufgießen. Aus Butter und Mehl eine helle Mehlschwitze bereiten und in die Rosenkohlsuppe einrühren, dabei kräftig rühren. Mit Salz, Pfeffer und Muskat würzen und 10 Minuten leicht kochen lassen. Dann mit Sahne und Eigelb, gut verquirlt, binden. Die Suppe dann nicht mehr kochen lassen. Mit gehacktem Petersiliengrün bestreut anrichten.

Pro Portion etwa 306 Kalorien / 1280 Joule.

Tomatencremesuppe

Die Tomaten in Wasser oder Brühe weichkochen und passieren. Das Suppengrün und die Zwiebel kleinschneiden und in der heißen Butter anrösten, das Mehl dazugeben und weiterrösten. Das Ganze mit der passierten Tomatenbrühe aufgießen, 1 Gewürznelke, ¼ Lorbeerblatt, 1 Stück Zitronenschale, etwas Zitronensaft, Zucker und Salz beigeben, einige Zeit kochen lassen und nachher die Suppe nochmals passieren. Mit Salz, Pfeffer und etwas Zucker abschmecken. Den gekochten Reis als Einlage geben.
Pro Portion etwa 360 Kalorien / 1505 Joule.

750 g Tomaten, 1 große Zwiebel, 60 g Butter, 2 Mohrrüben, 1 Stück Sellerieknolle, Petersilienwurzel, 30 g Mehl, 1 Gewürznelke, ½ Zitrone, 3 EL Zucker, ¼ Lorbeerblatt, Salz, Pfeffer, 40 g Reis

Tomatensuppe

Die feingeschnittene Zwiebel in heißem Öl anrösten, mit einem 1 EL Mehl stauben und verrühren, die kleingeschnittenen Tomaten und die gehackten Oliven beigeben. Mit Salz, Pfeffer und Zucker würzen und ⅛ l Wasser zugießen. Leicht kochen lassen, bis die Tomaten weich sind. Dann mit der Fleischbrühe aufgießen und heiß ziehen lassen. Mit extra gekochtem Reis und Mettwurstklößchen (in der Suppe garziehen lassen) servieren.
Pro Portion etwa 220 Kalorien / 920 Joule.

1 Zwiebel, 2–3 EL Öl, 1 EL Mehl, 500 g Tomaten, 8 Oliven, Salz, Pfeffer, Zucker, ⅛ l Wasser, 1 l Fleischbrühe, Reis, Mettwurstklößchen

Zwiebelsuppe auf französische Art

Die geschälten Zwiebeln in feine Scheiben schneiden, mit wenig Mehl und einer Prise Zucker bestäuben und in der heißen Butter goldbraun anbraten. Mit Fleischbrühe oder Wasser übergießen, mit Salz und Pfeffer würzen und ca. 25 Minuten kochen lassen. Die in Butter gerösteten Weißbrotscheiben in ein feuerfestes Geschirr legen, die kochendheiße Zwiebelbrühe mit den Zwiebeln darübergießen, mit geriebenem Gruyère bestreuen und ¼ Stunde im heißen Ofen überbacken. Man kann die Zwiebelbrühe auch durchgeseiht über die angerösteten Brotscheiben gießen.
Diese klassische Art kann nach Belieben variiert werden, und zwar durch Beigabe anderer Käsesorten, durch die Art, wie man die Brotscheiben überbäckt, und durch zusätzliche Beigabe von Weißwein oder Champagner.
Pro Portion etwa 340 Kalorien / 1925 Joule.

6 Zwiebeln, Prise Mehl und Zucker, 40 g Butter, 1 l Fleischbrühe (oder Wasser), Salz, Pfeffer, 8 Weißbrotscheiben, 20 g Butter, 80 g geriebener Gruyère

KALTSCHALEN

Kaltschalen werden besonders gern zur heißen Jahreszeit serviert. Dazu eignen sich alle Obstsorten sehr gut. Oder Fruchtsäfte werden dazu mit Aromaten gewürzt, kleingeschnittene Früchte gibt man als Einlage in die »Suppe«. Kaltschalen werden immer eisgekühlt serviert. Man kann beliebig auch Weißwein dazugeben (man nimmt dann weniger Wasser). Auch kann ungeschlagene süße Sahne nach den Erkalten untergerührt werden.

Ananas-Kaltschale

1 frische Ananas, 600 g Zucker, 1 l Wasser, 1 l Weißwein

Die Ananas wird vorsichtig geschält, der harte Kern innen ausgestochen. Das reine Fleisch der Ananas in dünne Scheiben schneiden, mit Puderzucker bestreuen und in einem Glas- oder Porzellangeschirr kalt stellen. Kerne und Schale im Mörser fein zerstampfen, mit Läuterzucker (1 l Wasser wird mit 600 g Zucker gekocht) aufgießen und eine Zeit stehen lassen. Seihen und auspressen. Dann zu den Ananasscheiben geben und mit Weißwein und Wasser aufgießen. Kalt stellen.
Pro Portion etwa 252 Kalorien / 1055 Joule.

Aprikosen-Kaltschale mit Mandeln

600 g Aprikosen (frische oder aus der Dose), 1 l Wasser, 200 g Zucker, 3 EL Rosinen, ⅛ l Weißwein, 1 EL Kirschwasser, 3 EL Mandeln, blättrig geschnitten

Die frischen geschälten, entsteinten und halbierten, dann in dünne Scheiben geschnittenen Aprikosen mit Zucker bestreuen. Früchte aus der Dose sind bereits gezuckert! Ein Drittel davon kalt stellen. Die anderen zwei Drittel im Mixer pürieren, mit Wasser, Zucker, Weißwein, Kirschwasser und den blättrig geschnittenen (gehobelten) Mandeln über die Aprikosenscheiben gießen. Kalt stellen und eisgekühlt servieren.
Pro Portion etwa 340 Kalorien / 1420 Joule.

Erdbeer-Kaltschale mit Wein

500 g Erdbeeren, 250 g Puderzucker, 1 l Wasser, ¼ l Wein, Saft einer Zitrone. (Oder 1 l Milch, ⅛ l Sahne.)

Die Erdbeeren waschen und entstielen. Gut abtropfen lassen. Die schönsten, festesten Erdbeeren aussuchen und als Einlage aufbewahren. Die restlichen Erdbeeren im Mixer pürieren (oder nur mit der Gabel zerdrücken) und mit dem Puderzucker gut verrühren. Dann Wasser, Wein und den Saft einer Zitrone dazugeben, verrühren und kalt stellen. Die ganzen Erdbeeren gibt man vor dem Anrichten als Einlage bei.
Pro Portion etwa 245 Kalorien / 1026 Joule.

Früchte-Kaltschale

Die Früchte werden geputzt, gereinigt und zerkleinert (Steinobst in Stücke zerteilt, Äpfel, Birnen geviertelt). Die Früchte in Wasser, Zucker und einem Stück Zitronenschale ca. 10—15 Minuten kochen. Stärkemehl mit 1—2 EL etwas abgekühltem Fruchtsaft verrühren, in die noch kochende Fruchtsuppe einrühren und noch ca. 2 Minuten kochen. Dann gut auskühlen lassen (kalt stellen). Man kann sie wie die Kirsch-Kaltschale anrichten.
Pro Portion etwa 200 Kalorien / 840 Joule.

500 g frische Früchte (Sauerkirschen und Aprikosen; Birnen und Brombeeren; Äpfel und Heidelbeeren), 1 l Wasser, Zitronenschale, 120 g Zucker, 30 g Stärkemehl

Himbeer-Kaltschale mit Buttermilch

Die geschälten, entkernten Birnen kleinwürfelig schneiden. Himbeeren und Zucker und Birnen in einen Topf geben (man kann einige Himbeeren zum Garnieren beiseite legen). Salz, Vanillezucker, etwas fein geriebene Zitronenschale und das Wasser dazugeben. 15 Minuten leicht kochen lassen. Durch ein Haarsieb streichen (oder im Mixer pürieren). Die Buttermilch dazugießen, verrühren und abschmecken. Im Kühlschrank kalt stellen. Vor dem Servieren fein zerbröckelten Zwieback und frische Himbeeren (oder aufgetaute Himbeeren) zum Garnieren verwenden.
Pro Portion etwa 365 Kalorien / 1525 Joule.

1 Paket Himbeeren (tiefgekühlt, 600 g), 2 Birnen, 150 g Zucker, Prise Salz, 1 Päckchen Vanillezucker, ¼ l Wasser, 1 l Buttermilch, Zwieback

Kiwi-Kaltschale

Die Kiwi halbieren und das Fruchtfleisch aus der Schale lösen. Die halbe Menge des Fruchtfleisches mit Zucker und etwas Apfelsaft im Mixer pürieren. Fein geriebene Zitronenschale dazugeben. Mit den Löffelbiskuits eine Schale auslegen, das restliche Fruchtfleisch in dünne Scheiben schneiden und auf die Löffelbiskuits legen. Restlichen Apfelsaft in das Kiwi-Püree gießen, dann die Schale damit füllen. Kalt stellen.
Eiweiß steif schlagen. Nach und nach den Zucker einschlagen, auch den Vanillezucker einschlagen. Mit einem Teelöffel kleine Klöße ausstechen und die Kaltschale damit garnieren.
Pro Portion etwa 285 Kalorien / 1195 Joule.

500 g Kiwi-Früchte, 4 EL Zucker, 1 l Apfelsaft, 1 Zitrone, 2 Eiweiß, 2 EL Zucker, 1 Päckchen Vanillezucker, Löffelbiskuits

Kirsch-Kaltschale

600 g Süßkirschen (dunkle), 200 g Zucker, ⅛ l Wasser, Zitronenschale, 1 l Wasser, 2 TL Speisestärke, 2 Gläschen Kirschwasser, ⅛ l Sahne, 1 EL Zucker, 2 EL Kokosraspel

Die Süßkirschen entkernen, mit Zucker, Wasser und etwas Zitronenschale 10 Minuten auf kleinem Feuer kochen lassen. Die Zitronenschale entfernen. Mit 1 l Wasser aufgießen.

Speisestärke mit wenig kaltem Wasser anrühren, die Suppe damit binden und mit 2 Gläschen Kirschwasser abschmecken. Kalt stellen. Sahne mit Zucker steif schlagen, unter die eisgekühlte Suppe ziehen. Mit Kokosraspeln bestreut servieren.

Pro Portion etwa 455 Kalorien / 1905 Joule.

Weißwein-Kaltschale

4 Ananasscheiben (aus der Dose), 4 Pfirsichhälften (aus der Dose), 200 g frische Himbeeren oder Erdbeeren, 2 Bananen, 1 l Weißwein, 200 g Zukker, Zimt, 150 g frische Erdbeeren, Zitrone, Makronen

Ananas, Bananen, Pfirsiche in kleine Stücke schneiden. Himbeeren oder Erdbeeren reinigen und dazugeben. Wein, Zucker und Zimt zum Kochen bringen. Die Erdbeeren durch ein Sieb hineinstreichen. Diese Flüssigkeit über die anderen Früchte gießen. Kalt stellen. Eisgekühlt mit Zitronenscheiben und Suppenmakronen servieren.

Pro Portion etwa 460 Kalorien / 1925 Joule.

Zitronen-Kaltschale

3 Zitronen (Saft), 1 Zitrone (Schale), ½ l Wasser, ¼ l Weißwein, 4 EL Zucker, 1 EL Stärkemehl, 2 Eigelb

Alle Zutaten werden gut verrührt und im Wasserbad dick geschlagen. In Schalen füllen und in den Kühlschrank stellen.

Pro Portion etwa 286 Kalorien / 1200 Joule.

KALTE KRAFTBRÜHEN UND SUPPEN

Consommé, kalt

1 l Kraftbrühe, 4 EL Sherry oder Kognak

Die Kraftbrühe wenigstens 12 Stunden, am besten über Nacht kalt stellen und dann sorgfältig entfetten. Den Sherry (oder den Kognak) dazugeben und bei Bedarf nachsalzen. Eiskalt mit Eierstich und kleinen Tomatenwürfeln als Einlage servieren.

Pro Portion etwa 480 Kalorien / 2009 Joule.

Serbische Bohnensuppe Rezept Seite 55

Toasts

Rezepte Seite 99 f.

Consommé, geeist

Die fertige Consommé mit Weißwein, Sherry, Salz und frisch geriebenem Muskat würzen und abschmecken. Gelatine in wenig heißem Wasser auflösen, ausdrücken und der Brühe beigeben. Im Kühlschrank sehr kalt werden lassen. Die Consommé entfetten und mit Zitronenscheibe garniert anrichten.
Pro Portion etwa 480 Kalorien / 2009 Joule.

¾ l Consommé, ½ Glas Weißwein, 2 EL Sherry, 1 Blatt Gelatine, Salz, Muskat, Zitrone

Consommé madrilène
(Kraftbrühe auf Madrider Art)

Das gereinigte, kochfertige Suppenhuhn in genügend Wasser zum Kochen bringen und gut abschäumen. Dann salzen, das würfelig geschnittene Suppengrün und die in Scheiben geschnittene Zwiebel, auf der Kochplatte ohne Fett gebräunt, beigeben und so lange ganz leicht bei geringer Hitze kochen lassen, bis das Huhn gar ist. Dann das Huhn herausnehmen. Die Brühe durch ein feines Haarsieb gießen.
Das Klärfleisch in den Kochtopf geben, mit der geseihten Brühe auffüllen. Die entkernte und gereinigte Paprikaschote beigeben und zusammen ca. 10–15 Minuten mehr ziehen als kochen lassen. Die Brühe wieder durchseihen und sehr gut entfetten. Mit Salz, Pfeffer, Muskat und Zitronensaft abschmecken. Kalt stellen.
Geschälte, entkernte und würfelig geschnittene Tomaten und die würfelig geschnittene, gekochte Paprikaschote als Einlage beigeben. Eiskalt werden lassen. Eventuell mit gehackten Kräutern (Kerbel oder Estragon) bestreuen.
Pro Portion etwa 580 Kalorien / 2428 Joule.

Suppenhuhn (1000 g), 2 l Wasser, 1½ TL Salz, Suppengrün, 1 Zwiebel, 200 g Klärfleisch (fettfreies Schabefleisch, durch den Fleischwolf gedreht), 1 rote Paprikaschote, Salz, Pfeffer, Muskat, Zitronensaft, 2 Tomaten, 6 EL Weißwein

Hühnerbouillon mit Curry

Die Hühnerbouillon erhitzen, den Curry dazurühren, dann die Brühe vom Feuer nehmen. Eigelb und Sahne verquirlen und in die Suppe mit dem Schneebesen einschlagen. Mit Salz, geriebenem Muskat und Soja abschmecken. Dann im Kühlschrank kalt stellen. Mit reichlich Kresse und gehackten Mandeln garniert servieren.
Pro Portion etwa 385 Kalorien / 1612 Joule.

¾ l Hühnerbouillon (nach Rezept oder Instant Klare Hühnersuppe), 2 TL Curry, 2 Eigelb, 4 EL Sahne, Pfeffer, Muskat, Sojasoße, Kresse, 4 TL Mandeln

Andalusischer Gazpacho

500 g Tomaten, 1 mittlere Salatgurke, je 1 rote und grüne Paprikaschote, 1 Zwiebel, 1 kleine Knoblauchzehe, 3 EL Oliven, Zitrone, 1 Msp. Cayennepfeffer, Salz, Essig, Thymian, Oregano, 1¼ l Hühnerbrühe

Die enthäuteten und entkernten Tomaten in kleine Würfel schneiden. Die geschälte Gurke grob hacken; einige Scheiben zurückbehalten. Auch die Paprikaschoten entkernen und kleinhacken. Ebenso die Zwiebel fein schneiden. Tomaten, Gurke, Paprikaschote und Zwiebel mit Bröseln und Öl in den Mixer geben und pürieren (oder durch den Fleischwolf drehen und das Öl langsam dazurühren). Die Masse mit Hühnerbrühe verrühren, mit Salz, Essig, Thymian, Oregano und Cayennepfeffer würzen und abschmecken. 2 Stunden zugedeckt kalt stellen.
Der Gazpacho muß eiskalt serviert werden. Man gibt ihn in kleine Schüsselchen — je nach Wunsch — zusammen mit kleinen Weißbrotwürfelchen, Gurkenscheiben oder -würfelchen, hartgekochten und gehackten Eiern, grünen oder roten Paprikaschoten, geschält, entkernt und grob gehackt, enthäuteten und würfelig geschnittenen Tomaten, grob gehackten Zwiebeln.
Man kann die fertige Suppe auch mit Sherry, Portwein und saurer Sahne abschmecken und mit geschnittenem Schnittlauch servieren.
Pro Portion etwa 295 Kalorien / 1235 Joule.

SÜSSE SUPPEN

Apfelsuppe

500 g Äpfel, 1 l Wasser, Zimt, Zitrone, 2—3 EL Zucker, Butter, 120 g Zwieback

Äpfel schälen, zerteilen und entkernen. In 1 l Wasser mit Zucker, etwas Zitronenschale und Zimt weich kochen. Mit einem kleinen Stück Butter verfeinern. Mit Zwiebackstücken anrichten.
Pro Portion etwa 107 Kalorien / 450 Joule.

Deutsche Biersuppe

1 l helles Bier, 1 Zimtstange, 1 Gewürznelke, 2—3 Würfelzucker, 1 Zitrone, 2 TL Stärkemehl, 2 EL Wasser, 2 Eigelb

Das Bier mit Zimt, Gewürznelken und Zucker, den man an der Zitrone gerieben hat, in einem Emailgeschirr aufkochen. Stärkemehl und Wasser verrühren und in das heiße Bier schlagen. Leicht kochen lassen, bis sie sämig wird. Vom Feuer ziehen, seihen und leicht überkühlt das Eigelb mit dem Schneebesen einrühren. Man kann Schneeklößchen als Einlage in die Suppe geben.
Pro Portion etwa 218 Kalorien / 913 Joule.

Heidelbeersuppe

Die Heidelbeeren im Wasser aufkochen, mit Zucker und Zitronensaft würzen. Stärkemehl mit wenig kaltem Wasser glattrühren und die Suppe damit binden. Kann heiß oder kalt serviert werden.
Pro Portion etwa 380 Kalorien / 1381 Joule.

300 g Heidelbeeren, 1 l Wasser, Zucker, Zitronensaft, 1 EL Speisestärke

Holundersuppe

Holunderbeeren gut waschen, in 1 l Wasser mit dem kleingeschnittenen Obst, Zucker, Nelkenpulver und Zitronensaft ca. 20 Minuten langsam weichkochen. Passieren. Stärkemehl und Weißwein glattrühren, der Suppe unter ständigem Rühren beigeben und noch einmal kurz aufkochen lassen. Als Einlage kann man Grießklößchen oder Suppenmakronen geben.
Pro Portion etwa 575 Kalorien / 2407 Joule.

500 g entstielte Holunderbeeren, 120 g Zukker, Nelkenpulver, 1 EL Zitronensaft, 2 Birnen oder mürbe Äpfel oder 200 g Pflaumen, 1 EL Stärkemehl, ¼ l Weißwein

Obstsuppe

Sorgfältig verlesene, gewaschene Beeren mit Wasser, Zucker, Stück Zimt zum Kochen bringen. Stärkemehl mit wenig Wasser glattrühren, in die Suppe geben, dabei ständig rühren. Einmal kurz aufkochen und durchgesiebt servieren (oder mit den zerkochten Früchten). Als Einlage kann man Schneeklößchen geben. Man kann zusätzlich ¼ l Weißwein beigeben oder anstelle von Stärkemehl Gelatine zum Binden nehmen (auf 1 l Flüssigkeit 4–6 Blatt Gelatine).
Pro Portion etwa 510 Kalorien / 2135 Joule.

250–500 g Beeren (Erdbeeren, Himbeeren, Heidelbeeren oder entsteinte Sauerkirschen), 1 l Wasser, 80 g Zucker, Stangenzimt, 30 g Stärkemehl (Mondamin)

Pfirsichsuppe

Äpfel und Pfirsiche schälen, entkernen und in dünne Scheiben schneiden. Kaltes Wasser dazugeben und zum Kochen bringen. Kochen, bis die Früchte weich sind. Mit Zucker abschmecken. Sahne und Mehl gut verquirlen und damit die Suppe binden. Gut verrühren, abschmekken und mit Zitronensaft pikant machen. Kann heiß oder kalt, mit oder ohne Beilage serviert werden.
Pro Portion etwa 344 Kalorien / 1440 Joule.

500 g reife Pfirsiche, 2 Äpfel, 1 l Wasser, 6 EL Zucker, 2 EL saure Sahne, 1 EL Mehl, Zitronensaft

Soßen

Es sind nicht zuletzt die Soßen, die das Kochen zur Kochkunst erheben; sie spielen in jeder Küche eine große Rolle. Gerade die französische Küche verdankt ihren hohen Ruf vor allem der kunstvollen, oft raffinierten Bereitung von Soßen. Der Zubereitung einer Soße muß immer höchste Aufmerksamkeit gewidmet werden. Soßen betonen den Geschmack der Nahrungsmittel, verfeinern ihn, heben vor allem den spezifischen Geschmack eines Gerichtes hervor.

Oberster Grundsatz soll sein, jegliche Soße »natürlich« zu halten, sie soll mit dem Geschmack jenes Nahrungsmittels identisch sein, das die Grundlage des Gerichtes darstellt. Man soll immer absolut frische, einwandfreie Zutaten nehmen. Die Soßen müssen auch im entsprechenden Geschirr zubereitet werden — Soßen vertragen meist keine allzu große Hitze, der Boden des Geschirrs soll also möglichst dick sein. Vor allem kein Aluminiumgeschirr verwenden, weil sich darin die Soße verfärben würde. Zum Umrühren verwende man immer nur einen langstieligen Holzlöffel, der möglichst breit ist, um die Reste auch in allen Ecken des Topfes beim Zusammenrühren zu erreichen. Zum Aufbewahren und Servieren eignen sich vor allem Schüsseln aus Porzellan, Glas oder Steingut. Die Soßenschüssel ist vorher mit heißem Wasser auszuschwemmen, damit die Soße nicht auskühlt. Soßen immer nur im Wasserbad warm halten, wobei man auf die Oberfläche der Soße kleine Butterflöckchen gibt, damit sich keine Haut bilden kann.

Neben den »echten« warmen Soßen, die sich aus dem Eigensaft der zubereiteten Speise bilden (durch Braten, Dämpfen etc.), gibt es drei warme Grundsoßen, von denen sich viele andere Soßen ableiten lassen; es sind dies die braune Grundsoße, die helle Grundsoße und die Béchamelsoße. Diese Soßen benötigen eine längere Kochzeit, weil man nur so den samtigen Glanz, das glatte Aussehen und den guten Geschmack erzielen kann. Neben diesen Grundsoßen gibt es noch eine Reihe von selbständigen Soßen und von Soßen, die von Land zu Land verschieden sind.

WARME SOSSEN

Besonders zu achten ist bei der Zubereitung der warmen Soßen auf das Aufgußmittel, das der Koch »Fond« nennt. Nur ein guter Fond ergibt auch eine gute Soße!
Pro Portion rechnet die Hausfrau etwa ⅛ l warme Soße (oder 1/16 l Bratensaft, auch Jus genannt).
Warme Soßen werden in der Regel über das bereits angerichtete aufgeschnittene Fleisch gegossen. Der Bratensaft (Jus) wird nur rund um das Bratenstück gegeben (damit »umkränzt«).
Bei der warmen Soße ist zu achten auf:
1. das richtige Anrösten und Braten der Knochen, des Suppengrüns und des Fleisches;
2. das Aufgußmittel;
3. die Einhaltung der Kochzeit. Nur dadurch kann man die richtige Farbe und den vorzüglichen Geschmack einer Soße erreichen.

Die Grundstoffe

Die Ausgangsbasis für eine gute Soße ist das Aufgußmittel, in der Fachsprache **Fond** (Grund) genannt, die Grundbrühe. Es gibt die Bouillon, den Geflügel-, Wild-, Fisch- und Kalbsfond, Gemüsefond u. a. Diese Grundbrühe darf nur aus dem besten Material hergestellt werden, muß langsam ausgekocht und mäßig gewürzt sein. Auch das Passieren bzw. Durchstreichen muß mit großer Sorgfalt durchgeführt werden. Erfordert ein Soßenrezept die Beigabe von Wein, darf man nur naturreinen, einwandfreien Wein verwenden.
Oberstes Gebot eines Soßenkochs ist es, die Soße stets dem entsprechenden Gericht harmonisch anzupassen. Eine Soße muß gut decken, soll aber auch nicht zu dick geraten.
Viele Soßen vervollständigt man mit Eigelb, Sahne, frischer Butter, ergänzt sie mit Champignons, Trüffeln, Austern, Gemüsejulienne etc. Auch dabei muß man stets auf den Grundton und -geschmack der Soße in Hinblick auf das in Betracht kommende Gericht achten.

DAS BINDEN (LEGIEREN) DER SOSSEN

Mehlbutter

Für 1 l Soße: 30 g Butter, 20 g Mehl

Weiche Butter und Mehl werden mit einer Gabel zerdrückt, dann zu einer glatten Teigkugel geknetet. Man teilt sie dann in kleine Stücke und gibt sie stückweise in die noch kochende Soßenflüssigkeit (die Kasserolle zuvor aber vom Feuer nehmen!). Dann die Soße schnell durchrühren und auf ganz kleiner Flamme noch 2–3 Minuten leicht wallen lassen.

Das Binden mit Mehl oder Kartoffelmehl (Stärke)

Für 1 l Soße: 1 TL Mehl, Maizena, Mondamin oder Kartoffelmehl, 2 EL Wasser

In einem kleinen Gefäß Stärkemehl oder Mehl mit dem Wasser glatt verrühren, dann 1–2 EL kochende Soße beigeben und kräftig verrühren. Dann diese Mischung unter ständigem Rühren in die Soße einrühren. Dabei nur ein paar Sekunden noch aufkochen lassen.

Das Binden mit Sahne oder Butter

Die fertige Soße in das Wasserbad stellen und kleine Stückchen Butter oder etwas Sahne nach und nach unter ständigem Schlagen beigeben.

Das Binden mit Eigelb

Diese Bindung ist mit großer Sorgfalt durchzuführen. Enthält eine Soße kein Mehl, darf die Soße nicht mehr kochen, wenn man das verquirlte Eigelb der Soße beigibt. Auch sofort servieren.
Enthält die Soße Mehl bzw. Stärkemehl, wenn sie mit dem Eigelb gebunden wird, kann die Soße nach der Beigabe von Eigelb noch einmal aufgekocht werden.
Für einen Liter Soße rechnet man 2–3 Eigelb. Das Eigelb mit kalter Flüssigkeit (Bouillon, Milch, Sahne, Wein etc.) gut mischen. Dann die Soße vom Feuer nehmen. Dann zuerst 1 Suppenlöffel Soße langsam mit dem Eigelb vermischen, dann den zweiten Eßlöffel Soße usw. Schön glatt verrühren und dann das Eigelb zu der restlichen Soße geben. Auf kleiner Flamme unter ständigem Rühren so lange erhitzen, bis sich die Soße verdickt.

Das Binden mit Mehlschwitze

Die Butter schmelzen lassen (nicht heiß, sondern nur flüssig werden lassen!), dann das Mehl dazuschütten und bei kleinem Feuer 2–3 Minuten unter ständigem Rühren mit dem Holzlöffel rösten, aber nicht verfärben lassen. Dann die vorgesehene Flüssigkeit (Bratensoße, Milch, Wein, Fleischbrühe etc.) unter Rühren beigeben. Wird für die Béchamelsoße verwendet.

30–40 g Butter, 30–40 g Mehl, ½ l Flüssigkeit

BRAUNE SOSSEN

Braune Mehlschwitze

Das Fett heiß machen, das Mehl beigeben und bei geringer Hitze zu schöner brauner Farbe anrösten. Werden laut Rezept Kräuter oder Zwiebel dazugegeben, dürfen diese erst dann beigegeben werden, wenn das Mehl bereits Farbe genommen hat. Die dunkle Grundsoße wird zuerst immer mit wenig kalter Flüssigkeit »abgelöscht«, gut verrührt, dann erst mit der vorgeschriebenen kochendheißen Flüssigkeit aufgegossen und mindestens ½ Stunde sehr langsam gekocht. Würzen und abschmekken.
Pro Portion etwa 85 Kalorien / 355 Joule.

40 g Fett (Öl oder Schmalz, keine Butter), 50 g Mehl, 1 Zwiebel, Kräuter, ½ l Flüssigkeit, Salz, Pfeffer

Demi-glace

Mehl in Butter braun anschwitzen, mit der braunen Grundsoße aufgießen, ständig weiterkochen und weiterrühren, Tomatenmark beigeben. Zu einer dicklichen Soße verkochen.
Insgesamt etwa 800 Kalorien / 3350 Joule.

50 g Fett, 60 g Mehl, 2 Eßlöffel Tomatenmark, ½ l braune Grundsoße

Bercysoße

Die feingehackte Zwiebel in heißem Fett anschwitzen, ohne Farbe nehmen zu lassen. Mit Weißwein aufgießen, dann fast völlig einkochen. Von der Flamme nehmen, die heiße Grundsoße darunterrühren und ebenso die Butter. Mit Zitronensaft und gehacktem Petersiliengrün vollenden.
Pro Portion etwa 200 Kalorien / 860 Joule.

½ l braune Grundsoße, ½ Glas Weißwein, 1 Zwiebel, 30 g Fett, ½ Zitrone, 1 TL Petersilie, 20 g Butter

Braune Grundsoße (Jus)

1000 g Kalbsknochen
200 g Speckschwarten, 3 Karotten, 2 Zwiebeln, 30 g Fett, Salz, Majoran, Thymian, ½ Lorbeerblatt, 3 l Wasser

Knochen kleinhacken, mit kleingeschnittenen Speckschwarten und Karotten, gehackten Zwiebeln und den Gewürzen in heißem Fett anrösten, mit 3 l Wasser aufgießen, leicht salzen und langsam etwa 4–5 Stunden kochen lassen. Von dieser braunen Grundsoße können viele Soßen abgeleitet werden. Man kann sie auch auf Vorrat kochen. Erkaltet geliert die Soße.
Pro ¼ l etwa 95 Kalorien / 400 Joule.

Currysoße

75 g gehackte Zwiebel, 1 Apfel, 50 g Butter, 50 g Mehl, 2 TL Currypulver, 1 Stück Orangenschale, 1 kleine Knoblauchzehe, 1 l braune Grundsoße oder Bouillon, 2 EL Tomatenpüree, 1 dl Kokosnußmilch (150 g geraspelte Kokosnuß, 2 dl Wasser)

Feingeschnittene Zwiebel in Butter hell anschwitzen lassen, das Mehl beigeben und anlaufen lassen. Dann das Currypulver dazurühren, den geschälten, entkernten und geriebenen Apfel und das Tomatenpüree dazurühren. Mit der Grundsoße oder Bouillon aufgießen, gut verrühren und zum Kochen bringen. Zerdrückte Knoblauchzehe und ein kleines Stück feingehackte Orangenschale dazugeben. Leicht salzen. Alles 40 Minuten langsam kochen lassen. Zum Schluß die Kokosnußmilch dazurühren und einmal durchkochen. Diese Soße wird nicht passiert. Für Gerichte von Rind, Hammel, Geflügel oder Fisch.
Kokosnußmilch stellt man folgendermaßen her: Man verrührt 150 g geraspelte Kokosnuß mit ca. 2 dl heißem Wasser und läßt es 20 Minuten zugedeckt ziehen. Durch ein Tuch passieren.
Pro Portion etwa 250 Kalorien / 1045 Joule.

Orangensoße

½ l braune Grundsoße, 1 Orange, 1 Zitrone, 3 EL Madeira, 1 KL Stärkemehl

Die Orangenschale sehr feinnudelig schneiden und mit dem Madeirawein und etwas Wasser 5 Minuten kochen. Zur braunen Grundsoße dazuseihen und mit Orangensaft und etwas Zitronensaft einige Minuten noch kochen lassen. Stärkemehl und etwas Wein, beides gut verrührt, dazugeben und die Soße damit binden.
Eignet sich besonders für Entenbraten (aus dem Bratensaft des Tieres hergestellt) oder für Wildbraten.
Pro Portion etwa 200 Kalorien / 840 Joule.

Burgundersoße

Schalotten fein wiegen und in Butter dünsten. Dann das Mehl dazustäuben, durchrühren und den Rotwein unter ständigem Rühren dazugießen. Auf kleinem Feuer etwas eindicken lassen und dabei immer weiterrühren. Salzen und pfeffern. Zucker mit ein paar Tropfen Wasser zum Schmelzen bringen und etwas bräunen lassen. Dann der Soße beigeben. Mit Zitronensaft abschmecken.
Pro Portion etwa 309 Kalorien / 1294 Joule.

¾ l Rotwein, 50 g Butter, 2 EL Mehl, 2 Schalotten, Salz, Pfeffer, 1 Eßlöffel Zucker, Zitronensaft

Estragonsoße

In die fertige braune Grundsoße gibt man noch etwa 1 Tl feingehackte Estragonblätter und läßt sie 5–6 Minuten ziehen. Diese Soße wird nicht passiert. Eignet sich für Eierspeisen, Geflügel, Fleisch und Fisch. Beim Anrichten streut man noch extra feingehackten frischen Estragon auf das Gericht.
Pro Portion etwa 190 Kalorien / 800 Joule.

½ l braune Grundsoße, einige Stämmchen Estragon

Duxellessoße

Zwiebel, Petersilie und Champignons, sehr fein gehackt, in heißer Butter und Öl anrösten. Pfeffern und salzen. Mit brauner Grundsoße aufgießen, Tomatenpüree, eventuell etwas Weißwein beigeben und 10 Minuten kochen lassen.
Pro Portion etwa 205 Kalorien / 860 Joule.

½ l braune Grundsoße, 1 TL Tomatenpüree, 200 g Champignons, 1 Zwiebel, Petersiliengrün, 3 EL Öl, 20 g Butter, Salz, Pfeffer, ev. Weißwein

Gratiniersoße (Sauce gratin)

In heißer Butter die feingehackte Zwiebel anschwitzen, ebenso feingehackte Champignons. Mit Weißwein ablöschen, den Wein bis zur Hälfte einkochen lassen. Dann die braune Grundsoße dazugeben, das Tomatenmark einrühren und alles 3–4 Minuten kochen lassen. Abschmecken. Zum Schluß feingehacktes Petersiliengrün darüberstreuen.
Pro Portion etwa 205 Kalorien / 860 Joule.

½ l braune Grundsoße, 60 g gehackte Champignons, 2 Zwiebeln, 2 EL Weißwein, 20 g Butter, 1 TL Tomatenmark, Petersiliengrün

Madeirasoße

Braune Grundsoße wird mit Madeira, Weißwein und Tomatenmark kurze Zeit gekocht. Eignet sich besonders für Eierspeisen, warmen Schinken, gekochte Zunge.
Pro Portion etwa 200 Kalorien / 840 Joule.

½ l braune Grundsoße, 3 EL Madeira, 3 EL Weißwein, 2 EL Tomatenmark

Pfeffersoße

100 g Speck, 2 Zwiebeln, 2 Mohrrüben, ½ Glas Weinessig, 1 Gläschen Wein, ¼ l braune Grundsoße, weißer Pfeffer, Salz, 60 g Butter, 30 g Mehl, 1 EL Öl

30 g Butter und Öl erhitzen, darin feingeschnittene Zwiebeln, in dünne Scheiben geschnittene Mohrrüben und den würfelig geschnittenen Speck schmoren. Salzen und frisch gemahlenen Pfeffer dazugeben. Mit Weißwein und Essig ablöschen und mit der Grundsoße aufgießen und 5 Minuten langsam kochen lassen. Restliche Butter mit dem Mehl gut verkneten und unter ständigem Rühren mit dem Holzlöffel in die Soße geben. Glattrühren. Noch ca. 10 Minuten mehr ziehen als kochen lassen. Zu gebackenen Fischen, gegrilltem, gebratenem Fleisch.
Pro Portion etwa 200 Kalorien / 840 Joule.

Provenzalische Soße

½ l braune Grundsoße, 500 g Tomaten, 1 Zwiebel, 4 EL Öl, 1 kleine Knoblauchzehe, Salz, Pfeffer, Zucker, etwas Weißwein, Petersiliengrün

Die feingeschnittene Zwiebel in heißem Öl anbraten. Feste, reife Tomaten, geschält, entkernt und kleinwürfelig geschnitten, dazugeben und sehr rasch anrösten, ein Stück fein zerdrückten Knoblauch und feingehacktes Petersiliengrün beigeben, würzen, mit Weißwein ablöschen, verrühren, mit der braunen Grundsoße aufgießen und aufkochen.
Pro Portion etwa 250 Kalorien / 1045 Joule.

Sardellensoße

½ l braune Grundsoße, Petersiliengrün, 3 Sardellen, 1 Zwiebel, Zitronenschale, ¼ l Sauerrahm oder etwas mehr Sauermilch

Eine braune Grundsoße bereiten, darin die feingeschnittene Zwiebel andünsten lassen, dann die entgräteten und feingehackten Sardellen, die feingeschnittene Zitronenschale (oder fein gerieben) und gehacktes Petersiliengrün dazugeben und gut verkochen. Zuletzt mit dem Sauerrahm kurz aufwallen lassen.
Pro Portion etwa 195 Kalorien / 810 Joule.

Zwiebelsoße

½ l braune Grundsoße, 5 mittlere Zwiebeln, 40 g Butter, ⅛ l Rotwein, Salz, Pfeffer

Die in Streifen geschnittenen Zwiebeln in der heißen Butter hellgelb rösten, dann im zugedeckten Topf ca. 15 Minuten weichdämpfen. Passieren. Das passierte Zwiebelpüree mit der Grundsoße verrühren, Rotwein dazurühren und weitere 5 Minuten kochen lassen. Mit Salz und Pfeffer abschmecken. Man kann zusätzlich mit etwas Paprika würzen. Eignet sich zu Hammelfleisch, gekochtem und gebratenem Rindfleisch und Eierspeisen.
Pro Portion etwa 280 Kalorien / 1170 Joule.

WEISSE SOSSEN

Béchamelsoße für 1 Tasse

In heißer Butter das Mehl anschwitzen, dann die Milch dazurühren, dabei ständig mit dem Schneebesen einschlagen, bis die Soße zu kochen beginnt. Mit den Gewürzen abschmecken.
Pro Portion etwa 450 Kalorien / 1885 Joule.

2 Eßlöffel Butter, 3 Eßlöffel Mehl, 1 Tasse Milch, Salz, Pfeffer, Muskat

Béchamelsoße

In heißer Butter das Mehl langsam und ganz leicht anschwitzen lassen, bis das Ganze zu steigen beginnt. Das Mehl darf dabei keinerlei Farbe annehmen. Dann die kalte Milch mit dem Schneebesen unter ständigem Rühren dazugießen, aufkochen lassen und dabei glattrühren. Langsam kochen lassen (ca. 15–20 Minuten). Die Menge der Milch hängt davon ab, ob man eine dünnere oder dickere Grundsoße benötigt. Salzen und pfeffern und mit geriebenem Muskat würzen. Bei kleinster Hitze auskochen lassen. Mit Zitronensaft und Sahne abschmecken. Man kann auch eine kleine Zwiebel, mit 1 bis 2 Gewürznelken gespickt, und ⅛ Lorbeerblatt mitkochen und die Soße dann durch ein Spitzsieb passieren.
Man kann die Béchamelsoße, wenn man sie als eigene Soße verwendet, auch mit 1–2 Eigelb binden. Man verwendet sie vor allem zum Gratinieren von Gemüse-, Fisch- und Fleischgerichten.
Pro Portion etwa 450 Kalorien / 1885 Joule.

60 g Butter, 60 g Mehl, ¼–½ l Milch, Salz, Muskat, Pfeffer, Zitronensaft, 1 Eßlöffel Sahne

Samtsoße, Weiße Grundsoße

In heißer Butter das Mehl ca. 3 Minuten lang hellblond anschwitzen lassen. Das Mehl darf dabei keinerlei Farbe annehmen. Sobald die Mehlschwitze zu schäumen beginnt, die Brühe mit dem Schneebesen dazurühren, aufkochen und langsam auskochen lassen. Dabei ständig rühren. Mit den Gewürzen abschmecken und durch ein Tuch passieren.
Pro Portion etwa 85 Kalorien / 355 Joule.

40 g Butter, 40 g Mehl, ½ l Brühe (Fleisch- oder Geflügelbrühe), Salz, Pfeffer, Muskat, Zitronensaft

Weiße Hausfrauen- oder Bastardsoße

30 g Butter, 30 g Mehl, ¼ l heißes Wasser, Salz, Pfeffer, Muskat, 1–2 Eigelb, 50–150 g Butter, Zitronensaft oder Weinessig

Butter zerlassen und das Mehl darunterrühren. Vom Feuer ziehen und ¼ l kochendes Wasser mit dem Schneebesen darunterrühren. Ein Eigelb einrühren, salzen, pfeffern, etwas frisch geriebenen Muskat dazugeben. Dann bis zum Kochen erhitzen und dabei ständig mit dem Schneebesen rühren. Nicht kochen lassen. Vom Feuer nehmen und nach Wunsch Butter dazurühren. Mit etwas Zitronensaft oder Weinessig abschmecken.
Pro Portion etwa 85 Kalorien / 355 Joule.

Deutsche Soße

½ l Samtsoße, ¼ helle Kalbs- oder Geflügelbrühe, etwas Champignonsud, 1 Eigelb, Salz, Pfeffer, Zitronensaft, 20 g Butter, 2 EL Sahne

Samtsoße, Brühe, Champignonsud und Eigelb in einem Topf sehr gut verrühren. Salzen und pfeffern. Dann bei starker Hitze unter ständigem Rühren um ein Drittel einkochen (bis die Soße den Holzlöffel deckt). Vom Feuer nehmen, mit Salz, Pfeffer und Zitronensaft abschmecken, durch ein Tuch passieren und mit frischer Butter und Sahne vollenden.
Pro Portion etwa 820 Kalorien / 3433 Joule.

Geflügelcremesoße (Sauce suprême)

Samtsoße aus 50 g Butter, 60 g Mehl, ¾ l Hühnerbrühe, 100 g Champignons; Salz, weißer Pfeffer, Zitronensaft, Muskat, ¹⁄₁₆ l Sahne, 2 Eigelb

Aus Butter, Mehl und Hühnerbrühe eine Samtsoße bereiten, dabei die feingehackten Champignons mitkochen lassen. ½ Stunde langsam weiterkochen. Dann durch ein Tuch passieren. Würzen. Zuletzt mit Sahne und Eigelb, gut verquirlt, binden. Nachwürzen. Man kann diese Soße auch noch abseits der Hitze mit einem Stück frischer Butter verfeinern (»montieren«).
Pro Portion etwa 143 Kalorien / 600 Joule.

Dillsoße

60 g Butter, 1 Zwiebel, 40 g Mehl, 4 EL gehacktes Dillkraut, ¼–½ l Fleischbrühe, Salz, Pfeffer, Muskat, 2 EL saure Sahne, Prise Zucker, Essig

Die feingeschnittene Zwiebel in heißer Butter anschwitzen, das Mehl beigeben und anschwitzen, mit Brühe aufgießen und die Hälfte des gehackten Dillkrautes beigeben. Zirka 10 Minuten lang kochen lassen. Vom Feuer nehmen. Würzen und passieren. Mit saurer Sahne verrühren und abschmecken. Mit dem restlichen Dillkraut, in wenig Essigwasser mit Prise Zucker aufgekocht, vollenden.
Pro Portion etwa 125 Kalorien / 523 Joule.

Fischgrundsoße (Fischveloute)

Wird wie die Samtsoße bereitet, statt weißem Fond gießt man mit einem Fischfond auf. Langsam auskochen lassen und dann durch ein Tuch passieren.
Pro Portion etwa 85 Kalorien / 355 Joule.

40 g Butter, 40 g Mehl, ¼–½ l Fischfond

Eiersoße

Aus Butter, Mehl und Milch eine Béchamelsoße bereiten. Mit Salz, Pfeffer, Muskat und Zitronensaft würzen. Mit gehackter Petersilie und gehacktem Eigelb verrühren. Eventuell nach Bedarf mit Sahne verdünnen. Eignet sich zu Seefischfilets (Kabeljau, Schellfisch), gekocht und gedämpft, zum Gratinieren von Fisch-, Fleisch- und Gemüsegerichten.
Pro Portion etwa 330 Kalorien / 1260 Joule.

40 g Butter, 40 g Mehl, ½ l Milch, ½ Zitrone, Salz, Pfeffer, Muskat; 2 TL gehacktes Petersiliengrün, 2 hartgekochte Eier, Sahne

Estragonsoße

Aus Butter, Mehl und Brühe eine helle Samtsoße bereiten. Mit Eigelb und Sahne, gut verquirlt, binden und mit gehackten frischen Estragonblättern vollenden.
Pro Portion etwa 145 Kalorien / 607 Joule.

30 g Butter, 30 g Mehl, ¼ l helle Brühe; 1 Eigelb, ⅛ l Sahne, 2 TL gehackte Estragonblätter

Fischsoße

Aus Butter, Mehl und Fischsud eine weiße Grundsoße bereiten. Mit Sahne und Eigelb, gut verquirlt, binden, Soße noch einmal erhitzen, bis sie dick geworden ist. Mit Salz, Pfeffer, Muskat und Zitronensaft würzen und abschmecken. Passieren und mit gehacktem Dillkraut vollenden. Sofort servieren.
Pro Portion etwa 525 Kalorien / 2200 Joule.

40 g Butter, 40 g Mehl, ¼–½ l Fischsud (aus Fischabfällen, Gräten), ⅛ l Sahne, 2 Eigelb, Salz, Pfeffer, Zitronensaft, gehacktes Dillkraut

Kapernsoße

Eine Hausfrauensoße bereiten, mit dem auf das Doppelte verdünnten Weißwein löschen und 10 Minuten ganz leicht kochen lassen. Die kleingehackten Kapern beigeben, auch den Saft dazumischen. Mit Prise Salz, Pfeffer und Muskat abschmecken. Mit Sahne und Eigelb binden. Man kann auch saure Sahne verwenden. Eignet sich zu Kalbs- und Lammfleisch und Fischen.
Pro Portion etwa 380 Kalorien / 1600 Joule.

Hausfrauensoße aus 40 g Butter, 30 g Mehl, 1/16 l Weißwein, ¼ l Wasser, Salz, Pfeffer, Muskat, 1–2 EL Kapern, 1 Eigelb, ⅛ l Sahne

Champignonsoße

40 g Butter, 40 g Mehl, ¼–½ l Kalbsknochen- oder Geflügelbrühe, ½ Zwiebel, Petersiliengrün, 150 g Champignons, 20 g Butter, ¹⁄₁₆ l Weißwein, Salz, Pfeffer, Muskat, Zitronensaft, 1 Eigelb, ¹⁄₁₆ l Sahne

Aus Butter, Mehl und Brühe eine helle Grundsoße bereiten. Die gewaschenen, geputzten Champignons in feine Scheiben schneiden. In Butter feingeschnittene Zwiebel anschwitzen, die Champignons und gehacktes Petersiliengrün beigeben und andünsten. Mit Weißwein aufgießen und 5 Minuten langsam auf kleinem Feuer gar dämpfen. Das Ganze in die Grundsoße einrühren, mit Salz, Pfeffer, Muskat und Zitronensaft würzen und abschmecken. Die Soße noch einmal erhitzen, das mit Sahne verquirlte Eigelb dazurühren. Eignet sich zu Kalbfleisch- und Geflügelgerichten und Gemüsespeisen.

Käsesoße

½ l helle Grundsoße, 250 g geriebener Käse, Salz, Pfeffer, Muskat, Zitronensaft

In die helle Grundsoße den geriebenen Käse verrühren, bis er sich gelöst hat. Mit Salz, Pfeffer, Muskat und Zitronensaft abschmecken. Man kann auch gehacktes, frisches Kerbelkraut dazugeben. Zu Fisch, Teigwaren und Eiergerichten.
Pro Portion etwa 360 Kalorien / 1505 Joule.

Knoblauchsoße

50 g Fett, 40 g Mehl, 4–6 Knoblauchzehen, Petersiliengrün, ½ Zwiebel, ½ l Knochenbrühe, Salz, Pfeffer

Das Mehl in der heißen Butter leicht anschwitzen lassen, die feinzerdrückten Knoblauchzehen beigeben, ebenso etwas feingeschnittene Zwiebel und gehacktes Petersiliengrün. Alles unter ständigem Rühren anschwitzen lassen und kurz anrösten. Dann mit der Brühe aufgießen, glatt verrühren und die Soße gut verkochen lassen. Mit Salz und Pfeffer nachwürzen und abschmecken.
Pro Portion etwa 115 Kalorien / 480 Joule.

Meerrettichsoße

½ l weiße Grundsoße, 1–2 EL geriebener Meerrettich, 2 EL Sahne, Prise Zucker, Salz

Aus Butter, Mehl, Brühe eine helle Grundsoße bereiten, den gerissenen Meerrettich dazugeben, kurz aufwallen lassen, aber nicht mehr kochen; würzen und abschmekken. Mit etwas Sahne vollenden, damit die Soße milder wird. Sie kann auch mit einem Stück frischer Butter verfeinert werden.
Pro Portion etwa 185 Kalorien / 775 Joule.

Kräutersoße

Aus Butter, feingeschnittener Zwiebel, Mehl und Brühe eine Grundsoße bereiten. ½ Stunde auf schwachem Feuer verkochen lassen. Würzen, gehackte Kräuter beigeben und mit Sahne oder einem Stück frischer Butter vollenden. Eignet sich zu pochierten oder hartgekochten Eiern, gegrilltem Fleisch, gebratenem Fisch. Die Kräuter kann man nach Wunsch wählen (Estragon, Kerbel, Schnittlauch, Petersiliengrün, Salbei). Man kann auch Pilze (frische oder aus der Dose) mitkochen und erhält dann eine **Kräuter-Pilz-Soße.**
Pro Portion etwa 105 Kalorien / 440 Joule.

40 g Butter, 40 g Mehl, ¼–½ l Kalbsknochenbrühe, 1–2 kleine Zwiebeln, Salz, Pfeffer, Zitronensaft, 20 g Butter oder ⅛ l Sahne, 2 TL gehackte Kräuter

Mornaysoße (Sauce Mornay, Käsesoße)

Aus den angegebenen Zutaten eine Béchamelsoße bereiten, Sahne und geriebenen Käse in die fertige, etwas überkühlte Béchamelsoße einrühren. Mit Eigelb und Gewürzen sowie Butter vollenden. Darf nicht mehr kochen und muß sofort verwendet werden. Wird hauptsächlich zum Gratinieren von Fisch-, Fleisch- und Gemüsegerichten verwendet.
Pro Portion etwa 500 Kalorien / 2095 Joule.

½ l Béchamelsoße aus 40 g Butter, 40 g Mehl, ½ l Milch, Salz, Pfeffer, 2 Eigelb, ¼ l Sahne, 2 EL geriebener Parmesan, Butter

Sardellensoße

Aus Butter, Mehl und Brühe eine helle Grundsoße bereiten. Die Sardellenpaste darunterrühren, mit Butter vollenden. Zum Schluß die entgräteten, feingewiegten Sardellenfilets beigeben. Die Sardellenfilets muß man zuvor 1 Stunde entwässern. Eignet sich zu gekochtem und gedämpftem Fisch, zu Fleischklößchen, Kalbsbraten und Zunge.
Pro Portion etwa 472 Kalorien / 1975 Joule.

Béchamelsoße aus 40 g Butter, 40 g Mehl und ½ l Kalbsknochenbrühe (oder Fischsud); 2 TL Sardellenpaste, 30 g Butter, 3 Sardellenfilets

Weißweinsoße

Aus Mehl und Butter eine helle Mehlschwitze bereiten und mit dem Fischfond aufgießen. Den Saft einer halben Zitrone beigeben und das Ganze langsam 10 Minuten kochen lassen. Dann passieren. Vom Feuer nehmen, mit Sahne und Eigelb, gut verquirlt, binden. Nach Bedarf nachwürzen. Nach Wunsch mit einem Stück frischer Butter verfeinern.
Pro Portion etwa 389 Kalorien / 1630 Joule.

½ l Fischfond, 30 g Butter, 40 g Mehl, ⅛ l Weißwein, ½ Zitrone, 3 EL Sahne, 1 Eigelb

TOMATENSOSSEN

Tomatensoße

½ l Tomatenpüree oder ¼ l Tomatenkonzentrat, 50 g Räucherspeck, 1 Zwiebel, 1 Stück Lauch (Weißes), ¼ Sellerieknolle, 1 Zweig Thymian, 1 Lorbeerblatt, 1 Knoblauchzehe, 25 g Mehl, 2 EL Öl, 2 Stück Würfelzucker, Salz

Das würfelig geschnittene Gemüse und den würfelig geschnittenen Speck in heißem Öl anlaufen lassen. Das Mehl beigeben. 5 Minuten schwitzen lassen, dabei rühren. Dann das Tomatenpüree beigeben, etwas anrösten. Mit ¾ l Wasser aufgießen, zerdrückten Knoblauch, Lorbeerblatt und Thymian beigeben. Mit Salz, Pfeffer und Prise Zucker würzen. Aufkochen und dann bei kleinem Feuer zugedeckt langsam auskochen (ca. 1 Stunde). Passieren, abschmecken. Mit frischer Butter verfeinern.
Pro Portion etwa 460 Kalorien / 1925 Joule.

Soße von frischen Tomaten

500 g reife Tomaten, 2 kleine Zwiebeln, 1 Knoblauchzehe, 1 Kräutersträußchen (Petersilie, Thymian, Lorbeerblatt), 30 g Butter, 30 g Mehl, Salz, Pfeffer, Zucker

Feingeschnittene Zwiebeln in heißem Fett anlaufen lassen. Petersilie, Thymian und Lorbeerblatt beigeben, mit Mehl stauben. Die von den Stielen befreiten, geviertelten Tomaten beigeben, durchrühren, würzen und zugedeckt bei mäßiger Hitze 20 Minuten kochen lassen, bis die Tomaten weich sind. Dann durch ein feines Sieb streichen (oder durch die Gemüsemühle treiben). Das so erhaltene Tomatenpüree wieder in den Topf geben, kurz kochen lassen, damit das Wasser verdunstet. Mit frischer Butter vervollständigen. Sollte die Soße zu dick sein, kann man etwas Fleischbrühe beigeben.
Pro Portion etwa 420 Kalorien / 1840 Joule.

Tomatensoße (einfache Art)

1000 g Tomaten, Öl, Zwiebeln, ¼ l Weißwein, Salz, Pfeffer, Zucker

Reife, feste Tomaten in heißes Wasser tauchen, abschälen, halbieren, entkernen. In heißer Butter (oder Öl) etwas feingeschnittene Zwiebel anrösten, die Tomaten beigeben, mit Weißwein aufgießen und mit einer Prise Salz und Zucker gut verkochen lassen. Mit etwas Pfeffer würzen.
Pro Portion etwa 460 Kalorien / 1925 Joule.

Fisch auf italienische Art Rezept Seite 107

Seezunge auf bretonische Art

Rezept Seite 115

BUTTERSOSSEN

Holländische Soße (Sauce hollandaise)

Eigelb mit Brühe oder Wasser und den Gewürzen im Wasserbad mit dem Schneebesen zu einer cremigen Masse schlagen. Vom Feuer ziehen und die zerlassene, leicht überkühlte Butter nach und nach langsam mit dem Schneebesen einrühren. Mit Zitronensaft und den Gewürzen abschmecken. Die Soße darf nie zu heiß werden, sonst gerinnt sie. Zum Schluß passieren. Wird gern zu Fisch-, Gemüse- und Eiergerichten serviert. Immer sofort servieren. Diese Soße ist eine Grundsoße und kann beliebig durch verschiedene Zutaten abgewandelt werden.
Pro Portion etwa 260 Kalorien / 1090 Joule.

2 Eigelb, 2 EL kalte Fleischbrühe oder Wasser, 1 TL Zitronensaft, Prise Salz, Cayennepfeffer, 90—150 g weiche Butter

Falsche Holländische Soße

Mehl wird in der zerlassenen Butter leicht angeröstet, aber nicht gebräunt. Mit 6/10 l kaltem Wasser aufgießen und 20 Minuten unter ständigem Rühren mit der Schneerute zu einer sämigen, glatten Soße kochen. Vom Feuer ziehen und das mit Sahne verquirlte Eigelb nach und nach dazugeben und die Soße damit binden. Bis fast zum Kochen bringen, wieder vom Feuer nehmen und mit frischer Butter vollenden. Mit Salz und Zitronensaft abschmecken. Sofort verwenden.
Mit dieser falschen Holländischen Soße, die schneller und einfacher als die echte herzustellen ist, allerdings nicht so köstlich ist, kann man auch alle folgenden Ableitungen der echten Holländischen Soße herstellen.
Pro Portion etwa 260 Kalorien / 1090 Joule.

40 g Butter, 30 g Mehl, 3 Eigelb, 1/10 l Sahne, 150 g Butter, Zitronensaft

Schaumsoße (Musselinesoße)

Eine sehr dick gehaltene Holländische Soße mit einigen Löffel Sahne gut verrühren. Eignet sich für gekochten Fisch und feines Gemüse. Oder 2 Eßlöffel Mehl in 3 Eßlöffel heißem Öl anschwitzen, mit ½ l Brühe aufgießen, mit Salz, Pfeffer, Zitronensaft würzen. Während des Kochens weiterrühren. Vom Feuer nehmen, mit 1 Eigelb binden und mit 1—2 Eßlöffel Sahne vervollständigen.
Pro Portion etwa 300 Kalorien / 1225 Joule.

1 Tasse Sauce hollandaise, 2—4 EL Sahne

Béarnaisesoße (Béarner Soße)

2–3 Eigelb, 150–200 g Butter, ½ Zitrone, Worcestershiresauce, Cayennepfeffer, Salz, Petersilienblätter, Estragonblätter
Reduktion: 1 kleine Zwiebel oder 2 EL feingeschnittene Schalotten, 3–4 weiße zerdrückte Pfefferkörner, Estragon-, Kerbel- und Petersilienstengel, ¼ Lorbeerblatt, 4 EL Kräuteressig (oder Weinessig), 4 EL Weißwein

Diese Soße muß dicker und etwas fester als die Holländische Soße sein.
Reduktion: Alle Zutaten der Reduktion sehr langsam einkochen lassen, bis nur mehr gut ein Eßlöffel Flüssigkeit übrigbleibt. Diese durch ein feines Spitzsieb gießen und erkalten lassen.
Das Eigelb in einen Schneekessel geben, die geseihte Reduktion dazugeben, ebenso etwas Zitronensaft und Worcestershiresauce. Im Wasserbad (oder über einer kleinen Flamme) vorsichtig ununterbrochen zu einer dickcremigen Soße schlagen. Zum Schluß Cayennepfeffer, Salz und gehackte Kräuter beigeben. Man achte dabei, daß die Soße nie zu heiß wird, weil sie sonst sehr leicht gerinnt. Zum Schluß vom Feuer ziehen und die zerlassene Butter nach und nach einrühren. Warm, aber nicht heiß stellen. Zu Grill-, Eier- und Fischgerichten.
Pro Portion etwa 300 Kalorien / 1225 Joule.

Béarnaisesoße (Béarner Soße) **auf einfache Art**

1 Tasse Weißwein, 1 Tasse Weinessig, 2 Eßlöffel feingehackte Kräuter (Estragon, Kerbel, Schalotten), etwas Salz, Pfeffer, Thymian, Zitronensaft, Paprika (edelsüß), 100 g Butter, 3 Eigelb, 1–2 Eßlöffel Wasser

Wein, Essig und feingehackte Kräuter vermengen, die Gewürze dazugeben, auf die Hälfte einkochen. Eigelb und etwas Wasser verrühren, ebenso die Butter, mit dem Schneebesen in die gekochte Wein-Essig-Mischung einschlagen. Würzen und abschmecken.
Pro Portion etwa 300 Kalorien / 1260 Joule.

KALTE SOSSEN

Kalte Soßen werden in erster Linie als Beilage verwendet und bilden oft eher einen Kontrast als die Ergänzung zum Hauptgericht. Sie werden zu warmen und kalten Fleisch- und Fischgerichten, zu Eier- und Gemüseplatten verwendet.
Die Grundlage der meisten kalten Soßen ist die Mayonnaise.

Mayonnaise

2 Eigelb, ½ TL Essig oder Zitronensaft, Prise Salz, ¼ l Öl

Eigelb und Öl müssen Zimmertemperatur haben, Öl und Eier natürlich von bester Qualität sein.
Eigelb in einer Porzellanschüssel mit Salz, Pfeffer, Essig bzw. Zitronensaft gut verrühren. (Man kann nach Wunsch oder Rezept auch etwas Senf, etwas weißen Pfeffer und eine Spur Zucker dazurühren.) Dann gibt man das Öl unter ständigem Rühren tropfenweise dazu. Erst wenn die Mayonnaise beginnt, sich zu binden, das heißt dicker zu werden, läßt man das restliche Öl in schwachem Strahl dazufließen. Damit die Mayonnaise eine bessere Haltbarkeit bekommt, kann man 1 TL kochendes Wasser dazurühren. Eventuell nachwürzen.
Eine häufige Ursache des Gerinnens der Mayonnaise ist zu kaltes Öl oder das zu rasche Zugießen von Öl.
Um eine geronnene Mayonnaise wieder fest zu machen, gibt man 2 Eßlöffel der geronnenen Mayonnaise in ein kleines Geschirr und rührt, während das Geschirr in einem heißen Wasserbad steht, einen Eßlöffel kochende Brühe oder kochenden Essig rasch dazu. Die Masse wird sich sofort wieder binden. Die restliche geronnene Mayonnaise kann man wieder langsam dazurühren.
Oder man kann extra ein frisches Eigelb glattrühren und dann tropfenweise die geronnene Mayonnaise dazu einrühren.
Diese Mayonnaise wird zu verschiedenen Arten von Soßen verwendet und je nach Art des Rezeptes mit Kräutern und Gewürzen versetzt, gefärbt bzw. entsprechend verdünnt.
Pro Portion etwa 620 Kalorien / 2595 Joule.

Mayonnaise, im Mixer bereitet

2 ganze Eier, ⅓ l Öl, 1 EL Senf, Salz, weißer Pfeffer, Zitronensaft oder Estragonessig, Prise Zucker

Eigelb, Eiweiß, Gewürze und etwas Öl mit der zweiten Stufe glattrühren, dann langsam das restliche Öl bei laufendem Gerät beigeben, bis die Masse schaumig wird. Nachwürzen.
Eine besonders leicht verdauliche, fettarme Mayonnaise bekommt man, wenn man einer fertigen Mayonnaise etwa ⅓ der Menge kalte dicke Béchamelsoße beigibt und gut verrührt.
Bei im Handel erhältlichen Fertigprodukten ist zu beachten, daß diese Fertigmayonnaise meist schon stark gewürzt ist.
Pro Portion etwa 600 Kalorien / 2520 Joule.

Mayonnaise, gestreckt

1 Eigelb, 1 EL Zitronensaft, Salz, ⅛ l Öl, 1 EL Stärkemehl, ⅛ l Milch oder Fleischbrühe

Eigelb und Zitronensaft gut verquirlen, salzen, das Öl tropfenweise dazurühren und die Mayonnaise bereiten. Stärkemehl mit der kalten Flüssigkeit abrühren, zum Kochen bringen, 3—4 Minuten kochen. Dann abgekühlt löffelweise der fertigen Mayonnaise einrühren. Ist nicht so lange haltbar!
Pro Portion etwa 200 Kalorien / 840 Joule.

Mayonnaise, warm geschlagen

2 Eier, 2 EL Öl, 2 EL Sahne, 1 EL Essig, Salz

Eier, Öl, Sahne, Essig und Salz in einer feuerfesten Schüssel verrühren und im heißen Wasserbad zu einer dickflüssigen Soße schlagen. Dann unter zeitweiligem Rühren erkalten lassen und wie die Mayonnaise verwenden.
Pro Portion etwa 300 Kalorien / 1260 Joule.

Aspikmayonnaise

Wird vor allem zum Überziehen von kalten Fischen, Eiern und Salaten verwendet, zum Binden von Gemüse- und Fleischsalaten, die dann in Formen gefüllt und nach dem Erkalten gestürzt werden. Oder zum Binden von Salaten, die dann in Aspik (Gelee) gesetzt werden.
Man nimmt die nötige Menge fester Mayonnaise, die mit der halben Menge flüssigem, aber kaltem Gelee verrührt wird. Das Gelee wird zu diesem Zweck flüssig gemacht, dann kalt gerührt und, bevor es zu stocken beginnt, langsam in die fertige Mayonnaise eingerührt. Dann wird die Aspikmayonnaise auf Eis langsam kalt gerührt, bis sie dickflüssig wird. Damit kann man die vorbereiteten, gut gekühlten Speisen glacieren (überziehen).
Aspikmayonnaise kann auch gefärbt werden, zum Beispiel mit Tomatenmark oder mit Spinatsaft, bzw. mit einer Einlage versehen werden.

Quarkmayonnaise

1 Eigelb, ⅛ l Öl, Salz, Zitronensaft, 125 g Quark, 2—3 EL Sahne, weißer Pfeffer, Salz, Zucker

Aus Eigelb, Salz, Zitronensaft und Öl eine feste Mayonnaise bereiten. Den passierten, mit Sahne abgerührten Quark löffelweise der Mayonnaise einrühren. Mit Pfeffer, Spur Zucker, Salz und Zitronensaft abschmecken.
Pro Portion etwa 200 Kalorien / 840 Joule.

Mayonnaisesoßen

Für die folgenden Mayonnaisesoßen wird eine fertige Mayonnaise mit Essig- oder Gurkenwasser oder noch besser mit etwas saurer Sahne oder leicht geschlagener Sahne etwas verdünnt. Durch Beigabe von Pürees aus Gemüse, Gänseleber, Konservenfischen, Krustentieren, Wild etc. wird die Mayonnaise in Farbe und Geschmack beliebig abgewandelt und variiert.

Cocktailsoße

1 Tasse Mayonnaise, 2 EL Sahne, 4 EL Tomatenketchup, 2 TL Kognak

Die fertige Mayonnaise mit Sahne, Tomatenketchup und dem Kognak gut verrühren.
Man kann die Cocktailsoße je nach Rezept variieren durch weitere Beigabe von gerissenem Meerrettich, Zitronensaft, trockenem Sherry, aber auch saurer Sahne, einer Prise Zucker und feingehackter Brunnenkresse.
Pro Portion etwa 665 Kalorien / 2784 Joule.

Kaviarsoße

1½ Tassen Mayonnaise, 2 TL Deutscher Kaviar, Zitronensaft, Salz

Mayonnaise mit Kaviar und Salz mischen, vorsichtig mit etwas Zitronensaft abschmecken.
Pro Portion etwa 228 Kalorien / 954 Joule.

Vinaigrettesoße (Essig-Kräuter-Soße)

1 hartgekochtes Ei, 4 Stück Kapern, 1 Gewürzgurke, Petersiliengrün, 1 kleine Zwiebel, 2 EL Öl, 2 EL Essig, Msp Senf, Salz, Pfeffer, Worcestershiresauce, Zucker

Ei, Kapern, Gewürzgurke, Petersilie und Zwiebel sehr fein hacken, mit Öl und Senf nicht zu dünn verrühren, mit Salz, Pfeffer, Worcestershiresauce und einer Prise Zucker würzen. Zu kalten Fischgerichten, auch für Kalbskopf, Zunge und Gemüsevorspeisen.
Insgesamt etwa 190 Kalorien / 800 Joule.

Tatarensoße

1 Beutel Mayonnaise, 1 Gewürzgurke, 1 hartgekochtes Ei, 1–2 TL gerissener Meerrettich, 1 TL Senf, 1 TL gehackte Kapern, etwas feingeschnittener Schnittlauch

In die fertige Mayonnaise rührt man Ei, Gurke, Kapern und Schnittlauch, alles sehr fein gehackt, rührt außerdem Senf und gerissenen Meerrettich dazu. Abschmekken und eventuell nachwürzen.
Insgesamt etwa 715 Kalorien / 2993 Joule.

Ravigotesoße

1½ Tassen Mayonnaise, gehackte Kräuter (Kerbel, Estragon, Petersilie, Spinatblätter), 1–2 EL Joghurt

Alle Zutaten gut vermischen und ziehen lassen.
Pro Portion etwa 200 Kalorien / 840 Joule.

Remouladensoße

1½ Tassen Mayonnaise, 1 TL gehackte Kapern, 2–3 gehackte Gewürzgurken, 1 TL gehackte Kräuter, ½ TL Sardellenpaste

Alle Zutaten mit der Mayonnaise gut verrühren, mit Zitronensaft und Sardellenpaste (nach Wahl) abschmecken.
Pro Portion etwa 238 Kalorien / 995 Joule.

Tiroler Soße

3 Eigelb, ⅛ l Öl, Salz, Zitronensaft, 2 EL Tomatenmark, Petersilie, Pfeffer, Zucker

Aus Eigelb und Öl eine feste Mayonnaise bereiten. Mit Salz und Zitronensaft abschmecken, mit Tomatenmark färben und etwas gehacktes Petersiliengrün darunterrühren. Mit frisch gemahlenem Pfeffer und Prise Zucker abschmecken. Eignet sich zu gegrilltem Rind-, Kalb- und Lammfleisch, zu hartgekochten Eiern und gekochtem Gemüse.
Die Tiroler Soße kann man auch bereiten, indem man eine Mayonnaise mit Tomatenketchup oder Tomatenpüree verrührt und mit Salz, Pfeffer, Estragon, Prise Zucker abschmeckt.
Insgesamt etwa 585 Kalorien / 2445 Joule.

NATIONALE SOSSEN

Schnittlauchsoße

2 Eier, 2 EL Sahne oder Milch, 2 EL Olivenöl, 1–2 EL Essig (oder Zitronensaft), Salz, 2 EL Schnittlauch

Eier und Sahne verquirlen, mit Öl, Essig und Salz im Wasserbad warm schlagen, bis eine dickflüssige Creme entsteht. Dann aus dem Wasserbad nehmen und kalt schlagen. Bei Bedarf nachwürzen. Vor dem Auftragen den feingeschnittenen Schnittlauch darunterrühren.
Oder 6 hartgekochte Eigelb mit eingeweichten Brötchen, etwas Essig, 6 EL Öl, Salz, Pfeffer und 2 EL feingehacktem Schnittlauch verrühren.
Etwa 515 Kalorien / 2155 Joule.

Apfel-Meerrettich-Soße (»Apfelkren«)

2–3 Äpfel, ½ Zitrone, 1 EL Zucker, Essig, 2–3 EL gerissener Meerrettich

Die gewaschenen Äpfel schälen, halbieren, entkernen, mit Zitronensaft beträufeln und mit wenig Wasser und Zucker im Rohr gar dämpfen. Passieren und abkühlen lassen. Mit einem Spritzer Essig abschmecken. Zum Schluß den gerissenen Meerrettich darunterrühren, ein bis zwei Stunden im Kühlschrank ziehen lassen.
Man kann die Soße auch mit rohen Äpfeln bereiten: Die geschälten, rohen Äpfel fein reißen, mit Zitronensaft beträufeln, mit dem gerissenen Meerrettich und etwas Olivenöl gut verrühren, mit Salz und Zucker würzen und abschmecken. Dazu kann man auch noch 50 g Mandeln, abgezogen, gehackt oder grob gemahlen, dazugeben.
Pro Portion etwa 200 Kalorien / 840 Joule.

Bolognaiser Soße

50 g Rohschinken (oder magerer Rauchspeck), 250 g gehacktes Rindfleisch, 1 Zwiebel, 2 Mohrrüben, 1 Stück Sellerieknolle, 2 EL Öl, 20 g Champignons, 1 dl Rotwein, 200 g Tomatenpüree, 2 dl Fleischbrühe, 10 g Mehl, geriebener Thymian, Majoran und Muskat

Zwiebel, Mohrrüben, Sellerie in feine Streifen schneiden und in heißem Öl goldgelb rösten. Das gehackte Fleisch und den gehackten Schinken beigeben, ebenfalls anschwitzen. Mit Salz und Pfeffer würzen. Mit dem Rotwein aufgießen und bis zum Verdunsten kochen lassen. Dann vom Feuer ziehen, das Mehl beigeben, ebenso das Tomatenpüree und die Fleischbrühe. Mit Majoran, Muskat und Thymian würzen und langsam kochen lassen, bis eine dicke, püreeartige, aber geschmeidige Soße entsteht. Zum Schluß abschmecken.
Pro Portion etwa 300 Kalorien / 1260 Joule.

Semmel-Meerrettich-Soße (»Semmelkren«)

3 altbackene Schneidsemmeln (Brötchen), ca. ¼ l Fleischbrühe, ⅒ l Sahne, 1 KL Zucker, Salz, Worcestershiresauce, 20 g Butter

Entrindete Semmeln (Brötchen) kleinschneiden und mit kalter Fleischbrühe begießen. Sobald sie ganz aufgeweicht sind, zum Kochen bringen, dabei mit der Schneerute breiartig zerschlagen, bis sie ganz glatt werden. Gerissenen Meerrettich, Sahne, Zucker, Prise Salz und etwas Worcestershiresauce beigeben. Ganz zum Schluß frische Butter beigeben. Sobald der Meerrettich dazugegeben wird, darf die Soße nicht mehr kochen. Je länger man die Soße am Feuer läßt, desto milder wird sie. Wird zu gekochtem Rindfleisch serviert.
Pro Portion etwa 200 Kalorien / 840 Joule.

Cumberlandsoße

2–4 EL Preiselbeerkompott, 250 g Johannisbeergelee, 2 EL Madeira- oder Portwein, 2–3 EL Rotwein, ½ Zitrone, 1 Orange, 1 Msp englischer Senf, Worcestershiresauce, Cayennepfeffer

Preiselbeerkompott passieren, mit Johannisbeergelee verrühren und mit etwas Rotwein verdünnen. Dann den Saft von ½ Zitrone und ½ Orange sowie etwas Senf und Worcestershiresauce dazurühren. Einige dünne Streifen Zitronenschale und die Schale einer halben Orange sehr dünn schneiden und mit etwas Wasser weich kochen. Das Wasser abgießen und mit dem restlichen Rotwein und etwas Zucker noch einmal aufkochen. Dann in die Soße einrühren. Würzen und mindestens einige Stunden im Kühlschrank kalt stellen. Man kann statt Cayennepfeffer auch eine Prise geriebenen Ingwer beigeben. Eignet sich vorzüglich zu kaltem Wild (feinen Pasteten und Wildgeflügel). Man kann diese Cumberlandsoße statt mit Preiselbeerkompott auch mit Hagebuttenmarmelade fertigen.
Pro Portion etwa 208 Kalorien / 870 Joule.

Essig-Meerrettich-Soße

3 EL gerissener Meerrettich, 2 EL Olivenöl, Salz, Zucker, Pfeffer, Essig, 2 EL Bouillon

Den Meerrettich reißen, mit Essig und Öl befeuchten, mit Zucker, weißem Pfeffer und Salz würzen, dann mit heißer, entfetteter Fleischbrühe übergießen und gut verrühren. Abschmecken und kalt stellen. Eignet sich zu gekochtem Ochsenfleisch und Schweinebraten.
Pro Portion etwa 85 Kalorien / 355 Joule.

Frankfurter Soße

3 hartgekochte Eier, 1 TL Senf, Essig oder Zitronensaft, Salz, Pfeffer, ⅛ l Öl, 1 EL gehackte Kräuter (Petersilie, Estragon, Borretsch, Kerbel)

Hartgekochte Eier durch ein Sieb passieren, mit Senf, Salz, Pfeffer und Essig gut abschmecken, mit dem Öl verrühren, bis eine mayonnaiseähnliche Konsistenz entsteht. Zu gekochtem Fleisch und Fischgerichten.
Pro Portion etwa 228 Kalorien / 956 Joule.

Orangensoße

1 Orange, 4 EL Madeirawein, 8 EL Johannisbeergelee, Worcestershiresauce, ½ Zitrone

Die Schale einer ganzen Orange feinnudelig schneiden und in Wasser weich kochen. Abseihen, mit dem Wein aufkochen und dann mit dem Johannisbeergelee, mit Worcestershiresauce und Zitronensaft verrühren. Zu Wild und kalten Fleischplatten servieren.
Pro Portion etwa 100 Kalorien / 420 Joule.

Preiselbeersoße

Passierte Preiselbeeren mit Mayonnaise verrühren, feingeriebene Orangenschale, Orangensaft und Zitronensaft, Senf beigeben, mit Pfeffer würzen, mit ein paar Tropfen Madeira oder Sherry abschmecken. Frische Preiselbeeren kann man mit wenig Wasser zum Kochen bringen, abtropfen lassen und pürieren.
Pro Portion etwa 233 Kalorien / 975 Joule.

8–10 EL Preiselbeeren (aus dem Glas), 3 EL Mayonnaise, ½ Orange (Saft, Schale), 1 EL scharfer Senf, 1 EL Zitronensaft, Pfeffer, 3 EL Madeira oder Sherry

SÜSSE SOSSEN

Als Grundbestandteil der süßen Soßen verwendet man Milch, Obstsaft oder Wein, Stärkemehl und Eier. Man kann die meisten dieser Soßen warm oder kalt servieren. Bindet man die fertige Soße mit Eigelb und Sahne (oder Milch), darf die Soße dann nicht mehr kochen.

Erdbeersoße

Erdbeeren waschen, abtropfen lassen und durch ein Haarsieb streichen. Das Püree mit so viel Läuterzucker aufgießen, daß eine dickliche Soße entsteht. Das Püree kann man auch mit Puderzucker verrühren und mit Weißwein auffüllen.
Pro Portion etwa 145 Kalorien / 607 Joule.

500 g vollreife Erdbeeren, 2 dl Läuterzucker

Fruchtsoße

Fruchtsaft oder Früchte und Wasser zum Kochen bringen. Zuckern. Speisestärke mit 3 EL kaltem Wasser anrühren, in die kochende Soße einrühren, kurz aufkochen lassen und unter öfterem Rühren erkalten lassen. Nachsüßen, mit Zitronensaft abschmecken.
Pro Portion etwa 150 Kalorien / 628 Joule.

¼ l Fruchtsaft oder 250 g frische passierte Früchte, ⅛ l Wasser, 100 g Zucker, Zitronensaft, 1–2 TL Speisestärke

Himbeersoße

Himbeeren gut waschen, abtropfen lassen und durch ein Sieb streichen. Das Püree mit Puderzucker gut verrühren und die halbsteif geschlagene Sahne darunterrühren.
Pro Portion etwa 145 Kalorien / 607 Joule.

500 g frische Himbeeren, 150 g Puderzukker, 1 dl Sahne

Johannisbeersoße

250 Johannisbeergelee, 1 TL Kirschwasser oder Kognak

Johannisbeergelee mit wenig Wasser fein verrühren, kurz aufkochen lassen und durch ein Haarsieb streichen. Mit 1 TL Kirschwasser oder Kognak verfeinern.
Pro Portion etwa 120 Kalorien / 502 Joule.

Preiselbeersoße

40 g Butter, 30 g Semmelbrösel, ¼ l Wein, Salz, Zucker, 6—8 EL eingelegte Preiselbeeren

Die Semmelbrösel in der heißen Butter anrösten, die Preiselbeeren, Wein, Salz und Zucker dazugeben und kochen lassen, bis die Brösel sämig zerkocht sind. Pikant abschmecken.
Pro Portion etwa 230 Kalorien / 960 Joule.

Rumsoße

40 g Mehl, 40 g Butter, 1 Tasse Wein, Zitronensaft und -schale, ¼ Teelöffel Zucker, 1 EL Rum, 1 Prise Pfeffer, Salz

Aus Butter und Mehl eine Mehlschwitze bereiten, mit Weißwein ablöschen, gut verkochen und mit Zitronensaft und feingeriebener Zitronenschale, Rum und Zucker ein paarmal aufwallen lassen. Mit Pfeffer und Salz würzen und abschmecken.
Pro Portion etwa 250 Kalorien / 1045 Joule.

Schokoladensoße

150 g Schokolade, 1 dl Wasser, Stärkemehl, Butter

Schokolade im Wasser langsam weich kochen, bis eine dickliche Soße entsteht. Wenig Stärkemehl mit wenig Wasser gut verrühren und damit die Soße binden. Einmal aufkochen lassen. Zuletzt nußgroß frische Butter darunterziehen. Man kann auch Blockschokolade im Wasserbad zerschmelzen und dann mit heißer Sahne zur benötigten Soßenkonsistenz verrühren.
Oder in eine fertige Vanillesoße 1 EL Kakao und 1 EL Zucker, gut verrührt, einrühren.
Pro Portion etwa 305 Kalorien / 1275 Joule.

Weinsoße

¼ l Rotwein, ¼ l Wasser (oder Fruchtsaft), 75 g Zucker, etwas Zimt, 1 Gewürznelke, 20 g Speisestärke

Wein, Wasser (oder Fruchtsaft), Zucker, Zimt und Gewürznelke erhitzen. Speisestärke mit kaltem Wasser anrühren, in die kochende Soße einrühren, einmal aufkochen lassen und unter öfterem Rühren kalt stellen.
Pro Portion etwa 269 Kalorien / 1125 Joule.

Vanillesoße

Die Milch ansetzen, Zucker und Vanillestange darin etwas ziehen lassen. (Man kann auch etwas Zitronenschale mit ausziehen lassen.) Speisestärke mit kalter Milch glatt verrühren, in die wieder zum Kochen gebrachte Milch einrühren und kurz aufkochen lassen. Dann die Vanillestange herausnehmen, die Soße vom Feuer nehmen und mit dem gut verquirlten Eigelb binden. Unter gelegentlichem Rühren die Soße erkalten lassen. Nach dem Erkalten kann man steifgeschlagene Sahne darunterziehen. Kann kalt oder warm serviert werden.
Pro Portion etwa 145 Kalorien / 607 Joule.

½ l Milch, 40 g Puderzucker, ¼ Stange Vanille, 20 g Speisestärke, 1 Eigelb, ⅛ l Sahne

BUTTERMISCHUNG — WÜRZBUTTER

Buttermischungen sind zwar keine Soßen, doch werden sie oft wie eine Soße verwendet, da man sie gegrilltem oder gebratenem Kochgut (Fleisch, Fisch, Geflügel) beigibt, besonders zu englisch gebratenem Fleisch (Beefsteak, Rumpsteak, Kalbssteak) und Rostbraten. Dabei kommt die Würzbutter direkt auf das heiß angerichtete Fleisch und gibt dem Gericht eine pikant-betonte Note. Auch zum Abschmecken von Soßen und Brühen kann man die Würzbutter verwenden oder zum Füllen von kochfertigen Schnecken. Gern verwendet man die eine oder andere Buttermischung auch für Brotaufstriche (als Unterlage für belegte Brötchen).
Zubereitung: Die benötigte Menge Butter wird jeweils schaumig abgerührt und mit den geschmacksbestimmenden Zutaten vermischt, gewürzt und abgeschmeckt. Dann empfiehlt es sich, die fertige Masse auf ein Pergamentpapier aufzustreichen, zusammenzurollen und im Kühlschrank kalt zu stellen, bis die Butter steif ist. Dann kann man die Rolle in Scheiben schneiden.

Balkanbutter

Butter mit dem zerquetschten Knoblauch weich rühren, feingewiegte, entkernte Peperoni und alle anderen Zutaten (Kräuter feingewiegt) dazugeben. In Alufolie einrollen und kalt stellen.
Pro Portion etwa 160 Kalorien / 670 Joule.

125 g Butter, 1—2 Knoblauchzehen, 2 Peperoni, Sardellenpaste, 1 TL Zitronensaft, 1 TL Basilikum, 1 TL Thymian

Butter Café de Paris

125 g Butter, 3 Schalotten, 1/16 l Rotweinessig, 1/16 l Weißwein, je 1 TL Estragon, Basilikum, Majoran, Thymian, 2 EL Petersiliengrün, 2 EL Sahne, 1 Knoblauchzehe, ½ TL scharfer Senf, Sardellenpaste, 1 EL Zitronensaft, Salz, Cayennepfeffer, Worcestershiresauce

Geschälte, fein gewiegte Schalotten mit Wein und Weinessig offen zum Kochen bringen und die Flüssigkeit fast verdampfen lassen. Vom Feuer nehmen, die feingewiegten Kräuter dazugeben, ebenso die zerdrückte Knoblauchzehe. Abkühlen lassen. Butter schaumig rühren, die Kräuter-Schalotten-Mischung löffelweise einrühren, ebenso die anderen restlichen Zutaten. Würzen und abschmecken. 2 Stunden bei Zimmertemperatur ziehen lassen.
Pro Portion etwa 160 Kalorien / 670 Joule.

Knoblauchbutter (»Schneckenbutter«)

125 g Butter, 1 Knoblauchzehe, 3 EL feingeschnittene Zwiebeln, 1 EL Petersiliengrün, Zitronensaft, Salz, Pfeffer

Butter schaumig rühren, zerdrückte Knoblauchzehe, feingeschnittene Zwiebeln und Petersilie dazurühren. Salzen und pfeffern und mit Zitronensaft abschmecken. Wird für die Zubereitung von Schnecken und gegrilltem Schweinefleisch verwendet.
Pro Portion etwa 160 Kalorien / 670 Joule.

Kräuterbutter (Haushofmeisterbutter, Maître d'Hotel-Butter)

125 g Butter, 3 EL gehackte Kräuter (Petersiliengrün, Estragon, Kerbel, Kresse, Schnittlauch), Salz, Pfeffer, Zitronensaft, Worcestershiresauce, Senf

Die Butter weich rühren. Die Kräuter (die Wahl dazu kann beliebig getroffen werden) sehr fein hacken und mit der Butter vermischen. Salzen und pfeffern, mit einigen Tropfen Zitronensaft, Worcestershiresauce und etwas Senf abschmecken. Man kann die Kräuter auch im Mörser sehr fein püreeartig zerstampfen.
Pro Portion etwa 160 Kalorien / 670 Joule.

Petersilienbutter

125 g Butter, Salz, Rauchsalz, 1 EL Zitronensaft, 6 EL Petersiliengrün (glatt oder kraus), 1 EL Aquavit

Butter mit Salz, Rauchsalz und Zitronensaft schaumig rühren, die feingehackte Petersilie und Aquavit beigeben, in Folie einrollen und kalt stellen.
Pro Portion etwa 160 Kalorien / 670 Joule.

Eiergerichte und Toasts

WARME EIERGERICHTE

Die warmen Eierspeisen nehmen unter den Vorspeisen und rasch zu bereitenden Gerichten einen wichtigen Platz ein. Die Unzahl der Zubereitungsarten bietet stets Abwechslung. Warme Eiergerichte dürfen erst im letzten Moment zubereitet und müssen sofort serviert werden.

Hartgekochte Eier

Die Eier werden in kaltem Wasser aufgesetzt und vom Siedepunkt an 8 Minuten gekocht. Oder die Eier werden in kochendes Wasser gelegt und etwa 10–12 Minuten gekocht. Werden die Eier zum Garnieren verwendet, so kocht man sie 1 Minute länger. Eier nach dem Kochen in kaltem Wasser abschrecken und schälen.
1 Ei (ca. 60 g) = 84 Kalorien / 350 Joule.

Eier im Glas

Die Eier pflaumenweich (3 Minuten) kochen, sofort abschälen und in einem breiten Stengelglas servieren. Eignet sich besonders als Frühstücksei.
Man kann das Ei im Glas mit verschiedenen Zutaten belegen und garnieren, auch mit Tomatenketchup überspritzen. Dazu Weißbrot in Würfel schneiden, mit Butter in der Pfanne rösten und auf Spießchen gesteckt dazu servieren.
Pro Portion etwa 168 Kalorien / 700 Joule.

Kernweiche Eier

Dazu sind nur ganz frische Eier zu verwenden. Die Eier in kochendes Wasser legen. 3–4 Minuten kochen, mit kaltem Wasser abspülen und vorsichtig schälen. Eventuell in Salzwasser leicht erwärmen. Wie pochierte Eier servieren.
1 Ei (ca. 60 g) = 84 Kalorien / 350 Joule.

Eier, gebacken

30 g Butter, 4 Eier, Salz, Pfeffer, Öl

In einer kleinen Pfanne zweifingerhoch Öl heiß machen. Ganz frische, am besten gekühlte Eier in eine Schöpfkelle schlagen und rasch in das heiße Öl gießen. Mit Hilfe eines Holzlöffels das Ei zusammenballen (Eiweiß über das Eigelb schlagen), in eine längliche Eiform bringen und goldgelb backen. Herausnehmen und gut abtropfen lassen, dann salzen. Auf gebackenen Weißbrotscheiben oder Toasts anrichten und mit Tomatensoße oder einer anderen Soße überziehen. Die gebackenen Eier können serviert werden mit Champignonsoße, Madeirasoße, Spinat, grünen Erbsen, Kochsalat, Fleischragout oder Fleischhaschee.
Pro Portion etwa 165 Kalorien / 691 Joule.

Creme-Eier

4 Eier, Butter, 8 KL Sahne, Salz, Pfeffer

Dazu benötigt man kleine Porzellan- oder Glastöpfchen (eventuell sind auch kleinere Kaffeeschalen zu verwenden), die man im Wasserbad erhitzt. Darin ein kleines Stück Butter erhitzen und darauf das jeweils gewünschte Gemüse oder Fleisch legen, je ein rohes, aber unverletztes Ei darübergießen, je einen Kaffeelöffel Sahne, Prise Salz und Pfeffer zusetzen. Zugedeckt einige Minuten im Wasserbad kochen. Wenn das Ei halbfest geworden ist (das Eigelb muß noch weich sein), noch einen Kaffeelöffel Sahne darübergießen.
Als Einlage verwendet man gekochtes und in Butter geschwenktes Gemüse, wie Spinatblätter, Spargelspitzen, grüne Erbsen, Artischocken, Auberginen oder Schinken, gepökelte Zunge sowie Hirn, Bries oder Gänseleber, in Butter geröstet.
Pro Portion etwa 300 Kalorien / 1260 Joule.

Harte Eier, überbacken

5 Eier, 2 Brötchen, 1 Tasse Rahm, 2–3 EL geriebener Meerrettich, 1 EL Fett, Salz, Pfeffer

3 Eier hart kochen, schälen, in Scheiben schneiden. Die Brötchen kleinwürfelig schneiden und in heißem Fett knusprig rösten. Die restlichen 2 Eier mit dem Rahm verrühren, die Brotwürfelchen dazugeben, salzen und pfeffern. Dann legt man kleine gefettete Förmchen mit den Eischeiben aus, bestreut sie mit dem Meerrettich und gibt die Eier-Rahm-Mischung darauf. Das Ganze im heißen Ofen goldbraun überbacken.
Pro Portion etwa 425 Kalorien / 1779 Joule.

Senfeier

Eine heiße oder kalte Senfsoße über halbierte oder in Scheiben geschnittene Eier gießen.
Pro Portion etwa 230 Kalorien / 963 Joule.

4–6 hartgekochte Eier, 2 Tassen Senfsoße

Schinken mit Ei (Ham and eggs)

Schinkenscheiben werden in Butter angebraten, das Ei darübergeschlagen. Würzen. Eier ein wenig stocken lassen. Das Ganze eventuell im Rohr fertigbraten.
Pro Portion etwa 220 Kalorien / 920 Joule.

4–6 Eier, 250 g Schinken, 1 EL Butter, Salz, Pfeffer

Speck mit Ei (Bacon and eggs)

Rohen, geräucherten Brustspeck, in dünne Scheiben geschnitten, in der Pfanne anbraten, Eier darübergießen und langsam auf der Herdplatte fertigbraten. Die Eidotter bleiben dabei weich und ganz.
Pro Portion etwa 387 Kalorien / 1620 Joule.

4–6 Eier, 200 g geräucherter Brustspeck, Salz, Pfeffer

Rührei

Die Eier aufschlagen und mit der Sahne und einer Prise Salz (evtl. auch Pfeffer) gut verquirlen. In einer Kasserolle 50 g Butter heiß machen, die Eier dazugeben und unter fleißigem Rühren bis zur richtigen Konsistenz fest, aber doch noch cremig anziehen lassen.
Pro Portion etwa 280 Kalorien / 1160 Joule.

8 Eier, 2 EL Sahne, 40 g Butter oder Margarine, Salz

Rührei auf Jägerart

Die geputzten Champignons und die Geflügelleber in grobe Würfel schneiden. Erst die Champignons in der Butter anrösten, dann die Leber beigeben und rosa braten. Würzen, in der Mitte der Rühreier anrichten und mit gehackter Petersilie bestreuen.
Pro Portion etwa 350 Kalorien / 1485 Joule.

8 Eier, 4 KL Sahne, Salz, Pfeffer, 200 g Geflügelleber, 75 g Champignons, 50 g Butter, Petersilie

Rührei mit Schinken

In heißer Butter die Schinkenscheiben kurz anbraten, die mit Milch verquirlten, mit Salz, Pfeffer und Paprika gewürzten Eier daraufgießen, unter Rühren zum Stocken bringen. Mit feingeschnittenem Schnittlauch bestreut servieren.
Pro Portion etwa 360 Kalorien / 1545 Joule.

8 Eier, 2–3 EL Milch, Salz, Pfeffer, Paprika (edelsüß), 20 g Butter, 200 g gekochter Schinken, Schnittlauch

Rührei mit Speck

150 g durchwachsener Speck, 8 Eier, 2—3 EL Sahne oder Milch, Salz, Pfeffer, 20 g Butter

Die Speckscheiben in heißer Butter knusprig braten, herausnehmen und warm stellen. Im Fett die mit Milch und den Gewürzen verquirlten Eier unter Rühren stokken lassen. Mit den Speckscheiben garniert anrichten.
Pro Portion etwa 435 Kalorien / 1840 Joule.

Ochsenauge, gebacken

4 Weißbrotscheiben, 4 Eier, Salz, Paprika, 4 TL Reibkäse, Butterflöckchen, Tomatenviertel, Petersiliengrün

Schüsselchen gut ausfetten, in jede je eine Scheibe Weißbrot legen, darauf ein Ei schlagen, das Eiweiß leicht salzen. Mit Reibkäse und Paprika bestreuen, mit Butterflöckchen belegen und im heißen Ofen rasch überbakken. Mit Tomatenviertel und Petersiliengrün garniert anrichten.
Pro Portion etwa 300 Kalorien / 1260 Joule.

Verlorene Eier

4 frische Eier, ¾ l Wasser, Essig, Salz

Zum Pochieren immer nur ganz frische Eier verwenden. In einer Kasserolle ¾ l mit Essig stark gesäuertes Wasser ohne Salz aufkochen lassen, dann vom Feuer ziehen. Die Eier einzeln aufschlagen und langsam in das Essigwasser gleiten lassen, darin 4—5 Minuten ziehen lassen, bis das Eiweiß so fest ist, daß man die Eier mit dem Schaumlöffel herausnehmen kann, ohne sie zu zerstören. Das Eigelb muß weich bleiben. Bis zum Gebrauch in warmes Salzwasser legen.
Die pochierten Eier können warm in einer Soße angerichtet werden oder auf Kartoffelkörbchen, gefüllt mit feinem Gemüse, wie gedünsteten Champignons, Tomaten, grünen Erbsen, Spargelspitzen, grünen Bohnen, gerösteten Spinatblättern usw. Die in gesalzenem Wasser warm gehaltenen Eier werden auf das Gemüse gelegt und mit Holländischer Soße überzogen. Mit gehacktem Petersiliengrün, gepökelter Zungenspitze oder Trüffeln bestreuen.
Kalte verlorene Eier sollten immer exakt zugeschnitten werden. Man kann sie beliebig servieren: gut kalt stellen, zart dekorieren, dann glacieren; mit Aspikmayonnaise überziehen, dekorieren und glacieren; auf einer Unterlage (Salate, Torteletten, Scheiben, Cassoletten, Kartoffelkörbchen) einzeln, in Portionen oder rings um ein Mayonnaisegericht, Salate u. ä. anrichten.
Pro Portion etwa 100 Kalorien / 420 Joule.

Rührei mit grünen Spargelspitzen

Die Spargelspitzen gut abtropfen lassen, in kleine Stücke schneiden und in Butter schwenken und würzen. Die Rühreier bereiten, anrichten und die Spargelspitzen in die Mitte geben.
Pro Portion etwa 360 Kalorien / 1545 Joule.

8 Eier, Salz, Pfeffer, 1 EL Sahne, 40 g Butter, 150 g grüne Spargelspitzen (aus der Dose), 40 g Butter

Saure Eier

Verlorene Eier bereiten. Dann eine saure Soße anmachen: Dazu Mehl in heißem Schweineschmalz hellgelb anrösten, mit Fleischbrühe oder kaltem Wasser auffüllen, ½ Lorbeerblatt und Gewürznelke dazugeben, mit Rotwein oder Essig und Paprikapulver abschmecken. Zirka ½ Stunde kochen. Die verlorenen Eier auf Röstbrot legen, auf einer Platte anrichten und mit der sauren Soße überziehen.
Pro Portion etwa 370 Kalorien / 1550 Joule.

8 verlorene Eier, Soße: 50 g Schmalz, 40 g Mehl, 1 Zwiebel, 1 Tasse Brühe oder Wasser, ½ Lorbeerblatt, 1 Gewürznelke, Wein oder Salatessig, Paprika

Omelett natur

Die Eier, leicht gesalzen und gepfeffert, mit dem Schneebesen kräftig schlagen. Butter in der Pfanne heiß werden lassen, die Eier dazugeben und achten, daß die Eier gleichmäßig in der Pfanne verteilt sind. Die Pfanne ständig über dem Feuer drehen, daß die Eiermasse gleichmäßig anziehen kann. Dann nach der Mitte einmal überschlagen und servieren.
Pro Portion etwa 105 Kalorien / 440 Joule.

3 Eier, Salz, Pfeffer, 1 EL Butter

Omelett mit Käse

Eier, Mehl und Milch zu einem cremigen Teig verrühren. Mit Käse und Gewürzen verrühren. In der heißen Butter kleine Eierkuchen goldgelb backen.
Pro Portion etwa 145 Kalorien / 607 Joule.

2 EL Mehl, 2 Eier, etwas Milch, 100 g geriebener Käse, Salz, Muskatnuß, 2 EL Butter

Kräuteromelett

Mehl, Eier, Milch, Salz und geriebene Muskatnuß cremig verrühren, die gehackten Kräuter dazurühren und in heißer Butter kleine Eierkuchen goldgelb backen. Einmal zusammenfalten.
Pro Portion etwa 190 Kalorien / 795 Joule.

2 EL Mehl, 2 Eier, ½ Tasse Milch, Salz Muskat, 2 EL gehackte frische Kräuter, 2 EL Butter

Eierkroketten

30 g Butter, 30 g Mehl, ⅛ l Milch, 6 Eier, 1 Eigelb, 60 g Champignons, 2 EL gekochte Erbsen, 1 EL Parmesan, Petersilie, Salz, Muskatnuß, Mehl, Ei, Brösel und Fett

In die feste Béchamelsoße aus 30 g Butter, 30 g Mehl und ⅛ l Milch werden 1 Eigelb, Parmesan, 6 kleinwürfelig geschnittene, hartgekochte Eier, Erbsen, die auf einem Stückchen Butter gerösteten kleingehackten Champignons, grüne Petersilie, Pfeffer, Salz und Muskatnuß eingerührt. Auf eine Porzellanplatte aufstreichen, kalt stellen und Kugelkroketten formen, in Mehl, Ei und Bröseln panieren, dann in sehr heißem Fett backen. Mit Tomatensoße oder grünem Salat servieren.
Pro Portion etwa 375 Kalorien / 1570 Joule.

Senfeier

4 hartgekochte Eier, 2 EL Mayonnaise, 40 g Butter, 1 TL Senf, Worcestershiresauce, 1 Tomate, 2–3 gefüllte Oliven, Petersiliengrün

Eier schälen, halbieren, unten etwas beschneiden. Das Eigelb durch ein Sieb drücken, mit Mayonnaise, schaumig gerührter Butter und Senf gut verrühren. Mit Worcestershiresauce abschmecken. Mittels Spritzbeutels auf die Eierhälften aufspritzen. Mit Tomatenscheiben, Oliven und Petersiliengrün garnieren.
Pro Portion etwa 200 Kalorien / 840 Joule.

Schwedische Eier

8 hartgekochte Eier, 60 g Butter, Salz, Senf, Worcestershiresauce, 8 Brötchen, Aspikmayonnaise, Madeiraaspik, 30 g Kaviar, Trüffel, gefüllte Oliven, Petersiliengrün, 125 g Lachsscheiben

Die geschälten Eier an der stumpfen Seite etwas abflachen. Das Eigelb an dieser Stelle mittels eines kleinen Löffelstiels herausschaben und durch ein feines Sieb streichen. Mit der schaumig gerührten Butter, Salz, Pfeffer und Worcestershiresauce und Senf würzen und pikant abschmecken. Die Farce mittels des Spritzsackes oder mit dem Löffelstiel wieder in die ausgehöhlten Eier einfüllen. Die Brötchen zu kleinen Scheiben in der Größe der Eier ausschneiden, mit wenig Butter bestreichen, mit Lachsscheibe belegen und je ein gefülltes Ei daraufsetzen. Mit Mayonnaise gut überziehen. Die Eier mit den zu dünnen Streifen geschnittenen restlichen Lachsscheiben garnieren, auf die Spitze je ein Tüpfchen Trüffel oder Kaviar setzen oder ohne Lachs und nur mit Trüffeln garnieren. Die Eier in einer Reihe auf eine mit Mayonnaise überzogene Platte setzen, zu beiden Seiten die gehackten Reste der Lachsscheiben, kleinwürfelig geschnittenen Madeiraaspik, dazwischen etwas Kaviar, Trüffelscheiben oder halbe Oliven und Petersiliengrün anordnen. Kalt stellen.
Pro Portion etwa 365 Kalorien / 1528 Joule.

Sardelleneier

Die hartgekochten Eier der Länge nach durchschneiden, das Eigelb herausnehmen und mit der Sardellenpaste und der Petersilie vermengen. Das Eiweiß auf Salatblättern anrichten, mit der Mischung füllen und etwas Paprika darüberstreuen.
Pro Portion etwa 175 Kalorien / 733 Joule.

4 hartgekochte Eier, 60 g Sardellenpaste, Salatblätter zum Anrichten, gehackte Petersilie, Paprika (edelsüß)

TOASTS

Toastbrot hält sich in Frischhaltepackungen 8–10 Tage, in der Tiefkühltruhe bis zu einem halben Jahr, es wird unaufgetaut verwendet und braucht 2–3 Minuten länger als frisches Toastbrot. Man kann den Belag auch zwischen zwei Toastbrote geben und kurz überbacken bzw. grillen (Sandwichtoasts oder »Doppeldecker«). Vor dem Grillen wird jedes Toastbrot auf einer Seite mit etwas Butter bestrichen. Diese gebutterte Seite wird immer auf den Rost gelegt; der Belag selbst kommt auf die ungebutterte Seite.

Cheeseburger Toast

Fleisch salzen, pfeffern, mit Milch mischen, zu einem Hamburger Steak formen und auf jeder Seite in Butter saftig braten. Nach dem Wenden mit Käsescheiblette belegen und zugedeckt fertigbraten lassen. Auf gerösteten Toastscheiben anrichten und mit Zwiebelringen, Gurken und Ketchup garnieren.
Pro Portion etwa 470 Kalorien / 1970 Joule.

400 g Rinderhack, 4 TL Milch, 8 Käsescheibletten, Salz, Pfeffer, 8 Scheiben Toastbrot, Butter, Tomatenketchup, Zwiebelringe, Gewürzgurken

Schinken-Käse-Toast

Toastbrote auf einer Seite dünn mit Butter bestreichen. Auf die ungebutterte Seite eines der Brote eine Scheibe Schinken und eine Emmentaler-Scheiblette legen, mit Edelsüßpaprika bestreuen, mit der zweiten Schinkenscheibe belegen und mit der zweiten Brotscheibe (ungebutterte Seite nach unten) bedecken. Etwa 3–4 Minuten pro Seite grillen.
Pro Portion etwa 330 Kalorien / 1380 Joule.

Je 2 Scheiben Toastbrot, Butter, Schinken, Emmentaler-Scheiblette, Edelsüßpaprika

Eiertoast

8 Weißbrotscheiben, 40 g Butter, 4 Tomaten, 8 hartgekochte Eier, 8 Sardellenfilets, 200 g Holländer Käse, 4 Salatblätter, 1 Zitrone

Die Weißbrotscheiben auf einer Seite toasten. Mit Butter bestreichen. Mit Tomatenscheiben belegen. Salzen. Darauf Eischeiben anordnen und Sardellenfilets abgetropft daraufgeben. Feingehackten Käse darauf verteilen. Im vorgeheizten Ofen 12 Minuten backen. Auf Salatblättern anrichten. Mit Zitronenscheiben garnieren.
Pro Portion etwa 400 Kalorien / 1680 Joule.

Käsetoast

4 Toastbrotscheiben, Butter, Weißwein, Emmentaler-Scheiblette oder 200 g Reibkäse, Pfeffer, Edelsüßpaprika, Salz

Toastscheibe mit Butter bestreichen und auf der gefetteten Seite leicht anrösten. Die ungetoastete Seite mit Weißwein beträufeln, mit Pfeffer, Salz und Paprika bestreuen und mit der Käsescheibe belegen. So lange in den Grill legen, bis der Käse zu schmelzen beginnt.
Pro Portion etwa 400 Kalorien / 1680 Joule.

Sardinentoast

Toastbrot, Meerrettich-Butter, Ölsardinen ohne Haut und Gräten, Tomaten

Brote auf einer Seite toasten, auf der ungetoasteten Seite mit Meerrettich-Butter bestreichen und jeweils eine Ölsardine mit der Gabel leicht auf den Toast drükken. Die in Scheiben geschnittenen Tomaten darüber verteilen und mit Flöckchen von Meerrettich-Butter bedecken. 6 Minuten überbacken.
Pro Portion etwa 278 Kalorien / 1160 Joule.

Tatartoast

Toastbrot, einseitig vorgetoastet, 250 g Rinderhack (Tatar), Salz, Pfeffer, Dosenmilch

Rinderhack mit etwas Dosenmilch, Salz und Pfeffer gut vermengen und auf die ungetoastete Seite der Weißbrotscheiben streichen. Scharf 2 Minuten im gut vorgeheizten Tischgrill bei hoher Rostlage übergrillen.
Pro Portion etwa 395 Kalorien / 1660 Joule.

Welsh Rarebits

Toastbrot, 200 g Chesterkäse, 60 g Butter, dunkles Bier, 2 Eigelb, englischer Senf, Pfeffer, Paprika

Fein geriebenen Chesterkäse mit der Butter schmelzen lassen. Unter ständigem Rühren das Bier dazugießen. Vom Herd nehmen, das Eigelb einrühren und mit Senf, Paprika und Pfeffer würzen. Die Masse auf die getoastete Weißbrotscheibe streichen und goldgelb 4–5 Minuten überbacken.
Pro Portion etwa 275 Kalorien / 1150 Joule.

Fischgerichte

SÜSS- UND MEERWASSERFISCHE

Zubereitung der Fische

Mit wenigen Ausnahmen (z. B. Scholle, Butt) sind alle Fische zu schuppen (außer beim Blaukochen), am besten unter Wasser. Dabei hält man den Fisch von unten am Schwanz fest und schuppt den Fisch mit einem Messerrücken oder Fischschupper vom Schwanz zum Kopf hin. Fische mit hornartigen und festsitzenden Schuppen gibt man kurz in siedendes Wasser.
Wenn man Fischfilets benötigt, werden die Fische gehäutet: am Schwanzende leicht einschneiden und die Haut mit dem Messerrücken wie eine Speckschwarte abtrennen. Ganze Fische, wie Aal oder Rotzunge, werden vom Kopf zum Schwanzende, Seezunge dagegen vom Schwanz in einem Zug zum Kopf hin gehäutet. Kopf und Flossen abschneiden. Dann ausnehmen.
Zum Ausnehmen schneidet man den Fisch auf der Bauchseite vom Schwanz zum Kopfende hin vorsichtig mit einem scharfen Messer auf. Dann durchschneidet man die Enden der Innereien an der Kopfwurzel und nimmt die Eingeweide vom Kopf aus vorsichtig heraus. Man achte dabei darauf, daß die Galle (hinter dem Kopf) nicht verletzt wird! Auch die innere schwarze Haut und die bei einigen Fischen vorhandene lederartige weiße Haut entlang des Rückgrats sorgfältig entfernen. Ebenso geronnenes Blut. Bei Seezungen muß auch die äußere Haut abgezogen werden. Man schneidet sie rund um den Schwanz leicht ein, lockert sie und zieht sie mit einem Tuch mit einem Zug zum Kopf hin ab. Fische, die gefüllt werden, nimmt man vom Rücken her aus. Man macht zu beiden Seiten der Rückengräte einen Einschnitt, schneidet die Rückengräte hinter dem Kopf und vor dem Schwanz durch, zieht das Grätengerüst vorsichtig heraus und nimmt auch die Eingeweide heraus. Vor dem

Füllen innen würzen. Nach dem Füllen näht man den Fisch mit Bindfaden zusammen oder schnürt ihn zur ursprünglichen Form zusammen.
Die ausgenommenen Fische unter fließendem Wasser innen und außen gründlich waschen. Dürfen aber nie im Wasser liegen bleiben! Dann gut abtropfen lassen oder vorsichtig mit Küchenpapier trockentupfen.
Nach dem Säubern kommt das Säuern des Fisches, darunter versteht der Koch das Marinieren oder Beizen des Fischfleisches. Dazu verwendet man Zitronensaft, säuerlichen Weißwein oder milden Weinessig bzw. Essigwasser (halb Essig, halb Wasser). Durch das Säuern wird das Fischfleisch fester und schmackhafter. Die Dauer des Säuerns richtet sich vor allem nach der Dicke und Feste des Fischfleisches (zwischen 15 und 60 Minuten).
Nach Säubern und Säuern kommt das dritte »S« – das Salzen des Fischfleisches. Gesalzen werden Fischstücke immer erst nach dem Säuern und unmittelbar vor der Zubereitung. Fisch nie gesalzen stehen lassen. Fische, die gekocht bzw. die man im Fischsud garziehen läßt, braucht man nicht zu salzen. Bei gebackenen Fischen kann man die Panade (Mehl bzw. Semmelmehl) entsprechend salzen.
Damit bei größeren und dickeren Fischen (Scholle, Butt) die Hitze rascher eindringen kann, schneidet man den Fisch an beiden Seiten kreuzartig ein (bei Forellen mehrfach parallel). Dieses Einschneiden nennt der Fachmann »ziselieren«.
Fische sollen vorsichtig und mit viel Gefühl gewürzt werden, man soll dabei eher sparsam umgehen, vor allem mit dem Salz. Wer kochsalzarme Diät essen muß, verwende den entsprechenden Salzersatz.
Fische kann man pochieren (mehr ziehen als kochen), braisieren (schmoren, dünsten), braten, backen, grillen.

Fischfond

Fischgräten und Abfälle (Abgänge), Zwiebelscheiben, Champignonschalen und -abfälle, Petersilienstiele, Pfefferkörner (diese erst 10 Minuten vor dem Passieren zusetzen) und sehr wenig Wasser zum Kochen bringen und bei kleiner Flamme langsam ½ Stunde kochen (bei 8 Teilen kaltem Wasser und 1 Teil Weißwein). Dann passieren.

Fischsud (Court-bouillon)

Ist eine Mischung aus Wasser, Salz, mildem Essig (oder auch Weißwein oder Milch), Kräutern, Gemüsen, Gewürzen. Allgemein nimmt man ein paar Scheiben Zwiebel und/oder Schalotten, ein Bündel Petersiliengrün, etwas Thymian und ein kleines Stück Lorbeerblatt und einige Pfefferkörner. Auf 1 Liter Wasser rechnet man ⅛ l Essig. Die Menge des Fischsuds und der Zutaten richtet sich nach der Größe bzw. Menge der zu garenden Fische. Die Fische müssen stets reichlich mit der Flüssigkeit bedeckt sein!
Da die meisten Fische ein sehr zartes Fleisch haben, das ein direktes Kochen nicht verträgt, benötigen sie auch nur eine konstante Hitze von 90 bis 92°. Man gibt meist auch Milch und Salz oder statt Milch etwas Zitronensaft (oder Zitronenscheiben ohne Schale) dazu. Für 1 Liter Wasser rechnet man 4 Eßlöffel Milch oder einige Scheiben Zitrone und 20 g Salz. Garzeit: 15 bis höchstens 20 Minuten.

Kochfisch auf Hausfrauenart

800 g Fischfilets oder 1200 g Fisch im Stück, Wasser, Zitrone, Salz, 1 mit 1–2 Gewürznelken gespickte Zwiebel, 1 Lorbeerblatt, Zitronenscheiben

Den Topf zwei Finger breit mit Wasser füllen, Salz, Zitronenscheiben, die mit Nelken gespickte Zwiebel und das Lorbeerblatt hinzufügen. Zum Kochen bringen, den gesäuberten, mit Zitronensaft beträufelten und gesalzenen Fisch bzw. die Fischfilets hineinlegen. Sofort Hitze drosseln. Fisch 15–20 Minuten ziehen lassen, ohne daß der Sud noch einmal kocht. Mit Zitronenscheiben garnieren.
Pro Portion etwa 400 Kalorien / 1680 Joule.

Fisch im Backteig

800 g Fischfilets (je nach Größe in Stücke portioniert), Salz, Zitrone, Zwiebel, Petersilie
Backteig: 100 g Mehl, 2 KL Öl, 1 Ei, ⅛ l Bier, Salz

Backteig: Aus Mehl, Öl, Eigelb und Salz einen dickflüssigen Backteig bereiten. In diesen Teig zum Schluß den Schnee vom Eiweiß einrühren. Den Teig etwa ¼ Stunde rasten lassen. Die rohen Fischstücke inzwischen in Zitronensaft, feingeschnittener Zwiebel, gehackter Petersilie marinieren, dann herausnehmen, salzen, in den Backteig tauchen und in sehr heißem Fett schwimmend backen. Dazu serviert man grünen Salat, grünes Gemüse oder eine Mayonnaisesoße.
Zum Backen eignen sich vor allem Fische, die rasch gar werden, wie Seezunge, Scholle, Dorsch.
Pro Portion etwa 515 Kalorien / 2156 Joule.

Fisch in Alufolie

750 g Fische (im ganzen ohne Gräten und Abfall; oder Filetrest), 20 g Butter, ½ Zitrone, Salz, Petersiliengrün, Dill, Zitronenmelisse, Salbei

Für diese Zubereitungsart eignen sich Forelle, Äsche, Barsche, Felchen, Schleie, Makrelen, Seezungen. Ein doppelt so großes Alufolienstück vorschneiden, wie der Fisch groß ist. Die Fische (oder Fischstücke) säubern, abtrocknen und in die Mitte der Folie legen. Mit Zitronensaft beträufeln und wenig salzen. Auf die Fische dann die feingehackten Kräuter streuen, die Folie von allen Seiten an den Fisch andrücken, die Folie gut verschließen. Die Fischpakete in den vorgeheizten Ofen auf den Rost oder in eine Bratpfanne legen und bei mittlerer Hitze je nach Größe der Fische 35—50 Minuten garen.
Man kann die Fische bzw. Filets zuvor auch mit Öl bestreichen, etwas mit Kräutern und Zitronensaft marinieren; man kann sie mit Parmesankäse bestreut in die Folie packen; man kann Speckscheiben und einige Champignons, fein gehackt und in heißer Butter vorgedünstet, gewürzt mit Salz, Pfeffer, Muskat auf die Fische geben (auch einige in Stücke geschnittene Schalotten oder Paprikaschoten kann man dazu mitdünsten).
Pro Portion etwa 600 Kalorien / 2520 Joule.

Fischfilets auf Gärtnerinart

800 g Fischfilets, ½ Zitrone, 4 EL Öl, 1 EL Weißwein, 1 EL saure Sahne, Kräuter (Petersilie, Melisse, Estragon, Kerbel, Pimpinelle, Schnittlauch, Kresse), Salz

Gewaschene, mit Zitronensaft beträufelte und gesalzene Filets im heißen Öl unter Beigabe von Weißwein und saurer Sahne im zugedeckten Topf in etwa 15 Minuten gar dünsten, frische, grüne Kräuter hacken und unmittelbar vor dem Auftragen über die Filets streuen.
Pro Portion etwa 390 Kalorien / 1633 Joule.

Fischgulasch

200 g Zwiebeln, 120 g Öl, Paprika, Kümmel, Salz, etwas Tomatenmark, 500 g Kartoffeln, 500 g Fische (Seefisch) in Stücke geschnitten, Zitrone

Die feingeschnittenen Zwiebeln in Fett leicht anrösten, mit Paprika bestreuen, mit Flüssigkeit aufgießen. Gehackten Kümmel, etwas Tomatenmark, Salz und kleinwürfelig geschnittene Kartoffeln beigeben. Sobald die Kartoffeln gar sind, den in kleine Stücke geschnittenen und mit Zitronensaft beträufelten Fisch dazugeben. Das Ganze kurz aufkochen, dann bis zum Garwerden zugedeckt ziehen lassen. Mit Salzkartoffeln servieren.
Pro Portion etwa 385 Kalorien / 1612 Joule.

Fischklöße

Das Fischfleisch fein hacken oder durch den Fleischwolf drehen, mit dem eingeweichten, gut ausgedrückten Brötchen, den kleingehackten Pilzen, Ei, Gewürzen, Kräutern, Sardellenpaste und Zitronensaft gut vermengen und abschmecken. Mit einem Löffel kleinere oder größere Klöße formen und in kochendem, leicht gesalzenem Wasser etwa 3 Minuten mehr ziehen als kochen lassen. Herausnehmen, gut abtropfen lassen und beliebig weiterverwenden
Pro Portion etwa 635 Kalorien / 2658 Joule.

500 g Fischfleisch (auch Reste), 1 Zwiebel, 1 Brötchen, etwas Flüssigkeit, 100 g Champignons, 2 bis 3 TL Sardellenpaste, 1 Ei, Salz, Pfeffer, Thymian, Majoran, Zitronensaft, 1 TL gehackte Kräuter

Fischfilets, überbacken

Die Filets, gewaschen und trockengetupft, mit Zitronensaft und feingeschnittenen Zwiebeln ½ Stunde im Kühlschrank stehen lassen. Die Filets dann in mit Essig gesäuertem Salzwasser halb gar ziehen lassen, herausnehmen und leicht zerpflücken. In heißer Butter das Mehl anschwitzen, ohne es Farbe nehmen zu lassen, mit Milch langsam aufgießen, dabei ständig mit dem Schneebesen schlagen. Mit Fleischbrühe etwas auffüllen, würzen und abschmecken. Aufkochen. Vom Feuer ziehen und die Eigelb darunterrühren. Zum Schluß den steif geschlagenen Schnee unter die Masse ziehen. Dann das Fischfleisch lagenweise abwechselnd mit der Soße in eine gebutterte Auflaufform geben, obenauf geriebenen Käse streuen und einige Butterflocken darauflegen. Im heißen Ofen hellbraun überbacken.
Pro Portion etwa 370 Kalorien / 1550 Joule.

800 g Fischfilets, ½ Zitrone, 1 Zwiebel, Salz, Schuß Essig, 40 g Butter, 40 g Mehl, ⅛–¼ l Milch, Fleischbrühe, Muskat, Pfeffer, 2 Eigelb, 2 Eiweiß, Butter, geriebener Käse

Fischauflauf auf italienische Art

Den gewaschenen, gesalzenen und mit Zitrone beträufelten Fisch in Salzwasser gar ziehen lassen, enthäuten, entgräten und zerpflücken. Eine gut gefettete Auflaufform mit den in Scheiben geschnittenen Tomaten abwechselnd mit extra in Salzwasser gekochten Makkaroni und Fisch auslegen und Zwischenlagen von Speckwürfeln und etwas Reibkäse einfügen. Die oberste Schicht bilden Makkaroni, die mit einem Teig aus geschlagenem Ei und Mehl übergossen werden. Mit Käse bestreuen und mit Butterflocken belegen, 20–30 Minuten im Rohr knusprig überbacken.
Pro Portion etwa 635 Kalorien / 2658 Joule.

500 g Fischfilet, 1 Zitrone, 250 g Tomaten, 250 g Makkaroni, 150 g Speck, 65 g Reibkäse, 2 Eier, Mehl

Fischroulade mit Champignons

4 Fischfilets, 200 g Champignons, 1 Ei, 1 Zwiebel, 1 EL gehacktes Petersiliengrün, 100 g Butter (oder Margarine), 1—2 EL Paniermehl, Salz, Paprika, Zitronensaft, ⅛ l saure Sahne, 1 TL Stärkemehl, Fleischbrühe

Die nicht zu dicken Fischfilets mit Zitronensaft beträufeln und kurz ziehen lassen. Dann salzen. Die fein geschnittene Zwiebel in 60 g Fett lichtgelb rösten, die blättrig geschnittenen Champignons dazugeben, mit Zitronensaft beträufeln und kurz dünsten. Vom Feuer nehmen, Petersiliengrün darunterrühren, das Ei einschlagen und mit dem Paniermehl zu einem festen Brei verrühren. Mit Salz und Paprika würzen. Diese Masse auf die Fischfilets streichen, einrollen und mit Zahnstochern zusammenstecken. Restliche Butter (oder Margarine) erhitzen, die Fischrouladen einlegen, mit etwas Brühe aufgießen und zugedeckt auf kleiner Flamme langsam gar dünsten. Saure Sahne und etwas Stärkemehl verrühren und zum Schluß damit binden. Nachwürzen und pikant abschmecken.

Fischfrikadellen

400 g Reste von gekochtem oder gebratenem Fisch, 400 g gekochte, zerdrückte Kartoffeln, Salz, Pfeffer, Muskat, 1—2 EL Paniermehl, 40 g Fett

Die entgräteten Fischreste sehr fein zerzupfen, mit den zerdrückten oder geriebenen Kartoffeln gut verrühren, mit Salz, Pfeffer und Muskat würzen. Mit Mehl und Paniermehl Frikadellen (kleine Laibchen, die man etwas flachdrückt) formen und in heißem Fett auf beiden Seiten braun braten, bis sie eine leichte Kruste haben. Man kann dazu Soßen, Gemüse oder Salate reichen.
Pro Portion etwa 625 Kalorien / 2616 Joule.

Fischfilets in Weißweinsoße

800 g Fischfilets, 1 Zitrone, 20 g Butter, 1 Zwiebel, 150 g Champignons, frische Kräuter nach Belieben, Salz, Pfeffer, 1 Tasse Weißwein, 1 Eigelb, ⅛ l Sahne, 10 g Butter, Würze

In einer feuerfesten Form fein geschnittene Zwiebel in heißer Butter andünsten, 1 Tasse Wasser, einige blättrig geschnittene Champignons, frische gehackte Kräuter, Salz und Pfeffer beigeben. 10 Minuten leicht kochen lassen. Dann die Fischfilets, mit Zitronensaft gesäuert, dazugeben, mit dem Weißwein aufgießen und zugedeckt bei kleiner Flamme oder im Rohr gar ziehen lassen. Sobald der Fisch gar ist, den Sud mit Eigelb, Sahne und geschmolzener Butter zu einer sämigen Soße verrühren (nicht aufkochen!). Mit Zitronensaft und flüssiger Würze pikant abschmecken.
Pro Portion etwa 540 Kalorien / 2260 Joule.

Fisch auf italienische Art

Fische vorbereiten, mit Zitronensaft beträufeln und ziehen lassen. Zucchini waschen, ungeschält in Scheiben schneiden. Zwiebel klein schneiden. Zwiebel und Zucchini mit etwas Öl, Salz, Pfeffer und den feingehackten Kräutern andünsten. Dann extra in 20 g Butter die Tomaten dünsten und dazugeben, eventuell etwas Wasser angießen und nicht zu weich dünsten.
Die Fische leicht in Mehl wenden und in heißer Butter goldbraun anbraten, eine feuerfeste Form ausbuttern, mit dem Gemüse und den Fischen belegen, mit Salz und Pfeffer würzen. Die Zucchini und Tomaten und Zwiebeln dazugeben, mit Butterflöckchen belegen und im Ofen bei 180 Grad überbacken. Mit kleingehacktem Basilikum bestreuen, mit Zitronensaft beträufeln.
Pro Portion etwa 530 Kalorien / 2219 Joule.

2 Fische (Goldbrasse, Hecht, Forelle u. ä.), Zucchini, 200 g enthäutete, entkernte und in Stücke geschnittene Tomaten, 80 g Butter, 1 Zitrone, Rosmarin, Basilikum, Öl, Salz, Pfeffer, 1 Zwiebel, Salz, Pfeffer

Aal auf Berliner Art

Kochfertigen Aal mit Zitronensaft beträufeln, salzen und pfeffern und in eine gebutterte Auflaufform oder Schüssel legen. Mit der fein geschnittenen Zwiebel bestreuen, mit Weißbier begießen, mit Schwarzbrotbröseln bestreuen, in den heißen Ofen stellen und garen. Dann den Fisch herausnehmen und warm stellen. Zum Schluß Mehl und Butter verkneten und mit dem Schneebesen unter den abgeseihten Fischfond schlagen. Einmal aufkochen, abschmecken und mit gehackten frischen Kräutern vollenden.
Pro Portion etwa 750 Kalorien / 3140 Joule.

4 Portionen (à 200 g) Aal, 1 Zwiebel, 100 g Butter, 1 Zitrone, 1 Tasse Weißbier, 2 Scheiben Schwarzbrot, gerieben, ½ TL Mehl, Salz, Pfeffer, 1 TL gehackte Kräuter (Dill o. ä.)

Forellen mit Mandeln

Forellen bratfertig machen, innen und außen mit Zitronensaft beträufeln, ¼ Stunde stehen lassen. Dann salzen. Butter in einer großen Pfanne heiß machen, die Forellen darin auf jeder Seite 1—2 Minuten, dann noch einmal auf jeder Seite 8 Minuten braten. Die Mandeln dazustreuen und goldgelb werden lassen, dann die Fische darin drehen und wenden. Fische auf vorgewärmter Platte anrichten. Die restlichen Mandeln aus der Pfanne auf die Fische geben, mit gehackter Petersilie bestreuen und mit ganzer Petersilie und mit Zitronenscheiben garnieren.
Pro Portion etwa 500 Kalorien / 2090 Joule.

4 Forellen, 1 Zitrone, 100 g Butter, 100 g blättrig geschnittene Mandeln, 2 Zitronen, Petersilie

Forelle blau

4 Forellen (frisch oder tiefgekühlt und aufgetaut) à 250 g, Salz, Essig.
Fischsud: reichlich Wasser, Essig, Salz, Schuß Weißwein, blättrig geschnittenes Suppengrün, 1 kleines Lorbeerblatt, 3 Pfefferkörner, Petersilie, Kresse oder Dill, Zitrone, Butter

Die Forellen sollen ganz frisch sein. Vorsichtig putzen, ausnehmen und nur leicht waschen, jedoch nicht mit einem Tuch abwischen oder anfassen. Nur innen salzen. Man kann die Forelle auch binden: eine dicke Nadel mit Bindfaden durch Unterkiefer und Schwanzende stechen und zu einem Ring zusammenknoten. Dann auf Küchendraht legen und mit heißem Essig übergießen.
In einen Topf oder in eine Fischpfanne auf 1 l Wasser 1 Tasse Essig geben, 1 TL Salz, etwas Weißwein, das klein geschnittene Suppengrün, 1 kleines Lorbeerblatt und Pfefferkörner zum Kochen bringen. Dann die Forellen in den kochenden Fischsud legen und auf kleinster Flamme darin je nach Größe etwa 10—15 Minuten ziehen lassen. Die Fische vorsichtig mit dem Schaumlöffel aus dem Sud heben, abtropfen lassen, Bindfaden entfernen und auf eine vorgewärmte Platte legen, die mit einer feinen Stoffserviette belegt ist. Mit Kresse, Petersilie oder Dill und Zitronensaft garnieren. Dazu reicht man Kartoffeln und geschmolzene oder braune Butter.
Auf die gleiche Art kann man auch Aale, Schleie, Karpfen und andere Fische zubereiten.
Pro Portion etwa 260 Kalorien / 1088 Joule.

Forelle auf Müllerinart

4 Forellen (bzw. 4 Fischfilets à 200 g), Zitronensaft, Salz, 4 EL Mehl, Petersilie, 1 Zitrone, 60 g Butter oder Öl, 20 g Butter

Die ganzen Fische werden ausgenommen, Flossen und Kopf werden abgeschnitten. Unter kaltem Fließwasser abspülen und trockentupfen. Mit Zitronensaft beträufeln und 5 Minuten ziehen lassen. Dann salzen und mehlen. Den Fisch in das inzwischen erhitzte Öl bzw. Butter geben und auf jeder Seite je 1 Minute anbraten. Dann die ganzen Fische jede Seite 10, Filets je 8 Minuten auf beiden Seiten goldbraun knusprig fertigbraten.
Die fertigen Fische mit ganzem Petersiliengrün und Zitronenachteln oder -rädchen garniert anrichten. Zur Bratbutter etwas frische Butter geben, rasch goldbraun werden lassen und sofort über die Fische gießen und servieren. Dazu reicht man Petersilienkartoffeln und grünen Salat.
Diese Zubereitungsart kann für die meisten Fische bis höchstens 1500 g (im ganzen oder filetiert, besonders Forellen, Karpfen, Äschen, Felchen, Barben und Scampi) angewendet werden.
Pro Portion etwa 545 Kalorien / 2281 Joule.

Forelle, gebraten

Die vorbereiteten Forellen salzen und in Mehl wenden. Butter in einer Pfanne erhitzen, die Fische auf beiden Seiten etwa 5 Minuten braten.
Pro Portion etwa 350 Kalorien / 1465 Joule.

4 Forellen, Salz, Mehl, Butter

Grüner Aal

Bratfertigen Aal in etwa 6–8 cm lange, daumendicke Stücke schneiden. In der heißen Butter die feingehackten Gewürzkräuter anschwitzen, mit Pfeffer und Ingwer leicht würzen und darin die Aalstücke ansteifen lassen, salzen, dann mit so viel Weißwein begießen, daß die Aalstücke gerade davon bedeckt sind. Zugedeckt garen lassen. Die Stücke in einer tiefen Schüssel anrichten. Den Kräuterfond mit Zitronensaft, etwas weißer Grundsoße und 2 Eigelb zu einer Soße aufschlagen und über den angerichteten Aal gießen.
Pro Portion etwa 788 Kalorien / 3299 Joule.

1 Aal (1200 g), 20 g Butter, 2 EL Gewürzkräuter (Petersilie, Sauerampfer, Kerbel, Estragon, Pfefferkraut und Dill), Pfeffer, geriebener Ingwer, Salz, Weißwein, 1 Zitrone, ⅛ l Sahne oder weiße Grundsoße, 2 Eigelb

Hecht, gedünstet mit Gemüse

Den Hecht kochfertig machen, innen salzen. Einen Teil des Specks würfelig schneiden, in der Pfanne glasig werden lassen, dann die entstielten und entkernten, in Streifen geschnittenen Paprikaschoten und die würfelig geschnittene Zwiebel dazugeben und ca. 15 Minuten dünsten, dann die gehäuteten und würfelig geschnittenen Tomaten, leicht gesalzen und mit einer Prise Zucker gewürzt, dazugeben und weitere 3 Minuten dünsten. Dann den Hecht mit dem Bauch nach unten auf das gedünstete Gemüse stellen, mit etwas Wasser und Weißwein aufgießen, mit den restlichen Speckstreifen belegen und zugedeckt 20–30 Minuten dünsten. Dann den Hecht herausnehmen und warm stellen. Mehl mit etwas kaltem Wasser glattrühren und damit den Sud binden. Kurz kochen lassen und mit dem Gemüse den angerichteten Hecht umkränzen. Man kann außerdem noch geschmorte Tomaten und in Butter geschwenkte, mit Zitronensaft beträufelte Champignonschnitten dazugeben und extra gekochten Reis oder Kartoffeln.
Pro Portion etwa 425 Kalorien / 1779 Joule.

1 Hecht (ca. 1500–2000 g), 125 g Speck, 1 Zwiebel, 2 Paprikaschoten, 250 g Tomaten, 1 TL Salz, Prise Zucker, ¼ l Wasser, 1 EL Mehl

Hecht in Meerrettichsoße

2 Hechte (à 750–1000 g), ¾ l Wasser, Salz, 1 Zwiebel, 1 TL Fischgewürz, 40 g Butter, 40 g Mehl, ¼ l Fischsud, ¼ l Milch, 4 EL geriebener Meerrettich, Zucker, 20 g Butter

Das Wasser mit Salz, Fischgewürz und Zwiebel zum Kochen bringen, die vorbereiteten Hechte hineinlegen und 10–15 Minuten ziehen lassen. Aus Butter und Mehl eine helle Mehlschwitze bereiten, mit Fischsud und Milch aufgießen und mit geriebenem Meerrettich und etwas Zucker abschmecken. Die garen Hechte in der Soße noch ca. 10 Minuten ziehen lassen, mit etwas Butter verfeinern.

Pro Portion etwa 600 Kalorien / 2520 Joule.

Heringsrollen

1000 g grüne Heringe, 1 Zitrone, etwa ½ l sehr dicke Tomatensoße, Senf, Salz, geriebener Käse, Fett für die Form

Die Heringe säubern, häuten, filetieren, waschen, mit Zitronensaft beträufeln und ½ Stunde im Kühlschrank stehen lassen. Die Filets dünn mit Senf bestreichen, aufrollen und senkrecht in eine gefettete Auflaufform stellen. Mit dicker Tomatensoße übergießen, mit geriebenem Käse bestreuen, mit einem Deckel verschließen und im Ofen bei mittlerer Hitze etwa 30–40 Minuten garen.

Pro Portion etwa 520 Kalorien / 2177 Joule.

Hering, eingelegt

1000 g Heringe, ¼ l Wasser, ½ l Essig, 2 Zwiebeln, 1 Lorbeerblatt, 1 TL Senfkörner, 1 TL Pfefferkörner, 1 EL Salz, 1 TL Zucker, 1 Kräutersträußchen

Die Heringe säubern, waschen, abtrocknen, am Rücken aufschneiden und die Innereien und Gräten entfernen. Wasser und Essig mit allen Zutaten aufkochen und abgekühlt über die Heringe gießen. 3 Tage in der Marinade ziehen lassen.

Pro Portion etwa 425 Kalorien / 1779 Joule.

Kabeljau in Weißwein

4 Filets, Salz, Pfeffer, 1 Glas Weißwein, 40 g Butter, 1 EL Mehl, Zitronensaft, Petersiliengrün, geriebener Käse

Die Filets in eine gefettete Auflaufform geben, salzen, pfeffern, mit Zitronensaft beträufeln, mit Weißwein angießen und auf kleinem Feuer ¼ Stunde zugedeckt dünsten. Dann die Filets herausheben und warm stellen. Den Saft mit einer hellen Mehlschwitze aus Butter und Mehl binden, mit Zitronensaft und Weißwein abschmecken. Die Filets wieder einlegen, mit gehacktem Petersiliengrün bestreuen und noch 5 Minuten zugedeckt schmoren lassen. Anrichten und dick mit geriebenem Käse bestreut servieren.

Pro Portion etwa 350 Kalorien / 1465 Joule.

Karpfen, gebacken

Den Karpfen putzen, waschen und in gleichmäßige Portionsstücke schneiden. Jedes Stück an den dicken Stellen zwei- bis dreimal einschneiden. Salzen und pfeffern. In Mehl, Eiern und Paniermehl panieren. In heißes Fett legen und ungefähr 10 Minuten backen. Der Fisch ist gar, wenn er an der dicksten Stelle leicht zu durchstechen ist. Mit Zitronenscheiben garnieren und grünem Salat servieren. Auf diese Art kann man alle Fische und Fischfilets backen.
Pro Portion etwa 460 Kalorien / 1925 Joule.

1000 g Karpfen, Salz, Pfeffer, Mehl, Eier und Paniermehl, Fett zum Backen, Zitronenscheiben

Karpfen, gefüllt

Den Karpfen von der Rückengräte her ausnehmen. Milch und Leber des Karpfens mit feingeschnittener Zwiebel, Petersilie und Schnittlauch in Butter dünsten, auskühlen lassen und mit einem aufgeweichten und ausgedrückten Brötchen, Salz, Muskat und 2 Eiern verrühren. Mit dieser Masse den gereinigten Karpfen füllen und zunähen. In einer Pfanne mit brauner Butter leicht anbraten und dann mit den blättrig geschnittenen Pilzen, dem Rotwein und ¼ l kochendem Wasser im heißen Ofen zugedeckt dünsten.
Pro Portion etwa 625 Kalorien / 2615 Joule.

1000 g Karpfen, Milch und Leber vom Fisch, 1 Zwiebel, Petersiliengrün, Schnittlauch, 140 g Butter, 1 Brötchen, 2 Eier, Salz, Muskat, 100 g Pilze, ¼ l Rotwein

Paprikakarpfen

Den Karpfen reinigen und salzen, in heißer Butter die feingeschnittenen Zwiebeln anrösten, dann die in Streifen geschnittenen, entkernten Paprikaschoten dazugeben und andünsten, mit Paprika bestreuen, mit dem Weißwein ablöschen und mit der heißen Fleischbrühe aufgießen. Salzen, pfeffern, Tomatenmark, eine Spur Knoblauch und etwas feingehackte Zitronenschalen beigeben. Kurz kochen lassen, dann den Karpfen in den Sud einlegen und zugedeckt 25 Minuten bei schwachem Feuer ziehen lassen. Nach 15 Minuten den Karpfen vorsichtig wenden. Sobald der Fisch gar ist, vorsichtig herausheben, abhäuten und die Gräten entfernen und auf tiefer Schüssel anrichten. Die saure Sahne mit dem Mehl glattrühren und damit den Fischsud binden. Aufkochen lassen und heiß über den angerichteten Karpfen passieren.
Pro Portion etwa 600 Kalorien / 2520 Joule.

1 Karpfen (ca. 2000 g), 200 g Zwiebel, 80 g Butter, 2 rote Paprikaschoten, 2 KL Edelsüßpaprika, 1 TL Tomatenmark, 1 kleine Knoblauchzehe, Zitronenschale, ⅛ l Weißwein, ¼ l Fleischbrühe (Brühwürfel), ⅛ l saure Sahne, 10 g Mehl

Rotbarsch auf schwäbische Art

800 g Rotbarsch, Salz, Pfeffer, Zitrone, 60 g Öl, 1 Zwiebel, Selleriegrünes, 1 Essiggurke, etwas Majoran, 6 Kapern, 3 Sardellen, 40 g Mehl, 1 KL Senf, ⅛ l saure Sahne

Das grätenlose, abgehäutete Fischfleisch kalt waschen, gut abtrocknen, in 8 gleiche Teile schneiden, mit Zitronensaft beträufeln und marinieren. Dann salzen und pfeffern und in heißem Fett rasch ganz leicht überbraten. Herausheben und warm stellen. Im Bratfett folgendes feingehacktes Gemengsel rösten: Zwiebel, Selleriegrünes, Essiggurke, Majoran, Sardellen. Alles gut anschwitzen lassen, dann mit dem Mehl stauben, kurz durchrösten, mit Senf würzen und mit ⅛ l saurer Sahne aufgießen. Dicklich binden und mit Wasser aufgießen, daß eine mollige Soße entsteht, die man eine Zeitlang auskochen läßt. Dann die vorgebratenen Fischstücke dazugeben und langsam 15 bis 20 Minuten gar dünsten lassen.
Pro Portion etwa 360 Kalorien / 1505 Joule.

Stockfisch auf Hausfrauenart

600 g Stockfisch, 500 g Kartoffeln, 1 Zwiebel, 40 g Butter, 30 g Mehl, ¼ l Milch, Salz, Pfeffer

Den Stockfisch wässern, dabei mehrmals Wasser erneuern, in Stücke schneiden und in ungesalzenem Wasser ansetzen und zum Kochen bringen. 10 Minuten nur ziehen lassen. In Schale gekochte Kartoffeln schälen. Aus Butter, feingeschnittener Zwiebel, Mehl und Milch eine Béchamelsoße kochen. Die in Scheiben geschnittenen Kartoffeln in eine gebutterte Schüssel geben, den gut abgetropften, entgräteten und auseinandergezupften Stockfisch daraufgeben und mit der Béchamelsoße, die man mit etwas Fischfond verdünnt und mit Pfeffer leicht gewürzt hat, bedecken.
Pro Portion etwa 570 Kalorien / 2390 Joule.

Thunfisch auf Bordelaiser Art

600 g frischer Thunfisch, 1 EL Öl, 40 g Butter, Salz, Pfeffer, Zitrone, 1 Zwiebel, 2 Schalotten, 150 g Champignons, 250 g Tomaten, ⅛ l Weißwein, ⅛ l braune Soße, Petersiliengrün

Fisch in dicke Scheiben schneiden, würzen und in halb Butter, halb Öl auf beiden Seiten kurz anbraten und die in Scheiben geschnittene Zwiebel und Schalotten mitrösten. Die geschälten, entkernten, zerhackten Tomaten dazugeben, mit Weißwein und brauner Soße angießen, würzen und zugedeckt ½ Stunde schmoren lassen. In Butter die blättrig geschnittenen Champignons rösten, würzen, auch mit ein paar Tropfen Zitronensaft, die Soße darübergießen und einkochen lassen. Den angerichteten Fisch mit dieser Soße bedecken und mit gehacktem Petersiliengrün bestreut servieren.
Pro Portion etwa 510 Kalorien / 2135 Joule.

Scholle auf Hamburger Art Rezept Seite 115

Berner Rösti

Rezept Seite 185

Hamburger Labskaus

Das Pökelfleisch ohne Salz in Wasser gar kochen und in gröbere Würfel schneiden. Hering häuten, entgräten und ebenfalls grobwürfelig schneiden. Die Kartoffeln durch den Fleischwolf drehen. In heißem Fett die würfelig geschnittenen Zwiebeln glasig anrösten, dann Fleisch, Hering und zum Schluß die Kartoffelmasse dazugeben und etwas durchrösten. Würzen und abschmecken. Würfelig geschnittene Gurke und rote Beten daruntermengen oder damit garnieren.
Pro Portion etwa 660 Kalorien / 2760 Joule.

1–2 Bismarckheringe (oder Matjes), 500 g gepökeltes Rindfleisch, 2 EL Schweinefett, 2 mittlere Zwiebeln, 500 g gekochte, geschälte Kartoffeln, 150 g rote Bete, 1 Gewürz- oder Salzgurke, Salz, Pfeffer, Muskat

Rollmöpse

Die Heringe 24 Stunden wässern, trocknen, häuten, entgräten und filetieren. Auf die Filets jeweils kleine Gurkenstücke, feingeschnittene Zwiebel, Apfel und einige Kapern legen, zusammenrollen und mit Zahnstocher festhalten. In eine Schüssel einordnen und mit der Marinade aus Essig, abgekochtem Wasser, Lorbeerblatt, Pfefferkörnern und einer Prise Zucker bedecken. Mindestens 24 Stunden ziehen lassen.
Pro Portion etwa 340 Kalorien / 1420 Joule.

4 Fettheringe, 2 Gewürzgurken, 1 große Zwiebel, 1 EL Kapern, 1 Apfel, ⅛ l Kräuteressig, ⅛ l abgekochtes Wasser, 1 Lorbeerblatt, 4 Pfefferkörner, Zucker nach Geschmack

Serbischer Karpfen

Den portionierten Karpfen in ein Porzellangeschirr schlichten, mit der gut verrührten Marinade übergießen und zugedeckt einige Stunden im Kühlen marinieren. Den Fisch aus der Marinade heben, gut abtropfen lassen, salzen und in Mehl wenden. In einer Pfanne zwei Finger hoch Öl gut erhitzen, die Fischstücke einlegen und knusprig backen. Den Fisch vom Fett gut abtropfen lassen, mit Knoblauchbutterscheiben belegen und mit verschiedenen Garnituren, wie Senfgurken, pikantem Salat und Paprikasalat, anrichten.
Marinade: Das Öl mit den feinzerdrückten Knoblauchzehen und Paprika gut verrühren.
Knoblauchbutter: Butter, feinzerdrückten Knoblauch, Salz, Pfeffer, feingehacktes Petersiliengrün und Zitronensaft nach und nach schaumig dazurühren.
Pro Portion etwa 540 Kalorien / 2260 Joule.

1000 g Karpfen, in Portionen geschnitten, Mehl, Salz, Öl zum Backen
Marinade: ⅛ l Öl, 4 Knoblauchzehen, 2 TL Edelsüßpaprika
Knoblauchbutter: 80 g Butter, 4 Knoblauchzehen, Salz, weißer Pfeffer, Petersilie, Zitronensaft

Sardellen, gebacken

16 frische Sardellen, Mehl, 2 Eier, Fett, Zitrone

Die frischen Sardellen schuppen, ausnehmen, Kopf und Gräten entfernen, gut waschen und trocknen. Dann in Mehl wenden und durch die mit etwas Öl geschlagenen Eier ziehen und in Paniermehl wälzen. In heißem Fett rasch goldgelb backen. Mit Zitronenspalten garniert anrichten. Man kann sie auch nur in Mehl wenden und in Fett backen. Dazu reicht man Tataren- oder Tomatensoße.
Pro Portion etwa 460 Kalorien / 1925 Joule.

Schellfisch auf norddeutsche Art

1 Schellfisch (ca. 1000 g), 5–8 weiße Pfefferkörner, 1 Stück Zwiebel, etwas Salz, 30 g Butter, 30 g Mehl, 2–3 EL gerissener Meerrettich, Zitrone

Den Fisch kochfertig machen. Reichlich Wasser mit Pfefferkörnern, Zwiebel und Salz aufkochen, dann den in Stücke geschnittenen Fisch einlegen und 10–15 Minuten gar ziehen. Aus Butter und Mehl eine helle Mehlschwitze bereiten, mit Fischsud aufgießen, das Ganze zu einer sämigen Soße verkochen. Zum Schluß den gerissenen Meerrettich einrühren und mit Zitronensaft abschmecken.
Pro Portion etwa 305 Kalorien / 1280 Joule.

Gefüllte Fischröllchen

1000 g Schollenfilet, 30 g Speck, 4 Sardellenringe, 4 hartgekochte Eier, Essiggurken, Salz, Pfeffer, 4 EL Öl, Zitrone

Das Fischfilet auftauen, mit Zitronensaft beträufeln, salzen, mit den nudelig geschnittenen Zutaten füllen, zusammenrollen, salzen, pfeffern und mit Holzstäbchen zusammenhalten. In heißem Öl rasch braten. Oder aus 2 EL Butter, 2 EL Mehl und 1 Tasse Wasser und 1 Tasse Weißwein eine helle Mehlschwitze bereiten, mit Pfeffer und gehackten Kräutern würzen und darin die Fischröllchen garziehen lassen.
Pro Portion etwa 470 Kalorien / 1970 Joule.

Seezunge, gebacken

4 Seezungen, Salz, Zitrone, Öl, Mehl, 1–2 geschlagene Eier, 1 KL Öl, Semmelmehl, Öl oder Fett zum Backen, Zitrone

Die küchenfertigen Seezungen schwach salzen und mit Öl bestreichen, mit Zitronensaft leicht beträufeln und zugedeckt eine Zeitlang stehen lassen. Dann im ganzen oder in fingerbreite Stücke geschnitten in Mehl tauchen, durch mit in etwas Öl geschlagenes Ei ziehen und in weißes Paniermehl locker einhüllen. Dann in übermittelheißem Öl oder Fett schwimmend backen, abtropfen lassen und sofort, mit Zitronenvierteln garniert, anrichten.
Pro Portion etwa 395 Kalorien / 1650 Joule.

Scholle auf Hamburger Art

Gewaschene, trockengetupfte Schollen mit Salz bestreuen, in Mehl wenden und in heißer Butter und heißem Öl bei mittlerer Hitze jede Seite etwa 6 Minuten braten. Die Pilze aus der Dose abtropfen lassen und klein schneiden; auch die Krabben abtropfen lassen. Den fertigen Fisch herausnehmen und auf einer vorgewärmten Platte anrichten. Im Bratfett Steinpilze und Krabben etwa 5 Minuten erwärmen, ebenso die Kapern, und alles über die Schollen verteilen. Mit Zitronenscheiben und Petersiliengrün garniert sofort servieren.
Pro Portion etwa 335 Kalorien / 1400 Joule.

4 küchenfertige Schollen (à 250 g), Salz, 2 EL Mehl, 2 EL Butter, 3 EL Öl, 100 g Steinpilze (oder Champignons) aus der Dose, 140 g Nordsee-Krabben aus der Dose, 2 TL Kapern, Zitrone, Petersilie

Seezunge auf bretonische Art

Seezungenfilets waschen, trockentupfen, mit Zitronensaft beträufeln. Inzwischen die kleingeschnittenen Champignons in heißer Butter etwa 8 Minuten dünsten, feinzerdrückten Knoblauch beigeben, salzen, pfeffern und alles aus der Pfanne nehmen und warm stellen. Die Seezungenfilets leicht salzen, im Bratfett mit etwas frischer Butter auf jeder Seite etwa 3 Minuten braten, feingehackte Petersilie dazugeben, kurz mitschmoren lassen und auf vorgewärmter Platte anrichten. Die Filets mit den Champignons überziehen, mit frischer feingehackter Petersilie bestreuen. Butter in der Pfanne etwas bräunen und über den Fisch gießen. Mit Salzkartoffeln heiß servieren.
Pro Portion etwa 535 Kalorien / 2240 Joule.

12 Seezungenfilets (à 50 g), 1 Zitrone, 250 g Champignons, 80 g Butter, Salz, Pfeffer, Petersilie, 1 Knoblauchzehe, 20 g Butter

Steinbutt auf Westerländer Art

Den kochfertigen Steinbutt in wenig gut gesalzenem Wasser garziehen lassen. Herausheben und gut abtropfen lassen. Gräten und Haut entfernen, den Fisch in gleichmäßige Stücke schneiden, und die Stücke nebeneinander in eine gut gebutterte Form legen. Mit den in Butter gedünsteten, blättrig geschnittenen Champignons bedecken, mit der Béchamelsoße überziehen, mit etwas Bröseln oder geriebenem Käse bestreuen, einige Butterflocken obenauflegen und 10 Minuten im heißen Ofen gratinieren. Den Steinbutt anrichten. Man kann rund um den Fisch ein mit Eigelb verrührtes Kartoffelpüree dressieren.
Pro Portion etwa 580 Kalorien / 2425 Joule.

1 Steinbutt (ca. 1000 g), 250 g Champignons, 1 EL Butter, 2 Tassen Béchamelsoße, Weißbrotbrösel oder Parmesan, Butter

Weißfisch, überbacken

4 kleinere Weißfische, 70 g Butter, 1 mittlere Zwiebel, Salz, Pfeffer, ¼ l Weißwein, Brösel, 50 g Butter

Die vorbereiteten, geköpften und eingeschnittenen Fische auf eine mit Butter ausgestrichene, mit fein geschnittener Zwiebel bestreute Backplatte legen, salzen, pfeffern, mit Weißwein angießen, mit Bröseln reichlich bestreuen und mit zerlassener Butter beträufeln. Im heißen Ofen ca. 20 Minuten garen und überbacken.
Pro Portion etwa 335 Kalorien / 1400 Joule.

Zanderschnitten mit Champignons

1 Zander (1000—1500 g), Salz, 2 Zwiebeln, 1 Dose Champignons, 30 g Butter, ⅛ l Rotwein, etwas Semmelmehl (Brösel)

Zander in fingerbreite Schnitten schneiden und salzen. In eine gefettete Auflaufform zuerst Zwiebelwürfel, dann die Zanderschnitten legen, Champignonscheiben darüberstreuen, den Wein dazugießen. Mit Butterflöckchen belegen, etwas Semmelmehl darüberstreuen und im heißen Ofen 30 bis 40 Minuten garen.
Pro Portion etwa 410 Kalorien / 1715 Joule.

Fisch in Gelee

1500 g Fisch (Karpfen, Forelle, Lachs, Aal, Hering usw.), 1½ l Wasser, Salz, 3 EL Essig, ⅛ l Weißwein, 1 Zwiebel, Suppengrün, 6 Pfefferkörner, 1 hartgekochtes Ei, 25 g Gelatine- oder Aspikpulver (oder 6 Blatt Gelatine), 1 Eiweiß, 1—2 Gewürzgurken, 1 TL gehackte Kapern, Zitrone, Salz, Pfeffer

Salzwasser mit Essig, Zwiebel, Suppengrün, Pfefferkörnern und etwas Weißwein kurz kochen. Den geschuppten, ausgenommenen, gesäuberten, in Portionsstücke geschnittenen Fisch darin garziehen und im Fischsud auskühlen lassen. Die einzelnen Stücke häuten und in eine geeignete tiefe Schüssel geben, mit je einer Scheibe hartgekochtem Ei belegen und mit Gewürzgurkenscheiben, Möhrenscheiben und gehackten Kapern garnieren. Den Fischsud seihen, kalt angerührte Gelatineblätter ausdrücken. Zuerst mit wenig, dann mit der restlichen Brühe verrühren, das Eiweiß beigeben und durch ständiges Schlagen mit dem Schneebesen zum Kochen bringen. Dann durch einen Leinenlappen seihen. Mit Zitronensaft abschmecken und abkühlen lassen. Sobald das Gelee zu stocken beginnt, über die angerichteten Karpfenstücke gießen und kalt stellen.
Man kann auch den Boden der Schüssel mit Gelee ausgießen, die Karpfenstücke einlegen, mit den Garniturbestandteilen verzieren und erstarren lassen. Dann den Rest des Gelees darübergießen und kalt stellen.
Auf diese Weise kann man fast alle Fischgattungen eingelieren. Die Geleeflüssigkeit muß dabei die Fische immer gut überdecken.
Pro Portion etwa 425 Kalorien / 1779 Joule.

Zander, gebraten

Fisch säubern, ausnehmen und gut waschen. Dann abtrocknen, auf beiden Seiten einigemal leicht einschneiden, mit Zitrone beträufeln und eine Viertelstunde stehen lassen. Dann mit reichlich Salz, Pfeffer und Paprika bestreuen und in heißer Butter im heißen Ofen etwa 25 Minuten braten. Während des Bratens öfter mit flüssiger Butter und saurer Sahne übergießen. Mit Salzkartoffeln servieren.
Pro Portion etwa 398 Kalorien / 1665 Joule.

1 Zander (1200–1500 g), Salz, Pfeffer, Paprika, Butter, saure Sahne

SCHALEN-, KRUSTEN- UND WEICHTIERE

Hummer, gekocht

Die besten Hummer sind 25–30 cm lang und bis 1500 g schwer. Sie dürfen nur lebend gekauft und verwendet werden (man erkennt die Frische an dem eingezogenen, elastischen Schwanz). Tote Tiere dürfen nicht mehr verwendet werden.
Den Hummer mit zusammengebundenen Scheren und am Rücken festhaltend unter fließendem Kaltwasser sorgfältig abbürsten. Dann bei zusammengebundenen Scheren mit Kopf und Scheren voran in reichliches, kochendes Wasser geben, das mit Salz (pro Liter 15 Gramm), Kümmel, Petersiliengrün, Pfefferkörnern, Dillkraut, Butter und Lauch etwa 20 Minuten vorgekocht wurde. In einigen Sekunden färbt sich der Hummer leuchtend rot. Dann bei schwacher Flamme noch 15 bis 25 Minuten ziehen lassen und, wenn er kalt gegessen bzw. weiterverarbeitet wird, im Kochsud erkalten lassen. Wird der Hummer warm serviert, nimmt man ihn noch warm aus dem Kochsud und läßt ihn vor dem Aufschneiden drei Minuten ruhen. Der Länge nach halbieren.
Kochdauer eines Hummers:
600–800 g schwer: 18 Minuten
800–1200 g schwer: 30 Minuten
darüber hinaus: tiefgekühlt, unaufgetaut: 20 Minuten
tiefgekühlt, aufgetaut: 15 Minuten.
Pro Portion etwa 165 Kalorien / 690 Joule.

1 Hummer, Salz, Kümmel, Petersilie, Dille, 1 EL Butter, 1 Stück Lauch, 3 Pfefferkörner

Languste

1 Languste,
Gemüsesalat,
Mayonnaise, Gelee,
1–2 Trüffeln

Languste wird wie der Hummer gekocht. Tiefgefrorene sind oft schon gekocht. Eine Languste von 1,5 bis 2 Kilogramm ergibt etwa 600 g Fleisch. Der Schwanz der lebenden Languste muß immer gekrümmt und elastisch sein (sonst ist das Tier ungenießbar!). Kochdauer eines ½ kg schweren Tieres etwa 25 Minuten, bis zu 1 kg 35 Minuten, darüber hinaus 45 bis 50 Minuten. Im Sud erkalten lassen.

Die Langusten werden meist kalt serviert. Der gekochten Languste die Brustseite aufschneiden. Das Fleisch wird vorsichtig herausgelöst und in gleichmäßige Scheiben geschnitten. In der Mitte dieser Scheiben liegt der Darm, der mit einer Nadel oder Messerspitze entfernt wird. Die Scheiben richtet man auf einem Sockel aus Gemüsesalat an, dekoriert sie mit Trüffeln, überglänzt sie mit Gelee und serviert separat dazu Mayonnaise. Den leeren Brustpanzer kann man auch mit Gemüsesalat füllen.

Pro Portion etwa 790 Kalorien / 3305 Joule.

Languste, überbacken

1 Languste (ca. 1400 g), gekocht, Salz, weißer Pfeffer, 150 g Butter, 1 TL Worcestershiresauce, Petersiliengrün, 4 Anchovisfilets (40 g).

Salzwasser mit zerkleinertem Suppengrün kochen. Dann die gereinigte Languste ins kochende Wasser geben und zugedeckt 25 Minuten kochen. Dann herausnehmen, abtropfen lassen und der Länge nach halbieren. Das Fleisch mit Salz und Pfeffer würzen. Dann mit etwas zerlassener Butter bestreichen und mit der aufgeschnittenen Seite nach oben auf den Rost legen. Im vorgeheizten Grill 20 Minuten grillen. Fettpfanne darunterschieben. Die restliche Butter (120 g) mit Worcestershiresauce verrühren, etwas gehackte Petersilie darunterrühren, ebenso die feingehackten Anchovisfilets. Die gegrillten Langustenhälften auf einer vorgewärmten Platte anrichten, mit etwas Petersiliengrün garnieren und die Buttermischung auf das Langustenfleisch verteilen.

Pro Portion etwa 620 Kalorien / 2955 Joule.

Garnelenomelett

200 g Garnelen (tiefgekühlt), 1 Zwiebel, 10 g Butter, 1 TL Mehl, 4 EL Milch, Salz, Pfeffer, 8 Eier, etwas Wasser, 30 g Butter, 1 Zitrone, Petersiliengrün

Würfelig geschnittene Zwiebel in heißer Butter hellgelb anschwitzen lassen, mit Mehl bestäuben, mit Milch aufgießen und 3 Minuten kochen. Salzen und pfeffern. Die aufgetauten und abgetropften Garnelen dazugeben. 2–3 Eßlöffel Garnelen beiseite stellen.
Die Eier mit etwas Wasser verquirlen, salzen und pfeffern und jeweils mit etwas frischer Butter vier Omeletts backen. Sobald die Eimasse zu stocken beginnt, jeweils ein Viertel der Garnelenmasse auf die Mitte der Omeletts geben, das Omelett zusammenschlagen und auf eine vorgewärmte Platte gleiten lassen. Mit Petersiliengrün und Zitronenachteln garniert servieren.
Pro Portion etwa 350 Kalorien / 1465 Joule.

Krebse, gekocht

6 lebende Krebse pro Person, 2–3 l Wasser, 30 g Salz, ½ TL gehackter Kümmel, Petersilie oder Dill, ¼ l Weißwein

Die lebenden Krebse unter kaltem Fließwasser kräftig bürsten und waschen. In einen großen Topf reichlich Wasser mit Salz, Kümmel, Petersilie oder Dille zum Kochen bringen. Die Krebse einzeln nacheinander mit dem Kopf voran in das kochende Wasser werfen und jedesmal warten, bis das Wasser wieder siedet, dann den nächsten Krebs hineingeben. Nur so werden sie sofort getötet. Sie färben sich allmählich rot (weil ihr Panzer zwei Farbschichten hat). Die Krebse dann zugedeckt bei gedrosselter Hitze bis 10 Minuten (je nach ihrer Größe) kochen lassen, den Wein beigeben und noch etwa 10 Minuten nur ziehen lassen. Die gekochten Krebse im Kochsud in einer Suppenterrine oder auf einer tiefen Platte sofort anrichten. Dazu reicht man Weißbrot oder Toast und Butter. Man kann im Kochwasser auch noch zusätzlich 1 kleine, geviertelte Zwiebel, kleinwürfelig geschnittene Mohrrüben und ein Kräuterbündel (aus Petersilien- und Selleriegrünstengel, Dillstengel, Thymianstämmchen und 1 kleines Lorbeerblatt) sowie 6–8 leicht zerdrückte Pfefferkörner mitkochen. Die gekochten Krebse werden dann in dem abgeseihten Kochsud serviert.
Pro Portion etwa 105 Kalorien / 440 Joule.

Krebsenbutter

Die Krebsenbutter wird zur Bereitung von Soßen usw. verwendet. Von den wie oben angegebenen gekochten Krebsen die ausgelösten und gut gereinigten Körper (Panzer, Scheren usw.) in einem Mörser zusammen mit ziemlich viel Butter (auf 20 Krebsenschalen gibt man 200 g Butter) zu einem sehr feinen Püree stoßen und reiben. Das Püree in einer Pfanne auf kleinem Feuer langsam anrösten, bis die Butter klar zum Vorschein kommt. Mit kochendem Wasser bedecken, aufkochen lassen und kalt stellen. Die steif gewordene Butter, die sich an der Oberfläche befindet, herunternehmen, erwärmen und durchseihen. Für den Gebrauch in einem kleinen Porzellantopf aufbewahren.
Pro Portion etwa 260 Kalorien / 1090 Joule.

Austern

Austern zählen zu den Spezialitäten der Feinschmecker, die sie nach dem Herkunftsort unterscheiden. Austern möglichst frisch essen! Nur geschlossene Austern kaufen! Vor dem Öffnen unter fließendem Kaltwasser reinigen, dann mit dem Austernbrecher (ein zweischneidiges, kurzes Messer) öffnen: Man nimmt die Austern mit der Wölbung nach unten mit der linken Hand, sticht mit dem Austernmesser zwischen die beiden Schalendeckel und bewegt es vorsichtig auf und ab. Die kostbare Flüssigkeit, in die die Auster gebettet ist, darf dabei nicht vergossen werden. Muschelsplitter mit einem in warmes Wasser getauchten Pinsel entfernen. Die geöffneten Austern werden auf einer runden Platte auf gestoßenem Eis angerichtet (Eis in ein Tuch geben, mit einem Holzhammer zerkleinern). Garniert wird die Platte mit Zitronenscheiben oder -achteln. Dazu reicht man Toast oder Stangenbrot und Butter, auch nicht zu frisches Schwarzbrot.
Pro Person rechnet man 5—10 Austern.
Pro Portion etwa 128 Kalorien / 536 Joule.
Zu Austern trinkt man gut gekühlte, trockene, leichte Weißweine wie Weißer Burgunder, Riesling, Sylvaner, Muscadet, Sancerre, kleine Sauternes, Entre-deux-Mer, Clairette du Languedoc, trockenen Graves und Grünen Veltliner. Zu Austern naturell vor allem Champagner brut oder extra trockenen Sekt.

Austern, gedämpft

Die Austern von der Schale befreien, mit dem Austernsaft in einen Topf geben, salzen, mit Zitronensaft beträufeln und aufkochen. Dann die helle Soße beigeben, mit Eigelb abziehen und die Austern gut durchrühren. Abschmecken. Sie werden auf Toastbrote angerichtet.
Pro Portion etwa 420 Kalorien / 1760 Joule.

2 Dtzd. Austern, Salz, 1 Eigelb, 1 TL Zitronensaft, 1 Tasse helle Soße

Austern in Soße

Wein erhitzen und über die Austern gießen und herausnehmen. Den Wein mit einer hellen Soße dick einkochen, abschmecken, mit Eigelb binden und den Rahm unterziehen. Dann die Austern dazugeben. Butter darauf zergehen lassen und anrichten.
Pro Portion etwa 509 Kalorien / 2131 Joule.

2 Dtzd. Austern, 1 Glas Weißwein, 2 Tassen helle Soße, Paprika edelsüß, 1 Eigelb, ⅛ l Rahm, 1 TL Butter

Muscheln (Grundrezept)

Nur geschlossene Muscheln kaufen. Offene Muscheln bzw. Muscheln, die beim Kochen auf der Oberfläche schwimmen, wegwerfen. Färben sich Muscheln beim Kochen schwarz oder rot, müssen alle Muscheln weggeworfen werden (weil giftige darunter sind!). Frische Muscheln mindestens fünf Stunden ins Wasser legen (Wasser mehrmals erneuern), kräftig bürsten und waschen. Die Bartbüschel entfernen. Auch Muscheln, die nach dem Garkochen geschlossen bleiben, müssen entfernt werden.
Fein geschnittene Zwiebel und zerdrückten Knoblauch in heißem Öl anschwitzen lassen, ebenso das Petersiliengrün und den Lauch. Mit Weißwein ablöschen, Lorbeerblatt und Thymian sowie Kümmel beigeben. Die vorbereiteten Muscheln in den kochenden Sud geben. Zugedeckt bei starkem Feuer 5 bis 7 Minuten dämpfen. Den Topf hin und wieder etwas rütteln. Dabei müssen sich die Schalen öffnen. Noch kurz ziehen lassen. Dann die Muscheln herausnehmen, die obere Deckelschale entfernen, die Muscheln entbarten. Die Muschelschalen mit der Muschel in einer vorgewärmten, tiefen Schüssel anrichten. Den heißen Kochfond darübergießen. Dazu Toast oder Pariserbrot servieren. So bereitete Muscheln lassen sich auch für Salate, Vinaigrettesoße u. a. Muschelgerichte verwenden.
Pro Portion etwa 150 Kalorien / 630 Joule.

1000 g Muscheln, 3 EL Öl, 1 kleinere Zwiebel, 2 Knoblauchzehen, 2 TL gehacktes Petersiliengrün, etwas Lauch, Thymian, ½ Lorbeerblatt, ¼ l trockener Weißwein, Pfeffer, ½ EL Kümmel

Schnecken mit Schneckenbutter

2 Dtzd. Schnecken (Dose), 125 g Butter, 1–2 Knoblauchzehen, 1 EL gehacktes Petersiliengrün, Paprika (Edelsüß), Salz, Worcestershiresauce, Zitronensaft

Schneckenbutter: Die Butter schaumig rühren, mit zerdrücktem Knoblauch, Petersilie, Paprika, Salz, Worcestershiresauce und Zitronensaft zu einer Paste rühren.
Die Schnecken in die Schneckenhäuser füllen, mit der Schneckenbutter gut verschließen, auf 4 Schneckenportionspfannen verteilen. Die Öffnung der Schneckengehäuse muß nach oben zeigen. Im heißen Ofen oder im Grill erhitzen, bis die Butter zu schmelzen beginnt.
Pro Portion etwa 520 Kalorien / 2175 Joule.

Scampi in Weinteig, gebacken

Backteig: Mehl, Salz, Ei, Weißwein
400 g tiefgekühlte Scampi (32 Stück), Salz, Zitrone, Petersiliengrün

Die aufgetauten Scampi kurz in kochendes Wasser legen, herausnehmen und mit Salz, Zitronensaft und gehacktem Petersiliengrün eine Zeitlang marinieren. Die marinierten, gut abgetropften Scampischwänze durch den Backteig ziehen und in heißem Backfett backen.
Pro Portion etwa 360 Kalorien / 1505 Joule.

Caviar (Kaviar)

Ist der durch Beigabe von Salz konservierte Rogen verschiedener Störarten des Schwarzen und Kaspischen Meeres. Echter Caviar hat durchscheinende Körner.
Caviar darf nicht direkt mit Eis in Verbindung kommen. Auch nie in der Tiefkühltruhe aufbewahren.
Caviar bedarf keinerlei Würzmittel, selbst Zitronensaft sollte nur sehr mäßig verwendet werden. Zu Caviar serviert man leicht gebuttertes Toastbrot oder Blinis sowie Zitronenspalten, außerdem eisgekühlten Wodka in kleiner Karaffe im Kübel mit Eisblock; auch die Gläser zuvor in den Kühlschrank stellen. Man kann aber auch trockenen Sherry, Portwein, Sekt oder Champagner servieren.
Als Besteck lege man kleine Löffel aus Holz, Glas, Elfenbein, Schildpatt oder Perlmutt auf.

Caviar, gratiniert

6 EL Sahne, 6 EL frische Brotkrumen, 1 EL gehackter Schnittlauch, 200 g Caviar, 2 Eier

Sahne zum Kochen bringen, frische, fein zerdrückte Brotkrume dazugeben, ebenso den gehackten Schnittlauch, den Caviar und die rohen Eier. Alles in eine feuerfeste Form geben, mit Alufolie abdecken und im heißen Ofen bei mittlerer Hitze überbacken.
Pro Portion etwa 110 Kalorien / 555 Joule.

Gemüsegerichte

Frisches Gemüse enthält 1–3% Eiweiß, 2–10% Kohlehydrate, 0–1% Fett, 83–96% Wasser, 0,5–2% Mineralstoffe und reichlich Vitamine. Diese bei der Zubereitung zu erhalten ist wichtig. Durch möglichst wenig Berührung mit Wasser, möglichst kurz gehaltene Garzeit und die richtige Anwendung der Zubereitungsart wird das Auslaugen bzw. Zerstören der Vitamine, Mineralstoffe und der frischen Farbe sowie des spezifischen Geschmacks von Gemüse verhindert.
Alle schadhaften, welken, ungenießbaren Teile entfernen. Knollen- und Wurzelgemüse eventuell auch schaben oder schälen (frische Gemüseabfälle kann man für Brühen, Suppen, Bratensoßen etc. verwenden). Dann gründlich unter fließendem Kaltwasser oder in reichlich kaltem Wasser von Erde, Sand, Ungeziefer etc. reinigen, eventuell auch bürsten. Nicht unnötig lange im Wasser liegen lassen (außer Blumenkohl). Zerkleinertes Gemüse auf keinen Fall im Wasser liegen lassen, auch nicht unnötig lange an der Luft liegen lassen. Womöglich immer sofort weiterverarbeiten. In geschlossenem Topf kochen, dämpfen oder dünsten. Den Kochprozeß immer so kurz wie möglich halten. Dünsten und Dämpfen ist dem Kochen in Salzwasser vorzuziehen.

Gedünstetes Gemüse

Das Dünsten eignet sich besonders für feines Gemüse (z. B. junge Erbsen, Karotten). Butter, Margarine oder Öl erwärmen (am besten in einem feuerfesten Geschirr, in dem das Gemüse auch serviert werden kann). Je nach Rezept das vorbereitete Gemüse dazugeben oder zuerst (besonders bei derberem Gemüse) feingeschnittene Zwiebel oder Grünes andünsten (glasig werden lassen), dann das vorbereitete Gemüse dazugeben, auch ganz wenig Flüssigkeit beigeben und unter wiederholtem Schütteln oder vorsichtigem Rühren das Gemüse zugedeckt dünsten (grünes Blattgemüse nur halb zugedeckt dünsten!). Gemüse nicht braun werden lassen. Zum Schluß vorsichtig würzen.

Gedämpftes Gemüse

Das Dämpfen eignet sich besonders für Gemüse wie Möhren, Karotten, Erbsen, Broccoli, grünen Spargel, das in Farbe und Form erhalten bleiben soll (für Salate, kalte Platten, Garnituren, Hors d'œuvres). Grundsätzlich kann man jedes Gemüse dämpfen; die Kochzeit dauert nur etwas länger. Im Druckkochtopf verringert sich diese Garzeit allerdings wieder.
Das gereinigte Gemüse wird in einem Siebaufsatz auf kochendes Salzwasser aufgesetzt, leicht mit Salz bestreut und gut verschlossen gargedämpft. Das Gemüse kommt dabei mit dem Wasser nicht direkt in Berührung.

In Salzwasser gekochtes Gemüse

Diese Zubereitungsart eignet sich für Gemüse, das in einer Soße serviert wird, sowie für weniger zartes, scharfschmeckendes Gemüse. Immer nur so viel leicht gesalzenes Wasser zum Kochen bringen, daß das Gemüse damit gerade bedeckt ist. Das vorbereitete Gemüse in das kochende Wasser geben. Nicht zugedeckt weich kochen. Grünes Blattgemüse (Spinat, Salat) immer nur eine Handvoll weich kochen (bis die Blätter zusammenfallen), Grüngemüse sofort nach dem Garen mit kaltem Wasser schwemmen, gut abtropfen lassen, dann meist in Butter geschwenkt und gewürzt servieren.
Bei hellem Gemüse (Blumenkohl) dem Salzwasser etwas Milch beigeben; besonders scharf schmeckendes Gemüse in reichlichem Salzwasser kochen. Nicht zu scharfes Gemüsewasser kann man für Suppen und Soßen weiterverwenden. Weiterverarbeitung bzw. Anrichten dieses Gemüses je nach Rezept.

Gemüse auf englische Art

Gekochtes oder gedünstetes Gemüse wird mit frischer Butter serviert.

Gemüse auf französische Art

Gemüse kleinwürfelig schmoren, in Salzwasser weich kochen, mit heißer Butter abschmelzen bzw. darin sorgfältig durchschütteln. (Eventuell in der Butter feingeschnittene Zwiebel und gehacktes Petersiliengrün anrösten.)

Gemüse auf italienische Art

Wie französisches Gemüse dünsten, aber nicht mit Butter, sondern mit Olivenöl fertigen.

Gemüse auf polnische Art

Gekochtes oder gedünstetes Gemüse mit geriebenem Käse oder gehacktem gekochtem Ei bestreuen, mit brauner Butter abschmelzen.

Gemüse, glasiert

In erwärmter Butter etwas Zucker zum Schmelzen bringen, das vorbereitete Gemüse (Karotten, Möhren, kleine Zwiebeln, geschälte Maroni) hineingeben, wenig salzen, ganz wenig Flüssigkeit (Wasser, Brühe) beigeben und zugedeckt weich dünsten. Am Schluß soll die beigegebene Flüssigkeit fast zur Gänze verdunstet sein bzw. Sirupdicke erreicht haben. Dadurch wird das Gemüse mit einer Art Glasur überzogen.

Gemüse au gratin (gratiniert, überkrustet)

Das vorbereitete Gemüse zuerst in Salzwasser oder Dampf weich kochen. Dann gut abtropfen lassen und in eine gut mit Butter ausgestrichene Gratinplatte einfüllen. Das Gemüse je nach Rezept mit einer Soße überziehen oder etwas Flüssigkeit beigeben. Die Oberfläche mit geriebenem Käse oder feinem Paniermehl (Brösel) bestreuen. Stets reichlich mit Butterflocken belegen. Bei guter Oberhitze im vorgeheizten Ofen in 10—20 Minuten zu goldbrauner Farbe gratinieren (überbacken). Zum Überziehen eignen sich auch sehr gut eingerührte Soßen, vor allem die Morneysoße, für die Oberfläche auch Fett, süße oder saure Sahne oder Öl.
Gemüse kann man zum Gratinieren schon vorher vorbereiten, es soll aber immer erst kurz vor dem Servieren überbacken und dann sofort serviert werden.

Gemüse, paniert

Gemüse salzen, in Mehl, verquirltem Ei und Paniermehl (Brösel) panieren und in heißem Fett schwimmend backen.

Gemüse, gebacken

Grundregel: Gemüse mit kurzer Garzeit wird roh, anderes Gemüse gekocht für diese Zubereitungsart verwendet. Dazu eignen sich Blumenkohl, Spargel, Möhren, Sellerie, Rosenkohl, Schwarzwurzeln und Lauch.

Gemüse, natur gebacken

Auberginen (Eierfrüchte) oder Pilze in Scheiben schneiden, durch Milch ziehen, in Mehl wenden und in heißem Fett backen. Zum Schluß salzen.

Gemüse in Backteig

Das Gemüse zuvor eine Zeitlang mit Zitronensaft und gehacktem Petersiliengrün marinieren, dann salzen, durch den Backteig (Bier- oder Weinteig) ziehen und in heißem Fett schwimmend backen.

Backteig

1–2 Eier, 2 EL Mehl, Schuß Flüssigkeit, Milch, Salz

Alle Zutaten zu einem nicht zu flüssigen Teig verrühren.

Behandlung von Trockengemüse

Trockengemüse einige Stunden vor Verwendung in kaltes Wasser legen und einweichen. Mit dem Einweichwasser auf kleinem Feuer kochen bzw. mit anderen Zutaten mitdünsten. 100 g Trockengemüse können etwa 1000 g Frischgemüse ersetzen.

Behandlung von Gemüsekonserven

1. Geöffnete Konserven oder Sterilisiergläser mit der Flüssigkeit im Wasserbad auf kleinem Feuer 15–20 Minuten erhitzen. Die Flüssigkeit dann zur weiteren Verwendung abgießen. Das Gemüse weiterverarbeiten.
2. Gemüse gut abtropfen lassen und in erwärmter Butter erhitzen. Eventuell mit etwas Gemüsewasser angießen. Notfalls auch nachwürzen bzw. abschmecken.

Behandlung von Tiefkühlgemüse

Tiefkühlgemüse ist immer roh (im Gegensatz zu dem in Konserven). Noch tiefgefroren direkt aus der Packung nach Vorschrift behandeln, in den Kochtopf bzw. in die Pfanne geben und wie frisches Gemüse garen. Durch An- bzw. Auftauen würden Geschmack, Aussehen und Geruch geschmälert, besonders bei Erbsen, Blumenkohl und Kohlrabi. Dagegen soll man Spinat und Grünkohl im Gemüseblock 2 Stunden vorher bei Zimmertemperatur antauen. Sonst würden nur die äußeren Teile gar, während das Innere noch gefroren ist. Die Kochzeit von Tiefkühlgemüse verkürzt sich zu einem Drittel bis zur Hälfte der Kochzeit von Frischgemüse. Jedes Rezept für Frischgemüse läßt sich auch für Tiefkühlgemüse anwenden.

ARTISCHOCKE

Eßbar sind nur der fleischige Boden und der untere Teil der Kelchblätter. Zum Servieren im ganzen: Die Spitzen der Kelchblätter abschneiden, binden und in Salzwasser kochen. Kleine junge und noch zarte Sorten können ganz gegessen werden. Artischockenböden und -herzen junger Artischocken sind auch in Öl konserviert im Handel. Ganze Artischocken werden warm oder kalt mit einer Soße (Sauce hollandaise oder vinaigrette, Béchamel usw.) serviert. Frischkauf: Ende Mai bis Juli. Sind auch konserviert im Handel.

Artischocken, gekocht

6–12 Artischocken,
Öl, Zitronensaft,
Salzwasser

Frische Artischocken oben bei den Blattspitzen gerade zurechtschneiden, Stielansatz unter dem Artischockenboden glatt abschneiden, die untersten, äußeren, harten drei, vier Blätter entfernen. In Zitronenwasser abspülen. Reichlich Salzwasser zum Kochen bringen und 1 Eßlöffel Öl und Zitronensaft beigeben. Die Artischocken einlegen und 20–40 Minuten (nie in einem Aluminiumtopf!) kochen (im Dampfkochtopf ca. 15 Minuten). Herausheben, auf einem Sieb abtropfen lassen, die mittleren Blätter herausziehen und mit einem Löffel die Samenfäden (»Heu«) aus dem Inneren der Artischocke entfernen. Die mittleren Blätter verkehrt aufsetzen, mit Soße servieren.

Artischocken, gefüllt

8 Artischocken, 1 Zitrone, Mehl, 1 EL Öl, 100 g geräucherter Speck, 100 g Champignons, Zwiebel, Petersilie, ⅛ l Weißwein oder Madeira, 40 g Butter, 2 EL Bratensaft, Salz

Die Artischocken vorbereiten und in heißem Zitronensalzwasser nur halbweich kochen. Dem Kochwasser gibt man auch etwas Mehl (auf 2 l Wasser 10 g Mehl) bei. Auf ein Sieb geben und gut abtropfen lassen. Blätter und Samenfäden (»Heu«) entfernen. Die Böden heiß halten. Die eßbaren Blätterteile mit einem kleinen Löffel herausheben. Champignons, Zwiebel, Petersilie mit kleingeschnittenem Speck anrösten, die ausgehobenen Blätterteile der Artischocken dazugeben, mit 2 Eßlöffel Bratensaft und Weißwein oder Madeira aufgießen, aufkochen, dann in die Artischocken füllen und in eine feuerfeste Schüssel geben. Etwas Butter darübergeben, mit Pergamentpapier zudecken und im Ofen fertigdünsten. Mit einer Madeirasoße servieren.
Pro Portion etwa 190 Kalorien / 795 Joule.

Artischockenböden als Vorspeise

8 Artischockenböden (aus der Dose), 1 EL Mehl, 1 Ei, 1 EL Paniermehl (Brösel), 40 g Butter
Colbert-Butter: 80 g Butter, Petersilstengel, Dill, Kerbel, Kresse, Estragon, Bouillon

Die Artischockenböden abtropfen lassen, in Mehl, verquirltem Ei und Bröseln panieren, in Butter goldgelb braten. Dann mit je einer Scheibe Colbertbutter belegen.
Oder eine Leberfarce bereiten, vermischt mit Duxelles. Dann je zwei Artischockenböden mit dieser Farce füllen, zusammensetzen, durch einen Backteig ziehen und in heißem Fett schwimmend backen. Werden dann mit einer Soße Colbert serviert.
Colbert-Butter: Die Kräuter sehr fein hacken und mit der Butter gut verkneten, rollen und kalt stellen.
Pro Portion etwa 439 Kalorien / 1838 Joule.

AUBERGINE

Auch Eierfrucht oder Melanzane genannt, ist eine gurkenähnliche Frucht mit blauvioletter oder grünlicher Schale. Sind auch in Konserven auf dem Markt.

Vorbereitung
Rohe Auberginen können geschält und ungeschält verwendet werden. 1—2 Minuten in heißes Wasser gelegt, lassen sie sich leicht schälen. Zum Backen und Braten werden sie in Längs- oder Schrägstreifen geschnitten. Für das Füllen schneidet man sie der Länge nach auf.

Kartoffelklöße

Rezept Seite 203

Spaghetti

Rezept Seite 209

Auberginen, gebacken

Die geschälten Früchte in Scheiben schneiden und leicht gesalzen ½ Stunde ziehen lassen. Dann durch Milch ziehen, in Mehl wenden, in heißem Öl goldgelb backen und nachher salzen.
Oder in einen Backteig tauchen und backen.
Oder in Mehl, Eiern und Paniermehl (eventuell auch noch mit geriebenem Käse vermischt) panieren und in heißem Öl schwimmend goldgelb backen. Immer sofort servieren. Oder die Scheiben leicht in Olivenöl mit Knoblauch anbraten, in eine gebutterte Backschüssel schichtweise mit Tomatenscheiben und gehacktem Hammelfleisch füllen; mit Paniermehl bestreuen, vermischt mit gehackter Petersilie, mit Olivenöl beträufeln, im heißen Ofen backen.
Pro Portion etwa 267 Kalorien / 1120 Joule.

4 Auberginen (400 g), Salz, ⅛ l Milch oder Bier, 1 Eigelb, 125 g Mehl, Salz, Pfeffer (oder Edelsüßpaprika), Backöl

Auberginen, gedünstet

Auberginen schälen, in fingerdicke Scheiben schneiden und mit Zitronensaft beträufeln. Nach einer halben Stunde leicht ausdrücken und würfelig schneiden. In heißem Öl rösten, mit Salz, Pfeffer, geschälten, ausgedrückten und kleingeschnittenen Tomaten (oder Tomatenmark), zerdrücktem Knoblauch und etwas Bouillon oder Wasser bei schwacher Hitze weich dünsten. Vor dem Servieren mit gehacktem Petersiliengrün bestreuen.
Pro Portion etwa 204 Kalorien / 854 Joule.

4 Auberginen, 1 EL Zitronensaft, 3 EL Öl, Pfeffer, Salz, 4 Tomaten oder 2 EL Tomatenmark, 1 Knoblauchzehe, eventuell Bouillon, Petersiliengrün

AVOKADOS

Birnenähnliche Baumfrucht von grüner bis schwarzer und dunkelroter Farbe, roh mit süßsäuerlichem, nußähnlichem Geschmack. Enthalten 20% Fett, 2% pflanzliches Eiweiß und fast keinen Zucker. Bei reifen Früchten hört man das Geräusch der Kerne, wenn man die Frucht schüttelt.

Vorbereitung
Avokados der Länge nach halbieren, die Kerne entfernen, Fruchtfleisch nach Rezept herausschälen und weiterbehandeln.

Avokados, gebacken

4 Avokados, Salz, Pfeffer, 2 EL weißer Vermouth, Backteig (125 g Mehl, 1 TL Öl, Salz, Milch oder Bier); Öl zum Backen, Petersiliengrün, Zitronenscheiben

Das Fruchtfleisch herausschälen, in längliche, 1 cm dicke Scheiben schneiden. Salzen, pfeffern, mit Vermouth beträufeln und 1 Stunde ziehen lassen. Dann den Backteig bereiten, die Früchte leicht trockentupfen, im Backteig wenden und in heißem Öl schwimmend backen oder in heißem Öl braten. Abtropfen lassen. Mit Zitronenscheiben und Petersiliengrün garniert anrichten.
Pro Portion etwa 398 Kalorien / 1666 Joule.

BAMBUSSPROSSEN

Junge Schößlinge verschiedener Bambusarten. Werden wie die Hopfensprossen bereitet, hauptsächlich aber bei chinesischen Gerichten und als Salat verwendet.

Bambussprossen mit Pilzen

1 Dose Bambussprossen, 10 frische Pilze, Öl, Soja-Würze, 1 TL Sherry, 1 TL Zucker, Brühe oder Wasser, Salz, Mondamin

Die Bambussprossen abtropfen lassen, in Scheiben schneiden; auch die Pilze in Scheiben schneiden. In heißem Öl die Bambussprossen leicht anbraten, die Pilze beigeben und mitbraten, mit Sojawürze, Sherry, Zucker und etwas Brühe aufkochen, dann einige Minuten noch ziehen lassen. Mit Salz abschmecken. Mit kalt angerührtem Mondamin etwas eindicken. Sehr heiß servieren.
Pro Portion etwa 120 Kalorien / 502 Joule.

BLEICHSELLERIE

Auch Stangen- oder Staudensellerie oder englischer Sellerie genannt. Ein Blattstielgemüse, soll straffe, gelbweiße Stengel aufweisen und wird meist roh gegessen (vor allem die zarten Herzblätter, auch mit Käse gefüllt und in hohen Gläsern beim kalten Buffet serviert).

Vorbereitung
Alle harten Teile, Fasern und Wurzelenden wegschneiden. Alle Blätter von dem Stengel schneiden. Gründlich waschen und in beliebige Stücke schneiden. Mit Zitronensaft einreiben. Werden meist stark blanchiert und in fetter Brühe gedünstet.

Bleichsellerie, gebacken

Vorgekochten, in Stücke geschnittenen Staudensellerie durch Backteig ziehen und in tiefem Fett backen.

Bleichsellerie, gedünstet

Blanchierten, der Länge nach gespaltenen, gefalteten Staudensellerie auf ein Bett von Zwiebel- und Mohrrübenscheiben und Speckabfällen legen und in fetter Brühe dünsten; abtropfen lassen und mit Madeirasoße überziehen.

Bleichsellerie, gekocht

6 Selleriestauden (ca. 750 g), Salzwasser, Zitrone, Prise Zucker, Bouillon, 50 g Butter

Die vorbereiteten Stauden in kochendem Salzwasser mit einer Prise Zucker ca. 20–25 Minuten kochen. Herausnehmen, abtropfen lassen, mit gebräunter Butter begießen.
Pro Portion etwa 117 Kalorien / 490 Joule.

Bleichselleriegemüse

4 Stauden Bleichsellerie, 2 EL Öl, 2 Möhren, Zitrone, ¼ l Fleischbrühe, 250 g Tomaten, 1 EL Mehl, ⅛ l Sahne, Salz, Pfeffer, Zucker

Das gewaschene, gereinigte Gemüse der Länge nach halbieren. Feingeschnittene Zwiebel andünsten, die in Scheiben geschnittenen Möhren mitdünsten, etwas feingeriebene Zitronenschale beigeben, mit Fleischbrühe aufgießen, Bleichsellerie dazugeben und ½ Stunde dünsten. Die geschälten, entkernten, in Scheiben geschnittenen Tomaten zum Schluß beigeben. Sahne und Mehl verrühren, das Gemüse damit binden, würzen und abschmecken.
Pro Portion etwa 309 Kalorien / 1293 Joule.

BLUMENKOHL

Auch Karfiol genannt, eine durch Züchtung entstandene Kohlart, gehört zu den feinsten, wohlschmeckendsten Gemüsearten. Muß fest und weiß, ohne Flecken sein. Frischkauf: Juli–November.
Zuerst die äußeren grünen Blätter und alle schadhaften Stellen der Rose entfernen, den Strunk abschneiden und ½ Stunde mit dem Kopf nach unten in kaltes Salz- oder Essigwasser legen oder die Röschen einzeln unter kaltem Fließwasser gründlich waschen und reinigen.

Blumenkohl, gebacken

2 mittlere oder 1 größerer Blumenkohl, Salzwasser, 1 Zitrone, ⅛ l Bier, Wein oder Milch, 125 g Mehl, 1—2 Eier, Salz, Muskat, Backfett, Petersilie

Den vorbereiteten Blumenkohl in Salzwasser mit 2 Eßlöffel Milch oder Zitronensaft nicht zu weich kochen (ca. 10 Minuten). Die Röschen teilen. Einen dickflüssigen Backteig aus Milch, Wein oder Bier, Mehl und Eier, Salz und Muskat bereiten. Die Röschen einzeln darin eintauchen und in heißem Fett schwimmend goldgelb ca. 10 Minuten backen. Mit Petersilie garniert anrichten.
Pro Portion etwa 298 Kalorien / 1247 Joule.

Blumenkohl, gratiniert

2 Stück Blumenkohl, 50 g Mehl, 50 g Butter, ½ l Milch, Salz, Pfeffer, 2 Eier, 2 EL Parmesan, 300 g Räucherfleisch, Brösel und Butter zum Gratinieren

2 mittlere Stück Blumenkohl in Salzwasser weich kochen. 50 g Mehl und 50 g Butter mit Milch zu einer dikken Béchamelsoße unter Beigabe von Salz und Pfeffer aufkochen. ¼ Stunde kochen lassen, vom Feuer nehmen, 2 ganze Eier und den geriebenen Parmesan dazurühren. Den gekochten Blumenkohl auf ein Sieb oder Gitter zum Abtropfen legen, dann in Portionsgröße teilen und in eine gefettete Pfanne oder feuerfeste Schüssel geben. 300 g Räucherfleisch fein hacken, über den Blumenkohl streuen und mit der Béchamelsoße übergießen. Das Ganze mit dem geriebenen Parmesan und den Bröseln bestreuen, mit Butter beträufeln und im heißen Ofen überbacken (10—15 Minuten).
Pro Portion etwa 300 Kalorien / 1260 Joule.

Blumenkohl auf polnische Art

1 Blumenkohl, Salz, 1 Zitrone, 30 g Käse, 2 EL Paniermehl (Brösel), 1—2 hartgekochte Eier, 60 g Butter, Petersiliengrün

Vorbereiteten Blumenkohl in kochendem Salzwasser 15—20 Minuten weich kochen. Herausnehmen, abtropfen lassen und auf vorgewärmter Platte anrichten. Mit gehacktem, hartgekochtem Ei und in viel Butter geröstetem Paniermehl bestreuen. Eventuell mit Zitronensaft beträufeln. Mit gehacktem Petersiliengrün bestreut servieren. Man kann auch noch gehackten Schinken oder geräucherte Zunge zusätzlich zu den hartgekochten Eiern geben.
Pro Portion etwa 210 Kalorien / 1000 Joule.

BROCCOLI

Auch italienischer oder grüner Spargelkohl genannt, ist eine Art des Blumenkohls, aber von grüner Farbe; bei uns in 2 Sorten erhältlich, eine mit kleinen, dem Blumenkohl ähnlichen Röschen, die andere Art hat viele lange Triebe mit blumenkohlähnlichen Enden. Wird wie Blumenkohl bereitet. Es gibt auch Tiefkühl-Broccoli (15 Minuten Garzeit).

Vorbereitung
Die Köpfchen abschneiden, die schlechten Blätter von den Stengeln entfernen. Die Stengel in fingerlange Stücke schneiden, die dickeren Teile auch schälen. Dann alles gut waschen.
Broccoli nicht in Fett, sondern immer nur in siedendem Salzwasser oder Dampf garen (ca. 30 Minuten). Die Köpfchen sind oft etwas früher gar als die Stengel. Dann sorgfältig herausheben und gut abtropfen lassen. Auf einer vorgewärmten Platte mit dem Köpfchen zur Mitte hin kranzförmig anrichten. Mit heißer Butter übergießen.
Oder ohne Köpfchen nur die Blätter klein schneiden. In heißer Butter feingeschnittene Zwiebel anschwitzen, die Blätter dazugeben und durchdämpfen, mit etwas Bouillon ablöschen. Buttermehl (30 g Butter, 20 g Mehl, fein geknetet) dazugeben. Mit Salz, Pfeffer und Muskat würzen. Beim Anrichten über die gesondert weich gekochten Stengel verteilen.
Als Garnitur werden nur die Köpfchen verwendet.
100 Gramm Broccoli = 33 Kalorien / 138 Joule.

Broccoli mit Butter

750 g Broccoli, Salz, 60 g Butter, 1 TL Essig

Broccoli in Salzwasser kochen, mit brauner Butter übergießen und mit etwas Essig würzen.
Pro Portion etwa 185 Kalorien / 775 Joule.

Broccoli mit holländischer Soße

750 g Broccoli, Salz, Muskat, holländische Soße

Wie Spargel mit Salz und Muskat kochen, abtropfen lassen, mit holländischer Soße übergießen und servieren.
Pro Portion etwa 486 Kalorien / 2034 Joule.

CHICORÉE

Auch Brüsseler Endivie genannt, eignet sich für Sala (besonders für Schlankheitsdiät), aber auch für Gemüse Frischkauf: Dezember—Februar.

Vorbereitung
Putzen, alle schadhaften Blätter entfernen. Gut unte fließendem Kaltwasser waschen, den bitteren Kern des Strunks keilförmig herausschneiden. Eventuell zuvor de Länge nach halbieren. 20—30 Minuten mit Butter, einigen Tropfen Zitronensaft, Prise Salz in wenig Flüssigkeit mit gebuttertem Papier bedeckt, dämpfen.
100 Gramm = 14 Kalorien oder 60 Joule.

Chicorée mit Butter

Vorbereitete, gedämpfte Chicorée mit Zitronensaft leich beträufeln und mit brauner Butter übergießen.

Chicoréeauflauf

6—8 feste Chicorée, Salzwasser, Zitrone, 1 Tasse saure Sahne oder Bratensaft, 4 Scheiben Schinken, 40 g Butter

Die vorbereiteten, gedämpften Chicorée gut abtropfen lassen und auf eine gebutterte Backplatte legen. Mit würfelig geschnittenem Schinken bestreuen. Verquirlte saure Sahne oder Bratensaft darübergießen, eventuel mit Petersilie bestreuen und mit Butterflöckchen im heißen Ofen ca. 20 Minuten überbacken, dabei einmal noch mit Sahne oder Bratensaft übergießen.
Oder mit Mayonnaisesoße oder einer Béchamelsoße überziehen, mit geriebenem Parmesan bestreuen und im heißen Ofen 30 Minuten goldgelb backen.
Pro Portion etwa 100 Kalorien / 420 Joule.

Chicoréegemüse

6 feste, gelbe Chicoréestauden, Salzwasser, ¼ l Béchamelsoße, Salz, Zucker, Muskat, Zitronensaft, evtl. 1—2 EL Weißwein, ⅛ l Sahne, 1 Ei

Die vorbereiteten Chicorée in wenig Salzwasser mit Zitronensaft und Butter nicht zu weich kochen. Die Béchamelsoße bereiten und die abgetropften Chicorée dazugeben und gut durchziehen lassen. Mit Sahne und Ei vervollständigen und mit den Gewürzen abschmecken.
Pro Portion etwa 250 Kalorien / 1045 Joule.

CHINAKOHL

Auch Schnittkohl genannt, wird wie Wirsingkohl oder Lattich zubereitet.

ENDIVIE

Ist die veredelte Zuchtform der Zichorie. Man unterscheidet die krausblättrige Winterendivie und die glatte, breitblättrige Sommerendivie, auch Eskariol genannt. Wird hauptsächlich als Salat, aber auch als Gemüse verwendet.
100 Gramm Endivie = 13 Kalorien / 55 Joule.

Endiviengemüse

1000 g Endivien, ⅛ l Wasser, Salz, Zitrone, 30 g Butter, 1 EL Mehl, ¼ l heiße Fleischbrühe, Salz, Muskat, Pfeffer, Prise Zucker, Zitronensaft, 1 Eigelb, Petersiliengrün

Die geputzten, gewaschenen und geviertelten Endivien in kochendem Wasser mit Salz und Saft einer halben Zitrone 10–15 Minuten weich kochen. Herausheben und abtropfen lassen. In heißer Butter Mehl anbräunen, mit heißer Fleischbrühe aufgießen und verkochen lassen. Dann vom Feuer nehmen, die Sahne dazurühren, mit Salz, Prise Zucker, geriebenem Muskat, Pfeffer und Zitronensaft würzen und abschmecken. Das verquirlte Eigelb dazugeben. Bis zum Kochen erhitzen, dann über das Gemüse gießen. Mit gehacktem Petersiliengrün bestreut anrichten.
Pro Portion etwa 250 Kalorien / 1045 Joule.

FENCHEL

Auch italienischer oder römischer Fenchel, italienischer Süßfenchel und Finocchio genanntes Doldengewächs der Mittelmeerländer. Besteht aus saftigen Wurzelsprossen und Stengelansätzen. Ist auch als Rohkost mit Salz und Pfeffer zu servieren. Frischkauf: Herbst–Frühjahr. In Salzwasser gekocht verliert der Fenchel den eigentümlich anisähnlichen charakteristischen Geschmack. Fenchelkraut wird auch oft fein gehackt über ein fertiges Gericht gestreut. Stiele kann man geschält und auch zum Salat nehmen. Muß immer kräftig gewürzt werden.

Vorbereitung
Die äußeren, schlechten und sandigen Blätter und Stellen sowie die grobfasrigen Blatteile entfernen, Stiel kürzen und oben glatt schneiden; die Knollen gut waschen und bürsten, dann je nach Größe halbieren oder vierteln. In ca. 20–30 Minuten mit etwas Zitronensaft weich kochen oder mit Zwiebel- und Mohrrübenscheiben in hellem Fond weichdünsten.

Fenchel, gebacken

4 Fenchelknollen, ½ l Wasser, Zitronensaft, Salz, Pfeffer, Muskat, 2 Eier, 6 EL Paniermehl (Brösel), Öl, Petersilie, Zitronenscheiben

Die vorbereiteten Knollen in Scheiben schneiden, in das mit Salz und Zitronensaft kochende Wasser geben, mit Pfeffer und Muskat würzen. ¼ Stunde bei kleinem Feuer nicht zu weich kochen. Herausnehmen, abtropfen und auskühlen lassen. Ei und Salz verquirlen, die Fenchelscheiben darin, dann im Paniermehl wälzen, in heißem Öl auf beiden Seiten je 3 Minuten goldgelb braten. Mit Zitronenscheiben und Petersiliengrün garniert anrichten.
Pro Portion etwa 220 Kalorien / 921 Joule.

Fenchel, gedünstet

4 Fenchelknollen, 4 EL Olivenöl, ¼ l Bouillon, Salz, Knoblauchzehe, 1 Zwiebel, 2 EL Sahne, 50 g geriebener Käse, Petersilie

Vorbereitete Knollenfenchel vierteln. In heißem Öl die feingeschnittene Zwiebel und Knoblauch andünsten, Fenchelknollen mit der Schnittfläche nach unten darin unter ständigem Wenden 5 Minuten anbraten, salzen, mit etwas heißer Bouillon auffüllen, zugedeckt 25 Minuten weich dünsten. Mit Käse bestreut anrichten. Oder vom Feuer ziehen, Sahne in den Fond einrühren, nur mehr erhitzen, noch kräftig abschmecken. Mit gehackter Petersilie bestreut anrichten.
Pro Portion etwa 200 Kalorien / 840 Joule.

Italienisches Fenchelgemüse

4 Fenchelknollen, 2 EL Butter, 2 EL Mehl, Brühe, 2 EL Sahne, Pfeffer, Salz, Muskat

Die Knollen waschen, säubern, das harte Äußere entfernen; das junge Grün fein schneiden und mit den Knollen in kochendem Salzwasser weichkochen. Aus Butter und Mehl eine helle Mehlschwitze bereiten, mit der Gemüsebrühe aufgießen, das Gemüse dazugeben und noch einmal aufkochen lassen. Mit den Gewürzen abschmekken und mit der Sahne vollenden.
Pro Portion etwa 375 Kalorien / 1570 Joule.

GRÜNKOHL

Auch Braunkohl, Blattkohl, Pflückkohl oder Federkohl genannt; eine besonders im Winter geerntete Art heißt Winterkohl. Ist reich an Vitamin A und C, Eiweiß, Kohlehydraten und Kalk. Hat einen besonders kräftigen Geschmack und muß mindestens ein- bis zweimal im Frost gestanden haben. Frischkauf: November—Februar. Kommt auch tiefgefroren bzw. als Beutelware und Naßkonserve auf den Markt. Wird wie Spinat zubereitet.

Vorbereitung
Die dicken Rippen ausschneiden, die Blätter gut waschen. Der Strunk ist nicht genießbar. Roh in größere Stücke oder Streifen schneiden oder fein hacken. Oder die Blätter in Salzwasser blanchieren und durch den Fleischwolf drehen.
100 Gramm = 21 Kalorien / 90 Joule.

Grünkohlgemüse

Den vorbereiteten, vom Strunk gestreiften, frischen Grünkohl grob schneiden, 10 Minuten abkochen, bis die Blätter zusammengefallen sind, dann abgießen und grob hacken. Im heißen Fett feingeschnittene Zwiebel andünsten, den Kohl dazugeben und würzen sowie etwas heiße Flüssigkeit untergießen. Zugedeckt ca. 20 Minuten stark, dann noch 60 Minuten auf leichter Flamme dünsten. Abschmecken.
Pro Portion etwa 695 Kalorien / 2909 Joule.

1000 g Grünkohl, tiefgekühlt oder 2000 g frischer Grünkohl, 2 l Wasser, Salz, 50 g Schweinefett, 1 Zwiebel, Salz, Zukker, Pfeffer, ½ l heiße Bouillon

Grünkohl auf deutsche Art

Vorbereiteten Grünkohl in feine Streifen schneiden. In heißem Fett feingeschnittene Zwiebel andünsten, das Gemüse dazugeben, mit heißer Flüssigkeit auffüllen, Fleisch- und Wurststücke dazugeben, salzen und ¼ Stunde auf starkem, dann weitere 60 Minuten auf schwachem Feuer kochen.
Pro Portion etwa 455 Kalorien / 1905 Joule.

1500 g Grünkohl, 100 g Schweinefett, 2 mittlere Zwiebeln, Salz, Muskat, ¼ l heiße Bouillon oder Wasser, 250 g fette Fleisch- und Wurststücke

GURKE

Kommt in vielen Sorten und Formen vor, u. a. Schlangen-, Traubengurken usw. Wird roh, als Salat und eingelegt (Salz-, Pfeffer-, Gewürz-, Senfgurken, Cornichons) sowie gekocht und als Garnitur verwendet. Frischkauf: April—Juli (Treibhausgurken)—Oktober. Das Fleisch soll sich immer fest angreifen.

Vorbereitung

Gründlich waschen. Vom Blütenansatz zum Stiel hin schälen. Prüfen, ob das Ende bitter ist.
100 Gramm = 23 Kalorien / 95 Joule.

Gurkengemüse

1000 g Gurken, 50 g Fett, 2 kleinere Zwiebeln, Salz, Pfeffer, Prise Zucker, 1 EL Mehl, ⅛ l Bouillon, ⅛ l saure Sahne, 1 TL Mehl, Zitrone, Dill, Petersilie

Die geschälten Gurken der Länge nach halbieren, das Kerngehäuse ausschaben. Das Fruchtfleisch in kleine Würfel oder Streifen schneiden. Feingeschnittene Zwiebeln in heißem Fett goldgelb rösten, mit Paprika bestäuben, die Gurkenstücke dazugeben, mit Salz, Prise Zucker und Pfeffer würzen, mit Fleischbrühe angießen und zugedeckt weich dünsten (ca. 15 Minuten). Dann entweder mit gehackter Petersilie, Dill oder Borretsch anrichten oder mit saurer Sahne, gut verquirlt mit Mehl, vollenden.

Oder die gedünsteten Gurken mit wenig Mehl stauben, etwas Bouillon dazugießen, gut verrühren und kurz durchkochen lassen und zum Schluß mit saurer Sahne unterrühren.

Pro Portion etwa 160 Kalorien / 670 Joule.

Gurken, geschmort, auf französische Art

2 Gurken, 1 Tasse Wasser, 2 EL Essig, ½ TL Salz, Prise Zucker, 40 g Speck, 2 EL Sauermilch, 40 g Mehl, Salz, Pfeffer, 1 TL Dill

Die Gurken schälen, der Länge nach halbieren, die Kerne ausnehmen. Wasser, Essig, Zucker und Salz kochen und die heiße Marinade über die in Stücke geschnittenen Gurken gießen. 2 Stunden ziehen lassen. Dann die Gurkenstücke aus der Marinade nehmen, trokkentupfen und in den heißen, würfelig geschnittenen Speck geben und anbräunen lassen. Dann die Marinade zugießen und damit die Gurken weichkochen. Sauermilch und Mehl glatt rühren, dazugeben und verkochen lassen. Dann das Ganze abschmecken und mit gehacktem Dill überstreut servieren.

Pro Portion etwa 185 Kalorien / 775 Joule.

Gurken, gefüllt

Gurken schälen, halbieren oder nur einen Deckel abschneiden und mit dem Kochlöffel aushöhlen. Innen und außen salzen und pfeffern. Mit Essig leicht beträufeln und 1 Stunde ziehen lassen.
Inzwischen aus den angegebenen Zutaten der Fülle eine feine Farce bereiten und damit die Gurken füllen.
In heißem Fett feingeschnittene Zwiebel anrösten, die gefüllten Gurken darin andünsten, mit heißer Bouillon angießen und zugedeckt 30 Minuten dünsten. Zum Schluß Sahne und Mehl verrühren, dazugießen und mit dem Schmorsaft verrühren. Die Soße mit Essig und Zukker abschmecken.
Pro Portion etwa 355 Kalorien / 1256 Joule.

2 Landgurken, 60 g Fett, 1 Zwiebel, Salz, Pfeffer, Zucker, Essig, Bouillon, 20 g Mehl, ⅛ l saure Sahne.
Fülle: 250 g Hackfleisch (halb Rind-, halb Schweinefleisch), 1 Zwiebel, 1 altbackenes Brötchen, 1 Knoblauchzehe, 1 Ei, Salz, Pfeffer

KOHL

Zu den wichtigsten Kohlarten gehören Weißkohl (Weißkraut; siehe dort), der auch zum Bereiten von Sauerkraut verwendet wird. Rotkohl (siehe dort), der als Gemüse gedünstet, als Salat und als Vorspeise verwendet wird; Wirsingkohl (siehe dort) wird gedünstet oder englisch zubereitet; Blumenkohl (siehe dort) wird glaciert, gebakken etc. Siehe auch Rosenkohl, Grünkohl.

KOHLRABI

Heißt auch Oberkohlrabi und Oberrüben und gehört zu den Kohlgewächsen, ist aber ein Stengelgemüse. Die »Knolle« ist nur ein verdickter Stengel. Es gibt weißlichgrüne (aus dem Treibhaus mit besonders zartem Fleisch) und die blauvioletten aus dem Freiland, die besonders kräftig schmecken. Immer nur junge, nicht zu große Knollen mit frischem Grün kaufen. Die Herzblätter kann man zum Gericht oder zu Suppen mitverwenden, sie enthalten viele Mineralstoffe, Vitamine, Karotin und Phosphor. Die Blätter werden meist getrennt gekocht und wie Spinat zubereitet oder den Knollen beigefügt.
Frischkauf: Juni–November / Dezember.
100 Gramm = 18 Kalorien / 75 Joule.

Kohlrabi, gebacken

4 Kohlrabi, Salz, Petersiliengrün, Backfett (Öl oder Kokosfett)
Backteig: 200 g Mehl, Salz, Muskat, 2 EL geriebener Emmentaler Käse, 2 Eier, ¼ l Milch

Aus Mehl, Salz, Muskat, Milch, Eiern und Käse einen dicken glatten Backteig bereiten. Zugedeckt ¼ Stunde stehen lassen. Kohlrabi schälen (vom Wurzelende her), waschen und gut abtrocknen. In gleichmäßige Scheiben schneiden. In Salzwasser 15 Minuten weich kochen, herausgeben, abtropfen lassen und trockentupfen. Die Kohlrabischeiben dann durch den Backteig ziehen, etwas abtropfen lassen, in heißem Fett (180 Grad) ca. 4 Minuten goldgelb backen. Mit gewaschener Petersilie anrichten. Dazu Sauce bordelaise und Kopfsalat servieren.
Pro Portion etwa 415 Kalorien / 1735 Joule.

Kohlrabigemüse

4 Kohlrabi, 40 g Butter oder Margarine, ⅛ l Brühe oder Wasser, etwas Salz, Muskat, 1 EL Mehl, 1 EL kaltes Wasser zum Anrühren, 1 EL gehackte Petersilie

Kohlrabi schälen, waschen und in dünne Scheiben oder Streifen schneiden. Die zarten Blätter grob hacken und wie Spinat zubereiten oder mit dem Gemüse zusammen gar dünsten lassen. Das Fett auf großer Flamme zerlassen und die Kohlrabischeiben oder -streifen und eventuell die Blätter kurze Zeit darin erhitzen. Brühe oder Wasser und etwas Salz hinzugeben und die Kohlrabi auf kleiner Flamme gar dünsten lassen. Mit etwas Mehl, in wenig Wasser glattgerührt, binden, mit Salz und Muskat abschmecken und mit Petersilie bestreuen. Die Blätter um das Gemüse legen.
Pro Portion etwa 155 Kalorien / 650 Joule.

Kohlrabi, gefüllt

8 mittlere Kohlrabi, Salzwasser, 60 g Fett, ¼ l Bouillon, 20 g Mehl, ⅛ l Sahne
Fülle: 250 g Hackfleisch, 1 Ei, 1 Brötchen, Salz, Pfeffer, 1 kleine Zwiebel, Petersilie

Die Kohlrabi vom Wurzelende her schälen, waschen, mit gesalzenem Wasser etwa 10 Minuten kochen. Herausnehmen und gut abtropfen lassen. 1 cm dicken Deckel abschneiden, die Knollen bis auf 1 cm dicke Wand aushöhlen. Mit der inzwischen bereiteten Hackfleischmasse (zur Füllmasse gibt man auch das feingewiegte Innere der ausgehöhlten Kolrabi) füllen, mit dem Deckel abschließen. In heißem Fett etwas anbräunen, mit Bouillon aufgießen und etwa ½ Stunde zugedeckt garen. Auf vorgewärmter Platte anrichten. Den Bratfond mit Mehl und Sahne, beides gut verquirlt, aufkochen, alles gut durchkochen, abschmecken.
Pro Portion etwa 360 Kalorien / 1500 Joule.

KOHLRÜBE

Auch Steckrübe und Wruke genannt, hat gelbliches Fleisch und ist reich an Calcium, Vitamin C und Niacin. Wird meist wie die weiße Rübe bereitet. In reichlich Salzwasser mit etwas Milch weich kochen. Frischkauf: September–März.
100 Gramm = 29 Kalorien / 120 Joule.

Kohlrüben, gedünstet

Die geschälten Kohlrüben waschen, abtropfen lassen, in Würfel schneiden. Die kleingeschnittene Zwiebel und kleinwürfelig geschnittenen Speck und Zucker goldgelb anrösten lassen, die Kohlrüben dazugeben, mit Salz, Pfeffer und Kümmel würzen und weiterrösten, bis sie Farbe bekommen. Mit Mehl stauben, mit Bouillon aufgießen und zugedeckt ¾ Stunden weich dünsten. Zum Schluß mit Essig abschmecken und gehackte Petersilie darüberstreuen.
Pro Portion etwa 400 Kalorien / 1680 Joule.

1000 g Kohlrüben (Steckrüben), 60 g durchwachsener Speck, 1 Zwiebel, 1 EL Zucker, 80 g Butter, Petersiliengrün, 20 g Mehl, Bouillon, 1 EL Essig, Kümmel, Salz, Pfeffer

Kohlrüben, gefüllt

1. mit Schinkenfülle: Junge, sehr zarte Kohlrüben aushöhlen, in Salzwasser weich kochen und genauso wie gefüllte Champignons zubereiten. Die beim Aushöhlen gewonnene Kohlrübenmasse mitkochen und feingehackt der Fülle beigeben.
2. mit Fleischfüllung: Das rohe Schweinefleisch klein hacken und durch den Fleischwolf drehen; die Kohlrüben aushöhlen. Die ausgehöhlte Kohlrübenmasse gehackt mit Zwiebel und Champignons anrösten. Mit dem Hackfleisch und gehackter Petersilie gut vermischen und die rohen Kohlrüben damit füllen. In eine Pfanne mit etwas Butter legen, mit Brühe oder Bratensaft begießen, in heißem Ofen langsam zugedeckt weich dünsten. Zum Schluß den Saft mit saurer Sahne, mit wenig Mehl verrührt, aufkochen, verrühren und die Kohlrüben damit übergießen.
Pro Portion etwa 420 Kalorien / 1760 Joule.

Kohlrüben, 300 g Schweinefleisch, 1 Ei, Champignons, Zwiebel, Petersilie, saure Sahne, Brühe oder Bratensaft, Butter zum Rösten und Dünsten, Mehl

Kohlrüben mit Schweinebauch

1000 g Kohlrüben, 30 g Fett, 2 Zwiebeln, 1 EL Mehl, ¾ l Fleischbrühe (Würfel), 375 g frischer Schweinebauch, 1 Lorbeerblatt, 500 g Kartoffeln, Salz, weißer Pfeffer, Muskat, Petersiliengrün

Die geschälten und gewaschenen Kohlrüben in kleine Stifte schneiden. In heißem Fett die grobgeschnittenen Zwiebeln goldgelb rösten, mit Mehl stauben, kurz anschwitzen lassen, mit Fleischbrühe auffüllen, gut durchrühren und aufkochen lassen. Die Kohlrüben, den Schweinebauch und das Lorbeerblatt beigeben und bei kleiner Hitze etwa 20–30 Minuten kochen.
Die gewaschenen und ebenfalls stiftelig geschnittenen Kartoffeln nach 20 Minuten dazugeben und weitere 20–30 Minuten kochen. Zum Schluß mit Salz, Pfeffer und frisch geriebenem Muskat würzen und abschmekken. Den Schweinebauch herausnehmen, in Scheiben schneiden, das Gemüse dazu extra in einer Schüssel anrichten und mit den Scheiben vom Schweinebauch belegen. Mit frischgehackter Petersilie bestreut servieren.
Pro Portion etwa 295 Kalorien / 1235 Joule.

KÜRBIS

Es gibt u. a. den Melonenkürbis oder Zentnerkürbis, ferner den Zwergkürbis, Futter- und Zierkürbis. Für die Küche kommen nur die feinsten Sorten in Frage, zum Beispiel der Mark-Kürbis (auch englischer Schmeer genannt). Sie eignen sich als Gemüse, Suppe, Kompott, Rohkost, Backwerk und zum Einlegen. Frischkauf: September–Oktober. Sehr kalorienarm.
100 Gramm = 20 Kalorien / 85 Joule.

Kürbisgemüse

1000–1500 g Kürbis, Salz, 2 EL Essig, 40 g Fett, 1–2 Zwiebeln, 2 EL gehacktes Dillkraut, Zitronensaft, weißer Pfeffer, Zucker, ⅛ l heiße Fleischbrühe, ½ KL Paprika, ¼ l saure Sahne, 40 g Mehl, Dill

Den Kürbis schälen, nudelig schneiden. Salzen, mit Essig begießen und ¼ Stunde ziehen lassen. Die feingeschnittene Zwiebel und das Dillkraut in Fett anrösten, mit Zitronensaft, Zucker, Pfeffer und Paprika würzen, die gut ausgepreßten Kürbisse dazugeben, anrösten, die heiße Fleischbrühe angießen und den Kürbis weich dünsten. Zum Schluß das Mehl mit saurer Sahne verquirlen und in das fertige Gemüse einkochen. Mit feingehacktem Dillkraut bestreut anrichten. Man kann zum Schluß auch 2–3 Eßlöffel Tomatenmark dazurühren.
Pro Portion etwa 190 Kalorien / 759 Joule.

LAUCH

Auch **Porree,** Breitlauch, Winter- und Sommerlauch und Burri genannt, wird als Salat, Gemüse, als Diät- und Rohkost und zum Würzen verwendet. Der gebleichte Gemüselauch ist milder als der grüne Suppenlauch, der aber auch als Gemüse bereitet werden kann. Lauch ist besonders kalorienarm und durch das Lauchöl für Lunge und Atemwege gesund, wirkt harntreibend und blutbildend. Als Gemüse wird nur der weiße Teil von jungen, zarten Stauden verwendet. Frischkauf: September–März.
100 Gramm = 22 Kalorien / 90 Joule.

Vorbereitung

Alle schadhaften, verwelkten und harten Teile entfernen, Wurzeln und dunkelgrüne harte Teile der Blätter abschneiden. Vom Grün aber nur so viel wegnehmen, wie notwendig ist. Gut waschen. Die Stangen dabei teilweise einschneiden (aber so, daß der Lauch nicht auseinanderfällt), um sie besser reinigen zu können. Dann im ganzen oder in 6–8 cm lange Stücke geschnitten verwenden.

Lauch, gratiniert

6–8 Lauchstangen, Salz, Butter, Parmesankäse

Lauchstangen reinigen, waschen, in fingerdicke Stücke schneiden und in kochendem Salzwasser 10 Minuten langsam kochen, halbweich herausnehmen, abtropfen, in eine gebutterte, feuerfeste Backplatte legen, mit geriebenem Parmesankäse bestreuen, mit etwas Butter beträufeln und im Ofen goldbraun ¼ Stunde überbacken.
Pro Portion etwa 305 Kalorien / 1275 Joule.

Lauchgemüse

1000 g Lauch, Salzwasser, 50 g Butter, 40 g Mehl, Bouillon, 3 EL Sahne, Salz, Pfeffer, Muskat, Petersiliengrün

Den Lauch waschen, in Stücke schneiden, in Salzwasser weichkochen. Aus Butter und Mehl eine helle Mehlschwitze bereiten, mit Bouillon auffüllen und gut verkochen. Salzen, pfeffern, mit Muskat würzen. Dann das Gemüse dazugeben und erhitzen. Mit Sahne vollenden. Mit gehacktem Petersiliengrün bestreut anrichten. Eignet sich als Beilage zu gekochtem Rindfleisch und Salzkartoffeln.
Pro Portion etwa 170 Kalorien / 710 Joule.

Lauch auf deutsche Art

6–8 Lauchstangen, Salz, Fond, 30 g Mehl, 30 g Fett, Rosinen, Butter, Salz, Pfeffer, Zucker, Essig

Den Lauch der Länge nach spalten, in Salzwasser blanchieren, in einem hellen Fond mit Rosinen und etwas Butter gardünsten. Warm stellen. Den Fond mit weißer Mehlschwitze eindicken, mit Salz, Pfeffer, Zucker und Essig würzen und den Lauch darin noch einmal erhitzen.
Pro Portion etwa 270 Kalorien / 1130 Joule.

Lauch, gedünstet

1000 g Lauch, Salzwasser, 60 g Butter, 40 g Mehl, 1 Zwiebel, grüne Petersilie, ¼ l Milch oder Brühe, Pfeffer, Salz, Zucker

Den vorbereiteten Lauch der Länge nach durchschneiden, waschen, in kochendem Salzwasser weich kochen, mit kaltem Wasser abgefrischt auspressen und fein wiegen. Feingeschnittene Zwiebel und gehackte Petersilie in Butter anlaufen lassen. Das Mehl dazugeben und hell rösten, mit Brühe und Milch aufgießen und einige Zeit kochen. Mit einer Prise Zucker, Salz und Pfeffer abschmecken, den gewiegten Lauch dazugeben, aufkochen lassen. Zu gekochtem Rindfleisch servieren.
Pro Portion etwa 328 Kalorien / 1370 Joule.

MAIS

Die jungen Kolben werden als Gemüse verwendet. Kommen auch in Dosen (Kolben sind dann bereits gegart) oder gefroren konserviert auf den Markt. Nach voller Reife werden die Körner getrocknet, gemahlen und verschieden bereitet (Maismehl – Polenta, Maisstärke, Maisöl). Frischkauf für Kolben: August–September.

Vorbereitung

Von den jungen Kolben die Stiele abschneiden, die Hüllblätter und den Bart entfernen. Bei frischen, noch milchigen Kolben kann man einige umhüllende Blätter daran lassen.

Maiskolben, gegrillt

8 junge Maiskolben, 80 g Butter, Salz, Pfeffer

Die Maiskolben von den Blättern befreien und die grünen Fäden entfernen. Mit zerlassener Butter bestreichen. Die Kolben auf den nicht vorgeheizten Rost im Grill legen, langsam anheizen, die Kolben dabei immer wieder drehen (ca. 20 Minuten). Mit Salz und Pfeffer servieren.
Pro Portion etwa 405 Kalorien / 1695 Joule.

Maiskolben, gekocht

Die vorbereiteten Kolben in kochendem Salzwasser ca. 25 Minuten langsam kochen. Herausnehmen, abtropfen lassen und die Blätter zurückschlagen. Auf einer Platte mit Serviette anrichten. Dazu frische Butter servieren. Man kann mittels einer Gabel auch die Körner auslösen und in einer vorgewärmten Schüssel mit frischer Butter (in Röllchen) anrichten.
Pro Portion etwa 405 Kalorien / 1695 Joule.

8 junge Maiskolben, Salzwasser, 80 g frische Butter

Maiskroketten

Dosenmais in einem breiten Topf so lange über Feuer stellen, bis alle Flüssigkeit verdampft und der Mais fast trocken ist. Dann mit einer Béchamelsoße vermengen, mit den Eiern binden. Nach Bedarf salzen. Masse auf eine gebutterte Porzellanplatte aufstreichen und erkalten lassen. Daraus Kugeln formen, etwas breit drücken, in Mehl und Eiern und Bröseln panieren und in Fett schwimmend backen oder im Fett beidseitig braten.
Pro Portion etwa 455 Kalorien / 1905 Joule.

500 g Maiskörner aus der Konserve, ¼ l Béchamelsoße, 2 Eigelb, Salz, Mehl, 1–2 Eier, Paniermehl (Brösel), Backfett oder Öl

MANGOLD

Ist ein sogenanntes Dauergemüse, auch Schnittmangold oder Reißkohl genannt. Die jungen Blätter werden wie Spinat (die dicken Blattrippen entfernen!), die jungen Stiele wie Spargel zubereitet (geschält und in Stücke geschnitten in Mehlwasser mit Salz und Zitronensaft kochen, warm abspülen). Wird meist mit Milch bereitet!

Mangoldspinat

Mangold verlesen, gut waschen, dann durch den Fleischwolf drehen oder sehr fein wiegen. Die feingeschnittene Zwiebel in heißem Fett andünsten, den mit Salz zerdrückten Knoblauch dazugeben, ebenso den Mangold, mit etwas Milch untergießen und zugedeckt kurz dünsten. Zum Schluß mit Mehl binden und mit Salz und Muskat abschmecken.
Pro Portion etwa 283 Kalorien / 1185 Joule.

1000 g Mangold, 60 g Fett, 1 kleine Zwiebel, 1 Knoblauchzehe, etwas Milch, 1 EL Mehl, Muskat, Pfeffer, Salz

Mangold, gratiniert

1000 g Mangold,
60 g Butter, 1 Zwiebel,
2 EL Mehl, ¼ l Milch,
Salz, Pfeffer, Fett,
100 g geriebener
Käse

Vorbereiteten Mangold mit kochendem Wasser übergießen und 5 Minuten blanchieren. Abtropfen lassen und fein hacken. In heißer Butter feingeschnittene Zwiebel andünsten, mit Mehl stauben, mit Milch aufgießen, durchkochen, würzen. Mangold dazugeben und 10 Minuten kochen lassen. In eine gefettete, feuerfeste Schüssel geben und mit Käse bestreuen. Mit Butterflocken bedeckt im heißen Ofen 10 Minuten backen.
Mangold kann auch auf italienische Art (mit einer italienischen Soße), auf Mailänder und polnische Art (wie Spargel gleichen Namens), mit verschiedenen Soßen (Holländische Soße, Mornaysoße, Rahmsoße, Bastardsoße oder Kräutersoße) sowie in Rahm bereitet werden.
Pro Portion etwa 340 Kalorien / 1425 Joule.

MARONE (Edelkastanie)

Die Edelkastanie kann man roh, gekocht und geröstet essen. Frischeinkauf: Oktober—Feber. Im Handel sind geröstete ganze Maronen sowie Maronenmehl und -flokken und tiefgekühltes Püree, gesüßt, in Dosen und Gläsern erhältlich. Werden gebraten, glasiert oder gekocht, allein oder mit Gemüsen, mit Fleisch, als Salat, auch mit Apfelkompott oder als Dessert bereitet serviert.
100 Gramm= 210 Kalorien / 880 Joule.

Maronen, gebraten

500 g Maronen,
Wasser

Die Maronen auf eine Pfanne oder auf das Backblech legen, mit wenig Wasser befeuchten und auf mittlerer Hitze unter öfterem Aufschütteln zugedeckt braten, bis die Schalen platzen und die Maronen mehlig weich sind.

Maronen, gekocht

500 g Maronen,
Wasser, Salz

Die Maronen auf der gewölbten Seite kreuzweise einschneiden und ungeschält in leicht gesalzenem Wasser 30—60 Minuten kochen. Ungeschält oder geschält in einer Holzschüssel mit Butter, einer Quarksoße, mit Rahm und Apfelmus servieren.

Maronen, gedämpft (gedünstet)

Geschälte Maronen in heißer Butter wiederholt wenden, mit Bouillon (eventuell mit etwas Bleichsellerie) knapp bedecken und 40—60 Minuten kochen. Zum Schluß etwas Zucker und Zitronensaft sowie etwas frische Butter dazugeben.
Oder die Maronen auf einem Sieb mit etwas gesalzenem Wasser dämpfen, mit heißer Butter beträufelt servieren.
Zu Kohlgerichten (Rotkohl, Rosenkohl, gefülltem Wirsing etc.), zu Wild-, Schweins- oder Hammelbraten, zu Apfelmus und Apfelkompott.
Pro Portion etwa 305 Kalorien / 1275 Joule.

1000 g Maronen, 80 g Fett oder Butter, 1—2 l Bouillon, 1 Prise Zucker, Zitronensaft, 20—40 g frische Butter

Maronen, glasiert

Die Maronen möglichst sorgfältig schälen, damit sie ganz bleiben (kreuzweise einschneiden, in kochendem Wasser 15 Minuten kochen lassen. Schälen). Dann in einer Gratinform Zucker in Butter goldgelb rösten. Die Maronen dazugeben. Dürfen nur eine Lage bilden. Mit Zitronensaft und Bouillon aufgießen und zugedeckt auf dem Herd oder im Ofen 15 Minuten weichdämpfen. Sie sind gar, wenn man sie leicht einstechen kann. Eventuell noch etwas Bouillon nachgießen. Maronen herausnehmen, die Brühe einkochen, die Maronen dazugeben und braunglänzend braten. Zum Schluß flüssige Butter über die Maronen träufeln.
Pro Portion etwa 340 Kalorien / 1420 Joule.

750 g Maronen (Edelkastanien), Zitronensaft, 2 Tassen Wasser, 20 g Zucker, 2 Tassen Bouillon, 40 g frische Butter

Maronenpüree

Rezept I: Die Maronen, ohne sie aufzuschneiden, in Wasser kochen, dann das Fleisch herauslösen, passieren und mit etwas Zucker, Milch oder Sahne und einem Stück Butter verrühren, bis die Masse glatt und sehr heiß ist.
Rezept II: Die Maronen aufschneiden, im Rohr 5 bis 6 Minuten braten, bis sich die Kastanien leicht öffnen, dann das Fleisch herauslösen und mit Milch und einer Prise Zucker weich kochen; nachher passieren und mit einem Stück Butter verrühren.
Pro Portion etwa 420 Kalorien / 1760 Joule.

1000 g Maronen, 50 g Zucker, ¼ l Sahne oder Milch, 50 g Butter

MOHRRÜBE, KAROTTE, MÖHRE

Auch gelbe Rübe oder einfach Wurzel genannt, von roter bis oranger Farbe. Man unterscheidet Treib- oder Frühmohrrüben, Sommer- und Herbstmohrrüben, Spät- und Dauermohrrüben. Haben einen hohen Zuckergehalt und sind ein Hauptträger von Vitamin A. Eignen sich besonders für die Rohkost. Karotten sind die kleinen Wurzeln der Frühjahrsernte. Allgemein werden die Sommer- und Herbstwurzeln Möhren genannt. Es gibt aber auch Herbst- bzw. Sommerkarotten. Mit Karotten bezeichnet man meist die kleinen, kurzen, stumpfen Möhren.
100 Gramm = 29 Kalorien / 120 Joule.

Vorbereitung
Unter fließendem Wasser gründlich waschen bzw. bürsten, schaben oder schälen, aber nie unnötig lange im Wasser liegen lassen. Junge Karotten ganz, halbiert oder geviertelt in Salzwasser kochen oder in Butter dünsten, alte Mohrrüben in dicke Streifen oder Scheiben schneiden, mit einem ovalen Gemüsebohrer olivenförmig tournieren (zuschneiden) etc., kochen (Kochzeit für ältere Möhren: 40—50 Minuten) oder in wenig Brühe dünsten. Achtung: Brennen leicht an, daher wiederholt die Pfanne vorsichtig rütteln!

Möhren oder Karotten, glasiert

250 g kleine runde frische Karotten oder alte, tournierte Möhren, 50 g Butter, Bouillon, 20 g Zucker, Salz, Pfeffer

Dazu verwenden wir in erster Linie ganz junge Karotten. Diese läßt man mit Butter, etwas Bouillon, Zucker und Salz so lange offen dünsten, bis die ganze Flüssigkeit sich zu einem sirupähnlichen Fond gebildet hat. Zu dieser Zeit sollen auch die Karotten weich sein. Diese werden nun durch Schwenken der Kasserolle glasiert, da der Zucker inzwischen weiß karamelisiert. Eventuell mit gehacktem Grün bestreut anrichten. Ältere Mohrrüben kocht man zuerst in wenig Wasser weich.
Pro Portion etwa 160 Kalorien / 670 Joule.

Karotten mit Butter

Junge Karotten in Salzwasser weich kochen, gut abtropfen lassen, mit Salz und Zucker würzen und mit frischer Butter schwenken.

Karotten auf französische Art

Die gesäuberten Karotten (kleine im ganzen, größere der Länge nach halbiert) mit Butter weich dünsten. Salzen, pfeffern und eine Spur zuckern. Zum Schluß Sahne darunterrühren und mit gehackter Petersilie bestreut anrichten.
Pro Portion etwa 280 Kalorien / 1170 Joule.

750 g Karotten, 50 g Butter, Salz, weißer Pfeffer, 1 TL Zucker, ⅛ l süße Sahne, 1 EL gehacktes Petersiliengrün

Karotten mit Erbsen

Die feingeschnittene Zwiebel und 1 Löffel Zucker in Butter anschwitzen, würfelig geschnittene Karotten und etwas Brühe beigeben und weich dünsten. Dann mit Mehl stauben, gehacktes Petersiliengrün dazugeben, mit heißer Brühe aufgießen und fertigkochen. Die grünen Erbsen kann man entweder mitdünsten oder separat gekocht zum Schluß dazugeben.
Pro Portion etwa 320 Kalorien / 1350 Joule.

600 g Karotten, 1 Zwiebel, 1 EL Zucker, 40 g Butter, 20 g Mehl, Petersiliengrün, Brühe, 1 kleine Dose grüne Erbsen

PAPRIKASCHOTE

Ist die vitaminreichste Pflanze Europas, desinfiziert Mund, Schleimhäute, Magen und Darm. Hat rote, grüne, gelbe und violette Früchte von verschiedenen Größen und Formen, von scharfem, mildem und süßem Geschmack. Als Gemüse verwenden wir die milden, süßen Schoten. (Tomatenpaprika ist etwas schärfer, aber leicht süßlich.)
100 Gramm = 22 Kalorien / 90 Joule.

Vorbereitung
Stiele des Gemüse-Paprika ausschneiden, die Samenkörner und die weißen Rippen innen restlos wegschneiden, gründlich waschen und je nach Bedarf in Streifen oder Stücke schneiden oder im ganzen belassen. Wird als Gemüse, Rohkost, Salat und zum Würzen verwendet.

Paprikagemüse

750 g Paprikaschoten, 40 g Fett, 1 Zwiebel, Salz, Zucker, 3 EL Tomatenmark (oder 500 g Tomaten), ⅛ l saure Sahne, 1 EL gehacktes Petersiliengrün

In heißem Fett feingeschnittene Zwiebel goldgelb rösten, die in Streifen geschnittenen Paprikaschoten beigeben und zugedeckt ¼ Stunde weich dünsten. Tomatenmark oder geschälte, entkernte, geviertelte frische Tomaten beigeben, leicht zuckern und salzen und einige Minuten dünsten. Kurz vor dem Anrichten saure Sahne beigeben. Mit gehacktem Petersiliengrün bestreut anrichten. Als Beilage zu Fisch, gekochtem Reis oder Kartoffelbrei.
Pro Portion etwa 110 Kalorien / 460 Joule.

Paprikaschoten, gefüllt

4 große oder 8 kleine Paprikaschoten, 20 g Fett oder 2 EL Öl, ¼ l Bouillon
Fülle: 200 g Bratwurstfülle (vom Fleischer), 200 g Hackfleisch (Schweinefleisch), 1 Ei, Salz, Pfeffer, Zucker, 1 EL gehackte Kräuter, Öl, ¼ l dickes Tomatenpüree, mit Knoblauch gewürzt

Von Paprikaschoten einen Deckel abschneiden, von Kernen und Fasern befreien, mit der Fülle füllen, den Deckel daraufgeben. Die Schoten in einen gefetteten, geschlossenen Topf mit etwas Brühe geben und im heißen Ofen gardünsten. Herausnehmen, abtropfen lassen und auf dem Tomatenpüree anrichten.
Fülle: Bratwurstfülle und Schweinehackfleisch vermischen, mit Salz und Pfeffer würzen, mit dem Ei und den Kräutern gut verrühren.
Pro Portion etwa 300 Kalorien / 1256 Joule.

Peperonata

3 mittlere Zwiebeln, 1000 g grüne und rote Paprikaschoten, 500 g reife Tomaten, 4 EL Öl, Salz, Pfeffer, ¼ l Fleischbrühe, 1 EL Weinessig, Knoblauchzehe, Thymian

In heißem Öl die in Scheiben geschnittenen Zwiebeln 5 Minuten andünsten, dann die in Streifen geschnittenen Paprikaschoten dazugeben und mitbraten, nach 5 Minuten die geschälten, entkernten und geachtelten Tomaten beigeben, salzen und mit heißer Fleischbrühe angießen. Mit Essig, Pfeffer und Thymian würzen und den zerdrückten Knoblauch beigeben. Zugedeckt 20 Minuten dünsten.
Pro Portion etwa 350 Kalorien / 1465 Joule.

ROSENKOHL

Auch Sprossenkohl und Brüsseler Kohl genannt, ist ein Wintergemüse, eine Kohlart, soll möglichst lange im Freien bleiben und unter Frosteinwirkung stehen, weil sich dann die Kohlehydrate in Zucker umwandeln. Ist schwer verdaulich, daher bei Magen- und Darmerkrankungen zu meiden. Es werden nur die in den Achseln des Stengelblattes sich bildenden Blattknospen verwendet. Die Röschen müssen klein, fest und geschlossen sein. Frischkauf: Oktober—April. Ist auch tiefgekühlt im Handel.
100 Gramm = 42 Kalorien / 175 Joule.

Vorbereitung
Die Röschen sehr sorgfältig reinigen, die schadhaften äußeren Blätter entfernen, verholzte Stiele abschneiden, bei größeren Röschen den Strunk kreuzweise einschneiden. Dann gut waschen, gut abtropfen lassen. Halb zugedeckt flott in reichlich Salzwasser kochen (ca. 15—20 Minuten), damit er nicht scharf wird. Rosenkohl benötigt reichlich Butter!

Rosenkohl, gedünstet

750 g Rosenkohl, 60 g Fett oder Butter, 1 kleine Zwiebel, Salz, Muskat, Petersilie, Zitronensaft

In heißem Fett feingeschnittene Zwiebel anrösten, den vorbereiteten Rosenkohl beigeben, würzen, mit etwas Wasser bzw. Bouillon angießen und 15—20 Minuten halb zugedeckt weich dünsten. Abschmecken. Mit Petersilie bestreuen. Man kann ihn auch mit etwas Zitronensaft beträufeln.
Pro Portion etwa 290 Kalorien / 1195 Joule.

Rosenkohl, gratiniert

750 g Rosenkohl, Salz, 40 g Butter, 40 g Mehl, ½ l Milch, Pfeffer, Muskat, 2 Eier, 30 g geriebenen Parmesan

Rosenkohl in Salzwasser garen, gut abtropfen lassen und in eine gefettete feuerfeste Schüssel legen. Aus Butter und Mehl eine helle Mehlschwitze bereiten, mit der erwärmten Milch aufgießen und zu einer dicken Soße verkochen. Mit Salz, Pfeffer, Muskat abschmecken, etwas überkühlen, dann Eier und Parmesan einrühren, über den Rosenkohl gießen und 30 Minuten überbacken. Man kann 150—200 g in Würfel geschnittenen gekochten Schinken zum gekochten Rosenkohl geben.
Pro Portion etwa 344 Kalorien / 1440 Joule.

Rosenkohl auf polnische Art

750 g Rosenkohl, Salz, Pfeffer, 80 g Semmelbrösel, 2 gekochte Eier, 100 g Butter

Rosenkohl in kochendem Salzwasser garen, gut abtropfen, auf einer gewärmten Platte anrichten und mit etwas Pfeffer und den feingehackten Eiern bestreuen. Die Semmelbrösel in Butter goldbraun rösten und über den Rosenkohl gießen.
Pro Portion etwa 240 Kalorien / 1005 Joule.

ROTE BETE

Auch rote Rüben, Salatrüben, Rahne, Rande oder Rohne genannt, wird am meisten als Salat verwendet, aber auch als Saft und Gemüse geschätzt. Den Saft kann man auch als Färbemittel (für Obstkonserven) verwenden. Enthält vor allem Eisen, Kalium, Natrium und Magnesium, ist harnsäurelösend, blutreinigend und regt Darm-, Magen- und Lebertätigkeit an. Frischkauf: Oktober—März.
100 Gramm = 29 Kalorien / 120 Joule.

Vorbereitung

Die roten Beten unter fließendem Kaltwasser reinigen. Dabei achten, daß die Schale nicht verletzt wird. Mit unverletzter Schale in reichlich Wasser weichkochen oder besser im heißen Ofen backen. Dann schälen, in Würfel, Scheibchen oder Stäbchen schneiden und weiterverwenden.

Rote Bete, gebacken

750 g rote Beten, Salz, Mehl, Fett

Die gesäuberten roten Beten im heißen Ofen backen, schälen und in fingerdicke Scheiben schneiden, salzen, in Mehl wenden und in heißem Fett backen.
Pro Portion etwa 328 Kalorien / 1370 Joule.

Rote-Bete-Gemüse

750 g rote Beten, 1 kleine Zwiebel, 40 g Fett, 1 EL Mehl, ¼ l Milch, Salz, Zucker, Muskat, Essig, 1 Apfel, Zitrone, 2 EL saure Sahne

Die roten Beten säubern, kochen, schälen und in Scheiben schneiden. In heißem Fett feingeschnittene Zwiebel andünsten, mit Mehl stauben, durchrösten, mit Milch auffüllen und 10 Minuten langsam kochen lassen. Dann die Rüben dazugeben und darin erhitzen, würzen und abschmecken. Man kann auch noch einen geschälten, entkernten Apfel dazureiben und mitdünsten.
Pro Portion etwa 166 Kalorien / 695 Joule.

ROTKOHL

Auch Rotkraut, Rotkabis, roter Kappes, Blaukohl und Blaukraut genannt, eine Kohlart von rotbläulicher Farbe mit glatten Blättern. Wird meist nudelig geschnitten und unblanchiert mit Schweine- oder Gänseschmalz, Speck- oder Schinkenabfällen, Zwiebeln, Äpfeln u. a. m. gedünstet. Läßt sich auch gut im Dampfdruck-Kochtopf bereiten.
Frischkauf: August–März. Ist auch tiefgefroren im Handel.
100 Gramm = 21 Kalorien / 90 Joule.

Rotkohl, gedünstet

Rotkohl feinnudelig schneiden oder hobeln, salzen, Kümmel, blättrig geschnittene Äpfel und Zitronensaft dazugeben, in einer Porzellanschüssel einige Zeit stehen lassen. Eine feingeschnittene Zwiebel mit dem Zucker in dem Fett goldgelb anrösten, mit etwas Essig ablöschen, dann den Kohl dazugeben und zugedeckt weich dünsten. Dabei öfter umrühren. Dann mit Rotwein ablöschen und noch 5 Minuten dünsten. Wenn das Kraut weich ist, wird es eventuell mit 10 g Mehl gestaubt.
Pro Portion etwa 325 Kalorien / 1360 Joule.

1000 g Rotkohl, Salz, Kümmel, Zitronensaft, 3 Äpfel, 1 Zwiebel, 80 g Fett (Schmalz oder Gänsefett, Öl), 2 EL Zucker, Essig, ⅛ l Rotwein, 10 g Mehl

Rotkohl mit Äpfeln

In heißem Fett feingeschnittene Zwiebel und Äpfel kurz andünsten, den feinnudelig geschnittenen Rotkohl dazugeben, gut durchmischen, würzen, mit heißer Flüssigkeit auffüllen und ca. 1 Stunde im geschlossenen Topf garen. Mit Wein und Essig zum Schluß abschmecken.
Pro Portion etwa 240 Kalorien / 1005 Joule.

1000 g Rotkohl, 60 g Fett, 1 kleine Zwiebel, 1 TL Zucker, Salz, Pfeffer, 3 mittelgroße Äpfel, ¼ l heißes Wasser oder Bouillon, Essig, Wein

Rotkohl mit Maronen

In heißem Fett feingeschnittene Zwiebel anrösten, den feingeschnittenen Rotkohl andünsten, heiße Fleischbrühe angießen, in dünne Scheiben geschnittenen Apfel und die geschälten Maronen beigeben, gut würzen und zugedeckt etwa 1–1½ Stunden dünsten. Mit Essig oder Rotwein abschmecken.
Pro Portion etwa 705 Kalorien / 2950 Joule.

750 g Rotkohl, 50 g Schweinefett, 1 Zwiebel, Salz, Pfeffer, 1 Apfel, 300 g geschälte Maronen, ¼ l Fleischbrühe (Würfel), Rotwein oder Essig

Rotkohl mit Rotwein

1000 g Rotkohl, 80 g Schweinefett (oder Gänseschmalz), ⅛ l Rotwein, 1 kleine Zwiebel, 4 EL Johannisbeergelee, Salz, Pfeffer, Prise Zucker, Nelkengewürz, 2 gehackte Wacholderbeeren, 2 Äpfel, Weinessig

In heißem Fett feingeriebene Zwiebel andünsten, das feingeschnittene Kraut dazugeben, gut durchmischen, würzen, immer wieder umrühren. 20 Minuten dünsten, bis der Rotkohl zusammenfällt. Wichtig: Vor dem Ablöschen länger dämpfen! Dann mit Bouillon oder Wasser ablöschen (knapp mit Flüssigkeit bedecken), feingeschnittene Äpfel, Rotwein und Johannisbeergelee beigeben, wieder gut durchmischen und bei mäßiger Hitze zugedeckt ca. 1—1½ Stunden dünsten, dabei immer wieder durchrühren. Zum Schluß mit Salz, Zucker und Essig abschmecken. Statt Johannisbeergelee kann man auch Preiselbeerkompott verwenden. Als Beilage zu Gans, Ente, Wild, Wildhaschee, Schweinefleisch und Hackbraten sehr geeignet.
Pro Portion etwa 605 Kalorien / 2530 Joule.

SAUERKRAUT

Sauerkraut nicht zu lange kochen. Läßt sich mehrmals aufwärmen. Scharfes Sauerkraut vor dem Kochen mit kaltem Wasser kurz überspülen.
100 Gramm = 26 Kalorien / 110 Joule.

Sauerkraut, gekocht

500 g Sauerkraut, Salz, Kümmel, 1 Zwiebel, 150 g Speck, 40 g Mehl (oder 2—3 Kartoffeln)

Das Sauerkraut einige Male durchschneiden, mit etwas Wasser, Salz und Kümmel weich kochen. 1 Zwiebel kleinschneiden, mit kleingeschnittenem geräuchertem Speck anlaufen lassen, mit Mehl stauben, weiterrösten, zum Sauerkraut geben und mit dem Kraut verkochen lassen. An Stelle des Mehls kann man auch 2—3 Kartoffeln, roh gerieben, zum Schluß in das Kraut einkochen.
Pro Portion etwa 100 Kalorien / 420 Joule.

Sauerkraut mit Ananas

600 g Sauerkraut, ¼ l Wasser, 1 mit Nelke gespickte Zwiebel, Weißwein, 50 g Fett, 150 g Ananas (aus der Dose), in Würfel geschnitten, Salz, Zucker, Essig

Das Sauerkraut gut auflockern, in Öl, Wasser und Wein mit Zwiebel ½ Stunde zugedeckt kochen. Dann die Zwiebel entfernen, die Ananas beigeben und mit etwas Ananassaft noch ¼ Stunde ziehen lassen. Mit Essig, Prise Zucker und Salz abschmecken. Eignet sich zu Wild und Geflügel.
Pro Portion etwa 100 Kalorien / 420 Joule.

Champagnerkraut

In heißer Butter den würfelig geschnittenen Speck anbraten. Mit Weißwein aufgießen, Sauerkraut, gut auseinandergezupft, und die nelkengespickte Zwiebel dazugeben. Aufkochen lassen, eventuell nachsalzen und mit einer Prise Zucker würzen. Dann zugedeckt 20—30 Minuten dünsten lassen. Die Zwiebel herausnehmen. Den Champagner dazugießen. Kurz erhitzen.
Pro Portion etwa 261 Kalorien / 1093 Joule.

750 g Sauerkraut, 20 g Butter, 60 g durchwachsener Speck, ⅛ l Weißwein, 1 Zwiebel, mit 2 Nelken gespickt, Salz, Prise Zucker, 1 kleine Flasche Sekt

Paprikakraut

In heißem Fett die feingeschnittene Zwiebel andünsten, mit Paprika bestreuen, das Kraut dazugeben, gut durchmischen, den mit wenig Salz zerdrückten Knoblauch beigeben, ebenso das Tomatenmark und etwas Wasser. Zugedeckt ½ Stunde dünsten. Abschmecken und vor dem Anrichten noch die verquirlte Sahne darunterrühren.
Pro Portion etwa 118 Kalorien / 495 Joule.

500 g Sauerkraut, Edelsüß-Paprika, 60 g Fett, 1 kleine Zwiebel, Paprikagewürz, 1 Knoblauchzehe, 1 Dose Tomatenmark, Wasser, Salz, Zucker, ⅛ l saure Sahne

Sauerkraut auf französische Art

Sauerkraut in einen hohen Topf geben, salzen, pfeffern, alle anderen Gewürze und die Zwiebel beigeben, Speck, Schinken, Gänsekeule darauflegen, mit Wein und Fleischbrühe übergießen. Zugedeckt 2 Stunden langsam kochen lassen. Nach 1 Stunde Speck herausgeben und warm stellen. Zum Schluß Zwiebel, Wacholderbeeren und Lorbeerblatt entfernen. Abschmecken und auf vorgewärmter Schüssel anrichten. Mit kleinen Schinken- und Speckstreifen und der tranchierten Gänsekeule garnieren.
Pro Portion etwa 650 Kalorien / 2720 Joule.

500 g Sauerkraut, 60 g geräucherter Speck, 200 g Schinken, Salz, Pfeffer, 1 Zwiebel, mit 1 Nelke besteckt, 2 Wacholderbeeren, ½ Lorbeerblatt, 1 geräucherte Gänsekeule, ¼ l Weißwein, ¼ l Fleischbrühe, Zucker

Sauerkraut auf Hamburger Art

Das Sauerkraut mit allen angegebenen Zutaten aufsetzen und 30—50 Minuten zugedeckt auf kleiner Flamme kochen. Zum Schluß abschmecken.
Pro Portion etwa 509 Kalorien / 2130 Joule.

500 g Sauerkraut, 1 gelbe Rübe, 1 kleine Zwiebel, mit 1 Nelke gespickt, ¼ Sellerieknolle, 1 Stück Petersilienwurzel, 4 Wacholderbeeren, ½ l Fleischbrühe, 250 g geräuchertes Fleisch, Salz, Zucker

SCHWARZWURZEL

Lange, dünne Gemüsewurzel, ein Wintergemüse, auch »Spargel des Winters« genannt. Man unterscheidet ein- und zweijährige Schwarzwurzeln bzw. eine mit schwarzer, eine mit gelblichweißer Haut. Die einjährigen sind zarter. Die Wurzeln müssen prall sein und dürfen sich nicht biegen lassen. Werden als Gemüse und Salat verwendet. Frischkauf: Oktober—März. Sind auch in Konserven im Handel.
100 Gramm = 41 Kalorien / 170 Joule.

Vorbereitung
Unter fließendem Kaltwasser kräftig bürsten, schaben oder ungeschabt kochen. Nach dem Putzen sofort in kaltes Essigwasser legen. In Salz-Essig-Wasser, das man mit etwas Mehl verrührt, weich kochen. Oder zuerst weich kochen und dann von der Haut befreien.

Schwarzwurzeln, gebacken

750 g Schwarzwurzeln, ½ l Wasser, 1 Tasse Essig, Backteig (mit Bier), Zitronensaft, Salz, Pfeffer, 2 KL Öl, Backfett

Schwarzwurzeln schälen, in fingerdicke Stücke schneiden, in Mehlwasser mit Essig und Zitronensaft weich kochen. Gut abspülen, abtropfen lassen und ½ Stunde mit Salz, Pfeffer und Öl marinieren. Gut abwischen, durch den Backteig ziehen und in heißem Fett schwimmend backen.
Pro Portion etwa 390 Kalorien / 1650 Joule.

Schwarzwurzeln, natur

1000 g Schwarzwurzeln, Salzwasser, 1 TL Mehl, Zitronensaft, 50 g Butter, 1 EL gehacktes Petersiliengrün

Schwarzwurzeln schälen, waschen, in 2—3 cm lange Stücke schneiden und in gesalzenem Mehlwasser mit etwas Essig und Zitronensaft weich kochen. Gut abspülen und abtropfen lassen, in heißer Butter schwenken. Mit gehackter Petersilie bestreut anrichten.
Pro Portion etwa 365 Kalorien / 1530 Joule.

Schwarzwurzeln mit Holländischer Soße

1000 g Schwarzwurzeln, Salz, Essig, Zitronensaft, 1 EL Öl, ½ l Holländische Soße, Petersilie

Die Schwarzwurzeln schälen, in fingerlange Stücke schneiden, in reichlich Salzwasser mit Zitronensaft und Essig kochen, abspülen, abtropfen lassen und in die fertige Soße geben. Noch ein paar Minuten erhitzen. Mit gehackter Petersilie bestreuen.
Pro Portion etwa 440 Kalorien / 1840 Joule.

Schwarzwurzeln, überbacken

Weichgekochte, in Stücke geschnittene Schwarzwurzeln in eine gebutterte feuerfeste Form schichten, mit dem geriebenen Parmesan bestreuen, mit Butterflöckchen belegen und in dem auf 200° erhitzten Rohr (Oberhitze) 10–15 Minuten überbacken.
Pro Portion etwa 328 Kalorien / 1370 Joule.

1000 g gekochte Schwarzwurzeln, 30 g Butter, 40 g geriebener Parmesan

SELLERIE

Man unterscheidet zwischen Stauden-, Stangen- und Bleichsellerie (siehe dort), Schnittsellerie (nur die Blätter werden als Würzkraut verwendet) und Knollensellerie. Knollensellerie verwendet man zu Salaten und als Rohkost, aber auch zu Suppen, Salaten, Gemüsen und Kartoffelgerichten als Beigabe (in kleiner Menge). Kann auch gewürfelt, gedünstet, in Sahnesoße zubereitet, als Püree oder in Scheiben geschnitten und gebacken werden. Die Blätter werden zum Würzen von Brühen und Fonds verwendet. Frischkauf: Herbst–April, im Sommer kleine Suppensellerie. Ist auch konserviert (als Salat) im Handel.
100 Gramm = 28 Kalorien / 115 Joule.

Vorbereitung

Die Sellerieknolle gründlich bürsten und waschen, dann schälen und in wenig Flüssigkeit garen. Für Selleriesalat kann man die gesäuberte Knolle auch ungeschält kochen. Man kann sie auch im Druckkochtopf kochen. Garzeit ca. 30 Minuten je nach Stärke des geschnittenen Gemüses.

Sellerie, gebacken

Sellerieknolle bürsten, gut waschen und in wenig Salzwasser nicht zu weich kochen. Schälen, in Scheiben (ca. ½ cm dick) schneiden, eventuell noch halbieren. In Mehl wenden, durch verquirlte Eier ziehen und mit Bröseln panieren. In geklärter Butter braten oder in Fett schwimmend backen. Vom Fett abtropfen lassen, mit Kartoffelsalat, mit Mayonnaise oder grünem Salat servieren. Sellerie kann auch in einem Backteig mit Bier oder Wein gebacken werden.
Pro Portion etwa 230 Kalorien / 960 Joule.

750 g Sellerieknolle, Salzwasser, Mehl, 1–2 Eier, Paniermehl (Brösel), Backfett

Selleriegemüse

1 größere Sellerieknolle, Salzwasser, 40 g Butter, Salz, Pfeffer, 1 EL Mehl, Fleischbrühe oder heißes Wasser, Petersiliengrün oder Schnittlauch

Die Knolle säubern, schälen, in Stäbchen oder kleine Würfel schneiden. In heißer Butter andünsten, würzen und mit Flüssigkeit auffüllen und gardünsten. Zum Schluß mit Mehl stauben, mit etwas Flüssigkeit aufgießen, gut verrühren und verkochen. Mit gehacktem Petersiliengrün oder geschnittenem Schnittlauch bestreut anrichten.
Pro Portion etwa 269 Kalorien / 1125 Joule.

Selleriepüree

1 große Sellerieknolle, Zitrone, Salz, Zucker, 2 EL Béchamelsoße, 2–3 gekochte Kartoffeln, 30 g Butter, Pfeffer, Sahne

Die Sellerie putzen, schälen, blättrig schneiden, mit Zitronen-Salz-Wasser und Zucker weich dünsten, 2 Eßlöffel dicke Béchamelsoße und 2 bis 3 gekochte Kartoffeln dazugeben, alles im Mixer pürieren oder durch ein Sieb streichen, etwas Butter, Salz, Pfeffer und Sahne einrühren.
Pro Portion etwa 205 Kalorien / 860 Joule.

Sellerie bordelaise

2 große Sellerieknollen, etwas Zitronensaft, Zucker, Brühe, 1 Zwiebel, 30–40 g Butter, 100 g Champignons, 1 Msp Tomatenmark, ½ KL Stärkemehl, 2–3 EL Weißwein, Parmesan, Rindermark, Petersiliengrün, Bratensaft

Die Sellerie in Scheiben schneiden und mit etwas Brühe (oder Wasser), Zitronensaft und Zucker weich dünsten. 1 Zwiebel fein schneiden und mit 30–40 g Butter anrösten. Wenn die Zwiebel goldgelb ist, die inzwischen in Scheiben geschnittenen Champignons und feingehacktes Petersiliengrün dazugeben und weiterrösten lassen. Mit Bratensaft aufgießen, eine Messerspitze Tomatenmark dazugeben. Stärkemehl in 2 bis 3 Eßlöffeln Weißwein auflösen, in die Zwiebelsoße gießen und einige Minuten aufkochen lassen. Diese Soße dann auf die in eine feuerfeste Schüssel gelegten Selleriescheiben gießen, mit Parmesan bestreuen, mit Rindermarkscheiben belegen und im heißen Ofen gratinieren.
Pro Portion etwa 355 Kalorien / 1485 Joule.

SPARGEL

Beim Einkauf achte man auf die Frische des Spargels. Beste Qualität bieten ausgesuchter Solospargel sowie grüne dünne Spargelspitzen. Weicher oder bereits an den Spitzen bräunlicher Spargel sollte nur mehr für Suppen verwendet werden. Beim Putzen verwende man das Schälmesser. Man beginnt unmittelbar unter dem Köpfchen und schält in einem Zug zum Stielende hinunter. Eventuell holzige Spitzen wegschneiden. Waschen. Der Spargel wird dann in 8—10 Stück zu Portionen gebündelt, gleichmäßig zugeschnitten und in siedendem Salzwasser, dem man etwas Zucker beigibt, weich gekocht. Bei bitterem Geschmack hilft man sich dadurch, daß man das erste Wasser abgießt und den Spargel in frischem kochendem Salzwasser (mit Zucker) fertigkocht. Der Spargel braucht nur etwa 15 Minuten zum Kochen; er sollte nie zu weich sein, sondern noch eine gewisse Festigkeit haben. Nun richtet man geschmolzene Butter und Brösel her, hebt die Bündel mit Hilfe einer Gabel, unter der Zwirnschlinge fassend, heraus, schneidet mit der Schere den Zwirn weg und serviert sie mit den in Butter gerösteten Bröseln.
Oder man richtet ihn auf einer Serviette an und serviert dazu Holländische Soße, Schaumsoße, Aurora-, Bastard-, Malteser- oder Vinaigrettesoße, Mayonnaise.
100 Gramm = 15 Kalorien / 65 Joule.

Spargelgemüse

Der geputzte Spargel wird in Stücke geschnitten, wie oben angeführt weich gekocht und mit Mehlschwitze aus Fett und Mehl, die mit dem Spargelwasser aufgegossen wurde, einer Prise Zucker und Zitronensaft vollendet.
Pro Portion etwa 380 Kalorien / 1580 Joule.

1000 g Spargel, Salz, 40 g Fett, 40 g Mehl, Zucker, Zitrone

Spargel auf Mailänder Art

Den Spargel schälen, waschen, bündeln, in Salzwasser weich kochen. Gut abtropfen lassen, auf eine gebutterte Platte stufenweise ordnen, so daß alle Köpfe sichtbar sind. Diese mit geriebenem Käse bestreuen, mit brauner Butter übergießen und im heißen Ofen leicht überkrusten.
Pro Portion etwa 480 Kalorien / 2000 Joule.

1000 g Spargel, Salzwasser, 60 g Butter, 100 g geriebener Parmesankäse

Spargel auf polnische Art

1000 g Spargel, Prise Zucker, Salz, 2 TL Öl, 2 gehackte, hartgekochte Eier, 1 TL gehacktes Petersiliengrün, 30 g braune Butter, 4 EL Paniermehl

Den geschälten, gebündelten Spargel in Salzwasser mit Zucker und Öl weichkochen. Abtropfen lassen, auf einer heißen langen oder runden Platte anordnen. Die Köpfe mit den gehackten Eiern und der Petersilie, beides gut vermischt, bestreuen. Das Paniermehl in Butter rösten und darübergießen.
Pro Portion etwa 410 Kalorien / 1720 Joule.

SPINAT

Kommt frisch, tiefgefroren und in Dosen konserviert auf den Markt. Frischkauf: März—April, September—Oktober.
100 Gramm = 18 Kalorien / 75 Joule.

Vorbereitung:
Verlesen, putzen und mehrmals gründlich waschen. Gut abtropfen lassen.

Kochen:
Jungen, zarten Spinat im ganzen oder in Streifen geschnitten in Butter oder Fett kurz dünsten. Älteren Spinat in kochendes Wasser drücken oder drinnen lassen, bis er zusammenfällt. Oder im Druckkochtopf weichdämpfen. Dann auf einem Sieb abtropfen lassen, dann grob oder fein wiegen, im Mixer pürieren oder durch die Fleischmaschine drehen. Jungen Spinat soll man als Blattgemüse bereiten.

Spinat à la creme

750 g Spinat, 60 g Butter, Salz, Zucker, Pfeffer, Muskat, ⅛ l Sahne

Spinat gut waschen, hacken, durch die Fleischmaschine drehen, in die heiße Butter geben, etwas dünsten, bis er weich ist, würzen, mit Sahne verfeinern.
Pro Portion etwa 270 Kalorien / 1130 Joule.

Spinat auf deutsche Art

750 g Spinat, Salz, Butter, 1 Zwiebel, Béchamelsoße, Brösel

Blanchierten Spinat passieren, mit gehackten, in Butter angeschwitzten Zwiebeln und Béchamelsoße dünsten, mit Bröseln binden.
Pro Portion etwa 286 Kalorien / 1200 Joule.

Ungarische Eiergraupen

Rezept Seite 211

Reisbeilagen

Rezepte Seite 213 ff.

Spinat auf französische Art

Den Spinat in kochendes Salzwasser legen, rasch abkochen, damit er nicht zu weich wird, und kalt abschrekken. Die ganzen Blätter in heißer Butter schwenken, pfeffern und salzen.
Andere Art: Den Spinat passieren, in Butter erhitzen und 2 Eigelb, mit 4 Löffeln Sahne versprudelt, einrühren.
Pro Portion etwa 268 Kalorien / 1120 Joule.

1000 g Spinat, Salzwasser, 120 g Butter, Pfeffer, Salz

Spinat auf italienische Art

Ähnlich wie auf französische Art zubereiten. Die ganzen Blätter werden weich gedünstet und mit Öl, Pfeffer und Salz vollendet. Auf vorgewärmter Platte angerichtet und lagenweise mit geriebenem Käse bestreut. Zuletzt mit brauner Butter begießen.
Pro Portion etwa 220 Kalorien / 921 Joule.

1000 g Spinat, Salzwasser, 80 g Parmesan, 50 g Butter, Öl, Salz, Pfeffer

Spinatauflauf

Feingeschnittene Zwiebel in heißer Butter andünsten, heiße Fleischbrühe beigeben, aufkochen, den Spinat dazugeben und auftauen lassen. Dann Sahne, Mehl, Eigelb und Parmesan verquirlen, zum Spinat rühren, mit Salz, Pfeffer und Muskat kräftig würzen. Zum Schluß steif geschlagenes Eiweiß unter die Masse heben. In eine gebutterte, feuerfeste Form geben, mit Bröseln und Käse bestreuen, mit Butterflocken belegen und im vorgeheizten Ofen etwa ½ Stunde backen.
Pro Portion etwa 460 Kalorien / 1890 Joule.

600 g tiefgekühlter Spinat, 1 Zwiebel, 40 g Butter oder Margarine, ⅛ l Fleischbrühe, ⅛ l Sahne, 2 EL Mehl, 4 Eigelb, 50 g geriebener Parmesankäse, Salz, Pfeffer, Muskat, 4 Eiweiß, Fett, 1 EL Paniermehl, 2 EL geriebener Parmesankäse, 30 g Butter

Spinateierkuchen

Die Eierkuchen mit dem gut ausgepreßten und passierten Spinat, der mit 4 Eßlöffel Béchamelsoße, einem ganzen Ei und ⅛ l saurer Sahne, Pfeffer und Salz verrührt worden ist, füllen, dann zusammenrollen, in jeweils 3 bis 4 schräge Stücke schneiden, mit verquirltem Ei und Bröseln panieren und in heißem Fett rasch backen. Beilage: grüner Salat.
Pro Portion etwa 540 Kalorien / 2260 Joule.

12 Stück Eierkuchen, 500 g Spinat, 4 EL Béchamelsoße, 3 Eier, ⅛ l saure Sahne, Pfeffer, Salz, Ei, Brösel, Fett

TOMATEN

Werden als Salat, Vorspeise und als Garnitur, Gemüse, zu Suppen u. a. m. verwendet. Tomaten werden in der feinen Küche immer geschält: mit kochendem Wasser übergießen und schälen. Stengelansatz immer herausschneiden.
100 Gramm = 18 Kalorien / 75 Joule.

Tomaten, gebacken

8–10 fleischige Tomaten, Salz, Zucker, Zitronensaft, 125 g Mehl, Salz, 1 Ei, Milch oder 1 Ei, Mehl, Paniermehl, Öl

Die Tomaten häuten, in dickere Scheiben schneiden, leicht salzen und mit einer Prise Zucker und etwas Zitronensaft würzen, abtrocknen, durch einen Backteig ziehen und in heißem Fett schwimmend backen. Man kann sie auch in Mehl, Eiern und Bröseln panieren und bakken.
Pro Portion etwa 150 Kalorien / 630 Joule.

Tomaten, gebraten

8–10 fleischige Tomaten, 3–4 EL Butter oder Öl, Salz, Pfeffer

Fleischige, ungeschälte Tomaten halbieren, entkernen, mit der offenen Seite zuerst in heiße Butter oder heißes Öl legen und rasch anbraten; dann umdrehen und auf der anderen Seite fertigbraten, salzen, pfeffern. Auf diese Weise bleibt der Saft der Tomate erhalten.
Pro Portion etwa 120 Kalorien / 500 Joule.

Tomaten, geschwenkt

Tomaten, Öl, Prise Zucker, Salz, Pfeffer, Petersilie

Festen, kernigen Tomaten zuerst den Stielansatz ausschneiden, dann in kochendes Wasser geben, nur einige Sekunden kochen lassen, sofort in kaltem Wasser abkühlen. So lassen sie sich leicht und sauber schälen.
Die geschälten Tomaten halbieren, in große Stücke schneiden und in sehr heißem Öl in der Pfanne rasch anrösten, mit einer Prise Zucker würzen, salzen, pfeffern und mit gehackter Petersilie bestreuen.
Pro Portion etwa 120 Kalorien / 500 Joule.

Tomaten, gefüllt

Den Tomaten einen Deckel abschneiden, vorsichtig aushöhlen, gehacktes Schweinefleisch mit der in etwas Fett angedämpften Zwiebel, den gehackten Kräutern, Salz und Pfeffer würzen. Die ausgehöhlten Tomaten mit der abgeschmeckten Fleischmasse füllen, nebeneinander in eine gut gefettete Form stellen und in dem auf 150° erhitzten Rohr etwa 30 Minuten dünsten. Die Sahne mit dem Eigelb verquirlen, über die Tomaten gießen und 5 Minuten im heißen Ofen überbacken

Weitere Füllfarcen:

250 g gemischtes Hackfleisch mit einer in Butter gedämpften Zwiebel, 1 Ei und 50 g Semmelbrösel vermischen, nach Geschmack würzen.

1–2 Tassen gekochten Reis mit 150 g gemischtem Hackfleisch und einer gedämpften Zwiebel vermischen, nach Geschmack würzen.

1–2 Tassen gekochten Reis mit 200 g in Butter gedämpften Champignons (oder mit anderen Pilzen) mischen und mit Salz und Pfeffer abschmecken.

Pro Portion etwa 405 Kalorien / 1680 Joule.

8–12 Tomaten, 300 g Schweinehackfleisch, 1 kleine Zwiebel, 10 g Fett, je 1 TL Petersilie, Thymian und Basilikum, Salz, Pfeffer, 3 EL Öl, ⅛ l Sahne, 1 Eigelb

Tomatengemüse

Die vorbereiteten Tomaten schälen, vierteln. In heißem Fett die feingeschnittene Zwiebel andünsten, die Tomaten dazugeben, würzen und im eigenen Saft gar dünsten. Mit geschnittenem Schnittlauch bestreut anrichten.

Man kann gedünsteten Reis dazumischen oder das gare Gemüse mit geriebenem Käse bestreuen oder auch mit 1 TL Speisestärke und 3–4 EL Sahne binden.

Pro Portion etwa 310 Kalorien / 1280 Joule.

1000 g Tomaten, 50 g Fett, 1 Zwiebel, Salz, Pfeffer, Thymian, Prise Zucker, Schnittlauch

Geschmolzene Tomaten (Tomatenkonkassee, tomates concassées)

Feingehackte Schalotten oder feingeschnittene Zwiebeln in Butter hellgelb anschwitzen, geschälte, entkernte und grobgehackte oder kleinwürfelig geschnittene (festere) Tomaten dazugeben, salzen, pfeffern und dünsten, bis die Feuchtigkeit voll verdampft ist.

Pro Portion etwa 120 Kalorien / 500 Joule.

Schalotten oder Zwiebeln, Butter, Tomaten, Salz, Pfeffer

Tomaten auf provenzalische Art

8 mittelgroße Tomaten, 200 g Paniermehl, 2 Knoblauchzehen, Salz, Pfeffer, Öl, Petersiliengrün, Basilikum

Die Tomaten halbieren, leicht aushöhlen und entkernen, innen leicht salzen. Paniermehl mit zerdrücktem Knoblauch und gehackter Petersilie und Basilikum vermischen, salzen und pfeffern. Mit dieser Farce die Tomatenhälften füllen, reichlich mit Öl betropfen, im heißen Ofen garen und 15 Minuten überkrusten.
Pro Portion etwa 375 Kalorien / 1560 Joule.

Tomatenpüree

30 g Butter, 20–40 g Mehl, 1–3 EL Tomatenmark, ca. 3 dl Bouillon, Salz, Pfeffer, Prise Zucker, Paprika, Ketchup

In heißer Butter das Mehl dünsten, das Tomatenpüree beigeben und mit wenig Bouillon ablöschen. 10 Minuten kochen lassen, dann würzen. Eventuell mit etwas Sahne verfeinern. Es soll eine dicke, breiartige Masse ergeben. Man kann auch eine etwas dickere Béchamelsoße bereiten und mit soviel Tomatenmark verrühren, bis die Soße rot gefärbt ist. Gewürzt wird mit Salz, etwas Paprika (edelsüß), einer Prise Zucker und etwas Tomatenketchup.
Pro Portion etwa 240 Kalorien / 1005 Joule.

Tomaten auf Piemonteser Art

4 schöne Tomaten, 40 g geriebener Käse, Paniermehl, Salz, Pfeffer, Öl, 150 g Reis

Vom Reis ein Risotto bereiten und mit geriebenem Käse vermengen. Die Tomaten halbieren, ausdrücken, mit dem Reis gewölbt füllen. Auf ein Backblech aufsetzen, mit geriebenem Käse und Paniermehl bestreuen, mit Öl beträufeln und im heißen Ofen garen und überkrusten.
Pro Portion etwa 328 Kalorien / 1370 Joule.

Tomaten-Auberginen-Gemüse

400 g Tomaten, 400 g Auberginen, 250 g gekochte Kartoffeln, 3 EL gehackte Petersilie, 60 g Butter (oder Öl), 50 g geriebener Parmesan, ¼ l saure Sahne, 1 EL Semmelbrösel

Petersilie in der Butter anschwitzen, die Tomaten- und die Auberginenscheiben dazugeben und zugedeckt 10 Minuten dämpfen. Die Kartoffeln in Scheiben geschnitten dazugeben, weitere 5 Minuten erhitzen, dann mit geriebenem Käse und der sauren Sahne vermischen. Das Gemüse in eine gefettete Auflaufform geben, mit der restlichen Petersilie, etwas geriebenem Käse und den Semmelbröseln bestreuen, mit einigen Butterflöckchen belegen und im heißen Ofen 20 Minuten überbacken.
Pro Portion etwa 370 Kalorien / 1550 Joule.

TOPINAMBUR

Auch Erdartischocke, Jerusalemer Artischocke, Weißwurzel, Erdbirne u. ä. genannt.

Vorbereitung
Immer sorgfältig schälen, waschen und im ganzen lassen oder in Scheiben schneiden. Oder wie Kartoffeln zuerst in Schale kochen und dann schälen. Oder geschält in Scheiben geschnitten in Salzwasser kochen. Man kann sie dann mit Sahnesoße, Béchamel oder mit gerösteten Bröseln und halbierten, gekochten Eiern (»auf polnische Art«) servieren. Oder wie Kartoffeln braten oder zu Püree verarbeiten.

Topinamburs, gekocht

750–1000 g Topinamburs, Zitrone, Salz, 1 Zwiebel, 50 g Butter, Petersilie, Pfeffer, Zucker

Die Topinamburs schälen, in Würfel schneiden und in Zitronen-Salz-Wasser 10–20 Minuten weich kochen. Eine kleine Zwiebel fein schneiden und in Butter anlaufen lassen. Mit grüner Petersilie, Salz, Pfeffer, einer Prise Zucker, etwas Zitronensaft würzen und die weichgekochten Topinamburs dazugeben.
Pro Portion etwa 300 Kalorien / 1260 Joule.

Topinamburs, gebacken

750 g Topinamburs, Salz, Pfeffer, Backteig (125 g Mehl, ⅛ l Bier, 1 TL Öl, 1–2 Eier), Backfett

Topinamburs in kochendes Wasser geben und 20 Minuten kochen. Schälen, abkühlen lassen und in mitteldicke Scheiben schneiden. Den Backteig bereiten, die Scheiben durch den Backteig ziehen, etwas abtropfen lassen und in heißem Öl schwimmend backen.
Pro Portion etwa 420 Kalorien / 1760 Joule.

WEISSE RÜBEN

Rüben, gekocht

5–6 kleine weiße Rüben, ½ l Brühe, 2 EL Fett, Salz, Pfeffer, Kümmel

Die Rüben schaben, in Stifte schneiden und in der Brühe weich kochen. Dann herausnehmen und gut abtropfen lassen, in heißer Butter schwenken, salzen, mit Kümmel und Pfeffer bestreuen. Eignet sich zu Hammelbraten.
Pro Portion etwa 160 Kalorien / 670 Joule.

Rübeneintopf

500 g Hammelfleisch, 500 g weiße Rüben, Salz, Paprika, 2 EL Butter, 2 Tomaten, 4 EL Mehl, 2 Tassen Fleischbrühe, Kümmel

Die Rübchen schaben, in feine Streifen schneiden und in Salzwasser in ca. 10 Minuten garkochen. Das Hammelfleisch kleinwürfelig schneiden, salzen, in der Butter anbraten, die Tomaten, kleingeschnitten, dazugeben, mit Paprika bestreuen. Eventuell nachsalzen. Aus Butter und Mehl eine helle Mehlschwitze bereiten, mit Fleischbrühe ablöschen, verrühren, alles zusammengeben und noch einmal aufkochen.
Pro Portion etwa 609 Kalorien / 2549 Joule.

WEISSKRAUT, WEISSKOHL

Kohlgewächs mit fest geschlossenem, rundem bis kegelförmigem Kopf und hellgrünen bis weißgrünen Blättern.
100 Gramm = 19 Kalorien / 80 Joule.

Weißkraut, gedünstet (Weinkraut)

1000 g Weißkohl, Salz, Zucker, Kümmel, 1 Zwiebel, 2 EL Puderzucker, 60 g Fett, ⅛ l Weißwein, 1 EL Essig, Bouillon

Weißkohl feinnudelig schneiden und mit Salz, Zucker und Kümmel marinieren. In einer breiten Kasserolle eine feingeschnittene Zwiebel und 2 Eßlöffel Puderzucker in 100 g Fett goldgelb anrösten und mit Essig und etwas Wasser oder Bouillon aufgießen. Das marinierte Kraut beigeben. Zugedeckt weich dünsten, mit ⅛ l Weißwein aufgießen, weiterdünsten lassen. Abschmecken.
Pro Portion etwa 355 Kalorien / 1485 Joule.

Weißkraut, gefüllt

1 Weißkohl, Salzwasser
Fülle: 300 g gehacktes Schweinefleisch, Salz, Pfeffer, 1 EL geriebene Zwiebel, 1 zerdrückte Knoblauchzehe, 1 EL gehackte Kräuter, 1 eingeweichtes, ausgedrücktes Weißbrötchen; Brühe, 40 g Speck, ⅛ l saure Sahne

Den Kohl putzen, die groben schlechten Außenblätter entfernen, den Strunk herausschneiden, Kohlkopf aushöhlen und 10 Minuten in Salzwasser blanchieren. Gut abtropfen. Die vorbereitete Fülle einfüllen. Dann den Krautkopf zusammenbinden und in ein geeignetes Geschirr setzen. Mit würfelig geschnittenem Speck anbraten. Etwas Brühe angießen. Dann im Ofen etwa 1 Stunde unter wiederholtem Begießen im eigenen Saft braten. Der Krautkopf darf dabei nicht anbraten, muß aber eine schöne braune Farbe bekommen. Zum Schluß den Bratensaft mit Sahne gut verrühren, einmal aufkochen.
Pro Portion etwa 510 Kalorien / 2135 Joule.

Krautrouladen

Den Kohl sauber putzen, große Blätter ablösen, in Salzwasser 5 Minuten kochen, abtropfen lassen, erkalten lassen, die Rippen der Blätter abflachen. Die Fülle auftragen, die Blätter von der Blattspitze her einrollen, mit Klammern zusammenhalten oder zusammenbinden. Im heißen Fett rundum anbraten, mit etwas Fleischbrühe angießen und ca. ½ Stunde im heißen Ofen braten, dabei wiederholt mit Flüssigkeit begießen. Den Bratensaft zum Schluß mit Tomatenmark und Sahne verrühren.
Pro Portion etwa 480 Kalorien / 2010 Joule.

1 mittelgroßer Weißkohl, Salzwasser, 60 g Fett, ¼ l Fleischbrühe
Fülle: 250 g Schweinehackfleisch, Salz, Pfeffer, 1 Ei, 1 altbakkenes Brötchen, etwas Milch, 1 Zwiebel, Krautabfälle, 1–2 TL Tomatenmark, ⅛ l saure Sahne

Weißkraut auf bayrische Art

Das Kraut putzen, achteln, den Strunk herausschneiden, die Blätter auslösen, die dicken Rippen herausschneiden und die Kohlblätter feinnudelig schneiden. In heißem Fett die feingeschnittene Zwiebel andünsten. Das Kraut dazugeben, ebenso die geschälten, entkernten, geraspelten Äpfel dazugeben, zuckern, salzen und mit Fleischbrühe angießen, gut durchrühren und 40 Minuten zugedeckt dünsten. Dabei mehrmals umrühren. Mit Essig abschmecken. Mit in kaltem Wasser angerührtem Mehl binden. Noch 5 Minuten aufkochen, dann mit Weißwein würzen. Speck, würfelig geschnitten und kurz überröstet, auf das Kraut geben. Gut durchmischen und servieren.
Pro Portion etwa 480 Kalorien / 2010 Joule.

1 Weißkohlkopf (1000 g), 1 Zwiebel, 50 g Schweinefett, 2 Äpfel, Prise Zucker, Salz, ½ l Fleischbrühe, 2 EL Essig, 1 TL gehackter Kümmel, ½ l Weißwein, 1 EL Mehl, 125 g durchwachsener Speck

Krautstrudel

Weißkohl putzen, vierteln, den Strunk ausschneiden, Kohl in feine Streifen schneiden. In heißem Schweinefett die feingeschnittene Zwiebel anrösten, das Kraut dazugeben und mit Zucker bestreuen. Kraut leicht bräunen, dabei immer umrühren. Die heiße Fleischbrühe dazugießen, Salz, Kümmel, Pfeffer und Essig dazugeben. 20 Minuten dünsten. Das Mehl mit Wasser anrühren und das Kraut damit binden. Abschmecken und auskühlen lassen. Auf den inzwischen ausgebreiteten und mit flüssiger Butter bestrichenen Strudel auftragen. Den Strudel zusammenrollen, auf gefettetes Backblech oder Fettpfanne legen, mit restlicher Butter bestreichen und im vorgeheizten Ofen ca. 35 Minuten backen.
Pro Portion etwa 465 Kalorien / 1990 Joule.

Strudelblätter (tiefgekühlt), 1 Weißkohl (1200–1500 g), 2 Zwiebeln, 40 g Schweinefett, 20 g Butter, 1 EL Zucker, ¼ l Fleischbrühe, Salz, Pfeffer, Kümmel, Essig, Mehl, Butter

WIRSINGKOHL

Kohlart aus den romanischen Ländern, heißt auch Welschkohl, Savoyerkohl, Kapuste, Kabis (Spitzkabis) oder auch nur Kohl. Wird wie Weißkohl bereitet. Der Frühwirsing ist grün (mit geöffnetem Kopf), Herbst- und Winterwirsing ist gelb (mit geschlossenem Kopf). Wirsing ist hell- bis dunkelgrün und hat krausblättrigen Kopf, im Winter fester und heller in der Farbe. Frischkauf: Juni–März.
100 Gramm = 24 Kalorien / 100 Joule.

Vorbereitung
Wird meist in Streifen geschnitten oder gehobelt und gekocht bzw. gedünstet. Die äußeren groben, eventuell beschädigten Blätter wegschneiden, auch das untere Ende des Strunkes. Halbieren oder vierteln und immer sehr gründlich waschen.

Wirsing, gedünstet

1000 g Wirsingkohl, 200 g Speck, Zwiebel, Salz, Pfeffer, Bratensaft oder Fleischbrühe

Der Kohl wird in vier Teile geschnitten, gewaschen, in Salzwasser kernig weich gekocht. Dann auspressen und zu Kugeln formen. In eine Kasserolle geben, mit Bruststeckscheiben und Zwiebelscheiben abwechselnd belegen, salzen und pfeffern, mit Bratensaft oder Fleischbrühe begießen und im Ofen zugedeckt 1 Stunde dünsten. Von Zeit zu Zeit etwas Brühe nachgießen.
Pro Portion etwa 390 Kalorien / 1630 Joule.

Wirsing, gefüllt

2 Wirsingköpfe, 1 Zwiebel, 1 TL Petersilie, 30 g Butter, 100 g gehacktes Schweinefleisch, 1 Ei, 1 EL Brösel, Salz, Pfeffer, Kümmel, 50 g Speck, 80 g Butter

Wirsingköpfe in kochendem Salzwasser 15 Minuten kochen, herausnehmen und abtropfen lassen. Zwiebel und Petersilie in Butter anschwitzen, gehacktes Schweinefleisch mit Zwiebel, Petersilie, Ei und Bröseln vermischen. Mit Salz, Pfeffer und zerstoßenem Kümmel würzen. Sollte die Füllung zu fest sein, kann sie mit etwas saurer Sahne vermischt werden. Die Hackfleischmasse zwischen die Wirsingblätter streichen. Die Wirsingblätter dann zusammenbinden, in eine mit den Speckscheiben ausgelegte, möglichst kleine Kasserolle geben, mit einigen EL Wasser begießen, Deckel schließen und im Rohr gar schmoren. Die Wirsingköpfe halbieren, anrichten und mit gebräunter Butter übergießen.
Pro Portion etwa 354 Kalorien / 1480 Joule.

Wirsing auf französische Art

Jeden Kohl in vier Teile schneiden, Strunk herausschneiden, halbweich kochen und gut abtropfen lassen. Eine gut verschließbare Kasserolle wird mit Speck- und Mohrrübenscheiben ausgelegt. Den ausgepreßten Kohl hineingeben. Dazwischen immer Speck und gebratene Schinkenscheiben, halbe, geschälte Tomaten und in Viertel geschnittene Champignons und die zwei Zwiebelhälften legen, salzen, pfeffern. Zum Schluß mit etwas Bouillon begießen, gut zudecken und ca. 1½ Stunden langsam im Rohr dünsten.
Pro Portion etwa 400 Kalorien / 1680 Joule.

1000 g Wirsingkohl, 150 g Speck, 1 Mohrrübe, 1 Zwiebel, halbiert mit je 2 Nelken besteckt, 150 g Schinken, 500 g Tomaten, Salz, Pfeffer, Bouillon, Champignons

ZUCCHINI

Auch Zucchetti genannt, sind kleine Kürbisse, die wie Auberginen (aber nie roh verwenden) zubereitet werden können oder die, in kurze Stücke geschnitten, ausgehöhlt und in Butter im Ofen gebraten, nachher mit verschiedenem feinem Gemüse gefüllt werden.
In der Küche werden besonders die glatten, hellgrünen und dunkelgrünen, etwas rauhschaligen Früchte verwendet. Je kleiner die Früchte sind, desto besser die Qualität (ca. 6–10 cm lang), diese können auch mit Schale zubereitet werden. Großer und alter Zucchini muß geschält werden. Frischkauf: Juli–November.

Zucchini, gebacken

Die vorbereiteten Zucchini in Scheiben schneiden, salzen und ¼ Stunde ziehen lassen, gut abtrocknen, in Mehl wenden und in heißem Fett backen. Vom Fett abtropfen lassen. Mit gebackener Petersilie und Zitronenspalten garnieren.
Man kann sie auch in Mehl wenden, in Eier, mit Parmesankäse verquirlt, tauchen und backen **(»auf Florentiner Art«)** – oder durch einen Backteig ziehen und im heißen Fett schwimmend backen.
Pro Portion etwa 325 Kalorien / 1360 Joule.

4 Zucchini, Salz, Mehl, Backfett, Petersiliengrün, Zitronenscheiben

Zucchini, gefüllt

8 Zucchini, 250 g Hackfleisch, ½ Zwiebel, 1 EL gekochter Reis, 1 Brötchen, Knoblauch, Petersilie, Salz, Pfeffer, Ei, Brühe

Die Zucchini waschen, Stengelende abschneiden und von der Schnittfläche aushöhlen. Das Fruchtfleisch fein hacken und in etwas Fett und Flüssigkeit weich dünsten. Zwiebel hacken und mit dem eingeweichten, ausgedrückten Brötchen zum Hackfleisch geben. Gekochten Reis, Ei, gehackte Petersilie dazugeben und mit Salz, Pfeffer und Knoblauch würzen. Mit dem weichgedünsteten, erkalteten Zucchinifleisch mischen und in die Zwergkürbisse füllen. Die gefüllten Zucchini in eine gefettete Schüssel legen, mit etwas Brühe angießen und im stark erhitzten Rohr zugedeckt etwa 20 Minuten dünsten.
Pro Portion etwa 338 Kalorien / 1415 Joule.

ZWIEBEL

Sind die unterirdischen, verdickten Sprossen eines Lauchgewächses, von denen auch der junge Trieb (Zwiebelröhrchen, -schlauch) verwendet wird. Man unterscheidet: Kleine Zwiebeln (nicht zu verwechseln mit den Perlzwiebeln);
Perlzwiebeln haben eine weißglänzende Haut und werden in Essig eingelegt; auch Silberzwiebeln genannt;
Haus- oder Sommerzwiebeln: in zahlreichen Farben und Formen;
Spanische Zwiebel oder Bermudazwiebel: ist besonders groß und mild und eignet sich gut zum Füllen;
Schalotte: ist klein und eiförmig, wächst in Büscheln; innen meist violett, ist feiner und milder als die gewöhnliche Haus-und Sommerzwiebel.
100 Gramm = 42 Kalorien / 175 Joule.

Zwiebelringe, gebacken

2–4 Zwiebeln, Salz, Mehl, Backfett

Die Zwiebeln schälen, in 3 mm dicke Scheiben schneiden, auseinandertrennen, salzen, kurz ziehen lassen, dann trockentupfen, in Mehl wenden und portionsweise in Fett je 4 Minuten knusprig braten.
Pro Portion etwa 170 Kalorien / 710 Joule.

Zwiebeln, gefüllt

Die Zutaten der Fülle gut vermischen und mit etwas Wasser zu einer geschmeidigen Farce kneten.
Die Zwiebeln schälen, in Salzwasser halb weich kochen, oben einen Deckel abschneiden, die Zwiebeln bis zu einer dicken Wand aushöhlen, abtropfen lassen. Die Fleischfarce einfüllen und den Deckel obenauf feststekken. In eine gefettete Bratpfanne stellen, mit zerlassener Butter beträufeln, später auch mit etwas Sahne, und ca. 40 Minuten im heißen Ofen braten. Man kann sie auch zusätzlich noch mit Paniermehl bestreuen und mit flüssiger Butter beträufeln. Während des Bratens immer wieder mit Fett begießen, später auch mit etwas Sahne.
Pro Portion etwa 505 Kalorien / 2114 Joule.

8 Zwiebeln, Salzwasser, 60 g Butter, ⅛ l saure Sahne.
Fülle:
250 g Hackfleisch,
1 Ei, Salz, Pfeffer,
1 altbackenes Weißbrötchen, eingeweicht und ausgedrückt

Zwiebeln, glaciert

Die Zwiebeln schälen, in kaltem Wasser aufs Feuer setzen, zum Kochen bringen. Sobald das Wasser kocht, Zwiebeln herausnehmen, abtropfen lassen und in einem breiten Topf nebeneinanderlegen. Mit heißem Fett übergießen, im Ofen kurz braten, leicht salzen, dann mit Zukker überstreuen und bräunen lassen. Fett abgießen, mit etwas Fleischbrühe oder Wasser aufspritzen und die Zwiebeln wenden bzw. die Pfanne dabei immer leicht schütteln.
Oder kleine geschälte Zwiebelchen mit Puderzucker bestäuben, in heißer Butter langsam anbräunen, mit Brühe angießen und langsam dünsten, bis der Fond eingekocht ist und die Zwiebelchen glaciert sind.
Pro Portion etwa 210 Kalorien / 880 Joule.

500 g kleine, gleichgroße Zwiebeln, 40 g Butter oder Öl, 1 EL Zucker, 4–5 EL Fleischbrühe oder Wasser, Prise Salz

Zwiebelpüree

Die Zwiebeln in Scheiben schneiden, kurz in Wasser mit Salz, Butter, Pfeffer, Zucker blanchieren und abseihen. In 100 g Butter andünsten und mit Rundkornreis und einer Schale Brühe zusammen weich dünsten. Mit Pfeffer und Salz, einer Prise Zucker würzen. Durchpassieren, mit Sahne anrühren und mit Muskat würzen. Wird hauptsächlich zu Lamm-, Schöpsen- oder Schweinefleisch (zum Gratinieren) verwendet.
Pro Portion etwa 430 Kalorien / 1800 Joule.

300 g Zwiebeln, 100 g Butter, 1 Tasse Rundkornreis, 1 Tasse Brühe, Pfeffer, 10 g Butter, Salz, Prise Zucker, 4 EL Sahne, Muskat

VERSCHIEDENE GEMÜSEGERICHTE

Gemischtes Gemüse jardinière
(auf Gärtnerinart)

300 g Karotten, 300 g Sellerieknolle, 300 g Erbsen, 150 g grüne Bohnen, ½ Blumenkohl, 1 Zwiebel, Petersilie, 60 g Butter, Zucker, Pfeffer, Salz

Sämtliche Gemüsearten kleinwürfelig schneiden und getrennt in Salzwasser weich kochen. Die feingeschnittene Zwiebel mit der gehackten Petersilie in heißer Butter anrösten. Mit etwas Zucker, Pfeffer und Salz würzen, das Gemüse abgetropft dazugeben und durchschwenken.
Pro Portion etwa 280 Kalorien / 1170 Joule.

Gemüseplatte

Für 8 Personen: 1 Blumenkohl (450 g), Salz, 2 l Wasser, 1—2 Zucchetti, in Butter gedämpft, 1 Paket tiefgekühlter Broccoli (350 g), 1 Paket tiefgekühlte feine Erbsen (300 g), 250 g Spargelköpfe, 250 g Prinzeßbohnen, 250 g Karotten aus der Dose, 6 Tomaten, 20 g Butter, Salz, Pfeffer, 250 g Champignons. 2 EL Paniermehl, 80 g Butter

Alle Gemüsesorten werden getrennt gegart oder erhitzt. Tiefkühlgemüse nach Vorschrift garen bzw. auftauen. Tomaten schälen, entkernen, oben kreuzweise einschneiden, mit Butterflöckchen im vorgeheizten Ofen 10 Minuten braten. Die blättrig geschnittenen Champignons in 20 g Butter dünsten. Den Blumenkohl, in Salzwasser weich gekocht, in die Mitte der Platte setzen, mit in Butter gedünsteten Bröseln bestreuen. Alle anderen Gemüsesorten in der Farbe abwechselnd formschön rund um den Blumenkohl anrichten. Nach Bedarf mit Salz und Pfeffer bestreuen. Über das Gemüse schäumende Butter gießen.
Pro Portion etwa 235 Kalorien / 984 Joule.

Gemüseschnitzel, Gemüsekroketten

150 g Möhren, 150 g Sellerieknolle, ½ Blumenkohl, 150 g grüne Erbsen, 150 g Kohlsprossen, 1 Kohlrübe, 100 g grüne Bohnen, 50 g Champignons, 2 große Tomaten, 80 g Butter, 80 g Mehl, $^{3}/_{16}$ l Milch, 2 Eier, Brösel, Pfeffer, Salz, Muskat, 50 g Parmesan, Brösel und Fett zum Backen

Alles Gemüse kleinwürfelig schneiden und, außer den Tomaten und Champignons, in Salzwasser nicht zu weich kochen. Sehr gut abtropfen lassen und zusammen mit Tomaten und Champignons, blättrig geschnitten, in einem Tuch auspressen. Eine sehr feste Béchamelmasse aus 80 g Butter, 80 g Mehl und $^{3}/_{16}$ l Milch kochen. Die Eier dazurühren, Pfeffer, Salz, Muskat, Parmesan und zuletzt alles Gemüse daruntermischen. 1 bis 2 Stunden kalt stellen. Mit Bröseln vermischt aus der Masse flache Schnitzel formen und in heißem Fett in der Pfanne backen.
Pro Portion etwa 509 Kalorien / 2130 Joule.

Hülsenfrüchte

Hülsenfrüchte, gekocht
(Grundrezept)

Hülsenfrüchte sollen einen Tag vor der Zubereitung in Wasser eingeweicht und am folgenden Tag mit dem Einweichwasser zum Kochen gebracht werden.
Wir kochen mit: 1 Zwiebel, 1 Karotte, 1 Stück Sellerieknolle, 1 Lorbeerblatt, Thymian und 2 Gewürznelken. Nachher wird mit einer entsprechenden hellen Mehlschwitze — bei Linsen mit brauner Mehlschwitze — gebunden. Man rechnet pro Person 100 bis 120 g Hülsenfrüchte.

GRÜNE BOHNEN

Auch Gartenbohne, Gemüsebohne, Schnittbohne, St. Veitsbohne, Fisole genannt. Man unterscheidet Stangen-, Busch-, Stock- und Zwergbohnen, grün- und gelbhülsige Sorten.

Vorbereitung
Grüne Bohnen waschen und abfädeln. Die kleinen ganz lassen, die großen ein- oder zweimal durchbrechen oder schnitzeln.
100 Gramm = 31 Kalorien / 130 Joule.

Spargelbohnen

1000 g Spargelbohnen, 1 Zwiebel, grüne Petersilie, 80 g Butter, 60 g Mehl, Bouillon, Salz, Pfeffer, Zucker, 1 Zitrone, ¼ l saure Sahne

Die Bohnen werden geputzt, geschnitten und in Wasser etwa 25 Minuten gekocht. Die geschnittene Zwiebel und feingehackte Petersilie mit Butter leicht anrösten. Mehl dazugeben und mit Bouillon aufgießen, zu einer dickflüssigen Soße kochen lassen. Dann Salz, Pfeffer, Zucker und Zitronensaft mit den Bohnen dazugeben. Zum Schluß mit der sauren Sahne aufkochen.
Pro Portion etwa 302 Kalorien / 1260 Joule.

Grüne Bohnen

1000 g grüne Bohnen, 80 g Butter, Salz, Pfeffer

Die geputzten grünen Bohnen nudelig schneiden (kleine grüne Bohnen ganz lassen) und in Salzwasser rasch weich kochen. Abseihen, mit kaltem Wasser abschrekken und abtropfen lassen. Dann weiterbehandeln: Sie werden entweder **auf englische Art** mit frischer Butter zu Tisch gebracht, oder **auf französische Art:** Eine Pfanne erhitzen, darin Butter aufschäumen lassen, die grünen Bohnen beigeben, salzen, pfeffern und gut durchschwenken.
Pro Portion etwa 305 Kalorien / 1275 Joule.

PUFFBOHNEN

Auch Saubohnen oder große Bohnen genannt, mit bohnenartigen Früchten, deren Kerne nur grün zu verwenden sind. Bei reifen Bohnen soll man die lederartige Haut der Kerne nach dem Kochen entfernen. Werden sonst wie die weißen Bohnen in der Küche verwendet.

WEISSE BOHNEN

Getrocknete Bohnen immer einweichen: dünnschalige, gute Qualität 3–4, hartschalige bis 12 Stunden. Mit dem Einweichwasser kochen.
100 Gramm = 349 Kalorien / 1460 Joule.

Weiße Bohnen

300 g weiße Bohnen, 1 Zwiebel, 60 g Fett oder Butter, 40 g Mehl, Salz, Pfeffer, 2 EL Essig, Petersiliengrün

Die weißen Bohnen am Tag vorher einweichen und im Einweichwasser weich kochen. Die feingeschnittene Zwiebel in heißer Butter oder Fett anlaufen lassen, das Mehl hineingeben, durchrösten, mit dem Bohnenkochwasser aufgießen, salzen und pfeffern. Gut verkochen, die Bohnen dazugeben und darin einige Zeit kochen. Mit Essig abschmecken. Gehackte Petersilie daraufstreuen.
Pro Portion etwa 490 Kalorien / 2050 Joule.

Bohnenpüree

Weichgekochte weiße Bohnen passieren, mit einigen passierten gekochten Kartoffeln glattrühren. Butter, Salz, eine Prise Zucker, Sahne oder Milch einrühren und glattrühren.
Pro Portion etwa 580 Kalorien / 2425 Joule.

500 g weiße Bohnen, 2–3 gekochte Kartoffeln, 60 g Butter, Salz, Zucker, ⅛ l Sahne oder Milch

Bohneneintopf

Die feingeschnittenen Zwiebeln in Fett rösten, 1 Kaffeelöffel Paprika zugeben, kurz durchrühren und mit einem Spritzer Essig ablöschen. Geschälte, rohe Kartoffeln und Rauchfleisch, kleinwürfelig geschnitten, dazugeben und fünf Minuten zugedeckt dünsten lassen. Mit den Bohnen vermischen, würzen und aufgießen. Die in Scheiben geschnittenen Gurken und den geriebenen Apfel beimengen, nach 10 Minuten Kochzeit Rahm einrühren und nochmals kurz aufkochen.
Pro Portion etwa 574 Kalorien / 2403 Joule.

800 g weiße Bohnen (aus der Dose), 2 große Kartoffeln, 200 g Rauchfleisch, 2 Zwiebeln, 2 EL Fett, Salz, Pfeffer, Paprika, Essig, 2 Essiggurken, 1 kleiner Apfel, ¹⁄₁₆ l Rahm

GRÜNE BOHNENKERNE

Sind die Samenkerne einer grünen Bohnenart, werden frisch, getrocknet und in Dosen konserviert gehandelt. Man kocht sie in Salzwasser, schwenkt sie in Butter, würzt mit Salz, Pfeffer und Muskat und vermengt sie mit gehacktem Petersiliengrün. Man kann daraus auch ein Püree bereiten, das man mit Butter und Sahne verfeinert.

ERBSEN

Gehören zum eiweiß- und kohlehydratreichsten Gemüse. Frische grüne Erbsen sind unreife Erbsen, je unreifer sie sind, desto zarter sind sie. Sie gibt es tiefgekühlt in Pakkungen zu 350 und 450 g. Außerdem 5 Kategorien Dosenerbsen. Dann gibt es noch gelbe und grüne Trockenerbsen, die man über Nacht einweichen muß. Dosenerbsen braucht man nur aufzuwärmen. Schnellkocherbsen benötigen eine sehr kurze Garzeit.
100 Gramm = 359 Kalorien / 1500 Joule.

Erbsen auf altmodische Art

750 g Erbsen in der Schale, 1 TL Salz, 1 Kräuterbündel (Petersilie, Selleriegrün, Liebstöckel und Bohnenkraut), 1 EL Butter, ⅛ l Sahne, 1 Eigelb

Erbsen auslösen, waschen, in kochendes Salzwasser geben. Dazu das Kräuterbündel. 15 Minuten kochen lassen, abgießen und das Kräuterbündel entfernen. Die Erbsen in Butter schwenken. Sahne und Eigelb verquirlen, abseits vom Herd über die Erbsen geben und gut durchschwenken. Mit ein wenig Salz abschmecken.
Pro Portion etwa 325 Kalorien / 1360 Joule.

Grüne Erbsen mit Butter

1 Dose grüne Erbsen, Salz, Zucker, Muskat, 2 EL Butter

Abgetropfte Erbsen in Butter schwenken, mit Salz, Muskat und einer Prise Zucker würzen.
Pro Portion etwa 280 Kalorien / 1172 Joule.

Grüne Erbsen auf englische Art

1 Dose extra feine Erbsen (500 g), Salz, Pfeffer, 80 g Butter

Junge, ausgelöste Erbsen (oder Tiefkühlware) in Salzwasser weich kochen bzw. erhitzen, in eine Schüssel geben. Salzen und pfeffern, mit Butter belegen. Zu Beefsteak, Kalbfleisch oder Huhn servieren.
Pro Portion etwa 280 Kalorien / 1172 Joule.

Grüne Erbsen auf französische Art

1 Dose extra feine Erbsen (500 g), Butter, 2 Zwiebeln, 1 EL Zucker, Salz, Kerbel, Petersilie

Feine grüne Erbsen werden mit kleingeschnittenen Zwiebeln in heißer Butter, 1 EL Zucker und Salz zusammen weich gedünstet. Zum Schluß mit Kerbel und Petersilie bestreuen.
Pro Portion etwa 290 Kalorien / 1200 Joule.

Erbsen auf Hausfrauenart

500 g grüne Erbsen, 200 g durchwachsener Speck, 1 Zwiebel, 1 Kopf Salat, 40 g Mehl, Salz, Brühe, Pfeffer, Petersilie

Die gelben Erbsen werden weich gekocht, der geräucherte, fleischige Speck wird in kleine Würfel geschnitten und gebraten. Speck herausnehmen und warm stellen. Von dem beim Braten sich ergebenden Fett eine Einmach aus feingeschnittener Zwiebel und 40 g Mehl bereiten, mit Brühe ablöschen und mit den Erbsen verkochen. (Man kann auch noch 1 kleinen Kopf Salat, feinnudelig geschnitten, dazugeben.) Würzen. Die Speckwürfel beim Anrichten obenauf geben. Mit gehackter Petersilie bestreut anrichten.
Pro Portion etwa 830 Kalorien / 3485 Joule.

Roastbeef

Rezept Seite 225

Chinesisches Schweinefleisch

Rezept Seite 243

Erbsen-Eintopf

Erbsen die Nacht über einweichen, in Einweichwasser erhitzen. Geschälte Zwiebel, geputztes Suppengrün klein schneiden und mit etwas Salz und den Pfefferkörnern zu den Erbsen geben. Bei kleinem Feuer 100–120 Minuten kochen. Nach 1 Stunde auch den kleinwürfelig geschnittenen Speck und die geschälten, geviertelten Kartoffeln beigeben. Mit Pfeffer und Majoran würzen und abschmecken.
Pro Portion etwa 950 Kalorien / 3977 Joule.

500 g gelbe getrocknete Erbsen, 1½ l Wasser, 1 Zwiebel, Suppengrün, 4 Pfefferkörner, Salz, 250 g geräucherter, durchwachsener Speck, 500 g Kartoffeln, Pfeffer, 1 TL Majoran

Erbsenpüree

Die eingeweichten Erbsen unter Zugabe einer Zwiebel und 2 Gewürznelken weich kochen. Wenn die Erbsen halbweich gekocht sind, die geschälten, in Stücke geschnittenen Kartoffeln beigeben und weich kochen. Dann passieren, mit 60 g Butter glatt verrühren und mit kochendheißer Milch oder Sahne verrühren.
Pro Portion etwa 580 Kalorien / 2425 Joule.

500 g getrocknete gelbe Erbsen, 1½ l Wasser, 1 Zwiebel, 3–4 Kartoffeln, 60 g Butter, ¼ l Milch oder Sahne, Salz, 2 Gewürznelken, Pfeffer

Kichererbsen

Kichererbsen die Nacht über in Wasser mit Natron einweichen. Mit dem Einweichwasser 70 Minuten kochen. Zwiebel schälen und mit den Nelken spicken. Möhren putzen, waschen und in dünne Scheiben schneiden. Beides zu den Erbsen geben. Mit Salz und Pfeffer würzen. 1 EL Öl hineinrühren und 30 Minuten weitergaren. Flüssigkeit bis auf ⅛ l abgießen. Abkühlen lassen. Das restliche Öl und den Essig unterrühren. Zwiebel rausnehmen. Mit Salz, Pfeffer und Essig abschmecken.
Pro Portion etwa 425 Kalorien / 1780 Joule.

500 g getrocknete Kichererbsen, 1½ l Wasser, 1 Msp Natron, 1 Zwiebel, 2 Nelken, 2 Möhren, Salz, Pfeffer, ⅛ l Öl, 2 EL Essig

Zuckererbsen (Kefen oder Kiefelerbsen)

Ganz junge, abgefädelte, entspitzte Erbsenschoten in kaltem Wasser waschen, in siedendem Salzwasser weich kochen, abgießen, mit einer Mehl-Butter-Zwiebel-Soße verrühren und zuckern. Oder nur gekocht in Butter, Salz und Zucker schwenken. Oder in heißer Butter mit feingeschnittener Zwiebel und Fleischbrühe zugedeckt 25–30 Minuten dünsten. Mehl, Salz und Sahne verquirlen und zu den Erbsen geben. Erhitzen.
Pro Portion etwa 469 Kalorien / 1960 Joule.

500 g Zuckererbsen, 40 g Butter, 1 Zwiebel, 30 g Mehl, ⅛ l heiße Fleischbrühe, Salz, Prise Zucker, ⅛ l Sahne

LINSEN

Einjährige Hülsenfrucht aus der Familie der Wicken. Trocken und kühl lagern. Je älter, desto länger müssen sie kochen (30 Minuten bis 2 Stunden). Vor dem Kochen einweichen. Wenn notwendig auch verlesen.
100 Gramm = 354 Kalorien / 1480 Joule.

Linsen, natur

500 g Linsen, Wasser, 1 Zwiebel, 1 Möhre, Salz, 50 g Butter, Zitronensaft, Pfeffer, Petersilie

Die Linsen mit kaltem Wasser gut bedecken. Zwiebel und gereinigte Möhre beigeben und die Linsen weich kochen. Nach halber Kochzeit salzen. Zwiebel und Möhre entfernen, die Linsen abseihen, abtropfen lassen, in etwas Butter schwenken, mit Salz und Pfeffer und Zitronensaft würzen und abschmecken. Mit gehacktem Petersiliengrün bestreut anrichten.
Pro Portion etwa 440 Kalorien / 1840 Joule.

Linsengemüse

500 g Linsen, 100 g Räucherspeck, 50 g Mehl, 1 Zwiebel, Petersiliengrün, 2 Sardellen, 1 TL Kapern, Knoblauch, Zitronenschale, Zitronensaft, Pfeffer, Prise Zucker, Salz, Essig

Die Linsen mit kaltem Wasser auf Feuer setzen und weich kochen. Feingeschnittene Zwiebel, gehackte grüne Petersilie, eine Spur Knoblauch, geriebene Zitronenschale, gehackte Kapern und 2 gehackte Sardellenfilets zu einer dunklen Mehlschwitze geben, die man aus 100 g kleingeschnittenem Speck und 50 g Mehl bereitet, mit etwas Fleischbrühe abgelöscht und mit dem Linsenwasser aufgegossen hat. Alles gut rösten und mit den Linsen zusammen verkochen. Die Linsen müssen ganz bleiben. Mit einigen Tropfen Essig, Zitronensaft, Prise Zucker, Salz und Pfeffer abschmecken.
Pro Portion etwa 655 Kalorien / 2740 Joule.

Specklinsen

500 g Linsen, 2 l Wasser, 2 Zwiebeln, 20 g Fett, 20 g Mehl, Zitronenschale, Zitronensaft, 2 TL Senf, Essig, Pfeffer, Salz, Thymian, Zucker, 250 g durchwachsener Speck, Petersilie

Eine Mehlschwitze aus Fett, feingeschnittenen Zwiebeln und Mehl bereiten, mit dem Kochwasser der Linsen aufgießen, mit gehackter Zitronenschale, Zitronensaft, Salz, Prise Zucker, Pfeffer, einer Spur Thymian und Senf würzen, mit Salz abschmecken. Dann damit die inzwischen weichgekochten Linsen binden. Würfelig geschnittenen Speck rösten und zu den fertigen Linsen geben. Mit gehackter Petersilie bestreut anrichten.
Pro Portion etwa 990 Kalorien / 4145 Joule.

Pilzgerichte

Gedünstete Pilze

Um die Pilze beim Dünsten natürlich zu erhalten, dünsten wir sie zugedeckt in einer flachen Emailkasserolle mit etwas Butter und Zitronensaft etwa 6 Minuten unter öfterem Schwenken. Zum Schluß mit Salz und Pfeffer würzen und mit gehackter Petersilie bestreut sofort anrichten. Auf diese Art kann man die Pilze entweder im ganzen, geteilt oder in Scheiben geschnitten dünsten.
Pro Portion etwa 220 Kalorien / 924 Joule.

500 g frische Pilze (oder 250 g konservierte), Zitronensaft, 40 g Butter, Salz, Pfeffer, Petersiliengrün

Pilze, gebacken

Mittelgroße Pilze putzen und salzen, einige Zeit stehen lassen, dann in Mehl, Eiern und Bröseln panieren und in heißem Fett schwimmend knusprig braun backen. Oder die Pilze, die man zuvor mit Pfeffer, etwas Zitronensaft und gehackter Petersilie gewürzt hat, ziehen lassen. Etwas salzen, trockentupfen, in Backteig tauchen und in sehr heißem Fett schwimmend backen. Gut abtropfen lassen und auf gewärmter Platte servieren. Beide Arten werden mit Tatarensoße serviert.
Pro Portion etwa 410 Kalorien / 1715 Joule.

500 g Pilze (Champignons, Steinpilze u. a.), Salz, Pfeffer, Zitrone, Petersilie, Mehl, 2 Eier, Brösel oder Backteig (aus 150 g Mehl, 1 EL Öl, 2 Eier, ¼ l Wein, Salz); Fett zum Backen

Pfifferlinge

Pfifferlinge putzen, waschen und gut abtropfen lassen; kleinere Pilze unzerteilt verwenden, größere halbieren oder vierteln. Feingeschnittene Zwiebel in der Butter hellbraun rösten. Die Pfifferlinge dazugeben, salzen, pfeffern und bei geschlossenem Topf im eigenen Saft etwa 25 Minuten weichdünsten. In einer gewärmten Schüssel anrichten und mit gehackter Petersilie bestreuen. Man kann anstelle der Butter 100 g würfelig geschnittenen Speck verwenden.
Pro Portion etwa 530 Kalorien / 2220 Joule.

600 g Pfifferlinge, 1 kleine Zwiebel, 60 g Butter, Salz, Pfeffer, Petersilie

Champignons, gefüllt

8 große Champignonköpfe, Zitronensaft, Salz, 50 g Butter
Fülle: Stiele der Champignons, Petersilie, 1 kleinere Zwiebel, 60 g Butter, 100 g Schinken (oder Räucherspeck), 1 EL Brösel, 3 EL Béchamelsoße, Salz, Pfeffer, Muskat
Béchamel: 20 g Butter, 20 g Mehl, ¼ l Milch, 1 Ei, 2 TL Parmesan, ⅛ l Sahne, Brösel, nußgroß Butter

Die Champignonköpfe mit Zitronensaft, einer Prise Salz und Butter zugedeckt 15 Minuten dünsten. Dann mit der inzwischen vorbereiteten Fülle hoch auffüllen und auf eine Gratinierplatte geben. Die restliche Béchamelsoße mit der Sahne, Salz und Muskat verrühren, darübergießen, stark mit Parmesan und etwas Bröseln bestreuen, mit einem Stück frischer Butter schön goldgelb gratinieren.
Bereitung der Fülle: Die Champignonstiele fein hacken, mit gehackter Petersilie und gehackter Zwiebel in Butter oder Öl anrösten. Gehackten Schinken oder gehacktes Fleisch beigeben, ebenso einen Löffel Brösel, Salz und Pfeffer. In die Béchamelsoße aus 20 g Butter, 20 g Mehl und ¼ l Milch 1 Ei und den Parmesan darunterrühren, einen Teil dieser Masse unter das Geröstete geben und die Fülle gut verrühren.
Pro Portion etwa 260 Kalorien / 1088 Joule.

Pilze in Rahmsoße

500 g frische Champignons oder andere Pilze, Zitronensaft, 1 Zwiebel, 30 g Butter, Salz, Pfeffer, Muskat, etwas Wasser, 1 TL Speisestärke oder Mehl, ¼ l saure Sahne

Pilze putzen und waschen. In heißer Butter feingeschnittene Zwiebel glasig werden lassen, die Pilze, blättrig geschnitten, beigeben und 15 Minuten dünsten. Salzen und pfeffern, mit Zitronensaft abschmecken. Mit Speisestärke oder Mehl verrührte saure Sahne beigeben, gut durchrühren und kurz ziehen, aber nicht kochen lassen. Abschmecken.
Pro Portion etwa 155 Kalorien / 649 Joule.

Pfifferlinge mit Rührei

500 g Pfifferlinge, 1 Zwiebel (oder einige Schalotten), 60 g Butter, Salz, Pfeffer, Eier, 2 EL Milch, Petersiliengrün

Die Pfifferlinge säubern, waschen, halbieren. Feingeschnittene Zwiebel in heißer Butter kurz anlaufen lassen, die Pfifferlinge beigeben, würzen, dann auf voller Flamme rasch und kurz rösten. Die Eier mit der Milch und etwas Salz verquirlen, über die Pfifferlinge gießen und unter vorsichtigem Rühren stocken lassen. In einer gewärmten Schüssel anrichten und mit gehackter Petersilie bestreuen.
Pro Portion etwa 305 Kalorien / 1270 Joule.

Soße von Pilzpulver oder Pilzessenz

Mehl in Butter stärker oder schwächer anrösten, nach und nach die Flüssigkeit angießen, das vorher eventuell vorgeweichte Pilzpulver dazugeben und die Soße gar kochen. Mit Salz abschmecken, gehackte Petersilie untermischen. Man kann die Soße auch mit 1–2 EL Sahne oder Dosenmilch verfeinern.
Pro Portion etwa 120 Kalorien / 500 Joule.

30 g Butter, 40 g Mehl, ½ l Wasser oder Brühe, 2–4 TL Pilzpulver oder 4 TL Pilzessenz, Salz, Petersilie

Trüffelsoße

Feingeschnittenes Suppengrün in heißer Butter braun dünsten, Mehl und kleingehackte Zwiebel dazugeben, ebenfalls dunkel bräunen lassen, aufgießen, salzen, die Soße eine halbe Stunde kochen lassen und durch ein Sieb streichen. Die vorbereiteten kleinwürfelig oder feinblättrig geschnittenen Trüffeln in der Soße 5–10 Minuten weich dünsten und mit Salz, Pfeffer, Rotwein, Zitronensaft und evtl. Fleischbrühe abschmecken.
Pro Portion etwa 210 Kalorien / 850 Joule.

120 g Trüffeln, 30 g Butter, 40 g Mehl, 80 g Suppengemüse, 1 Zwiebel, ½ l Wasser, Salz, etwas Zitronensaft und 2 EL Rotwein

Trüffeln in der Asche

Frische Trüffeln bürsten, gut waschen, gut abtropfen lassen. Dann dünn schälen. Trüffeln aus der Dose gut abtropfen lassen. Dann mit Kognak oder Armagnac begießen und ½ Stunde zugedeckt ziehen lassen, dabei immer wieder wenden. Dann herausnehmen, gut abtropfen lassen, auf mit weißem Pfeffer gewürzte Speckscheibe legen, ganz schwach salzen und mit dem Speck einwickeln. Dann locker einzeln in mit Butter bestrichene Alufolie wickeln. Eine zweite Schicht Alufolie darumwickeln. Dann in gerade ausgekühlte Holzkohle im Holzkohlengrill geben und ½ Stunde garen. Auswickeln. Heiß zu frischem Weißbrot, Butter und Salz servieren. Dazu Weißwein oder Sekt.
Im Ofen gegart, legt man die eingewickelten Trüffeln in eine mit Salz gefüllte, sehr heiß gemachte feuerfeste Form und gart sie tief im heißen Salz.
Pro Portion etwa 205 Kalorien / 860 Joule.

4 frische Trüffeln oder aus der Dose, 2 Gläschen Kognak oder Armagnac, 4 dünne Scheiben durchwachsener Speck, Pfeffer, Salz, Butter

Kartoffelgerichte

GEKOCHTE UND GEDÄMPFTE KARTOFFELN

Bröselkartoffeln

Kartoffeln, Salz, Butter, Brösel

Heiße Salzkartoffeln werden mit in Butter gerösteten Bröseln übergossen.
Pro Portion etwa 316 Kalorien / 1323 Joule.

Brühkartoffeln

Kartoffeln, ½ l Brühe, Kümmel, Suppengrün, 1 Zwiebel, Butter, Petersilie

Rohe Kartoffeln schälen, vierteln und würfelig schneiden. In Bouillon mit Kümmel, kleingeschnittenem Suppengrün und Zwiebelwürfeln und gehackter Petersilie kochen. Mit Butter und Petersilie würzen.
Pro Portion etwa 315 Kalorien / 1320 Joule.

Kartoffeln auf Bauernart

Kartoffeln, Bouillon, Butter, Knoblauch, Kräuter, Sauerampfer

Rohe Kartoffeln in dicke runde Scheiben schneiden, in Bouillon mit Butter und Spur Knoblauch dünsten. Mit nudelig geschnittenem, in Butter gedünstetem Sauerampfer und gehackten Kräutern vermischt anrichten.
Pro Portion etwa 300 Kalorien / 1260 Joule.

Dampfkartoffeln

Schön geformte, rohe Kartoffeln werden im Dämpfer gar gemacht.
Pro Portion etwa 215 Kalorien / 895 Joule.

Kümmelkartoffeln

Kartoffeln, Salz, Kümmel

Geschälte, rohe Kartoffeln vierteln und in Salzwasser oder im Kartoffeldämpfer mit einem Zusatz von Kümmel weich kochen bzw. dämpfen. Noch heiß mit Butter oder Fett oder gerösteten Speckwürfeln übergießen.
Pro Portion etwa 215 Kalorien / 895 Joule.

Pellkartoffeln (Schalenkartoffeln)

1000 g Kartoffeln, Salz, evtl. Kümmel

Einen Topf mit Siebeinsatz bis zum Siebboden mit Wasser füllen, die Kartoffeln in Schale daraufgeben, lagenweise mit Salz (und evtl. Kümmel) bestreuen. Zugedeckt im Dampf 20—60 Minuten kochen. Im Druckkochtopf ca. 8—10 Minuten. Werden als Einzelgericht mit Butter und Käse, Quark-, Senf-, Kräuter- oder Kapernsoße serviert; auch mit Salaten; gefüllt mit Meerrettich- oder Quarksoße. Auch als Beilage zu Fleischhaschee und zu Fischgerichten. Lassen sich auch für 2 bis 3 Tage auf Vorrat kochen und können dann zu Kartoffelsalat, Klößen, Küchlein oder Rösti verwendet werden.
Pro Portion etwa 215 Kalorien / 895 Joule.

Pellkartoffeln mit Speck

Kartoffeln, Salz, Kümmel, Käse, Butter, Speck

Gekochte oder gedämpfte Kartoffeln noch heiß schälen, vierteln, anrichten, mit Käse bestreuen und kleinwürfelig geschnittenen, mit oder ohne Butter glasig gebratenen Speck daraufstreuen. Mit Salat servieren. Auch mit einer Soße oder mit feinen Kräutern (evtl. in Butter gedämpft) bestreuen.
Pro Portion etwa 425 Kalorien / 1780 Joule.

Petersilienkartoffeln

Pell- oder Salzkartoffeln, 100 g Butter, Petersilie

Schön geformte bzw. geviertelte bzw. kleine, gleichmäßige geschälte Pell- oder Salzkartoffeln mit zerlassener Butter übergießen und mit gehacktem Petersiliengrün bestreuen. Verwendet man dazu heurige Kartoffeln, nimmt man kleinere Kartoffeln, kocht sie im ganzen und schwenkt sie in brauner Butter und Petersiliengrün. Leicht salzen.
Pro Portion etwa 405 Kalorien / 1695 Joule.

Salzkartoffeln

1000 g Kartoffeln, 1 EL Salz

Die rohen Kartoffeln schälen, in Viertel, kleinere Stücke, Würfel, Stängelchen oder oval schneiden. Im Wasser oder im Dampf kochen. Mit Wasser knapp bedeckt 15—30 Minuten weich kochen. Wasser abgießen und abgedeckt auf dem Feuer aufschütteln, bis sie mehlig werden (speziell für Kroketten). Im Dampf: die Kartoffeln im Sieb eines Dämpfers aufsetzen, salzen und zugedeckt weich dämpfen. 20—40 Minuten.
Pro Portion etwa 215 Kalorien / 895 Joule.

GEBRATENE ODER SAUTIERTE KARTOFFELN

Kartoffeln auf Bäckerart

1000 g speckige Kartoffeln, Zwiebeln, Salz, Pfeffer

Diese Art von Kartoffeln wird zugleich mit einem größeren Stück Schweinebraten, Lamm- oder Hammelbraten mitgebraten. Und zwar werden die geschälten, in dickere Scheiben geschnittenen oder geviertelten rohen Kartoffeln zusammen mit nudelig geschnittenen Zwiebeln oder Zwiebelringen, gesalzen und gepfeffert, in der Bratpfanne verteilt; etwas Brühe, wenn nötig auch zusätzlich etwas Fett, darübergegossen. Das vorbereitete halbgegarte Fleisch obenauf legen und so das Ganze im Rohr braten. Wenn das Fleisch fertig ist, müssen auch die Kartoffeln gebraten sein.
Pro Portion etwa 295 Kalorien / 1235 Joule.

Bauernomelett (Kartoffelomelett)

600 g Kartoffeln, 80 g Schinkenspeck, 6 EL Öl, Salz, 6 Eier, 2 EL Wasser, schwarzer Pfeffer

Geschälte, gewaschene Kartoffeln in dünne Scheiben schneiden und trockentupfen. Kleinwürfelig geschnittenen Schinkenspeck in Öl auslassen, die Kartoffelscheiben dazugeben und 15 Minuten goldgelb braten. Salzen. Die Eier mit Wasser, Salz und Pfeffer verquirlen, über die Kartoffeln gießen und stocken lassen, den Rand dabei häufig mit dem Pfannenmesser lockern und die Pfanne schütteln. Auf vorgewärmter Platte sofort servieren. Beilage: grüner Salat.
Pro Portion etwa 420 Kalorien / 1760 Joule.

Bratkartoffeln mit Spiegeleiern

Kartoffeln, Speck, 1 Zwiebel, Salz, Spiegeleier

In heißer Pfanne würfelig geschnittenen Speck anrösten, die gekochten, in Scheiben geschnittenen Kartoffeln dazugeben, rundherum anbraten. Nudelig geschnittene Zwiebeln dazugeben und salzen. 20 Minuten goldbraun braten. Extra Spiegeleier braten und damit die angerichteten Bratkartoffeln garnieren.
Pro Portion etwa 601 Kalorien / 2525 Joule.

Berner Rösti

1000 g Pellkartoffeln, 100 g Butter, 30 g frische Butter, Bouillon, Salz

Die Kartoffeln in Schale kochen, erkalten lassen, schälen, in dünne Scheiben schneiden oder grob raffeln. Nach und nach in das heiße Fett geben, salzen und unter häufigem Wenden mit dem Schäufelchen leicht gelb werden lassen. Dann zu einer Art Kuchen zusammendrücken, 2–3 EL Bouillon darauf verteilen und etwas Butter daraufgeben. Zugedeckt auf kleinem Feuer braten, bis sich eine gelbbraune Kruste gebildet hat (ca. 15 Minuten), dabei die Pfanne von Zeit zu Zeit rütteln. Dann auf eine vorgewärmte Platte stürzen.
Wenn man die Rösti auf beiden Seiten gebraten wünscht, muß man sie nach dem Wenden noch einmal in die Pfanne geben und nachbraten. Man kann sie auch aus rohen Kartoffeln bereiten (ca. 25 Minuten Bratzeit).
Variationen: Man kann 1–2 TL Kümmel dazumischen oder 100 g kleinwürfelig geschnittenen Speck bzw. rohes oder gekochtes Hackfleisch mitbraten, auch 2–3 mittlere, feingeschnittene Zwiebeln können in wenig Fett angeröstet werden (dann benötigt man zu den Rösti etwas weniger Fett). Sobald die Rösti etwas angebraten sind, kann man auch 60 g geriebenen oder in feine Scheiben geschnittenen Käse daruntergeben.
Pro Portion etwa 516 Kalorien / 2160 Joule.

Bratkartoffeln

Kartoffeln, Salz, Butter oder Fett, Petersilie

Gekochte, speckige Kartoffeln oder ganze Kipfler schälen, in dicke Scheiben schneiden oder vierteln, in heißem Fett oder Butter zugedeckt gleichmäßig goldgelb braten. Nachher salzen und mit gehackter Petersilie bestreuen. Die Scheiben sollen möglichst ganz bleiben.
Pro Portion etwa 420 Kalorien / 1760 Joule.

Bratkartoffeln aus rohen Kartoffeln

1000 g Kartoffeln, ⅛ l Öl, 2 größere Zwiebeln, Salz, Pfeffer

Kartoffeln schälen, waschen, trocknen und in feine Scheiben schneiden. In heißem Öl in einer größeren Pfanne die Kartoffelscheiben scharf anbraten und einige Male wenden. Feingeschnittene Zwiebel dazugeben, salzen, pfeffern und 25 Minuten gar braten.
Pro Portion etwa 466 Kalorien / 1951 Joule.

Bratkartoffeln mit Zwiebeln

Kartoffeln, Butter, 1 Zwiebel, Salz, Pfeffer

Gekochte, in Scheiben geschnittene Kartoffeln mit in Butter gerösteten Zwiebelscheiben, Salz und Pfeffer mischen. Mit der Hauptspeise braten. Bei Geflügel werden kleine und ausgebohrte Kartoffeln und kleine, in Butter angeröstete Zwiebeln beigegeben.
Pro Portion etwa 450 Kalorien / 1885 Joule.

Französische Kartoffeln

Kartoffeln, Mehl, Öl, Salz

Gleichmäßig kleine Kartoffeln mit Schale kochen, schälen. Dann in Mehl wälzen und in Öl goldgelb braten, dabei öfter hin und her wenden. Zuletzt salzen.
Pro Portion etwa 420 Kalorien / 1760 Joule.

Grenadiermarsch

750 g gekochte Kartoffeln, 1 Zwiebel, 60 g Fett, Salz, Pfeffer, 100 g Teigwaren

Grob geschnittene Zwiebel in heißem Fett anrösten, die blättrig geschnittenen Kartoffeln beigeben, mit Salz und Pfeffer würzen, gut durchrösten. Zuletzt die in Salzwasser gekochten und gut abgetropften Teigwaren dazugeben und mitrösten. Man kann den Grenadiermarsch auch noch kurz im heißen Backrohr überbacken.
Pro Portion etwa 350 Kalorien / 1465 Joule.

Macaire-Kartoffeln

1000 g mehlige Kartoffeln, 150 g Butter, Salz, Pfeffer, Muskat, Butter

Kartoffeln waschen, mit Schale auf das Backblech legen, im Backofen bei mittlerer Hitze backen. Schälen, die Kartoffelmasse zerdrücken, mit Salz, Pfeffer und Muskat würzen, auf eine mit heißer Butter ausgestrichene Pfanne geben, flachdrücken und auf beiden Seiten knusprig goldbraun backen. Beliebt als Beilage zu Braten.
Pro Portion etwa 590 Kalorien / 2470 Joule.

Schmalzkartoffeln auf Holsteiner Art

1000 g kleine Kartoffeln, 4 EL Schmalz, 1 EL Puderzucker

Die Kartoffeln mit Schale in Salzwasser kochen. Erkalten lassen und schälen, dann die ganzen Kartoffeln in heißem Fett hellgelb braten, dabei die Kartoffeln ständig durcheinanderschütteln. Mit Puderzucker überstreuen und den Zucker bräunen lassen. Sofort servieren.
Pro Portion etwa 523 Kalorien / 2190 Joule.

Geröstete Kartoffeln

750 g Kartoffeln,
1 Zwiebel, 3 EL Fett,
Salz

Eine feingeschnittene Zwiebel in Fett leicht anrösten. In der Schale gekochte Kartoffeln noch heiß schälen, kleinschneiden oder mit dem Kartoffelreißer reißen, mit den Zwiebeln weiterrösten, bis die Kartoffeln eine schöne braune Kruste haben. Salzen. Man soll die Kartoffeln nur zwei- bis dreimal wenden.
Pro Portion etwa 315 Kalorien / 1320 Joule.

Gestürzte Kartoffeln

750 g Kartoffeln,
3 EL Butter oder
Schmalz, 1 EL Brösel,
1 Zwiebel, Salz

In eine mit viel Butter oder Fett ausgestrichene Pfanne, die mit Bröseln ausgestreut wurde, pressen wir geröstete Kartoffeln (»Kartoffelschmarren«) ein und braten sie langsam auf kleinem Feuer lichtbraun an. Nachher auf eine runde Platte stürzen.
Pro Portion etwa 320 Kalorien / 1325 Joule.

Paprikakartoffeln

600—750 g Kartoffeln,
2 Zwiebeln, 60 g
Schweineschmalz,
1 TL Paprika (edelsüß),
Salz, ¼ l Fleischbrühe

In heißem Schmalz die feingeschnittenen Zwiebeln glasig werden lassen, kurz vom Feuer ziehen, den Paprika beigeben, durchrühren, die gewaschenen, geschälten, in Scheiben geschnittenen Kartoffeln beigeben, aufs Feuer stellen, leicht anbraten, salzen, mit ¼ l Fleischbrühe aufgießen und zugedeckt auf schwachem Feuer die Kartoffeln dämpfen lassen. Die Flüssigkeit soll zum Schluß fast völlig verdampft sein. Eignet sich als Beilage zu Schweinebraten, Würstchen und Frikadellen.
Pro Portion etwa 420 Kalorien / 1760 Joule.

Pariser Kartoffeln

700 g Kartoffeln, Salz,
Butter

Mit dem Kartoffelbohrer aus speckigen geschälten rohen Kartoffeln Kugeln ausstechen, in Salzwasser ganz kurz (ca. 3 Minuten) kochen, dann abgetropft in heißer Butter im Rohr braten. Zum Schluß salzen.
Pro Portion etwa 300 Kalorien / 1260 Joule.

Panierte Kartoffelscheiben

750 g Pellkartoffeln,
3 EL Fett, Mehl, Milch
oder Ei, Brösel, Salz

Pellkartoffeln schälen, in dicke Scheiben schneiden, in Mehl, Ei (oder Milch) und Bröseln panieren und in heißem Fett hellbraun braten (dicht nebeneinander in einer großen Pfanne). Salzen.
Pro Portion etwa 580 Kalorien / 2430 Joule.

Kartoffelpuffer (Reibeplätzchen)

1000 g rohe Kartoffeln, Salz, 2 Zwiebeln, 2–3 Eier, Öl oder Fett zum Braten

Die geschälten rohen Kartoffeln reiben, salzen, eine Zeitlang stehen lassen, dann gut auspressen und mit Eiern und feingeriebenen Zwiebeln gut vermischen. Eventuell etwas Mehl dazugeben. In einer Pfanne portionsweise Öl erhitzen, löffelweise kleine Portionen vom Teig hineingeben, möglichst flach zu einem dünnen Fladen drücken und wie kleine Eierkuchen auf beiden Seiten 3 Minuten schön knusprig braun braten. Herausnehmen und abtropfen lassen. Müssen sofort serviert werden, da sie bei längerem Stehen an Aussehen und Geschmack verlieren.
Die Kartoffelpuffer werden auf verschiedene Weise zubereitet. Die Berliner Küche gibt zum Beispiel Grieß oder Mehl dazu, die Wiener Küche Mehl und saure Sahne, anderswo wieder würzt man den Teig mit Kümmel oder Schnittlauch und Pfeffer oder gibt einige gekochte geriebene Kartoffeln bei. Die Berliner essen dazu Apfelmus und/oder Preiselbeerkompott. Im Ruhrgebiet serviert man dazu grüne Bohnen, frische Matjes und Zwiebelringe. In Wien jedoch meistens Preiselbeerkompott.
Pro Portion etwa 675 Kalorien / 2825 Joule.

Schloßkartoffeln

1000 g Kartoffeln, Salz, 60 g Butter, Petersilie

Kleine, speckige, geschälte Kartoffeln gleichmäßig vierteln oder olivenförmig taubeneigroß tournieren (ausstechen), in Salzwasser ca. 5 Minuten kochen, dann abseihen, in heiße Butter geben und im Rohr langsam goldgelb braten. Mit gehackter Petersilie bestreuen.
Pro Portion etwa 285 Kalorien / 860 Joule.

Tiroler Gröstel

600 g gekochte Kartoffeln, 200–250 g Fleisch (Bratenreste, Schweinsschulter, auch Räucherwurst etc.), 50 g Fett, 1 große Zwiebel, Petersiliengrün, Salz, Pfeffer, Spur Majoran

Die feingeschnittene Zwiebel in heißem Fett anrösten, dann das kleinblättrig geschnittene Fleisch (rohes Schweinefleisch, Rindfleisch und Bratenrest, Wurst), feingehacktes Petersiliengrün sowie die blättrig geschnittenen, gekochten, geschälten Kartoffeln dazugeben. Mit Salz, Pfeffer und einer Spur Majoran würzen und das Ganze kurz durchrösten. Beigabe: grüner Salat.
Pro Portion etwa 620 Kalorien / 2595 Joule.

IM BACKROHR GEBACKENE UND GRATINIERTE KARTOFFELN

Kartoffeln, gebacken

Gleich große, gewaschene und geschälte Kartoffeln auf ein Blech setzen, das fingerhoch mit Salz bestreut wurde. In nicht zu heißem Backrohr (ca. 120°) ungefähr eine Stunde backen. Die Kartoffeln können auch in Alufolie eingeschlagen und so gebacken werden. Mit der Schale servieren.
Pro Portion etwa 415 Kalorien / 1735 Joule.

1000 g Kartoffeln, Salz

Kartoffeln, gefüllt

Die Kartoffeln im Rohr backen. Inzwischen eine Béchamelsoße aus Butter, Mehl und Milch bereiten. Einmal aufkochen lassen, dann das ganze Ei, das Eigelb, Salz, Pfeffer und geriebenen Parmesankäse beigeben und gut verrühren. Die gebackenen Kartoffeln einmal quer durchschneiden, die beiden Hälften mit dem Kartoffelbohrer aushöhlen. Die ausgebohrte Kartoffelmasse fein hacken, mit etwa zwei Drittel der fertigen Béchamelsoße, dem gehackten mageren Schinken und 50 g Butter gut verrühren. Die ausgehöhlten Kartoffelhälften in eine feuerfeste Schüssel stellen und die Kartoffelhälften mit der Füllmasse füllen. Die restliche Béchamelsoße mit saurer Sahne und Parmesan verrühren und über die gefüllten Kartoffeln gießen. Diese obenauf mit etwas Parmesan bestreuen und auf jede Kartoffel ein kleines Stück Butter geben. Im heißen Ofen gratinieren.
Pro Portion etwa 625 Kalorien / 2615 Joule.

10 Stück größere Kartoffeln, 80 g Butter, 30 g Mehl, ¼ l Milch, 1 Ei, 1 Eigelb, geriebener Parmesan, 100 g magerer Schinken, ⅛ l saure Sahne, Salz, Pfeffer, Butter

Kartoffeln, gratiniert

Die gekochten Kartoffeln schälen, in 1 cm dicke Scheiben schneiden, lagenweise mit Béchamelsoße in eine gut gebutterte Gratinierschüssel füllen. Geriebenen Käse daraufstreuen und Butterflocken daraufgeben. 15—20 Minuten bei guter Oberhitze im Ofen gratinieren. Man kann zwischen den einzelnen Kartoffellagen auch noch in Streifen geschnittenen Schinken, glasig gebratene Speckwürfel oder einige feingeschnittene Lauchstengel (kurz in Butter gedämpft) geben.
Pro Portion etwa 375 Kalorien / 1570 Joule.

1000 g Pellkartoffeln, Béchamel aus 30 g Butter, 30 g Mehl, ¼ l Milch, ¼ l Brühe, Salz, Muskat; 30 g Käse, 30 g Butter

Anna-Kartoffeln

Gleichmäßig dicke Scheiben von geschälten, rohen Salatkartoffeln in eine gut erhitzte und mit heißer Butter ausgegossene Kasserolle oder Spezialform gleichmäßig verteilt (in kreisförmigen Reihen halb übereinanderlegen) einlegen. Jede Lage salzen und mit flüssiger Butter beträufeln. Im ganzen 5–6 Lagen. Zugedeckt im Rohr ca. 1 Stunde braten, zusammendrücken und auf eine runde Platte stürzen.

Die Anna-Kartoffeln in kleine Portions-Becherförmchen gefüllt und gebraten heißen **Annette-Kartoffeln:** Kartoffeln in Scheiben von entsprechender Größe schneiden, würzen, in kleine gebutterte Förmchen einbauen, in eine mit heißem Fett halbhoch gefüllte Pfanne setzen. Darin ca. 25 Minuten backen. Nach dem Backen die Kartoffeln oben kreuzweise einschneiden, leicht salzen und mit Butter oder Sauerrahm oder Quark und gehacktem Petersiliengrün servieren.

Pro Portion etwa 440 Kalorien / 1840 Joule.

Kartoffelauflauf

500 g Räucherfleisch, ¼ l saure Sahne, 2 Eigelb, 2 Eiweiß, 1 Zwiebel, 500 g Kartoffeln, Salz, Pfeffer, Paniermehl, Parmesan

Das Räucherfleisch durch den Fleischwolf drehen, mit saurer Sahne, Eigelb, der in Butter gerösteten, feingeschnittenen Zwiebel, Salz und Pfeffer gut verrühren. Dann blättrig geschnittene gekochte Kartoffeln dazugeben und zuletzt den mit einer Prise Salz steif geschlagenen Schnee von 2 Eiweiß darunterziehen. Diese Masse in eine gefettete, mit Paniermehl ausgestreute Form geben. Parmesan darüberstreuen und im Ofen bei leichter Hitze backen.

Pro Portion etwa 770 Kalorien / 3225 Joule.

Kartoffelnudeln

750 g Kartoffeln, am Vortag gekocht, 100 g Butter, 1 Ei, Salz, 3 EL Mehl, Fett und Brösel

Kartoffeln kochen, schälen, heiß passieren, warm mit Butter, Eiern, Mehl und Salz zu einem Teig vermengen. Daumendicke Rollen in Stücke schneiden, zu kleinen Nudeln walzen, in siedendem Salzwasser kochen, abseihen, wenn sie obenauf schwimmen, in kaltem Wasser überspülen, Semmelbrösel in Fett anrösten und die Nudeln darin rollen. Man kann sie auch mit Zucker, Zimt oder Mohn bestreuen und zu Zwetschgenmus geben.

Pro Portion etwa 730 Kalorien / 3055 Joule.

Herzogin-Kartoffeln (Duchesse-Masse) (Grundrezept)

Die Kartoffeln schälen, in leicht gesalzenem Wasser weich kochen, das Wasser abseihen und die Kartoffeln am besten im Ofen oder auf der Herdplatte kurz trocknen lassen. Dann passieren und noch heiß mit etwas Milch, Butter, den Eigelb, geriebenem Parmesan, Salz, Pfeffer und Muskat rasch und ohne viel zu rühren durchmischen. In heißem Zustand die Masse in einen Dressiersack füllen und auf ein Backblech beliebige Formen (Brioches, Torteletten, Küchlein etc.) dressieren. Mit Butter oder auch mit Eigelb leicht bestreichen (eventuell mit Parmesan bestreuen) und im heißen Ofen backen. Diese Kartoffeln werden zu gratinierten Speisen serviert.
Pro Portion etwa 665 Kalorien / 2784 Joule.

1600 g Kartoffeln, 200 g Butter, ⅛ l Milch, 6 Eigelb, Salz, Pfeffer, Muskat, Eigelb, Parmesan

Kartoffelomeletten mit saurer Sahne

Aus 3 Eiern, den geriebenen, gekochten Kartoffeln, einigen Eßlöffeln Mehl, Salz und entsprechend Milch einen Pfannkuchenteig bereiten und Omeletten daraus bakken. Dann saure Sahne mit 2 Eiern verrühren und damit die fertigen Omeletten bestreichen. In Butter goldgelb geröstete, feingeschnittene Zwiebeln daraufstreuen. Nun legt man eine Omelette auf die andere und läßt sie mit einem Stück Butter obenauf im Ofen backen.
Pro Portion etwa 420 Kalorien / 1760 Joule.

650 g gekochte Kartoffeln, 5 Eier, 4 EL Mehl, Salz, ¼ l saure Sahne, 200 g Zwiebeln, Butter zum Backen

Kartoffelpüree (Kartoffelmus, Kartoffelbrei, Muskartoffeln, Quetschkartoffeln)

Rohe Kartoffeln schälen, waschen, in Salzwasser weich kochen. Wasser abgießen und die Kartoffeln ausdampfen lassen. Noch heiß durch die Kartoffelpresse drücken oder mit dem Stampfer zu einem Brei stampfen. Unter ständigem Rühren dann Butter, Eigelb und Milch dazugeben. Mit Salz, frisch geriebenem Muskat würzen und abschmecken. Das Püree mit dem Schneebesen so lange auf dem Herd schlagen, bis das Püree schaumigfein und weiß ist. Sofort servieren. Als Beilage zu Braten, Schnitzeln, Leber, Bratwurst, Wildragout etc. geeignet. Häufig serviert man es mit gebratenen Zwiebelringen obenauf.
Pro Portion etwa 350 Kalorien / 1275 Joule.

1000 g mehlige Kartoffeln, Salz, 60 g Butter, 1 Eigelb, ¼–½ l heiße Milch, Muskat

Kartoffelpüree, überbacken

Kartoffelpüree, 50 g Butter, 3 EL Reibkäse

Ein nicht zu dünn gehaltenes Kartoffelpüree leicht geformt und erhaben in eine gebutterte feuerfeste Schüssel geben, mit Reibkäse und Butterflocken belegen oder mit zerlassener Butter beträufeln. Im heißen Ofen bis zum Braunwerden überbacken (ca. 15 Minuten). In der Form servieren. Nach Wunsch mit Schnittlauch bestreut anrichten.
Pro Portion etwa 380 Kalorien / 1590 Joule.

Kartoffelring (Kartoffelrand)

750 g Kartoffeln, 40 g Butter, 2 Eier, Salz, Muskat, Butter, Paniermehl

Die Kartoffeln schälen, in Salzwasser garen, abdämpfen und durch ein Sieb streichen. Mit Butter und Eiern verrühren, mit Salz und geriebenem Muskat würzen. In eine gebutterte, mit Paniermehl ausgestreute Ringform (Frankfurter Kranzform) füllen und im heißen Ofen ca. 30 Minuten bei starker Hitze braun backen. Auf eine vorgewärmte Platte stürzen.
Oder die Kartoffelmasse direkt an den Rand einer feuerfesten Form spritzen, im Rohr überbacken.
Den Ring kann man mit einem Ragout (aus Fleisch, Gemüse, Pilzen etc.) füllen. Als Garnitur verwendet, füllt man die Masse in kleine Timbalförmchen, bäckt sie und stürzt sie auf die vorgewärmte Platte.
Pro Portion etwa 420 Kalorien / 1760 Joule.

Kartoffeln auf Schweizer Art

1000 g Kartoffeln, 150 g Butter, 60 g Mehl, ⅜ l Milch, 2 Eigelb, 2 Eiweiß, 200 g Schweizer Käse (Emmentaler oder Greyerzer Käse), 4 hartgekochte Eier, 50 g Parmesan, ¼ l saure Sahne, Salz, Pfeffer, Muskat, Paniermehl

Aus 60 g Butter, 60 g Mehl und ⅜ l Milch eine Béchamelsoße kochen. 2 Eigelb, von 2 Eiweiß den Schnee, die saure Sahne, kleinwürfelig geschnittenen Käse, die gekochten, in dünne Scheiben geschnittenen Kipflerkartoffeln, Salz, Pfeffer, Muskat und zuletzt noch 60 g zerlassene Butter, 4 hartgekochte, in Scheiben geschnittene Eier mit der Béchamelsoße gut vermischen. Die Masse in eine gefettete, feuerfeste Schüssel geben, mit Parmesan und Paniermehl bestreuen und die restliche flüssige Butter darübergießen. Im heißen Ofen überbacken.
Pro Portion etwa 770 Kalorien / 3225 Joule.

Kapernschnitzel

Rezept Seite 254

○ **Wiener Schnitzel**

Rezept Seite 255

Schmelzkartoffeln

Geschälte, gekochte Kartoffeln zerdrücken, mit einem größeren Stück Butter, einigen Löffeln Sahne, Salz und Muskat gut verrühren und zu kleinen, ovalen Küchlein formen, am besten mit einer Schöpfkelle. Die Kartoffeln auf ein Backblech legen, mit heißer Butter beträufeln und im heißen Ofen rasch backen. Nachher mit Sahne oder Milch einige Male begießen und im Ofen weiterbacken, bis die Flüssigkeit aufgesogen ist.
Pro Portion etwa 590 Kalorien / 2470 Joule.

1000 g mehlige Kartoffeln, 150 g Butter, Salz, Muskat, ⅛ Milch, Sahne

IN FETT GEBACKENE KARTOFFELN

Dauphine-Kartoffeln
(Kartoffeln auf Kronprinzessinart)

Die Salzkartoffeln sofort nach dem Abdämpfen durchpressen, mit dem Brandteig vermischen, mit Salz und Muskat nachwürzen. Aus der Masse kleine Birnen formen oder mit zwei in heißem Fett getauchten Löffeln kleine Klößchen ausstechen (oder durch den Dressiersack 5 cm lange Würstchen direkt ins Fett spritzen) und langsam in nicht zu heißem Fett schwimmend goldbraun backen.
Brandteig: Wasser mit Salz und Butter zum Kochen bringen, das Mehl auf einmal dazuschütten und auf kleinem Feuer so lange rühren bzw. klopfen, bis sich die Masse seidig glatt von der Gefäßwand löst. Dann vom Feuer nehmen und die verquirlten Eier dazurühren.
Pro Portion etwa 555 Kalorien / 2323 Joule.

800 g Salzkartoffeln
Brandteig: 125 g gesiebtes Mehl, 2 dl Wasser, 30 g Butter, 2–3 Eier, Salz, Backfett

Kartoffelwürstchen

Die erkalteten Pellkartoffeln schälen, auf einem Reibeisen reiben und mit dem Quark gut verrühren. Salzen und mit Zucker abschmecken, dann mit den Eiern und dem Mehl gut vermengen. Auf dem mit Mehl bestaubten Küchenbrett zu Würstchen formen, in Bröseln wälzen und in heißem Fett schwimmend backen.
Pro Portion etwa 720 Kalorien / 3015 Joule.

1000 g Pellkartoffeln, 250 g Quark, 1–2 Eier, 250 g Mehl, Salz, Zucker, Brösel, Fett zum Backen

Kartoffelkroketten, Kartoffelkrusteln

750 g mehlige Kartoffeln, 2 Eigelb, 30 g Butter, Salz, Muskat, 2 EL Mehl, 1–2 Eier, Paniermehl (feine Brösel), Fett zum Backen

Die geschälten, geviertelten, gekochten und noch heiß passierten Salzkartoffeln mit Eigelb, Butter und dem nötigen Salz und geriebenem Muskat gut vermischen.
Man kann durch beliebige Beigaben (gehackte Pilze, Schinken, Parmesan, Schnittlauch, Wurstreste, kleine Fischstücke, Rosinen etc.) die Krokettenmasse variieren.
Aus der Masse am Brett — ohne viel Mehl aufzustreuen — lange Rollen formen (mit etwa 1–3 cm Durchmesser) und diese wieder in 5–6 cm lange Stücke schneiden (eventuell zu kantiger Form klopfen). Die Kartoffelmasse kann man beliebig formen (zu Birnen, Äpfel, Rübchen etc.).
Diese Stücke, Kroketten genannt, dann in Mehl, verquirlten Eiern und Bröseln panieren und in sehr heißem Fett schwimmend backen. Nicht zu viele Kroketten auf einmal in das Fett einlegen. Werden meist als Beilage zu gedünstetem Fleisch serviert und als Garnitur verwendet.
Pro Portion etwa 310 Kalorien / 1298 Joule.

Kartoffelkugeln, Kartoffelbällchen

750 g Pellkartoffeln, 250 g Sahnequark, Schnittlauch, Milch, Brösel, Fett zum Backen

Quark und Milch sahnig rühren, Schnittlauch beigeben, mit den durchgepreßten Kartoffeln vermengen, kleine Kugeln daraus formen, in Bröseln rollen und in heißem Fett schwimmend backen.
Pro Portion etwa 440 Kalorien / 1840 Joule.

Nußkartoffeln oder Pariser Kartoffeln

500 g gelbe Kartoffeln, Salzwasser, Öl zum Backen

Aus geschälten rohen Kartoffeln nußgroße kleine Kugeln ausstechen (mit einem speziellen Ausstechlöffel), die Kugeln in Salzwasser 5 Minuten kochen, herausnehmen und gut abtropfen lassen. Dann in heißem Fett schwimmend goldgelb backen. Herausheben und das Fett abtropfen lassen. Werden besonders als Garnitur zu feinen Fleischplatten verwendet.
Eine Abart sind die **Parmentierkartoffeln:** Die rohen Kartoffeln werden dabei in ganz kleine, sehr exakte Würfel geschnitten und wie die Pariser Kartoffeln bereitet.
Pro Portion etwa 240 Kalorien / 1005 Joule.

Pommes frites (gebackene Kartoffeln)

800 g Kartoffeln, Fett zum Backen, Salz

Zum Backen von Pommes frites verwendet man eine Friture-Pfanne mit einem passenden Drahtkorb, um die fertigen Kartoffeln rasch auf einmal herausheben zu können. Immer frisches, ungebrauchtes Fett verwenden. Geschälte, abgetrocknete, rohe Kartoffeln in gleichmäßige, längliche Stücke (bleistiftstarke Stäbchen) schneiden (eventuell mit einem feuchten Tuch zudecken), in heißem Fett schwimmend vorbacken, bis die Spitzen sich bräunen. Die Kartoffeln herausnehmen, abtropfen lassen und zum Auskühlen ausbreiten. Kurz vor dem Servieren noch einmal in heißem Fett kurz, aber scharf nachbacken, bis sie knusprig braun werden. Gut abtropfen lassen, auf Papierservietten anrichten und salzen. Die Pommes frites dürfen nicht hart sein, sondern müssen innen weich bleiben. – Kleinere Portionen bäckt man gleich das erstemal fertig.
Pro Portion etwa 280 Kalorien / 1170 Joule.

Pommes chips und **Pommes bricelets** (Kartoffelscheibchen, -waffeln)

800 g Kipfler, Fett zum Backen, Salz

Geschälte, rohe Kartoffeln mit Messer oder Hobel in dünne, runde Scheiben schneiden oder hobeln und einige Zeit in kaltes Wasser legen. (Für Bricelets gitterartige Waffeln hobeln.) Nachher gut abtropfen lassen, mit einem Tuch trocknen und nicht zu viele auf einmal rasch im heißen Fett schwimmend knusprig backen. Mit dem Drahtlöffel herausheben. Es ist notwendig, eine größere und entsprechend tiefe Pfanne zu nehmen und die Kartoffelscheiben langsam und immer nur in kleinen Portionen in das heiße Fett einzustreuen. Abtropfen lassen und salzen. Diese Pommes chips werden zu englisch gebratenem Fleisch serviert oder auch als Näscherei gegeben. Können kalt und heiß serviert werden und auch auf Vorrat gebacken werden.
Pro Portion etwa 280 Kalorien / 1170 Joule.

Streichholzkartoffeln

1000 g Kartoffeln, Fett, Salz

Kleine Kartoffelstäbchen, gleichmäßig lang und nicht zu dick geschnitten, in heißem Fett schwimmend backen; salzen.
Pro Portion etwa 445 Kalorien / 1865 Joule.

Kartoffelnester (Kartoffelkörbchen)

1000 g Kartoffeln, Salz, 2 l Öl

Feinnudelig geschnittene, ungewässerte, rohe Kartoffeln werden portionsweise in eine in heißes Fett getauchte Kartoffelnestform (Nestkörbchen) verteilt. Die gefüllte Form schließen und in sehr heißem Fett schwimmend backen. Wenn die Kartoffeln goldgelb gebacken sind, aus der Form stürzen, auf ein Backblech geben, vor dem Anrichten im Rohr noch einmal heiß machen, salzen und mit Gemüse, pochierten Eiern usw. füllen. Als Beilage zu Braten.
Pro Portion etwa 255 Kalorien / 1070 Joule.

Pommes soufflées (Polsterkartoffeln, aufgeblähte Kartoffeln)

Kartoffeln, Fett, Salz

Eine besondere Spezialität der französischen Küche sind die Pommes soufflées. Die Zubereitung erfordert Übung und große Aufmerksamkeit.
Wir verwenden dazu schöne, gleichmäßige Kartoffeln. Die rohen geschälten Kartoffeln werden rechteckig zugeschnitten und in gleichmäßige, 2—3 cm dicke Scheiben geteilt. Kalt waschen, gut abschütteln und trocknen. Dann einzeln in nicht zu heißes Fett geben und in ständiger Bewegung weich werden lassen (blanchieren). Sie dürfen dabei noch keine Farbe annehmen. Dann die Kartoffeln vorsichtig herausnehmen und auf einem Fließpapier abtropfen lassen.
Dann das Fett sehr heiß werden lassen (ca. 170 Grad), die Scheiben erneut in das Fett geben und unter Schütteln der Fettpfanne die Kartoffelscheiben aufgehen (soufflieren) lassen. Zugleich sollen die Kartoffelscheiben auch Farbe bekommen. Herausheben, abtropfen lassen und salzen.
Pro Portion etwa 330 Kalorien / 1381 Joule.

Strohkartoffeln

Rohe Kartoffeln, Backfett, Salz

Feinnudelig (in zündholzdicke Streifen) geschnittene, rohe (geschälte) Kartoffeln in kaltem Wasser abspülen, gut mit einem Tuch trocknen, vorsichtig in das sehr heiße Fett einstreuen — nicht zu viel auf einmal — und rasch in einem backen. Herausheben, abtropfen lassen und salzen.
Pro Portion etwa 445 Kalorien / 1865 Joule.

KARTOFFELN IN EINER SOSSE UND ANDERE KARTOFFELGERICHTE

Bouillonkartoffeln

Fleischbrühe mit kleingeschnittenem Suppengrün zum Kochen bringen. Die mehligen Kartoffeln schälen, in gröbere Würfel schneiden und mit siedender Fleischbrühe begießen, bis sie bedeckt sind. Mit Salz, Pfeffer, Prise Majoran würzen und zugedeckt weich kochen. Die Flüssigkeit soll zum Schluß des Kochprozesses fast völlig aufgesogen sein. Mit Petersilie bestreuen.
Pro Portion etwa 489 Kalorien / 2047 Joule.

800 g Pellkartoffeln, ca. 1 l Fleischbrühe, Suppengrün (Lauch, Möhre, Sellerie, Petersilienwurzel), 2 EL gehackten Majoran, Salz, Pfeffer, Petersiliengrün

Cremekartoffeln (Kartoffeln à la maître)

Gekochte, in Scheiben geschnittene, halbmehlige Kartoffeln in kochende Milch geben (in einer feuerfesten Schüssel), ein größeres Stück Butter einrühren, mit Salz, Pfeffer und Muskat würzen. Zugedeckt 15—20 Minuten erhitzen. Mit Sahne und Kräutern vollenden.
Pro Portion etwa 455 Kalorien / 1905 Joule.

750 g Pellkartoffeln, ¼ l Milch, 40 g Butter, Salz, Pfeffer, Muskat, 2—3 EL Sahne, Kräuter (Petersilie oder Dill)

Dillkartoffeln

In heißer Butter gehacktes Dillkraut anschwitzen lassen, mit Mehl stauben und leicht miträsten, mit Brühe oder Wasser aufgießen und 10 Minuten auf schwachem Feuer leicht kochen lassen, dabei mit dem Schneebesen wiederholt kräftig schlagen. Zum Schluß mit saurer Sahne vollenden, mit Salz und Pfeffer abschmecken. Die Kartoffelscheiben darin erhitzen.
Pro Portion etwa 340 Kalorien / 1420 Joule.

800 g Pellkartoffeln
Dillsauce: 60 g Butter, 4 EL gehacktes Dillkraut, 40 g Mehl, ¼ l Fleischbrühe oder Wasser, 2 EL saure Sahne, Salz, Pfeffer

Frankfurter Kartoffeln

Kartoffeln in etwas Salzwasser dämpfen, schälen und in Scheiben schneiden. Feingeschnittene Zwiebeln in Butter anschwitzen, würfelig geschnittenen Speck mit Mehl stauben, mit Fleischbrühe aufgießen und unter ständigem Rühren zum Kochen bringen. Gewürze (in einem Mullsäckchen) dazugeben. 20 Minuten kochen. Gewürze entfernen, Soße würzen und abschmecken. Kartoffelscheiben in der Soße erhitzen.
Pro Portion etwa 770 Kalorien / 3225 Joule.

1000 g speckige Kartoffeln, 2 Zwiebeln, 80 g Butter, 250 g Räucherspeck, 30 g Mehl, ½ l Fleischbrühe, 1 Lorbeerblatt, 2 Stengel Thymian, 5 Pfefferkörner, die Schale von ½ Zitrone, ⅛ l Rotwein, Salz, Pfeffer, Senf

Gurkenkartoffeln

800 g Kartoffeln, gekocht
Gurkensoße: 1 größere Salatgurke, 1 Zwiebel, 40 g Schweinefett oder Butter, 30 g Mehl, ½ l Fleischbrühe (Würfel), Salz, Pfeffer, Essig, ⅛ l saure Sahne, 1 TL gehacktes Dillkraut

Die feingeschnittene Zwiebel in heißem Fett anschwitzen, mit Mehl stauben und durchrösten, mit Brühe (oder Wasser) aufgießen und 10 Minuten auf kleinem Feuer kochen lassen, mit dem Schneebesen dabei immer wieder kräftig schlagen. Dann die geschälte, entkernte und in kleine Würfel oder Scheiben geschnittene Gurke beigeben und 20 Minuten langsam kochen. Salzen, pfeffern und mit einem Spritzer Essig abschmecken. Dann die verquirlte saure Sahne beigeben, verrühren und zum Schluß die in Scheiben geschnittenen geschälten und gekochten Kartoffeln beigeben und kräftig erhitzen. Mit gehacktem Dillkraut vollenden. Als Beilage zu Rindfleisch, Hackbraten, Hammel- und Schweinefleisch.
Pro Portion etwa 457 Kalorien / 1910 Joule.

Kartoffelgulasch

800 g rohe geschälte Kartoffeln, 40 g Schweinefett, 30 g Speck, 200 g Zwiebeln, 1 EL Rosenpaprika, ½ EL Essig, Bouillon, gehackter Kümmel, zerdrückte Knoblauchzehe, Prise Majoran, Salz, evtl. 1 Tasse saure Sahne

Den kleinwürfelig geschnittenen Speck in heißem Fett glasig werden lassen, die feingeschnittenen Zwiebeln beigeben und goldgelb anrösten lassen. Dann Hitze drosseln, gut mit Paprika bestreuen, durchrösten, mit Essig sofort ablöschen, mit Bouillon aufgießen, Hitze wieder kräftig werden lassen, Kümmel, Knoblauch, Majoran, Salz beigeben und die geschälten, in gröbere Würfel geschnittenen rohen Kartoffeln beigeben. Zugedeckt weich kochen. Wiederholt umrühren. Man kann auch ½ Lorbeerblatt mitkochen und zum Schluß mit saurer Sahne verfeinern. Nach Wunsch kann man auch blättrig geschnittene Wurst als Einlage geben und noch einmal aufkochen lassen.
Pro Portion etwa 530 Kalorien / 2220 Joule.

Majorankartoffeln

600 g Kartoffeln, 60 g Fett, 40 g Mehl, 1 Zwiebel, 1 TL Majoran, ⅛ l saure Sahne, ¾ l Bouillon, Zitrone, Salz, Pfeffer, Essig

Eine Einbrenn aus 60 g Fett, 40 g Mehl, der feingeschnittenen Zwiebel und Majoran bereiten, mit Bouillon dickflüssig aufgießen. 20 Minuten bei kleinem Feuer kochen lassen und mit der Schneerute immer wieder kräftig durchschlagen. Gekochte, feinblättrig geschnittene Kipflerkartoffeln beigeben, einmal aufkochen lassen, mit Salz, Pfeffer und Zitronensaft würzen und abschmecken, mit etwas Essig säuern und zum Schluß die saure Sahne dazurühren.
Pro Portion etwa 330 Kalorien / 1380 Joule.

Saure Kartoffeln
(eingebrannte Kartoffeln)

Die Kartoffeln dämpfen, schälen und in nicht zu dünne Scheiben schneiden. Feingeschnittene Zwiebel in heißem Fett anrösten, mit Mehl stauben und braun rösten, mit gehackter Petersilie würzen, mit etwas kaltem Wasser löschen, mit Bouillon aufgießen. Salz, Essig, Zitronenschale, Thymian und Pfefferkörner und zerdrückten Knoblauch beigeben, ebenso die saure Sahne. Die Soße ca. 20 Minuten gut durchkochen. Man kann die Soße jetzt durch ein Sieb gießen. Mit Salz, Zucker, Essig und Muskat abschmecken. Dann die Kartoffeln und die blättrig geschnittenen Essiggurken beigeben und 10 Minuten ziehen lassen. Abschmecken und mit einem Löffel saurer Sahne vollenden. Als Beilage zu gekochtem Rindfleisch, Frikadellen oder Würstchen.
Pro Portion etwa 370 Kalorien / 1550 Joule.

750 g Kartoffeln, Salz, 40 g Fett, 40 g Mehl, 1 Zwiebel, Petersiliengrün, Zitronenschale, Bouillon oder Wasser, 3–4 EL saure Sahne, 1–2 EL Essig, ½ Lorbeerblatt, 4 Pfefferkörner, ½ Knoblauchzehe, eine Spur Thymian, 3–4 Essiggurken, Salz, Muskat, Prise Zucker

Schupfnudeln

Kalte Pellkartoffeln schälen, durch den Fleischwolf drehen, mit Eiern und Mehl vermengen, mit Salz und Prise Muskat würzen. Aus der Masse kleine würstchenähnliche Nudeln formen, die sich nach beiden Enden hin verdünnen. In Salzwasser oder Milch aufkochen, aus der Flüssigkeit heben und gut abtropfen lassen. Auf einem Küchenbrett ausbreiten und erkalten lassen. Dann in heißem Fett ausbacken. Eignen sich als Beilage zu Braten und Wildgerichten
Pro Portion etwa 465 Kalorien / 1945 Joule.

1000 g Pellkartoffeln, 250 g Mehl, 2 Eier, Salz, Muskat, Milch, Fett zum Backen

Skubanki

Die Kartoffeln schälen, vierteln und in leicht gesalzenem Wasser kochen. Das Wasser abgießen, die Kartoffeln zerstampfen, in den Kartoffelbrei mehrere Vertiefungen drücken und darin das Mehl verteilen. Den Kartoffelbrei mit dem Mehl zugedeckt am Herdrand oder auf ganz schwacher Flamme etwa 20 Minuten mit Fett dämpfen. Danach das Mehl gut unter den Kartoffelbrei mischen und je nach Geschmack etwas Salz dazugeben. Mit einem Löffel Nockerl abstechen und diese mit Mohn und Zucker anrichten.
Pro Portion etwa 875 Kalorien / 3660 Joule.

500 g Kartoffeln, 150 g Mehl, 100 g Butter oder Margarine, 250 g geriebener Mohn, Zucker

Klöße

Den Teig immer gut durcharbeiten, bis er sehr geschmeidig ist, abschmecken und zu Klößen formen. Kartoffel- und Mehlklöße mit Mehl bestäuben oder nassen Händen formen, Fleisch- und Fischklöße mit nassen Händen. Verwendet man zum Ausstechen der Klöße einen Löffel, muß er zuvor stets in kochendes Wasser getaucht werden. Einen Probekloß kochen. Ist er zu fest, muß er mit gekochten Zutaten (Kartoffeln, Fleisch, Grießbrei, geriebenen Brötchen) gelockert werden, fällt er auseinander, kann der Teig noch mit rohen Zutaten (Ei, Kartoffeln, Mehl oder Grieß) gebunden werden. Garprobe: Mit 2 Gabeln den Kloß auseinanderreißen. Innen muß er trocken und locker sein. Klöße immer in stark kochendes, leicht gesalzenes Wasser einlegen. Kurz den Deckel daraufgeben. Sobald das Wasser wieder kocht, den Deckel weggeben, das Feuer drosseln und die Klöße mehr ziehen als kochen lassen.

Böhmische Semmelklöße

4 altbackene Brötchen, 250 g Mehl, 1 Ei, 10 g Hefe, Salz, Milch, 30 g Fett, Paniermehl (Brösel)

Die Brötchen in kleine Würfel schneiden und im Ofen kurz überbacken oder in heißer Butter leicht rösten. Aus Mehl, Ei, Hefe, Salz und etwas Milch einen nicht zu festen Hefeteig bereiten. Die gerösteten Semmelwürfel daruntermischen und den Teig in der Wärme aufgehen lassen. Dann ein längliches Teigstück daraus formen, in eine gefettete Serviette binden und in kochendes Salzwasser gehängt langsam und vorsichtig etwa 20 bis 25 Minuten kochen lassen. Bis zum Servieren im Dunst warm stellen. Dann in Scheiben schneiden, anrichten und mit gerösteten Bröseln bestreuen. Man kann mittels eines Schöpflöffels die Klöße auch aus der Masse stechen und in Salzwasser kochen.
Pro Portion etwa 360 Kalorien / 1490 Joule.

Fischklöße, gebacken

Das entgrätete Fischfleisch durch den Fleischwolf drehen. Butter schaumig rühren, etwas Brösel und 2 Eigelb dazurühren, die kalten, geriebenen Kartoffeln und das Fischfleisch dazurühren. Würzen und abschmecken, eventuell mit Bröseln noch festigen. Klöße daraus formen. 2 Eiweiß und 1 Ei verquirlen, leicht salzen, die Klöße darin eintauchen, in Bröseln wälzen und in heißem Öl schwimmend goldgelb backen.
Pro Portion etwa 635 Kalorien / 2658 Joule.

400 g Fischreste (von gekochten oder gebratenen Fischen), 80 g Butter, 2 Eigelb, 350 g gekochte, geriebene Kartoffeln, Salz, Pfeffer, Muskat, 1 EL gehacktes Petersiliengrün, 1 Ei, 2 Eiweiß, Brösel, Öl zum Backen

Gemüseklöße

Das küchenfertige Gemüse kleingeschnitten in Salzwasser weichkochen. Die Zwiebel in Fett anrösten, mit würfelig geschnittenen Brötchen, Milch, Eiern und Gewürzen sowie dem Gemüse vermischen, durchweichen lassen, dann zu Klößen formen, in eine gebutterte Serviette eindrehen und in kochendem Salzwasser ca. 1 Stunde zugedeckt kochen.
Pro Portion etwa 550 Kalorien / 2300 Joule.

100 g Karotten, 100 g Erbsen, 100 g grüne Bohnen, 100 g Karfiol, 80 g Fett, 4–6 Brötchen, etwas Milch, 30 g Butter, 1–2 Eier, Salz, Muskat, 1 gehackte Zwiebel, Petersilie

Klöße, gefüllt
(Fleischklöße, Griebenklöße, Wurstklöße)

Die Kartoffeln kochen und passieren (soll ca. 1000 g ergeben). Das Mehl, Ei, Sahne und Butter sowie etwas Salz zusammen mit den passierten Kartoffeln zu einem Kartoffelteig kneten, gut durcharbeiten und fingerdick ausrollen. In Vierecke schneiden, flachdrücken und mit der gewünschten Fülle füllen. Zu Klößen formen und etwa 8–10 Minuten in Salzwasser mehr ziehen als kochen lassen. Mit Salat oder Sauerkraut servieren.
Als Fülle kann man Bratenfleisch oder Wurstreste oder Grieben, klein gehackt oder durch den Fleischwolf gedreht, mit Salz, Pfeffer, gehacktem Petersiliengrün oder feingeschnittenem Schnittlauch vermischt, verwenden oder auch kleinwürfelig geschnittenen Speck (Schinken oder Räucherfleisch) mit Salz, Pfeffer und Schnittlauch gewürzt.
Pro Portion etwa 410 Kalorien / 1722 Joule.

1250 g Kartoffeln, 350 g Mehl, 1 Ei, 1 EL Sahne, 20 g Butter, 250–300 g Bratenreste, Wurstreste oder Grieben, Salz, Pfeffer, Petersilie oder Schnittlauch

Grießklöße

2 altbackene Brötchen, etwas Butter, 50 g Räucherspeck, 250 g grober Grieß, ¼ l Fleischbrühe, Salz

Die Brötchen würfelig schneiden und in Butter rösten. Die Speckwürfel extra rösten, mit dem Grieß vermischen, weiterrösten, das Ganze mit heißer Brühe abbrennen, gut verrühren und die Brötchenwürfel beigeben. Salzen. 10 Minuten ziehen lassen. Aus dieser Masse große Klöße formen und in Salzwasser oder Rauchfleischbrühe etwa 16 Minuten mehr ziehen als kochen lassen.
Pro Portion etwa 520 Kalorien / 2175 Joule.

Grießklöße auf einfache Art

300 g Grieß, 50 g Fett, 1 l Milch, Salz

Mittelfeinen Grieß mit heißem Fett übergießen, mit kochender Milch, leicht gesalzen, abbrennen und 1 Stunde ziehen lassen. Die Eier anrühren. Dann aus der Masse Klöße formen und in kochendem Salzwasser zugedeckt 10 bis 15 Minuten langsam kochen.
Pro Portion etwa 520 Kalorien / 2175 Joule.

Kartoffelklöße

750 g gekochte Kartoffeln, 1–2 EL Grieß, 90 g Mehl, 1–2 Eigelb, 20 g Butter, Salz

Die gekochten und geschälten Kartoffeln passieren oder reiben und mit Eigelb, Butter und einer Prise Salz verrühren. Mit der nötigen Menge Mehl und Grieß zu einem festeren Teig kneten. Daraus Klöße (ungefähr 12 Stück) formen. Offen in Salzwasser etwa 10 Minuten langsam kochen. Besonders für Fleischklöße etc. (oder mit Wurst gefüllt).
Pro Portion etwa 295 Kalorien / 1235 Joule.

Kartoffelklöße aus rohen Kartoffeln

750 g Kartoffeln, ¼ l Milch, Salz, 100 g Grieß

Die geschälten rohen Kartoffeln in eine Schüssel mit Wasser reiben. Aus Milch, Grieß und Salz einen dicken Grießbrei kochen, die Kartoffeln in einem Tuch gut auspressen, mit dem kochendheißen Grießbrei verrühren und zu einem festen Teig verarbeiten. Klöße formen, in Salzwasser 20–30 Minuten mehr ziehen als kochen lassen. Als Beilage zu Schweinebraten, Wild, Rinderbraten und Ragout.
Pro Portion etwa 255 Kalorien / 1065 Joule.

Kartoffelklößchen (als Suppeneinlage)

Die Butter schaumig rühren, Eigelb, Brösel und die geriebenen Pellkartoffeln dazugeben. Mit Salz und Muskat würzen und abschmecken. Zuletzt den steif geschlagenen Eischnee dazugeben. Aus der Masse kleine Klößchen formen und 10 Minuten in der kochenden Fleischbrühe mehr ziehen als kochen lassen.
Pro Portion etwa 267 Kalorien / 1120 Joule.

2–3 geriebene gekochte Kartoffeln, Salz, 30 g Butter, 2 Eigelb, 2–3 EL Brösel, Muskat, Eischnee

Kartoffelklöße (aus rohen und gekochten Kartoffeln)

Rohe Kartoffeln schälen und reiben, durch ein reines Tuch fest auspressen. Das ausgepreßte Kartoffelwasser stehen lassen, damit sich die Stärke absetzen kann; dann die Flüssigkeit abgießen und die Stärke zu den ausgepreßten Kartoffeln geben. Auch die gekochten Kartoffeln reiben und dazugeben, gut zu einem glatten Teig vermengen, salzen. Man kann zusätzlich Semmelwürfel, in heißem Fett leicht geröstet, dazumischen. Aus der Masse dann runde Klöße formen und auf kleinem Feuer 20–25 Minuten schwach kochen lassen.
Pro Portion etwa 555 Kalorien / 2325 Joule.

1000 g rohe Kartoffeln, 250 g gekochte Kartoffeln, Salz

Kartoffelklöße auf Bauernart

Kartoffeln in Salzwasser dämpfen, schälen, noch heiß durch die Kartoffelpresse drücken. Mit Eiern, Grieß und Mehl zu einem mittelfesten Teig verarbeiten. Würfelig geschnittenen Speck im eigenen Fett auslassen, feingeschnittene Zwiebel darin anrösten, gehackte Kräuter beigeben, mit Salz und Pfeffer würzen, zum Kartoffelteig geben und verarbeiten. Eventuell nachwürzen. Kleinere Klöße formen, in Salzwasser ¼ Stunde mehr ziehen als kochen lassen.
Pro Portion etwa 680 Kalorien / 2890 Joule.

1000 g mehlige Kartoffeln, Eier, 80 g Grieß, 150 g Mehl, 200 g Räucherspeck, 1 Zwiebel, 2 EL gehacktes Petersiliengrün, Salz, Pfeffer, 40 g Butter

Mehlklöße

Aus Mehl, Milch, Eiern und Salz einen festen Teig bereiten. Das würfelig geschnittene Brötchen in heißer Butter leicht rösten, erkalten lassen und zum Teig geben. Gut verrühren. Mit nassen Händen Klöße formen und in kochendes Salzwasser geben. 15 Minuten ziehen lassen.
Pro Portion etwa 230 Kalorien / 965 Joule.

250 g Mehl, 2 Eier, Milch, Salz, 1 altbackenes Brötchen, 30 g Butter

Serviettenklöße

6–8 altbackene Brötchen, 40 g Butter, 2–3 Eier, ca. ¼ l Milch, Salz, Muskat, Butter zum Bestreichen der Serviette

Die Brötchen leicht, d. h. nicht ganz entrinden, kleinwürfelig schneiden, mit zerlassener Butter übergießen und leicht durchmischen. Milch mit Eiern, Salz und Muskat verrühren, über die Brötchen gießen und durcharbeiten, leicht zusammendrücken und ¼ Stunde ziehen lassen. Eine Serviette befeuchten, mit Butter bestreichen, die Klößemasse auflegen, zusammenrollen, an den Enden zubinden und in Salzwasser 30 Minuten kochen. Dann kurz kalt abschwemmen, auswickeln und in fingerdicke Scheiben schneiden. Beim Anrichten mit zerlassener Butter bestreichen oder in etwas Butter leicht Farbe nehmen lassen oder mit Butterbröseln servieren.
Pro Portion etwa 435 Kalorien / 1820 Joule.

Wiener Semmelklöße

4–6 altbackene Brötchen, 40 g Butter, Petersiliengrün, ½ Zwiebel, 1–2 Eier, ¼ l Milch, Salz, ca. 80 g Mehl

Die Brötchen kleinwürfelig schneiden. Die feingeschnittene Zwiebel und gehacktes Petersiliengrün in heißer Butter anlaufen lassen, über die Brötchenwürfel gießen, salzen und gut vermischen. Die Eier in der Milch versprudeln, ebenfalls über die Brötchenwürfel gießen, durchrühren und anziehen lassen. Zum Schluß Mehl nach Bedarf einstreuen und durchrühren. Aus der Masse Klöße formen und ca. 8–10 Minuten in Salzwasser langsam kochen. Man kann das Mehl auch gleich mit den Brötchenwürfeln gut vermischen, dann erst die anderen Zutaten beigeben und anziehen lassen.
Pro Portion etwa 350 Kalorien / 1465 Joule.

Karthäuserklöße

6–8 Brötchen, ½ l Milch, 2 Eier, 1 EL Zucker, 2 EL Mandeln, Brösel, Fett zum Backen

Die Brötchen abreiben, das Weiße in Würfelchen schneiden. Milch, Eier und Zucker verquirlen und damit die Brötchen begießen und aus der Masse Klöße formen. Diese in den Bröseln panieren und in heißer Butter goldgelb backen. Abgezogene Mandeln in feine Stifte schneiden und in die Klößchen stecken. Dazu eine Frucht- oder Weinschaumsoße servieren.
Pro Portion etwa 750 Kalorien / 2970 Joule.

Teigwaren

Das Kochen von Teigwaren

Zum Kochen von Teigwaren soll man immer zehnmal so viel Wasser verwenden, wie die Teigwaren wiegen. Die Teigwaren in kochendes Salzwasser legen, sofort umrühren und möglichst rasch zum Kochen bringen. Die Kochzeit ist je nach Größe verschieden, auf alle Fälle sollte man zu langes Kochen vermeiden. Die Teigwaren kurz mit kaltem Wasser abschwemmen, gut abtropfen lassen und in aufgeschäumter Butter schwenken. Werden Teigwaren auf Vorrat gekocht, gibt man sie kurz vor dem Anrichten in kochendes Wasser, läßt sie gut abtropfen und schwenkt sie kurz in Butter.

Nudelteig (Grundrezept)

500 g Mehl, 3 Eier, Öl, etwas warmes Wasser

Das Mehl, die Eier und etwas warmes Wasser auf dem Nudelbrett zu einem festen Teig anmachen, gut durchkneten, auf 4–5 kleine Laibchen schneiden und jeden Teil für sich kneten, bis der Teig seidenglatt ist. Die Oberfläche der Laibchen mit Öl bestreichen, etwas rasten lassen, dann zu dünnen, runden Flecken ausrollen, kurz übertrocknen lassen, zusammenrollen und feine Suppennudeln, ½ cm breite Bandnudeln, Fleckerln oder dergleichen schneiden.
Pro Portion etwa 450 Kalorien / 1885 Joule.
Von den gekauften Eierteigwaren haben 100 Gramm etwa 390 Kalorien / 1630 Joule.

Bandnudeln

Aus dem oben angeführten Nudelteig ½ cm breite Nudeln schneiden, in kochendes Salzwasser legen und 10–15 Minuten kochen, mit kaltem Wasser abschwemmen, mit Butter oder Fett und etwas Salz wieder heiß machen.

Käsenudeln (Nudeln mit Parmesan)

500 g Bandnudeln, 100 g Fett, ¼ l saure Sahne, 120 g Emmentaler Käse, 2 EL Parmesan, 2 Eier

Die Bandnudeln in reichlich Salzwasser kochen, in Butter oder Fett erhitzen und auf eine Schüssel angehäuft anrichten. Die saure Sahne mit geriebenem Emmentaler, Parmesan und 2 Eiern im Wasserbad verrühren und über die heißen Nudeln gießen.
Pro Portion etwa 590 Kalorien / 2470 Joule.

Fleckerln

Nudelteig

Werden wie Bandnudeln zubereitet, nur anstatt breiter Nudeln kleine Teigflecke (viereckig oder in Rhombenformen) schneiden.

Grießfleckerln

Nudelteig aus 250 g Mehl, 1 Ei, 4 EL Wasser oder 200 g Bandnudeln.
60 g Fett, 80 g Grieß, Salz

Aus dem Nudelteig werden Fleckerln geschnitten, diese werden in Salzwasser gekocht, mit kaltem Wasser abgeschreckt und abgeseiht. In heißem Fett läßt man den Grieß hellgelb anrösten, gibt die Fleckerln dazu und läßt sie kurz nachziehen. Mit grünem Salat oder Gurkensalat servieren.
Pro Portion etwa 315 Kalorien / 1320 Joule.

Krautfleckerln

Nudelteig aus 350 g Mehl, 1 Ei und Wasser; 750 g Weißkohl, 150—200 g Fett, 4 Stückzucker (= 1 EL Kristallzucker), Pfeffer, Salz

Den Weißkohl fein schneiden, salzen und einige Zeit zugedeckt ziehen lassen, dann auspressen und mit dem Fett langsam goldgelb rösten (in einer breiten Kasserolle). Mit Zucker und Pfeffer würzen. Die gekochten Fleckerln kalt abschrecken, gut abtropfen lassen, unter das Kraut mischen, salzen und erhitzen.
Pro Portion etwa 310 Kalorien / 1300 Joule.

Schinkenfleckerln

Nudelteig aus 350 g Mehl, 1 Ei und Wasser; 250 g gekochter Schinken, Räucherfleisch oder Wurst, 50 g Fett, Salz, Pfeffer

Die aus einem festen Nudelteig ausgewalkten und übertrockneten Teigwaren werden zu Fleckerln geschnitten und in kochendem Salzwasser zugestellt. Nach 10 Minuten Kochzeit abseihen, abschwemmen, gut abtropfen lassen, mit dem in Fett angerösteten, kleingeschnittenen Schinken etc. vermengen, würzen und kurz weiterrösten Statt Schinken oder Räucherfleisch kann auch kleingeschnittene Wurst verwendet werden.
Pro Portion etwa 650 Kalorien / 2720 Joule.

Schinkenfleckerln, gebacken

200 g Fleckerln, 50 g Butter, 40 g Mehl, ¼ l Milch, ¼ l saure Sahne, 3 Eigelb, 200 g Schinken, Salz, Pfeffer, 50 g Parmesan, Muskat, Brösel, Butter

Die Fleckerln in Salzwasser weich kochen, abseihen, gut abtropfen lassen, eine Béchamelsoße aus 50 g Butter, 40 g Mehl mit ¼ l Milch zu den Fleckerln geben. Ebenso ¼ l saure Sahne, 3 Eigelb, 200 g kleingeschnittenen Schinken oder Räucherfleisch dazugeben, mit Salz, Pfeffer, Parmesan, geriebenem Muskat würzen, den Schnee von den 3 Eiweiß darunterheben. Das Ganze in eine mit Butter ausgestrichene Bratpfanne geben, glattstreichen, mit Parmesan und etwas Bröseln bestreuen, mit Butter beträufeln und ½ Stunde goldgelb backen.
Pro Portion etwa 705 Kalorien / 2950 Joule.

Makkaroni

400 g Makkaroni, Salz, Butter, Fett, Parmesan

100 g Makkaroni pro Person in kochendes Salzwasser einlegen und etwa 16 Minuten kochen lassen, dann abschrecken, abtropfen lassen und mit Butter oder Fett heiß machen. Mit Parmesan stark bestreuen.
Pro Portion etwa 530 Kalorien / 2220 Joule.

Makkaroni als Beilage

400 g Makkaroni, Salz, Butter oder Fett

Die Makkaroni kurzbrechen, im kochenden Salzwasser etwa 16 Minuten kochen, mit kaltem Wasser abschrekken, abtropfen lassen und mit Butter oder Fett wieder heiß machen. Nach Bedarf nachsalzen und anrichten.
Pro Portion etwa 420 Kalorien / 1760 Joule.

Makkaroni, gratiniert

400 g Makkaroni, 40 g Butter, 40 g Mehl, Milch, Salz, Muskat, 2 Eier, 2 Eigelb, 50 g Parmesan, Brösel, Butter

Die Makkaroni oder Spaghetti kochen, in eine gefettete Gratinierschüssel einfüllen und mit einer leichten Béchamelsoße (gefertigt aus 40 g Butter, 40 g Mehl und Milch, Salz, Muskat, 2 ganzen Eiern, 2 Eigelb, etwas Parmesan) übergießen, mit Parmesan und Bröseln bestreuen. Butterflocken oder flüssige Butter daraufgeben und im heißen Ofen überbacken.
Pro Portion etwa 613 Kalorien / 2565 Joule.

Makkaroni mit Kalbsbratensoße

Makkaroni kernig kochen, in Kalbsbratensoße ziehen lassen, bis die Soße fast aufgesaugt ist. Anrichten und mit Bratensaft begießen.

Makkaroni à la Napoli

250 g Makkaroni, 1 Zwiebel, 250 g Hackfleisch, Pfeffer, Salz, 500 g Tomaten, Muskatnuß, Zitronensaft, geriebener Parmesan

Die Zwiebel schneiden, in Fett bräunen, das Hackfleisch und die abgezogenen, in kleine Stücke geschnittenen Tomaten dazugeben und mit den Gewürzen abschmekken. Wenig Wasser dazugießen und dünsten. Makkaroni in Salzwasser abkochen, abschrecken und ein Stück zerlassene Butter untermischen. Makkaroni in einer Schüssel anrichten, das Ragout daraufgeben und reichlich mit Käse bestreuen.
Pro Portion etwa 580 Kalorien / 2470 Joule.

Makkaroniauflauf

300 g Makkaroni, 100 g Butter, 40 g Mehl, ⅛ l Milch, 3 Eigelb, ¼ l saure Sahne, Pfeffer, Salz, Muskat, 100 g Räucherfleisch oder gekochter Schinken, 80 g Parmesan

Eine Béchamel aus 40 g Butter und 40 g Mehl mit ⅛ l Milch bereiten, 3 Eigelb, die Sahne und 60 g weiche Butter dazurühren, die kurzgebrochenen, weichgekochten Makkaroni, die Gewürze und das feingehackte Fleisch dazugeben. Zum Schluß den Schnee von 3 Eiweiß einheben. In eine gefettete Auflaufschüssel füllen, mit geriebenem Parmesan bestreuen und im heißen Ofen überbacken.
Pro Portion etwa 760 Kalorien / 3180 Joule.

Makkaroni etc., gratiniert

300 g Teigwaren; Béchamelsoße aus: 30 g Butter, 30 g Mehl, ca. ⅛ l Milch, Salz; Bolognesersoße (siehe Spaghetti Bolognese) 40 g Butter, 30 g Parmesan

Einen Teil der gekochten Teigwaren in eine gebutterte Gratinierschüssel geben, die halbe Menge Béchamelsoße mit der Bolognesersoße verrühren und damit die Teigwaren bedecken. Wieder eine Lage Teigwaren mit der restlichen Bolognesersoße bedecken, zuletzt mit der restlichen Béchamelsoße bedecken, dick mit Parmesan bestreuen, mit Butter beträufeln und im Rohr ca. 15—20 Minuten backen.
Pro Portion etwa 680 Kalorien / 2845 Joule.

Spaghetti

Spaghetti in reichlich kochendes Wasser geben, sofort mit einer Gabel auflockern und rasch zum Kochen bringen. Spaghetti werden nicht ganz weich gekocht, es muß ein fester Kern in der Mitte bleiben (der Italiener sagt dazu »al dente«). Dann abseihen, mit etwas heißem Wasser kurz abspülen, abtropfen lassen und in Butter schwenken.

Kalbshaxe auf italienische Art

Rezept Seite 258

Sarma

Rezept Seite 270

Spaghetti Bolognese

Die Spaghetti in Salzwasser kochen.
Bolognesersoße: In heißem Öl zerdrückten Knoblauch und Rosmarin kurz erhitzen, die feingeschnittenen Zwiebeln beigeben und goldgelb rösten, das Fleisch beigeben und rösten, dann die feingeriebene Möhre mit andünsten; Tomatenmark und restliche Gewürze mit etwas Wasser beigeben und ganz langsam dünsten lassen. Je länger diese Soße dünstet, desto besser wird sie, mindestens aber muß sie ½ Stunde gedünstet werden. Zuletzt sollte sich eine gute gebundene Soße ergeben, die über die angerichteten Spaghetti gegossen wird.
Pro Portion etwa 900 Kalorien / 3765 Joule.

400 g Spaghetti, Salz, Reibkäse
Bolognesersoße: 150 g Rinderhackfleisch, 150 g Schweine- oder Schinkenhackfleisch, 100 g Zwiebeln, 30 g Öl, 2 Zehen Knoblauch, 1 Möhre, 2 EL Tomatenmark, Salz, Pfeffer, Spur Rosmarin, evtl. Salbei

Spaghetti auf italienische Art

Spaghetti in reichlich Salzwasser weich kochen, mit einem Sieb herausnehmen. Nur gut abtropfen lassen, aber nicht abspülen! Mit Butter und Parmesan verrühren.
Pro Portion etwa 338 Kalorien / 1415 Joule.

400 g Spaghetti, Butter, Parmesan, Salz

Pasta asciutta

Die Spaghetti in Salzwasser kochen. In einer Pfanne in heißem Öl feingeschnittene Zwiebel, feingeschnittenes Suppengemüse und gehacktes Petersiliengrün andämpfen, mit Paprika bestreuen und 1 Eßlöffel Flüssigkeit beigeben. Die abgezogenen Tomaten, in Achtel geschnitten, den Schinken sowie etwas Wasser dazugeben und sehr weich kochen. Die Soße mit Salz, Prise Zucker und etwas Tomatenmark abschmecken und über die Nudeln geben. Reibkäse daraufstreuen und heiß servieren. Anstelle von gekochtem Schinken kann man auch 250—300 g Hackfleisch verwenden. Die Soße soll ca. ½ Stunde sehr leicht kochen. Mehrmals umrühren. An Gewürzen kann man zusätzlich Rosmarin oder Oregano dazugeben.
Pro Portion etwa 650 Kalorien / 2720 Joule.

1 Paket Spaghetti, 4 EL Öl, 1 Zwiebel, Suppengemüse, Petersiliengrün, Salz, Pfeffer, Paprika, Prise Zucker, 8—10 Tomaten, 1—2 EL Tomatenmark, 250 g gekochter Schinken, ½ Tasse Wasser oder Fleischbrühe, geriebener Käse

Spaghetti auf Mailänder Art

Die gekochten Spaghetti mit nudelig geschnittenen, in Butter gedünsteten Champignons und nudelig geschnittenem, magerem Räucherfleisch oder Schinken und Tomatenpüree vermischen. Mit Parmesan bestreuen.
Pro Portion etwa 695 Kalorien / 2890 Joule.

400 g Spaghetti, Salz, 80 g Fett, 1 Tasse Champignons, 4 Schnitten Räucherfleisch oder 1 Tasse Schinkenwürfel, Tomatenpüree, Parmesan

Ravioli milanaise

300 g Mehl, 2 Eier, Wasser, Öl
Fülle: 1 Kalbshirn, 1 Zwiebel, 500 g Spinat, 2 Eier, ⅛ l Sahne, 100 g Parmesan, 100 g Butter, Pfeffer, Salz, evtl. Knoblauch

Aus Mehl, etwas Wasser und 2 Eiern einen weichen Nudelteig machen und dünn ausrollen. Zur Fülle ein gehacktes Kalbshirn mit einer kleinen, geschnittenen Zwiebel anrösten, den Spinat abkochen und grobgehackt zu dem Hirn geben, ebenso 2 ganze Eier, Pfeffer, Salz und ⅛ l Sahne dazurühren (eventuell auch etwas zerdrückten Knoblauch). Die Masse in kleinen Häufchen auf den Teig auftragen, mit dem Teig zudecken und daraus kleine Taschen mit 2½ cm Durchmesser ausstechen. Diese in Salzwasser 15 Minuten kochen, herausnehmen, mit brauner Butter übergießen, mit Parmesan bestreuen. Dazu Tomatensoße.
Pro Portion etwa 840 Kalorien / 3680 Joule.

Ravioli napolitaine

Nudelteig, 1 Tasse Schinkenabfälle, 1 Zwiebel, Petersilie, Spinat, Salz, Pfeffer, 1 Knoblauch, 1–2 Eier, Reibkäse, Tomatensoße

Zwei Flecken Nudelteig werden im Rechteck ausgerollt und mit folgendem bestrichen: Gekochter Schinken, feinst faschiert, mit gehackten Zwiebeln, Petersilie, angeröstet, mit gekochtem, passiertem Spinat, Salz, Pfeffer, Knoblauch, ganzen Eiern gut vermengt, mit dem zweiten Teigflecken zugedeckt, mit dem Ravioli-Holz geformt, in Salzwasser gekocht. Mit Reibkäse und Tomatensoße anrichten.
Pro Portion etwa 900 Kalorien / 3765 Joule.

Eiernocken, Eierklößchen

Mehlspätzle (Seite 211), Butter, 3–4 Eier, Salz

In einer Omelettpfanne ein größeres Stück Butter erhitzen, gekochte und kalt abgeschwemmte Mehlspätzle darin schwenken, mit 3 bis 4 gut verquirlten, leicht gesalzenen Eiern übergießen und würzen. Unter ständigem Rühren die Eier stocken lassen, auf die Platte stürzen und mit grünem Salat servieren. In die Eier kann man 1/16 l saure Sahne geben.
Pro Portion etwa 625 Kalorien / 2615 Joule.

Zwiebelspätzle

Nockerl aus 250 g Mehl, ¼ l Milch, 1–2 Eiern, Salz, 50 g Fett, Fett und 1 Zwiebel

Spätzle (auf Seite 211) fertigen. Die gekochten Nockerln zu der im Fett gerösteten Zwiebel geben und durchschwenken. Nachwürzen.
Pro Portion etwa 420 Kalorien / 1760 Joule.

Mehlnockerln, Mehlspätzle
(Grundrezept)

Mehl, Milch, Eier, zerlassene Butter und Salz zu einer dicklichen Masse verrühren, bis sich der Teig vom Löffel löst. Dabei aber den Teig nicht abschlagen! Diesen Teig auf ein kleines Küchenbrett geben, mit dem Messerrükken oder einer Palette kleine Stückchen abschneiden und diese in das kochende Salzwasser fallen lassen oder durch ein gröberes Sieb drücken oder mit Hilfe eines Teelöffels Klößchen ausstechen. Einige Minuten kochen lassen, abseihen, mit kaltem Wasser abspülen, abtropfen lassen und in heißer Butter oder anderem Fett schwenken. Nachsalzen. Werden sie zu Soßen gereicht, brauchen sie nicht in Fett geschwenkt zu werden.
Pro Portion etwa 500 Kalorien / 2095 Joule.

400 g Mehl, 40 g Fett (Butter), 2 Eier und Milch nach Bedarf, Salz

Römische Klößchen

In ¾ l kochende Milch 30 g Butter, eine Prise Salz und Muskat geben, den Grieß dazurühren. Auf schwachem Feuer aufgehen lassen. Dann einen Löffel Parmesan und ein Eigelb dazurühren. Die Masse fingerdick auf ein gefettetes Blech streichen. Vollständig erkaltet mit kleinem Ausstecher runde Scheiben ausstechen, die Stücke in eine gefettete Gratinierschüssel einordnen, mit Parmesan bestreuen, zerlassene Butter darübergießen und im heißen Ofen goldgelb backen.
Pro Portion etwa 435 Kalorien / 1821 Joule.

150 g Grieß, 60 g Butter, ¾ l Milch, 150 g Parmesan, 1 Eigelb, Muskat, Salz

Ungarische Eiergraupen (Tarhonya)

Eine Spezialität der ungarischen Küche, wird zu vielen Speisen anstelle von Reis serviert. Das Mehl mit den ganzen Eiern und etwas Wasser zu einem sehr festen Teig kneten, trocknen lassen, grob reiben und sehr gut austrocknen lassen. 1 Zwiebel fein schneiden, in der heißen Butter anlaufen lassen, die getrockneten Tarhonya dazugeben, mit etwa 1 l Fleischbrühe oder Wasser aufgießen, salzen, pfeffern und zugedeckt im heißen Ofen etwa ½ Stunde weich dünsten.
Pro Portion etwa 550 Kalorien / 2300 Joule.

500 g Mehl, 4 Eier, etwas Wasser, 100 g Butter, 1 Zwiebel, 1 l Brühe, Salz, Pfeffer

Reisgerichte

Es gibt heute rund 8000 Reissorten. Für die Küche bieten sich drei Grundtypen an: 1. die kurzkörnige, ovale Reissorte ist besonders stärkehaltig, kocht zwar feucht und weich, aber körnig. Chinesen schätzen diese Sorte besonders. 2. Langkörnige Sorten enthalten weniger Stärke, beim Kochen bleibt das Korn hart. (Wird häufig als Patna bezeichnet: echter Patnareis wird aber nur in Indien angebaut.) 3. Reis, der beim Kochen wegen seines hohen Klebegehalts pappig wird, man kann ihn vor allem leicht formen, eignet sich auch für Süßspeisen. Den Reis zu kochen gibt es viele Methoden. Hier einige vorausgeschickt: 1. 1 Teil Reis in 2 Teile kochendes Wasser geben, aufkochen, dann zugedeckt bei schwachem Feuer garquellen lassen. 2. Reis in einem Topf mit Wasser begießen, bis das Wasser daumenbreit über dem Reis steht. So lange auf starkem Feuer kochen, bis das Wasser bis zur Reishöhe eingekocht ist, dann zugedeckt bei sehr kleinem Feuer quellen lassen. 3. Reis in reichlich kochendem Wasser 10 Minuten kochen lassen, dann abseihen, abtropfen lassen und im geschlossenen Topf im heißen Ofen 10 Minuten noch garziehen lassen. 4. Reis in heißem Fett glasig rösten, mit zweifacher Menge Flüssigkeit aufgießen, aufkochen lassen. Zugedeckt bei kleinem Feuer quellen lassen. Dieser Reis wird besonders körnig. Pro Kopf rechnet man als Hauptgericht 75 g, als Beilage 60—65 g, als Süßspeise 50 g und als Suppeneinlage 35 g Reis.

Risi-Pisi (Reis mit grünen Erbsen)

2 Tassen Langkornreis, 4 Tassen Wasser, 40 g Butter, Salz, ½ Zwiebel, 2 Gewürznelken, 250 g Erbsen (tiefgekühlt oder Dose), Prise Zucker, Salz, Petersiliengrün, Parmesan

Den Reis in Salzwasser mit nelkengespickter Zwiebel und Butter weich dünsten. In heißer Butter die abgetropften Erbsen erhitzen, mit einer Prise Zucker und Salz würzen, mit gehacktem Petersiliengrün bestreuen und mit dem gegarten Reis vermischen. Mit geriebenem Parmesan bestreut anrichten.

Pro Portion etwa 620 Kalorien / 2595 Joule.

Reis, gekocht (Wasserreis, Trockenreis)

Den Reis unter fließendem Wasser so lange waschen, bis das Wasser ganz klar abfließt. Dann in reichlich Salzwasser (2—3 l) je nach Sorte 15—20 Minuten kochen. Abseihen, mit lauwarmem Wasser abspülen und gut abtropfen lassen. Dann mit Butter in eine Pfanne oder auf ein Backblech geben, zudecken und mäßig heiß im Ofen 3—5 Minuten nachdämpfen lassen. Leicht nachsalzen. Mit 2 Gabeln auflockern.

250 g Reis, Salz, Wasser, Butter

Dieser Reis ist geschmacklich neutral, eignet sich daher besonders zu scharf gewürzten Gerichten.

100 Gramm Vollreis haben 371 Kalorien / 1550 Joule, 100 Gramm polierter Reis 368 Kalorien / 1540 Joule.

Reis, gedünstet

Um Reis (Patna- oder Karolinenreis) körnig zu dünsten, muß der Reis mit der doppelten Menge Wasser aufgefüllt werden. Wird der Reis gewaschen, muß es sehr rasch geschehen. Der Reis muß sofort auf ein Sieb geschüttet werden, um gut abzutropfen.

2 Tassen Reis (ca. 250 g), 3—4 Tassen Wasser (für Langkornreis bis zu 4 Tassen), 40 g Butter, ½ Zwiebel mit 2 Gewürznelken gespickt, Salz

Wasser mit der Butter aufkochen, Salz dazugeben, dann den Reis damit einmal aufkochen, die mit Nelken gespickte halbe Zwiebel beigeben und zugedeckt in den heißen Ofen stellen. Der Reis braucht dann, ohne umgerührt zu werden, etwa 20 Minuten zum Fertigdünsten. Hat man kein Backrohr zur Verfügung, dann läßt man den Reis zuerst einige Minuten gut durchkochen und stellt die zugedeckte Kasserolle bei geringer Hitze auf die Fortkochplatte. Nach dem Dünsten den Deckel weggeben. Zwiebel entfernen, einige Minuten ausdünsten lassen und den Reis mit einer Gabel auflockern.

Statt Wasser kann auch Brühe verwendet werden (**»Brühreis«**).

Pro Portion etwa 277 Kalorien / 1160 Joule.

Butterreis

Reis kochen oder dünsten. Zum Schluß mit zwei Gabeln auflockern und Butterflocken daruntermischen.

Pro Portion etwa 277 Kalorien / 1160 Joule.

2 Tassen gekochter oder gedünsteter Reis (250 g), Salz, 50 g Butter

Champignonreis

2 Tassen Reis, 150 g Champignons, 1 EL feingeschnittene Zwiebel, 50 g Butter, Salz, Pfeffer

Patna-Reis dünsten. Champignons blättrig schneiden, in heißer Butter mit 1 EL feingeschnittener Zwiebel dünsten. Dem fertig gedünsteten Reis beigeben und durchmischen. Beilage zu Kalbsbraten, Naturschnitzel.
Pro Portion etwa 300 Kalorien / 1255 Joule.

Curryreis

250 g Reis, 3 Schalen Brühe, 1 Zwiebel, 100 g Butter, Salz, Curry

In einer Kasserolle eine feingeschnittene Zwiebel in heißer Butter goldgelb anrösten, einen Kaffeelöffel Curry und den Reis dazugeben und weiterrösten, mit 3 Schalen Brühe aufgießen und salzen, im Ofen fertigdünsten.
Oder Reis mit geschälter Zwiebel in reichlich Salzwasser körnig kochen, abseihen, Zwiebel entfernen, warm durchspülen und im heißen Rohr nachdämpfen. Dann in heißer Butter 2—3 TL Curry in den gelockerten Reis geben. Beilage zu Lamm-, Kalbfleisch und Geflügel.
Pro Portion etwa 300 Kalorien / 1260 Joule.

Gemüsereis

250 g Reis, 250 g Champignons, 2 Zwiebeln, 2 Paprikaschoten, 3—4 Tomaten, Oliven, Petersilie, 4 EL Öl, Salz, Pfeffer, 1 l Fleischbrühe

Reis trocken abreiben, Champignons, Zwiebeln, Tomaten klein schneiden, in heißem Öl gut anrösten, den Reis, Oliven, Gewürze und Petersilie beigeben, kurz durchrösten, nach und nach mit der Brühe aufgießen und offen etwa 20 Minuten gar kochen, bis die Flüssigkeit verkocht und der Reis körnig weich ist.
Pro Portion etwa 250 Kalorien / 1045 Joule.

Pilawreis

2 Schalen Reis, 3—4 Tassen Brühe oder Wasser, 60 g Butter oder Öl, ½ Zwiebel, Salz, frische Butter

Butter oder Öl in einer Kasserolle aufschäumen, die feingeschnittene Zwiebel anschwitzen, den Reis beigeben, verrühren, bis er glasig wird. Mit doppelter Menge heißer Flüssigkeit aufgießen, salzen und aufkochen. Zugedeckt im Ofen oder auf der Fortkochplatte 20 Minuten dünsten Dann mit einigen Butterflocken auflockern.
Pro Portion etwa 620 Kalorien / 2595 Joule.

Safranreis

Butter, Salz und Brühe zum Kochen bringen, den gut gewaschenen Reis beigeben und bei starker Hitze kochen. Sobald die Flüssigkeit fast aufgesogen ist, den Safran darunterrühren und zugedeckt bei schwächster Hitze ca. 20 Minuten fertiggaren. Reis auflockern und in einer vorgewärmten Schüssel anrichten.
Pro Portion etwa 290 Kalorien / 965 Joule.

200 g Reis,
¾ l Bouillon, Salz,
20 g Butter,
1–2 Msp Safran

Reiskranz, Reisrand

Den Reis in Salzwasser kochen, mit frischer Butter vermengen und mit Reibkäse vermischen, dann in eine Kranzform drücken, die man zuvor eingefettet hat. Reis auf eine vorgewärmte Platte stürzen. In den Reisring kann man ein Ragout, geröstete Leber oder ein Kalbsgulasch geben.
Pro Portion etwa 240 Kalorien / 1005 Joule.

250 g Reis, Salz, 50 g Butter, 50 g Reibkäse

Reiskroketten

Reis körnigweich kochen. Den würfelig geschnittenen Käse (oder passierten Quark), Ei, schaumig gerührte Butter und Parmesan dazurühren, leicht salzen. Aus der Masse längliche oder runde Kroketten formen, in Paniermehl wälzen und in heißem Öl backen.
Pro Portion etwa 570 Kalorien / 2385 Joule.

200 g Reis, 20 g Butter,
1 Ei, 2 EL Reibkäse,
100 g Paniermehl
(Brösel), 50 g Mozzarellakäse oder Quark,
Öl zum Backen, Salz

Risotto

Den Reis trocken abwischen. In Butter das Rindermark erhitzen, den Reis beigeben und glasig anrösten. Mit heißer Brühe aufgießen (muß fingerhoch den Reis bedekken). (Bei Langkornreis: 1 Schale Reis und 2 Schalen Brühe, bei Rundkornreis: 1 Schale Reis und 1½ Schalen Brühe.) Unter ständigem Rühren den Reis kochen, immer wieder etwas heiße Brühe nachgießen, damit der Reis immer bedeckt bleibt. Kurz vor dem Garwerden etwas in Brühe aufgelösten Safran beigeben, verrühren und zugedeckt ca. 25 Minuten auf Fortkochplatte oder im Ofen gar kochen. Eventuell nachsalzen. Zuletzt frische Butter und Parmesan darunterrühren.
Pro Portion etwa 350 Kalorien / 1465 Joule.

300 g Langkornreis,
40 g Butter, 60 g Rindermark, evtl. 1 kleine Zwiebel, 1–1½ l
Fleischbrühe (Hühnerbrühe), 1 Msp. Safranfäden, Salz, 30 g Butter, 30 g geriebener
Parmesan

Risotto mit Pilzen

250 g Langkornreis, 1 kleine Zwiebel, 4 EL Öl, 250 g Pilze (Steinpilze, Pfifferlinge, Champignons), 1 ½ l Brühe, 30 g Butter, 30 g geriebener Parmesankäse

In heißem Öl feingeschnittene Zwiebel anschwitzen lassen, den trockengewischten Reis beigeben und glasig rösten, die gesäuberten, in Scheiben geschnittenen Pilze beigeben, kurz mitdünsten, mit heißer Flüssigkeit aufgießen und den Reis damit bedecken. Wie Risotto gar kochen. Vor dem Servieren frische Butter und geriebenen Käse darunterziehen.
Pro Portion etwa 300 Kalorien / 1260 Joule.

Schinken-Mandel-Reis

300 g Langkornreis, 1 kleine Zwiebel, 4 EL Öl, 1–1 ½ l Brühe, 200 g gekochter Schinken, 40 g Mandeln, 30 g Butter

Reis trocken abwischen. Feingeschnittene Zwiebel im Öl glasig anschwitzen. Den Reis kräftig durchrösten, bis er glasig ist. Mit so viel Brühe aufgießen, daß der Reis bedeckt ist. Bei kräftiger Hitze garen; dabei immer wieder etwas von der Brühe nachgießen und umrühren. Wenn der Reis fast gar ist, die Schinkenwürfel und blättrig geschnittenen Mandeln dazugeben. Den Risotto bei schwacher Hitze fertig dünsten. Mit Parmesan und Butterstückchen bestreuen.
Pro Portion etwa 370 Kalorien / 1550 Joule.

Chinesischer Eierreis

250 g Langkornreis, Salz, 2 Zwiebeln, 100 g Butter, 4–8 Eier, 1 EL Sojasoße, Schnittlauch

Reis in reichlich Salzwasser körnig kochen, abseihen, lauwarm überbrausen, gut abtropfen lassen und auf einem Backblech ausdämpfen lassen. Die feingeschnittenen Zwiebeln in der Butter andünsten. Reis dazugeben und unter ständigem Wenden anbraten. Die verquirlten Eier darübergießen und stocken lassen. Den Reis in eine gewärmte Schüssel geben, mit der Sojasoße beträufeln, mit gehacktem Schnittlauch bestreuen. Mit den gehackten Zwiebeln können 200 g in kleine Würfel geschnittener Schinken oder 200 g enthäutetes Hühnerfleisch beziehungsweise 300 g Erbsen (oder anderes Gemüse, auch gemischt) in der erhitzten Butter mitgedünstet werden. Man kann auch gleichzeitig Schinken und Gemüse oder Hühnerfleisch und Gemüse dazu verwenden.
Pro Portion etwa 368 Kalorien / 1540 Joule.

Hühnerreis

2 Tassen Langkornreis, 300 g Hühnerfleisch (gekocht oder gebraten), 50 g Hühnerfett (oder Butter), 4 Tassen Hühnerbrühe

Reis waschen und abtropfen lassen. Das von Haut und Knochen befreite Hühnerfleisch in kleine Stücke schneiden und in dem erwärmten Fett leicht anbraten. Mit der Hühnerbrühe aufgießen, den Reis dazugeben und alles 5 Minuten lebhaft kochen lassen. Dann die Hitze stark reduzieren und den Hühnerreis bei geschlossenem Topf dünsten. Mit 2 Gabeln lockern und in einer gewärmten Schüssel anrichten.
Pro Portion etwa 600 Kalorien / 2512 Joule.

Muschelreis

250 g Langkornreis, 1 l Salzwasser, 3 EL Öl, 1 Zwiebel, 1 Knoblauchzehe, 250 g Muscheln (aus Dose), Pfeffer, ⅛ l Weißwein, Petersilienkraut

Reis waschen, in das kochende Salzwasser geben, umrühren und ¼ Stunde bei schwacher Hitze quellen lassen. In heißem Öl feingeschnittene Zwiebel rösten, zerdrückten Knoblauch beigeben, die abgetropften Muscheln beigeben, mit Salz und Pfeffer würzen, den abgeseihten, abgetropften Reis beigeben, durchmischen. Weißwein dazugießen und noch 5 Minuten ganz leise kochen lassen. Mit gehacktem Petersiliengrün bestreut anrichten.
Pro Portion etwa 475 Kalorien / 1990 Joule.

Serbisches Reisfleisch

250 g Langkornreis, 2 Zwiebeln, 60 g Öl, 3 grüne Paprikaschoten, 250 g Tomaten, Salz, 500 g fettes Schweinefleisch, 30 g Schmalz, Salz, Pfeffer, 1 Knoblauchzehe, 1 EL Edelsüßpaprika, ¼ l Rotwein

Den Reis trocken abwischen. Die Zwiebeln fein hacken und in dem erhitzten Fett hellgelb rösten. Die Paprikaschoten der Länge nach dritteln, von Kernen und Scheidewänden befreien, in schmale Streifen schneiden und 5 Minuten mitdünsten. Den Reis dazugeben, kurz durchrösten, bis er glasig ist, und mit ½ l Wasser aufgießen. Die geschälten, entkernten und in Würfel geschnittenen Tomaten dazugeben, salzen und alles bei geschlossenem Topf gar dünsten. Das Schweinefleisch waschen, abtrocknen, in 2–3 cm große Würfel schneiden und im Schmalz anbraten. Mit Salz, Pfeffer, der zerdrückten Knoblauchzehe und dem Paprika würzen. Mit Rotwein aufgießen und bei geschlossenem Topf gar schmoren. Dann mit dem gedünsteten Reis mischen.
Pro Portion etwa 1100 Kalorien / 4600 Joule.

Paprikareis

250 g Langkornreis, 4 EL Öl, 2 grüne, 2 rote Paprikaschoten, 200 g gekochter Schinken (oder Räucherfleisch), Salz, Pfeffer, Paprika (edelsüß), 1 Dose Tomatenmark, 1 Glas Weißwein, ½ l heißes Wasser, evtl. Knoblauchzehe

In heißem Öl feingeschnittene Zwiebel anrösten, die in Streifen geschnittenen, vorbereiteten Paprikaschoten dazugeben und 5 Minuten weichdünsten, dann auch den würfelig geschnittenen Schinken beigeben und mitrösten. Den gut gewaschenen und abgetropften Reis dazugeben, mit Weißwein ablöschen, Tomatenmark, Salz, Pfeffer und Paprika beigeben und gut verrühren und erhitzen. Das heiße Wasser dazugießen und zugedeckt auf schwachem Feuer 15—20 Minuten garen lassen. Man kann zusätzlich mit Knoblauchpulver würzen oder mit der Zwiebel eine mit wenig Salz zerdrückte Knoblauchzehe mitrösten.
Pro Portion etwa 580 Kalorien / 2400 Joule.

Reisfleisch auf Wiener Art

250 g Langkornreis, 400 g Kalbfleisch, 1 Zwiebel, 60 g Schmalz, 1 EL Paprika, Salz, Pfeffer

Die Zwiebel fein schneiden und in dem heißen Fett hellgelb rösten. Den Paprika und dann das würfelig geschnittene Fleisch dazugeben. Einige Minuten kräftig durchrösten. Salzen und pfeffern, mit ¾ l heißem Wasser aufgießen und den gewaschenen Reis dazugeben. 5 Minuten kräftig kochen lassen und bei geschlossenem Topf und schwächster Hitze fertig dünsten. In vorgewärmter Schüssel anrichten und mit geriebenem Parmesan bestreuen.
Pro Portion etwa 500 Kalorien / 2080 Joule.

Reisschnitten

250 g Rundkornreis, 1 l Fleischbrühe, 1 Zwiebel, 1 TL Petersilie, 50 g Butter, 250 g Kalbfleischreste, 2 Eier, Salz, Muskat, 1—2 Eier, Brösel, Fett zum Backen

Reis waschen und in kochender Fleischbrühe bei schwächster Hitze gar dämpfen. Feingeschnittene Zwiebel und gehacktes Petersiliengrün in der Butter anschwitzen. Das kleinwürfelig geschnittene Kalbfleisch kurz mitdämpfen. Dann mit dem abgekühlten Reis vermengen. Zuletzt die Eier darunterrühren. Mit Salz und Muskat würzen, dick auf ein nasses Brett streichen und 1 Stunde erstarren lassen. Mit einem in kaltes Wasser getauchten Messer kleine Vierecke oder Rhomben schneiden, in den verquirlten Eiern und den Bröseln wenden und im erhitzten Fett goldbraun backen. Die Reisschnitten mit Zitronenspalten und Tomatenvierteln garniert anrichten.
Pro Portion etwa 605 Kalorien / 2530 Joule.

Reis auf spanische Art

Das Schweinefleisch kleinwürfelig schneiden. In heißem Öl die zerdrückten Knoblauchzehen und die feingeschnittene Zwiebel anrösten, das Fleisch dazugeben und braun braten. Salzen, etwas Bouillon zugießen und bei kleiner Hitze halbgar kochen. Die Erbsen dazugeben sowie eine Tasse Reis und zugedeckt alles zusammen garen (ca. 20 Minuten). Mit flüssiger Butter beträufelt anrichten.
Pro Portion etwa 523 Kalorien / 2190 Joule.

1 Tasse Reis, 1 Tasse Brühe, 2 EL Butter, 500 g Schweinefleisch, 2 Knoblauchzehen, 1 Zwiebel, Öl, 1 kleine Dose grüne Erbsen, Salz

Maisgrieß (Polenta)

Wasser, Salz und Butter zum Kochen bringen, den Mais unter ständigem Rühren einlaufen lassen und ca. 5 Minuten dünsten lassen, auch dabei ständig rühren. Dann auf schwächstem Feuer noch 20 Minuten ausquellen lassen. Mit Butter aufgelockert anrichten. Man kann auch geriebenen Käse darunterrühren. Polenta in gefettete Portionsförmchen drücken und auf die Anrichteplatte stürzen.
Pro Portion etwa 340 Kalorien / 1420 Joule.

1 l Wasser, Salz, 20 g Butter, 300 g Polenta (Maisgrieß)

Polenta, gebacken

Den Polenta wie oben angegeben dünsten, den noch heißen Polenta auf ein mit Butter bestrichenes Backblech fingerhoch aufstreichen und gut auskühlen lassen. In Rechtecke oder Rhomboide schneiden. Die Stücke in heißer Butter von allen Seiten goldbraun braten. Man kann sie so anrichten oder mit geriebenem Käse bestreuen und mit brauner Butter begießen.
Man kann den Polenta auch paniert bereiten: die gedünsteten und abgekühlten Polentastücke in verquirlten Eiern, dann in Bröseln panieren (oder nur in den Eiern) und in heißer Butter goldbraun auf allen Seiten braten oder in heißem Fett schwimmend backen.
Pro Portion etwa 420 Kalorien / 1760 Joule.

1 l Wasser, Salz, 20 g Butter, 300 g Polenta, 80 g Butter

Fleischgerichte

RINDFLEISCH

Gekochtes Rindfleisch (Siedfleisch, Tafelspitz)

1000 g Rindfleisch, 2–3 l Wasser, Rindsknochen (Blutknochen), Salz, 6 Pfefferkörner, evtl. 1 Knoblauchzehe, Suppengrün, 1 Möhre, je 1 Stück Petersilienwurzel und Sellerieknolle, Lauch, ½ Zwiebel mit Schale, Petersiliengrün, Selleriegrün, evtl. 1 Blatt Kohl, je 1 Stück Rindsleber und Milz, in etwas Fett gebraten

Die Rindsknochen in kochendes Wasser legen, ein paarmal aufkochen, dann kalt abschwemmen. Mit 3 l kaltem Wasser wieder zustellen und zum Kochen bringen. Das gewaschene Rindfleisch in das kochende Wasser legen. Je größer das zu kochende Rindfleisch ist, um so saftiger bleibt das gekochte Rindfleisch. Reste kann man für Rindfleischsalat, Sardellenfleisch, Parmesanfleisch etc. verwenden. Das Fleischstück im ganzen und nicht zugeschnitten (pariert) in das kochende Wasser geben. Zusammen mit etwas Salz, den Pfefferkörnern (und eventuell dem Knoblauch) langsam kochen. Das Wasser soll dabei immer nur leicht wallen. Nach 1 Stunde Kochzeit Suppengrün im ganzen, Sellerie- und Petersiliengrün etc. und auch die halbe Zwiebel mit der Schale, die an der Schnittfläche zuvor auf der heißen Herdplatte angeröstet wurde, sowie nach Wunsch in wenig Fett gebratene Leber und Milz beigeben und weiterkochen lassen. Das Fleisch muß, je nach Größe und Qualität, etwa 1½–2 Stunden langsam kochen, dann soll man es noch 1 Stunde ziehen lassen.

Sobald das Fleisch weich ist, herausnehmen und in fingerdicke Tranchen schneiden, mit ganz wenig heißer Brühe begießen, mit feinem Salz und geschnittenem Schnittlauch bestreuen. Man kann auch Markscheiben, in heißer Fleischbrühe angewärmt, obenauf legen.

Beilagen: Kartoffelschmarren, geröstete, gestürzte Kartoffeln, Dill-, Gurken-, Majorankartoffeln, gedünsteter Kohl, Krautarten.

Warme Soßen: Zwiebel-, Gurken-, Kapern-, Senf-, Tomaten-, Dillsoße.

Kalte Soßen: Essig- und Apfelmeerrettich, Meerrettichsoße, Schnittlauchsoße; Rote-Beten-Salat.

Flaches Fleisch soll man um den Knochen binden. Rindfleisch immer nur in kochendes Wasser geben. (Nur gepökeltes Fleisch wird in kaltem Wasser zugestellt.) Wer dagegen nur eine kräftige Fleischbrühe will, lege das Rindfleisch in kaltes Wasser und bringe es zum Kochen; das Fleisch verliert dabei aber 30 bis 35 Prozent an Gewicht.
Pro Portion etwa 895 Kalorien / 3745 Joule.

Teller- oder Beinfleisch

750—1000 g Rindfleisch (Zwerchrippe, Hochrippe, Brustkern oder Weiche), 4 Pfefferkörner, Salz, Pfeffer, Suppengrün, Schnittlauch, Meerrettich

Das Fleisch im ganzen in das kochende, leicht gesalzene Wasser geben und mit dem grobgeschnittenen Suppengrün und den Pfefferkörnern 2 bis 3 Stunden langsam kochen. Dann portionsweise auf die vorgewärmten Teller geben, mit heißer, geseihter Brühe übergießen — man kann auch etwas von dem Suppengrün beigeben —, leicht salzen und mit frisch gemahlenem Pfeffer bestreuen. Feingeschnittenen Schnittlauch darüberstreuen und frisch gerissenen Meerrettich daraufgeben.
Pro Portion etwa 600 Kalorien / 2510 Joule.

Siedfleisch, überbacken

750 g Siedfleisch, Salz, Suppengrün, 4 Pfefferkörner, 1 Dose Erbsen, 1 Dose Spargel, 6—8 gekochte Kartoffeln, 2 EL Butter, 2 EL Mehl, 1 Zwiebel, 3 EL Brösel, 3 EL geriebener Käse, 30 g Butter, Salz, Pfeffer, Muskat

Fleisch in leicht gesalzenes kochendes Wasser geben und mit Suppengrün und Pfefferkörnern langsam weich kochen. Das gare Fleisch herausnehmen. Von Fett und Knochen befreien und kleinwürfelig schneiden. Die Kartoffeln in Scheiben schneiden. Dann eine feuerfeste Form mit Butter gut ausstreichen und abwechselnd je eine Lage Fleischwürfel, Kartoffeln, Gemüse und Suppengrün geben und diesen Vorgang so lange wiederholen, bis die Form dreiviertel voll ist. Aus Butter, Mehl und feingeschnittenen Zwiebeln eine helle Mehlschwitze bereiten, mit geseihter Fleischbrühe aufgießen, gut verrühren und kochen lassen. Mit Salz, Pfeffer und geriebenem Muskat würzen, abschmecken und über die Fleisch- und Gemüselagen gießen, bis alles damit bedeckt ist. Mit Bröseln und geriebenem Käse bestreuen, mit einigen Butterflocken obenauf im heißen Ofen etwa ¼ Stunde überbacken.
Pro Portion etwa 630 Kalorien / 2635 Joule.

Rinderbraten

1000–1200 g Rindfleisch (Hüfte, Keule oder Bug) im ganzen, 250 g Rindsknochen, kleingehackt, Salz, Pfeffer, 60 g Fett, 1 Zwiebel, 1 Möhre, ½ Petersilienwurzel, ¼ Sellerieknolle, ¼ l heiße Fleischbrühe, 10 g Speisestärke, ⅛ l Sahne

Zum Rinderbraten nehme man gut abgehangenes Mastochsenfleisch, das leicht mit Fett durchzogen ist. Je größer das Fleischstück ist, desto saftiger wird der Braten. Stücke unter ca. 1000 g soll man schmoren, da sie beim Braten zu leicht trocken werden. Bratenfleisch immer gut und rasch in sehr heißem Fett auf allen Seiten anbraten, damit sich die Poren sofort schließen und kein Saft mehr austreten kann. Dann im vorgeheizten Ofen nicht zugedeckt fertigbraten. Dabei immer wieder mit Eigensaft begießen bzw. nach Bedarf auch immer wieder wenig Flüssigkeit zugießen. Mageres Fleisch wird vor dem Braten gespickt (dann nur auf der Unterseite anbraten!).
Bei je 10 Minuten pro 1 Zentimeter Höhe des Fleisches wird das Fleisch ganz durchgebraten (bei festem Druck mit dem Finger gibt das Fleisch nicht mehr nach).
Bei je 5 Minuten pro 1 Zentimeter Höhe bleibt das Fleisch innen leicht rosa. Der Druck mit dem Finger gibt noch leicht nach.
Die Bratpfanne immer möglichst hoch in die Bratröhre schieben. Jeder Braten soll aus der Flüssigkeit genommen noch 10 Minuten im heißen Ofen überbacken werden. Dann vor dem Aufschneiden ¼ Stunde im Warmen rasten lassen, damit sich der Saft »setzen« kann. Immer quer zur Faser aufschneiden.
Das Fleisch salzen, pfeffern und in heißem Fett 5 Minuten von allen Seiten rasch anbraten, auch die Knochen mitbraten. In den vorgeheizten Ofen stellen und etwa 2 Stunden langsam bei 200 Grad braten, dabei wiederholt mit Eigensaft übergießen. Sollte die Flüssigkeit verdunsten, etwas heiße Fleischbrühe nachgießen, aber nie zuviel. Zwiebel grob hacken, auch das Suppengrün kleinhacken und nach 30 Minuten Bratzeit zum Braten geben und mitbraten. Das gare Fleisch herausnehmen und warm stellen, damit der Saft sich setzen kann. Zum Bratfond inzwischen etwas Fleischbrühe gießen, aufkochen und durch ein Sieb gießen. Speisestärke mit wenig kaltem Wasser glattrühren, beigeben und einmal aufkochen lassen. Vom Feuer nehmen und die Sahne dazurühren. Aufs neue erhitzen, aber nicht mehr kochen lassen. Getrennt zum aufgeschnittenen Braten servieren bzw. etwas vom Saft über die angerichteten Fleischtranchen gießen. Rest extra reichen.
Pro Portion etwa 1100 Kalorien / 4605 Joule.

Filetbraten, garniert

1000 g Rinderfilet im ganzen, 100 g geräucherter Speck, Salz, Pfeffer, Senf, Suppengrün, 30 g Butter, 3 EL Öl, 1 Tasse Würfelbrühe
Garnierung: 300 g Möhren, 500 g grüne Bohnen, 200 g Champignons, 1 kleiner Blumenkohl, Spargelspitzen, 6 Tomaten

Die Haut und die Sehnen vom Filet vorsichtig abziehen, mit geräucherten Speckstreifen spicken und mit einer dünnen Schnur das Fleischstück zusammenbinden. Hernach mit Pfeffer und Salz einreiben und mit Senf bestreichen. Die Fleischabschnitte mit kleingeschnittenem Suppengrün in heißer Butter und Öl anbraten; das Bratenstück auf beiden Seiten ebenfalls rasch anbraten und zusammen mit obigem in den heißen Ofen stellen. Ungefähr ½ Stunde braten und mehrmals mit Eigensaft begießen. Das Fleisch muß sich schließlich fest anfühlen. Den Braten herausnehmen und warm stellen. Den Saft abseihen, das überflüssige Fett abschöpfen. Mit glasierten Karotten, in Butter geschwenkten grünen Erbsen oder Bohnen und in Butter gedünsteten Champignons, Blumenkohl gratiniert, Spargelspitzen, gebratenen Tomaten das angerichtete Fleischstück garnieren. Prinzeßkartoffeln und Saft extra reichen.
Pro Portion etwa 630 Kalorien / 2637 Joule.

Schmorbraten (Rinderbraten, geschmort)

1000 g Rindfleisch (Bug oder Keule), Salz, schwarzer Pfeffer, 75 g Räucherspeck, 3 EL Öl oder Fett, 2 Zwiebeln, 1 Suppengrün, 1 TL Mehl, 4 EL Rotwein, ¾ l heißes Wasser oder Fleischbrühe

Fleisch waschen, trockentupfen, mit Salz und Pfeffer einreiben. In heißem Fett die Speckwürfel auslassen und darin das Fleisch rasch von allen Seiten anbraten und zur Seite stellen. Im selben Bratfett die in Streifen geschnittenen Zwiebeln und das geraspelte Suppengrün anrösten, mit Mehl bestauben, durchrühren und mit ¼ l Fleischbrühe oder Wasser ablöschen und aufgießen. 5 Minuten kochen und den Bratsatz losrühren. Das Fleisch in die Soße legen, in den heißen Ofen geben und zugedeckt 2½–3 Stunden schmoren. Dabei wiederholt begießen. Den Braten herausnehmen und 10 Minuten rasten lassen, dann in fingerdicke Scheiben aufschneiden und auf vorgewärmter Platte anrichten. Die Soße passieren oder nur seihen oder im Mixer pürieren, mit Salz, Pfeffer und Rotwein abschmecken und einmal aufkochen lassen. Einen Teil über den angerichteten Braten gießen, den Rest extra in der Sauciere reichen. Beilagen: Kartoffelgerichte, Klöße oder Teigwaren, grüne Bohnen oder Wirsingkohl. Man kann die Soße noch mit saurer Sahne verfeinern.
Pro Portion etwa 630 Kalorien / 2640 Joule.

Filetbraten, gefüllt

1000 g Filet, 30 g Fett, 300 g Gänseleber, 20 g Butter, 100 g Champignons, 1 Zwiebel, Petersilie, Öl, Salz, Pfeffer

Das Fleischstück der Länge nach so aufschneiden, daß sich ein möglichst großes Rechteck ergibt, klopfen, salzen, pfeffern und in sehr heißem Fett auf beiden Seiten rasch anbraten. Feingeschnittene Champignons, Zwiebel und feingehackte Petersilie in heißem Öl anrösten, salzen, pfeffern und auf das gebratene Fleisch streichen. Die Gänseleber im ganzen in Butter braten, in Scheiben schneiden und ebenfalls auf die Fleischfläche legen. Den Braten zusammenrollen, fest binden, salzen und pfeffern. In heißem Fett auf allen Seiten anbraten. In den heißen Ofen stellen und 20 bis 25 Minuten weiterbraten lassen. Das Fleisch muß rosig, also »englisch« gebraten sein. Beim Anrichten in dicke Scheiben schneiden, mit Saft umkränzen und mit Gemüse garnieren.
Pro Portion etwa 680 Kalorien / 2845 Joule.

Filet à la Wellington

1000 g Rinderfilet, $\frac{1}{16}$ l Öl, Zwiebel, 200 g Champignons, Petersilie, Salz, Pfeffer, Butterteig aus 250 g Mehl, 250 g Butter, 1 Eigelb, 1 EL Öl (oder tiefgefrorener Butterteig)

Vom Filetstück die Haut und das Fett abziehen; wenn es zu dick ist, schneidet man es der Länge nach in zwei Teile. Das Fleisch salzen, pfeffern und beidseitig ca. 10 Minuten in Öl anbraten, herausnehmen und auskühlen lassen. Inzwischen feingeschnittene Zwiebel, Champignons und gehackte Petersilie mit Salz und Pfeffer in Öl anrösten. Einen Butterteig bereiten und diesen ½ cm dick ausrollen. Das gut ausgekühlte Fleisch auf den Teig legen, darauf die Champignonmasse streichen und den Teig so zusammenschlagen, daß das Fleisch vollständig eingeschlossen ist. Den Teig mit Eigelb bestreichen. Das Ganze mit Teigstreifen belegen, ebenfalls mit Eigelb (mit Wasser verdünnt) bestreichen und ungefähr ¾ Stunden im Ofen goldbraun backen. Der Butterteig muß gut ausgebacken und goldbraun sein. Mit englischem Gemüse servieren.
Pro Portion etwa 685 Kalorien / 2867 Joule.

Kalbleber auf Berliner Art Rezept Seite 274

Fondue Bourguignonne

Rezept Seite 282

Roastbeef (Rinderrücken)

1000 g Lendenstück oder Filet, Salz, Pfeffer, Senf, 80 g Öl, Brühe (Würfel) oder Wasser

Die Knochen entfernen, ebenso die starke, beim Rückgrat verlaufende Sehne. In die verbleibende Haut und Fettschicht mehrere Einschnitte machen, um das Zusammenziehen während des Bratens zu verhindern. Das Fleisch salzen und pfeffern, mit Senf bestreichen. 2 Stunden im Kühlen stehen lassen. In sehr heißem Fett das Fleisch rasch von allen Seiten anbraten, zuerst auf der Fettseite, dann auf der anderen Seite, dann ca. 40 Minuten im vorgeheizten Ofen unter wiederholtem Begießen von Eigensaft gar braten. 10 Minuten noch im abgeschalteten Ofen nachgaren lassen. Den Saft wie beim Rinderbraten beschrieben bereiten.
Man kann auch 1 Zwiebel und einige Tomaten, alles in Scheiben geschnitten, mitbraten. Man kann das Fleischstück vor dem braten marinieren, und zwar: 2 Eßlöffel Senf, 2 Eßlöffel Öl, Pfeffer, Oliven, 1 Eßlöffel Sardellenpaste gut verrühren, das Fleisch damit bestreichen. Das Fleischstück die Nacht über im Kühlen stehen lassen.
Man kann den Braten auch in der Alufolie braten: Das marinierte Fleisch in die gefettete Alufolie einwickeln, 20 Minuten im heißen Ofen braten, dann die Folie öffnen und mit Butterflocken belegt noch weitere 10 Minuten knusprig überbraten.
Pro Portion etwa 825 Kalorien / 3460 Joule.

Schmorbraten, gespickt

1000 g Rindfleisch (Hüfte, Keule oder Bug), 500 g Kalbsknochen (feingehackt), 60 g Räucherspeck, 1/16 l Öl, 200 g Suppengrün, 1 grobgeschnittene Zwiebel, 1/8 l Weißwein, 2 Tomaten, 4 Pfefferkörner, Zitronenschale, Gewürzsträußchen, 40 g Mehl, Salz, Pfeffer

Das Fleisch mit Speckstreifen spicken, salzen, pfeffern und mit den Kalbsknochen und dem Suppengrün auf der Unterseite in Öl anbraten, mit Weißwein ablöschen und aufgießen. Tomaten beigeben, ebenso Pfefferkörner, ein Stückchen Zitronenschale sowie das Gewürzsträußchen. Zugedeckt schmoren. Das Fleisch, sobald es weich ist, herausnehmen und warm stellen. Den Saft abseihen und mit dem Mehl, das mit Weißwein dünnflüssig verrührt wird, eine Viertelstunde verkochen lassen. Zum Schluß abschmecken. Saft auf andere Art zubereitet: Zu dem abgeseihten Saft eine gebräunte Mehlschwitze aus 40 g Mehl und 40 g Fett bereiten, aufgießen, längere Zeit kochen lassen und den Wein wie oben mitkochen.
Pro Portion etwa 640 Kalorien / 2680 Joule.

Sauerbraten

1000 g sehr mageres Rindfleisch
Marinade: 1 Zwiebel, ⅛ l Rotwein, ¼ l Wasser, 1 Gewürznelke, 2 Piment-, 5 Pfefferkörner, 1 Lorbeerblatt,
Salz, schwarzer Pfeffer, 100 g fetter Speck, 2 Zwiebeln, 200 g Suppengrün, ⅛ l heiße Fleischbrühe, ⅛ l Sahne, 20 g Mehl, Prise Zucker

Die in Ringe geschnittene Zwiebel, Gewürznelke, Piment- und Pfefferkörner und Lorbeerblatt mit Essig, Rotwein und Wasser zum Kochen bringen und ¼ Stunde langsam kochen. Dann die Marinade erkalten lassen und kalt über das gewaschene Fleisch im Steinguttopf (oder Porzellanschüssel) gießen. Das Fleisch muß gut mit Flüssigkeit bedeckt sein. Zugedeckt 3 Tage im Kühlen stehen lassen. Das Fleisch mehrmals wenden. Dann das Fleisch herausnehmen, gut trockentupfen, mit Salz und Pfeffer gut einreiben und in ausgelassenen Speckwürfeln rasch auf allen Seiten anbraten (ca. 15 Minuten). Dann die würfelig geschnittenen Zwiebeln mitrösten, weiters das grobwürfelig geschnittene Suppengrün mitrösten (ca. 10 Minuten), dann mit gesiebter, kalter Marinade ablöschen und mit heißer Fleischbrühe aufgießen. Zugedeckt 90 Minuten schmoren lassen. Dabei nach Bedarf etwas Flüssigkeit (Marinade oder Brühe) beigießen. Sobald das Fleisch gar ist, herausnehmen und warm stellen. Den Schmorfond durchseihen und aufkochen. Sahne und Mehl gut verquirlen, zur Soße geben und die Soße etwa 5 Minuten kochen lassen. Mit Salz, Pfeffer und Zucker abschmecken. Den Braten aufschneiden, etwas von der Soße über den angerichteten Braten geben, den Rest extra reichen. Beilage: Teigwaren, Klöße oder Kartoffelkroketten, Rotkohl.
Gerade die Zubereitung des Sauerbratens ist landschaftlich sehr variantenreich. So schmort man in Norddeutschland gern etwas eingeweichtes Backobst mit, oder man würzt die Soße auch mit einem zerkrümelten Lebkuchen. Will man einen Sauerbraten auf Wildbretart, kann man einige Wacholderbeeren, aber auch noch zusätzlich einige Fichtennadeln mitschmoren lassen. Auch durch die Marinade kann man den Geschmack variieren, indem man eine Marinade bereitet aus ½ l Buttermilch, ⅛ l Essig, Gewürzkörnern, Lorbeerblatt und Zwiebelscheiben. Die Soße kann man statt mit Sahne auch mit saurer Sahne und Mehl binden.
Pro Portion etwa 930 Kalorien / 3900 Joule.

Filetbraten in Sahnesoße

Den Filetbraten abziehen und mit Speckstreifen spicken. Salzen und pfeffern, in Öl anbraten und mit grobgeschnittenem Suppengrün und der geschnittenen Zwiebel wie den Rinderbraten schmoren. Das Fleisch herausnehmen und warm stellen. Den Bratfond seihen, dann etwas Tomatenpüree, fein geriebene Zitronenschale und -saft, ¼ l saure Sahne, mit Mehl und einem Kaffeelöffel Senf glattgerührt, dazugeben. Einige Zeit langsam kochen lassen. Vor dem Anrichten ein Stück Butter in die Rinderbratensoße geben sowie gehackte Kapern und Petersilie daraufstreuen.
Pro Portion etwa 690 Kalorien / 2890 Joule.

1000 g Filet, 80 g Räucherspeck, Salz, Pfeffer, 1/16 l Öl, Suppengrün, 1 Zwiebel, ⅛ l Weißwein, Pfefferkörner, Thymian, Lorbeerblatt, Zitronenschale und -saft, 40 g Mehl, ¼ l saure Sahne, 1 KL Senf, 20 g Butter, Kapern, Petersilie

Bœuf à la mode

Das Fleisch waschen, in einen kleinen Topf geben. Rotwein, Wasser, Weinessig, die in Scheiben geschnittene Zwiebel, die ebenso geschnittene Möhre, zerdrückten Knoblauch und die Pfefferkörner, Thymian und Petersilie aufkochen, auskühlen lassen und über das Fleisch gießen, bis es ganz bedeckt ist. Den Topf zugedeckt drei Tage im Kühlschrank stehen lassen. Täglich das Fleisch einmal wenden.
Das Fleisch aus der Marinade nehmen. Abtropfen lassen und trocknen. Mit Salz und Pfeffer tüchtig einreiben.
Im heißen Fett die Speckwürfel goldbraun rösten, das Fleisch darin auf allen Seiten anbraten. Mit Kognak übergießen, anzünden und flambieren. Die Knochen beigeben, die geschälte, geviertelte Tomate, gehackte Petersilie, Lorbeerblatt, zerkleinerten Lauch und Fleischbrühe beigeben. Salzen. Zugedeckt ca. 2 Stunden schmoren lassen. In dieser Zeit wiederholt durchgeseihte Marinade zugießen. Das Fleisch aus dem Sud nehmen, etwas rasten lassen und in fingerdicke Scheiben aufschneiden. In zerlassener Butter den Zucker, dann das Mehl bräunen, etwas abgeseihte Marinade dazugießen und 10 Minuten schwach kochen lassen. Den angerichteten Braten mit feinem Gemüse (Zwiebel, Möhren, Erbsen) garnieren und mit etwas Soße übergießen. Rest extra servieren. Beilage: Semmelklöße, Serviettenknödel oder Butternudeln.
Pro Portion etwa 860 Kalorien / 3595 Joule.

1000 g gerollter Rinderbraten (Keule), ⅛ l Weinessig, 3 Tassen Rotwein, 1 Tasse Wasser, ½ Zwiebel,
1 Möhre, 4 Pfefferkörner, 1 Knoblauchzehe, Thymian, Petersiliengrün
40 g Fett, 50 g Speck, Kalbsknochen, 1 Glas Kognak, 1 Tomate, etwas Lauch, ½ Lorbeerblatt, ¼ l Fleischbrühe, 1 TL Zucker, 40 g Mehl, 1/16 l Rotwein

Filetsteak (englisch gebraten)

4 Beefsteak (à 180–220 g), Salz, Pfeffer, 3 EL Öl

Das Fleisch wird aus dem Filet zwei Finger dick geschnitten, im Gewicht von 180–220 g, sorgfältig enthäutet, eventuell mit einer Schnur zu schöner, runder Form gebunden und leicht geklopft. Salzen, pfeffern und in die heiße Pfanne mit wenig Öl oder Fett legen und 3½–5 Minuten braten lassen, bis es braun geworden ist. Dann umdrehen und so lange weiterbraten, bis sich an der Oberfläche des Fleisches ein blutiger Saft zeigt.
Pro Portion etwa 395 Kalorien / 1653 Joule.

Pfeffersteak

4 Filetsteaks, Salz, 4 EL grobgemahlenen Pfeffer, 4 EL Butter, ¼ Tasse Kognak

Die Steaks klopfen, salzen und den grobgemahlenen oder zerstoßenen Pfeffer hineindrücken. In heißer Butter halbgar braten, Kognak dazugeben, erhitzen und flambieren. Mit Paprikareis und grünem Salat servieren.
Pro Portion etwa 250 Kalorien / 1045 Joule.

Spanisches Steak

4 Filetsteaks, 2 EL Olivenöl, 125 g Butter, ½ EL schwarze Pfefferkörner, 12 Oliven, Petersilie, Salz, 1 Tasse Rotwein

Die Steaks vorbereiten und mit Olivenöl bestreichen. 2 Stunden liegen lassen. Dann in heißer Butter rasch braten. Salzen. Die Butter weich rühren, mit gemahlenem Pfeffer, gehacktem Petersiliengrün und feingehackten Oliven gut vermischen. Die Steaks in eine feuerfeste Form legen, auf jedes Steak etwas von der Buttermischung aufstreichen. Zugedeckt im Ofen ¼ Stunde nachgaren lassen. Beilage: Reis oder Kartoffelpüree.
Pro Portion etwa 300 Kalorien / 1260 Joule.

Chateaubriand

400 g Rinderfilet, 80 g Butter (oder 2 EL Öl, 20 g Butter) Salz, Pfeffer, Maître-Butter, Cayennepfeffer, Senf, Worcestershiresauce, Petersiliengrün, Zitronensaft

Auf der Schnittseite leicht klopfen, salzen und pfeffern. Hernach das Fleischstück mit einem Bindfaden binden, damit es eine schöne, runde Form erhält. Entweder in heißem Fett in einer Pfanne oder auf dem Rost beidseitig braten. Wenn das Fleisch gar ist, den Bindfaden entfernen und das Stück schräg in Scheiben schneiden. Dazu wird vorher eine Maître-Butter (Hofmeisterbutter) bereitet: Butter geschmeidig rühren, mit Salz, Pfeffer, Cayennepfeffer, Senf und Worcestershiresauce würzen, gehacktes Petersiliengrün beigeben und mit Zitronensaft abschmecken.
Pro Portion etwa 420 Kalorien / 1758 Joule.

Tournedos Cendrillon

Béchamelsoße: Aus Butter und Mehl eine helle Mehlschwitze bereiten, erkalten lassen, mit kalter Milch nach und nach fein verrühren, leicht salzen, mit frisch gemahlenem Muskat würzen.
Zwiebelpüree: Zwiebelringe in kaltem Wasser auf das Feuer stellen, aufkochen lassen, gut abtropfen und in Butter glasig anlaufen lassen, mit Bouillon ablöschen, leicht salzen, bei mäßiger Hitze weiterkochen. Durch ein Sieb streichen, mit etwas Béchamelsoße binden und erhitzen, aber nicht mehr kochen lassen. Das Ganze durch ein Sieb passieren.
Die Tournedos in heißer Butter beidseitig je 4—5 Minuten braten, auf Weißbrotscheiben geben, mit zuvor heißgemachten Artischockenböden garnieren, die mit Zwiebelpüree gefüllt, mit der Béchamelsoße überzogen und allenfalls im heißen Rohr überbacken worden sind. Beilage: Spargel in Butter und geschmorte Champignons.
Pro Portion etwa 370 Kalorien / 1550 Joule.

4 Tournedos, 4 Artischockenböden, 120 g Zwiebelpüree, 40 g Butter, 4 Weißbrotscheiben
Zwiebelpüree: 200 g Zwiebelscheiben, ¾ dl Bouillon, ¾ dl Béchamelsauce, 25 g Butter, Salz
Béchamelsoße: 30 g Butter, 30 g Mehl, Salz, Muskat, Milch

Tournedos Metternich

Den Reis mit der kleingeschnittenen Trüffel und den abgezogenen, entkernten und würfelig geschnittenen Tomaten dünsten, nachher in gebutterte kleine Becherformen pressen und im Wasserbad warm stellen. Die Fleischstücke leicht klopfen, rund binden, salzen und pfeffern und in Butter »englisch« braten. Auf einem Sokkel aus dem restlichen Reis anrichten. In Bratfett und frischer Butter die blättrig geschnittenen Champignons rösten. Mit 3 Löffeln Sahne und frischer Butter einmal aufkochen und über die angerichteten Tournedos gießen. Die Reisformen links und rechts vom Fleisch stürzen.
Pro Portion etwa 354 Kalorien / 1480 Joule.

8 kleine Filetsteaks zu à 80 g, 200 g Champignons, 3 EL Sahne, 80 g Butter, 200 g Reis, 1 Trüffel, 2 Tomaten, Salz, Pfeffer

Filets mignons (Rindermedaillons)

Werden wie die Tournedos aus dem Filetstück, aber dünner geschnitten (eine Schnitte 60—80 g), gern in dreieckige Form zugeschnitten, gewürzt, mit Öl bestrichen und auf dem Rost gebraten. Man rechnet pro Portion 3 Stück. Mit Maître-Butter (Haushofmeisterbutter) belegt anrichten. Soße wird extra gereicht. Meist serviert man dazu keine Garnierung.
Pro Portion etwa 250 Kalorien / 1045 Joule.

8 Filetschnitten, Öl, Maître-Butter

Rindermedaillons auf französische Art

8 Filetsteaks (à 75 g), Salz, Knoblauch, Butter oder Öl, 1 Zwiebel, 1 Dose Pfifferlinge, Salz, Pfeffer, 2 EL Calvados, Suppenwürze, ¼ l Sauerrahm

Die Rinderfilets mit Salz und zerdrücktem Knoblauch würzen, in heißer Butter oder Öl braten. Warm stellen. In der Bratbutter 1 feingeschnittene Zwiebel anrösten, 1 kleine Dose Pfifferlinge mitschmoren, mit Salz, Pfeffer, 2 EL Calvados und etwas Suppenwürze würzen. ¼ l saure Sahne darunterziehen. Dazu feines Gemüse (Erbsen, Möhren, Spargel, Blumenkohl nach Wahl) reichen.
Pro Portion etwa 285 Kalorien / 1193 Joule.

Entrecôte Balaton

4 Entrecôte (à 130—150 g), 100 g magerer Speck, in Streifen geschnitten, 1 mittlere Zwiebel, Sahnesoße, ½ dl Weißwein, ½ dl saure Sahne, Butter, Pfeffer, Paprika, Zitronensaft, Salz, Petersiliengrün

Die feingeschnittene Zwiebel in heißer Butter anschwitzen lassen, die Speckstreifen beigeben und kurz mitbraten und paprizieren. Mit Weißwein ablöschen und aufkochen lassen. Sahnesoße beigeben, aufkochen lassen und mit saurer Sahne und etwas Zitronensaft abschmekken. Die gesalzenen und gepfefferten Entrecôte beidseitig in heißer Butter rasch braun braten. Mit der fertigen Soße überziehen und mit feingehacktem Petersiliengrün bestreuen. Beilage: Butternudeln oder Butterkartoffeln.
Pro Portion etwa 710 Kalorien / 2970 Joule.

Rumpsteak auf englische Art

4 Steaks aus der Oberschale (à 180—280 g), Salz, Pfeffer, 2 EL Fett, 4 TL gerissener Meerrettich, 120 g Butter, 1 TL Sardellenpaste, Worcestershiresauce

Das ziemlich dick (2—2½ cm) geschnittene Fleisch salzen, pfeffern und in sehr heißem Fett schnell durch ständiges Begießen braten. Dazu reicht man gerissenen Meerrettich.
Das Rumpsteak soll sehr saftig sein. Man verwendet dazu keine Butter, auch keine Soße, lediglich Maître-Butter oder Sardellenbutter. Die Garnitur gibt dem Rumpsteak den Namen.
Pro Portion etwa 765 Kalorien / 3200 Joule.

Rinderschnitzel, gebacken

600 g Rinderlende, Salz, Mehl, 2 Eier, Paniermehl (Brösel), Fett zum Backen

In 4 fingerdicke Scheiben schneiden, klopfen, den Fettrand mehrmals einschneiden, salzen, in Mehl wenden, durch die verquirlten Eier ziehen und im Paniermehl wenden. Überflüssige Brösel abschütteln. Sofort in heißem Fett schwimmend backen. Mit feinem Gemüse (Erbsen, Spargel, Blumenkohl) oder Salat servieren.
Pro Portion etwa 580 Kalorien / 2420 Joule.

Rinderschnitzel, geschmort

4 Rinderschnitzel (aus der Keule), 4 EL Öl oder Fett, Salz, Pfeffer, 2 Zwiebeln, 50 g Speck, 1 Suppengrün, ⅛ l Rotwein, ½ l Fleischbrühe

Die Schnitzel waschen, trockentupfen, leicht klopfen, den Fettrand einschneiden, mit Öl gut einreiben, salzen und pfeffern. In Streifen geschnittene Zwiebeln auf die Schnitzel verteilen. Fett in einem hohen Topf erhitzen, den würfelig geschnittenen Speck darin hellbraun rösten, ebenso das kleingeschnittene Suppengrün mitrösten, mit Rotwein löschen, die Rinderschnitzel mit den Zwiebeln obenauf einlegen, die Fleischbrühe seitlich dazugießen. Zugedeckt sehr langsam etwa 1½ bis 2 Stunden schmoren. Die Schnitzel dabei wiederholt mit eigenem Saft begießen. Dann die garen Schnitzel samt den Zwiebeln herausnehmen und warm stellen. Die Soße nach Bedarf mit etwas Rotwein oder Brühe verdünnen, passieren oder im Mixer pürieren. Einmal aufkochen, mit Salz und Pfeffer abschmecken. 2–3 Eßlöffel Soße auf die Fleischstücke geben, den Rest extra servieren. Beilage: Teigwaren oder Semmelklöße.
Pro Portion etwa 560 Kalorien / 2344 Joule.

Rostbraten

4 Rostbraten (vom Roastbeef, à 150–180 g), Salz, Pfeffer, Mehl, 40 g Fett, 4 Zwiebeln, nach Bedarf Senf und Paprika, etwas Fleischbrühe, 1 TL Kapern, 1–2 Gewürzgurken, ⅛ l saure Sahne, 1 TL Mehl

Das in fingerdicke Scheiben geschnittene Fleisch gut klopfen, den Fettrand mehrmals leicht einschneiden, salzen und pfeffern (nach Wunsch auch mit Edelsüßpaprika und Senf würzen), in sehr heißem Fett (oder Öl) bei großer Hitze schnell auf beiden Seiten braun braten. Die Fleischstücke herausnehmen und (in einer größeren Kasserolle) warm stellen. Im Bratfett die gehackten oder in Ringe geschnittenen Zwiebeln hellbraun rösten und auf die Rostbraten geben. Ebenso feingewiegte Gewürzgurken und Kapern. Den Bratsatz mit etwas Fleischbrühe aufgießen, loskochen und zum Fleisch geben. Zugedeckt ca. ½ Stunde gar schmoren.
Man kann in die Bratsoße auch etwas saure Sahne, mit wenig Mehl und kaltem Wasser gut verquirlt, dazugeben, einmal aufkochen, abschmecken und über die angerichteten Rostbraten gießen oder die Rostbraten darin gar schmoren lassen. Beilage: Teigwaren.
Pro Portion etwa 425 Kalorien / 1780 Joule.

Rindsrouladen

4 Rindsrouladen (à 100–120 g), Salz, Pfeffer, 250 g Schweinefleisch, gehackt, Petersiliengrün, Kümmel, 4 EL saure Sahne, 4 Speckscheiben, 2 EL Öl, 2 Mohrrüben, 2 Zwiebeln, 2 EL Tomatenmark, ¼ l Weißwein

Die Rouladen klopfen, salzen und pfeffern, Hackfleisch mit gehacktem Petersiliengrün, zerstoßenem Kümmel und saurer Sahne gut abmengen, salzen und auf die Rouladen auftragen. Zusammenrollen, in je eine Speckscheibe einrollen und fest binden (oder mit Rouladenklammern befestigen). In heißem Fett von allen Seiten anbraten, bis der Speck knusprig wird, herausnehmen und warm stellen. Im Bratfett die nudelig geschnittenen Zwiebeln und Mohrrüben rösten, bis die Zwiebeln hellbraun sind. Tomatenmark beigeben, mit Weißwein (oder Fleischbrühe) aufgießen und die Rouladen dazulegen. Zugedeckt langsam im heißen Ofen gar schmoren (ca. 50 Minuten). Rouladen herausnehmen, Bindfäden oder Klammern entfernen, auf gewärmter Platte warm stellen. Die Soße mit Salz und Pfeffer abschmecken, dann entweder passiert oder nur abgeseiht über die Rouladen gießen. Sehr heiß servieren. Beilagen: Teigwaren, Klöße oder Spätzle, Salate.

Die Rouladen können auch beliebig anders gefüllt werden, zum Beispiel mit 60 g Reis, gekocht und abgetropft, zusammen mit in Fett gerösteten Speckwürfeln; oder in heißem Fett eine würfelig geschnittene Zwiebel anrösten (oder Zwiebel in Speckwürfeln anrösten), 300 g Pfifferlinge, grob gehackt, dazugeben und mitrösten, ebenso in kleine Würfel geschnittene Gewürzgurke dazugeben, mit Salz und Pfeffer würzen und die Masse auf die Fleischschnitten auftragen.

Pro Portion etwa 915 Kalorien / 3820 Joule.

Rindfleisch, geschnetzelt

750 g Rindfleisch (Keule), 2 EL Öl oder 20 g Fett, 2 Zwiebeln, 30 g Butter, 8 gefüllte grüne Oliven, 1 EL Tomatenmark, ¼ l saure Sahne, Salz, Pfeffer, Edelsüßpaprika

Das Rindfleisch waschen, trockentupfen und schräg zur Faser in sehr dünne Scheiben schneiden (fast abschaben), in heißem Öl 10 Minuten braten, dann warm stellen. In sehr heißer Butter die feingeschnittenen Zwiebeln glasig werden lassen, die würfelig geschnittenen Gurken und in Scheiben geschnittenen Oliven zu den Zwiebeln geben, Tomatenmark beigeben, salzen und pfeffern und 3 Minuten unter ständigem Rühren schmoren. Das Fleisch mit saurer Sahne gut verrühren, zum Zwiebelgemisch geben und erhitzen. Mit Salz, Pfeffer und Edelsüßpaprika würzen und abschmecken. Sofort heiß servieren.

Pro Portion etwa 520 Kalorien / 2170 Joule.

Wiener Rostbraten (Zwiebelrostbraten)

Die Schnitten ausklopfen, den Fettrand einschneiden, salzen und pfeffern. Auf einer Seite in Mehl tauchen und mit dieser Seite zuerst in sehr heißem Fett braten. Nach etwa 3 Minuten die andere Seite ebenfalls 2–3 Minuten rasch mürb braten. Dann das Fleisch herausnehmen und warm stellen. Den Bratrückstand mit wenig Fleischbrühe (oder Wasser) ablöschen, gut verrühren und über die Rostbraten gießen. In heißer Butter die nudelig oder in Scheiben geschnittenen Zwiebeln knusprig braun rösten und über die Rostbraten geben. Mit Bratkartoffeln und Gewürzgurken servieren.
Pro Portion etwa 580 Kalorien / 2430 Joule.

4 gut abgelegene Lendenschnitten, Salz, Pfeffer, Mehl, 40 g Fett, 200 g Zwiebeln, 20 g Butter, etwas Fleischbrühe (oder Wasser)

Majoranfleisch

Die feingeschnittenen Zwiebeln in heißem Fett goldgelb rösten, das blättrig geschnittene Rindfleisch beigeben und anrösten. Mit einem Spritzer Essig und etwas Wasser ablöschen. Tomatenpüree, Salz, Pfeffer, Majoran, gehackte Zitronenschale und Kümmel beigeben und das Fleisch zugedeckt 1–2 Stunden schmoren. Wiederholt umrühren, eventuell etwas Flüssigkeit nachgießen. Zum Schluß ¼ l saure Sahne und Mehl glatt verrühren und mit dem Fleisch und dem Saft ein paar Minuten kochen lassen. Abschmecken und eventuell nachwürzen.
Pro Portion etwa 585 Kalorien / 2450 Joule.

750 g Rindfleisch, 300 g Zwiebeln, 120 g Fett, 1 EL Essig, Salz, ½ KL Tomatenpüree, Pfeffer, 1 TL Majoran, Kümmel, Zitronenschale, ⅛ l saure Sahne, 1 EL Mehl

Matrosenfleisch

Die Zwiebeln fein schneiden und in heißem Fett goldgelb anrösten, mit Essig und Wasser ablöschen, Salz, Pfeffer und Gulaschwürze (siehe Rindsgulasch) dazugeben, 5 Minuten schmoren, dann das dünnblättrig geschnittene Rindfleisch und Schweinefleisch dazugeben und zugedeckt ca. 2 Stunden schmoren. Das Suppengrün fein raspeln, in Butter anrösten, mit Rotwein ablöschen, zum Fleisch geben und mitschmoren. Sobald das Fleisch weich ist, saure Sahne, mit Mehl, Senf und etwas Flüssigkeit glatt verquirlt, beigeben und binden. Abschmekken.
Pro Portion etwa 585 Kalorien / 2450 Joule.

250 g Rindfleisch, 250 g Schweinefleisch, 80 g Fett, 200 g Zwiebeln, 1 EL Essig, Salz, Pfeffer, 1 EL Gulaschwürze, 200 g Suppengrün, 40 g Butter, ¼ l Rotwein, ⅛ l saure Sahne, 10 g Mehl, 1 TL Senf

Rindsgulasch

1000 g Rindfleisch, 500 g Zwiebeln, 1 EL Tomatenpüree, 1 großer EL Gulaschwürze (½ Löffel Majoran, ¼ KL Kümmel, 1 kleine Knoblauchzehe, etwas Zitronenschale, alles klein gehackt), 40–50 g Edelsüßpaprika, 120 g Schweinefett, Salz, Essig, 20 g Mehl, Fleischbrühe oder Wasser

Das Gulaschfleisch in gröbere Würfel schneiden. Die nudelig geschnittenen Zwiebeln in heißem Fett unter ständigem Rühren gleichmäßig goldgelb rösten. Dann 1 gehäuften Eßlöffel Paprika dazugeben, sofort mit etwas Fleischbrühe oder Wasser, dem ein Spritzer Essig beigefügt wird, ablöschen. Das dickblättrig geschnittene Fleisch (je 30 bis 40 g), das nötige Salz, das Tomatenpüree und 1 Eßlöffel Gulaschwürze dazugeben. Zugedeckt langsam schmoren; dabei wiederholt umrühren und nach Bedarf etwas heiße Flüssigkeit (Fleischbrühe oder Wasser) beigeben. Wenn das Fleisch weich ist, noch etwas Flüssigkeit zugießen und nochmals aufkochen. Abschmecken. Dies ist das sogenannte Natursaftgulasch. Wünscht man sämigen und mehr Saft, so wird das Fleisch vor dem letzten Aufgießen mit 20 g Mehl gestaubt; dann erst die nötige Flüssigkeit dazugeben und einige Zeit kochen lassen. Das Gulasch muß eine rostbraune Farbe haben und soll Fettaugen haben.
Pro Portion etwa 1150 Kalorien / 4815 Joule.

Szegediner Gulasch

500 g Rindfleisch, 2–3 EL Fett, 250 g Zwiebeln, 250 g Tomaten, 520 g Sauerkraut, Salz, Paprika (edelsüß), 1 Tasse saure Sahne, 1 Tasse Brühe

Fleisch würfelig schneiden, würzen und in heißem Fett anbraten, die feingeschnittenen Zwiebeln beigeben, ebenso die abgezogenen, geviertelten Tomaten. Alles zusammen gut schmoren lassen, wiederholt umrühren und mit etwas Brühe auffüllen. Dann das Sauerkraut beigeben und alles auf kleiner Flamme unter oftmaligem Umrühren 1½–2 Stunden gar schmoren. Zuletzt die saure Sahne einrühren, einmal aufwallen lassen, abschmecken und heiß servieren.
Pro Portion etwa 750 Kalorien / 3140 Joule.

Pfefferpotthast

750 g Rinderrippen, 30 g Fett, 2 große Zwiebeln, Salz, Lorbeerblatt, Pfefferkörner, 5 EL geriebenes Weißbrot (Brösel), 1 l Brühe, Zitrone

Die Rippen zerschlagen, klein schneiden (wie Gulasch). In einen Topf in heißem Fett gehackte Zwiebeln und Fleisch anrösten, Gewürze beigeben und mit Wasser bedeckt 1½–2 Stunden langsam kochen. Zur Soße nur so viel Brühe ansetzen, wie notwendig ist. Die Soße mit Weißbrotbröseln binden, mit scharfen Gewürzen und etwas Zitronensaft abschmecken.
Pro Portion etwa 685 Kalorien / 2870 Joule.

Ochsenschwanz, geschmort

Den in dicke Scheiben gehackten Ochsenschwanz in Wasser aufkochen und dann in heißem Fett im Ofen braun anbraten. Etwas Fett abgießen, das kleingeschnittene Suppengrün mitrösten, Weißwein, Tomatenpüree, etwas Zitronensaft und geriebene Zitronenschale, Senf, Lorbeerblatt, Thymian, Pfefferkörner sowie das Preiselbeerkompott beigeben, leicht mit Mehl stauben, mit heißem Wasser (oder Brühe) aufgießen und ca. 2½ Stunden gar schmoren. Bei Bedarf Flüssigkeit nachgießen. Die Fleischstücke herausnehmen, die Soße leicht durch ein Sieb passieren, abschmecken, die Fleischstücke wieder einlegen und mit Klößen oder Spätzle servieren.
Pro Portion etwa 540 Kalorien / 2260 Joule.

1000 g Ochsenschwanz, 1–2 EL Fett, 300 g Suppengrün, 1 KL Senf, 2 EL Tomatenpüree, 40 g Mehl, 1 Zitrone, ¼ l Weißwein, 1 Lorbeerblatt, Thymian, einige Pfefferkörner, 1–2 EL Preiselbeerkompott

Rindfleischragout

Das Rindfleisch in leicht gesalzenes, kochendes Wasser geben und mit zerkleinertem Suppengrün bei kleiner Hitze sehr langsam ca. 2 Stunden kochen. Oder bereits gekochtes Rindfleisch bzw. Bratenreste verwenden und kleinblättrig schneiden. In heißer Butter (oder anderem Fett) die feingeschnittene Zwiebel anrösten, mit Mehl stauben, durchrösten, das blättrig oder würfelig geschnittene Fleisch beigeben, salzen, pfeffern, Tomatenmark beigeben, gut durchrühren und etwas rösten, mit heißer Fleischbrühe aufgießen und 10 Minuten zugedeckt auf kleinem Feuer schmoren. Zum Schluß würfelig geschnittene Gurke beigeben, mit Salz, Pfeffer und etwas Zitronensaft abschmecken und auch etwas feingeriebene Zitronenschale beigeben.
Man kann auch einen in Scheiben geschnittenen Apfel mitschmoren sowie 1 TL vorgeweichte Rosinen, mit etwas Rotwein ablöschen und dann erst mit der Fleischbrühe aufgießen. Als Einlage kann man in Butter geschmorte Pilze geben oder Dosenpilze und Dosenspargel. Oder mit den Rindfleischwürfeln auch etwas geschnittene Rinderniere mitschmoren. Die fertige Soße läßt sich auch mit Sherry abschmecken.
Pro Portion etwa 765 Kalorien / 3200 Joule.

750 g Rindfleisch (auch Rinderbratenreste), Suppengrün, Salz, Pfeffer, 4 EL Butter, 2 EL Mehl, 1 EL Tomatenmark, ½ Zitrone, 1 Zwiebel, 1 Gewürzgurke, ½ l Fleischbrühe

Parmesanfleisch

660 g gekochtes Rindfleisch (auch Reste), 40 g Butter, 30 g Mehl, ¼ l Fleischbrühe, ¼ l Sahne, 40 g geriebener Parmesankäse, Salz, Pfeffer, Brösel, Butter

Rindfleisch in fingerdicke Scheiben schneiden. Aus Butter und Mehl eine helle Mehlschwitze bereiten, mit der Fleischbrühe aufgießen, die Sahne dazugeben und 10 Minuten auf leichter Flamme kochen. Dann den Käse darunterrühren, mit Salz und Pfeffer würzen und abschmecken. Die Fleischscheiben einzeln in die Soße tauchen und dachziegelartig in eine gebutterte, feuerfeste Form legen. Die restliche Soße darübergießen, Brösel daraufstreuen und mit einigen Butterflocken obenauf im vorgeheizten Ofen etwa 25 Minuten überbacken. In der Form auftragen. Beilage: Petersilienkartoffeln und Salate.

Pro Portion etwa 570 Kalorien / 2390 Joule.

Saftfleisch auf Burgunder Art

750 g Rindfleisch, 120 g Fett, 300 g Zwiebeln, 1 EL Mehl, ¼ l Rotwein, 120 g Perlzwiebeln, 1 EL Butter, 1 EL Zucker, Pfeffer, Salz

Die nudelig geschnittenen Zwiebeln in heißem Fett goldgelb rösten, das überflüssige Fett abgießen und das dickblättrig geschnittene Fleisch anrösten, mit Mehl stauben, mit Wasser und Rotwein aufgießen. Mit den Zwiebeln, Pfeffer und Salz zugedeckt schmoren. Die Fleischstücke herausnehmen und die Soße darüber passieren. Die Perlzwiebeln in Butter und Zucker glasieren und als Einlage dazugeben.

Pro Portion etwa 525 Kalorien / 2190 Joule.

Zwiebelfleisch

500 g Rindfleisch, 200 g Zwiebeln, 80 g Fett, Spritzer Essig, 1 EL Mehl, Salz, Pfeffer, Msp Majoran, ¼ l Fleischbrühe, ¼ l Weißwein, Zitronensaft

Nudelig geschnittene Zwiebeln in heißem Fett goldgelb rösten, mit einem Spritzer Essig ablöschen, das blättrig geschnittene Fleisch beigeben und unter öfterem Rühren weiterrösten. Mit Mehl stauben, salzen, pfeffern, Majoran beigeben, mit Fleischbrühe und Weißwein aufgießen und zugedeckt schmoren. Sobald die Flüssigkeit eingeht, etwas Wasser nachgießen. Mit Salz, Pfeffer und Zitronensaft abschmecken. Man kann dazu auch gekochtes oder gebratenes Rindfleisch verwenden.

Pro Portion etwa 396 Kalorien / 1660 Joule.

SCHWEINEFLEISCH

Schweinefleisch, gekocht

1000 g Schweinefleisch, 1 l Wasser, Salz, 1 Zwiebel, Suppengrün, 1 Lorbeerblatt, 4–6 Pfefferkörner

Dazu verwendet man Bauchfleisch oder durchwachsenen Speck, Fleisch vom Nacken oder Blatt. Die Schwarten bleiben am Fleisch und werden mitgekocht. Man kann dazu verschiedene Soßen reichen oder das Fleisch mit Gemüse (Möhren, Wirsing, Sauerkraut) kochen.
Kochzeit: 1½ Stunden.
Pro Portion etwa 610 Kalorien / 2550 Joule.

Pichelsteiner

100 g Kalbfleisch, 200 g Rindfleisch, 100 g Schweinefleisch, 100 g Lammfleisch (muß nicht unbedingt sein), 150 g Räucherspeck, 2-3 Zwiebeln, 400 g Wurzelwerk (gelbe Rüben, Möhren, Sellerie und Petersilienwurzen zu gleichen Teilen), 1 kleiner Kohlkopf (oder Weißkohl), 400 g Kartoffeln, Brühe, 200 g Butter, 100 g Knochenmark, Salz, Pfeffer, Kümmel, Petersilie

Fleisch in grobe Würfel schneiden, salzen, pfeffern und wenigstens 2 Stunden stehen lassen. Den Speck würfelig schneiden und im eigenen Fett leicht anlaufen lassen. Die Zwiebeln nudelig schneiden und in dem Speckfett goldgelb rösten. Wurzelwerk putzen und in kleine Würfel schneiden. Den Kohl waschen, kurz mit kochendem Wasser überbrühen und in 2 cm breite Streifen schneiden. Die Kartoffeln schälen und in Scheiben schneiden.
Einen gut verschließbaren Topf mit Butter bestreichen und mit den Markscheiben auslegen. Sämtliche Zutaten schichtweise einfüllen, wobei jede Schichte mit wenig Salz, Pfeffer und Kümmel gewürzt wird. Die letzte Schichte muß aus Kartoffeln bestehen. Mit Brühe aufgießen, bis der Topf halbvoll ist, den Topf sehr gut verschließen und alles zusammen 1 Stunde bei kleiner Hitze im Backrohr garen. Das fertige Gericht mit gehackter Petersilie bestreuen und direkt im Topf auftragen.
Pro Portion etwa 355 Kalorien / 1485 Joule.

Schweinshaxe, gebraten

1 Schweinshaxe (vom Fleischer die Schwarte rautenförmig einschneiden lassen), 40 g Fett, Salz, Pfeffer, dunkles Bier

In heißem Fett von allen Seiten die gesalzene und leicht gepfefferte Schweinshaxe anbraten, dann im heißen Ofen fertigbraten, dabei öfters mit heißem Bratfett übergießen, zwischendurch auch mit etwas dunklem Bier begießen, damit sie besonders knusprig wird.
Pro Portion etwa 1200 Kalorien / 5020 Joule.

Jungschweinebraten

750 g Jungschweinernes, 200 g gehackte Schweinsknochen, Salz, Kümmel, Knoblauchzehe, 10 g Mehl

Als Fleisch kann man verwenden: Rücken, Karree, Keule oder Schulter (auch Blatt oder Schaufel genannt), mit Schwarte, Brust, ungefüllt oder gefüllt, aber auch Fleisch vom Nacken, Kamm oder Hals. Das zarte, junge Schweinefleisch kurz kalt waschen, mit der nach unten gekehrten Schwarte in fingerhohes kochendes Wasser legen, ca. 20 Minuten kochen, bis die Schwarten weich genug sind, daß man mit einem scharfen, spitzen Messer quer zur Fleischfaser gleichweit entfernte Streifen einschneiden kann. Dann erst das Fleisch salzen, mit etwas zerdrücktem Knoblauch einreiben, mit Kümmel bestreuen und mit der Schwartenseite nach oben zum Braten in den heißen Ofen stellen. Es befindet sich in der Pfanne fingerhoch Wasser. Während des Bratens die Schwarte nicht begießen, damit sie braun und knusprig wird. Ist die Flüssigkeit verdunstet, das Feuer drosseln und das Fleisch langsam fertigbraten. Den fertigen Braten entlang der Längsschnitte in fingerdicke Scheiben schneiden und mit Bratensaft umkränzen. Etwas Bratenfett abgießen, den Rest mit etwas Mehl stauben, gut durchrösten und verrühren, mit ¼ l Wasser aufgießen und das Ganze gut durchkochen. Zum Schluß den Saft seihen und extra reichen. Die Garprobe des Fleisches erfolgt folgendermaßen: An der dicksten Stelle des Bratens mit einer Gabel einstechen. Wenn man keinen Widerstand mehr spürt und an der Einstichstelle ein heller, klarer Tropfen austritt, ist das Fleisch gar. Bratzeit: ca. 1½–2 Stunden.
Pro Portion etwa 550 Kalorien / 2300 Joule.

Schweinebraten auf Bäckerart

800 g Schweinekeule, Karree oder Rückenbraten, Salz, Kümmel, Knoblauch, 60 g Fett, 300 g Zwiebeln, 1000 g Kartoffeln

Das Stück Schweinebraten waschen, salzen, mit Kümmel und Knoblauch einstreichen, mit grob geschnittenen Zwiebeln in etwas Fett anbraten, auf geschälte rohe Kartoffelscheiben legen und das Ganze mit den Zwiebeln und dem Bratensaft fertig braten. Das Fleisch öfter mit Eigensaft begießen. Die Kartoffeln dabei öfter umdrehen. Nach Bedarf etwas Fleischbrühe oder Wasser beigießen.
Pro Portion etwa 710 Kalorien / 2970 Joule.

Schweinebraten

Für diesen Schweinebraten werden Teile von der Schweinskeule, der Rückenbraten und vor allem das Karree bevorzugt. Das Fleisch kurz kalt waschen, dann salzen, mit Kümmel bestreuen, mit zerdrücktem Knoblauch einreiben und in heißem Fett kurz anbraten. Dann in die Pfanne etwas Wasser und die kleingehackten Schweinsknochen geben, den Schweinebraten darauflegen und im Ofen unter öfterem Begießen mit Eigensaft 1½–2 Stunden braten. Den garen Braten warm stellen. Den Bratrückstand eingehen lassen, mit Mehl leicht stauben, gut durchrühren und rösten, mit wenig Wasser zu kurzem Saft verkochen, abseihen und damit den angerichteten Braten, in Tranchen geschnitten, umkränzen.
Pro Portion etwa 450 Kalorien / 1885 Joule.

800 g Schweinefleisch, 250 g kleingehackte Schweinsknochen, 40 g Schweinefett, 10 g Mehl, Salz, Kümmel, Knoblauch

Sauerbraten

Möhren in Scheiben schneiden, Sellerie in kleine Würfel, die Zwiebeln achteln und die Petersilienwurzel ebenfalls in Scheiben schneiden. Alles in einen Topf geben, mit Weißwein, Wasser und Weinessig auffüllen. Gewürznelken, Pfefferkörner und Lorbeerblatt beigeben, einmal aufkochen. Schweinebraten in einer Steinschüssel mit der kalten Marinade im Kühlen 2 Tage stehen lassen.
Dann Fleisch und Gemüse aus der Beize nehmen, Fleisch trockentupfen und salzen. Das Gemüse abtropfen lassen. In heißem Fett das Fleisch auf allen Seiten braun anbraten, nach 10 Minuten das Gemüse beigeben, verrühren, mit Fleischbrühe begießen und zugedeckt im Ofen schmoren lassen. Den aufgeschnittenen Braten anrichten. Den Bratfond durch ein feines Sieb streichen, salzen, pfeffern und abschmecken. Getrennt servieren.
Pro Portion etwa 890 Kalorien / 3720 Joule.

800 g mageres Schweinefleisch (Keule), Salz, 80 g Fett, 2 EL Mehl, ½ l Fleischbrühe, Pfeffer
Beize: ¼ l Weinessig, ¼ l Weißwein, ¼ l Wasser, 1 Petersilienwurzel, 2 Zwiebeln, 1 Möhre, ¼ Sellerieknolle, 1 Lorbeerblatt, 2 Gewürznelken, 5 Pfefferkörner

Schweineschmorbraten

Das fette Fleisch im eigenen Saft schmoren. Wasser, Lorbeerblatt und Zwiebelscheiben zum Kochen bringen, das gesalzene und gepfefferte Fleisch hineingeben, einige Male wenden, bis das Fett herausgetreten ist. Sobald das Wasser verdampft ist, das Fleisch schön braun wie einen Rinderbraten schmoren. Die Soße mit Stärkemehl binden. Das Lorbeerblatt entfernen.
Pro Portion etwa 685 Kalorien / 2865 Joule.

750 g fettes Schweinefleisch, ½ Tasse Wasser, 1 Zwiebel, Salz, Pfeffer, Lorbeerblatt, 1 TL Stärkemehl

Eisbein mit Sauerkraut

4 Eisbeinstücke (2000 g), 3 l Wasser, 2 Zwiebeln, Salz, 1 Lorbeerblatt, 4 Pfefferkörner, 1 Prise Zucker; 500 g Sauerkraut, 60 g Schweinefett, 1 Zwiebel, 2 Gewürznelken, 4 Wacholderbeeren, ½ Lorbeerblatt, Prise Zucker

Eisbein kalt abspülen, in kochendes, leicht gesalzenes Wasser geben. Auch geviertelte Zwiebeln und die Gewürze beigeben und zusammen ca. 80 Minuten kochen lassen. Sauerkraut leicht mit einer Gabel zerzupfen und in das erhitzte Schweinefett geben. Die Zwiebel, geschält und mit den Gewürznelken gespickt, Wacholderbeeren, das Lorbeerblatt und Zucker beigeben. Alles schwach kochen lassen. Das Sauerkraut etwa 40–45 Minuten leicht kochen lassen. Anrichten. Das Eisbein herausnehmen und abtropfen lassen und auf das Sauerkraut legen. Beilage: Kartoffelbrei oder Erbsenpüree. Die Eisbeinbrühe verwende man für Kartoffel-, Erbsensuppe oder ein Eintopfgericht.
Pro Portion etwa 1240 Kalorien / 5191 Joule.

Schweinefilets mit Rahm

2 Schweinefilets (à 375 g), 40 g Speck, Salz, weißer Pfeffer, 2 EL Öl, 30 g Butter, 1 Zwiebel, 1 Glas Weißwein, 4 EL saure Sahne

Filets waschen, trockentupfen, Haut- und Fettstücke wegschneiden, Filets mit ½ cm dicke Speckstreifen spikken. Salzen und pfeffern. In heißem Öl auf beiden Seiten je 2 Minuten scharf anbraten, zerlassene Butter daraufgießen und weitere 8 Minuten auf jeder Seite braten. Dabei öfter mit Bratfond begießen. Kurz vor dem Garzeitende die geschälte, würfelig geschnittene Zwiebel dazugeben und mitbräunen. Mit dem Weißwein angießen. Fleisch herausnehmen und warm stellen. Die Soße abschmecken, mit saurer Sahne verrühren.
Durch Beilage und Garnierungen lassen sich zahlreiche Varianten und Abwandlungen herstellen.
Pro Portion etwa 510 Kalorien / 2135 Joule.

Schweinefilet Westmoreland

800 g Schweinefilet, 100 g Räucherspeck, Fett, Salz, 2 Zwiebeln, ¼ l Rotwein, 20 g Mehl, 500 g Tomaten, Mixed Pickles, 2 Essiggurken, Kapern, Brühe

Das Schweinefilet im ganzen spicken, salzen, in heißem Fett mit den grobgeschnittenen Zwiebeln anbraten, mit etwas Brühe oder Wasser untergießen und im Ofen schmoren. Den Saft passieren, 20 g Mehl mit dem Rotwein verrühren, zur Soße geben und diese kochen lassen. Die Tomaten schälen, entkernen, in Viertel schneiden und mit den Mixed Pickles, geschnittenen Essiggurken und Kapern in die Soße geben. Mit Bandnudeln servieren.
Pro Portion etwa 720 Kalorien / 3015 Joule.

Hühnercurry

Rezept Seite 289

Ente mit Orangen Rezept Seite 293

Rehrücken, garniert

Rezept Seite 298

Fasan, gebraten

Rezept Seite 302

Schweineschnitzel, geschmort

Die Schnitzel waschen, trocknen, klopfen, salzen und pfeffern. Den Rand mehrmals einschneiden.
Aus Butter, feingeschnittener Zwiebel und zerdrücktem Knoblauch eine Knoblauchbutter bereiten, damit eine feuerfeste Schüssel ausstreichen, die Schweineschnitzel nebeneinander einlegen, jedes der Schnitzel mit etwas Knoblauchbutter belegen. Das Fleisch im Ofen leicht bräunen, nach 10 Minuten die Fleischbrühe darübergießen und noch ca. ¼ Stunde schmoren lassen.
Beilage: Bratkartoffeln, Blaukohl.
Pro Portion etwa 460 Kalorien / 1925 Joule.

4 Schweineschnitzel (oder 8 kleinere), Salz, Pfeffer, 2 Zwiebeln, Petersiliengrün, 1 Knoblauchzehe, 20 g Butter, ¼ l Fleischbrühe

Schweineroulade

Die Schnitzel dünn klopfen, an den Rändern etwas einschneiden, salzen und pfeffern und die Fülle aufstreichen, einrollen und mit dünnen Speckstreifen umwickeln. Die Rouladen in eine gut gefettete Kasserolle legen, die mit blanchierten Rotkohlblättern ausgelegt wurde. Etwas Fleischbrühe angießen und bei mittlerer Hitze im Ofen schmoren. Anrichten, mit Petersiliengrün dazwischen garnieren.
Fülle: Weißbrötchen, würfelig geschnitten, rote Bete, in feine Streifen geschnitten, gut vermengen. Milch mit den Eiern verquirlen, würzen und darübergießen und etwas durchziehen lassen.
Pro Portion etwa 580 Kalorien / 2430 Joule.

4 Stück Schweineschnitzel (à 160 g), 100 g würfelig geschnittene Brötchen, 50 g Rote-Bete-Salat, 1 kleiner Rotkohlkopf, 2 Eier, $\frac{1}{16}$ l Milch, 150 g Räucherspeck, Salz, Pfeffer, Öl

Schweinekoteletts

Die Koteletts nach Wunsch dünn oder dicker schneiden, waschen und gut trocknen, salzen und auf beiden Seiten in nicht zu vielem, heißem Fett in 8–12 Minuten goldbraun braten. Herausnehmen und warm stellen. Den Bratensatz mit wenig Fleischbrühe oder Wasser ablöschen, gut verrühren.
Man kann blättrig geschnittene Champignons (frisch oder aus der Dose) und gehacktes Petersiliengrün beigeben und bei großer Hitze 20 Minuten braten.
Pro Portion etwa 545 Kalorien / 2275 Joule.

4 Schweinekoteletts, 60–70 g Fett, Salz, Pfeffer, Brühe oder Wasser

Schweinekoteletts, geschmort

4 Stück Schweinekoteletts, Salz, 1 Zwiebel, 400 g Tomaten, 120 g Pilze, 20 g Mehl, ⅛ l Weißwein, 1 Zitrone, 1 Lorbeerblatt, Thymian, Brühe

Die Koteletts leicht klopfen, an den Rändern einschneiden, salzen und in heißem Fett auf beiden Seiten anbraten. Eine geschnittene Zwiebel rösten, mit Brühe oder Wasser aufgießen. Die gekochten und passierten Tomaten, die blättrig geschnittenen Pilze, 1 Lorbeerblatt und etwas Thymian dazugeben und die Koteletts in diesem Saft weich dünsten. Das Mehl mit ⅛ l Weißwein und einigen Tropfen Zitronensaft anrühren und in den Saft einkochen.
Beilage: Kartoffeln oder Nudeln
Pro Portion etwa 690 Kalorien / 2890 Joule.

Schweinekoteletts in pikanter Soße

4 Schweinekoteletts, Salz, Mehl, Fett, 150 g Zwiebel, 40 g Mehl, 1 schwacher EL Tomatenmark, 1/16 l Weißwein, 2 Essiggurken, 2 TL Kapern, 1 TL Senf, etwas Zucker, feingehacktes Petersiliengrün

Die Koteletts leicht klopfen, an den Rändern einschneiden, salzen, bemehlen und auf beiden Seiten in heißem Fett braun anbraten. Im Bratrückstand feingeschnittene Zwiebeln goldgelb rösten, mit Mehl stauben, das Tomatenmark beigeben und kurz weiterrösten. Mit dem Weißwein ablöschen, ½ l Wasser beifügen, die Koteletts einlegen und dünsten.
Die Soße mit gehackten Essiggurken, Kapern, Senf und Zucker sowie gehacktem Petersiliengrün vollenden.
Pro Portion etwa 685 Kalorien / 2865 Joule.

Schweinenacken

1000 g Schweinenacken, Salz, Pfeffer, 1 Tasse Wasser, 1 Zwiebel, 1 Tomate, 1 TL Stärkemehl, ½ Tasse Sauerrahm

Fleisch mit Salz und Pfeffer einreiben. Dann Wasser mit Zwiebel und Tomate zum Kochen bringen, das Fleisch beigeben und auf beiden Seiten dämpfen. Sobald das Wasser verkocht ist, soll das Fleisch im eigenen Saft gar schmoren können (1½ Stunden). Dabei öfter mit Eigensaft begießen. Den Bratensaft mit Stärkemehl und Sahne binden.
Pro Portion etwa 805 Kalorien / 3370 Joule.

Kasseler Rippenspeer

1000 g Schweinerükken, 1 Zwiebel, Salz, Pfeffer, 1 Tasse Wasser, 1 TL Stärkemehl, ½ Tasse Sauerrahm

Der gepökelte Schweinerücken wird wie Schweinenakken (siehe vorheriges Rezept) 1 Stunde gebraten. Dazu serviert man Sauerkraut oder Rotkohl.
Pro Portion etwa 670 Kalorien / 2910 Joule.

Chinesisches Schweinefleisch

Das Fleisch in feine Streifen schneiden und mit der Sojasoße und der Maisstärke vermengen. In der Pfanne Öl erhitzen und das Fleisch etwa 3 Minuten darin kräftig braten. Pfefferschoten, in Stücke geschnitten, blättrig geschnittene Champignons, Salz, Zucker und Glutamat dazugeben und etwa 1 Minute braten, dann die Bambussprossen daruntermischen und eine weitere Minute braten. Den Reiswein darüberträufeln, das Ganze kurz durchrühren und vom Feuer nehmen.
Pro Portion etwa 670 Kalorien / 2910 Joule.

400 g Schweinefleischfilet, 2 TL Sojasoße, 2 TL Maisstärke, Öl zum Braten, 70 g Champignons, 3 grüne Pfefferschoten, 1 Tasse Bambussprossen, Salz, Zucker, Glutamat, 1 EL Reiswein

Krautfleisch

Die blättrig geschnittenen Zwiebeln in heißem Fett anrösten, paprizieren, mit einer Tasse kaltem Wasser ablöschen, gut verrühren, das in Würfel geschnittene Fleisch dazugeben, mit Salz, Kümmel und Knoblauch würzen und weichdünsten. Wenn das Fleisch halb gar ist, das Sauerkraut dazugeben und fertigdünsten. Wer das Krautfleisch sämig liebt, kann es mit Mehl stauben oder 10 Minuten vor dem Ende der Kochzeit geriebene rohe Kartoffeln mitdünsten.
Pro Portion etwa 810 Kalorien / 3390 Joule.

750 g Schweinefleisch (ausgelöste Schweinshaxe, Schulter oder Bauchfleisch), 100 g Fett, 250 g Zwiebeln, 10 g Paprika, Salz, Kümmel, Knoblauch, 500 g Sauerkraut, 1 EL Mehl oder 1–2 rohe Kartoffeln

Schweineragout mit Gemüse

Das Fleisch in große Würfel schneiden, salzen, pfeffern, in heißem Fett braun anbraten. Feingeschnittene Zwiebeln mitrösten, mit Flüssigkeit untergießen und dünsten. Nach halber Garzeit mit den extra gekochten Bohnen, den glacierten Perlzwiebeln, den in gleichmäßige Stücke geschnittenen Mohrrüben zusammen schmoren. Weißwein mit Stärkemehl verrühren. Sobald das Fleisch gar ist, in die Soße einkochen. Die Champignonköpfe und die geschälten, in größere Stücke geschnittenen Tomaten in den letzten 10 Minuten mitdünsten. Beilage: Salzkartoffeln.
Pro Portion etwa 950 Kalorien / 3975 Joule.

600 g Schweineschulter, Salz, Pfeffer, 100 g Zwiebeln, 300 g weiße Bohnen, 200 g Mohrrüben, 200 g Champignons, 200 g Perlzwiebeln, 100 g Fett, 1 KL Stärkemehl, ¼ l Weißwein, 200 g Tomaten, Salz

Schweinegulasch

600 g Schweinefleisch (Schulter, Nacken, Bauchfleisch), 2 EL Schmalz (oder Öl), 400 g Zwiebeln, ½ EL Edelsüßpaprika, 1 EL Tomatenmark, Salz, Kümmel, ½ Knoblauchzehe, ⅛ l saure Sahne, 1 KL Mehl, Fleischbrühe

Die kleingeschnittenen Zwiebeln in heißem Fett goldgelb anrösten, paprizieren und mit etwas Wasser oder Brühe aufgießen; das würfelig oder dickblättrig geschnittene Fleisch beigeben, ebenso Salz, Kümmel, zerdrückten Knoblauch und das Tomatenmark. Während der Garzeit wiederholt umrühren und wenn nötig auch etwas Wasser oder Fleischbrühe zusetzen. Wenn das Fleisch weich gedünstet ist, Mehl und saure Sahne, beides glatt verrührt, in das Gulasch geben und binden. Abschmecken. Mit Spätzle oder Salzkartoffeln servieren.
Pro Portion etwa 850 Kalorien / 3560 Joule.

Serbischer Paradeispaprika (Gyuvec)

250 g Reis, 40 g Fett, Brühe, 1–2 Zwiebeln, 4–6 Tomaten, 2–3 grüne Paprika, 250 g Schweinebraten oder Hackfleisch

Den Reis mit Fett und etwas Brühe körnig weich dünsten (für 1 Schale Reis 1½ Schalen Brühe). Auf dem gefetteten Boden einer feuerfesten Schüssel eine Lage von gedünstetem Reis geben, darauf in Scheiben geschnittene, in Fett geröstete Zwiebeln und nudelig geschnittene Paprikaschoten streuen. Darauf kommt der würfelig geschnittene (eventuell mit Edelsüßpaprika), in Fett angeröstete Schweinebraten (oder in Fett geröstetes Hackfleisch). Obenauf legt man eine Schicht in Stücke geschnittene Tomaten. Das Ganze im Rohr etwa 40 Minuten backen.
Pro Portion etwa 563 Kalorien / 2355 Joule.

Meerrettichfleisch

800 g Schweinefleisch (Nacken, Schulter mit Schwarten oder Jungschweinernes), Salz, Weinessig, 1 Lorbeerblatt, 5 Pfefferkörner, 300 g Suppengrün, 1 Zwiebel, Fleischbrühe, 2 EL gerissener Meerrettich

Das Fleisch im ganzen mit Salz, einem Spritzer Weinessig, Lorbeerblatt und Pfefferkörnern in reichlich kochendem Wasser weich kochen. Wenn das Fleisch halb gar ist (nach ca. 40 Minuten), reichlich in feine Streifen geschnittenes Suppengrün und Zwiebel mitkochen. Zuletzt mit Essig abschmecken. Das gare Fleisch aufschneiden, mit dem Suppengrün bedecken beziehungsweise umkränzen, mit wenig Brühe übergießen und das Fleisch reichlich mit gerissenem Meerrettich bestreuen. Mit Salzkartoffeln servieren. Auch Schweinefüße und Keule können auf die gleiche Weise zubereitet werden.
Pro Portion etwa 720 Kalorien / 3015 Joule.

Kümmelfleisch

Das Schweinefleisch dünnblättrig schneiden und mit Salz und Kümmel in heißem Fett anrösten. Die kleingeschnittenen Zwiebeln mitrösten, mit Tomatenpüree würzen, mit Brühe aufgießen und das Fleisch zugedeckt schmoren. Zuletzt das Mehl mit saurer Sahne und etwas Senf gut verrühren und einrühren. Beilage: Spätzle, Salzkartoffeln oder Semmelklöße und Weißkohl.
Pro Portion etwa 760 Kalorien / 3180 Joule.

800 g Schweinefleisch (Schulter, Nacken), Salz, Pfeffer, 1 EL Kümmel, 3 EL Fett, 2 Zwiebeln, 2 EL Tomatenpüree, 1 TL Senf, ¼ l saure Sahne, Brühe, 20 g Mehl

Ungarisches Krautfleisch

Das Sauerkraut einmal durchschneiden, damit die Fäden nicht zu lang sind, und mit Wasser, Salz, Kümmel, gehacktem Knoblauch zum Kochen aufstellen. Während das Kraut kocht, die feingeschnittenen Zwiebeln im heißen Fett goldgelb rösten, paprizieren, mit etwas Brühe aufgießen und zum kochenden Kraut geben. Das gesalzene, in Stücke geschnittene Schweinefleisch in heißem Fett anbraten und ebenfalls zum Kraut geben. Alles zusammen zugedeckt langsam weichdünsten. Zum Schluß eine helle Mehlschwitze aus Mehl und Fett bereiten und mit dem Krautfleisch verkochen. Mit Salzkartoffeln und Bratwürsteln servieren.
Pro Portion etwa 825 Kalorien / 3455 Joule.

600 g Schweinefleisch (Schulter oder Bauchfleisch), 1000 g Sauerkraut, Salz, Kümmel, Knoblauch, 60 g Fett, 300 g Zwiebeln, 1 EL Paprika, 40 g Mehl, Fleischbrühe

Schälrippchen

Die Schälrippchen waschen, trockentupfen, in 4–5 Stücke schneiden, salzen und pfeffern und in der kochenden Fleischbrühe mit den Zwiebelringen ca. 80 Minuten langsam kochen. Das Fleisch herausnehmen, von den Knochen lösen. Beilage: Sauerkraut oder Kartoffelpüree oder Senfsoße.
Pro Portion etwa 630 Kalorien / 2635 Joule.

1000 g Schälrippchen, Salz, Pfeffer, 1 Zwiebel, 1 l Fleischbrühe

Gepökeltes Schweinefleisch, gekocht

Das Pökelfleisch aus der Lake nehmen, mehrmals mit frischem Wasser waschen, dann in reichlichem kochendem Wasser ansetzen und ohne Salzbeigabe etwa 1 Stunde langsam kochen. Nach halber Kochzeit geteilte Zwiebeln und grobgeschnittenes Suppengrün mitkochen. Beilage: Sauerkraut, Rotkohl, Teltower Rübchen.
Pro Portion etwa 645 Kalorien / 2697 Joule.

750 g Schweinefleisch (Rippen- oder Halsstück), Suppengrün, 1–2 Zwiebeln

Rauchfleisch, gekocht

600–800 g Rauchfleisch

Rauchfleisch wird ohne weitere Zugabe in kochendes Wasser gegeben und ca. 1 Stunde gekocht. Dann noch 1½ Stunden zugedeckt nur ziehen lassen. Vor dem Anrichten noch einmal kräftig erhitzen, aus dem Sud nehmen, in fingerdicke Scheiben schneiden und mit Sauerkraut und Semmelklößen anrichten. Die Brühe vom Rauchfleisch kann man für Erbsen-, Grieß- und andere Suppen verwenden.

Schinkenbraten

800 g magerer Schinken, 2 TL Senf, Salz, Pfeffer, 1 TL Thymian, Suppengrün, ¼ l kochendes Wasser
Soße: 30 g Butter, 30 g Mehl, ⅛ l Rotwein, Salz, Pfeffer, Paprika (scharf), Petersiliengrün, 2 Tomaten

Den gewaschenen und trockengetupften Schinken mit einer Paste aus Senf, Salz, Pfeffer, Thymian einreiben, dann auf würfelig geschnittenes Suppengrün legen, mit dem Wasser angießen und etwa 90 Minuten im Ofen bei 220 Grad braten. Hin und wieder mit dem Bratfond begießen. Schinken herausnehmen und warm stellen. Den Bratfond loskochen und seihen.
In heißer Butter das Mehl anschwitzen lassen und 3 Minuten bräunen. Den geseihten Bratfond und den Rotwein dazugießen, verrühren und 5 Minuten kochen. Mit Salz, Pfeffer und Paprika abschmecken. Dann nicht mehr kochen und etwas Sahne dazugießen. Extra servieren.
Schinken in Scheiben geschnitten anrichten. Mit Petersiliengrün und geachtelten Tomaten garnieren.
Pro Portion etwa 460 Kalorien / 1925 Joule.

Schinken in Brotteig

Beinschinken (2000 g), 2 l heißes Wasser, 2 Bund Suppengrün (400 g), 1500 g Brotteig (vom Bäcker), Mehl, 2 Eigelb, 2 EL Milch

Den Schinken 24 Stunden wässern. Herausnehmen, in einen Topf geben, mit heißem Wasser begießen, das grobgeschnittene Suppengrün beigeben und zugedeckt 60 Minuten kochen. Schinken herausnehmen, abtropfen lassen und gut trocknen.
Den Brotteig auf bemehltem Brett zu einem großen Rechteck ausrollen, den Schinken darauflegen und einwickeln. Mit der Gabel mehrmals einstechen. Eigelb und Milch gut verrühren und den Teig damit bestreichen. Dann den Schinken auf ein bemehltes Backblech legen und im vorgeheizten Ofen 120 Minuten bei 200 Grad backen. Schinken dann herausnehmen, etwas rasten lassen und in dicke Scheiben schneiden.
Pro Portion etwa 948 Kalorien / 3970 Joule.

KALBFLEISCH

Kalbfleisch, gekocht

500 g Kalbfleisch, 500 g Kalbsknochen, Suppengrün, Salz, 1¾ l Wasser, 1 Lorbeerblatt, ½ TL Pfefferkörner

Das Wasser zum Kochen bringen. Das Fleisch, die Knochen und das Suppengemüse sowie die Gewürze dazugeben und etwa 1 Stunde auf kleinem Feuer kochen lassen. Das Fleisch herausnehmen, alle Häute und Röhrchen entfernen, in kleine Scheiben oder Würfel schneiden. Eine Béchamelsoße, eine Rotweinsoße oder eine Ragoutsoße dazu servieren. Die Soße wird mit der durchgesiebten Kochbrühe zubereitet.
Pro Portion etwa 660 Kalorien / 2763 Joule.

Kalbsbraten

1000 g Kalbfleisch (Bug, Kotelettstück, Frikandeau, Nuß), Salz, Kalbsknochen, 1 TL Butter, 1 TL Mehl, ½ l Fleischbrühe

Ein Kalbsbraten soll auf einer Unterlage von kleingehackten Kalbsknochen gelegt werden. Das Fleisch waschen und mit Salz einreiben, zu einer festen Rolle binden, ein Stück Butter oder Fett daraufgeben und in den heißen Ofen stellen. Zuerst die innere Seite, die Knochenseite, nach oben legen. Nach halber Bratzeit umdrehen, so daß nun die schöne Fleischseite oben liegt. Den sich in der Pfanne bildenden Saft wiederholt über das Fleisch gießen. Sollte der Saft eingegangen sein, nach und nach etwas Brühe oder warmes Wasser zugießen. Durch das wiederholte Begießen mit dem Saft wird das Fleisch schön glaciert und bekommt eine glänzende braune Farbe. Nicht mit der Gabel hineinstechen, sondern beim Umdrehen oder Herausnehmen das Fleisch nur am Rande unter den Knochen anfassen. Nach Beendigung des Bratvorganges sollte der Saft eingegangen sein. Nun das Fleisch herausheben und warm stellen. Die Knochen und den Bratrückstand am Feuer schön braun rösten, dann darin ein Stück frische Butter aufschäumen und mit Mehl stauben, kurz durchrösten, mit ¼ l Brühe aufgießen und gut verkochen lassen, abschmecken, abseihen und damit das angerichtete Fleisch umkränzen. Ein Nierenbraten braucht ungefähr 1¼ Stunden, eine Kalbsbrust 2 Stunden Bratzeit, ebenso eine Kalbsnuß. Kalbshaxen (Stelzen), Kalbsnuß, Frikandeaus aus der Keule können mit geräuchertem Speck gespickt werden.
Pro Portion etwa 525 Kalorien / 2198 Joule.

Kalbsbratensaft (Kalbsjus)

1000 g Kalbsknochen, 40 g Fett, 1–2 Zwiebeln, 2 Möhren, 1 Stück Sellerieknolle, 2 EL Tomatenmark, ½ Lorbeerblatt, 1 Msp Thymian, 4 Pfefferkörner, ½ Tasse Weißwein, 2 l Wasser

Kalbsknochen mit Fett in der Röhre bräunen, von Zeit zu Zeit umrühren. Dann Zwiebel, Möhren, Sellerie, in kleine Würfel geschnitten, dazugeben und mitrösten. Gewürze und Tomatenmark beigeben, mit Weißwein ablöschen, fast ganz verkochen lassen, dann mit dem Wasser auffüllen und 5 Stunden sehr langsam kochen lassen. Durch ein feines Sieb gießen.

Kalbsnierenbraten

Kalbsnierenstück oder Sattelstück, längs geteilt (1500 g), mit einer Niere, ohne Nierenfett und ohne Lendchen, Salz, schwarzer Pfeffer, 1 Möhre, 1 Zwiebel, Petersiliengrün, 2 Gewürznelken, 1 Lorbeerblatt, 1 Tomate, 50 g Fett, ⅛ l Weißwein, 1 EL Speisestärke

In der Fleischerei bekommt man den Kalbsnierenbraten bereits mit Niere gerollt. Sonst ist zu beachten: das Fleisch sauber von allen Knochen lösen, waschen, trokkentupfen und mit der Hautseite nach unten auflegen, den fleischigen Teil salzen und pfeffern, dann die vorbereitete, entfettete, halbierte Niere der Länge nach auflegen. Das Fleisch von der dicken Seite her aufrollen und fest binden. Außen salzen und pfeffern. Die Knochen klein hacken und in die Bratpfanne geben. Ebenso kleingehacktes Suppengrün, Zwiebel und geviertelte Tomaten sowie Gewürznelken und Lorbeerblatt dazugeben. Den Nierenbraten daraufsetzen, mit zerlassener Butter begießen. Den Deckel schließen und im vorgeheizten Ofen etwa 1¼ Stunden braten.
Den garen Braten herausnehmen und mindestens 10 Minuten in der Wärme rasten lassen, bevor man ihn aufschneidet. Zum Bratensatz den Weißwein geben, durchkochen lassen und durchseihen. Entfetten und mit Speisestärke, mit etwas kalter Flüssigkeit glattgerührt, binden. Soße extra zum aufgeschnittenen Braten reichen.
Beilagen: Gemüse (Erbsen, Karotten, Bohnen), Kartoffelpüree oder Bratkartoffeln.
Pro Portion etwa 580 Kalorien / 2430 Joule.

Paprikabraten

800 g Kalbsfrikandeau, 150 g Speck, 60 g Butter, grob gewürfelte Zwiebeln, Zitronenschale, ⅛ l saure Sahne, 10 g Mehl, 1 KL Paprika, Salz

Das Kalbsfrikandeau spicken und mit viel Zwiebeln und etwas Zitronenschale braten. In den durchpassierten Bratensaft die saure Sahne mit Mehl und Paprika glatt verrühren, dann alles einige Minuten gut kochen lassen. Dazu Spätzle oder Reis servieren.
Pro Portion etwa 420 Kalorien / 1758 Joule.

Kalbsrücken, gebraten

Kalbsrücken (2000–3000 g), 60 g geräucherter Speck, Salz, Pfeffer, Paprika, 2 EL Fett, 2–3 Zwiebeln, 2–3 Möhren, 1 Petersilienwurzel, 1 Stück Sellerie, 1 Tasse Fleischbrühe, ¼ l saure Sahne, 1 EL Speisestärke

Den Kalbsrücken häuten, spicken, salzen, pfeffern und mit Paprika bestreuen. In dem vorgeheizten Ofen wie Kalbsbraten unter wiederholtem Begießen braten. Grobgeschnittene Zwiebeln und Suppengrün beigeben, anbraten und mit Fleischbrühe begießen. Die glattgerührte Sahne beigeben und den Braten 2 Stunden garen. Die Soße mit Speisestärke, mit Rotwein glattgerührt, binden, mit etwas Flüssigkeit aufgießen, einmal aufkochen lassen, durchseihen und abschmecken.
Den Rücken auslösen, das Fleisch in schräge, nicht zu dicke Scheiben schneiden und auf dem Knochengerüst wieder in der ursprünglichen Form anordnen.
Reichlich mit gedünstetem Gemüse (Karotten, Erbsen, Spargel, grüne Bohnen, gefüllte und sautierte Tomaten, Champignons) garnieren.
Pro Portion etwa 760 Kalorien / 3181 Joule.

Kalbsbrust, gefüllt

1000 g Kalbsbrust, Salz
Fülle: 4 Brötchen, 3 EL Milch, 80 g Butter, 2 Eier, Petersiliengrün, Salz, Pfeffer, Muskat

Die schon vom Fleischhauer zum Füllen vorbereitete Kalbsbrust innen salzen und pfeffern. Dann mit dieser oder einer der nachstehenden Füllen füllen: Die Brötchen nach Wunsch abrinden, in kleine Würfel schneiden, mit Milch einweichen und einige Zeit stehenlassen; dann die Eier dazurühren, ebenso die zerlassene Butter, Salz, Muskat und gehacktes Petersiliengrün daruntermischen. (Will man eine besonders feine Fülle, so gibt man kleingeschnittene Champignons oder auch in etwas Fett angeröstete Kalbsleber dazu.) Nach dem Einfüllen die Öffnung zunähen. Die gefüllte Kalbsbrust salzen und im ganzen mit 60 g Butter braten. Die gefüllte Kalbsbrust muß langsam braten, da sonst das Fleisch aufreißt und die Fülle austritt.
Pro Portion etwa 605 Kalorien / 2533 Joule.

Kalbsbrustfülle auf Münchener Art

500 g Hackfleisch (vom Kalb), Salz, Paprika, Muskat, 125 g Geflügelleber, 125 g Kalbsnierenfett, 4 Brötchen, 2 Schalotten, 2 Eier, 1 TL gehackte Kräuter

Fleisch, Leber, Nierenfett, eingeweichte, gut ausgepreßte Brötchen sowie Schalotten durch den Fleischwolf drehen. Mit den Eiern und den gehackten Kräutern gut vermischen. Mit Salz, Paprika und Muskat würzen und abschmecken.
Pro Portion etwa 948 Kalorien / 3970 Joule.

Kalbsbrustfülle auf Hamburger Art

3–4 Brötchen, 50 g geräucherter Schinken, 50 g Butter, 1 Zwiebel, 2–3 Eier, 1 Tasse kalte Milch, etwas Sahne, 2 TL gehackte Kräuter, Salz, Paprika, Muskat

Schinken würfelig schneiden und in Butter rösten, die feingeschnittene Zwiebel mitrösten, zu den würfelig geschnittenen Brötchen geben. Eier, Sahne und Milch gut verquirlen und über die Masse gießen. Einweichen lassen. Die gehackten Kräuter beigeben, mit Salz, Paprika und Muskat würzen und abschmecken. Alles immer sehr vorsichtig vermengen, da die einzelnen Würfel in ihrer Konsistenz erhalten bleiben sollen.
Pro Portion etwa 467 Kalorien / 2360 Joule.

Kalbsbrustfülle mit Pilzreis

250–300 g Reis, 1 kleine Zwiebel, 30 g Butter, 125 g Champignons, 1 EL gehacktes Petersiliengrün, Salz, Pfeffer

Reis in Wasser 20 Minuten leicht kochen und ausquellen lassen. Die feingeschnittene Zwiebel in heißer Butter glasig werden lassen, die blättrig geschnittenen Champignons beigeben, salzen, leicht pfeffern und garschmoren (ca. 10 Minuten). Mit Reis vermischen und gehacktes Petersiliengrün dazugeben, abschmecken und damit die vorbereitete Kalbsbrust füllen.
Pro Portion etwa 775 Kalorien / 3240 Joule.

Kalbsfrikandeau

1 Kalbsfrikandeau (ca. 1200 g), 50 g geräucherter Speck, Salz, weißer Pfeffer, 4 EL Öl, 1 Zwiebel, 1 Möhre, ⅛ l Fleischbrühe, ⅛ l saure Sahne, evtl. 1 EL Mehl

Das kalt gewaschene Fleisch trockentupfen und mit 1 cm breiten Speckstreifen spicken. Mit Salz und weißem Pfeffer kräftig einreiben.
Dann in heißem Öl rasch anbraten. Nach 5 Minuten Zwiebel und Möhre, grob geschnitten, beigeben, mitbräunen, dann weiterbraten und dabei wiederholt das Fleischstück mit saurer Sahne beträufeln. Nach ¼ Stunde in den vorgeheizten Ofen stellen und etwa 60 Minuten braten, dabei immer wieder mit Bratfond begießen, nach Bedarf nach und nach heiße Fleischbrühe nachgießen.
Sobald das Fleisch gar ist, herausnehmen und in der Wärme rasten lassen. In Scheiben schneiden und auf vorgewärmter Platte anrichten. Inzwischen den Bratfond seihen, abschmecken und extra reichen. Man kann die Soße auch mit etwas Mehl, mit kalter Flüssigkeit glattgerührt, binden, aufkochen und abschmecken.
Pro Portion etwa 730 Kalorien / 3056 Joule.

Kalbsbrust mit Bratwurstfülle

Bratwurstfarce mit dem eingeweichten, gut ausgepreßten Brötchen, dem würfelig geschnittenen Schinken und den kleinwürfelig geschnittenen Gurken gut vermischen, salzen und pfeffern und pikant abschmecken.
Pro Portion etwa 862 Kalorien / 3605 Joule.

300 g Bratwurstfarce, 1 Brötchen, 100 g gekochter Schinken, 3–4 Gewürzgurken, Salz, Pfeffer

Kalbsbrust, gebacken

Einen Kalbsbrustkern mit grob geschnittenem Suppengrün, Zwiebel, Pfefferkörnern, Lorbeerblatt und Prise Salz kochen. Sobald das Fleisch gar ist, herausnehmen, die Knochen auslösen, das Fleisch halb auskühlen lassen. Dann in gleichmäßige, fingerdicke Stücke schneiden, salzen, wie Wiener Schnitzel in Mehl, Eiern und Bröseln panieren und in heißem Fett goldgelb backen.
Pro Portion etwa 445 Kalorien / 1865 Joule.

500 g Kalbsbrust, Suppengrün, Salz, Zwiebel, 4 Pfefferkörner, ¼ Lorbeerblatt, Mehl, 2 Eier, Brösel, Fett zum Backen

Kalbsnuß, glaciert

Die ausgelöste und gesalzene Kalbsnuß ca. 1½ Stunden auf Knochenunterlage wie Kalbsbraten braten. Den Bratensaft abseihen, das Mehl mit Sahne gut verrühren, in den Bratensaft einkochen und etwas Zitronensaft dazugeben. Wenn der Saft 1 bis 2 Minuten gekocht hat, 1 Eigelb und ein Stück zerlassene Butter verrühren und der bereits aufgekochten Soße beigeben. Diese darf jetzt nicht mehr kochen, sondern muß heiß geschlagen werden. Das Fleisch dann in Scheiben schneiden und auf eine vorgewärmte Schüssel auflegen. Zwischen die Fleischscheiben je eine Scheibe gebratene Gänseleber (oder Gänseleberpastete) geben sowie in Butter angeröstete Champignons. Die so zusammengesetzte Kalbsnuß hierauf mit der Soße übergießen, mit gehacktem Petersiliengrün bestreuen. Dazu gedünstete grüne Bohnen und Reis servieren.
Pro Portion etwa 760 Kalorien / 3178 Joule.

750 g Kalbsnuß (Frikandeau), Salz, 1 KL Mehl, ⅛ l Sahne, Zitronensaft, Butter oder Öl, Champignons, Petersilie, Gänseleber, 1 Eigelb

Kalbskoteletts, paniert

Die Koteletts klopfen, würzen, in verquirltem Ei und in Paniermehl panieren und in heißer Butter auf beiden Seiten braun braten (8–10 Minuten). Mit Zitronenscheiben garniert servieren.
Pro Portion etwa 550 Kalorien / 2302 Joule.

4 Kalbskoteletts, 1 Ei, Salz, Pfeffer, 2 EL Paniermehl (Brösel), 3 EL Butter, Zitrone

Kalbskoteletts, natur gebraten

4 Kalbskoteletts (à 200—220 g), Salz, Mehl, Fett, 20 g Butter, Brühe

Dick geschnittene Kalbskoteletts klopfen, den Rand einschneiden, salzen, eine Seite in Mehl tauchen und in der Pfanne in heißem Fett zuerst mit der bemehlten Seite braten, dann umdrehen und fertig braten (8—10 Minuten). Die Koteletts warm stellen. Butter in derselben Pfanne braun werden lassen, mit etwas Wasser oder Brühe zum Saft aufgießen.
Pro Portion etwa 445 Kalorien / 1863 Joule.

Kalbskotelett parisienne

4 Kalbskoteletts, 200 g Champignons, 3 EL dicke Béchamelsoße, Petersilie, Salz, Pfeffer, 80 g Butter, 80 g Parmesan, Brösel

Die gesalzenen Koteletts nur auf einer Seite in Butter braten, auf das gefettete Backblech mit der gebratenen Seite nach oben legen. Die Champignons in kleine Würfel schneiden, in einem Stück Butter rasch anrösten; Petersilie, Salz, Pfeffer hinzufügen, mit dicker Béchamelsoße binden und auf die Koteletts verteilen. Stark mit Parmesan bestreuen, etwas Brösel und zerlassene Butter daraufgeben und im Ofen gratinieren.
Pro Portion etwa 570 Kalorien / 2485 Joule.

Kalbsmedaillons

8 Kalbsmedaillons (à 100 g), Salz, weißer Pfeffer, 2 EL Mehl, 1 EL Öl, 20 g Butter

Die Medaillons (Filets in 2 cm dicke Scheiben schneiden) kalt waschen, trockentupfen, rundherum mit Fäden umwickeln, damit sie beim Braten hoch bleiben. Salzen, pfeffern, in Mehl wenden und in heißem Öl auf jeder Seite etwa ½ Minute braten, frische Butter beigeben und jede Seite noch etwa je 1½ Minuten braten. Das Innere muß rosa bleiben. Die Medaillons herausnehmen, die Fäden entfernen und heiß anrichten.
Pro Portion etwa 430 Kalorien / 1800 Joule.

Kalbsmedaillons, glaciert

8 Kalbsmedaillons, 80 g Butter, 120 g Champignons, Zitrone, einige EL Sahne, Mehl, 1 EL Parmesan, Salz, Pfeffer, Muskat

Die gesalzenen, leicht gepfefferten Medaillons rasch in Butter auf beiden Seiten anbraten, auf ein Backblech legen. Im Bratfett die in Scheiben geschnittenen Champignons mit etwas Zitronensaft und einigen Löffeln Sahne schmoren. Das Ganze mit einer Messerspitze Mehl einkochen, mit Salz, Pfeffer und Muskat würzen, über die Medaillons geben, stark mit Parmesan bestreuen und im heißen Ofen rasch gratinieren.
Pro Portion etwa 470 Kalorien / 1970 Joule.

Naturschnitzel

Die auf beiden Seiten gut geklopften Schnitzel salzen, eine Seite in Mehl tauchen und mit der bemehlten Seite zuerst in einer sehr heißen Pfanne mit genügend heißem Fett und bei starkem Feuer rasch braten. Wichtig ist dabei, daß immer nur so viele Schnitzel in die Pfanne gelegt werden, wie sie rasch richtig braten können. Legt man zu viele Schnitzel auf einmal ein, dringt das Wasser aus dem Fleisch heraus, die Schnitzel beginnen zu »kochen« anstatt zu braten. Sind die Schnitzel auf der einen Seite schön braun gebraten, werden sie gewendet und auf der zweiten Seite rasch fertiggebraten. Dann aus der Pfanne nehmen, auf einer Schüssel anrichten und warm stellen. Im Bratrückstand ein Stück frische Butter aufschäumen lassen, etwas Flüssigkeit dazugießen, die Bratkruste auflösen und aufkochen lassen. Den Saft mit einigen Tropfen Zitronensaft abschmecken und über die Schnitzel gießen.
Pro Portion etwa 275 Kalorien / 1150 Joule.

4 Schnitzel (à 150 g), Salz, Mehl, 60 g Fett (Butter), Zitrone, Brühe oder Wasser

Cordon bleu (Käse-Schinken-Schnitzel)

In die etwas dicker (ca. 2 cm) geschnittenen Schnitzel seitlich eine Art Tasche einschneiden, die Schnitzel breitklopfen. Je eine Scheibe Schinken und 1 Scheibe Käse in die Taschen stecken, mit Holzstäbchen zusammenstecken. Salzen, leicht pfeffern, in Mehl wenden, durch die verquirlten Eier ziehen, in Brösel panieren und in heißem Feuer auf jeder Seite ca. 8—10 Minuten goldbraun backen. Auf vorgewärmter Platte anrichten, mit Zitronenscheiben.
Pro Portion etwa 480 Kalorien / 2010 Joule.

4 Kalbsschnitzel (à 150—200 g), Salz, Pfeffer, 4 Scheiben gekochter Schinken, 4 Scheiben Emmentaler Käse, 1—2 Eier, 3—4 EL Mehl, 50 g Fett, Zitrone

Kalbsschnitzel à la Holstein

Die Kalbsschnitzel werden wenig in Mehl geschwenkt, in Fett natur gebraten. Auf jedes fertige Schnitzel kommen je 1 Spiegelei und 2 Sardellenfilets. Dazu serviert man je nach Jahreszeit eine reichhaltige Gemüse- und Salatplatte.
Pro Portion etwa 1100 Kalorien / 4605 Joule.

4 Kalbsschnitzel (à 150 g), 60 g Fett, Salz, Pfeffer, 40 g Mehl, 4 Eier, 8 Sardellenfilets

Kapernschnitzel

600 g Kalbsschnitzel, 40 g Butter, 4–6 EL Weißwein, 2 EL Milch, 1–2 TL Kapern, Mehl, Estragon, Salz

Die Schnitzel wie Naturschnitzel auf beiden Seiten braten, mit Estragon würzen und salzen. Dann mit Wein und Milch aufgießen, die gehackten Kapern beigeben und aufkochen lassen. Zum Schluß mit Mehl, das mit etwas Weißwein glattgerührt wurde, binden. Beilage: Nußkartoffeln, Kopfsalat.
Pro Portion etwa 480 Kalorien / 2010 Joule.

Paprikaschnitzel

4 Naturschnitzel, Salz, Mehl, 40 g Butter, Edelsüßpaprika, 1 Tasse saure Sahne, 2 EL Sahne

Die Naturschnitzel wie vorhin beschrieben braten und warm stellen. In den Bratensaft Paprika einstreuen, mit glattgerührter saurer Sahne und etwas süßer Sahne aufgießen, einkochen, abschmecken und über die angerichteten Schnitzel passieren. Die Schnitzel darin noch etwas ziehen lassen. Mit Spätzle servieren.
Pro Portion etwa 450 Kalorien / 1880 Joule.

Schnitzel auf Pariser Art

4 Kalbsschnitzel, Salz, Pfeffer, 2 Eier, Fett oder Öl zum Backen

Die gut geklopften Schnitzel salzen, pfeffern und beide Seiten in Mehl und nachher in gut verquirlte Eier tauchen und in das heiße Fett zum Backen geben. Beide Seiten schön goldgelb backen.
Pro Portion etwa 365 Kalorien / 1530 Joule.

Kalbsschnitzel auf Parmaart

4 Kalbsschnitzel (pro Stück 120 g), Salz, Pfeffer, 40 g Butter, 80 g Champignons, 4 EL Zuckererbsen, 50 g Parmesan, 200 g Reis, 1 Ei, 4 EL saure Sahne

Die Schnitzel dicker schneiden als sonst, leicht klopfen, salzen und auf einer Seite anbraten. Den Reis inzwischen weich dünsten, mit den in Butter weich gedünsteten Erbsen, dem rohen Ei, gehackten Champignons und Parmesan gut vermischen. Diese Masse auf die gebratene Seite der Schnitzel auftragen, stark mit Parmesan extra noch bestreuen und auf ein gut gefettetes Backblech (oder in eine gefettete Pfanne) geben, mit der sauren Sahne, gut verrührt, übergießen und im heißen Ofen eine Viertelstunde braten. Mit grünem Salat servieren. Tomatensoße extra servieren.
Pro Portion etwa 395 Kalorien / 1655 Joule.

Sahneschnitzel

Die Schnitzel klopfen, am Rand einschneiden, salzen, auf einer Seite in Mehl tauchen, zuerst auf dieser, dann auf der zweiten Seite in heißer Butter rasch braun braten, aus der Pfanne nehmen und warm stellen. Den Saft mit 2 Löffel Brühe oder Wasser auflösen, verrühren, saure Sahne, gehacktes Petersiliengrün, einige Tropfen Zitronensaft und Senf beigeben. Verrühren und aufkochen.
Pro Portion etwa 415 Kalorien / 1740 Joule.

4 Kalbsschnitzel, 2 EL Mehl, Salz, 40 g Butter, 2–4 EL saure Sahne, Petersiliengrün, Zitrone, 1 Msp Senf, Brühe oder Wasser

Wiener Schnitzel

Die Kalbsschnitzel, nicht zu dünn geschnitten, gut klopfen, am Rand einschneiden, salzen und beide Seiten in Mehl eintauchen. In einer Schüssel zwei ganze Eier, einige Tropfen Öl und 1 Eßlöffel Milch gut verrühren, die Schnitzel darin eintauchen, dann mit Bröseln panieren. Die Brösel beim Panieren nicht mit der Hand festklopfen, sondern nur einmal leicht andrücken und die überflüssigen Brösel abschütteln. Panierte Schnitzel nie lange liegen lassen, sondern nach dem Panieren sofort backen, die Brösel werden sonst feucht, die Panier beim Backen hart. In einer Pfanne schwach zweifingerhoch Fett erhitzen (170°), die Schnitzel einlegen und unter Schütteln der Pfanne und einmaligem Umdrehen backen.
Pro Portion etwa 445 Kalorien / 1865 Joule.

4 Schnitzel von der Kalbsnuß, Salz, Mehl, 2 Eier, ½ EL Öl, 1 EL Milch, Paniermehl (Brösel), Schmalz oder Öl (oder beides gemischt) zum Backen

Kalbsvögel in Sahnesoße

Die geklopften Schnitzel leicht salzen, mit etwas Senf bestreichen und die Fülle auftragen, aufrollen und mit Bindfaden zusammenbinden oder mit einer Rouladenklammer zusammenhalten. In Mehl wenden, in heißem Fett rundum anbraten, mit Fleischbrühe (oder Wasser) aufgießen, Weißwein, Zitronensaft und Sahne beigeben und zugedeckt bei mittlerer Hitze ca. ½ Stunde schmoren. Die Rouladen herausnehmen, die Klammer bzw. Bindfaden entfernen. Die Soße abschmecken und heiß über die angerichteten Kalbsvögel gießen.
Fülle: Das feine Hackfleisch mit eingeweichtem, ausgedrücktem Brötchen, feingeschnittener Zwiebel, gehackter Petersilie und Ei gut vermischen, mit Salz, Pfeffer, Rosmarin würzen und abschmecken.
Pro Portion etwa 620 Kalorien / 2595 Joule.

4 Kalbsschnitzel (à 125 g, aus der Keule), Salz, Senf, 125 g Hackfleisch (Schweinefleisch), Salz, Pfeffer, Rosmarin, ½ Brötchen, 1 kleine Zwiebel, Petersiliengrün, 1 Ei, Mehl, 40 g Fett, Fleischbrühe, Zitrone, 1 EL Weißwein, ⅛ l saure Sahne

Kalbsgulasch

500 g Kalbfleisch, 3 EL Fett, 2 Tomaten, 1 Zwiebel, 2 EL Mehl, Salz, 1 Tasse Brühe, 1 Lorbeerblatt

Das Fleisch in nicht zu große Würfel schneiden und in heißem Fett mit kleingeschnittenen Zwiebeln und Tomaten anbraten. Das gebräunte Fleisch mit Mehl stauben, salzen, Brühe oder Wasser zugießen, das Lorbeerblatt dazugeben und ca. 1 Stunde garschmoren. Die Soße abschmecken; das Lorbeerblatt entfernen.
Pro Portion etwa 435 Kalorien / 1821 Joule.

Kalbsgulasch auf Wiener Art

500 g Kalbfleisch, würfelig geschnitten, 3–4 feingeschnittene Zwiebeln, 4 EL Fett, 1 EL Paprika, 1 EL Wasser und 1 Spritzer Essig, 1 Tasse Rahm, 1 EL Mehl, ½ Tasse Wasser, Salz, Pfeffer

Die feingeschnittenen Zwiebeln in heißem Fett hellgelb dünsten, mit Paprika bestreuen, 1 Eßlöffel Wasser dazugeben und die Zwiebeln 2 Minuten dünsten. Dann das Fleisch, würfelig geschnitten, beigeben und leicht salzen. In ½ Stunde garrösten. Sahne mit Mehl und Wasser verquirlen und zum Fleisch geben. Zugedeckt noch 10 Minuten dünsten. Im Reisrand anrichten.
Pro Portion etwa 445 Kalorien / 1863 Joule.

Kalbspörkölt

500 g Kalbsschulter, Salz, 150 g geräucherter Speck, 200 g Zwiebeln, 10 g Edelsüßpaprika, 1 EL Tomatenmark, 1 Knoblauchzehe, Zitronenschale, 10 g Stärkemehl

Kleinwürfelig geschnittenen Speck glasig rösten, die feingeschnittenen Zwiebeln beigeben und goldgelb rösten, paprizieren und mit einem Schuß Wasser ablöschen. Das würfelig geschnittene, leicht gesalzene Kalbfleisch, zerdrückten Knoblauch, etwas Zitronenschale und das Tomatenmark beigeben und schmoren. Zuletzt mit etwas Stärkemehl binden und mit der nötigen Menge Flüssigkeit zur richtigen Konsistenz verkochen.
Pro Portion etwa 515 Kalorien / 2156 Joule.

Geschnetzeltes

500 g Kalbfleisch (Keule), Salz, Pfeffer, 2 EL Öl, 20 g Butter, 1 feingehackte Zwiebel, 200 g Champignons, ¼ l Weißwein, ⅜ l Sahne, Petersilie

Das Kalbfleisch in kleine Streifen schneiden (»schnetzeln«), mit Salz und Pfeffer würzen, in heißem Öl kurz anbraten, das Fleisch aus der Pfanne nehmen und warm stellen. Das Öl abgießen, frische Butter in die Pfanne geben, darin Zwiebel und blättrig geschnittene Champignons andünsten. Mit Salz und Pfeffer leicht würzen, den Wein dazugießen und zur Hälfte einkochen lassen. Dann auch die Sahne beigeben und zur gewünschten Dicke einkochen. Dann das Fleisch in die Soße geben, erhitzen, abschmecken, mit Petersilie bestreut servieren.
Pro Portion etwa 510 Kalorien / 2135 Joule.

Schweinefilets Cäsar Augustus

Rezept Seite 310

Kalbsragout auf bürgerliche Art

Die Kalbsschulter in größere Würfel schneiden. Das Fleisch salzen, mit Mehl stauben und in kleinen Mengen nach und nach in heißem Fett kräftig braun anbraten, herausnehmen und warm stellen. Die Zwiebeln fein schneiden und im selben Fett anrösten, Tomatenmark beigeben, gut verrühren und mit Weißwein aufgießen. Dann das Fleisch in die Soße geben. Die Möhren, Sellerie oder Kohlrüben in gleichmäßige Stücke schneiden und mit dem Fleisch mitschmoren. Wenn das Fleisch weich ist, den Saft abseihen, den Weißwein und etwas Zitronensaft mit Stärkemehl verrühren, in den Saft einkochen und die Soße über das warm gestellte Fleisch passieren. Zum Schluß die Champignons in Viertel schneiden und einige Minuten mitkochen. Man kann auch grüne Erbsen und Bohnen, extra gekocht, dazugeben. Reis oder Kartoffeln mitservieren.
Pro Portion etwa 345 Kalorien / 1445 Joule.

500 g Kalbsschulter, 2 kleine Zwiebeln, Salz, 1 EL Tomatenpüree, 200 g Möhren, 200 g Sellerie oder Kohlrüben, 1 EL Stärkemehl, 1 Tasse Weißwein, Zitronensaft, 250 g Champignons, grüne Bohnen und Erbsen, Mehl, Fett

Reisfleisch

Das Fleisch kleinwürfelig schneiden. Feingeschnittene Zwiebeln im Fett goldgelb rösten, paprizieren, mit Wasser löschen. Fleisch und Tomatenmark beigeben, salzen und schmoren. Dann einen Teil des Saftes abseihen und mit der sauren Sahne, mit Mehl glatt verrührt, binden. Zum fast fertigen Fleisch kommen nun der trocken abgeriebene Reis und die erforderliche Menge Wasser oder Suppe. Zugedeckt alles zusammen auf schwachem Feuer 25 Minuten dünsten. Den Reis mit dem Fleisch in eine mit Wasser benetzte Schale drücken, stürzen, mit Parmesan bestreuen und mit der Paprikasoße umkränzen.
Pro Portion etwa 500 Kalorien / 2090 Joule.

400 g Kalbsschulter, 150 g Fett, 200 g Zwiebeln, 10 g Paprika, 2 EL Tomatenmark, ⅛ l saure Sahne, 10 g Mehl, 500 g Reis, Salz, Parmesan

Kalbshaxe

Die Haxe würzen, mit einer Zwiebel, fein geschnitten, in heißem Fett anbraten. Wenig Wasser zugießen und schmoren, dabei öfter umwenden und schön bräunen (1½ Stunden). Aus Fett und Mehl eine dunkle Mehlschwitze bereiten, mit der Brühe ablöschen, abschmekken und über das inzwischen ausgelöste Fleisch gießen.
Pro Portion etwa 445 Kalorien / 1863 Joule.

1 Kalbshaxe (1000 g), 1 Zwiebel, 3 EL Butter, 1 Tasse Wasser, 1 EL Mehl, Salz, Pfeffer

Kalbshaxe auf italienische Art
(Osso bucco)

1 hintere Kalbshaxe (1000 g), Salz, Pfeffer, Mehl, Öl, 1 Zwiebel, Suppengrün, ½ EL Tomatenmark, ⅛ l Weißwein, 500 g Tomaten, 1 Knoblauchzehe, Pfeffer, Zitrone, Petersiliengrün

Die gewaschene Kalbshaxe (Hesse) mit der Knochensäge in 4 fingerdicke Scheiben schneiden, salzen, pfeffern, in Mehl tauchen und in ein wenig Öl gut braun anbraten, in eine Kasserolle legen und warm stellen. Im Bratrückstand die feingeschnittene Zwiebel anrösten, sehr kleinwürfelig geschnittenes Suppengrün und ½ EL Tomatenmark, den Weißwein, ⅛ l Wasser, zerdrückten Knoblauch sowie Pfeffer beigeben und zusammen mit dem Fleisch gut 1 Stunde langsam schmoren. Bevor alles gar ist, die geschälten, ausgedrückten und würfelig geschnittenen Tomaten beigeben und mitschmoren. Mit Zitronensaft abschmecken. Die Haxe anrichten, mit dem Geschmorten bedecken, mit dem Saft begießen und mit gehackter Petersilie bestreuen. Mit gebackenen Kartoffeln, Maiskroketten, Risotto oder Makkaroni servieren.
Pro Portion etwa 660 Kalorien / 2763 Joule.

Kalbskopf, gebacken

1 Kalbskopf (3000 g), 3 l Wasser, Salz, 2 Lorbeerblätter, 4 Wacholderbeeren, 2 Nelken, 4 Pfefferkörner, 2 EL Öl, ½ Zitrone, 4 EL Mehl, 2 Eier, 6 EL Paniermehl, Salz, weißer Pfeffer, 1 l Öl oder 750 g Kokosfett

Kalbskopf vom Fleischer halbieren lassen. Unter fließendem Wasser kräftig spülen und reinigen. Wasser mit den Gewürzen zum Kochen bringen, den Kalbskopf darin zugedeckt bei mittlerer Hitze 1½ Stunden kochen. Kalbskopf aus der Brühe nehmen und gut abtropfen lassen und kalt stellen. (Die Brühe für Gemüsesuppe verwenden!) Das Fleisch auslösen (möglichst zusammenhängende Fleischstücke), dann in gleichstarke Rechtecke schneiden, mit Öl und Zitronensaft beträufeln, in Mehl wenden, durch verquirlte Eier ziehen und in Bröseln panieren. In heißem Fett (180 Grad) backen.
Pro Portion etwa 375 Kalorien / 1570 Joule.

Kalbsfüße, gekocht

4 Kalbsfüße (à 750 g), 3 l Wasser, Salz, 2 Zwiebeln, 5 Pfefferkörner, 1–2 Nelken, ½ Lorbeerblatt

Wasser mit Salz zum Kochen bringen, die gewaschenen Kalbsfüße beigeben, ebenso die geschälten Zwiebeln, die Pfefferkörner, die Nelken und das Lorbeerblatt. Ca. 60 Minuten kochen lassen. Die Füße herausheben, Haut und Fleisch von den Knochen lösen, das Fleisch zwischen zwei Brettchen beschwert glattpressen und einige Stunden im Kühlen stehen lassen.
Pro Portion etwa 510 Kalorien / 2134 Joule.

HAMMEL, LAMM, KITZ

Hammelbraten

Das Fleisch kalt waschen, trockentupfen, mit einem Gemenge aus Salz, Pfeffer, Zitronensaft und feingeriebener Zitronenschale kräftig einreiben und mit Senf bestreichen. In heißem Fett 5 Minuten von allen Seiten anbraten. Die feingeschnittene Zwiebel, den mit Salz zerdrückten Knoblauch und würfelig geschnittenes Suppengrün beigeben. Alles 5 Minuten mitbraten. Nach und nach mit heißer Bouillon (oder Wasser) angießen, Thymian, leicht zerdrückte Wacholderbeeren dazugeben. Im mittelheißen Ofen etwa 90 Minuten braten. Dazwischen immer wieder mit Bratenfond begießen. Sobald das Fleisch gar ist, herausnehmen, in 4 Portionsstücke schneiden und warm stellen. Den Bratenfond etwas verkochen, mit Sahne und Speisestärke, beides mit wenig kalter Flüssigkeit glattgerührt, binden und einmal aufkochen. Wenig davon sehr heiß über die Tranchen des angerichteten Bratens gießen, den Rest der Soße extra geben. Muß immer sehr heiß serviert werden.
Pro Portion etwa 745 Kalorien / 3119 Joule.

750 g Hammelfleisch (von Bug oder Keule), Salz, Pfeffer, 1 Zitrone, 2 TL Senf, 40 g Schweinefett, 1 Zwiebel, 1 Knoblauchzehe, Suppengrün, ¼ l heiße Bouillon (oder Wasser), Thymianstämmchen, 3 Wacholderbeeren, 1 Tasse saure Sahne, 2 TL Speisestärke

Hammelbraten auf Bäckerart

Hammelkeule hohl auslösen und binden. Mit Salz, Pfeffer, Zitronensaft und feingeriebener Zitronenschale sowie zerdrücktem Knoblauch und Senf kräftig einreiben. Im heißen Öl anbraten und mit der schönen Seite nach unten im heißen Ofen weiterbraten. Nach 10 Minuten grob oder in Scheiben geschnittene Zwiebeln beigeben und mitbraten, bis die Zwiebeln leicht Farbe angenommen haben. Dann die rohen, in nicht zu dicke Scheiben geschnittenen und gesalzenen Kartoffeln beigeben. Alles fertigbraten, dabei immer wieder die Pfanne rütteln, die Kartoffeln wenden und mit etwas Brühe untergießen. Beim Anrichten wird der tranchierte Braten auf die Kartoffeln gelegt und an der Seite mit in Butter geschwenkten grünen Bohnen garniert. Sehr heiß servieren.
Pro Portion etwa 865 Kalorien / 3621 Joule.

750 g Hammelfleisch (von Bug oder Keule), Salz, Pfeffer, Zitrone, 2 TL Senf, 1 Knoblauchzehe, Öl, 2–3 Zwiebeln, 800 g Kartoffeln, ½ l Bouillon, 250 g grüne Bohnen

Hammelfleisch mit Curry

750 g Schulter, 40 g Fett, Salz, 2 Zwiebeln, ½ EL Curry, 2 Äpfel, 1 EL gehacktes Mango Chutney, ½ EL Kokosfett, 20 g Mehl, 1/16 l Sahne

Das Fleisch würfelig schneiden, in wenig Fett anbraten, salzen und in eine frische Kasserolle legen. Im Bratrückstand feingeschnittene Zwiebeln goldgelb rösten, den Curry beigeben, kurz rösten und sofort mit Wasser ablöschen und über das Fleisch gießen. Blättrig geschnittene Äpfel, Mango Chutney, Kokosfett beigeben und im Ofen mitschmoren. Wenn das Fleisch weich ist, den Saft eingehen lassen, mit Mehl stauben und mit Wasser zu einer molligen Soße verkochen. Das Fleisch in ein neues Geschirr umstechen, die Soße mit Sahne vollenden und über das Fleisch passieren. Beilagen: Reis, grüner Salat.
Pro Portion etwa 715 Kalorien / 2993 Joule.

Hammelgulasch

600 g Hammelfleisch, 300 g Zwiebeln, 60 g Fett, 1 TL Edelsüßpaprika, ⅛ l Weißwein, Bouillon (oder Wasser), Salz, 1 EL Tomatenpüree, 1 Knoblauchzehe, etwas Zitronenschale, ⅛ l saure Sahne, 1 TL Mehl

Die feingeschnittenen Zwiebeln in heißem Fett glasig werden lassen, dann das grobwürfelig geschnittene Hammelfleisch beigeben und anbräunen, paprizieren, mit Weißwein ablöschen und mit heißer Brühe aufgießen. Tomatenpüree, etwas feingeriebene Zitronenschale, zerdrückten Knoblauch beigeben, salzen und langsam schmoren. Zum Schluß mit glattgerührter saurer Sahne und Mehl binden. Abschmecken und sehr heiß servieren. Beilage: Vorgekochte Kugelkartoffeln, grüne Erbsen.
Pro Portion etwa 800 Kalorien / 3350 Joule.

Hammelpilaw

500 g Schulterfleisch von Hammel oder Lamm, 40 g Butter, 4 Zwiebeln, Salz, Pfeffer, ¾ l heiße Bouillon oder Wasser, 200 g Reis, 250 g Tomaten, 1 Msp Edelsüßpaprika, Prise Zucker

Das Fleisch kalt waschen, trockentupfen und in gröbere Würfel schneiden, in heißer Butter 5 Minuten anbraten, würfelig geschnittene Zwiebeln und etwas zerdrückten Knoblauch beigeben und wieder 5 Minuten weiterbraten, salzen und pfeffern und mit heißem Wasser angießen. 60 Minuten bei mittlerer Hitze zugedeckt kochen lassen. Reis waschen, abtropfen lassen und nach 40 Minuten Kochzeit den Reis beigeben und mitkochen lassen. Die gewaschenen, entkernten und grobwürfelig geschnittenen Tomaten 5 Minuten vor dem Ende der Garzeit beigeben. In 1 EL heißer Kochflüssigkeit den Edelsüßpaprika auflösen und dazugeben, mit Zucker nachwürzen und abschmecken.
Pro Portion etwa 800 Kalorien / 3350 Joule.

Lammbraten

750 g Fleisch (Keule, Sattel oder Schulter), Salz, Pfeffer, 1 Knoblauchzehe, 3 EL Fett, Knochen, 20 g Mehl, 1 EL Tomatenpüree, Petersiliengrün mit Stengel

Das Fleisch mit einer Mischung aus Salz, Pfeffer, zerdrücktem Knoblauch, etwas feingehackter Petersilie (oder Zitronensaft und feingeriebener Zitronenschale) fest einreiben. In heißem Fett anbraten, mit der schönen Seite dabei zuerst nach unten auf eine Lage gehackte Knochen legen und unter häufigem Begießen mit Eigensaft, fallweise auch etwas Wasser untergießen, fertig braten. Lammfleisch wird fast durchgebraten, das heißt, es soll am Knochen noch leicht rosa sein.
Bratdauer bei Rücken: ca. 45 Minuten, bei der Keule je nach Größe 50 Minuten bis 1¼ Stunden.
Den Braten warm stellen. Den Bratsatz und die Knochen schön bräunen, überflüssiges Fett abgießen, leicht mit Mehl stauben, mit Tomatenpüree würzen, kurz durchrösten und mit Wasser aufgießen (pro Portion rechnet man 1/16 l Wasser), die Krusten gut lösen und verrühren, einige Petersilienstengel beigeben und gut verkochen lassen. Abseihen und den tranchierten, angerichteten Braten mit dem Saft umkränzen.
Zu Lammfleisch werden Kartoffeln (zum Beispiel Prinzeßkartoffeln, Bratkartoffeln, Bäckerkartoffeln) serviert. An Gemüse kann man grüne Bohnen, glacierte Zwiebeln und naturzubereitetes Gemüse sowie grünen Salat servieren.
Pro Portion etwa 700 Kalorien / 2930 Joule.

Lammrücken auf englische Art

750 g Lammrücken, 100 g Champignons, Petersiliengrün, 1 Knoblauchzehe, 3 EL Brösel, Salz, Pfeffer, Parmesan, 8 Tomaten, 700 g grüne Bohnen

Den Lammrücken waschen, mit Salz und Pfeffer einreiben. Die Champignons, Petersiliengrün und etwas Knoblauch sehr fein hacken, mit Bröseln zu einer streichfähigen Paste verrühren, würzen. Den Lammrücken in heißem Fett braun anbraten; den Rücken mit der Paste bedecken, Parmesan daraufstreuen und in den heißen Ofen zum Weiterbraten stellen, bis sich eine knusprige Kruste gebildet hat. Die Rückenfilets nun mit einem schmalen, dünnen Messer vom Knochen lösen, in dikkere Stücke schneiden, wieder zusammenfügen und auf das Knochengerüst setzen. Mit gebratenen, halbierten Tomaten und grünen Bohnen garnieren.
Pro Portion etwa 640 Kalorien / 2680 Joule.

Lämmernes, gebacken, oder gebackenes Kitz

800 g Lammfleisch (Rücken, Keule) oder Kitzfleisch, Salz, Mehl, 2 Eier, Brösel, Fett zum Backen, Zitronenspalten

Pro Portion rechnet man 3 kleinere Fleischstücke mit einem Gesamtgewicht von ca. 200 g (samt Knochen). Gut salzen, mehlen, durch verquirlte Eier und Brösel ziehen und in heißem Fett schwimmend wie Schnitzel backen. Dabei die längere Garzeit der knochigen Stücke berücksichtigen! Mit Zitronenspalten anrichten. Salate dazu servieren.
Pro Portion etwa 715 Kalorien / 2990 Joule.

Irish Stew

800 g Lammschulter, 5 EL Öl, 1 Zwiebel, 1 Knoblauchzehe, Salz, Pfeffer, Muskat, 300 g Mohrrüben, 1 Sellerieknolle, 150 g Lauch, ¼ Weißkohlkopf, 1 l Bouillon, je 1 Prise Kümmel und Thymian, 250 g geschälte Kartoffeln, 1 kleine Kartoffel, 1 EL gehacktes Petersiliengrün

Das Lammfleisch in nicht zu große Würfel schneiden, die Zwiebel in Streifen, Mohrrübe, Sellerie und Kartoffeln kleinwürfelig schneiden, Kohl und Lauch grobblättrig schneiden. In erhitztem Öl das Fleisch anbraten, salzen und pfeffern und ringsum braun anbraten. Zwiebel, zerdrückten Knoblauch und das Gemüse ohne die Kartoffeln beigeben, mitschmoren lassen, mit Bouillon aufgießen, mit Kümmel, Muskat und Thymian, Salz und Pfeffer würzen und abschmecken. 1 bis 1½ Stunden auf kleinem Feuer kochen lassen. Eine Viertelstunde vor dem Garwerden des Fleisches die Kartoffeln beigeben und weiterkochen lassen. Kurz vor dem Servieren mit der kleinen, geschälten und geraffelten Kartoffel binden. Abschmecken. Mit gehacktem Petersiliengrün bestreut anrichten.
Pro Portion etwa 695 Kalorien / 2910 Joule.

Kitzbraten

1400 g Kitzbraten, Salz, Pfeffer, Majoran, Zitronensaft, Senf, 60 g Speck, würfelig geschnitten, 1 Tasse Sauerrahm, 1 TL Stärkemehl

Fleisch waschen, trockentupfen, salzen und mit den Gewürzen einreiben. Zuerst den würfelig geschnittenen Speck anbraten, dann das Fleisch darauflegen und im heißen Backofen von allen Seiten gut anbraten (ca. 1 Stunde). Den Bratensaft mit etwas Fleischbrühe, Sauerrahm, mit Stärkemehl glattgerührt, binden und zu einer Soße verkochen.
Die Soße wird über den tranchierten angerichteten Kitzbraten gegossen.
Pro Portion etwa 680 Kalorien / 2845 Joule.

Hackfleisch und Würste

Hackfleischgerichte sind sehr beliebt, sie sind wirtschaftlich nicht aufwendig, lassen sich leicht zubereiten und beliebig variieren. Allerdings ist gerade bei Hackfleischgerichten große Sorgfalt nötig. Man verwende dazu immer nur absolut frisches Fleisch! Hackfleisch auch nie aufbewahren, sondern sehr bald verarbeiten. Sehr wichtig ist es auch, daß man das Hackfleisch und alle Zutaten sehr kräftig vermengt, am besten mit den Händen so lange knetet, bis die Hackmasse geschmeidig wird und sich gut bindet. Je feiner die Masse bearbeitet bzw. geknetet wird, desto besser bindet sie sich und wird beim Braten nicht aufreißen.

Hamburger

500 g Hackfleisch oder Tatar, 1 Zwiebel, Bratfett, Salz, Pfeffer, 8 Salatblätter, 4 Brötchen, Tomatenketchup, Senf

Im heißen Bratfett die in Ringe geschnittene Zwiebel goldgelb braten, herausnehmen und warm stellen. Das Beefhack salzen, pfeffern und sehr gut kneten. Aus der Masse 2 cm dicke, 6 cm lange Frikadellen formen und im heißen Bratfett rasch knusprig braten. Die Hamburger dürfen innen noch rot bis rosa sein! Die Brötchen etwas aufschneiden (müssen aber zusammenhängend bleiben), die Hamburger mit den Zwiebelringen zwischen zwei kurz marinierte Salatblätter einlegen und in die Brötchen schieben. Dazu Tomatenketchup und Senf.
Pro Portion etwa 480 Kalorien / 2010 Joule.

Deutsches Beefsteak

500 g Hackfleisch, 1 Zwiebel, Salz, Pfeffer, 2 EL Wasser, 1 EL Mehl, 60 g Butter, 2 Zwiebeln

Die feingeschnittene Zwiebel mit Fleisch, Mehl und Wasser zu einer geschmeidigen Farce verarbeiten und längliche Klöße daraus formen. In die Mitte drückt man ein kleines Stück Butter und verschließt die Vertiefung wieder. In heißem Fett auf beiden Seiten etwa 5 Minuten rasch braten, dabei fleißig mit heißem Fett begießen. Dann die in Ringe geschnittenen zwei Zwiebeln knusprig braten und die Beefsteaks damit garnieren. Den Bratensaft kann man mit etwas angerührtem Mehl binden und mit etwas Brühe pikant abschmecken.
Pro Portion etwa 420 Kalorien / 1758 Joule.

Frikadellen

400 g Hackfleisch (halb Schweine-, halb Rindfleisch), 2 Brötchen, etwas Milch oder Wasser, 1 Zwiebel, Petersiliengrün, 40 g Fett, 1 Ei, ½ KL Majoran, Pfeffer, Salz, 1 Knoblauchzehe, 1 EL Bratfett

Frikadellen haben verschiedene Namen, so nennt man sie in Berlin Buletten, in Süddeutschland Fleischpflanzl, in Österreich Fleischlaibchen, in Norddeutschland Bratklopse.

Das Hackfleisch mit den in wenig lauwarmer Milch oder Wasser eingeweichten, gut ausgepreßten Brötchen (Semmeln) vermengen, ebenso die in 40 g Fett angeschwitzte, feingeschnittene Zwiebel und gehacktes Petersiliengrün und das Ei dazugeben. Alles gut durchmischen bzw. durchkneten, etwas zerdrückten Knoblauch beigeben, mit Salz, Majoran und Pfeffer würzen. Erneut alles sehr gut durcharbeiten. Dann aus der Masse auf einer Bröselunterlage kleine Laibchen, die Frikadellen (ca. 3 cm hoch, 7 cm lang), formen, leicht flachdrücken und diese in heißem Fett auf beiden Seiten rasch knusprig braten. (Zuerst auf jeder Seite 1 Minute, dann nochmals auf jeder Seite 5 Minuten.) Im Ofen warm stellen.

Werden mit Kartoffelpüree, darauf gerösteten Zwiebeln, oder auch mit Kartoffelsalat, grünem Salat oder Rotkohl serviert.

Sollte die Fleischmasse zu fest werden, gibt man noch 1 Ei bei, ist sie zu locker, kann man sie mit Bröseln festigen.

Man kann die Frikadellen vor dem Braten auch in Bröseln wenden, dann werden sie knuspriger.

Die Farcemasse kann beliebig variiert werden durch die Beigabe von gehackten Paprikaschoten, Gewürzgurken, Tomatenwürfeln, Sardellenstücken, Käsewürfeln, Kapern, Mixed Pickles, Edelsüßpaprika, gehackten Kräutern. Auch in den Garnituren bieten sich mannigfache Abwandlungen, zum Beispiel Spiegelei, Tomatenscheiben oder gebratene Tomaten, Olivenscheiben, Sardellenringe, geriebener Käse, Kapern mit Zwiebelringen, Senf, Tomatenketchup. Oder die gebratenen Frikadellen mit dünnen Scheiben von Äpfeln, Pfirsichen, Birnen oder Ananas belegen, darüber eine Scheibe Käse geben und im Ofen oder im Grill kurz überbacken.

Pro Portion etwa 570 Kalorien / 2485 Joule.

Frikadellen in Sahnesoße

Schweinefleisch, Rindfleisch, das eingeweichte, gut ausgedrückte Brötchen und die in Fett geröstete, feingeschnittene Zwiebel ein- oder zweimal durch den Fleischwolf drehen. In die möglichst gut ausgekühlte Masse Salz, Pfeffer und das Ei geben, gut durchkneten und etwas Wasser einarbeiten. Auf einem Brett die 4 Hamburger-Speck-Scheiben in 10 cm langen Abständen auflegen, das Fleisch in 4 Portionen teilen und diese mit den Händen zu länglicher Eiform formen (vorher die Hände in warmes Wasser tauchen), auf die Speckstreifen auflegen und einrollen. Das jeweilige Ende mit einem Zahnstocher zusammenhalten. In einer Pfanne etwas Fett erhitzen, die Frikadellen einlegen und braten. Dann in eine frische Kasserolle legen und mit der fertigen Soße auffüllen, einmal aufkochen und ½ Stunde langsam ziehen lassen. Mit Reis oder Teigwaren und Gemüse servieren.

Sahnesoße: Kleingehackte Knochen in heißem Fett langsam rösten, sobald sie genügend braun sind, das grobgehackte Suppengrün mitrösten, die feingeschnittene Zwiebel ebenfalls mitrösten, mit Wasser aufgießen, die Gewürze beigeben und möglichst lange langsam kochen lassen. Zum Schluß abseihen, saure Sahne, mit dem Mehl glatt verquirlt, beigeben und die Soße damit binden.

Pro Portion etwa 490 Kalorien / 2050 Joule.

400 g Hackfleisch (halb Schweine-, halb Rindfleisch), 1 Brötchen, Milch oder Wasser, 1 Zwiebel, Fett, 1 Ei, Salz, Pfeffer, 4 lange Scheiben Hamburger Speck
Soße: 500 g feingehackte Schweine- und Kalbsknochen, 40 g Fett, 80 g Suppengrün, 1 kleine Zwiebel, Petersilienstengel, Salz, Pfefferkörner, Zitronenschale, ⅛ l saure Sahne, 15 g Mehl

Butterschnitzel

Kalbfleisch und Schweinefleisch mit dem in Sahne eingeweichten, gut ausgepreßten Brötchen durch den Fleischwolf drehen. Das Fleisch fest kneten, die Eier dazugeben, salzen, pfeffern und geriebenen Muskat beigeben, etwas Sahne einkneten und mit der Hand die Masse geschmeidig abarbeiten. Auf sehr wenig Bröseln flache Schnitzel formen und diese in einer Pfanne in heißem Fett auf beiden Seiten knusprig braun braten. Hernach mit einem größeren Stück Butter und etwas Fleischbrühe in eine Kasserolle geben und eine Viertelstunde in den heißen Ofen stellen. Werden die Butterschnitzel als Diätspeise gereicht, verwendet man nur Kalbfleisch.

Pro Portion etwa 215 Kalorien / 900 Joule.

400 g Hackfleisch (nur Kalbfleisch oder halb Schweine-, halb Kalbfleisch), 1 Brötchen, ⅛ l Sahne, 1—2 Eier, Salz, Muskat, Pfeffer, Brösel, Fett, 50 g Butter, Brühe

Königsberger Klopse

500 g Rindfleisch, 250 g Schweinefleisch, 1 gewässerter Hering (oder evtl. mehrere Sardellen), 1 Zwiebel, 1 in Milch geweichtes Brötchen, einige Pfefferkörner, 1 EL saure Sahne, 3 EL Paniermehl (Brösel), 2 Eier, 60 g Butter, 3 EL Mehl, 1 TL Kapern, ½ Tasse Wein, Salz, Prise Zukker, Zitronensaft

Fleisch mit Hering, Zwiebel und geweichten Brötchen durch die Fleischmaschine drehen, Paniermehl mit Pfeffer, Sahne und Eiern daruntermischen. Nicht zu große Fleischklöße formen und in leicht gesalzenes kochendes Wasser einlegen und ca. 8 Minuten kochen. Helle Mehlschwitze aus Butter und Mehl bereiten und mit 1 l der gewonnenen Brühe und Wein auffüllen und Kapern, geriebene Pfefferkörner, Salz und Zucker dazugeben. Die Fleischklöße einlegen und 10 Minuten ziehen lassen. Mit Zitronensaft abschmecken.
Pro Portion etwa 825 Kalorien / 3455 Joule.

Hackbraten

600 g Hackfleisch (zu gleichen Teilen Rind-, Kalb- und Schweinefleisch), 2 Brötchen, etwas Milch oder Wasser, 1 Ei, Salz, Pfeffer, 1 Zwiebel, Fett, Petersiliengrün, Majoran, gehackter Kümmel, 10 g Mehl oder Brösel, ¼ l saure Sahne, 1 KL Senf, Zitronensaft, Speckscheiben, Fleischbrühe

Alle drei Fleischsorten mit den in Wasser oder Milch eingeweichten, gut ausgepreßten Brötchen durch die feine Scheibe des Fleischwolfs drehen. Eine feingeschnittene Zwiebel und gehacktes Petersiliengrün in 20 g Fett anlaufen lassen. Das ganze Ei, Salz, Pfeffer, Majoran und gehackten Kümmel dazugeben, alles zusammen sehr gut durchrühren und die Masse gut kneten. Abschmecken. Es ist zu empfehlen, etwas Wasser in die Masse einzuarbeiten, damit sie geschmeidiger wird. Aus der Masse einen länglichen Wecken formen und mit Speckscheiben bedecken. In heißem Fett in einer Pfanne etwa ¾ Stunden im Ofen braten, dabei, wenn nötig, mit Wasser oder Fleischbrühe untergießen. Den Saft mit saurer Sahne, verrührt mit Mehl und Senf, gut verrühren, mit Zitronensaft abschmecken und einmal kurz aufkochen lassen. Man kann auch während des Bratens etwas glatt gerührte saure Sahne darübergießen, damit sich eine weiche Kruste auf dem Hackbraten bilden kann.
Auch der Hackbraten läßt sich wie die Frikadellen durch zahlreiche Möglichkeiten der Zutaten variieren, man kann mit zerdrücktem Knoblauch oder mit einem Gläschen Kognak würzen, statt der Brötchen gedünsteten Reis oder zerdrückte, gekochte Kartoffeln beimengen, man kann gekochte Eier und Wiener Würstchen in die Fleischmasse einrollen und mitbraten.
Pro Portion etwa 290 Kalorien / 1215 Joule.

Gefüllter Weißkohl mit Paprikakraut

Eingelegte Kohlblätter oder 1 Weißkohl, 200 g Schweinefleisch, 2 Brötchen, etwas Milch oder Wasser, 1 Ei, Öl, 1 Zwiebel, Petersiliengrün, Salz, ¼ l saure Sahne
Paprikakraut: 750 g Sauerkraut, 80 g Räucherspeck, 1 Zwiebel, 10 g Rosenpaprika, 2 Knoblauchzehen, Kümmel, Tomatenmark

Das Schweinefleisch mit den in Milch oder Wasser eingeweichten, gut ausgepreßten Brötchen, den in Öl gerösteten Zwiebeln und Petersiliengrün durch den Fleischwolf drehen (sehr fein!), salzen, das Ei einrühren, mit etwas Wasser zu einer geschmeidigen Farce verarbeiten. Wird frischer Kohl verwendet, den Strunk ausschneiden und den Kopf in Salzwasser etwa 10 Minuten kochen, dann herausnehmen, entblättern und die einzelnen Blätter halbweich kochen. Dann jeweils 1 bis 2 Blätter mit einer Portion der Farce füllen, zusammenrollen und eng aneinandergeschichtet in eine gefettete Pfanne oder Kasserolle legen. Im Ofen etwa 15 Minuten braten, mit dem Paprikakraut (siehe unten) bedecken und dann 40 Minuten im Ofen zugedeckt schmoren. Zuletzt mit glattgerührter saurer Sahne begießen und weitere 10 Minuten schmoren.
Paprikakraut: Den würfelig geschnittenen Speck glasig rösten, darin die nudelig geschnittene Zwiebel goldgelb rösten, paprizieren, mit etwas Wasser oder Essig ablöschen, das einigemal durchgeschnittene Sauerkraut, zerdrückte Knoblauchzehen, Kümmel und etwas Tomatenmark beigeben, durchrühren und 10 Minuten schmoren.
Pro Portion etwa 600 Kalorien / 2510 Joule.

Gefüllte Gurken, überbacken

3—4 Salatgurken, Salz, Pfeffer, Essig,
Fülle: 500 g Hackfleisch, 1 Ei, 1 Brötchen, 1 Zwiebel
Soße: 3 EL Fett, 2 EL Mehl, ¾ l Brühe, Zukker, Wein

Die Gurken schälen, halbieren und aushöhlen. Die Hälften in einer Marinade von Essig, Salz und Pfeffer marinieren. Dann die Gurken darin 10 Minuten kochen, herausnehmen, abtropfen lassen und die Hälften mit der Fleischfarce füllen, die zweite Hälfte darauflegen und zubinden. Aus Fett und Mehl eine helle Mehlschwitze bereiten, mit Brühe aufgießen und verkochen, über die gefüllten Gurken gießen und ¾ Stunden im Ofen überbacken.
Farce: Hackfleisch mit Ei, eingeweichtem und ausgedrücktem Brötchen und feingeschnittener Zwiebel vermengen, mit Salz und Pfeffer würzen und zu einer geschmeidigen Farce verarbeiten.
Pro Portion etwa 800 Kalorien / 3350 Joule.

Gefüllte Paprika

8 grüne Paprikaschoten, 400 g Hackfleisch (gemischt), 50 g Fett, 2 Zwiebeln, Petersiliengrün, 120 g gekochter Reis, 40 g Fett, 40 g Mehl, 750 g Tomaten, etwas Zwiebel, Salz, Pfeffer, etwas Zucker

Von den Paprikaschoten die Kappen abschneiden, das Innere der Paprikaschoten aushöhlen, säubern und auswaschen. In kaltem Wasser aufs Feuer stellen und 10 Minuten kochen. Herausnehmen und abtropfen lassen. Die feingeschnittene Zwiebel und gehacktes Petersiliengrün in heißem Fett anlaufen lassen, das Hackfleisch und den vorgedünsteten Reis damit gut vermischen, mit Salz und Pfeffer würzen. Die ausgehöhlten Paprikaschoten mit der Farce füllen.
In einer Kasserolle etwas Fett erhitzen, die Paprika einlegen, salzen und im Ofen unter einmaligem Wenden ca. 15 Minuten anbraten. Aus 40 g Fett, 40 g Mehl und etwas geschnittener Zwiebel und den zerrissenen Tomaten eine Soße bereiten, mit etwas Zucker und Salz würzen, die gefüllten und mit dem Deckel verschlossenen Paprika in die Soße stellen oder legen und zugedeckt das Ganze etwa 1 Stunde im Ofen schmoren. Mit Salzkartoffeln servieren.
Pro Portion etwa 675 Kalorien / 2825 Joule.

Beefsteak Tatar

600 g Rinderhackfleisch, 1 Eigelb, 4 kleine Essiggurken, Zwiebeln, Perlzwiebeln, Petersiliengrün, 8 Kapern, 4 Sardellenringe, Schnittlauch, Kümmel, Senf, schwarzer Pfeffer, Salz, Edelsüßpaprika, 1 Gläschen Kognak, Worcestershiresauce

Dazu nimmt man ganz mageres Rindfleisch, am besten von der Filetspitze. Das Fleisch soll nicht durch den Fleischwolf gedreht werden, sondern mit 2 scharfen Messern sehr fein gehackt oder geschabt werden. Dann zu vier Kugeln formen, breitdrücken, wobei man oben in der Mitte je eine kleine Vertiefung eindrückt, in die man je ein rohes Eigelb gibt. Rings um das Fleisch garniert man feingeschnittene Zwiebeln, Perlzwiebeln, feingehacktes Petersiliengrün, gehackte Gurken, Kapern und Sardellen, geschnittenen Schnittlauch, Kümmel, Salz, Paprika und Senf. Die Beilagen soll der Gast nach eigenem Geschmack mit dem Fleisch vermischen können.
Beilage: Toast und Butter oder Schwarzbrot; Bier.
Pro Portion etwa 86 Kalorien / 360 Joule.

Bockwurst in Blätterteig

1 Paket Tiefkühl-Blätterteig, 4 Bockwürste, 1 Eigelb, Salz

Je ein Würstchen in je eine aufgetaute Scheibe des Blätterteigs einrollen, mit Eigelb, leicht mit Salz gewürzt, bestreichen. In das vorgeheizte Rohr geben und etwa ¼ Stunde backen.
Pro Portion etwa 797 Kalorien / 3336 Joule.

Blutwurst

Blut und Milch mit Brühe, in Fett angeröstete, feingehackte Zwiebeln und kleinwürfelig geschnittenen Speck gut vermischen, würzen und abschmecken. Das Gemenge locker in gereinigte Därme füllen, in Stücken von 20–30 cm Länge abbinden. In lauwarmem Wasser auf das Feuer gestellt, fast zum Kochen bringen und langsam kochen, bis bei Nadelstich kein Blut mehr austritt. Kalt werden lassen. In Scheiben schneiden und in Fett braten oder im ganzen braten.

2 l Schweineblut, ½ l Milch, ½ l Fleischbrühe, 150 g Zwiebeln, 50 g Fett, 400 g frischer Speck, Salz, Pfeffer, Majoran, ungefähr 2 m Schweinedärme

Blutwurst mit Zwiebeln und Äpfeln

In dicke Scheiben geschnittene Blutwurst in heißem Fett anrösten. Dann geschälte, in Ringe geschnittene Zwiebeln und Äpfel, entkernt, geschält, in Scheiben geschnitten, dazugeben und etwa ¼ Stunde gemeinsam schmoren. Mit Petersilie bestreut anrichten.
Pro Portion etwa 712 Kalorien / 2980 Joule.

500 g Blutwurst, 1–2 Zwiebeln, 3–5 Äpfel, 40 g Fett, Petersiliengrün

Bierwürstchen

Das Gewürzbeutelchen ¼ Stunde im Wasser kochen. Die Bratwürste mit dem kochenden Gewürzwasser übergießen, damit sie nicht platzen, abtrocknen und in heißem Fett rundum anbraten. Das Bier zugießen und die Würstchen in der Flüssigkeit kochen. Die Soße mit etwas angerührtem Mehl binden, mit Salz, Pfeffer, Zucker und Zitronensaft abschmecken. Beilage: Kartoffelbrei und Rotkohl
Pro Portion etwa 800 Kalorien / 3360 Joule.

4 Bratwürste, 1 Tasse Wasser, Gewürzbeutelchen mit 1 EL Gewürzkörnern und 1 Stück Lorbeerblatt, 2 EL Fett, 1 Tasse dunkles Bier, Salz, Pfeffer, Zucker, Zitronensaft

Leberwurst

Enthäutete, entsehnte Leber fein schneiden, in Salzwasser gekochtes Herz und Fleisch auskühlen lassen und mit der Leber durch den Fleischwolf drehen, mit kleinwürfelig geschnittenem Speck vermischen, würzen und unter Beigabe von Brühe oder anderer Flüssigkeit geschmeidig durchkneten. Die Masse in Konservengläser füllen, mit Gummiring gut verschließen und im Wasserbad langsam zum Kochen bringen und ¾ Stunden kochen lassen.
Pro Stück etwa 125 Kalorien / 525 Joule

1000 g Kalbsleber, 500 g Kalbsherz, 2000 g Kalbfleisch (Brust), 500 g Bauchspeck, Salz, Pfeffer, Piment, Thymian, Majoran

Sarma
(gefüllte Weinblätter auf griechische Art)

20–30 Weinblätter
Fülle: 500 g Hackfleisch, 2 feingeschnittene Zwiebeln, 1 EL gehackte Petersilie, 1 Ei, 8 EL gekochter Reis (80 g), 6 EL Öl, Salz, Pfeffer, Zitronensaft, Butter, Fleischbrühe

Frische, grüne Weinblätter waschen, in heißes Wasser geben, bis sie sich biegen lassen. Herausnehmen, abtropfen lassen, glattstreichen und mit der Fleischfülle belegen, zu kleinen Röllchen zusammendrehen, eventuell mit Holzspießchen zusammenstecken. Die gefüllten Röllchen in kochende Fleischbrühe geben, einen Teelöffel Butter mit Zitronensaft dazugeben und zugedeckt 15–20 Minuten gar kochen.
Anrichten mit einer Pfeffersoße oder einer Tomatensoße.
Fülle: Hackfleisch, Zwiebel, Petersilie, Ei, Reis und flüssige Butter zu einer feinen Farce verarbeiten, mit Salz und Pfeffer pikant würzen und abschmecken.
Pro Portion etwa 350 Kalorien / 1465 Joule.

Leberkäse

450 g Schweineleber, 250 g Bauchspeck, 700 g frischer Speck, ungesalzen, 1 Zwiebel, 50 g Schalotten, 30 g Butter, Salz, Pfeffer, Pastetengewürz, 1 EL Mehl, 3 Eier, 100 g durchwachsener Speck, hauchdünn geschnitten

Schalotten und Zwiebel, fein gehackt, in heißer Butter goldgelb schmoren, dann auskühlen lassen. Leber, Bauchspeck und frischen Speck zweimal durch die feinste Scheibe der Fleischmaschine drehen, mit Zwiebeln und Schalotten vermengen, mit Salz, Pfeffer, Pastetengewürz würzen, mit Eiern und Mehl zu einer sehr feinen Farce verarbeiten. Dann eine Pastetenform mit Speckscheiben auslegen, die Farce einlegen, mit den Speckscheiben abschließen und in einen großen Topf (oder Fettpfanne) mit Wasser stellen. Im vorgeheizten Ofen bei 200 Grad etwa 90 Minuten garen lassen.
Erst nach dem Erkalten aus der Form stürzen und die Speckscheiben entfernen.
Pro Portion etwa 225 Kalorien / 940 Joule.

Leberkäse, gebraten oder gebacken

4 Schnitten Leberkäse (à 100 g), 40 g Margarine, 2 EL Mehl, 1–2 Zwiebeln

Die feingeschnittenen Zwiebeln in heißem Fett anrösten, nach 3 Minuten herausnehmen und warm stellen. Den Leberkäse in Mehl wenden und auf beiden Seiten in 3 Minuten knusprig braten. Mit den angerösteten Zwiebeln garniert anrichten.
Den Leberkäse kann man auch in Mehl, verquirlten Eiern und Bröseln oder Reibkäse panieren und in heißem Fett backen.
Pro Portion etwa 370 Kalorien / 1550 Joule.

Innereien

HERZ

Das Herz hat einen hohen Eiweißgehalt, ist reich an Vitaminen und Phosphor. Es eignet sich zum Braten und Schmoren. Gern wird es auch gespickt. Das Herz braucht eine längere Garzeit als die anderen Innereien. Es muß zunächst von allen Sehnen, Strängen und Äderchen befreit werden.

Herz, gebacken

Das küchenfertige Herz in leicht gesalzenes kochendes Wasser zusammen mit dem Suppengrün geben, die halbe geschälte Zwiebel, Lorbeerblatt und Gewürzkörner beigeben und in 180 Minuten gar kochen. Das Herz in der Kochbrühe überkühlen, dann herausnehmen und in dickere Scheiben schneiden, salzen, pfeffern und mit Edelsüßpaprika bestäuben. Dann die einzelnen Stücke in Mehl wenden, durch das verquirlte Ei ziehen und in den Bröseln wenden. In heißem Fett auf jeder Seite 4 Minuten backen. Mit geachtelten Tomaten und Petersiliengrün und Zitronenscheiben garnieren.
Pro Portion etwa 675 Kalorien / 2826 Joule.

1 Kalbsherz (1500 g), Suppengrün, 2 l Wasser, Salz, 2 Pfefferkörner, 2 Gewürzkörner, ½ Zwiebel, ½ Lorbeerblatt, Edelsüßpaprika, 1 Ei, Brösel, Backfett, 2 Tomaten, ½ Bund Petersiliengrün, 1 Zitrone

Schweineherz, geschmort

Die küchenfertigen, halbierten Herzen mit Speckstreifen spicken. In heißem Fett die feingeschnittene Zwiebel und den zerdrückten Knoblauch anlaufen lassen, die Herzen beigeben und von allen Seiten anbraten. Mit Fleischbrühe ablöschen und zugedeckt schmoren. Sobald das Herz halbgar ist, die würfelig geschnittenen Paprikaschoten beigeben, mit Wein aufgießen und gar schmoren. Beilage: Spaghetti, Stangenspargel, Möhren, Erbsen.
Pro Portion etwa 535 Kalorien / 2240 Joule.

3–4 Schweineherzen, 60 g Räucherspeck, 1 Zwiebel, 2 Knoblauchzehen, 2 Paprikaschoten, 1 Glas Weißwein, Salz, Pfeffer, Fett, Fleischbrühe

Herz, gespickt und gefüllt

1 Kalbsherz (600 g), Salz, 60 g Räucherspeck, ⅛ l Essig
Fülle: 125 g Hackfleisch, ½ Brötchen, etwas Milch, 1 kleine Zwiebel, ½ Knoblauchzehe, 1 Ei, Petersilie, Salz, weißer Pfeffer, Muskat, Edelsüßpaprika, Thymian, 40 g Butter, Suppengrün, 30 g Mehl, ⅜ l Fleischbrühe, 1 EL Tomatenketchup, ⅛ l saure Sahne, Petersilie

Das küchenfertige Herz nicht ganz auseinanderschneiden, innen etwas aushöhlen, die Außenwände des Herzens mit Speckstreifen spicken. Heißen Essig darübergießen und 1 Stunde zugedeckt marinieren. In Milch geweichtes Brötchen gut ausdrücken. Zwiebel und Knoblauch, sehr fein geschnitten, zu dem Brötchen geben, mit dem Hackfleisch vermischen, das Ei beigeben, auch das ausgeschabte Herzfleisch durch den Fleischwolf drehen und beigeben. Mit gehacktem Petersiliengrün, Thymian, Salz, Pfeffer und Paprika würzen. Die Masse gut kneten und abschmecken. Das Herz füllen und zunähen.
In die heiße Butter kleingeschnittenes Suppengrün und das Herz geben, rundum 10 Minuten anbraten, mit Mehl stauben, weiterrösten und mit heißer Fleischbrühe aufgießen. Bei kleinem Feuer in ca. 2 Stunden schmoren.
Dann das Herz herausnehmen, die Fäden entfernen, in Scheiben schneiden und auf vorgewärmter Platte anrichten und warm stellen. Die Soße durch ein feines Sieb passieren, noch einmal erhitzen, mit Salz, Pfeffer, Tomatenketchup und gehacktem Petersiliengrün abschmekken. Saure Sahne einrühren, nur mehr ziehen lassen. Die Soße extra reichen.
Pro Portion etwa 535 Kalorien / 2240 Joule.

HIRN

Hirn, in Norddeutschland auch Brägen genannt, ist leicht verdaulich, eignet sich daher auch für Schonkost und läßt sich rasch zubereiten. Hirn immer nur blutfrisch kaufen. Es ist nur sehr kurze Zeit haltbar. In der Küche werden hauptsächlich Kalbs- und Schweinehirne verwendet. (Das Schweinehirn läßt sich nicht so gut häuten und wird meist für Suppen verwendet. Ebenso das Rinderhirn.) Hirn immer so lange in kaltes Wasser legen, bis das ganze Blut entfernt ist. Dann Häutchen und Äderchen mit einem spitzen Messer heraustrennen. Vor jeder weiteren Verwendung wird Hirn zuvor immer gekocht. Dazu das Hirn in kochendes Wasser geben, dem ein Spritzer Essig und eine Prise Salz beigegeben wird, und darin einige Minuten pochieren.

Schweinesteak Maryland

Rezept Seite 310

Schaschlik Rezept Seite 311

Kalbshirn, gebacken

600 g Kalbshirn, Mehl, 1–2 Eier, Brösel, Salz, Pfeffer, Backfett, Zitronenscheiben

Das vorgekochte Hirn in dickere Scheiben schneiden, salzen und pfeffern, mit Mehl stauben, durch verquirltes Ei ziehen und in Bröseln panieren. In heißem Fett schwimmend backen. Man kann das Hirn auch durch einen Backteig ziehen und in heißem Fett backen. Mit Zitronenscheiben garniert anrichten.
Pro Portion etwa 365 Kalorien / 1528 Joule.

Hirn mit Ei, geröstet

600 g Kalbshirn, 40 g Butter, 1 Zwiebel, Salz, Pfeffer, 2 Eier, Petersiliengrün oder Schnittlauch

Feingeschnittene Zwiebel und gehackte Petersilie in heißer Butter anrösten. Das abgezogene, kleingehackte Kalbshirn beigeben und weiterrösten, bis es schön weiß und fest wird. Salzen und pfeffern, die zwei verquirlten Eier dazurühren und halbfest werden lassen. Anrichten und mit Petersiliengrün oder Schnittlauch bestreuen.
Pro Portion etwa 325 Kalorien / 1360 Joule.

KALDAUNEN (FLECK, KUTTELN)

Auch Löser genannt, die Vormägen des Rindes; man bekommt sie schon gekocht vom Fleischer. Sonst müssen sie zuerst 1 Stunde gekocht werden, dann erneut in frischem Wasser, Salz, einigen Pfefferkörnern und einem Spritzer Essig mindestens 5 Stunden kochen, bis sie ganz weich sind. In der letzten halben Stunde können auch Suppengrün und Grünes mitgekocht werden.

Kaldaunen, gebacken

750 g Kaldaunen, 5 EL Butter, Eier, Brösel, 60 g Speck, 1 Zwiebel, 2 EL Mehl, 4 Tomaten, Salz, Pfeffer, Majoran, Fleischbrühe

Die Kutteln in Scheiben schneiden, salzen und pfeffern, in Eiern und Bröseln panieren und in tiefem Fett goldbraun backen.
Mit folgender Soße servieren: Speckwürfel und feingeschnittene Zwiebel in heißer Butter glasig werden lassen, die geschälten, entkernten und geviertelten Tomaten beigeben, würzen, mit Fleischbrühe aufgießen, aufkochen und 20 Minuten leicht kochen lassen. Mit Majoran, Salz, Zucker würzen und mit angerührtem Mehl binden.
Pro Portion etwa 720 Kalorien / 3035 Joule.

Saure Kutteln

500 g gekochte Kutteln, 40 g Butter, 40 g Mehl, 1 Zwiebel, ½ l Brühe oder Wasser, Salz, Pfeffer, Edelsüßpaprika, Senf, Essig, Weißwein oder Zitronensaft

Die weichgekochten, küchenfertigen Kutteln in Streifen schneiden. In heißer Butter das Mehl braun rösten, die feingeschnittene Zwiebel darin mitrösten, mit etwas Essig ablöschen, mit heißer Brühe oder Wasser aufgießen und gut verkochen. Würzen, abschmecken und ca. 20 Minuten leicht kochen. Dann die Kutteln dazugeben und kräftig erhitzen. Mit Zucker, Senf oder einem Spritzer Weißwein (oder Zitronensaft) abschmecken. Beilage: Bratkartoffeln oder Teigwaren.
Pro Portion etwa 460 Kalorien / 1925 Joule.

LEBER

Immer nur weiche Leber von jungen Tieren verwenden; sie ist von lichter, rötlicher Farbe. Je älter das Tier ist, desto dunkler ist die Leber und um so größer und härter sind die Blutgefäße, die die Leber durchziehen. Leber muß vor der Verwendung immer gut ausgeblutet und sorgfältig gehäutet werden. Die Scheiben soll man nicht zu dünn schneiden. Pro Person rechnet man 125 bis 150 g. Immer in sehr heißem Fett braten oder backen, dabei nie mit der Gabel anstechen. Es ist allerdings nicht entscheidend, ob die Leber während des Bratens, vor oder nach dem Braten gesalzen wird. Wenn eine Leber hart ist, bleibt sie hart, ob sie vorher oder erst nachher gesalzen wird. Je länger eine Leber geröstet, gekocht oder gebacken wird, desto härter wird sie.

Kalbsleber auf Berliner Art

600 g Kalbsleber, 4 Äpfel, 1 Zwiebel, Salz, Pfeffer, 40 g Butter

Die Kalbsleber in Schnitten schneiden, würzen. In heißer Butter braten, gleichzeitig ausgestochene dicke Apfelscheiben mitbraten. Die Leber anrichten, dabei zwischen die Leberschnitten je eine Apfelscheibe auflegen. Warm stellen. Die geschnittene Zwiebel im Bratrückstand goldgelb rösten, etwas Fett abgießen, frische Butter beigeben, aufschäumen und über die angerichtete Leber streuen. Mit Kartoffelpüree und etwas gerösteten Speckscheiben garnieren.
Pro Portion etwa 415 Kalorien / 1737 Joule.

Leber, gebacken

Die gehäutete Leber in gleichstarke, nicht zu dünne Filets schneiden, salzen und leicht pfeffern, in Mehl wenden, durch die verquirlten Eier ziehen und mit Bröseln panieren. In heißem Fett schwimmend backen. Gut vom Fett abtropfen lassen und mit Zitronenachteln und Petersiliengrün garniert anrichten.
Pro Portion etwa 425 Kalorien / 1780 Joule.

500–600 g Kalbsleber, Salz, Pfeffer, Mehl, 1–2 Eier, Brösel, Backfett, Zitrone, Petersiliengrün

Saure Leber

Die vorbereitete Leber 1–2 Stunden in Milch legen, dann herausnehmen, trockentupfen, mit Mehl bestreuen und in heißem Fett rasch anbraten. Salzen. Etwas Essig und Brühe zugießen und die Leber 5–10 Minuten weich schmoren. Zuletzt die Soße mit etwas Zitronensaft abschmecken.
Pro Portion etwa 430 Kalorien / 1800 Joule.

4 Scheiben Leber, 1 Tasse Milch, 1 EL Mehl, Salz, Fett, Essig, Brühe, Zitronensaft

Leber, geröstet

Eine ganze Zwiebel blättrig (in Ringe) schneiden und mit einem größeren Stück Fett anrösten. Die blättrig geschnittene, sauber gehäutete Leber dazugeben (immer nur so viel, daß der Boden der Pfanne mit Leber bedeckt ist). Sobald die Leber Farbe angenommen hat, Salz, Pfeffer und etwas Majoran dazugeben, mit 2 Eßlöffel Brühe aufgießen und nur einmal kurz aufkochen, sofort servieren! Auf Wunsch kann auch mit einem Schuß Essig gesäuert werden. Beilage: Salzkartoffeln, geröstete Kartoffeln, Reis und Salate.
Man kann eine geröstete Leber beliebig variieren und verfeinern, indem man einen geraspelten rohen Apfel zum Schluß mitröstet oder Tomatenmark oder ein paar Tropfen Sojasoße beigibt, man kann mit Weißwein ablöschen, einen Schuß Kognak beigeben oder etwas saure Sahne zum Schluß einrühren. Man kann die Leber auch in gebratenen Speckwürfeln rösten oder die Leber mit gerösteten Speckstreifen oder -scheiben anrichten. Oder Tomaten und Zwiebel extra braten und die angerichtete Leber damit bedecken.
Pro Portion etwa 250 Kalorien / 1045 Joule.

480 g Kalbsleber, 1–2 EL Schweinefett, 1 Zwiebel, 1 Prise Majoran, evtl. Essig, Salz, Pfeffer, 2 EL Fleischbrühe

Kalbsleber auf Tiroler Art

400 g Kalbsleber, Salz, Pfeffer, Mehl, 60 g Butter, 1 große Zwiebel, ⅛ l saure Sahne, etwas Fleischbrühe, 1 KL gehackte Kapern, Zitronenschale

Eine gehäutete Leber in kleine Filets schneiden, mit Salz und frisch geriebenem schwarzem Pfeffer würzen, in Mehl wenden und in heißer Butter rasch braten. Fett abgießen, frische Butter beigeben. Die Leber dann warm stellen. Zwiebelringe, gehackte Kapern und fein geriebene Zitronenschale hineingeben, anlaufen lassen, mit etwas Brühe ablöschen, die Leberfilets wieder dazulegen und etwa 5 Minuten darin ziehen lassen. Zum Schluß die verrührte saure Sahne beigeben. Man kann die Leberfilets vor dem Braten auch mit dünnen Speckstreifen oder mit Sardellenfiletstreifen spicken.
Pro Portion etwa 350 Kalorien / 1465 Joule.

KALBSMILCH, BRIES

In Norddeutschland auch Schweser, in Westdeutschland Bröschen, in Süddeutschland und Österreich Bries genannt, ist die Thymusdrüse des Kalbes und gehört zu den Delikatessen des Kalbes. In kaltes Wasser legen und so lange frisches Wasser zulaufen lassen, bis kein Blut mehr austritt und die Milch schön weiß ist. Dann in kaltem, leicht gesalzenem Wasser zum Kochen bringen und 25–30 Minuten mehr ziehen als kochen lassen. Sofort in kaltem Salzwasser auskühlen lassen, dann die groben Sehnen, Knorpel und die Haut mit einem scharfen Messer entfernen. Dann einige Stunden mit einem Brett beschweren, damit die Fasern zerdrückt werden, wodurch das Zusammenziehen verhindert wird. Meist verwendet man in der feinen Küche nur die Nuß (den runden Teil, auch Rose genannt), das längliche Stück für Ragouts. Man kann die Milch im ganzen und gespickt in der Röhre schmoren oder braisieren.

Kalbsmilch, gebacken

500 g Kalbsmilch, Salz, Pfeffer, Mehl, 1 Ei, Brösel, 60 g Butter zum Backen

Die gekochte und dann ausgekühlte Kalbsmilch in kleinfingerdicke Scheiben schneiden, salzen, pfeffern, in Mehl, Ei und Bröseln panieren und in heißer Butter beidseitig backen. Mit beliebigen Salaten oder Soßen servieren.
Pro Portion etwa 535 Kalorien / 2240 Joule.

Kalbsbries, gebraten

Das Bries vorbereiten, salzen und pfeffern, in schäumende Butter einlegen und unter fleißigem Begießen mit der Butter, dann unter Zugabe von heißer Brühe oder Wasser in ½—¾ Stunden weich braten. In Scheiben schneiden, mit dem Bratsaft übergießen und heiß servieren.
Pro Portion etwa 420 Kalorien / 1760 Joule.

1 Kalbsbries (400 g), 60 g Butter, Brühe, Salz, Pfeffer

Kalbsmilch mit Champignons

Die küchenfertige Kalbsmilch in kleinfingerdicke Scheiben schneiden, salzen und in Mehl wenden. Eine Pfanne gut erhitzen, Butter aufschäumen und die Kalbsmilchscheiben darin beidseitig bräunen. Anrichten. Frische Butter in der Pfanne aufschäumen, die feingeschnittene Zwiebel anrösten, dann die blättrig geschnittenen Champignons beigeben, salzen und rasch rösten, mit Zitronensaft und Petersiliengrün würzen. Mit einem Schuß Portwein ablöschen, Bratensaft (oder etwas Wasser) beigeben, aufkochen und über die angerichtete Kalbsmilch gießen.
Pro Portion etwa 600 Kalorien / 2520 Joule.

400 g gekochte Kalbsmilch, Salz, Paprika, Mehl, 80 g Butter, ½ Zwiebel, 150 g Champignons, etwas Zitronensaft, gehackte Petersilie, Bratensaft (oder Wasser), Portwein

NIEREN

Die Nieren werden stets sorgfältig vom Fett befreit, der Länge nach halbiert, die Harnstränge, knorpelige Teile und Sehnen werden sorgfältig herausgeschnitten, alle Häutchen entfernt. Rindernieren kann man 20 Minuten vor Verwendung in lauwarmes Essigwasser (oder Milch) legen, eventuell das Essigwasser einmal erneuern. Sie werden entweder im ganzen oder in Scheiben geschnitten bereitet. Auch Leberrezepte eignen sich für Nieren und umgekehrt. Werden die Nieren im ganzen gebraten oder gegrillt, läßt man eine ganz feine Fettschicht daran.

Saure Nieren

500 g Nieren (4 Stück Schweine- oder Rindernieren), 125 g Speck, 30 g Mehl, 40 g Butter, 1 EL Tomatenmark, 1 TL Essig oder Zitronensaft, ½ Tasse Rotwein, Wasser, 1 Zwiebel, ½ Möhre, Salz, Pfeffer, Kümmel

Würfelig geschnittenen Speck glasig werden lassen, die Speckwürfel herausheben und warm stellen. Im Bratfett feingeschnittene Zwiebel anschwitzen, die blättrig geschnittene Möhre dazugeben, die in Scheiben geschnittenen Nieren darin scharf braten. Sobald sie nicht mehr rot sind, herausnehmen und warm stellen. Den Bratfond mit Mehl stauben, weiterrösten, mit Rotwein löschen, Tomatenmark beigeben, mit Salz und Pfeffer und kleingehacktem Kümmel würzen, mit Essig oder Zitronensaft durchkochen und abschmecken. Die Nieren beigeben und kräftig erhitzen.
Pro Portion etwa 345 Kalorien / 1445 Joule.

Nieren, geröstet

500 g Schweinenieren, 1 Zwiebel, 1 EL Fett, Pfeffer, Salz, Kümmel, Mehl, Essig, Petersilie, Fleischbrühe

Die vorbehandelten Schweinenieren blättrig schneiden. Die kleingeschnittene Zwiebel in heißem Fett anrösten, die Nieren dazugeben, mit Pfeffer, Salz und feingehacktem Kümmel würzen, Farbe annehmen lassen, ganz leicht mit Mehl stauben, etwas Brühe, Wasser oder Bratensaft beigeben, mit einigen Tropfen Essig leicht säuern, nicht mehr kochen, sondern nur kurz ziehen lassen. Mit Petersiliengrün bestreut sofort servieren.
Man kann auch Hammel- oder Kalbsnieren dazu verwenden. Man kann auf Wunsch auch zerdrückten Knoblauch und gehackte Petersilie zum Schluß 1—2 Minuten mitbraten oder 1 Handvoll Rosinen mitschmoren lassen.
Pro Portion etwa 500 Kalorien / 2095 Joule.

Kalbsnieren, geschmort

2 Kalbsnieren, Salz, Pfeffer, Mehl, 40 g Butter, ½ Zwiebel, 60 g Champignons, Petersilie, Weißwein, ⅛ l braune Grundsoße oder Bratensaft, 2—3 EL Sahne, 20 g Butter

Nieren säubern und in Scheiben schneiden, salzen, pfeffern und auf einer Seite in Mehl tauchen. Eine Pfanne gut erhitzen, Butter aufschäumen, die Nierenscheiben einlegen und auf beiden Seiten braten. Herausheben, das Fett abtropfen lassen und warm stellen. Im Bratrückstand feingeschnittene Zwiebel rösten, blättrig geschnittene Champignons und zuletzt gehacktes Petersiliengrün mitrösten. Mit Weißwein ablöschen. Mit brauner Grundsoße oder Bratensaft aufgießen, kurz aufkochen, mit Sahne und Butter vollenden und über die warm gestellten Nierenscheiben gießen. Mit Reis und grünem Salat servieren.
Pro Portion etwa 500 Kalorien / 2095 Joule.

ZUNGE

Wird roh oder gepökelt im Handel angeboten. Rohe Zungen nur von jungen Tieren verwenden.

Zunge, gekocht (Grundrezept)

Die frische Zunge gut waschen, 1 Stunde wässern und wieder waschen. Pökelzunge die Nacht über in Wasser legen. Dann in leicht gesalzenem Wasser (bei Pökelzunge kein Salz verwenden!) mit Nelke, Pfefferkörnern, Lorbeerblatt und ½ Zwiebel bei kleinem Feuer ca. 2–3 Stunden kochen. In der letzten Stunde grobgeschnittenes Suppengrün mitkochen. Sobald die Zungenspitze ganz weich ist, ist die Zunge gar. Noch heiß enthäuten, die Rachenknorpel entfernen und dann weiterbehandeln, z. B. in Scheiben aufschneiden, mit Gemüse- und Salatplatten oder mit Dillkartoffeln und Meerrettichsoße anrichten. Oder kalt als Aufschnitt bereiten oder in Ei und Brösel panieren und im tiefen Fett backen. Oder die Zunge mit Speckstreifen spicken und in heißer Butter rasch braten. Mit Kochbrühe ablöschen, mit Salz und Pfeffer würzen, mit Zitronenschale und -saft und etwas Weißwein oder Madeira pikant abschmecken. Oder die warmen Zungenscheiben mit einem Gemisch aus geriebenen Äpfeln und Meerrettich zu Toast oder Salzkartoffeln reichen oder nur mit gerissenem Meerrettich, Suppengrün und Salzkartoffeln servieren.
100 Gramm Zunge = 344 Kalorien / 1440 Joule.

1 Zunge (frisch oder gepökelt), Suppengrün, Salz, 1 Gewürznelke, 4 Pfefferkörner, 1 kleines Lorbeerblatt, ½ Zwiebel

Zunge in Kapernsoße

Die Zunge mit den Zutaten der Kochbrühe 3–4 Stunden weich kochen. Dann die Haut abziehen, in dünne Scheiben schneiden und warm stellen. Aus Butter und Mehl eine dunkle Mehlschwitze bereiten, mit Weißwein löschen, mit geseihter Kochbrühe aufgießen, mit Salz und Pfeffer würzen, die gehackten Kapern, feingeschnittene Gewürzgurke, Zitronensaft beigeben, ziehen lassen, die Zungenscheiben einlegen und 10 Minuten ziehen lassen.
Pro Portion etwa 605 Kalorien / 2535 Joule.

1 Pökelzunge; Kochbrühe: 1 kleine Zwiebel, Suppengrün, 4 Pfefferkörner, 1 Lorbeerblatt; 2 EL Butter, 1 EL Mehl, ½ Glas herber Weißwein, ½ l heiße Fleischbrühe, 2 EL Kapern, 1 Gewürzgurke, Zitronensaft, ⅛ l saure Sahne, 2 Zuckerstücke, Salz, Pfeffer

Ochsenzunge, gespickt

1 Ochsenzunge, gekocht (Grundrezept), 40 g geräucherter Spickspeck, 40 g Butter, 1 Zwiebel, 30 g Mehl, 1 Glas Rotwein, Zitrone, Salz, Pfeffer

Die Zunge nach Grundrezept und mit den Zutaten weich kochen, herausnehmen, häuten und der Länge nach mit Speckstreifen spicken. In heißer Butter die in Scheiben geschnittene Zwiebel braten, mit Mehl bestäuben, mitrösten, mit Wein ablöschen, heiße Kochbrühe, geseiht, dazugießen, mit Salz, Pfeffer und Zitronensaft würzen und abschmecken und die Zunge beigeben. Ca. ½ Stunde auf kleiner Flamme dünsten. Die Zunge herausnehmen und in Scheiben schneiden. Die geseihte Soße darübergießen.
Pro Portion etwa 295 Kalorien / 1235 Joule.

Lungenhaschee, saure Lunge
(Lungenmus, Beuschel)

800 g Lunge vom Kalb, 1 Stück Herz, 1 Zwiebel, Suppengrün, 2 EL Essig, 1 Lorbeerblatt, Thymian, 2 Gewürznelken, einige Pfefferkörner, 60 g Mehl, 60 g Fett, 1 Zwiebel, 2 Gewürzgurken, 2 Sardellen, 1 KL Kapern, Petersiliengrün, 1 KL Senf, ⅛ l saure Sahne, Salz, Majoran, Zitrone (Essig oder Weißwein)

Die Lunge gut waschen, von den Luftröhren befreien und mit genügend Wasser, einem Spritzer Essig, Salz, Suppengrün, Lorbeerblatt, Gewürznelken und Pfefferkörnern, 1 Stück Zitronenschale und einem Thymianstengel zum Kochen aufstellen. Ungefähr 1 Stunde (das Herz etwas länger) kochen, in kaltem Salzwasser oder im Kochfond auskühlen lassen. Dann Lunge und Herz feinnudelig schneiden. Für das Lungenhaschee dreht man Lunge und Herz durch den Fleischwolf.
Aus 60 g Mehl und 60 g Fett eine braune Mehlschwitze bereiten, Gewürzgurken, Zwiebel, Petersiliengrün, Sardellen, Kapern und Zitronenschale, alles sehr fein gehackt, dazugeben und kurz weiterrösten. Dann mit dem geseihten Kochsud zu einer dickflüssigen Soße aufgießen, mit Senf, Zitronensaft, Prise Majoran nachwürzen und ¼ Stunde kochen lassen. Haschee oder feinnudelig geschnittene Lunge und Herz dazugeben, mit Salz und Pfeffer würzen und durchkochen. Zum Schluß saure Sahne dazugeben. Mit Essig (oder Zitronensaft oder Weißwein) abschmecken. Beilage: Semmelklöße.
Pro Portion etwa 400 Kalorien / 1675 Joule.

Fondues

Neuenburger Fondue

Den Fonduetopf mit der Knoblauchzehe ausreiben (wer Knoblauch nicht will, kann ihn weglassen). Den Wein dazugießen und erwärmen, dann den geriebenen oder gehobelten Käse dazugeben und unter Rühren schmelzen lassen und ca. 5 Minuten aufkochen. Dann das Stärkemehl mit dem Kirsch glattrühren und mit dem Schneebesen locker darunterrühren. Das Fondue muß cremig sein. Mit Zitronensaft abschmecken und auf das Rechaud auf den Tisch stellen. Mit Pfeffer aus der Mühle und geriebenem Muskat würzen und bei gleicher Temperatur halten. Beilage: Weißbrot, würfelig geschnitten, ungesüßter Tee oder Weißwein.
Pro Portion etwa 990 Kalorien / 4142 Joule.

1 Knoblauchzehe oder Prise Knoblauchsalz, 400 g Greyerzer (oder anderer vollfetter Schnittkäse), fein gerieben, 200 g geriebener Emmentaler (oder 400 g Gruyèrekäse, 100 g Emmentaler, 100 g Appenzeller Vacherin-Käse), 4 TL Stärkemehl, 3/10 l Weißwein, 1 KL Zitronensaft, 1 Gläschen Kirschwasser, weißer Pfeffer aus der Mühle, Muskat, 16—20 Weißbrotscheiben (pro Person 150—200 g), würfelig geschnitten

Freiburger Fondue

Den Fonduetopf mit der Knoblauchzehe ausreiben. Den Emmentaler Käse fein raspeln oder reiben. Vom Brie die Rinde entfernen und ihn würfelig schneiden. Im Topf den Käse mit dem erwärmten Wein auf dem Feuer in ca. ¼ Stunde bei nicht zu starker Hitze schmelzen lassen, dabei ständig mit dem Schneebesen schlagen. Butter zerlassen und unter ständigem Schlagen mit dem Schneebesen dazurühren. Das Paprikamark in einer Tasse heißem Wasser lösen und in das Fondue einrühren. Mit Salz, Pfeffer, Edelsüßpaprika und frisch gemahlenem Muskat würzen. Wird die Masse zu dick, führt man noch etwas heißes Wasser dazu. Auf das Rechaud stellen. Das Fondue darf während des Essens nicht kochen, sondern soll nur heiß bleiben.
Pro Portion etwa 928 Kalorien / 3885 Joule.

1 Knoblauchzehe, 600 g Emmentaler Käse (oder 400 g Emmentaler Käse, 200 g Briekäse), 3/10 l Weißwein, 30 g Butter, Salz, weißer Pfeffer, Edelsüßpaprika, 4 EL Paprikamark, Muskat

Berner Fondue

1 Knoblauchzehe, 1 EL Butter, Salz, Pfeffer, 350—400 g Emmentaler, geraspelt, ½ l Sahne, 4 Eigelb, 2 Glas Kirschwasser

Die Fonduekachel mit der Knoblauchzehe ausreiben, die Butter zerschmelzen, den geraspelten Käse beigeben, gut verrühren, etwas salzen und pfeffern, sodann die Sahne und das verquirlte Eigelb dazurühren, mit Kirschwasser abschmecken. Alles auf dem Herd zum Kochen bringen und den Käse ganz auflösen. Dann auf dem Spiritusbrenner auf den Tisch stellen. Dazu Stangenweißbrot, in Würfel geschnitten. Weißwein, Kirschwasser.
Pro Portion etwa 870 Kalorien / 3642 Joule.

Fondue Bourguignonne (auf Burgunder Art)

800 g Rinderfilet (oder Hüfte, falsches Filet oder entfettetes Schweinefilet) 1½ l Öl (Olivenöl, Traubenkernöl oder Kokosfett), Salz, schwarzer Pfeffer, ganzer grüner Pfeffer, Edelsüßpaprika, Stangenweißbrot, Burgunder Rotwein, Petersilie, Salatblätter

Das gut abgelegene, getrocknete Fleisch von Fett und Häutchen vollkommen befreien, würfelig (ca. 2—3 cm) schneiden und auf 4 Teller auf Salatblätter anrichten, mit Petersiliengrün verzieren. Das Öl auf dem Herd zum Sieden bringen, dann auf das Rechaud in die Mitte des Tisches stellen. Das Öl immer auf gleicher Temperatur halten. Die einzelnen Fleischwürfel so lange in das heiße Öl halten, bis man den gewünschten Gargrad erreicht hat: blutig (saignant): in 1 Minute; englisch (medium) — innen rosa: in 1½ Minuten; gut durch (bien cuit): in 2½ Minuten.
Dann herausnehmen, salzen, pfeffern oder mit Paprikapulver bestäuben und in eine der Soßen tauchen. Vorsicht: Das Fleisch ist sehr heiß!
Beilagen: Preiselbeerkompott, Gurkenscheiben, Mixed Pickles, Mango-Chutney, Senffrüchte, Gewürzgurken (Cornichons), marinierte Paprikaschoten und Peperoni, Oliven, Perlzwiebeln, marinierte Maiskörner, geriebene Erdnußkerne, Mandarinen, eingelegte süßsaure Früchte, Salate (Kopf-, Chicorée-, Tomatensalat).
Soßen: Fertigsoßen, Fonduesoßen, Béarner Soße, Remouladensoße, Sahne-Meerrettich-Soße, Mayonnaise oder eine Ableitung davon, Tomatenketchup, Tatarensoße, Tirolersoße, Sardellensoße, Currysoße, Senfsoße, Chilisoße, Cumberlandsoße, Paprikasoße, Zigeunersoße etc. etc.
Pro Portion etwa 490 Kalorien / 2051 Joule.

Soßen (Dips) **für Fleisch- und Fisch-Fondues**

1 Tasse Tomatenketchup mit Milch verrühren.
Mango-Chutney mit dem Paprikamark und etwas Sahne verrühren.
Mayonnaise mit den gehackten Kräutern verrühren.
8 EL Tomatenketchup mit der gewiegten Gewürzgurke verrühren.
8 EL Tomatenketchup mit den Oliven vermischen.
In Schälchen oder auf den abgeteilten Fonduetellern servieren. Zusätzlich kann man verschiedene Tafelsoßen, Cornichons, schwarze Oliven, Sardellenringe mit Kapern servieren. Für die Zutaten zu diesem Fleischfondue gibt es keine feste Regel.

1 Tasse Tomatenketchup, 4 EL Milch, 4 EL gehacktes Mango-Chutney, 2 EL Paprikamark, 2 EL Sahne, 4 EL Mayonnaise, je 1 EL gehacktes Petersiliengrün, Estragon- und Dillblätter, 16 EL Tomatenketchup, 1 feingewiegte Gewürzgurke, 12 gewiegte grüne, entsteinte Oliven

Essig-Öl-Dip

4 EL Zitronensaft, 1 TL scharfen Senf, 1 feingeschnittene Zwiebel, 2 EL Meerrettich gut verrühren, mit Salz, Pfeffer, Prise Zucker würzen, mit feingehacktem Petersiliengrün verrühren.
Pro Portion etwa 93 Kalorien / 390 Joule.

Paprika-Dip

1 Tasse Mayonnaise (oder Dosenmilch), 1 EL Edelsüßpaprika, Salz, Prise Zucker, schwarzer Pfeffer, 2 EL feinwürfelig geschnittene, marinierte Paprikaschoten gut verrühren.
Pro Portion etwa 230 Kalorien / 963 Joule.

Sahne-Dip

¼ l Sahne mit Zitronensaft steif schlagen, 1 TL scharfen Senf, feingeschnittenen Schnittlauch dazurühren, mit Salz, weißem Pfeffer würzen, mit etwas Tomatenketchup einfärben und abschmecken.
Pro Portion etwa 120 Kalorien / 500 Joule.

Weinfondue

1½ l Weißwein, 750 g Kalbslende in dünne Scheiben geschnitten, 10 Koriander, 5 Piment-, 5 weiße und 5 schwarze Pfefferkörner, 1 TL Zucker, 1 TL Salz, etwas Sellerie- und Knoblauchsalz

Die drei Salzarten miteinander vermischen und in einer Schale auf den Tisch stellen. Das Kalbfleisch, in dünne Scheiben geschnitten, ebenfalls aufstellen. Den Wein im Fonduetopf zum Kochen bringen und die Gewürzkörner in einem feinen Gewürzbeutel aus Gazestoff in den Topf hängen. Mit etwas Zucker den Wein abschmecken. Dann auf das brennende Rechaud stellen. Die Fleischstücke ca. ½—1 Minute in den siedenden Wein tauchen, abtropfen lassen, mit einer Seite in die Salzmischung stippen.
Läßt sich auch mit Rotwein bereiten. Dazu nimmt man 500 g Rindslende und 250 g Kalbslende, kocht den Wein ebenfalls mit einem Gewürzsäckchen und gibt etwas Zucker und nach Wunsch Knoblauchsalz dazu.
Pro Portion etwa 563 Kalorien / 2355 Joule.

Fischfondue

1000 g dickes Fischfilet, Saft von 2 Zitronen, 1 l Öl
Soße: ½ l Mayonnaise, 2 TL scharfer Senf, Salz, weißer Pfeffer, Zucker, Dosenmilch, 2 EL Tomatenketchup, 1 EL Barbecuesauce, 1 EL Edelsüßpaprika, 3 TL Curry, ⅛ l Sahne, 4 TL Meerrettich, 1 Bund Petersiliengrün

Fischfilet unter kaltem Wasser abspülen, mit Haushaltpapier trockentupfen. Mit Zitronensaft beträufeln und ½ Stunde ziehen lassen. Inzwischen die Soße zubereiten. Dazu die Mayonnaise in 4 Schalen verteilen.
1. Soße: Mayonnaise mit Senf, Salz, weißem Pfeffer, einer Prise Zucker und Sahne nach Geschmack verrühren. Pikant abschmecken.
2. Soße: Mayonnaise mit Tomatenketchup, Barbecuesauce, Salz, weißem Pfeffer, 1 Prise Zucker und Sahne verrühren. Abschmecken und nach Belieben mit Fertigsoßen nachwürzen.
3. Soße: Mayonnaise mit Paprika (edelsüß) verrühren, salzen und pfeffern, 1 TL Zucker dazugeben, mit Sahne glattrühren und abschmecken.
4. Soße: Mayonnaise mit Curry verrühren. Salz, weißen Pfeffer und 1 Prise Zucker dazugeben, mit Sahne geschmeidig rühren.
5. Soße: Sahne steif schlagen, geriebenen Meerrettich dazugeben, mit Salz, Pfeffer und 1 Prise Zucker würzen, verrühren, abschmecken.
Die Soßen mit dem Fonduerechaud auf den Tisch stellen. Die Fischfilets nochmals trockentupfen, in gleichmäßige Würfel schneiden und auf einer Platte mit Petersilie garniert auf den Tisch stellen.
Das auf dem Herd zum Sieden gebrachte Öl im Fonduetopf auf das brennende Rechaud stellen.
Pro Portion etwa 885 Kalorien / 3705 Joule.

Geflügel

Küchenmäßiges Vorbereiten von Geflügel

Heute wird meist koch- und bratfertiges Geflügel verwendet; wer aber eigene Hühner hält, soll zuerst die folgenden Zeilen lesen. Geflügel noch körperwarm rupfen und putzen. Dann Kopf, Flügel und den unteren Teil der Füße abhacken. Den Bauch öffnen, die Haut am Hals der Länge nach aufschneiden, die Halsröhre herausziehen, den Halswirbel ganz dicht am Körper abhacken, die Halshaut selbst ziemlich lang am Körper lassen und nicht aufschneiden, wenn der Hals gefüllt werden soll. Mit einem Finger durch die Halsöffnung die Lunge vom Körper lösen und den Kropf herausziehen. Die Darmöffnung erweitern und mit Zeige- und Mittelfinger die Innereien herausziehen. Sofort die Galle von der Leber trennen, den Magen auf der gewölbten Seite aufschneiden und den Inhalt herausnehmen und die dicke Haut entfernen. Magen, Herz und Leber können weiterverwendet werden. Die Talgdrüsen am Schwanz herausschneiden. Füße und Flügel sowie den Kopf mit kochendheißem Wasser abbrühen. Das ausgenommene Tier dann absengen (»flambieren«): das Tier dabei über eine offene Flamme halten, um den feinen Flaum abzusengen. Dann das Geflügel gut waschen und abtrocknen. Dann das Tier mit einer Nadel und Schnur *dressieren:* Zuerst beide Flügel sowie die nach hinten gezogene Halshaut mit der Nadel durchstechen, die Schnur durchziehen, dann durch die beiden Schenkel stechen und zusammenbinden. Als nächstes oberhalb des Fußendes durch die Bauchhaut stechen, unterhalb der Füße zurückstechen und mit dem Ende der Schnur zusammenziehen. Dadurch wird die Brust des Geflügels herausgehoben, die Schenkel werden zusammengepreßt und das Tier bekommt eine schöne Form, und, was noch wichtiger ist, es kann beim Braten nicht so leicht austrocknen.
Auf diese Weise bereitet man Hühner, Poularde, Tauben, Enten und Gänse zum Braten vor.

Brathuhn, Brathähnchen

1 Brathuhn, Salz, Pfeffer, 2 EL Öl, 30 g Butter, Hühner- oder Fleischbrühe

Vorbereitetes Tier innen salzen und außen kräftig salzen und pfeffern. In einer Pfanne Öl erhitzen, das Tier einlegen und einmal wenden, so daß alle Teile des Huhnes beölt sind. Mit einer Brusthälfte nach unten liegend in den heißen Ofen stellen und ca. 10 Minuten braten, dann auf die andere Brusthälfte drehen und weiterbraten. Dann auf dem Rücken liegend fertig braten. Das Huhn wird während des Bratens öfter mit Öl und Eigensaft begossen. Bei Bedarf auch etwas heißes Wasser angießen. Bratdauer beträgt für ein 1200—1500 g schweres Huhn etwa 40 Minuten.

Das Huhn warm stellen. Den Bratensatz läßt man etwas eingehen, bis er braun ist, gießt überflüssiges Fett ab, gibt frische Butter bei, läßt sie aufschäumen, gießt mit ¼ l Flüssigkeit (Wasser oder Brühe) auf, verrührt alles gut und läßt alles verkochen. Man kann in das Innere des Tieres auch Kräuter einlegen und Zwiebelscheiben, Sellerie- und Karottenstückchen mitbraten.

Pro Portion etwa 460 Kalorien / 1925 Joule.

Wiener Backhendel (Huhn, paniert)

1 junges Hähnchen, Salz, 1 EL Mehl, 1—2 Eier, 1 Tasse Brösel, Backfett, Zitrone, Petersiliengrün

Dazu werden junge Hühner mit einem Gewicht von etwa 800 Gramm verwendet. Putzen, waschen, in vier Teile schneiden, gut abtrocknen, die Schenkel beim Gelenk einschneiden. Salzen, in glattes Mehl tauchen, dann in verquirltem Ei und lichten Semmelbröseln panieren und in heißem Fett schwimmend nicht zu rasch backen. Zum Schluß auch die Hühnerleber (zuvor mit der Gabel ein paarmal anstechen) und den Magen panieren und im Fett backen. Mit Zitronenspalten und gebackenem Petersiliengrün auf Papierservietten anrichten. Dazu verschiedene Salate (Blattsalat, Kartoffelsalat, Rohkostplatte) servieren.

Pro Portion etwa 600 Kalorien / 2510 Joule.

Geschmortes Huhn Valerie

1 Brathuhn, 100 g Perlzwiebeln, 100 g Champignons, 1 Glas Weißwein, ⅛ l Sahne, 2 Eigelb, Petersiliengrün, Butter, Salz, Pfeffer

Das bratfertige Huhn vierteln, salzen und pfeffern, in heißer Butter langsam anbraten und gut Farbe nehmen lassen. Dann Perlzwiebeln, Champignons und Weißwein dazugeben und zugedeckt weich schmoren. Den Saft zuletzt mit Sahne und Eigelb, gut verrührt, binden. Gehacktes Petersiliengrün dazugeben.

Pro Portion etwa 560 Kalorien / 2345 Joule.

Brathuhn, gefüllt

1–2 junge Hähnchen (à 1000–1200 g), Salz
Brötchenfülle: 1–2 altbackene Brötchen, ⅛ l Milch, 40 g Butter, 2 Eier, Petersiliengrün, Rosmarin, Salz, Pfeffer, Muskat, Hühnerleber
Butter zum Braten
Mandelfülle: 60 g Butter, 4 Eigelb, 4 Eiweiß, 1 KL Zucker, 60 g geschälte, geriebene Mandeln, 2–3 Brötchen, etwas Milch, 60 g Korinthen (oder Sultaninen), Salz, Brösel

Die Brötchen entrinden, klein schneiden und mit etwas Milch befeuchten. Zur schaumig gerührten Butter die Eier dazurühren sowie die in Milch geweichten, ausgedrückten Brötchen dazugeben. Salz, Pfeffer, gehacktes Petersiliengrün, Muskat und eventuell kleingeschnittene Hühnerleber dazugeben und fein verarbeiten. Von der Halsseite aus mit einem Finger die Brusthaut untergreifen und mit einem Löffel oder Dressiersack die Füllmasse einfüllen. Dann das Huhn binden und wie das Brathuhn, aber bei mäßiger Hitze, mit Butter braten, dabei häufig mit Bratfett begießen. Das gefüllte Huhn soll man bei nur mäßiger Hitze (ca. 50 Minuten) braten, da sonst leicht die Fülle austritt.

Vor dem Tranchieren 15 Minuten in der Wärme rasten lassen. Inzwischen den Bratensaft wie beim Brathuhn beschrieben bereiten.

Geflügel kann man auch mit einer **Mandelfülle** füllen: Butter schaumig rühren, das verquirlte Eigelb, Zucker, die geriebenen Mandeln, die eingeweichten und gut ausgedrückten Brötchen, die gewaschenen Korinthen, Salz und Brösel zusammengeben und sehr fein vermischen. Zuletzt den steifgeschlagenen Schnee locker darunterziehen.

Pro Portion etwa 600 Kalorien / 2510 Joule.

Suppenhuhn (gekochtes Huhn)

1 Suppenhuhn, 250 g Suppengrün, 1 Zwiebel, Pfefferkörner, Salz, Nudeln, Schnittlauch

Dazu verwendet man ein sorgfältig gewaschenes Suppenhuhn, das mit grobgeschnittenem Suppengrün, Zwiebel, Pfefferkörnern und Salz auf kleinem Feuer in ca. 2 Liter Wasser gar gekocht wird. Herz, Leber und Magen können mitgekocht werden. Das Tier muß während des Kochens ständig mit Wasser bedeckt sein. Das Huhn wird gehäutet, in Portionsstücke geteilt und in einer Suppenschüssel angerichtet. Suppennudeln, extra gekocht, und das blättrig geschnittene Suppengrün darübergeben und mit geseihter und abgeschmeckter Hühnerbrühe übergießen. Mit Schnittlauch bestreut servieren. – Suppenhuhn kann man auch zu Frikassee verarbeiten.

Pro Portion etwa 550 Kalorien / 2300 Joule.

Paprikahuhn

1 Brathuhn, 40 g Butter, 150 g feingeschnittene Zwiebeln, Salz, 20 g Edelsüßpaprika, ¼ l Hühnerbouillon, Zitronenschale, Tomatenmark oder 1 frische Tomate, 1 kleine zerdrückte Knoblauchzehe, ½ grüner Paprika, 20 g Mehl, ⅛ l saure Sahne

Das bratfertige Huhn vierteln, salzen und in heißer Butter beidseitig goldgelb braten, dann warm stellen. Im Bratrückstand die Zwiebeln mit Knoblauch goldbraun rösten. Dann die Pfanne kurz vom Feuer nehmen, den Paprika einrühren, mit ¼ l Hühnerbrühe aufgießen, Tomatenmark beigeben und aufkochen lassen. Mit Salz und geriebener Zitronenschale würzen. Die Hühnerteile in diese Flüssigkeit geben und bei schwacher Hitze zugedeckt ca. ½ Stunde dünsten lassen, bis das Fleisch weich ist. Dann das Hühnerfleisch in ein frisches Geschirr geben. Inzwischen saure Sahne, etwas Mehl und Wasser glatt verrühren, in den Fond einrühren und etwas dick einkochen. Öfter umrühren, dann über die Hühnerteile passieren. Alles zusammen noch einige Minuten ziehen lassen. Mit einem Löffel voll saurer Sahne und nudelig geschnittenem grünem Paprika garnieren, Beilage: Spätzle, grüner Salat.
Pro Portion etwa 565 Kalorien / 2365 Joule.

Pörkölthuhn

1 Huhn (1000 g), ca. 30 g Fett (Öl), 1 mittelgroße Zwiebel, 100 g Rauchspeck, 10 g Stärkemehl, 1 Stück grüner Paprika, Salz, 1 EL milder Paprika, Knoblauch, Tomatenmark

Die Hühnerstücke salzen, im Fett kurz anbraten, in eine Kasserolle legen. Im Bratrückstand den würfelig geschnittenen Speck glasig rösten, feingeschnittene Zwiebel mitrösten, paprizieren und mit ¼ l Wasser aufgießen, über die Hühnerstücke gießen, weich dünsten. Tomatenmark und zerdrückten Knoblauch zufügen, mit Stärkemehl und etwas Wasser zu einem molligen Saft binden. Die grüne Paprikaschote feinstreifig schneiden, in wenig Öl rösten und über die angerichteten Hühnerstücke geben.
Pro Portion etwa 595 Kalorien / 2490 Joule.

Geflügelklein mit Reis

500 g Geflügelklein (von Huhn, Ente oder Gans), 2 gehackte Zwiebeln, 250 g Reis, 60 g Butter, 1 l Bouillon

Das Geflügelklein in Stücke schneiden, mit den Zwiebeln in Butter anschwitzen lassen. Man kann auch kleingeschnittenes Wurzelwerk mitdünsten. Die Bouillon angießen. 20 Minuten kochen lassen. Den Reis beifügen und ebenfalls mitkochen lassen, bis das Klein gar und der Reis ziemlich trocken ist.
Pro Portion etwa 360 Kalorien / 1507 Joule.

Balkanspieße Rezept Seite 311

Kalbsmedaillons, flambiert Rezept Seite 315

Hühnercurry

Die Hühnerstücke in etwas Öl kurz anbraten und im heißen Ofen fertigschmoren. Dann herausnehmen und warm stellen. Im Bratrückstand die feingeschnittene Zwiebel goldgelb anlaufen lassen, Kokosraspel und Currypulver zugeben, die würfelig geschnittene Banane und Apfel kurz mitrösten, mit etwas Hühnerfond oder Wasser aufgießen, salzen und weich dünsten. Die Hühnerstücke in die Anrichteschüssel legen. Den Fond mit Stärke und Sahne, beides glatt gerührt, zu einer Soße verkochen, gehobelte Mandeln und Mango-Chutney dazugeben und die fertige Soße über die Hühnerstücke passieren. Beilage: gekochter oder gedünsteter Reis und geschmorte Tomaten.
Pro Portion etwa 1020 Kalorien / 4270 Joule.

1 geviertelte Huhn (1000 g), 20 g Kokosraspel, 1 kleine Zwiebel, 1 kleine Banane, 1 kleiner Apfel, 1 EL Currypulver, ⅛ l Sahne, 10 g Stärkemehl, 20 g gehobelte Mandeln, 1 EL Mango-Chutney

Hühnerfrikassee

Das Huhn wie beim Suppenhuhn angegeben kochen. Dann herausnehmen, häuten und in kleinere Stücke zerlegen, die Knochen dabei entfernen. In der Kochbrühe die vorbereiteten Gemüse gar kochen (oder man nimmt sie aus der Dose und erhitzt sie in der Brühe). Aus Butter und Mehl eine helle Mehlschwitze bereiten, mit Brühe aufgießen und zu einer hellen Soße einkochen, mit Wein, Zitronensaft und Kapern abschmecken, mit Salz, Pfeffer und Muskat würzen. Das abgetropfte, nicht zu weich gekochte Gemüse und die Hühnerfleischstücke in die fertige Soße geben, kurz erhitzen und anrichten.
Pro Portion etwa 600 Kalorien / 2520 Joule.

1 Suppenhuhn, 4 EL Butter, 2 EL Mehl, 1 l Hühnerbrühe, Spargelköpfe, Champignons, Blumenkohlröschen, Weißwein, Zitronensaft, 1 TL Kapern, zerhackt, Salz, Muskat, Pfeffer

Hühnerrisotto

Die Geflügelteile oder das Hühnerklein in Fett anrösten, feingeschnittene Zwiebel beigeben und anschwitzen. Zuletzt die blättrig geschnittenen Champignons und den Reis dazugeben, mit der erforderlichen Menge Flüssigkeit aufgießen, salzen, pfeffern und im Ofen 25 Minuten schmoren. Nun die Hühnerteile herausnehmen, die Knochen entfernen, das Fleisch würfelig schneiden, mit etwas frischer Butter und den Erbsen unter den fertigen Reis mischen. Das Ganze in eine mit Wasser benetzte Form drücken, stürzen, mit Parmesan bestreuen.
Pro Portion etwa 630 Kalorien / 2635 Joule.

Geflügelteile (Schenkel oder Geflügelklein), 30 g Fett oder Öl, ½ Zwiebel, 100 g Champignons, 250 g Reis, Hühnerbrühe oder Wasser, Salz, Pfeffer, 3 EL gekochte Erbsen, 20 g Butter, Parmesan

Putergulasch

4 Puterkeulen (1000 g), 4 Zwiebeln, Rosenpaprika, Paprikaschote, 30 g Schweinefett, 1 EL Tomatenmark, Zitronenschale, 1 EL Mehl, Wasser, Spritzer Essig, ⅛ l Sahne

Keulen entbeinen, von Haut befreien, kleinwürfelig schneiden. In heißem Fett in Scheiben geschnittene Zwiebeln goldgelb anrösten, mit Paprika stäuben, Tomatenmark beigeben, mit etwas Essig ablöschen. Das Puterfleisch beigeben, Zitronenschale, Salz, Pfeffer beigeben, mit wenig Wasser untergießen und zugedeckt garschmoren. Das ganze Fleisch in eine saubere Kasserolle geben. Mehl und Sahne verrühren, den Bratfond damit binden, durchkochen und über das Fleisch passieren. Kurz erhitzen. Mit in Streifen geschnittenen, entkernten grünen Paprikaschoten garniert anrichten. Dazu Teigwaren oder Salzkartoffeln.
Pro Portion etwa 920 Kalorien / 3850 Joule.

Puter auf amerikanische Art

1 Puter, 200 g eingeweichtes, ausgedrücktes Weißbrot, 250 g feingehacktes Kalbsnierenfett, 85 g Zwiebel, 30 g Butter, 2 Eier, 2 Eigelb, Petersiliengrün, Salbei

Weißbrot und Nierenfett, die Eier und gehacktes Petersiliengrün und gehackten Salbei vermischen, salzen und pfeffern, damit den Puter füllen, würzen, mit Speckscheiben umbinden und bei mittlerer Hitze in Butter ca. 2½ Stunden braten. In der letzten Viertelstunde ohne Speckscheiben bräunen lassen. Herausnehmen, die Butter abgießen, den Bratsatz mit etwas Hühnerfond ablöschen. Anrichten und den entfetteten, passierten Fond extra servieren.
Pro Portion etwa 1530 Kalorien / 6400 Joule.

Gans auf hessische Art

1 Junggans, 500 g Schweinefleisch, Magen, Nieren, Leber und Herz der Gans (weich gekocht), 2 Brötchen, 1 Zwiebel, 2 Eier, Petersilie, Salz, Pfeffer, Muskat, Majoran

Schweinefleisch, Magen, Herz, Leber und Nieren und die eingeweichten, ausgedrückten Brötchen mit in Butter angeschwitzter gehackter Zwiebel durch die feine Scheibe des Fleischwolfes drehen. Die Farce mit Eiern, gehackter Petersilie, Salz, Pfeffer, Muskat und Majoran würzen und geschmeidig durcharbeiten. Damit die Gans füllen, zusammennähen, salzen, binden und bei mittlerer Hitze ca. 2 Stunden braten. Dann Gans aus der Pfanne nehmen. Den Bratsatz mit braunem Fond oder Bouillon ablöschen, entfetten, gut einkochen. Die Gans tranchieren und mit der Füllung garnieren. Dazu Rotkraut, Salzkartoffeln und den Saft extra servieren.
Pro Portion etwa 1430 Kalorien / 5986 Joule.

Ente oder Gans, gebraten

1 junge Ente oder Gans, Salz, Majoran, einige kleine, säuerliche Äpfel, Fett, 10 g Mehl, Brühe

Das küchenfertige Tier innen mit Salz und Majoran, außen nur mit Salz einreiben. Das Tier mit ungeschälten, vom Kerngehäuse befreiten Äpfeln füllen. Dann mit einer Schnur zusammenbinden. In eine Pfanne etwas Fett geben und das Tier mit der Brust nach unten einlegen und im Ofen unter häufigem Begießen mit Bratenfett braten. Nach halber Bratdauer (ca. 40 Minuten) auf den Rücken legen und fertigbraten. Wichtig ist dabei, daß auch das Fleisch der Keulen ganz weich wird, was durch Fingerdruck festgestellt werden kann. Nach Beendigung der Bratzeit das Tier warm stellen. Den Bratensatz durch Eingehenlassen gut bräunen, einen Teil des Fettes abgießen, den Saft mit Mehl stauben, durchrösten und mit Wasser oder Bouillon zu einer Soße verkochen. Beilage: Weinkraut oder Rotkohl, Kartoffeln, Klöße.
Statt der Äpfel kann man auch nur 2—3 Stengel Beifuß einlegen oder das Tier mit einer Fülle, wie beim Brathuhn oder bei der gefüllten Kalbsbrust angegeben ist, füllen. Oder mit 3 Eßlöffel Selleriewürfeln, 2 geschälten, kleinwürfelig geschnittenen Äpfeln, einigen Weintrauben und feingewiegtem Schinken oder mit einem mit Alkohol leicht parfümierten Obstsalat (Orangen und Apfelstücke, Bananen, Kirschen, Pfirsiche).
Pro Portion etwa 980 Kalorien / 4100 Joule.

Gänseritschert

3 große oder 6 kleine Gänsekeulen, 80 g Gänseschmalz oder Öl, 4 EL feingeschnittene Zwiebeln, Graupen, 300 g gelbe Schälerbsen (tags zuvor eingeweicht), 150 g frische grüne Erbsen, 8 Champignons, 1—1½ l Bouillon, 1 EL Tomatenpüree, 1 Knoblauchzehe

Keulen am Gelenk abtrennen, waschen, trocknen, salzen und pfeffern. Im heißen Fett auf beiden Seiten anbraten und in ein feuerfestes Geschirr geben. Die feingeschnittenen Zwiebeln in Fett goldgelb anrösten, mit Messerspitze Paprika bestäuben, Tomatenpüree und fein zerdrückten Knoblauch beigeben. Die vorgeweichten Graupen und vorgekochten Schälerbsen abgießen und dazugeben. Mit Salz nachwürzen. Reichlich feingewiegtes Petersiliengrün darunterrühren. Die ganze Masse über die Gänsekeulen verteilen und mit der Bouillon aufgießen. Zugedeckt und ohne umzurühren im Ofen schmoren. 1 Viertelstunde vor dem Garwerden die geschnittenen Champignons und die grünen Erbsen dazugeben und fertigdünsten.
Pro Portion etwa 845 Kalorien / 3535 Joule.

Gänseleber mit gebratenen Äpfeln

500 g Gänseleber, 8 ausgestochene Apfelscheiben, 60 g Butter, Mehl, Madeirawein, Reisring, Fleischbrühe

Die Gänseleber in 8 dicke Scheiben schneiden, auf einer Seite in Mehl tauchen und in aufgeschäumter Butter braten. Gleichzeitig ebenso viele dicke Apfelscheiben mitbraten. Auf eine runde Platte einen Reisring stürzen, in der Mitte die Gänseleber abwechselnd mit den Apfelscheiben anrichten. Den Saft mit etwas Madeirawein, frischer Butter und Fleischbrühe oder Wasser fertigen und über die angerichtete Leber gießen.
Pro Portion etwa 510 Kalorien / 2135 Joule.

Gänsehals, gefüllt

4 Gänsehälse, 300 g Schweinefleisch, 1 Gänseleber, 2 Brötchen, Milch, 1 Zwiebel, Petersiliengrün, Salz, Pfeffer, Majoran, Paprika, 1 Knoblauchzehe, 40 g Butter oder Fett, 1 Zwiebelstück, Fleischbrühe

Die Haut der gut gereinigten Gänsehälse auf einer Seite zunähen und dann wie folgt füllen: Schweinefleisch, die Gänseleber, die in wenig Milch eingeweichten und ausgedrückten Brötchen durch den Fleischwolf drehen, mit einer sehr fein geschnittenen Zwiebel, gehacktem Petersiliengrün, etwas zerdrücktem Knoblauch, Salz, Pfeffer, Paprika und Majoran sehr gut vermischen und mit einem Löffel Brühe zu einer weichen, geschmeidigen Masse rühren bzw. kneten. Diese Fülle mit Hilfe eines Kochlöffelstiels nicht zu fest in die Gänsehälse füllen und sie auch am anderen Ende zunähen. In einem Stück Butter oder Fett langsam mit einem großen Stück Zwiebel schön braun anbraten, mit Brühe begießen und zugedeckt eine halbe Stunde schmoren. Mit gebratenen Kartoffeln servieren. Man kann die gefüllten Gänsehälse auch in einer Fleischbrühe oder im leicht gesalzenen, siedenden Wasser eine halbe Stunde kochen.
Pro Portion etwa 485 Kalorien / 2030 Joule.

Taube in Folie

2 Tauben, 80 g Champignons, 1 EL Petersilie, 1 TL Schnittlauch, 120 g Kalbsleber, Salz, Pfeffer, 1 Eigelb, 1 EL Brösel, 4 Scheiben Speck, 40 g Butter

Tauben der Länge nach durchschneiden und leicht klopfen. Kalbsleber und Taubenleber durch den Fleischwolf drehen, feingehackte Champignons, gehackte Petersilie und Schnittlauch dazugeben, würzen, mit Eigelb und Bröseln festigen. Die Taubenhälften salzen und pfeffern, die Farce aufstreichen, in Speck einwickeln, jede Taube für sich in mit Butter bestrichene Folie einwickeln und bei guter Hitze ca. 20—25 Minuten im Ofen braten. In der Folie servieren.
Pro Portion etwa 600 Kalorien / 2520 Joule.

Ente mit Orangen

1 Fleischente (1500 g), 100 g Mohrrüben, 100 g Sellerieknolle, 100 g Zwiebeln, 5 große kernlose Orangen, 1 dl Weißwein, etwas Weinessig, 2 Stück Zucker, Salz, Pfeffer, Wasser, 30 g Butter

Die bratfertige Ente innen und außen mit Salz und Pfeffer würzen. In die Bratpfanne etwas Wasser geben, die Ente hineingeben und rundum anbraten. Das überflüssige Fett abgießen, das gewürfelte Wurzelwerk beigeben und mit anrösten. Mit Weißwein ablöschen und den Saft von 2 Orangen dazugeben, mit etwas Wein aufgießen und zugedeckt bei gedrosselter Hitze ca. 1½ Stunden garschmoren. Wiederholt mit Saft übergießen. Von einer Orange die Schale dünn abschneiden, in feine Streifen schneiden und in heißem Wasser sehr stark blanchieren. Die anderen Orangen bis zum Fleisch schälen, in dünne Scheiben schneiden und in etwas Butter erhitzen. Sobald die Ente gar ist, herausnehmen und warm stellen. Den Zucker zu hellem Karamel rösten, mit etwas Essig ablöschen, den Saft der gebratenen Orangenscheiben dazugeben und einkochen. Die Enten-Schmorsoße mit dem Gemüse passieren, entfetten, zur nötigen Dicke einkochen, die Karamellösung dazugeben, abschmecken und mit den in Streifen geschnittenen Schalen vermischen. Die Ente mit den Orangenscheiben, Dekorkirschen und Kräuselpetersilie garnieren. Etwas Soße darübergießen, die restliche Soße in der Sauciere extra servieren.
Pro Portion etwa 650 Kalorien / 2720 Joule.

Tauben, gefüllt

4 Tauben (à 250 g), 40 g Butter
Fülle: 4 altbackene Brötchen, ½ l heiße Fleischbrühe, 1 Ei, 1 Zwiebel, 5–6 Champignons, Petersiliengrün, 10 g Butter, Salz, Pfeffer
Garnierung: 8 Champignonköpfe, 1 kleine Zwiebel, 20 g Butter, Salz, weißer Pfeffer, ½ Zitrone, Kresse

Fülle: Brötchen kleinschneiden, mit heißer Fleischbrühe übergießen, ¼ Stunde einweichen. Feingeschnittene Zwiebel, gehackte Champignons und Petersiliengrün in heißer Butter anschwitzen, Brötchen und das Ei dazugeben, salzen und pfeffern. 15 Minuten unter ständigem Rühren erhitzen, dann abkühlen lassen. Tauben innen und außen salzen und pfeffern, die Fülle einstreichen und die Öffnung zunähen. Die Tauben in heißer Butter rundum anbraten, restliche Fleischbrühe zugießen und zugedeckt 25 Minuten im heißen Ofen schmoren. Öfter begießen. In heißer Butter würfelig geschnittene Zwiebel anlaufen lassen, die Champignonköpfe dazugeben, salzen und pfeffern und 10 Minuten schmoren lassen. Mit Zitronensaft beträufeln. Die Tauben anrichten, den Bratfond darübergießen, mit Champignonköpfen und Kresse garnieren.
Pro Portion etwa 560 Kalorien / 2345 Joule.

Wild und Wildgeflügel

Wildbeize, gekocht

1 l Wasser, ¼ l Essig, ¼ l Wein, 1 Mohrrübe, ½ Stück Sellerie, 1 Petersilienwurzel, 1 Zwiebel, 2 Lorbeerblätter, einige Wacholderbeeren und Pfefferkörner, grob zerdrückt, etwas Thymian, 2–3 Gewürznelken, Zitronenschale, Öl

Zur Wildbeize soll man nur guten Weinessig und guten Wein verwenden, und zwar auf 1 l Wasser ¼ l Essig und ¼ l Wein, Karotte, Sellerie, Petersilienwurzel und Zwiebel werden blättrig geschnitten. Zusammen mit den angegebenen Gewürzen das Ganze ¼ Stunde kochen lassen und erst vollständig ausgekühlt über das Fleisch gießen. Es muß vollständig mit Flüssigkeit bedeckt sein. Obenauf mit Öl abschließen. An einem kühlen Ort aufbewahren. Das Fleisch muß mindestens 24 Stunden in der Beize liegen. In die Beize kein Salz geben, da das Fleisch sonst rot wird. Beizt man das Fleisch, um es für längere Zeit zu konservieren und aufzubewahren, so nimmt man keinen Wein, sondern auf 1 l Wasser ¼ l Essig, alle Gewürze, aber kein Suppengrün, da sonst die Beize zu gären beginnen würde. Nach dem Beizen das Fleisch mindestens ½ Stunde abtropfen lassen, dann noch abwischen.

Wildbeize, kalt

Rotwein oder trockener Weißwein, ¹⁄₁₆ l Essig, ¹⁄₁₆ l Wasser, 1 kleine Zwiebel, 1 Mohrrübe, Sellerie, Petersilienwurzel, eventuell 1 Knoblauchzehe, Pfefferkörner, Lorbeerblatt, Thymian, Wacholderbeeren, Öl

Gemüse in dünne Scheiben schneiden, die Hälfte auf den Boden eines Geschirrs legen. Das leicht gesalzene und gepfefferte Stück Wild oder die Wildstücke darauflegen, mit restlichem Gemüse und Suppengrün und den Aromaten bedecken. Mit Wein und Essig auffüllen, mit Öl begießen. Mit einem Tuch oder geöltem Papier abdekken. An einem kühlen Ort aufbewahren. Die Stücke wiederholt wenden.

Buttermilchbeize

Buttermilch

Das Fleisch in Porzellan- oder Steingutschüssel legen und mit frischer Buttermilch ganz bedecken. Bleibt das Fleisch länger als 2 Tage in der Beize, muß die Buttermilch täglich erneuert werden.

Trockenbeize

Das Fleisch wird entweder 1–2 Tage in ein mit Essig getränktes Tuch eingewickelt oder die in »Wildbeize, kalt« genannten feingeschnittenen Gemüse und Gewürze werden vermischt und auf das mit Essig getränkte Tuch verteilt. Darin den Braten einwickeln und in einem kühlen Raum oder im Kühlschrank aufbewahren. Das Tuch täglich mit Essig bespritzen. Das Fleisch bleibt 4–6 Tage frisch und wird nicht unnötig ausgelaugt. Besonders zart wird es, wenn man es vor dem Einwickeln mit Öl bestreicht.

Essig, Öl

Wildfond

Für in der Pfanne bereitetes Wild sollte immer ein brauner Wildfond zur Verfügung stehen, nur so erhält man eine gute Wildsoße.
Die zerkleinerten Wildknochen, Parüren und Speckabfälle werden in wenig Fett langsam, aber intensiv gebräunt. 10 Minuten vor dem Bräunen das grobwürfelig geschnittene Suppengrün, Zwiebel und Champignonschalen mitrösten, auffüllen, die Gewürze beigeben und möglichst das Ganze ca. 2 Stunden sehr langsam kochen. Zum Schluß durch ein feinmaschiges Sieb oder Seihtuch (Etamine) seihen und gut abfetten.

Parüren (= Fleischwegschnitte, Sehnen, Haut), kleingehackt, Wildknochen, Speckabfälle, Öl oder Butter, Suppengrün, 1 Zwiebel, Rotwein, 1 Kräuterbündel, Champignonschalen, 4–6 Pfefferkörner, 1 Lorbeerblatt, 1 Stämmchen Thymian, 3–5 Wacholderbeeren, Zitronenschale

Hasenrücken, gebraten

Den vorbereiteten gehäuteten Rücken und die Keulen mit Speckstreifen spicken, salzen und pfeffern, restlichen Speck in dünne Scheiben schneiden und anbraten. Hasenrücken und Keulen mit der gespickten Seite einlegen, mit heißer Butter übergießen. Im vorgeheizten Ofen braten. Dabei regelmäßig mit Bratfett begießen. 20 Minuten vor dem Ende der Garzeit noch mit saurer Sahne übergießen. Den Hasenrücken nach 40 Minuten herausnehmen, die Keulen noch weitere 15 Minuten braten. Den Bratenfond mit saurer Sahne und Mehl, beides glattgerührt, eindicken, aufkochen und abschmecken. Den Rücken schräg schneiden. Den angerichteten Hasenbraten mit der Soße übergießen. Beilage: Salzkartoffeln, Rotkohl, Rosenkohl, Maronenpüree, Preiselbeerkompott.
Pro Portion etwa 230 Kalorien / 965 Joule.

1 Hasenrücken, 2 Keulen, 100 g durchwachsener Speck, 70 g Butter, Salz, Pfeffer, ¼ l saure Sahne, 1 EL Mehl

Hasenbraten auf Wiener Art

1 Hasenrücken, 2 Hasenläufe (Keulen), Marinade, 150 g Räucherspeck, Salz, Pfeffer, Fett, 1 Mohrrübe, 1 Petersilienwurzel, ¼ einer Sellerieknolle, 1 Zwiebel, ⅛ l Rotwein, 4 Wacholderbeeren, 1 kleines Lorbeerblatt, 1 Thymianstengel, Zitronenschale, ⅜ l saure Sahne, 30 g Mehl, Senf, Zitronensaft, ½ EL Kapern

Hasenrücken und Keulen von der sehnigen Haut befreien, mit Marinade bedecken und 12 Stunden beizen lassen. Gut abtropfen. Mit dünnen Speckstreifen spikken, salzen und pfeffern und zusammen mit den Fleischabfällen in heißem Fett bräunen. Das würfelig geschnittene Suppengrün beigeben und unter öfterem Untergießen mit etwas Rotwein und Marinade im Ofen braten. Sobald das Suppengrün Farbe genommen hat, die grobwürfelig geschnittene Zwiebel beigeben und weiterbraten. Mit ½ l Flüssigkeit (Wildfond, Brühe, Marinade oder Wasser) untergießen, die Gewürze beigeben und im Ofen schmoren. Ist das Fleisch gar, herausnehmen und warm stellen. (Der Rücken wird ¼ Stunde früher gar als die Keulen!) Den Saft mit saurer Sahne und Mehl, mit etwas Flüssigkeit glattgerührt, binden. Mit Zitronensaft und Senf abschmecken und passieren. Kapern als Einlage in die Soße geben. Beilagen: Semmel- oder Serviettenklöße, Preiselbeerkompott oder Apfelpüree.
Pro Portion etwa 1125 Kalorien / 4705 Joule.

Hasenpfeffer

Hasenklein (Kopf, Hals, Bauchlappen, Vorderläufe, Lunge, Herz, Leber), etwas Essig, 100 g Suppengrün, 1 kleine Zwiebel, ½ Knoblauchzehe, 4 Pfefferkörner, 3 Pimentkörner, 1 Zweig Thymian, ½ Lorbeerblatt, 30 g Schweinefett, 30 g Mehl, 1 KL Zucker, 1 kleine Zwiebel, 1 KL gehackte Petersilie, 2 EL Preiselbeerkompott, 1 TL Senf, 1 EL Tomatenpüree, Zitronensaft, 1 Tasse Hasenblut, ⅛ l Rotwein, ⅛ l saure Sahne

Den Hasenkopf spalten, die Augen entfernen. Vom Halsstück Speiseröhre und Schlund entfernen, die Vorderläufe in zwei Stücke schneiden. Von der Leber die Galle entfernen, Leber und Herz dickblättrig schneiden, die Lunge halbieren.
Die würfelig geschnittenen Fleischteile in kochendes, mit Essig gesäuertes und leicht gesalzenes Wasser geben, zusammen mit dem blättrig geschnittenen Suppengrün, den Gewürzen, der Zwiebel und etwas Zitronenschale weich kochen. Sobald das Fleisch weich ist, in ein frisches Geschirr geben (»umstechen«) und warm stellen.
In heißem Schweinefett den Zucker hellbraun karamelisieren, mit Mehl stauben und gut hellbraun rösten, die feingeschnittene Zwiebel mitrösten, ebenso das feingehackte Petersiliengrün. Mit dem Kochfond samt Suppengrün und Gewürzen aufgießen, glatt rühren und kochen lassen, daß eine dünnflüssige Soße entsteht. Senf, Preiselbeerkompott und Tomatenpüree beigeben und ½ Stunde kochen lassen.
Pro Portion etwa 565 Kalorien / 2365 Joule.

Hirschfilets Diana

Vom ausgelösten Rückenfilet 8 schräge Scheiben schneiden, leicht klopfen und mit Speckstreifen sternförmig spicken. Mit Salz, Pfeffer und Pastetengewürz würzen. Eine Pfanne erhitzen, einen Teil Butter darin aufschäumen und die Hirschfilets auf beiden Seiten rasch braten und anrichten. Den Bratrückstand mit Mehl stauben. Mit Madeirawein und Wildfond aufkochen. Preiselbeerkompott, Senf und etwas Wasser glattrühren und zur Soße geben. Mit frischer Butter vollenden und über die angerichteten Hirschfilets seihen. Auf jedes Filet einen Champignonkopf setzen. An der Seite mit gebratenen Tomatenhälften und den grünen Bohnen garnieren. Kartoffelkroketten und Preiselbeerkompott extra.
Pro Portion etwa 1040 Kalorien / 4353 Joule.

600 g Hirschrückenfilet, Salz, Pfeffer, Pastetengewürz, 60 g Räucherspeck, 60 g Butter, 10 g Mehl, ⅛ l Wildfond, 1 Gläschen Madeira, Senf, 2 TL Preiselbeerkompott
Garnitur: Kartoffelkroketten, halbierte gebratene Tomaten, in Butter geschwenkt, grüne Bohnen, 8 Stück dressierte, in Butter gebratene Champignonköpfe, Preiselbeerkompott

Hirschragout (»Hirschpfeffer«)

Das Fleisch in größere Würfel schneiden, pfeffern, in wenig Öl scharf anbraten, herausheben und in eine frische Kasserolle geben. Im Bratrückstand den würfelig geschnittenen Speck glasig rösten, das grobwürfelig geschnittene Gemüse beigeben und bräunen, zuletzt die feingeschnittene Zwiebel mitrösten. Mit Rotwein ablöschen und über das Fleisch gießen. Mit Wacholderbeeren, Spur Thymian, Lorbeerblatt, Salz und Flüssigkeit zugedeckt schmoren. Sobald das Fleisch weich ist, in ein frisches Geschirr geben (»umstechen«), den Saft mit saurer Sahne und Mehl binden, mit Essig, Preiselbeerkompott und Senf abschmecken. Über das Fleisch passieren und einige Minuten kochen.
Das Ragout kann mit glasierten Zwiebeln, gerösteten Speckstreifen und in Butter gedünsteten Pilzen garniert oder mit einer Einlage von Pilzen serviert werden. Beilage: Semmel- oder Serviettenklöße oder Teigwaren.
Auf die gleiche Art kann auch das Rehragout (»Rehpfeffer«) zubereitet werden.
Pro Portion etwa 390 Kalorien / 1633 Joule.

600 g Hirschschulter, Pfeffer, Öl, 100 g geräucherter Speck, 200 g Zwiebeln, 1 Mohrrübe, 1 Petersilienwurzel, 1 Stück Sellerieknolle, ½ l Rotwein, 40 g Mehl, 2 EL Essig, ¼ l saure Sahne, Pfeffer, Salz, Senf, Preiselbeerkompott

Rehrücken, garniert

1 abgehangener Rehrücken, 100 g Räucherspeck, Salz, Pfeffer, Wacholderbeeren, 50 g Fett, 1 Suppengrün (150 g), 1 Zwiebel, 1 Zitrone, 1 Orange, 2 KL Mehl, 1 Glas Rotwein, etwas Madeirawein

Der Rehrücken wird von Haut und Sehnen befreit. In den Rückenmarkkanal wird ein Eisenstab geschoben, damit sich der Rücken beim Braten nicht aufbiegen kann. Mit Speckstreifen spicken, mit Salz, Pfeffer und zerdrückten Wacholderbeeren einreiben. Dann mit der schönen Seite nach unten in der Pfanne mit etwas Fett, Speckabfällen, eventuell kleingehackten Rehknochen (oder 150 g Schweineknochen) und Fleischabschnitten, Sehnen etc., die man rund um den Rehrücken legt, im heißen Ofen etwa 10 Minuten braten. Dann umdrehen, das grobgeschnittene Suppengrün und Zwiebel beigeben und ca. 60 Minuten braten. Öfters übergießen. Mit Fingerdruck feststellen, ob der Rücken schon gar ist, d. h. innen leicht »englisch«, also noch rosa ist. Den Rehrücken herausnehmen und warm stellen. Den Bratrückstand eingehen lassen, leicht mit Mehl stauben (man kann auch ¼ l saure Sahne beigeben), mit Rotwein und etwas Madeirawein ablöschen, mit Flüssigkeit aufgießen, Orangen- und Zitronensaft und etwas feingeschnittene Zitronenschale und zerdrückte Wacholderbeeren beigeben und 10 Minuten kochen lassen. Zum Schluß den Saft seihen. Die Filets des Rückens herausschneiden, in dünne Scheiben tranchieren und wieder auf das Knochengerüst in die ursprüngliche Form legen. Mit der fertigen Soße umkränzen. Restliche Soße extra servieren.
Garnituren: Orangenscheiben mit Maronenpüree belegt und halbierte Birnen mit Preiselbeerkompott oder kleine Torteletts, mit Preiselbeerkompott oder Maronenpüree gefüllt, oder in Butter und Zucker glasierte Weintrauben, glasierte Kastanien, gedünstete Pfifferlinge, halbierte, ausgestochene und in Weißwein pochierte Äpfel oder Birnen, gefüllt mit Johannisbeergelee. Beilage: Duchessekartoffeln, Kartoffelkroketten, Apfelrotkohl.
Man kann auch die Soße mit Salz, Pfeffer, gemahlenen Gewürznelken und etwas Ingwer abschmecken. Orangen- oder Quittenschnitzel in etwas Madeira weich kochen, leicht zuckern und die Schnitzel zur Soße dazugeben. Oder den Rehrücken mit einer Cumberlandsoße servieren. Man kann den aufgeschnittenen Rehrücken dachziegelartig abwechselnd mit Rehscheiben und gedünsteter Gänseleberscheibe, mit Trüffelfäden belegt, anrichten. Auch in der Garnierung kann man variieren.
Pro Portion etwa 1380 Kalorien / 5775 Joule.

Rehrücken auf Schwarzwälder Art

Den Rehrücken abziehen, mit Speckstreifen spicken, mit Salz, Pfeffer und zerdrückten Wacholderbeeren einreiben, dann wie vorstehend angegeben braten. Kurz vor Beendigung der Bratzeit den Rehrücken mit Kirschwasser übergießen und flambieren. Aus dem Bratrückstand einen Saft, wie vorhin angegeben, bereiten.
Beim Anrichten mit dem Saft umkränzen und mit flambierten Kirschen garnieren. Als weitere Beigabe kann man Selleriepüree servieren.
Flambierte Kirschen: Zucker mit Butter karamelisieren, entkernte Kompottkirschen beigeben und gut erhitzen. Mit Kirschwasser übergießen und flambieren, dann einkochen, bis die Kirschen glasiert sind.
Pro Portion etwa 665 Kalorien / 2790 Joule.

1 abgehangener Rehrücken, 80 g Spickspeck, Salz, Pfeffer, Wacholderbeeren; Fett, 30 g Butter, 20 g Zucker, Kirschwasser, 400 g entkernte Kompottkirschen

Rehbraten

Die Rehkeule hohl auslösen, die sehnige Haut entfernen, spicken, mit Bindfaden in eine gefällige Form binden, mit Salz, Pfeffer und Pastetengewürz einreiben und mit sehr viel grobgeschnittenem Suppengrün sowie allen Fleischabschnitten und gehackten Knochen in Fett braun anbraten. Nachher mit Brühe aufgießen. Einige zerdrückte Pfefferkörner, Wacholderbeeren, Gewürznelke, ein Stück Zitronen- und Orangenschale, Thymianstengel und Lorbeerblatt sowie 1 Eßlöffel Preiselbeerkompott dazugeben und zugedeckt im Ofen garen (1½ Stunden). Ist das Fleisch gar, herausnehmen und warm stellen. Den Saft abseihen, ⅛ l Rot- oder Weißwein und Zitronensaft beigeben, ¼ l saure Sahne, mit 40 g Mehl verrührt, dazugeben, einkochen und einige Minuten weiterkochen lassen. In die Soße gibt man zum Schluß einige gehackte Kapern. Die Keule aufschneiden und mit etwas Soße begießen. Den Rest der Soße extra servieren. Beilage: Teigwaren, Semmel- oder Serviettenklöße, Preiselbeerkompott.
Pro Portion etwa 480 Kalorien / 2050 Joule.

1 Rehkeule (ca. 1200—1500 g), 80 g Spickspeck, Salz, Pfeffer, Pastetengewürz; Fett, 200 g Suppengrün, Brühe, 1 KL Senf, 1 Zitrone, 1 Orange, 4 Pfefferkörner, 1 Thymianstengel, 1 Gewürznelke, 1 Lorbeerblatt, 4 Wacholderbeeren, 1 EL Preiselbeerkompott, ⅛ l Wein, ⅛ l saure Sahne, 40 g Mehl, 1 TL gehackte Kapern

Rehschnitzel Nimrod

4 Rehschnitzel, Öl, Zitronensaft, Salz, Wacholderbeeren, frisch gemahlener Pfeffer, saure Sahne, Mehl

Die Rehschnitzel klopfen, mit Öl und Zitronensaft beträufeln und einige Minuten ziehen lassen. Dann nur eine Seite in Mehl tauchen, die andere mit Salz, gestoßenen Wacholderbeeren und frisch gemahlenem Pfeffer gut würzen. Mit der bemehlten Seite zuerst in das heiße Öl geben und ca. 4 Minuten braten, dann die andere Seite ebenfalls 4 Minuten braten. Die Schnitzel auf vorgewärmter Platte anrichten. Den Bratfond mit etwas saurer Sahne und Mehl, beides mit wenig Flüssigkeit glattgerührt, eindicken, einmal aufkochen, abschmecken und über die angerichteten Schnitzel gießen. Beilage: Kartoffelkroketten und Preiselbeerkompott.
Pro Portion etwa 389 Kalorien / 1630 Joule.

Rehkoteletts mit Kirschen

8 Rehkoteletts (à 75 g), 80 g Spickspeck, Wurzelgemüse, 3 dl Wildsoße, 200 g Johannisbeergelee, Champignonköpfe, 300 g Sauerkirschen (aus Konserve), 4 Blätterteigkästchen, Wurzelgemüse, Rotwein, Strohkartoffeln, 60 g Butter

Koteletts zuschneiden, spicken, würzen und in Butter rosa braten. Warm stellen. Fleischabfälle und kleinwürfelig geschnittenes Wurzelgemüse im Bratfett anrösten, würzen, mit Rotwein ablöschen, einkochen. Wildsoße und etwas Kirschensaft beigeben, einkochen, abschmecken und passieren. Restlichen Kirschensaft einkochen, mit Stärkemehl abziehen, die Kirschen damit binden und erhitzen. Koteletts im Kranz anrichten, auf jedes Kotelett einen Champignonkopf setzen, mit Johannisbeergelee gefüllt, Blätterteigkästchen, mit heißen Kirschen gefüllt, und Strohkartoffeln als Garnitur. Die Koteletts leicht mit Soße überziehen, und restliche Soße mit Johannisbeergelee vermischen und extra servieren.
Pro Portion etwa 495 Kalorien / 2075 Joule.

Rehsteaks

600 g ausgelöster Rehrücken (Lendenstück), Salz, Pfeffer, 60 g Butter, Fleischbrühe, 2 EL Rotwein, Zitrone

Das Fleisch in 4 fingerstarke, nicht zu kleine Scheiben schneiden, mit einem flachen Messer breitdrücken, salzen und pfeffern und in heißer Butter auf beiden Seiten rosa braten (3–5 Minuten). Die Steaks anrichten und warm stellen. Die Bratbutter anbräunen, mit Fleischbrühe löschen, mit Rotwein und Zitronensaft abschmekken und die Steaks damit überziehen.
Pro Portion etwa 425 Kalorien / 1780 Joule.

Rehragout

Die kleingehackten Knochen und die Abfälle zusammen mit den Häuten und dem Suppengrün in Butter anrösten, mit Mehl stauben, leicht bräunen lassen. Dann passieren. Es soll etwa 6 dl Flüssigkeit ergeben. Das Fleisch in nicht zu große Würfel schneiden, mit der Marinade übergießen und die Nacht über im Kühlschrank stehen lassen. Fleischwürfel aus der Marinade nehmen, gut abtropfen lassen, abtrocknen. In der Butter kleinwürfelig geschnittenen Speck und Zwiebeln rösten, dann die Fleischwürfel darin anbraten, das Suppengrün aus der Marinade dazugeben und mitrösten. Mit Mehl stauben, mit etwas Fleischbrühe ablöschen, mit der passierten Marinade aufgießen, würzen, zum Kochen bringen und zugedeckt im heißen Ofen 70—80 Minuten schmoren. Die Zwiebelchen in Öl und Zucker glasieren. Das Ragout abschmecken, die Zwiebelchen dazugeben und anrichten. Beilage: Salzkartoffeln, Teigwaren, Reis, Spätzle oder Klöße. Man kann als Einlage auch gehackte Kapern und in Butter gedünstete Champignons in das fertige Ragout geben.
Pro Portion etwa 460 Kalorien / 1925 Joule.

750 g Rehfleisch (Hals, Bauchlappen oder Bug), 30 g Räucherspeck, 60 g Butter, 40 g Mehl, Fleischbrühe, 2 Zwiebeln, Salz, Pfeffer, Paprika, 30 g Zucker
Marinade: 200 g Knochen und Fleischabfälle, ½ l Rotwein, ¼ l Weinessig, 1 Zwiebel, in Scheiben geschnitten, in Scheiben geschnittenes Suppengrün, 1 Lorbeerblatt, 1 TL Thymian, 6 zerstoßene Pfefferkörner, 2 Gewürznelken

Kaninchen, gebraten

Kopf, Vorderbeine und Bauchhaut des Kaninchens abschneiden, Rücken und Hinterläufe häuten. Dann wie einen Hasen spicken und mit Salz einreiben. In der heißen Butter anbraten, in den vorgeheizten Ofen stellen und unter öfterem Begießen (nach Bedarf etwas Brühe untergießen) braten. Kurz vor Ende der Bratzeit die mit dem Mehl angerührte saure Sahne darübergießen.
Pro Portion etwa 495 Kalorien / 2070 Joule.

1 Kaninchen, Salz, 100 g Speck, 60 g Butter, etwas Fleischbrühe, 1 EL Mehl, ¼ l saure Sahne

Kaninchen, geschmort

Kaninchen häuten, in Portionsstücke teilen, mit Salz und Pfeffer bestreuen und in der heißen Butter rasch von beiden Seiten braun braten. Die Zwiebel mitrösten, mit Mehl bestäuben, mit etwas Brühe auffüllen und 15—20 Minuten schmoren. Danach die Champignons beifügen und nochmals kurz dünsten. Die Soße mit Wein abschmecken und vor dem Anrichten mit gehacktem Petersiliengrün bestreuen.
Pro Portion etwa 680 Kalorien / 2845 Joule.

1 junges Kaninchen, Salz, Pfeffer, 100 g Butter, 1 gehackte Zwiebel, 2 EL Mehl, 250 g gedünstete Champignons, ⅛ l Brühe, ⅛ l Weißwein, 1 EL gehacktes Petersiliengrün

Fasan, gebraten

1 Fasan, Salz, Pfeffer, 1–2 größere Speckscheiben, Fett, Butter, 1 TL Mehl, Fleischbrühe

Den Fasan trocken rupfen, ausnehmen, absengen, Kopf und Kragen abhacken, die Kragenhaut daranlassen. Die Füße ganz lassen, nur die Krallen abhacken (beim Hahn müssen die Sporen noch dranbleiben). Gut waschen und abtrocknen. Salzen, pfeffern und mit Bindfaden dressieren. Über die Brust 1–2 größere Scheiben Speck binden.

In einer Pfanne Fett erhitzen, den Fasan kurz anbraten, dann im heißen Ofen fertigbraten. Zuerst auf die eine Brusthälfte legen und unter öfterem Begießen mit Bratfett 10 Minuten braten. Dann auf die andere Brusthälfte legen und weitere 10 Minuten braten. Zum Schluß auf dem Rücken braten. Vor Beendigung der Bratzeit die Speckscheiben entfernen, damit das Tier genügend Farbe bekommt. Den Fasan warm stellen, den Bratensatz eingehen lassen, etwas Fett abgießen, ein nußgroßes Stück Butter beigeben, etwas bräunen lassen, mit Mehl stauben und mit etwas Fleischbrühe, Wildfond oder Wasser zu einem kurzen Saft verkochen, dann abseihen. Die Soße kann man mit Wein, Portwein, Kognak und Trüffeln noch verfeinern.

Den Fasan halbieren, die Schenkel abtrennen und beim Gelenk durchschneiden und auf die vorgewärmte Platte legen. Von der Brust die Knochen herausbrechen, das Brustfleisch in 3–4 schräge Schnitten teilen und auf die angerichteten Fasanfüße legen. Mit etwas Saft beträufeln. Der restliche Saft wird extra in der Sauciere gereicht.

Beilage: Rotkohl, Specklinsen, Serviettenklöße, Kartoffelkroketten und Preiselbeerkompott.

Pro Portion etwa 745 Kalorien / 3110 Joule.

Fasan, gefüllt

1–2 Fasane, Salz, Pfeffer, 200 g Schweinefleisch, 2 Geflügelleber, 1 TL gehackte Petersilie, 1 Eigelb, 2 Speckscheiben, Butter, Muskat, 1 Glas Madeira, 1 EL Tomatenmark, etwas Brühe

Die Fasane vorbereiten, innen würzen. Fleisch und Geflügelleber durch den Fleischwolf drehen, mit Eigelb und Gewürzen zu einer Farce verarbeiten und damit die Fasanen füllen. Zunähen und das Tier mit Speckscheiben umwickeln. Auf den Rost legen oder in das heiße Fett in die Bratpfanne und das Tier gar braten. Den Bratensaft mit Wein, Tomatenmark und Brühe abschmecken und einmal aufkochen.

Pro Portion etwa 870 Kalorien / 3640 Joule.

Fasan in Pfeffersoße

Fasan wie im vorhergehenden Rezept braten. Dazu eine Pfeffersoße bereiten: Wildabfälle und Suppengrün zerkleinert in Öl anrösten. Mit Wein und Essig ablöschen, fast völlig einkochen. Dann Fleischbrühe dazugießen und 1 Stunde auf kleinem Feuer kochen. Die Pfefferkörner, zur Hälfte leicht zerdrückt, dazugeben und noch einmal 10 Minuten kochen lassen. Das Ganze unter Druck passieren und noch einmal erhitzen.
Fasan anrichten, mit Pfeffersoße überziehen. Mit pochierten Birnenhälften mit Preiselbeerkompott garnieren.
Pro Portion etwa 750 Kalorien / 3181 Joule.

1 Fasan, 60 g Butter, 200 g Speck, Salz, Pfeffer, 125 g Wildabfälle, 125 g Suppengrün, 2 EL Öl, 1–2 EL Essig, 1 l Fleischbrühe, 1 Tasse Weißwein, 2 TL grüne Pfefferkörner

Rebhuhn, gebraten

Die geputzten Rebhühner waschen, abtrocknen, salzen und mit Pfeffer bestreuen, mit einer dünnen Schnur binden. Eine dünne Speckscheibe über die Brusthälften dazubinden. In heißer Butter zuerst mit der Brust nach unten und unter öfterem Begießen mit Bratensaft im Ofen braten. Nach 10 Minuten wenden. Vor dem Fertigbraten den Speck herunternehmen, damit auch die Brustseite Farbe bekommt. Die Brust von dem unteren Teil des Rebhuhns abtrennen, das Hinterteil auf gebackenen Brotsockel stellen und zwischen die Schenkel die Rebhuhn-Brustschnitten legen, den mitgebratenen Speck daraufgeben, mit Butterteigpastetchen, mit Linsen oder Erbsenpüree gefüllt, garnieren. Saft mit Fleischbrühe und Rotwein aufgießen, 1 Eßlöffel Stärkemehl einrühren und extra anrichten.
Pro Portion etwa 480 Kalorien / 2010 Joule.

2 Rebhühner, Salz, Pfeffer, 4 Scheiben Speck, 80 g Butter, 1 TL Mehl, etwas Brühe, ¼ l Rotwein, 1 KL Stärkemehl

Fasan oder Rebhuhn, gedämpft mit Kraut

Brust und Schenkel reichlich spicken. Die Tiere innen und außen mit Salz und Pfeffer einreiben und auf Speckwürfel mit Zwiebeln und Suppengemüse unter Beigabe von Fleischbrühe halbweich dämpfen. Weißkohl in Viertel teilen, in kochendem Wasser blanchieren und auf Speckscheiben in einen Topf legen. Darüber verteilt man etwas rohen, gehackten Schinken, gießt etwas Fleischbrühe darüber und dünstet das Kraut nicht ganz weich. Dann die halbgaren Tiere auf das Kraut legen, deren Brühe dazugießen und das Gericht weich schmoren.
Pro Portion etwa 690 Kalorien / 2890 Joule.

2 Fasane oder Rebhühner, 180 g Speck, Salz, Pfeffer, 1 Zwiebel, Suppengrün, Fleischbrühe, 1 Weißkohl, 80 g Schinken

Grillgerichte und Spieße

10 Regeln für das Grillen

Fleisch nie eiskalt aus dem Kühlschrank verwenden. Eine Zeitlang bei Zimmertemperatur stehenlassen.

1. Bevor man die Grillade, das zu grillende Stück, einlegt, läßt man den Grill oder die Grillplatte sehr heiß werden; sonst schließen sich die Fleischporen nicht sofort, das Bratgut bleibt am Rost kleben, der Eigensaft läuft aus, das gegrillte Fleischstück wird zäh und trocken.
2. Das Grillgut wird besonders mürbe und zart, wenn wir es vor dem Grillen in Öl einlegen und eine Zeitlang stehenlassen oder nur mit Öl massieren. Auch der Grillrost ist leicht mit Öl zu bestreichen, damit das Grillgut nicht am Rost hängenbleibt.
3. Zum Grillen nur bestes abgehangenes Fleisch, d. h. Fleisch gemästeter oder junger Tiere, und davon nur das Hintere verwenden!
4. Mäßig salzen — wenn überhaupt — immer erst nach dem Grillen. Würzen kann man auch vorher! Aber immer mäßig! Durch zu starkes Würzen würde der Eigengeschmack des Grillgutes verlorengehen. Helles Fleisch wird nur gesalzen, dunkles Fleisch gesalzen und gepfeffert.
5. Wenden, wenn die ersten Blutstropfen auf der Oberseite austreten. Zum Wenden der Fleischstücke eine Grillzange benützen, Fleisch nie mit Gabel anstechen!
6. Helles Fleisch wird durchgebraten, dunkles Fleisch (Rind, Hammel, Leber oder Wild) je nach Wunsch gebraten. Durch Druck mit Bratenwender feststellen, ob und wie es gebraten ist. Je fester sich das Fleisch anfühlt, desto mehr ist es durchgebraten. Fühlt sich das Fleisch weich an und läßt es sich ohne Widerstand eindrücken, dann ist es innen noch roh; man nennt es **englisch** oder **blutig gebraten** (bleu bis saignant). Gibt das Fleisch beim Druck weniger nach und glättet die Druckstelle sich sofort wieder, dann ist das Fleisch innen nur mehr rot, d. h. **auf den Punkt oder rosa gebraten** (à point). Fühlt sich das Fleisch hart an und zeigt sich geklärter Saft an der Oberfläche, dann ist es ganz durchgebraten (bien cuit).

Wildschweinsteaks auf Schwarzwälder Art Rezept Seite 316

Rohchampignonsalat

Rezept Seite 328

7. Zu Grillgerichten passen im Ofen oder im Fett gebakkene Kartoffeln. Als Gemüse werden in Butter geschwenkte Naturgemüse (z. B. grüne Bohnen) gereicht. Außerdem kann verschiedenes Gemüse, z. B. Tomaten, Paprika, Pilze, Auberginen, Zucchetti, mitgegrillt und als Garnitur verwendet werden. Sehr beliebt sind auch Beilagen von Zwiebelsenf, Gewürzgurken, Meerrettichrose sowie im Handel erhältliche Grillsoßen und Senfsorten.
8. Da sich beim Grillen kein Bratensaft ergibt, werden Buttermischungen, z. B. Haushofmeisterbutter, auf das gegrillte Fleisch aufgelegt, oder man serviert eine Béarnaisersoße zu Grillgerichten.
9. Im Balkan und im Orient wird sehr gerne folgende Marinade verwendet, in der das zu grillende Schweine-, Rind- oder Hammelfleisch einige Zeit eingelegt wird.
Marinade: Bier, zerdrückter Knoblauch, feingeschnittene Zwiebel, frisch gemahlene Pfefferkörner und Öl werden gut verrührt.
Ebenso verwendet man Rosenpaprika, mit Öl glattgerührt, um damit nach dem Grillen Cevapcici, Schweinekoteletts usw. zu bestreichen.
10. Das Reinigen der Grillstäbe oder -platten geschieht mit einer Drahtbürste, anschließend werden sie mit einem ölgetränkten Tuch poliert.

Forellen auf dem Rost

4 frische oder tiefgekühlte Forellen, Salz, 1 TL Mehl, Öl, Zitronenscheiben
Würzbutter: 80 g Butter, 1 EL gehackter Dill, Salz, 2 TL Senf, Zitronensaft, einige Tropfen Worcestershiresauce

Frische Forellen ausnehmen und waschen. Tiefkühlware nur leicht antauen lassen. Trockentupfen, innen salzen, mit etwas Zitronensaft beträufeln und mit etwas Würzbutter füllen. Außen auf jeder Seite dreimal einschneiden, salzen (evtl. mit etwas Mehl stauben), ölen, auf den mit wenig Öl bepinselten heißen Rost legen. Vorsichtig einmal wenden. Pro Seite 5–6 Minuten grillen. Während des Grillens öfter mit Würzbutter bestreichen. Mit Zitronenscheiben im Maul und mit gehacktem Dill bestreut servieren.
Würzbutter: Butter schaumig rühren, Zutaten einmengen und pikant abschmecken.
Auf die gleiche Weise kann man Äsche, Barsch, Felchen, Schleie, Makrele, Seezunge und andere kleine Fische bereiten.
Pro Portion etwa 540 Kalorien / 2260 Joule.

Pfeffersteak am Rost, garniert

4 dicke Filetsteaks (500 g), 2 TL grüne eingelegte Pfefferkörner, Salz, 1/16 l Öl, 1 grüne Paprikaschote, 2 Tomaten
Würzbutter: 50 g Butter, Salz, weißer Pfeffer, je 1 EL Senf und gehacktes Petersiliengrün, etwas Zitronensaft, Worcestershiresauce

Die Steaks mit leicht zerhackten Pfefferkörnern bestreuen und diese fest andrücken, mit Öl bestreichen und 1–2 Stunden zugedeckt ziehen lassen. Beidseitig auf dem Rost eines Holzkohlengrills oder im Grilltoaster bzw. im Schnellgrill 3–6 Minuten grillen. Während des Wendens oder am Schluß salzen, mit frisch gemahlenem Pfeffer würzen. Grünen Paprika entkernen und in breite Streifen schneiden, Tomaten oben kreuzweise einschneiden, salzen und pfeffern. Paprika und Tomaten langsam am Grill garen. Das Steak bei Tisch in schräge, fingerdicke Streifen schneiden und die einzelnen Portionen mit je einer Scheibe Würzbutter belegen.
Würzbutter: Die Zutaten in schaumig gerührte Butter mengen und pikant abschmecken. Eine Rolle formen, in feuchtes Pergamentpapier wickeln und im Kühlschrank sehr fest werden lassen. Vor dem Servieren in dicke Scheiben schneiden. Man kann dazu statt der Würzbutter auch eine Kräuterbutter servieren.
Beilage: Pommes frites, grüner Salat.
Pro Portion etwa 435 Kalorien / 1822 Joule.

Chateaubriand, gegrillt

Rinderfilet (ca. 400–500 g), 4 EL Öl, Salz, weißer Pfeffer, Petersilie

Das Chateaubriand ist ein mindestens 4 cm dickes, aus der Mitte des Rinderfilets geschnittenes Steak von 300–400 g (kann auch etwas schwerer sein). Die Häutchen entfernen, Fleisch waschen, trockentupfen, nur mit der Faust leicht drücken, also nicht klopfen, mit Öl bestreichen und einmassieren. Mit einer Schnur umbinden und durchziehen lassen. Dann pfeffern und auf den sehr heißen Grill legen. Es braucht auf jeder Seite bei guter Hitze je nach Dicke 6–8 Minuten und soll innen noch zart rosa, also à point, bleiben. Salzen. Man läßt das Fleisch noch einige Minuten stehen, damit sich der Saft im Innern sammelt. Dann von oben her in dicke schräge Scheiben schneiden, die schuppenförmig auf die Platte gelegt werden. Sofort servieren, sonst verliert es Saft und wird trocken. Beilagen: Pommes frites, grüne Bohnen, Béarner Soße.
Pro Portion etwa 420 Kalorien / 1760 Joule.

Hähnchen vom Rost

2 Hähnchen (à 800 g),
5 EL Olivenöl,
1 Zitrone, Salz,
Pfeffer,
Zitronenbutter

Das Hähnchen ausnehmen, absengen, innen und außen gut waschen und trocknen. Vom Rücken aus spalten, die Rückenknochen abhacken, flachklopfen, die Keulen vorn durch die Brusthaut stecken, die Flügel auf dem Rücken flach andrücken. Innen und außen salzen und leicht pfeffern. Mit Öl und Zitronensaft, beides verrührt, begießen und ½ Stunde ziehen lassen. Dann auf dem heißen, geölten Rost goldgelb grillen (pro Seite 15—20 Minuten). Dabei mehrmals mit flüssiger Butter bestreichen. Vor dem Servieren mit einer Scheibe Zitronenbutter belegen.
Pro Portion etwa 1050 Kalorien / 4395 Joule.

Ente, gegrillt

1 junge Ente (1500 g),
Salz, ⅜ l heißes
Wasser,
2 EL Kognak

Das Brustbein der küchenfertigen Ente eindrücken, das Tier innen leicht salzen. Mit der Brust nach unten auf den heißen, geölten Rost legen. In die Fettpfanne heißes Wasser gießen und bei halber Hitze 20 Minuten dämpfen lassen. Dann wenden, mit einer Nadel vorsichtig die Haut anstechen (das Fleisch darf nicht verletzt werden) und 20 Minuten weitergrillen. Mit dem abtropfenden Fett immer wieder bestreichen. Dann auf volle Hitze schalten und das Tier 10—15 Minuten knusprig bräunen. Dabei wiederholt mit Fett und etwas Kognak bestreichen. Beilage: Gegrillte Orangenscheiben, Apfelmus, gedünsteter Reis mit Champignons, Madeirasoße.
Pro Portion etwa 515 Kalorien / 2156 Joule.

Hirsch- oder Rehkoteletts vom Rost

8 Koteletts (von Hirsch
oder Reh), 500 g,
Buttermilchmarinade,
Thymian, Pfeffer,
1 Zwiebel, Öl, Butter,
Salz (Rauch- bzw.
Holzkohlensalz)

Die Koteletts den Knochen entlang etwas ausschneiden und das Fleisch zurückschieben, die Knochen parieren. 1 Stunde in der Buttermilchmarinade liegen lassen. Herausnehmen, gut abtropfen lassen, trockentupfen, mit Thymian leicht einreiben, pfeffern, mit Zwiebelsaft beträufeln (oder mit Trockenzwiebelpulver würzen) und mit Öl bestreichen. Auf jeder Seite im vorgeheizten Grill pro Seite 6—10 Minuten grillen (insgesamt für Rehwild 12—16, für Hirschwild 16—20 Minuten). Vor dem Garwerden mit zerlassener Butter bestreichen und salzen. Wildkoteletts eignen sich vor allem auch für den Holzkohlengrill im Freien. Beilage: Grüne Salate, Kartoffelsalat.
Pro Portion etwa 210 Kalorien / 798 Joule.

Hammelkotelett am Rost

4 Hammelkoteletts (à 200 g), 1 Zwiebel, Dill, Petersiliengrün, Salbei, Pfeffer, Salz, Butter oder Öl
Soße: 4 EL Johannisbeergelee, 2 Glas Rotwein, Saft von 1 Orange und etwas feingehackte Orangenschale, 2 TL Senf, Pfeffer, Perlzwiebel

Die Koteletts entsehnen, Fleisch vom Knochen etwas lösen und zurückschieben, den Fettrand mehrmals einschneiden, mit dem Handballen flachdrücken, etwas pfeffern und mit Zitronensaft einreiben, mit gehackten frischen oder zerriebenen trockenen Kräutern bestreuen und 2—3 Stunden zugedeckt ziehen lassen. Dann trokkentupfen, mit Öl bepinseln oder mit zerlassener Butter auf den Rost legen. Etwas später 8 Tomaten, an der Oberseite leicht eingeritzt, hier auch leicht gesalzen und gepfeffert und mit einem Stück Butter obenauf und ringsum mit Öl eingepinselt, auf den Grill legen. Einmal wenden und garen (5 Minuten). Mit der kalt gerührten Soße servieren.
Pro Portion etwa 595 Kalorien / 2490 Joule.

Cevapcici, gegrillt

400 g Rindfleisch und 100 g Hammel- oder Schweinefleisch aus der Lende, 10 g Butter, 1 EL feingehackte Zwiebeln, Salz, Paprika, Muskat, Pfeffer, Öl

Hammel- und Rindfleisch (oder Schweine- und Rindfleisch) durch den Fleischwolf drehen, mit der Butter vermengen, geschnittene Zwiebel dazugeben, mit Salz, Paprika, Muskat und Pfeffer kräftig würzen, nach und nach ca. ⅛ l Wasser beigeben und sehr gut durchkneten. Aus der Masse 5 cm lange, daumenstarke Würstchen (à ca. 40 g) formen. Mit Öl beträufeln und am Grill braten, dabei ab und zu wenden. Eventuell zusätzlich nochmals mit Öl bestreichen. Insgesamt ca. 10 Minuten grillen. Beilage: Rohe, geschnittene Zwiebel, Pfeffer, Senf, eventuell Peperoni, Pommes frites, Weißbrot, serbischer Reis, Rotwein.
Pro Portion etwa 495 Kalorien / 2072 Joule.

Kalbsleber auf Berliner Art, gegrillt

500 g Kalbsleber, Milch, Öl, 4 Scheiben durchwachsener Speck, 8 Apfelscheiben, Salz, Pfeffer

Die Kalbsleber enthäuten, 1 Stunde in Milch legen, herausnehmen, abtropfen lassen und abtrocknen, in 8 schwach kleinfingerdicke Scheiben schneiden, pfeffern, mit Öl bestreichen und am Rost jede Seite 1½ Minuten grillen, dann salzen und anrichten.
Die geschälten und ausgestochenen Apfelscheiben mit Öl bestreichen und zusammen mit den Speckscheiben grillen. Auf jedes Leberstück 1 Apfelscheibe auflegen und pro Portion 1 Speckscheibe darüberlegen. Man kann auch in Butter geröstete Zwiebelringe darauflegen.
Pro Portion etwa 415 Kalorien / 1737 Joule.

Karpfen am Rost

Den ausgenommenen, geschuppten und kalt gespülten Karpfen trockentupfen, mit Zitronensaft beträufeln und ½ Stunde ziehen lassen. Dann eingeölt auf dem geölten Rost nicht zu stark grillen. Dabei leicht mit Salz und Paprika bestäuben.
Beilage: Béarner Soße, Mayonnaise, Salzkartoffeln.
Pro Portion etwa 420 Kalorien / 1760 Joule.

1 Karpfen (1000–1500 g) oder 4 Karpfenscheiben (à 300 g), Zitrone, Salz, Edelsüßpaprika, Petersiliengrün, Öl

Fischstäbchen, gegrillt

Unaufgetaut die Fischstäbchen auf jeder Seite 5–7 Minuten grillen, dann Streifen der Käsescheiben auf die Stäbchen legen, wenig salzen und pfeffern und kurz übergrillen, bis der Käse geschmolzen ist. Mit Paprikapulver bestreuen.
Statt mit Käsestreifen kann man die Fischstäbchen auch mit Sardellenfiletstreifen belegen und übergrillen oder mit Tomatenachteln belegen, die mit Salz und Majoran gewürzt werden, und mit Butterflocken obenauf belegen und grillen.
Pro Portion etwa 175 Kalorien / 733 Joule.

1–2 Pakete tiefgefrorene Fischstäbchen, 2 Scheibletten Käse, Edelsüßpaprika, Salz, Pfeffer, 1 Zitrone, Öl

Tournedos à la Rossini, gegrillt

Die Tournedos waschen, trocknen, kräftig mit Öl einreiben, mit frisch gemahlenem Pfeffer bestreuen, auf den heißen Rost legen, 8–12 Minuten per Seite grillen. Salzen, auf 4 rund geschnittene, in Butter geröstete Weißbrotscheiben setzen und mit einer Madeirasoße, die mit Trüffelessenz versetzt wurde, überziehen.
Pro Portion etwa 325 Kalorien / 1360 Joule.

4 Tournedos, Öl, Pfeffer, Salz, 4 Scheiben frische Gänseleber, 4 Scheiben Trüffeln, Madeirasoße mit Trüffelessenz

Kalbsmedaillons, gegrillt

Filet enthäuten, in 8 Medaillons schneiden, diese mit einer Mischung von Öl und Kognak einreiben, gut in Alufolie verpackt 2–3 Stunden ruhen lassen. Die Medaillons danach trockentupfen, auf den heißen Rost legen, 3–5 Minuten pro Seite grillen. Salzen. In der Zwischenzeit mit etwas Zitronensaft beträufelte Champignonköpfe in Butter dämpfen (bei geschlossenem Topf). – Die Medaillons auf einer gewärmten Platte anrichten, mit den Champignons belegen und mit gehackter Petersilie bestreuen.
Pro Portion etwa 430 Kalorien / 1800 Joule.

600 g Kalbsfilet, 1 TL Öl, 3 EL Kognak, Salz, 8 Champignons, Zitronensaft, 40 g Butter, Petersilie

Schweinesteaks Maryland

4 Schweinesteaks (à 150 g), Salz, Pfeffer, 2 EL Öl, 4 Tomaten, 4 Scheiben Speck, 1 Dose Maiskörner

Die Steaks abspülen, trockentupfen und mit Pfeffer einreiben. Die Steaks auf dem geölten Rost auf beiden Seiten je 4 Minuten grillen, salzen und anrichten. Als Garnitur nimmt man Tomaten, je in eine Speckscheibe gehüllt und mitgegrillt, Strohkartoffeln oder Pommes frites, gemischten Salat und Maiskörner (in Butter erhitzt).
Pro Portion etwa 355 Kalorien / 1475 Joule.

Schweinefilets Cäsar Augustus

4 Schweinefilets (à 375 g), Öl, Salz, weißer Pfeffer, Käsescheiben

Die Filets mit Haushaltspapier trockentupfen, jede Seite gut mit Öl einpinseln, auf den eingeölten Grillrost legen und auf jeder Seite 6–8 Minuten grillen. Rausnehmen, auf beiden Seiten salzen und pfeffern, dann mit Käsescheiben belegen und noch einmal kurz übergrillen, bis der Käse zu schmelzen beginnt.
Pro Portion etwa 560 Kalorien / 2344 Joule.

Kartoffeln, gegrillt

Mittlere mehlige Kartoffeln, Öl, Butter, Salz

Die Kartoffeln waschen, mit Öl bestreichen und unter häufigem Wenden 20–40 Minuten grillen. Die Kartoffeln oben kreuzweise einschneiden, mit einem Stück Butter belegen und salzen.
100 Gramm Kartoffeln mit Schale = 68 Kalorien / 285 Joule.

Pilze, gegrillt

500 g Pilze (Steinpilze, Champignons), Butter, Salz, Pfeffer

Die Pilze säubern, kalt abspülen und gut abtrocknen. Die Stiele entfernen. Durch flüssige Butter ziehen. Die Hüte mit der runden Seite nach oben etwa 4–5 Minuten grillen, umdrehen, salzen, pfeffern, ein kleines Stück Butter in den Hut geben und noch einmal 4–5 Minuten grillen.
Pro Portion etwa 365 Kalorien / 1528 Joule.

Tomaten, gegrillt

8 feste Tomaten, Salz, Pfeffer, 1 EL Öl, Schnittlauch oder Petersiliengrün

Die Tomaten waschen, trocknen, oben kreuzweise einschneiden, in ein »Körbchen« aus Alufolie setzen, salzen und leicht pfeffern, mit Öl beträufeln und 10–15 Minuten grillen. Vor dem Servieren mit geschnittenem Schnittlauch oder gehacktem Petersiliengrün bestreuen.
Pro Portion etwa 95 Kalorien / 395 Joule.

Äpfel, gegrillt

Die gewaschenen Äpfel halbieren, entkernen. Zucker, Zimt, Nelkenpulver, abgeriebene Zitronenschale mischen und in die Höhlung der Äpfelhälften geben. In mit zerlassener Butter bepinselte Alufolienstücke wickeln und ca. 20 Minuten grillen
Pro Portion etwa 225 Kalorien / 942 Joule.

4 Äpfel, 4 EL Zucker, ½ TL Zimt, Prise Nelkenpulver, ½ ungespritzte Zitrone, 40 g Butter

Balkanspieße

Fleischstücke etwas flach klopfen und in Würfel schneiden. Zwiebelchen abziehen, Paprikaschoten in Stücke schneiden. Alle Zutaten abwechselnd auf die Spieße stecken, mit Salz und Pfeffer würzen. Die fertig besteckten Spieße in heißer Butter rasch von allen Seiten anbraten. Anschließend bei geschlossenem Pfannendeckel 6—8 Minuten fertigbraten. Mit Risotto, gebratenen Tomaten oder Kartoffeln und frischem Salat servieren. Die Spieße können auch mit Alkohol flambiert werden.
Pro Portion etwa 510 Kalorien / 2135 Joule.

Je 150 g Rind-, Schweine- und Kalbfleisch, kleine Zwiebelchen, 50 g durchwachsener Speck, 4 grüne Pfefferschoten, 4 Tomaten, 60 g Butter, Pfeffer, Salz

Curryspieße

Fleisch in 1 cm dicke Würfel schneiden und mindestens eine Stunde in Curry-Marinade legen. Abwechselnd mit ebenso großen Speckscheiben und Ananasstückchen auf Spieße ziehen und 12—15 Minuten grillen. Während des Grillens des öfteren mit der Marinade bepinseln.
Pro Portion etwa 270 Kalorien / 1130 Joule.

600 g Filetfleisch von Rind, Kalb oder Schwein, Ananasstücke (Dose), 100 g Speck
Curry-Marinade:
½ Tasse Öl, Saft einer Zitrone, 1 EL Curry-Pulver, 1 TL Zwiebelpulver, Salz

Schaschlik

Fleisch in 3 cm große Stücke schneiden, in das mit Pfeffer und Knoblauch gewürzte Öl legen, mehrmals wenden, zugedeckt 2 Stunden ziehen lassen. Dann auf Küchenkrepp zum Trocknen legen. Würstchen in 2—3 cm große Stücke schneiden. Paprikaschoten in je 8 Stücke teilen. Sämtliche Zutaten abwechselnd auf Spießchen stecken und 8—10 Minuten grillen. Während der letzten Minuten salzen. Zuletzt mit Paprika bestreuen. Dazu Gemüsereis servieren.
Pro Portion etwa 490 Kalorien / 2051 Joule.

100 g Roastbeef, 100 g Hammelkotelett, 100 g Schweinskotelett, 100 g durchwachsener Speck, ⅛ l Öl, Pfeffer, kleine Knoblauchzehe, zerdrückt, 2 Wiener Würstchen, Zwiebelchen, 4 Paprikaschoten, Salz, Edelsüßpaprika

Marinade für 4 Spießchen

½ Tasse Öl, Saft einer Zitrone, 2 EL Essig, 2 EL Sojasoße

Die angegebenen Zutaten gut vermischen.

Gans oder Ente am Spieß

1 junge Gans oder Ente, Salz, Pfeffer, Äpfel, Sultaninen, Beifuß, Öl oder Butter zum Bestreichen, Zitronensaft

Die bratfertige Gans innen mit Salz und Pfeffer kräftig einreiben, mit Apfelstücken nicht zu prall füllen, dazwischen eine Handvoll Sultaninen streuen und einige Zweige Beifuß einlegen. Dann zunähen und am Spieß befestigen. Unter fleißigem Drehen und Begießen mit Eigenfett die Gans braten. Das aufgefangene Bratfett mit etwas Wasser aufkochen, mit Zitronensaft abschmecken und über die angerichtete, tranchierte Gans gießen. Zum Beifuß kann man Petersilie und Majoran geben.
Pro Portion etwa 515 Kalorien / 2156 Joule.

Hähnchen am Spieß (»Brathendl«)

1 Hähnchen (à 800 g), Salz, Pfeffer, 5 EL Speiseöl oder Butterfett, Rosinen, Petersilie oder Oregano

Das Hähnchen ausnehmen, flambieren, gut waschen und trockentupfen, innen mit Salz und Pfeffer einreiben. Flügel und Keulen mit dem Bindfaden an den Rumpf binden, innen salzen. (In die Bauchhöhle kann man ein Stämmchen Rosmarin, Petersiliengrün oder Oregano legen.) Auf den Drehspieß stecken und mit den Haltegabeln befestigen. Speiseöl und Salz verrühren und damit das Hähnchen außen rundum gut bestreichen. Während des Grillens ständig langsam drehen und mit dem abtropfenden Fett aus der Fettpfanne immer wieder bestreichen. Grillzeit im E-Herd: 45 Minuten, im Gasherd 65 Minuten. Beilage: Weißbrot, Früchtesalat oder Kartoffelnestchen mit feinem Gemüse.
Pro Portion etwa 335 Kalorien / 1402 Joule.

Wurstschaschlik

2 Paar Wiener Würstchen (»Frankfurter«), 1 Stück Knackwurst, 1 Paar Debreziner, 100 g magerer Speck, eventuell Zwiebeln, grüner Paprika, Öl, Ketchup, Chilisoße, Senf

Diese Spieße können auch aus anderen Wurstarten zusammengestellt sein. Die Würste in 3 cm dicke Stücke schneiden. Abwechselnd mit dünnen Speckscheiben, Zwiebel- und Paprikastücken auf Spieße reihen, ölen und grillen. Während des Grillens mit einer Ölsoße (Öl, Ketchup, Chilisoße und Senf glattgerührt) zweimal bestreichen.
Pro Portion etwa 430 Kalorien / 1800 Joule.

Flambierte Gerichte

Zum Flambieren benötigt man ein kleines Rechaud, eine flache, größere Kupferpfanne (oder eine Pfanne aus Chromnickelstahl) sowie einen Soßenlöffel. Flambiert wird stets mit Bränden, wie Kognak, Weinbrand, echtem Rum, Kirschwasser, Himbeergeist etc. Mit Likören (Grand Marnier, Maraschino, Curaçao, Cointreau) wird immer nur parfümiert (abgeschmeckt).
Die erforderliche Menge der Spirituose in ein Glas gießen (man rechnet pro Person ein Gläschen mit 2,5 cl Inhalt). Die Spieße in der Flambierpfanne auf das Rechaud stellen, gut erhitzen und die Spirituose seitlich um die Speise gießen. Die Pfanne dann so an die Flamme halten, daß sich der Alkohol entzünden kann. Die Pfanne dann leicht schütteln, bis die Flamme ausgebrannt ist. Dann servieren. Streut man in die Flamme etwas Kristallzucker, erhält man ein kleines Feuerwerk mit kleinen sprühenden Funken. Steht kein Tischrechaud zur Verfügung, kann auf folgende Art flambiert werden: Die erforderliche Menge Spirituose in einen Schöpflöffel über einer offenen Flamme so lange erhitzen, bis der Alkohol brennt, dann sofort über die heiße, in der Pfanne liegende Speise gießen. Schütteln und auf erwärmtem Teller anrichten.

Flambierregeln:

1. Grundsätzlich nur Speisen flambieren, die keinen zu intensiven Geruch hinterlassen, wie z. B. weiße Fische.
2. Am besten eignen sich Früchte und süße Desserts, aber auch kleine Stücke von Fleisch, Wild, Wildgeflügel, Scampi und Hummer. Die Speisen müssen gekocht und sehr heiß sein, Früchte zumindest angewärmt.
3. Zu Fleisch, Fisch etc. verwendet man am besten kräftigere Schnäpse, wie Kognak, Whisky, Calvados, Gin. Zu Früchten und süßen Desserts eignen sich Rum, Kognak, Escorial.
4. Bei hitzeempfindlichen Speisen wie Eis gießt man den erwärmten Alkohol nicht über die Speise, sondern rund um die angerichtete Speise und zündet ihn dann an.

5. Immer qualitätsvolle, hochprozentige Spirituosen (ab 45%) verwenden.
6. Nie zuviel Alkohol auf einmal darangießen. Zuviel Alkohol würde zu lange brennen und würde der Speise einen bitteren Geschmack verleihen.
7. Immer nur Gerichte flambieren, die nicht allzu stark durchgegart sind (Früchte zum Beispiel nicht zu weich kochen oder dünsten, Steak mittelblutig braten), denn durch das Flambieren wird die Speise etwas nachgegart.
8. Keine zu trockenen Gerichte (wie trockenen Fisch, faseriges Fleisch, trockene Toasts etc.) flambieren.
9. Durch Schütteln der Pfanne wird das Feuer stärker, durch Umrühren oder Vermischen des Alkohols mit dem Fond (der Soße) wird die Flamme kleiner.

Pfeffersteak, flambiert

4 Filetsteaks (à 180 g), 3 EL schwarze Pfefferkörner, 60 g Fett, Salz, 2 Zwiebeln, 4 EL würfelig geschnittene Champignons aus der Dose, 4 EL Kirschwasser

Die gewaschenen, trockengetupften und etwas mit dem Handballen gedrückten Fleischstücke mit zerstoßenem Pfeffer gut einreiben, in sehr heißem Fett (es muß bereits leicht rauchen) auf jeder Seite ½ Minute anbraten, dann auf beiden Seiten je 2 Minuten gar braten. Salzen, aus der Pfanne nehmen und warm stellen.
Feinwürfelig geschnittene Zwiebeln im Bratfett rösten, herausnehmen und warm stellen. Jeweils 1 EL abgetropfte Champignons und 1 EL Weinbrand in der Flambierpfanne 5 Minuten erhitzen. Ein Steak dazulegen, einmal wenden, mit Bratfond übergießen, mit 1 EL Kirschwasser begießen, erhitzen und brennend servieren. Die anderen Steaks nacheinander ebenso flambieren. Beilage: Pommes frites, grüner Salat, Rotwein.
Pro Portion etwa 415 Kalorien / 1737 Joule.

Filetspieße auf Feinschmeckerart, flambiert

600 g Rinderfilet, 200 g vorgeweichte Morcheln (oder frische Pilze), 2 Zwiebeln, Salz, Pfeffer, 2 EL Fett, 2 TL Butter, 1 Gläschen Wodka

Rinderfilet und Zwiebeln grobwürfelig schneiden und abwechselnd mit den Morcheln oder frischen Pilzen auf Spieße reihen, salzen und pfeffern, in heißer Pfanne im heißen Fett auf allen Seiten gar braten (oder im Grill auf heißem geölten Rost braten, dann erst beim Wenden salzen und pfeffern). In heißer Butter auf dem Rechaud erhitzen, mit vorgewärmtem Wodka umgießen und flambieren. Brennend servieren.
Pro Portion etwa 505 Kalorien / 2114 Joule.

Kalbsmedaillons, flambiert

Die gewaschenen, trockengetupften Filets in daumendicke Scheiben schneiden, rund formen, eventuell binden, salzen, mit Cayennepfeffer würzen, in heißem Öl in einer Bratpfanne auf beiden Seiten 3–4 Minuten braten, zum Schluß mit gehobelten Mandeln bestreuen und nur goldgelb werden lassen. In der Flambierpfanne Butter erhitzen, die Medaillons auf die Ananasscheiben setzen, in die Flambierpfanne geben, mit Pfirsich- und Schinkenstückchen belegen, erhitzen, mit Kognak oder Kirschwasser flambieren.
Pro Portion etwa 585 Kalorien / 2449 Joule.

18 Kalbsmedaillons (à 60 g), Salz, Cayennepfeffer, 80 g Mandeln, 4 EL Öl, 20 g Butter, 6 Scheiben Ananas (aus Dose), 1 Gläschen Kognak oder Kirschwasser

Rehmedaillons am Spieß, flambiert

Salz, Pfeffer, Paprikapulver, etwas Worcestershiresauce und zerdrückte Wacholderbeeren mischen. Die Medaillons mit dieser Würzmischung gut einreiben, aufeinanderschichten und eine Stunde zugedeckt ziehen lassen. Den Räucherspeck in dünne Scheiben schneiden, Ananasscheiben vierteln und die Äpfel in mitteldicke Spalten schneiden. Die Medaillons abwechselnd mit Speck, Ananas- und Apfelspalten auf Spieße stecken. In der Flambierpfanne Butter erhitzen, die Spieße darin von allen Seiten gut durchbraten, mit erwärmtem Calvados umgießen und anzünden.
Pro Portion etwa 390 Kalorien / 1630 Joule.

8 kleine Medaillons (Rehkeule), Salz, Pfeffer, Paprikapulver, 3 Wacholderbeeren, Worcestershiresauce, 100 g Räucherspeck, 2–3 Äpfel, 4 Ananasscheiben, etwas Butter, ⅛ l Calvados

Fasan mit Ananas, flambiert

Den bratfertigen Fasan 24 Stunden in Milch legen, anschließend gut abtrocknen, salzen und Brust und Keulen mit dünnen Speckscheiben umwickeln. In Butter braten. Nach der Hälfte der Bratzeit die in Scheiben geschnittene Zwiebel, die würfelig geschnittene gelbe Rübe sowie die Pfefferkörner dazugeben. Nach und nach mit Fleischbrühe auffüllen und gar schmoren. Den Fasan auf einer vorgewärmten Platte anrichten, mit Zitronenscheiben und geschnittener Kresse garnieren. In der Flambierpfanne Ananasstücke in etwas Butter erhitzen, über dem Fasan verteilen, mit vorgewärmtem Wodka übergießen und brennend servieren.
Pro Portion etwa 545 Kalorien / 2281 Joule.

1 junger Fasan, 1 l Milch, Salz, 200 g Räucherspeck, 100 g Butter, 1 Zwiebel, 1 gelbe Rübe, einige Pfefferkörner, 2 Tassen Fleischbrühe, 1 Zitrone, Gartenkresse, 1 Dose Ananas in Stücken, ⅛ l Wodka

Wildschweinsteak auf Schwarzwälder Art

4 Wildschweinsteaks (à 180 g), Pfeffer, 4 EL Öl, Salz, eingelegte Kirschen (Sauerkirschen), 1 Gläschen Kognak
Marinade: ½ l Rotwein, ⅛ l Wasser, weißer Pfeffer, ½ TL Senf; Birnenhälften, Preiselbeerkompott

Rotwein, Wasser, Senf und Pfeffer verrühren, die Steaks darin zugedeckt 24 Stunden im Kühlen ziehen lassen. Steaks aus der Marinade nehmen, gut abtropfen lassen und trockentupfen, mit Pfeffer einreiben, in heißem Öl auf beiden Seiten je 4 Minuten braten, dann salzen. In der Flambierpfanne etwas Fett erhitzen, die Steaks hineinlegen, mit Sauerkirschen belegen, mit Birnenhälften, mit Preiselbeerkompott gefüllt, garnieren, mit Kognak übergießen und flambieren.

Apfelscheiben, flambiert

6 Äpfel, Puderzucker, Mehl, 30 g Butter, 1 Gläschen Rum, Orangensaft, Zitronensaft, 1 EL Aprikosensoße, Schlagsahne, Kristallzucker

Die geschälten Äpfel in 1 cm dicke Scheiben schneiden. Das Kerngehäuse ausstechen. Pro Portion benötigt man 3 Scheiben. Die Apfelscheiben beidseitig mit Puderzucker bestäuben, in Mehl wälzen und in heißer Butter beidseitig goldhell braten. (Zuerst bei starker Hitze, dann bei schwachem Feuer fertigbraten.) Die Apfelscheiben noch einmal mit Puderzucker bestäuben und mit vorgewärmtem Rum flambieren. Orangen- und Zitronensaft sowie 1 Eßlöffel verdünnte Aprikosenmarmelade dazugeben, etwas einkochen lassen. Die Scheiben anrichten. Obenauf einen Löffel gezuckerte Schlagsahne geben.
Pro Portion etwa 403 Kalorien / 1687 Joule.

Bananen, flambiert

4 Bananen, ½ Zitrone, ½ Zitrone (Schale), 50 g Butter, 4 EL Zucker, 1 EL Orangensaft, 1 Schuß Cointreau, 1 Schuß Kognak, 4 EL Calvados, ⅛ l Sahne, ½ Päckchen Vanillinzucker

Sahne und Vanillinzucker steif schlagen und in den Kühlschrank stellen. Geschälte, halbierte Bananen mit dem Saft einer halben Zitrone beträufeln.
Butter und abgeriebene Schale von einer halben Zitrone kräftig kneten und in der Flambierpfanne erhitzen. Den Zucker dazustreuen und unter Rühren hell karamelisieren. Zitronensaft von den Bananen abgießen und zusammen mit dem Orangensaft in die Flambierpfanne gießen, Cointreau und Kognak angießen und die Bananenhälften dazulegen. Ständig wenden und mit dem Saft begießen. 2 Minuten ziehen lassen. Dann mit Calvados begießen, erhitzen, die Pfanne schräg zur Flamme halten und entzünden. Abbrennen lassen, auf die Teller geben und mit Schlagsahne garniert anrichten.
Pro Portion etwa 365 Kalorien / 1528 Joule.

Ananas, flambiert

Den Zucker in der Pfanne bei kleinem Feuer hell schmelzen. Die Butter dazugeben, ebenso den Saft von 1 Orange. Die gut abgetropften Ananasscheiben in diesen Fond geben und kurz aufkochen lassen. Mit Curaçao abschmecken und langsam 4 Minuten bei kleinem Feuer dünsten. Mit vorgewärmtem Kognak begießen, anzünden und brennend servieren.
Pro Portion etwa 137 Kalorien / 573 Joule.

4 Scheiben Ananas (aus der Dose), 60 g Zucker, 20 g Butter, Orangensaft, 1 Gläschen Curaçao, 1 Gläschen Kognak, Zitronensaft

Birnen, flambiert

Die Birnenhälften gut abtropfen lassen und mit Sherry beträufeln. 10 Minuten ziehen lassen. In heißer Pfanne den Zucker und die abgeriebene Schale von einer Orange erhitzen und den Zucker leicht karamelisieren lassen. Die Birnenhälften dazugeben, anbraten lassen, wenden, mit der Orangenmarmelade füllen und bei zugedeckter Pfanne gut erhitzen. Mit vorgewärmtem Kognak begießen und flambieren. Mit geriebener Schokolade bestreuen und mit ungesüßter, geschlagener Sahne servieren.
Man kann statt Kognak auch Birnenschnaps verwenden. Die flambierten Birnen kann man auch mit Mandelsplittern oder Nescafé bestreuen und mit Vanilleeis servieren.
Pro Portion etwa 280 Kalorien / 1170 Joule.

8 Birnenhälften (aus der Dose), 1 Glas Sherry, 8 TL Orangenmarmelade, 40 g Butter, 2 TL Zucker, feingeriebene Orangenschale, 1 Glas Kognak

Crêpes Suzettes

Die Zutaten mittels Schneebesen oder im Mixer kurz zu einem glatten Teig rühren. 2 Stunden rasten lassen.
In einer kleinen Pfanne (Crêpes-Pfanne) etwas Butter erhitzen, jeweils nur wenig Teig eingießen, die Pfanne etwas drehen, damit sich der Teig gleichmäßig dünn verteilen kann. Anbacken, dann wenden und auf der anderen Seite fertigbacken. Die hauchdünnen Crêpes dürfen nicht zu dunkel werden, sondern sollen hellgelb bleiben. Auf warmem Teller, zweimal übereinandergeschlagen oder zum Füllen aufeinandergelegt, zugedeckt warm stellen, bis alle Crêpes gebacken sind.

Crêpes: 125 g Mehl, 2 EL Zucker, 1 Ei, 2 Eigelb, ⅛ l Sahne, ca. ⅛ l Milch, Prise Salz, Butter zum Backen

Flambieren der Crêpes

80 g Butter, 2 EL Zucker, 2 Orangen (Apfelsinen), 10 Stück Würfelzucker, 1 Zitrone, 4 EL Cointreau oder Grand Marnier, 1 Gläschen Kognak

6 Zuckerwürfel an der Zitronen-, 4 Zuckerwürfel an der Orangenschale reiben. Die Orange auspressen (⅛ l). In der Flambierpfanne Butter erhitzen, den Zucker dazugeben und leicht karamelisieren lassen. Die abgeriebene Schale der beiden ungespritzten Orangen dazugeben, den Saft der Orangen und Grand Marnier oder Cointreau dazugießen, kurz durchkochen. Die vorbereiteten Crêpes dazugeben, mit Löffel und Gabel mehrmals darin wenden bzw. mit dem Kochfond übergießen und gut erhitzen. Dann zum Halbkreis übereinanderschlagen und noch einmal zu einem Dreieck übereinanderschlagen, an den Rand der Pfanne schieben, mit den restlichen Crêpes ebenso verfahren. Zum Schluß den vorgewärmten Kognak darübergießen und sofort flambieren. Auf vorgewärmte Dessertteller anrichten, die Soße (den Fond) darübergießen. Nach Wunsch und Geschmack kann man gesüßte oder ungesüßte geschlagene Sahne oder auch Vanilleeis dazu reichen.
Pro Portion etwa 605 Kalorien / 2533 Joule.

Omelette Surprise, flambiert

1 Biskuit-Tortenboden, 150 g tiefgekühlte, aufgetaute Himbeeren (oder frische Früchte), 5 EL Himbeergeist, 6 Eiweiß, 175 g Zucker, 2 Eigelb, 1 Päckchen Vanillezucker, 1 Haushaltspackung Vanilleeis, 1 EL Zitronat, 1 EL Orangeat, 1 Handvoll Mandelsplitter, ⅒ l Himbeergeist

Den Biskuitboden ovalgeschnitten in eine feuerfeste Form legen. Die Hälfte der Himbeeren darüber verteilen, mit Himbeergeist beträufeln, den Vanilleeisblock, in Scheiben geschnitten, daraufsetzen und die restlichen Himbeeren darübergeben. Eigelb mit Vanillezucker schaumig rühren. Eiweiß mit Zucker zu steifem Eischnee schlagen und unter die Eigelb ziehen. Mit ¾ der Masse den Eisblock dick bestreichen, die restliche Masse mit dem Spritzbeutel auf die Oberfläche spritzen. Den Rand mit gehobelten Mandeln belegen, die Oberfläche mit Zitronat und Orangeat garnieren. Das Ganze im vorgeheizten Ofen bei 230—250 Grad ca. 3 Minuten überbacken. Herausnehmen und mit erwärmtem Himbeergeist umgießen. Brennend servieren.
Pro Portion etwa 305 Kalorien / 1280 Joule.

Äpfel mit Tullamore Dew, flambiert

Die Äpfel schälen, das Kerngehäuse ausstechen. Die Früchte in eine mit Butter ausgestrichene Backplatte setzen. Mit Zucker, Sultaninen, feingeriebenen Mandeln und einem Stückchen Butter obenauf füllen, mit dem Apfelsaft und 2 cl Whisky angießen, bei mäßiger Hitze im Ofen backen. Die Äpfel dürfen dabei nicht zerfallen. Mit dem restlichen vorgewärmten Whisky begießen. Bei Tisch anzünden.
Pro Portion etwa 163 Kalorien / 682 Joule.

4 Äpfel, 40 g Sultaninen, 40 g Butter, Abgeriebenes von ½ Zitrone, 40 g Zucker, 30 g geriebene Mandeln, 1 Gläschen Tullamore Dew Whisky, 4 cl Apfelsaft

Brennender Arrak-Grog

Den Arrak mit dem Zucker erhitzen (pro Person 1 Cocktailmaß Arrak, 1 TL Zucker) und in die vorgewärmten Groggläser füllen. Anzünden. Brennend servieren. Heißes Wasser nach Geschmack auffüllen.

Arrak, Zucker, heißes Wasser

Feuerzangenbowle

Den Wein, den Saft von Orange und Zitrone sowie die Gewürznelken in einem Kupferkessel (oder in einem anderen feuerfesten Geschirr) fast bis zum Kochen erhitzen und auf den Tisch stellen. Quer über den Kessel die Feuerzange legen, den Zuckerhut darauflegen, mit einigen Löffel vorgewärmtem Rum übergießen und anzünden. Den restlichen Rum dann löffelweise vorgewärmt dazugießen, bis der ganze Zucker restlos geschmolzen und in den erhitzten Wein getropft ist. Dann das Getränk mit einer silbernen Schöpfkelle in vorgewärmte Punschgläser gießen.

2 Flaschen Rotwein (Bordeaux), 1 Orange, 1 Zitrone, 3 Gewürznelken, 1 kleiner Zuckerhut, ½ l hochprozentiger Rum

Krambambuli

Rotwein mit in feine Streifen geschnittener Orangenschale und den Gewürznelken bis zum Sieden erhitzen. Auf den Tisch stellen, dann eine Feuerzange auflegen, den Zuckerhut daraufgeben. Diesen mit vorgewärmtem Arrak befeuchten, anzünden und den restlichen Arrak löffelweise daraufgießen, bis der ganze Zucker geschmolzen ist.

2 Flaschen Rotwein, Schale von 1 Orange, 3 Gewürznelken, 1 Zuckerhut, ¼ l Arrak

Salate

Salate spielen in den Menüzusammenstellungen eine große Rolle. Sie fördern als Vorspeisen und Beilagen den Appetit, geben der Speisenfolge eine angenehme Abwechslung, fördern die Bildung von Magensäften und führen dem Körper eine Reihe von Vitaminen zu.
Der Küchenchef unterscheidet zwischen dem einfachen und dem zusammengesetzten Salat. Zu den einfachen Salaten zählen alle grünen Salate (Kopfsalat, Bindesalat, Chicorée, Endivie, Eskariol, Feldsalat oder Rapunzel, Kapuzinerbart usw.), die meist mit Essig und Öl, Salz und Pfeffer sowie Kräutern angemacht und hauptsächlich als Beilage zu Fleisch, Fisch, Geflügel, Wild serviert werden. Zu den einfachen Salaten zählen aber auch Salate, die nur eine einzige Substanz enthalten (Frucht oder Gemüse).
Der zusammengesetzte Salat besteht aus rohen oder gekochten Gemüsen, auch in Verbindung mit Obst, Früchten und dergleichen und wird meist mit einer leichten Mayonnaise gebunden. Auch Gemüse- und Blattsalate kann man beliebig miteinander mischen (aber nie zusammen anmachen: zuerst die Gemüsesalate, dann die Blattsalate, weil die Gemüsesalate eine Zeitlang in der Marinade ziehen müssen!). Üppigere Verbindungen von Zutaten werden zu kalten Gerichten angeboten. Die kombinierten Salate, die Fisch, Schalentiere, Fleisch, Geflügel oder Wild enthalten, dienen in erster Linie als Vorspeisensalate und für kalte Platten. Sie werden meist mit jedem Bestandteil gesondert gewürzt, wenn sie in Sträußchenform von abwechselnden Farben angerichtet werden, sonst kann man sie zusammenmischen.
Verwendung:
Vorspeise: Vor oder statt der Suppe servieren, auch als Abendessen;
Beilage: zu Fleisch-, Fisch-, Reis-, Teigwaren-, Kartoffel- und Käsegerichten;
Belag: von Rohkostbrötchen u. a.
Garnitur: von kalten Fleisch- und anderen Platten.

Rohkostsalatplatte Rezept Seite 330

Sojakeimlingssalat

Rezept Seite 331

Amerikanisches Dressing

Auch Hummersoße genannt, besteht aus halbflüssiger Sahne, einem Schuß Kognak, Zitronen- und Orangensaft, Tomatenketchup und Tabascosoße.
Eine andere Art: Mayonnaise mit englischem Senf und Zitronensaft abschmecken und mit ⅓ leicht geschlagener Sahne vermischen. Für amerikanische Salate.
Insgesamt etwa 75 Kalorien / 312 Joule.

Sahne, Kognak, Zitronen-, Orangensaft, Tomatenketchup, Tabascosoße
Oder: Mayonnaise, englischer Senf, Zitrone, Sahne

Eidressing

Hartgekochtes Eigelb durch ein feines Sieb passieren, mit Senf und Weinessig verrühren, mit Salz und eventuell auch mit Pfeffer würzen, mit Öl verrühren und mit dem in dünne Streifen oder Würfel geschnittenen Eiweiß vollenden. Für Blattsalate, Gurken-, Spargel-, Blumenkohlsalat.
Insgesamt etwa 160 Kalorien / 670 Joule.

2 EL Öl, 1—2 EL Weinessig, 1—2 hartgekochte Eigelb, 1 TL scharfer Senf, Salz, Pfeffer, Dill oder Petersilie

Salat-Grundsoße für gekochte Salate (Couli)

Das Wasser zum Kochen bringen. Das mit wenig kaltem Wasser angerührte Stärkemehl dazugeben und verrühren, bis die Soße glasig ist. Dann die Gewürze dazugeben und die Soße kalt oder warm (für Kartoffelsalat) verwenden. Diese Soße kann man auch als Grundlage für eine leichtere Mayonnaise verwenden.
Insgesamt etwa 80 Kalorien / 336 Joule.

¼ l Wasser, ½ EL Stärkemehl (Mondamin), 3 EL Essig, Salz, 1 Prise Zucker, Pfeffer, 2 EL feingehackte Kräuter

Essig-Öl-Marinade für Gemüse- und Rohgemüsesalate

Die einzelnen Zutaten werden gut miteinander verrührt und über den angerichteten Salat gegossen. — Für Diätsalate verwendet man Öl, Zitronensaft und wenig Salz zur gleichen Marinade, eventuell auch Honig.
Insgesamt etwa 65 Kalorien / 270 Joule.

1 Teil Essig, 1 Teil Öl, Salz, Pfeffer, nach Wunsch etwas Zucker

Französische Marinade

3 Teile Öl, 1 Teil Essig oder Zitronensaft, scharfer Senf, weißer Pfeffer, Worcestershiresauce, Salz, Zucker, Paprika

Alle Zutaten in den Mixbecher geben und so lange eingeschaltet lassen, bis alles gut durchgemischt ist.
Den Salat trocken ausschwenken und mit der Marinade vermischen. Man kann die Salatschüssel zuvor mit einer Knoblauchzehe ausreiben.
Insgesamt etwa 140 Kalorien / 585 Joule.

Italienische Salatsoße

Gorgonzola, Milch, Öl, Salz, Pfeffer

Gorgonzola mit der Gabel zerdrücken, mit etwas Milch und Öl glattrühren, mit Salz und Pfeffer würzen.
Insgesamt etwa 120 Kalorien / 500 Joule.

Joghurtdressing

½ Becher Joghurt, 2–3 EL Apfelsinensaft, 1 EL Öl, 1 Eigelb, Salz, Pfeffer

Die angegebenen Zutaten werden gut miteinander verrührt und mit den Gewürzen abgeschmeckt.
Insgesamt etwa 50 Kalorien / 210 Joule.

Joghurt-Mayonnaise

4 EL Joghurt, 2 EL Mayonnaise, Karotten oder Petersilie

Joghurt und Mayonnaise zusammen gut schlagen. Mit feingehackten Karotten oder Petersilie vermengen.
Insgesamt etwa 80 Kalorien / 336 Joule.

Kräutermarinade

1 Eigelb hartgekocht, 1 TL Öl, 1 EL Essig, Salz, Pfeffer, Zucker, 2 EL Kräuter (Petersilie, Schnittlauch, Kerbel, Pimpinelle, Estragon u. a.)

Eigelb und Essig gut verrühren, mit Salz, Pfeffer und Zucker gut abschmecken, das Öl und die feingehackten Kräuter dazurühren. Auch eine feingeschnittene Zwiebel kann man darunterrühren, wenn man die Marinade sofort verwendet. Für Blatt-, Endivien- und Tomatensalat.
Insgesamt etwa 140 Kalorien / 586 Joule.

Fischsalatsoße

2 Tassen Essigbrühe, 8 Zwiebelringe, 8 Pfefferkörner, 2 Lorbeerblätter, 1 TL Senfkörner, 1 Paprikaschote, 1 TL Wacholderbeeren, Salz, Zucker, ½ Tasse Rahm

Alle Zutaten in eine nicht zu scharfe Essigbrühe einlegen. Den Paprika in feine Würfel oder Ringe schneiden und mit den übrigen Zutaten, außer Rahm, in die Brühe geben. Die gesäuberten Fische darin 24 Stunden ziehen lassen. Kurz vor dem Anrichten den Rahm unter die Soße rühren.
Insgesamt 100 Kalorien / 420 Joule.

Quarksoße für Salate

Speisequark, Sahne und Marmelade gut verrühren, mit Salz, Pfeffer, Zucker und etwas Senf gut abschmecken. Eventuell mit etwas Milch noch verdünnen. Für Fisch-, Fleisch-, Geflügel-, Gemüse- und Chicoréesalat.
Insgesamt etwa 120 Kalorien / 500 Joule.

100 g Speisequark, 4 EL Sahne oder Milch, 2 EL Johannis- oder Preiselbeermarmelade, Senf, Salz, Zucker, 1–2 EL Milch

Russische Salatsoße

Mayonnaise, Paprika, Chilisoße, feingehackte rote und grüne Paprikaschoten und gehackte rote Bete, Schnittlauch, Petersilie und wenig Kaviar gut vermengen.
Insgesamt etwa 160 Kalorien / 672 Joule.

½ Tasse Mayonnaise, 2 Paprikaschoten, Chilisoße, rote Bete, Paprika, Schnittlauch, Petersilie, 1–2 TL Kaviar

Roquefort-Marinade

Den Roquefort mit einer Gabel zerdrücken oder durch ein feines Sieb streichen, Mayonnaise und Sahne darunterrühren, mit Senf, Salz, Zucker und Cayennepfeffer würzen und abschmecken. Zitronensaft dazumischen. Eventuell ½ Stunde in den Kühlschrank stellen. Für Salate aus Bleichsellerie, Chicorée, Tomaten und Blumenkohl.
Insgesamt etwa 110 Kalorien / 462 Joule.

50 g Roquefort, 2 EL Mayonnaise, 4 EL Sahne, ½ TL Senf, Salz, Prise Zucker, Cayennepfeffer, 1 TL Zitronensaft

Sahnedressing

Süße Sahne, Weinessig oder Zitronensaft und Salz, Pfeffer und Zucker gut vermischen. Kräuter beigeben. Für römischen Salat.
Oder: 3 Teile dicke saure Sahne, 1 Teil Zitronensaft, Salz, Pfeffer. Für Gurkensalat, grüne Salate.
Insgesamt etwa 120 Kalorien / 500 Joule.

⅛ l Sahne, 1 EL Weinessig oder Zitronensaft, Salz, Pfeffer, 1 EL Zucker, 1 EL Kräuter

Senfsoße für Salate

Die hartgekochten Eigelb mit Senf und Zwiebel vermengen, die geriebenen Äpfel dazugeben und die saure Sahne darunterrühren.
Insgesamt etwa 140 Kalorien / 586 Joule.

3 hartgekochte Eigelb, 6 EL Senf, 1 TL gehackte Zwiebeln, 6 EL saure Sahne, 2 geriebene Äpfel

Speckdressing

75 g Speck, 2 EL Essig, Salz, Pfeffer

Kleinwürfelig geschnittenen und angerösteten Bauchspeck über den angerichteten grünen Salat oder Krautsalat gießen, die heiße Pfanne mit etwas Essig ablöschen und den Salat damit säuern. Mit Salz und Pfeffer würzen. Für grüne Salate, Löwenzahn, Rapunzel, Krautsalate und Endiviensalat, Gemüsesalate.
Insgesamt etwa 100 Kalorien / 420 Joule.

Vinaigrettesoße für Salate

3 EL Olivenöl, 1 EL Weinessig, 1 Zwiebel, 2–3 Cornichons, Salz, Pfeffer, Zucker, Kräuter

Man kann sie mit einer feingeschnittenen Zwiebel und grob gehackten Cornichons (kleine Pfeffergurken) verrühren und zusätzlich 1 TL geriebenen Meerrettich dazurühren. Wird mit 1 EL feingehackten Kräutern (Petersilie, Dill, Estragon, Kresse, Schnittlauch usw.) vollendet. Eventuell auch 1 TL gehackte Kapern beigeben.
Insgesamt etwa 120 Kalorien / 500 Joule.

Zitronenmarinade für Salate

½ Zitrone, 1 KL Zucker, 2 EL Öl, Salz

Zu dieser Marinade nimmt man den Saft einer halben Zitrone, Zucker, eine Prise Salz und Öl.
Insgesamt etwa 50 Kalorien / 210 Joule.

Zwiebelmarinade für Salate

4 EL Öl, 2 EL Essig, 1 Zwiebel, Pfeffer, Salz, Worcestershiresauce, Prise Zucker

Die Zutaten (die Zwiebel wird sehr fein geschnitten) gut miteinander verrühren, über den gewaschenen und geviertelten grünen Salat gießen.
Insgesamt etwa 60 Kalorien / 250 Joule.

Pfeffermarinade für Salate

½ TL schwarzer Pfeffer, 2 EL Essig, 5 EL Öl, 2 gehackte Zwiebeln

Schwarzen Pfeffer grob mahlen, mit Essig, gehackten Zwiebeln und Öl vermischen. Eignet sich zu kaltem Wildfleischsalat.
Insgesamt etwa 110 Kalorien / 462 Joule.

Preiselbeersoße für Salate

4 EL Mayonnaise, 2 EL Preiselbeeren

Die Mayonnaise mit dem Preiselbeerkompott gut abschmecken. Eignet sich zu Hammel-, Wild- und Ochsenfleischsalat.
Insgesamt etwa 110 Kalorien / 462 Joule

Teufelssoße für Salate

Die Remouladensoße mit Rotwein, feingehacktem Estragon und dem geschabten Apfel vermengen. Eignet sich zu Roastbeef (bei kalten Platten).
Insgesamt etwa 110 Kalorien / 462 Joule.

3 EL Remouladensoße, 3 EL Rotwein, 1 EL Estragon, 1 EL feingeschabter Apfel

Chicoréesalat

Die äußeren Blätter entfernen, den unteren Teil abschneiden und den bitteren Kern (Strunk) mit einem spitzen Messer herausschneiden. Gut waschen, in feine Ringe schneiden und etwa ¼ Stunde in lauwarmem Wasser liegen lassen. Dann gut ausschwenken und mit der gewünschten Marinade anmachen. Man kann kleingeschnittene Mandarinenspalten aus der Dose daruntermischen.
Pro Portion etwa 240 Kalorien / 1005 Joule.

4 Chicoréestauden, Marinade (Joghurt-, Essig-, Ölmarinade), Mandarinen

Endiviensalat

Die äußeren harten Blätter und die Wurzelreste entfernen. Die übrigen Blätter waschen, fest zusammenfassen, in feine Streifen schneiden und mit einer Essig-Öl-Marinade anmachen und etwas Zucker beigeben. Auf die gleiche Weise kann man Weißkohl- und Rotkohlsalat zubereiten.
Pro Portion etwa 50 Kalorien / 210 Joule.

2 Köpfe Endivien, Essig-Öl-Marinade, Spur Zucker

Feldsalat

Wird wie Kopf- oder Endiviensalat zubereitet und meist zum Garnieren von Kartoffelsalat verwendet. Wird auch mit einer sehr fein geschnittenen oder geriebenen Zwiebel vermengt oder mit Tomatenscheiben und gehackten Kräutern (Schnittlauch, Borretsch oder Kerbel) serviert. Nicht zuviel Öl verwenden. Salat immer sofort servieren.
Pro Portion etwa 105 Kalorien / 440 Joule.

250 g Feldsalat, Salz, Zucker, ½ Zitrone, 2 EL Öl, 1 EL Essig

Chinakohlsalat

Chinakohl wässern, feinnudelig schneiden. Mit der Marinade gut vermengen.
Pro Portion etwa 50 Kalorien / 630 Joule.

1000 g Chinakohl, 2 EL Essig, 2 EL Öl, Salz, Pfeffer

Kopfsalat

2 Köpfe Salat, Essig-Öl-Marinade, Sahne-Marinade oder Joghurt-Marinade

Die äußeren Blätter entfernen, die zarten, inneren Blätter vom Strunk lösen, die größeren kann man dabei teilen. Gut waschen, abtropfen lassen bzw. ausschwenken. Unmittelbar vor dem Servieren mit einer der gewünschten Marinaden vermengen. Man kann gehackte frische Kräuter (Schnittlauch, Minze, Gurkenkraut) daruntermischen.
Pro Portion etwa 80 Kalorien / 335 Joule.

Kopfsalat mit Speck

2 Kopfsalat, 1 EL Weinessig, Salz, 125 g Räucherspeck, Schnittlauch

Den Kopfsalat bereiten. In einer Marinade aus Weinessig, Salz und Schnittlauch anmachen und im letzten Moment mit dem kleinwürfelig geschnittenen, im eigenen Fett gerösteten Speck langsam übergießen. Sofort servieren (er fällt sehr leicht und rasch zusammen).
Pro Portion etwa 93 Kalorien / 390 Joule.

Römischer Salat

1 Staude römischer Salat (Lattich), 60 g Roquefort, 2½ EL Essig, 2 EL Olivenöl, 1 Knoblauchzehe, Salz

Vom römischen Salat nur die inneren zarten Blätter verwenden, waschen, gut abtropfen lassen, zerkleinern. Roquefortdressing bereiten und zu einer dicklichen Soße verrühren. Salatschüssel mit Knoblauchzehe ausreiben, Salat dazugeben und mit der Salatsoße übergießen, einmal durchwenden und sofort servieren.
Pro Portion etwa 168 Kalorien / 700 Joule.

Radicchiosalat

200 g Radicchio, Essig-Öl-Marinade

Die Wurzeln abschneiden, säubern, die roten Blättchen ganz lassen. Kräftig waschen und ausschwenken. Kurz vor dem Anrichten in der Marinade anmachen.
Pro Portion etwa 86 Kalorien / 370 Joule.

Wilde Salate

Dazu gehören neben dem Feldsalat (Rapunzelsalat) auch junge Löwenzahnblätter, Sauerampfer, Kapuziner- und Brunnenkresse

Die Blättchen gründlich waschen, ausschwenken und unmittelbar vor dem Anrichten mit der gewünschten Marinade oder Mayonnaise anmachen. Pro Person rechnet man 50–60 g.
Pro Portion etwa 105 Kalorien / 440 Joule.

Fenchelsalat, roh

Die rohe Fenchelknolle waschen, die äußere Schale entfernen, halbieren und in dünne Scheiben schneiden. Mit Weinessig begießen. Unmittelbar vor dem Servieren in der Marinade anmachen.
Man kann zum Fenchelsalat gekochten und gehackten Schinken, geschälte, entkernte, in Scheiben geschnittene Äpfel, Weintrauben oder abgetropfte Mandarinen geben. Oder Paprikaschoten, Tomaten, schwarze, entsteinte Oliven mit den Fenchelwürfeln vermischen und in einer Marinade aus saurer Sahne, Joghurt, Zitronensaft, Olivenöl, Salz, Pfeffer, Zucker und Edelsüß-Paprika anmachen (**»Fenchelsalat auf neapolitanische Art«**).
Pro Portion etwa 160 Kalorien / 670 Joule.

4–6 kleine Fenchelknollen, ½ Tasse Weinessig, Prise Salz, Pfeffer, 3–4 EL Öl

Gurkensalat

Schlanke Salatgurke kurz vor dem Anrichten von der Spitze zum Stiel schälen, fein hobeln, leicht salzen, etwas rasten lassen, nicht ausdrücken, sondern nur aus dem Gurkenwasser herausnehmen. Unmittelbar vor dem Servieren mit Öl begießen und mit Weinessig oder Zitronensaft ansäuern. Mit etwas Knoblauch und Pfeffer würzen, feingeschnittenen Schnittlauch oder Dillkraut und Paprikaschoten nach Geschmack beifügen. Mit Pfeffer oder Paprika bestreuen. – Man kann die Gurken auch, ohne sie vorher zu salzen, in die Marinade geben.
Man kann die Gurken mit schwarzen Oliven oder mit Tomatenachteln und Zwiebelringen vermengen, mit verschiedenen Kräutern (Dill, Fenchel, Schnittlauch) bestreuen und dann mit der Marinade aus Öl, Essig, zerdrücktem Knoblauch, Salz und Pfeffer durchmengen. Man kann auch saure Sahne, anstelle von Öl und Essig, oder eine Soße aus Joghurt oder Mayonnaise, Salz, Prise Zucker und Edelsüßpaprika verwenden, dazu gehackte Haselnüsse und Salatblätter geben. Aber auch Gurken- und Bananenscheiben kann man mit einer Marinade aus Essig, Öl, Salz und Pfeffer anmachen.
Pro Portion etwa 110 Kalorien / 460 Joule.

Salatgurke, Salz, Pfeffer oder Paprika, Öl, Weinessig oder ½ Zitrone, Knoblauch

Karotten-Meerrettich-Rohkost

400 g Karotten, 1 Apfel, 1—2 EL geriebener Meerrettich, 3 EL Öl, 1—2 EL Essig oder Zitronensaft, Salz, Zucker, Petersilie

Karotten schaben und waschen. Apfel waschen, Kerngehäuse entfernen. Beide schnitzeln oder raspeln. Den geriebenen Meerrettich dazugeben. Aus Öl, Essig oder Zitronensaft, Salz und Zucker eine Marinade bereiten und über den Salat gießen. Gut durchmischen. Mit feingehackter Petersilie bestreut anrichten.
Pro Portion etwa 100 Kalorien / 420 Joule.

Kräutersalat

Kräuter, Kopfsalat, Essig, Öl, Salz, Pfeffer, Knoblauch

Kopfsalatblätter und feingehackte Kräuter (Schnittlauch, Petersilie, Zitronenmelisse, Dill, Borretsch, das Grüne von Fenchel und Sellerieknolle) gut vermengen, mit einer Marinade aus Öl, Essig, zerdrücktem Knoblauch, Salz und Pfeffer vermischen. Sofort servieren. Der Salat kann auch mit einer Marinade aus saurer Sahne oder nur mit Zitronensaft und einer Prise Zucker bereitet werden.
Pro Portion etwa 80 Kalorien / 335 Joule.

Möhrensalat (Karottensalat)

400 g Möhren oder Karotten, 2 Äpfel, Saft von je einer Orange und Zitrone, Puderzucker, Salz, etwas geriebene Zitronen- und Orangenschale

Die feingeriebenen Möhren und Äpfel (geschält, entkernt) mit Zitronensaft und Orangensaft vermischen, mit Puderzucker und Salz abschmecken und mit Zitronen- und Orangenschale würzen. Im Kühlschrank eine Zeitlang ziehen lassen.
Pro Portion etwa 110 Kalorien / 460 Joule.

Rohchampignonsalat

250 g frische Champignons, 1—2 Zwiebeln, 150 g gekochter Schinken, 2 hartgekochte Eier, 2 EL Tomatenpaprika aus dem Glas, 3—4 Tomaten, 3 EL Sahne, 3 EL Mayonnaise, 1 Msp Selleriesalz, 2 EL gehackter Dill, Pfeffer, Salz

Champignons säubern, in dünne Scheiben schneiden, den gekochten Schinken in Streifen, die Eier in Scheiben, die Zwiebel in Ringe schneiden, die Tomaten in Stücke schneiden. Auch die Tomatenpaprika dazugeben, alles gut vermengen. In einer Schüssel anrichten. Sahne cremig schlagen, mit der Mayonnaise vermengen, mit Salz, Pfeffer, Dillspitzen würzen und über den Salat gießen und gut durchrühren. Mit Salz und Pfeffer nachwürzen.
Pro Portion etwa 140 Kalorien / 585 Joule.

Paprikasalat

Grüne oder rote Paprikaschoten von Stiel, Kernen und Scheidewänden säubern, waschen und feinnudelig schneiden. Mit Salz gemischt eine Zeitlang ziehen lassen, auspressen und mit Essig, Pfeffer und Öl anmachen. Eventuell nudelig geschnittene Zwiebel dazugeben.
Pro Portion etwa 160 Kalorien / 670 Joule.

1 Tasse grüne und rote Paprikaschoten, Salz, Essig, Öl, Pfeffer, 1 Zwiebel

Radieschen- und Rettichsalat

Rote, braune oder weiße Radieschen (oder Rettiche) putzen und waschen. In Scheiben schneiden oder hobeln, mit Salz bestreuen, einige Zeit ziehen lassen. Das sich bildende Wasser abgießen und den Salat mit Essig und Öl in etwas Kümmel anmachen.
Pro Portion etwa 120 Kalorien / 500 Joule.

Radieschen oder Rettiche, Salz, Essig, Öl, Kümmel

Sauerkraut, roh

Das Sauerkraut kräftig ausdrücken (wenn es sehr sauer ist, zuvor etwas wässern), zwei- bis dreimal durchschneiden und mit zwei Gabeln lockern. Feingeschnittene Zwiebel und geschälten, geraspelten Apfel daruntermischen. Mit Salz und Pfeffer würzen und mit Öl begießen. Gut durchmischen und lockern und ½ Stunde ziehen lassen. Man kann diesen Salat durch einen Schuß Sekt oder Weißwein verfeinern. Statt Zwiebeln kann man auch Ananaswürfel nehmen und mit etwas Ananassaft aromatisieren.
Pro Portion etwa 150 Kalorien / 630 Joule.

250 g Sauerkraut, Salatmarinade, 1 TL Senf, Pfeffer, 1 Apfel, 1 Zwiebel

Selleriesalat, roh

Die geschälte, rohe Knolle raspeln (oder in ganz feine Streifen schneiden). Mit dem geschälten und grobgeraspelten Apfel vermischen, mit Salz, Pfeffer und Zitronensaft kräftig würzen. 1 Stunde im Kühlen ziehen lassen. Dann mit einer Öl-Essig-Marinade oder mit einer Mayonnaise-Marinade anmachen.
Noch einmal ½ Stunde ziehen lassen. Man kann den Salat mit Kresse oder kleingeschnittenem Selleriegrün garnieren.
Pro Portion etwa 180 Kalorien / 755 Joule.

1 mittlere Sellerieknolle, Essig-Öl-Marinade oder Mayonnaise-Marinade, 1 großer Apfel

Tomatensalat

6–8 Tomaten, Salz, Prise Zucker, Pfeffer, Petersilie, Essig, Öl, 1 Zwiebel

Nur mittelgroße, feste und reife Tomaten zum Salat verwenden. Den Tomaten zu diesem Zweck den Stielansatz ausschneiden, oben einritzen, einige Sekunden in kochendes Wasser geben, sofort kalt abschrecken und schälen, in Scheiben oder Spalten schneiden, mit Pfeffer, Salz, Zucker, gehackter Petersilie, Essig und Öl (eventuell gehackten Zwiebeln) pikant anmachen.
Pro Portion etwa 170 Kalorien / 710 Joule.

Zwiebelsalat

2–3 Zwiebeln, Salz, Pfeffer, Zucker, Öl, Essig, 1 hartgekochtes Ei, Senf, Worcestershiresauce

Zwiebel fein schneiden, mit Salz, Pfeffer, Prise Zucker, Öl, 1 TL Essig, gehacktem hartgekochtem Eigelb und Senf gut verrühren, mit einem Spritzer Worcestershiresauce abschmecken. Man kann auch ein paar Tropfen Zitronensaft oder Tomatenketchup dazurühren. Wer will, kann auch eine zerdrückte Knoblauchzehe dazurühren.
Pro Portion etwa 90 Kalorien / 375 Joule.

Rohkostsalatplatte

Zitronenmarinade:
3 EL Zitronensaft, 5 EL Öl, Prise Zucker, Salz, Pfeffer
Essig-Öl-Marinade:
Estragon, 4 EL Kräuteressig, 1 Zwiebel, feingerieben, Salz, Pfeffer, Prise Zucker, 8 EL Öl
Joghurt-Marinade:
1 Becher Joghurt, 2 TL Mayonnaise, Prise Salz, 2 TL Zitronensaft
Rohkost: 150 g Möhren, ½ Blumenkohl, 1 Rettich, 2 Radieschen, ¼ Salatgurke, 1 Chicorée, 1 Kopfsalat, 2 grüne Paprikaschoten, 60 g Feldsalat, 2 Tomaten, ½ Bund Dill, Radicchio, ½ Kasten Kresse, Schnittlauch

Rohkost immer erst kurz vor dem Servieren bereiten. Die verschiedenen Zutaten der Marinaden gut verrühren. Möhren und Blumenkohl putzen, Rettich schälen, Salatgurke und Tomaten spülen und trockentupfen. Grüne Salate reinigen und verlesen. Dill und Kresse zurechtschneiden. Möhren fein reiben, mit etwas Zitronenmarinade und Dill vermischen. Blumenkohl in Röschen zerlegen, mit Joghurtmarinade mischen. Rettich, Salatgurke in feine Scheiben oder Schnitzel hobeln, Kresse und Dill dazugeben, mit Essig-Öl-Marinade vermengen. Grünen Salat, Chicorée, Radicchio, geschnitten, und Feldsalat reinigen, waschen, abtropfen lassen, mit Essig-Öl-Marinade mischen. Tomaten in Scheiben schneiden, mit Essig-Öl-Marinade vermengen. Die einzelnen Salate auf einem Teller oder einer runden Platte schön anordnen.
Pro Portion etwa 350 Kalorien / 1465 Joule.

Sojakeimlingssalat

Sojakeime aus der Dose nehmen, unter fließendem Wasser abspülen, gut abtropfen lassen. Die Shrimps in einer Schüssel auftauen lassen, den Darm entfernen. Kurz mit kaltem Wasser abspülen, abtropfen lassen. Weißwein, Zitronensaft, Kognak, Senf und Tabascosoße mischen, mit Zucker, Salz, Pfeffer würzen und über die Shrimps gießen. Gut durchmischen und ½ Stunde stehen lassen, dabei mehrmals durchmischen. Dann herausnehmen, abtropfen lassen, zu den Sojakeimlingen und der blättrig geschnittenen Ingwerpflaume geben, durchmischen. Aus Sojasoße, Essig, Öl, Salz, Pfeffer und Zucker eine Marinade bereiten, gehacktes Basilikum dazugeben und über den angerichteten Salat gießen. Gut durchmischen und durchziehen lassen.
Pro Portion etwa 115 Kalorien / 470 Joule.

1 Dose Sojakeimlinge, 2 Packungen tiefgekühlte Shrimps, 1 Ingwerpflaume in Sirup
Für den Sud: ¼ l Weißwein, ½ Zitrone, 1 TL scharfer Senf, Kognak, 1 Prise Zucker, Tabascosoße, Salz, Pfeffer, Zucker
Marinade: 1 EL Sojasoße, 1 EL Essig, 1 EL Öl, Salz, Pfeffer, Zucker, Basilikum

Auberginensalat

Auberginen in Alufolie wickeln und 20—40 Minuten im heißen Ofen backen, auswickeln, kurz abschrecken, die Fruchtteile mit dem Löffel ausschälen und die Masse mit Zitronensaft beträufeln. Im Mixer pürieren (Kerne sollen ganz bleiben). Zerdrückten Knoblauch, Zitronensaft, Öl, Salz, Pfeffer oder Cayennepfeffer schaumig rühren und mit Handmixer in das Auberginenmus einrühren. Mit gehackter Petersilie, Thymian und Oregano würzen, mit einem Spritzer Tabasco schärfen.
Pro Portion etwa 215 Kalorien / 900 Joule.

500 g Auberginen, ½ Zitrone, 1 Knoblauchzehe, 2—3 EL Öl, 1 EL gehackte Petersilie, Thymian und Oregano, Salz, Pfeffer oder Cayennepfeffer, Tabasco

Blumenkohlsalat

Schönen, weißen Blumenkohl in Salzwasser mit Zitronenscheiben oder etwas Zitronensaft nicht zu weich kochen, abseihen, auskühlen lassen. In Röschen teilen. Mit Marinade aus Essig, wenig Kochsud, Zucker, Muskat und Salz anmachen und etwas ziehen lassen. Öfter durchmischen. Zum Schluß mit Pfeffer bestreuen und mit Öl begießen. Mit Kräutern bestreut anrichten. Kann auch mit Mayonnaise bereitet werden.
Pro Portion etwa 70 Kalorien / 290 Joule.

1 Blumenkohl, Salz, Zitronenscheibe oder -saft, 1 EL Weinessig, Salz, Pfeffer, Muskat, 3 EL Öl, 1 TL gehackte Kräuter

Bohnensalat

300 g weiße Bohnen, Salz, Essig, Öl, Pfeffer, Zucker, Zwiebel, Schnittlauch

Die Bohnen einen Tag vorher einweichen. Im leicht gesalzenen Einweichwasser weich kochen, gut abtropfen und kalt werden lassen. Oder Dosenbohnen gut abtropfen lassen. In einer Marinade aus Essig, Pfeffer, Salz, einer Prise Zucker und Öl anmachen und 2—3 Stunden ziehen lassen. Mit feingeschnittener Zwiebel und Schnittlauch anrichten.
Pro Portion etwa 545 Kalorien / 2280 Joule.

Champignonsalat

300 g Champignons, 10 g Butter, 6 EL Öl, 4 KL Zitronensaft, 1 EL Essig, Salz, Pfeffer, 2 EL Zucker, feingeschnittene Zwiebeln

Champignons in wenig Zitronensaft und Butter nicht zu weich dünsten, in dünne Scheiben schneiden und mit der Marinade anmachen: Öl, Zitronensaft und Essig gut verrühren, mit Salz, Pfeffer und Prise Zucker pikant abschmecken. Mit feingeschnittener Zwiebel gut vermischen. Mit einigen blättrig geschnittenen rohen Champignons bestreuen und leicht durchmischen.
Pro Portion etwa 110 Kalorien / 460 Joule.

Fenchelsalat

2 mittlere Fenchelknollen, 1 EL Weinessig, Salz, Pfeffer, 3 EL Öl, 1 Zwiebel, Knoblauch, Petersiliengrün, Schnittlauch

Gekochter und in Scheiben geschnittener Fenchel wird mit der Marinade aus Essig, feingeschnittener weißer Zwiebel, Knoblauch, Petersilie und Öl angemacht, mit Salz und Pfeffer abgeschmeckt. Beim Anrichten mit Schnittlauch bestreuen.
Pro Portion etwa 160 Kalorien / 670 Joule.

Grüne-Bohnen-Salat

500 g grüne Bohnen, Öl, Pfeffer, Salz, Essig, Dillkraut, Zwiebel, Prise Zucker

Die grünen Bohnen abziehen, waschen, in 4—5 cm lange Stücke schneiden und in Salzwasser rasch nicht zu weich kochen, abschrecken und abtropfen lassen. Oder Bohnen aus der Dose nehmen und gut abtropfen lassen. Mit feinem Öl begießen, mit Pfeffer, Essig, Salz, Zucker und feingehacktem Dillkraut vermischen, feingeschnittene Zwiebel darüberstreuen. Statt des Dillkrautes kann man auch während des Kochens der grünen Bohnen ein Büschel Bohnenkraut einlegen, das man wieder herausnimmt.
Pro Portion etwa 50 Kalorien / 210 Joule.

Kartoffelsalat

Für Kartoffelsalat nur speckige Salatkartoffeln nehmen. In der Schale kochen. Schälen, in nicht zu dünne, gleichmäßige Scheiben schneiden, noch heiß mit etwas heißer Bouillon und Essig anmachen, mit Pfeffer, Salz und einer Spur Zucker würzen, mit Öl und nach Wunsch mit kleingeschnittener Zwiebel vermischen. Die Zwiebel kann auch wegbleiben. Statt der heißen Bouillon kann man auch heißes Wasser (und Essig) oder Weißwein nehmen.
Pro Portion etwa 380 Kalorien / 1590 Joule.

750 g Salatkartoffeln, ⅛ l Bouillon, 4 EL Weinessig, Salz, Pfeffer, 4 EL Öl, evtl. 1 kleine Zwiebel

Kartoffelsalat mit Mayonnaise

Die Kartoffeln in der Schale kochen, schälen und abkühlen lassen. Dann mit dem Buntmesser in Scheiben schneiden. Mit heißer Brühe übergießen und ein paar Minuten zugedeckt stehen lassen. Dann abgießen. Die Kartoffeln noch warm in die Mayonnaisesoße geben, in die man die Zwiebel und die feingehackte Gurke gibt. Gut vermischen und erkalten lassen. Mit Petersilie, Eiervierteln und Tomatenscheiben garniert servieren.
Pro Portion etwa 400 Kalorien / 1680 Joule.

500 g Salatkartoffeln, 1 Tasse Mayonnaise, 1 Gewürzgurke, 1 feingehackte Zwiebel, 1 TL Salz, Pfeffer, 1 EL Essig, Fleischbrühe

Krautsalat (Weißkohlsalat)

Weißkohl putzen (äußere Blätter und Strunk entfernen), feinnudelig schneiden, in Salzwasser mit etwas Kümmel, Majoran, einer Prise Zucker und etwas Essig einige Minuten kochen, dann zugedeckt ziehen lassen. Gut abtropfen lassen und noch heiß mit gekochtem Essig (und einer Spur Zucker) und Öl anrichten, zum Schluß kleinwürfelig geschnittenen Räucherspeck, den man auf kleinem Feuer glasig anlaufen läßt oder knusprig braun röstet, daraufstreuen.
Pro Portion etwa 150 Kalorien / 630 Joule.

1 kleiner Weißkohlkopf (500–700 g), Salz, Zucker, 1 TL Essig, ½ TL Kümmel, Majoran, 3 EL Öl, Räucherspeck

Lauchsalat

Lauch der Länge nach durchschneiden, reinigen, in kochendes Salz-Zitronen-Wasser geben und ca. 10 Minuten kochen lassen. Das Wasser fast zur Gänze abgießen, Brühwürfel, Öl und Pfeffer dazugeben, abschmecken und den Lauch darin erkalten lassen und in der Marinade anrichten. Noch einmal abschmecken.
Pro Portion etwa 120 Kalorien / 500 Joule.

5 Stangen Lauch, Salz, Pfeffer, Zucker, 1 EL Zitronensaft, 1 Brühwürfel, 2 EL Öl

Linsensalat

250 g Linsen, Salz, Thymian, ½ Lorbeerblatt, 2 EL Weinessig, 1 kleine Zwiebel, Pfeffer, Zucker, 3 EL Öl, 1 EL gehackte Kräuter (Borretsch, Bohnenkraut oder Petersilie)

Die Linsen die Nacht über einweichen, dann in Salzwasser mit Thymian und Lorbeerblatt weich kochen (40—90 Minuten). Abseihen und abtropfen lassen. Noch warm mit feingeschnittener Zwiebel, Essig, Pfeffer, Salz, Spur Zucker anmachen. 1—2 Stunden ziehen lassen. Vor dem Servieren mit Öl vermischen, mit gehackten Kräutern bestreuen.
Pro Portion etwa 315 Kalorien / 1320 Joule.

Maissalat

1 Dose Süßmaiskörner, 1 EL Weinessig, 1 EL scharfer Senf, Salz, 3 EL Öl, Petersiliengrün

Die Maiskörner gut abtropfen lassen. Essig mit Senf und Salz verrühren und das Öl unter Schlagen mit dem Schneebesen einrühren und mit den Maiskörnern vermischen. 1 Stunde ziehen lassen. Mit gehacktem Petersiliengrün bestreut servieren.
Pro Portion etwa 140 Kalorien / 585 Joule.

Rote-Beten-Salat

750 g rote Beten (rote Rüben), 1½ l Wasser, Salz
Marinade: ⅛ l Weinessig, Salz, 4 EL Öl, 1 TL Senf, Salz, Pfeffer, 1 TL Zucker, ½ TL Kümmel, 2 Äpfel, 1 Zwiebel, Meerrettich

In Gläsern eingelegt und an einem kühlen Ort aufbewahrt, halten sich die roten Beten sehr lange. Sie dürfen zum Kochen nicht aufgeschnitten werden, da sonst der rote Saft ausläuft. Waschen, dann im ganzen und ungeschält in kaltem, leicht gesalzenem Wasser aufsetzen und in etwa 2 Stunden weich kochen. Die roten Beten können auch im Backofen oder in glühender Asche gebraten werden. Die noch heißen Beten sofort schälen und in dünne Scheiben hobeln oder schneiden, in ein Glas- oder Porzellangefäß geben, ein paar Scheiben Meerrettich darauf legen. ⅛ l Wasser, ⅛ l guten Weinessig, 20 g Zucker und 1 TL Kümmel einige Minuten kochen lassen und über die roten Beten gießen.
Oder eine Marinade aus Öl, Essig (etwas mehr Essig nehmen!), Senf, Salz, Pfeffer und Zucker bereiten. Gut verrühren. Geschälte, halbierte, entkernte Äpfel feinwürfelig schneiden. Ebenso die Zwiebel schneiden. Rote Beten, Äpfel- und Zwiebelwürfel mit der Marinade vermischen. 12 Stunden im Kühlen ziehen lassen. Nach Wunsch zusätzlich mit Kümmel würzen und geriebenen Meerrettich beifügen.
Pro Portion etwa 120 Kalorien / 500 Joule.

Rotkohlsalat

Die äußeren Blätter entfernen und nur die zarteren, inneren Blätter verwenden, die dickeren Rippen herausschneiden, dann die Blätter in sehr feine Streifen schneiden. Mit Salz vermischen und eine Zeitlang zugedeckt ziehen lassen. Dann auspressen. Für 1000 g Rotkohl nehme man 125 g mageren oder 125 g fetten kleinwürfelig geschnittenen Speck, in 2 Löffel Öl leicht angeröstet, gibt das Kraut dazu, gießt mit ½ Glas trockenem Weißwein auf und dünstet das Kraut unter fortwährendem Umrühren halbweich. Dann mit Salz, Pfeffer, Prise Zucker, Essig und Öl anmachen und kalt servieren. Auf Wunsch kann man auch feingeschnittene (oder geriebene) Zwiebeln und Äpfel dazugeben.
Pro Portion etwa 215 Kalorien / 900 Joule.

1000 g Rotkohl, 125 g Speck, 2 EL Öl, ½ Glas Weißwein, Salz, Pfeffer, Zucker, etwas Essig, Öl

Schwarzwurzelsalat

Schwarzwurzeln nach Grundrezept (siehe im Kapitel »Gemüse«) in Salzwasser weich kochen. Gut abtropfen lassen. ½ Tasse Kochwasser mit Zitronensaft, Essig, Öl vermischen, hartgekochtes Ei und Gewürzgurke, fein gehackt, dazugeben, salzen, pfeffern und über die Schwarzwurzeln gießen, durchmischen und abkühlen lassen. Dabei wiederholt durchmischen. Mit gehackter Petersilie und geschnittenem Schnittlauch bestreut anrichten.
Pro Portion etwa 170 Kalorien / 502 Joule.

500 g Schwarzwurzeln, 1 Zitrone, 2 EL Essig, 3 EL Öl, 1 hartgekochtes Ei, 1 Gewürzgurke, Schnittlauch, Petersilie, Salz, Pfeffer

Selleriesalat

Weiße Knollensellerie schälen, in die Hälfte schneiden, achteln und in dünne Scheiben oder Streifen schneiden. Sofort mit ganz wenig Wasser, Zitronensaft, etwas Zukker und einer Prise Salz weich dünsten. Die Flüssigkeit muß fast verdunstet sein. Wenn es soweit ist, mit Zucker, Pfeffer, Essig und Öl anmachen. Außerdem soll man den Salat öfter gut durchmischen. 1–2 Stunden vor Gebrauch anmachen und im Kühlen durchziehen lassen. Wird der Knollensellerie sehr fein geschnitten, kann man ihn auch roh, unblanchiert anmachen.
Pro Portion etwa 145 Kalorien / 607 Joule.

1–2 Sellerieknollen, Salz, Zitronensaft, Zucker; 2 EL Weinessig, Salz, Prise Zucker, Pfeffer, 3 EL Öl

Spargelsalat

500 g Spargel, Salz, Zucker, Zitronensaft, Marinade aus Zitronensaft, Öl, Salz

Den Spargel schälen, in 3—4 cm lange Stücke schneiden und in Salzwasser mit einer Spur Zucker nicht zu weich kochen. Im Sud erkalten lassen, auf einem Sieb gut abtropfen lassen und mit der gewünschten Marinade (Zitronensaft, Salz und Öl) anmachen. Kalt servieren. Am besten wird er, wenn man nur die Spargelspitzen verwendet.
Pro Portion etwa 145 Kalorien / 607 Joule.

Weißkohlsalat, pikant

500 g Weiß- oder Rotkohl, Salz, ⅛ l Essig, Öl, Salz, Pfeffer, Zucker, 60 g Speck, Kümmel, ¼ Zwiebel, Petersilie

Kraut feinnudelig schneiden und kurz in heißem Salzwasser überbrühen, abtropfen lassen, mit Essig und Öl, heißen Speckwürfeln, Salz, Pfeffer und Zucker würzen. Noch etwas Kümmel, geriebene Zwiebel und gehackte Petersilie beigeben. Mayonnaise, Rahmsoße, geriebenen Meerrettich und Senf kann man als weitere Würzen dazugeben.
Pro Portion etwa 150 Kalorien / 630 Joule.

Zusammengesetzte Salate, Mischsalate, Salatkompositionen

Bei diesen zusammengesetzten Salaten werden die einzelnen Salate entweder getrennt angemacht und dann erst zusammengemischt, oder man schneidet die einzelnen Salatbestandteile in kleine Würfel, feine Streifen oder Scheiben und vermengt sie miteinander. Man bindet den Mischsalat meist mit einer Mayonnaise, aber auch mit saurer Sahne, Joghurt etc., würzt mit Salz, Senf, Pfeffer, Essig oder Zitronensaft. Bei Mischsalaten ist besonders auf die gefällige Form der Anordnung zu achten, so zum Beispiel mischt man 1 Teil Tomatensalat (mit gehacktem Eigelb bestreut), Gurkensalat (mit roten Paprikastreifen bedeckt) und Selleriesalat (mit Schnittlauch bestreut). Weitere Mischkombinationen sind Paprika-, Reis-, Tomaten- und Rohselleriesalat, grüner Salat und Rosenkohlsalat, garniert mit Radieschen und Tomatenachteln, Spargel-, Tomaten- und grüner Salat oder grüne Bohnen. Wichtig ist bei den mit Mayonnaise gebundenen Salaten die Beigabe von leicht geschlagener Sahne, saurer Sahne oder Joghurt. Damit werden die Salate bekömmlicher und leichter.

Zucchinisalat auf römische Art

Vorbereitete Zucchini samt Schale fein hobeln, Zwiebel in Ringe schneiden, mit Weinessig, Wasser, Zucker, Salz und Pfeffer und Öl mit Petersilie und Estragon erhitzen und 10 bis 12 Minuten leicht kochen lassen. Alles gut auskühlen lassen und nachwürzen.
Pro Portion etwa 240 Kalorien / 1005 Joule.

500 g kleine Zucchini, 1 Zwiebel, 1 Petersilie, Estragon, 2 Stück Zucker, 4 EL Weißwein, 3 EL Olivenöl, Salz, Pfeffer

Salat Aida

Artischockenböden, Tomaten, Paprikaschoten und Endivie feinstreifig schneiden. In Streifen geschnittenes hartgekochtes Eiweiß und passiertes hartgekochtes Eigelb darüberstreuen und mit Vinaigrettesoße, mit scharfem Senf gewürzt, übergießen.
Pro Portion etwa 230 Kalorien / 965 Joule.

1 Dose Artischockenböden, 6 Tomaten, 2 grüne Paprikaschoten, 1 Kopf Endiviensalat, 2 hartgekochte Eier, Vinaigrettesoße

Französischer Salat

Karotten, rohe Sellerie und Petersilienwurzel kleinwürfelig schneiden und zusammen mit den Erbsen in Salzwasser kochen. Essiggurken und Äpfel ebenfalls kleinwürfelig schneiden, Kartoffeln in Scheiben schneiden, etwas Senf, Salz, Essig, Zucker und Pfeffer dazugeben, ¼ Stunde marinieren und mit Mayonnaise gut verrühren bzw. mit Senf, Worcestershiresauce und Tomatenketchup nachwürzen und abschmecken. Der Salat ist weiter variierbar durch die Beigabe von grünen Bohnen, Blumenkohl, Tomaten, Wurst, Bratenresten, Fisch etc. Dieser Salat dient auch gern als Sockel für kalte Fisch- und Fleischplatten, zum Füllen von kalten Gemüsegerichten, Bomben, gesulzten Koteletts etc.
Pro Portion etwa 410 Kalorien / 1715 Joule.

500 g gekochte Salatkartoffeln, 150 g Karotten, 150 g Sellerie, 150 g Erbsen, 100 g Petersilienwurzel, 100 g Essiggurken, 2 rohe Äpfel, Mayonnaise, Essig, Senf, Worcestershiresauce, Tomatenketchup, weißer Pfeffer, Salz, Spur Zucker

Gemischter Salat

Die feinblättrig geschnittene Salatgurke mit den blättrig geschnittenen Kartoffeln, den in feine Streifen geschnittenen Paprikaschoten, den feingehackten Zwiebeln und Tomatenscheiben vermischen. Mit Essig und Öl vermischen und mit Salz und Pfeffer würzen. Mit Eischeiben garnieren.
Pro Portion etwa 185 Kalorien / 775 Joule.

300 g Salatgurke, 3 grüne Paprikaschoten, 4 Tomaten, 2 gekochte Kartoffeln, 100 g Zwiebeln, ⅛ l Öl, 2 EL Essig, Salz, Pfeffer, 3 hartgekochte Eier

Salat Waldorf

6 schöne, gleichmäßige Äpfel, 1 Sellerieknolle, Zitronensaft, 6 EL Mayonnaise, 100 g grobgehackte Walnüsse, Zucker, Worcestershiresauce

Die Nüsse kann man nach kurzem Kochen in Wasser schälen, wodurch der Salat schön weiß bleibt, während der mit ungeschälten Nüssen bereitete Salat eine graue Farbe bekommt. Eine Sellerieknolle kleinwürfelig schneiden und in Zitronensaft mit etwas Wasser weich dünsten. Da der Sellerie nur mit wenig Flüssigkeit gedünstet wird und diese bis zum Fertigdünsten verkocht ist, ist darauf zu achten, daß der Sellerie nicht anbrennt. Von den Äpfeln einen kleinen Deckel abschneiden. In eine Schüssel einen Eßlöffel fertige Mayonnaise und etwas Zitronensaft geben. Die Äpfel nun mit einem Kartoffelbohrer aushöhlen, das Kernhaus entfernen und das würfelig geschnittene Fleisch der Äpfel mit der Mayonnaise sogleich verrühren, damit es nicht braun wird. Den Sellerie dazumischen, die grobgehackten Walnüsse, ein wenig Zucker und einige Tropfen Worcestershiresauce dazugeben und alles gut verrühren. 1 Stunde im Kühlen ziehen lassen, dann in die Äpfel füllen.
Pro Portion etwa 635 Kalorien / 2660 Joule.

Fischsalat, gemischt

1 Matjeshering, 3 Sardellen, 1 Bückling, 50 g gekochter Aal, 50 g Lachs in Öl, Kapern, 1 saure Gurke, 100 g in Essig eingelegte Pilze, 150 g in Essig eingelegtes Gemüse, 1 Zwiebel, ca. 150 g Mayonnaise, Rote-Beten-Salat, 1 hartgekochtes Ei, Petersilie

Die entgräteten, enthäuteten Fische in feine Streifen schneiden, die gehackten Kapern und gehackten Gurken dazugeben. Ebenfalls die feingeriebenen Zwiebeln sowie die in kleine Stücke geschnittenen Pilze und das kleingeschnittene Gemüse. Mit ⅔ der abgeschmeckten Mayonnaise vermischen und mit dem restlichen Drittel übergießen. Vor dem Servieren mit gekochten roten Beten, eingelegten Pilzen, hartgekochten Eischeiben und Petersilienästchen garnieren.
Pro Portion etwa 700 Kalorien / 2930 Joule.

Hummermayonnaise

250 g Mayonnaise, 4 Sardellenfilets, 1 Dose Hummerfleisch (170 g), 1 Kopfsalat, 2 TL Kapern, 1 hartgekochtes Ei

Den Salat waschen, abtropfen, in Streifen schneiden und auf 4 Schalengläser verteilen. Darauf das gut abgetropfte Hummerfleisch (Chitinstreifen zuvor entfernen), leicht zerzupft, geben. Das Ganze mit Mayonnaise überziehen, mit den Sardellenfilets (die man zuvor ¼ Stunde wässern muß), den Kapern und Eivierteln garnieren. Dazu Toastbrot und Butter reichen.
Pro Portion etwa 265 Kalorien / 1109 Joule.

Thunfischsalat mit Oliven

Thunfisch, Bohnen, Eier, Tomaten, Paprikaschoten und Sellerie in kleine Würfel schneiden und mit den kleingeschnittenen Oliven, gehackten Kapern und feingeschnittenen Zwiebeln vermischen. Den Salat mit Essig und Öl beträufeln und mit Salz und Pfeffer abschmekken.
Pro Portion etwa 255 Kalorien / 1065 Joule.

2 Dosen Thunfisch in Öl, 2 EL Oliven, 1 EL Kapern, 4 hartgekochte Eier, 100 g grüne Bohnen, 2 grüne Paprikaschoten, ¼ gekochter Sellerie, 4 Tomaten, 2 Zwiebeln, Essig, Öl, Salz, Pfeffer

Hühnersalat in Grapefruithälften

Das Fruchtfleisch nach dem Aushöhlen klein schneiden, den Rest auspressen. Das Grapefruitfleisch in eine Schüssel geben. Das Hühnerfleisch in Würfel schneiden. Die anderen Früchte abseihen und gut abtropfen lassen. Alles mit Mayonnaise und den restlichen Zutaten und Gewürzen vermischen und abschmecken. In die Grapefruitschüsseln einfüllen, mit einer Kirsche verzieren.
Pro Portion etwa 420 Kalorien / 1578 Joule.

½ Grapefruit pro Person, 100 g gebratenes Huhn, Würfeln von 2 Scheiben Ananas, 1 EL Mandarinenkompott, 1 EL Mayonnaise, 1 EL Tomatenketchup, Senf, Salz, Pfeffer

Käsesalat mit Früchten

Käse in feine Streifen schneiden, ebenso geschälten, entkernten Apfel, Essiggurken und Tomatenpaprika. Mit Joghurt und Mayonnaise, gewürzt mit Zitronensaft, Senf, Salz und Pfeffer, gut vermischen. Kalt stellen. Nachwürzen, mit gehackten Kräutern bestreuen. Auf Glastellern anrichten, mit Mandarinen garnieren. Man kann dazu auch Melonen, Orangen oder Grapefruit verwenden.
Pro Portion etwa 495 Kalorien / 2070 Joule.

300 g Gouda, 2 Bananen, 1 Apfel, 2 Essiggurken, Tomatenpaprika (eingelegte), ½ Becher Joghurt, 3 EL Mayonnaise, Senf, Pfeffer, Dill, Kerbel, Schnittlauch, Mandarinen

Reissalat

An den Tomaten die Spitzen abschneiden und aushöhlen. Die geschälten, zerdrückten Bananen mit Öl, Zitronensaft, Eigelb, ein paar Tropfen Worcestershiresauce, Pfeffer, Salz und Zucker zu einer glatten Creme rühren. Reis mit Pfeffer würzen, mit dem kleingehackten Tomatenfruchtfleisch und der Bananencreme vermischen. In die Tomaten füllen.
Pro Portion etwa 280 Kalorien / 1255 Joule.

125 g körnig gekochter Reis, 2 Bananen, 3 EL Zitronensaft, 6 EL Öl, 1 Eigelb, Worcestershiresauce, Cayennepfeffer, Salz, Zucker, 6 Tomaten

Kuchen, Torten, Backwerk

RÜHRTEIG

Rührteig (Grundrezept)

125 g Butter, 250 g Zucker, 1 Päckchen Vanillezucker, 2–5 Eier, Gewürze, 500 g Mehl, 1 Päckchen Backpulver, ¼ l Milch, Korinthen oder Rosinen

Rührteig verwendet man zu Apfelkuchen, Marmorkuchen, Streuselkuchen, Honigkuchen, Topf- oder Napfkuchen (»Gugelhupf«), Nußkuchen u. ä. m.
Backzeit: 60 Minuten.
Gesiebtes Mehl mit dem Backpulver vermengen. Rosinen oder Korinthen verlesen, waschen und trocknen. Butter schaumig rühren, Zucker, Eier und Gewürze beigeben. Dann das gesiebte Mehl mit dem Backpulver abwechselnd mit der Milch einrühren, bis der Teig schwer vom Löffel fällt. Dann die vorbereiteten Früchte dazugeben. Teig in eine gut ausgefettete Form füllen. In den kalten Backofen stellen und bei Mittelhitze backen. Backprobe: Mit einer Holznadel vor Ende der Garzeit einstechen; wenn die Nadel glatt und ohne Teig herauszuziehen ist, ist der Kuchen gar. Die Form aus dem Backofen nehmen, noch 5 Minuten stehen lassen, dann auf einen Rost oder auf ein Küchenbrett stürzen. Dann langsam auskühlen lassen. Dabei Zugluft vermeiden.
Insgesamt etwa 7100 Kalorien / 29.715 Joule.

Ananaskuchen

100 g Butter oder Margarine, 200 g Zucker, 1 Päckchen Vanillezucker, 3 Eier, 200 g Mehl, ½ Päckchen Backpulver, ½ Tasse Milch, 1 Dose Ananasscheiben

Eine Springform mit Alufolie auslegen, die gut eingefettet wird. Ananasscheiben gut abtropfen lassen, den Boden der Springform damit auslegen.
Butter, Zucker, Eier und Vanillezucker rühren. Mehl mit Backpulver beigeben und mit Milch glattrühren. Teig auf die Ananasscheiben geben und 60–70 Minuten backen. Dann den Kuchen stürzen, die Alufolie abziehen und mit Puderzucker bestäuben.
Pro Portion etwa 300 Kalorien / 1260 Joule.

Apfelkuchen

Kuchenteig bereiten und in eine gefettete, mit Semmelbröseln ausgestreute Springform geben. Äpfel schälen, entkernen, grob raspeln und auf dem Teig verteilen. Eiweiß steif schlagen. Zucker einrieseln lassen, mit Eigelb, Mehl und Backpulver unterziehen, mit Milch verrühren. 60—70 Minuten backen. Mit Puderzucker bestäuben.
Pro Portion etwa 293 Kalorien / 1226 Joule.

125 g Butter oder Margarine, 125 g Zukker, 3 Eier, 250 g Mehl, 1 Päckchen Backpulver, 500 g Äpfel, 1 Eiweiß, 50 g Zucker, 1 Eigelb, 50 g Mehl, ½ TL Backpulver, ½ Tasse Milch, Fett, Brösel, Puderzucker

Bienenstich

Butter, Zucker, Vanillezucker und Eier schaumig rühren. Mehl mit Backpulver rühren, bis ein glatter Teig entstanden ist. Den Teig auf ein gefettetes Backblech streichen. Gemahlene Haselnüsse, Zucker und Milch verrühren, auf den Teig streichen. 20—30 Minuten backen. Abkühlen lassen und in 15 cm breite Streifen schneiden, diese einmal quer durchschneiden. Margarine schaumig rühren, mit Vanillepudding, Zucker und Milch nach Anweisung zubereiten, etwas abkühlen lassen und nach und nach unter die Margarine rühren. Die Kuchenstreifen mit der Creme füllen, zusammensetzen und in Stücke schneiden.
Insgesamt etwa 7100 Kalorien / 29.715 Joule.

250 g Butter oder Margarine, 250 g Zukker, 1 Päckchen Vanillezucker, 4 Eier, 500 g Mehl, 1 Päckchen Backpulver, Fett, 250 g gemahlene Haselnüsse, 100 g Zucker, ⅛ l Milch, 250 g Margarine, 1 Päckchen Vanillepudding, 5—6 EL Zucker, ½ l Milch

Bischofsbrot

Die weiche Butter wird mit der halben Zuckermenge, feingeriebener Zitronenschale, Vanillezucker und den Eigelb schaumig gerührt. Den steifen Schnee mit dem restlichen Zucker sehr steif ausschlagen, beide Massen zusammenmischen, Mehl und Früchte, Rosinen, Nüsse und Schokolade einrühren. Eine längliche, eckige Biskuitform gut einfetten und stäuben, mit der Masse füllen, eine ¾ Stunde langsam backen.
Insgesamt etwa 4177 Kalorien / 17.485 Joule.

200 g Butter, 200 g Puderzucker, feingeriebene Zitronenschale, Vanillezucker, 200 g Mehl, 4 Eigelb, Schnee von 4 Eiweiß, 80 g Rosinen, 150 g kandierte Früchte, 80 g gehackte Nüsse, 40 g gehackte Schokolade

Frankfurter Kranz

125 g Butter, 125 g Zucker, 4 Eier, 1 Päckchen Vanillezucker, 150 g Mehl, 100 g Stärkemehl, ½ Backpulver, 150 g Puderzucker, 3 Eigelb, 250 g Butter, 30 g Vanillezucker, 3 EL Rum. Krokant: 80 g Zucker, 60 g geriebene oder gehackte Mandeln

Butter, Zucker und Eigelb schaumig rühren. Nach und nach die anderen Zutaten dazugeben, zum Schluß den steifen Eischnee. Die Masse in eine gebutterte Kranzform füllen. Im vorgeheizten Ofen etwa 40 Minuten bei 180°C backen. Nach 10 Minuten schneidet man den Teig ringsherum in der Mitte etwa 2 cm tief ein. Dadurch bekommt der Kuchen eine schön aufgebrochene »Krone«, und der Teig kann sich besser entwickeln. Nach dem Stürzen und Auskühlen dreimal quer durchschneiden. Für die Creme rührt man Puderzucker und Eigelb schaumig und fügt die flüssige Butter, Vanilleextrakt und Rum dazu und rührt alles auf mittlerer Stufe des Mixers 15 Minuten. Damit füllt man den Kranz und bestreicht ihn auch außen. Zucker in einer Pfanne bräunen, Mandeln darunterrühren. Masse auf Küchenbrett zerkleinern und den Kranz damit oder mit in Fett gerösteten Mandelspänen bestreuen.
Pro Portion etwa 480 Kalorien / 2009 Joule.

Kirschkuchen auf dem Blech

125 g Butter oder Margarine, 150 g Zukker, 1 Päckchen Vanillezucker, 1 TL Zitronensaft, 1 Prise Salz, 2 Eier, 500 g Mehl, 1 Päckchen Backpulver, ¼ l Milch, Fett, 1000 g Kirschen, Puderzucker

Butter, Zucker, Vanillezucker, Zitronensaft, Salz und Eier schaumig rühren. Mehl und Backpulver abwechselnd mit der Milch löffelweise unterrühren. Den Teig auf ein gefettetes Backblech streichen. Die entsteinten Kirschen auf dem Teig verteilen. 40 bis 50 Minuten backen. Mit Puderzucker bestäuben.
Pro Portion etwa 340 Kalorien / 1425 Joule.

Marmorkuchen

500 g Mehl, 250 g Butter (oder Margarine), 250 g Zucker, ⅛ l Milch, 4 Eier, 1 Päckchen Vanillezucker, 1 Backpulver, 1 EL Rum, 1 Prise Salz. Für die Kakaoschicht: 30 g Kakaopulver, 2–3 EL Milch, 25 g Zucker

Butter schaumig rühren, nach und nach Zucker dazurühren, die Eier, das Mehl und die übrigen Zutaten einarbeiten, bis man einen glatten Teig bekommt. Von diesem Teig ein Drittel mit dem Kakao vermischen. Zunächst einen Teil des normalen Teigs in eine gefettete Backform oder Napfkuchenform füllen, dann den Kakaoteig daraufgeben, etwas unter den normalen Teig einziehen, dann den Rest des normalen Teigs dazugeben. Bei schwacher bis mittlerer Hitze 75–90 Minuten backen.
Pro Portion etwa 290 Kalorien / 1215 Joule.

Napfkuchen (»Guglhupf«)

Die Butter wird weich gemacht, mit der halben Zuckermenge, dem Eigelb, Vanillezucker, feingeriebener Zitronenschale und Salz schaumig gerührt. Der Schnee wird mit dem restlichen Zucker steif geschlagen. Beide Massen zusammenmischen, langsam das Mehl mit dem Backpulver und gleichzeitig die Milch und Rosinen einrühren. In der gut ausgefetteten, mit Mehl gestaubten Form ungefähr 45 Minuten bei schwacher Hitze backen.
Insgesamt etwa 3550 Kalorien / 14.855 Joule.

120 g Butter, 120 g Zucker, 4 Eigelb, Zitronenschale, Salz, Vanillezucker, 4 Eiweiß, 250 g Mehl, ½ Päckchen Backpulver, 1/16 l Milch, 60 g Rosinen, Butter, Mehl

Nußkuchen

Butter leicht anwärmen und schaumig rühren. Zucker mit Vanillezucker dazugeben, dann ein Ei nach dem anderen einrühren, Sahne, Mehl und Backpulver, Salz, feingeriebene Walnüsse und schließlich die Milch dazugeben. Nach jeder Zugabe die Masse rühren, bis die Zutat völlig aufgenommen und glatt verteilt ist. Teig in eine gebutterte Kastenform füllen und im vorgeheizten Ofen (bis 220°C) 35 Minuten backen. Inzwischen Zuckersirup bereiten. Zucker 10 Minuten lang mit Wasser und Zitronensaft kochen und über den heißen Kuchen gießen.
Insgesamt 4040 Kalorien / 16.905 Joule.

125 g Butter, ¾ Tasse Zucker, 1 Päckchen Vanillezucker, 4 Eier, ¾ Tasse Mehl, 2 TL Backpulver, Salz, ¾ Tasse geriebene Walnüsse, ¼ Tasse Milch
Sirup: ½ Tasse Zucker, ½ Tasse Wasser, 1 EL Zitronensaft

Obstkuchen

Mehl, Butter und Zucker mit Eigelb verarbeiten. Auf dem mit Mehl bestäubten Backbrett ausrollen, flach auf das mit Butter gefettete Backblech breiten, mit geschnittenen Äpfeln, Zwetschgen, Kirschen oder Beeren belegen. Zuckern und bei mäßiger Hitze backen.
Insgesamt etwa 1825 Kalorien / 7637 Joule.

140 g Mehl, 100 g Butter oder Margarine, 60 g Zucker, 1 Eigelb, 750 g Äpfel, Zwetschgen, Kirschen oder beliebige Beeren

Rehrücken

Die ganzen Eier mit dem Zucker zuerst warm aufschlagen, dann kalt schlagen. Mehl, Brösel, Zimt und geriebene Zitronenschale dazurühren und zuletzt die zerlassene Butter mit dem Kakao einrühren. In die gut gefettete und gestaubte Rehrückenform einfüllen, ¾ Stunde bei mittlerer Hitze backen, einmal durchschneiden, mit Johannisbeermarmelade füllen, mit Schokoladeglasur glasieren und mit gestiftelten Mandeln spicken.
Insgesamt etwa 3800 Kalorien / 15.900 Joule.

6 Eier, 120 g Zucker, 80 g Mehl, 30 g Biskuitbrösel, Zimt, Zitronenschale, 40 g Kakao, 30 g Butter
Glasur: 80 g Schokolade, 200 g Zucker, Johannisbeermarmelade, 50 g Mandeln

Sandkuchen

250 g Butter, 200 g Zucker, 250 g Mondamin (Mehl), 2 Eigelb, 2 Eischnee, 2 ganze Eier, Zitrone, ½ Päckchen Vanillezucker

Butter schaumig rühren, mit Zucker, Eigelb und den ganzen Eiern ¼ Stunde rühren. Geriebene Zitronenschale und Vanillezucker beigeben. Dann die Hälfte des Mehles und des Eischnees langsam dazurühren, dann die restliche Hälfte unterheben. Masse in eine mit gefettetem Papier ausgelegte Kastenform einfüllen. Bei schwacher Hitze 60—75 Minuten backen.
Insgesamt etwa 4090 Kalorien / 17.115 Joule.

Schokoladekuchen

200 g Butter oder Margarine, 275 g Zukker, 1 Päckchen Vanillezucker, 4 Eier, 150 g Mehl, 100 g Speisestärke, 2 TL Backpulver, 200 g Haselnüsse, 40 g Kakaopulver, Butter, Brösel, Aprikosenmarmelade, Schokolade, Kokosfett

Butter, Zucker, Vanillezucker, Kakao und Eier schaumig rühren, Mehl, Speisestärke, Backpulver dazugeben und rühren, bis ein glatter Teig entstanden ist. Dann gemahlene Haselnüsse unterziehen. In eine gefettete, mit Bröseln ausgestreute Kastenform geben, 60—70 Minuten backen. Ausgekühlt einmal quer durchschneiden, mit Aprikosenmarmelade füllen und zusammensetzen. Schokolade und Kokosfett schmelzen lassen und gut verrühren, dann den Kuchen damit überziehen.
Insgesamt etwa 4150 Kalorien / 17.365 Joule.

Teekuchen

120 g Margarine, 140 g Puderzucker, 1 Päckchen Vanillezucker, 3 Eigelb, 3 Eiweiß, Saft und abgeriebene Schale von ½ Zitrone, 150 g Gemisch von feingehackten Rosinen, Zitronat, Nüssen, Schokolade, kandierten Früchten und Arancini, 200 g Mehl, 1 Msp Backpulver, Fett und Mehl für die Form

Margarine mit Zucker, Vanillezucker und 3 Eigelb sehr schaumig rühren. Das in Mehl gewälzte Früchtegemisch, Zitronensaft und Schale einrühren. Das mit Backpulver versiebte Mehl und den steifen Schnee von 3 Eiweiß leicht in die Masse ziehen. In befetteter, bemehlter Kastenform bei Mittelhitze 30—40 Minuten backen.
Insgesamt etwa 5170 Kalorien / 21.635 Joule.

Rosinenkuchen

Butter, Zucker und Eier schaumig rühren. Mehl und Backpulver einrühren, bis ein glatter Teig entstanden ist. Dann die Rosinen unterziehen und den Teig in eine gefettete, mit Bröseln ausgestreute Kastenform geben. 60—70 Minuten backen. Noch heiß mit Puderzucker bestäuben.
Pro Portion etwa 270 Kalorien / 1130 Joule.

150 g Butter oder Margarine, 200 g Zucker, 4 Eier, 250 g Mehl, 2 TL Backpulver, 150 g Rosinen, Butter, Brösel, Puderzucker

Ulmer Kuchen (kleine Form)

Die ganzen Eier mit dem Zucker, geriebener Zitronenschale und Vanillezucker warm aufschlagen, dann kalt schlagen, bis die Masse schön schaumig ist, eventuell nochmals wärmen und kalt schlagen. Nachher das Mehl einrühren und zuletzt die zerlassene Butter dazurühren. Eine Halbkugelform wird gut ausgefettet, gestaubt und mit der Masse gefüllt. Die Rosinen darüberstreuen und 1¼ Stunden bei stärkerer Hitze backen. Der Ulmer Kuchen wird nur angezuckert oder mit weißer Fondantglasur überzogen und mit gehobelten gerösteten Mandeln bestreut.
Pro Stück etwa 143 Kalorien / 600 Joule.

4 Eier, 180 g Zucker, Zitronenschale, Vanillezucker, 180 g Mehl, 80 g Butter, 50 g Rosinen; Puderzucker oder weiße Fondantglasur, Mandeln

MÜRBE- ODER KNETTEIG

Bei der Zubereitung eines Mürbeteiges (auch Linzer Teig genannt) verwendet man im Gegensatz zu anderen Teigen gut gekühlte, feste Butter. Die festen Zutaten zuerst gut zerkleinern und zerbröseln, dann rasch zusammenkneten. Ein längeres Verarbeiten des Teiges als unbedingt notwendig ist dem Teig nicht zuträglich, da er dadurch brüchig und spröde würde. Sollte das einmal passieren, kann man ihn mit einigen Tropfen Milch wieder binden. Dann läßt man den Teig an einem kühlen Ort einige Stunden rasten, wodurch er sich nachher viel besser verarbeiten läßt und das Zerfließen des Teiges beim Backen verhindert wird. In mittelheißem Ofen bakken.
Backzeit: 10—20 Minuten, Kleingebäck 10—15 Minuten.
Zu verwenden für gedeckte Obsttorten, Quarkstollen, Nußkranz, Teegebäck, Torteletts, Obstkuchen, Strudeln u. a.

Mürbeteig (Grundrezept)

a) 300 g glattes Mehl, 200 g Butter, 100 g Puderzucker, 1 Ei oder 2 Eigelb, Prise Salz, feingeriebene Zitronenschale, Vanillezucker
b) 250 g Mehl, 1 TL Backpulver, 100 g Zucker, 1 Päckchen Vanillezucker, 1 TL Zitronensaft, Prise Salz, 1–2 Eier, 125 g Butter oder Margarine, Flüssigkeit nach Bedarf

Das Mehl (eventuell mit etwas Backpulver) auf ein Brett geben, oben in eine Grube Zucker, Prise Salz, Eigelb, fein geriebene Zitronenschale oder -saft und Vanillezukker geben, die zerbröckelte Butter auf den Mehlrand geben, mit Teigmesser alle Zutaten hacken und so vermischen. Dann mit kalten Händen von außen nach innen rasch zu einem glatten Teig verarbeiten (durch Andrükken, Drehen, Kneten). Dann zu einer Kugel geformt und mit Pergamentpapier bedeckt mindestens ½ Stunde im Kühlschrank ruhen lassen. Dann erst weiterverarbeiten. Geschmacklich verbessern läßt sich Mürbeteig durch Beigabe von Vanillezucker, abgeriebener Zitronenschale oder -saft, Bittermandelöl.
Insgesamt etwa 3100 Kalorien / 12.970 Joule.

Apfelkuchen aus Mürbeteig

280 g Mehl, 210 g Butter, 70 g Zucker, 1 Ei, Zitronenschale, ca. 1000 g Äpfel, Ei zum Bestreichen, etwas Butter und Zucker für die Äpfel

Mehl, Butter, Zucker, Ei und feingeriebene Zitronenschale werden rasch zu einem glatten Teig angerührt. Dünn ausgerollt wird der Teig mit einer Gabel ein paarmal durchstochen, entweder auf ein Backblech oder in eine Tortenform gegeben und lichtgelb überbacken. Nach dem Überkühlen mit den in etwas Butter und Zukker gedünsteten Äpfeln belegen. Aus dem restlichen Teig dünne Stäbchen formen, gitterförmig auf die Apfelfülle legen und mit Ei bestreichen. Als Randabschluß auf die Gitterenden einen fingerdick geformten Teigstreifen legen, ebenfalls mit Ei bestreichen. Fertigbacken.
Insgesamt etwa 2860 Kalorien / 11.970 Joule.

Christstollen (aus Mürbeteig)

500 g Mehl, 1 Päckchen Backpulver, 200 g Zucker, Salz, je 4 Tropfen Bittermandelöl und Zitronenöl, 1 Rumaroma, 1 Msp Kardamom und Muskatblüte, 2 Eier, 250 g Quark, je 125 g Butter, Rosinen, Korinthen, Mandeln, 40 g Zitronat; 80 g Butter, 100 g Puderzucker

Aus allen Zutaten einen Mürbeteig bereiten. Den Quark dabei durch ein Sieb streichen und von der Mitte aus zu einem glatten Teig verarbeiten. Dann zu einem Stollen ausrollen. Zur Hälfte überklappen und auf gefettetem Backblech im vorgeheizten Ofen etwa 75 Minuten bei schwacher Mittelhitze backen.
Nach dem Backen sofort mit zerlassener Butter mehrmals bestreichen, dann dick mit Puderzucker bestäuben. In Cellophanpapier einhüllen. 3–4 Wochen kalt liegen lassen.
Insgesamt etwa 3500 Kalorien / 14.650 Joule.

Erdbeerschiffchen

Schiffchenformen mit Mürbeteig auslegen und blindbacken. Mit geschlagener, mit Erdbeerpüree durchzogener Schlagsahne dekorativ gespritzt füllen und mit frischen Walderdbeeren garnieren. Oder den Boden der Schiffchen mit Marmelade bestreichen, mit frischen oder Kompott-Erdbeeren füllen und nochmals mit heißer Marmelade überziehen.
Pro Stück etwa 190 Kalorien / 795 Joule.

Mürbeteig, Erdbeeren, Schlagsahne, Zucker

Erdbeertörtchen (Tortelettes)

Den Mürbeteig bereiten und wie Erdbeerschiffchen fertigen, blindbacken, noch heiß mit Aprikosenmarmelade bestreichen, mit frischen Walderdbeeren füllen. Mit gekochtem Zucker überziehen.
Pro Stück etwa 170 Kalorien / 610 Joule.

240 g Mehl, 160 g Butter, 80 g Zucker, 1 ganzes Ei, abgeriebene Schale einer halben Zitrone
Fülle: Erdbeeren, Aprikosenmarmelade und gekochter Zucker

Erdbeerschaum-Törtchen

Die mit Mürbeteig blindgebackenen Törtchen mit Erdbeerschaum aufspritzen und mit frischen Erdbeeren belegen. *Erdbeerschaum:* In vier steifgeschlagene Eiweiß langsam 180 g Zucker nach und nach einschlagen und 120 g Erdbeeren durch ein Sieb drücken und daruntermischen. Mit Schnee bespritzen.
Pro Stück etwa 190 Kalorien / 795 Joule.

Erdbeerschnitten

Aus Mehl, Butter, Zucker und 2 Eigelb einen Mürbeteig bereiten, fingerdick ausrollen, auf das gefettete Blech geben, bei mittlerer Hitze backen und gut auskühlen lassen. Dann mit gezuckerten Erdbeeren belegen. Mit der Glasur (Zucker, Eiweiß und Zitronensaft gut verrühren) überziehen, trocknen lassen und in Schnitten schneiden.
Pro Portion etwa 395 Kalorien / 1653 Joule.

200 g Mehl, 135 g Butter, 65 g Zucker, 2 Eigelb, 1000 g gezuckerte Erdbeeren, 250 g Puderzucker, 1 Eiweiß, Saft einer Zitrone

Haselnußkranz

300 g Mehl, 2 TL Backpulver, 100 g Zucker, 1 Ei, 2 EL Milch, 125 g Butter
Fülle: 200 g Haselnußkerne, 100 g Zucker, 1 Eiweiß, 4 Tropfen Bittermandelöl, 4–5 EL Wasser
Zum Bestreichen: 1 Eigelb, 1 EL Milch

Aus Mehl, Backpulver, Zucker, Ei, Milch und Butter rasch einen Mürbeteig bereiten, kalt stellen und zu einem Rechteck ausrollen. Die Zutaten der Fülle untereinander gut vermengen und auf den ausgerollten Mürbeteigfleck streichen, aufrollen und zu einem Kranz formen. Auf ein glattes Blech legen, den Kranz mit Eistreiche (Eigelb und Milch verrührt) bestreichen, die Oberfläche einschneiden (alle 4 cm). Den Kuchen 30–35 Minuten hellbraun backen. Mit Puderzucker bestreuen.
Fülle: Nüsse fein hacken, mit Zucker, Mandelöl, Eiweiß und etwas Wasser zu einer Creme verrühren.
Pro Stück etwa 335 Kalorien / 1402 Joule.

Kirschkuchen

250 g Mehl, ½ TL Backpulver, 125 g Zucker, 2 Eigelb, 2 EL Rum, 125 g Margarine; Butter, Brösel, 750 g Kirschen, 4 Eigelb, 80 g Zucker, ⅛ l Sahne, 1 EL Rum, 4 Eiweiß

Mürbeteig bereiten. 30 Minuten kühl stellen. Eine gefettete, mit Bröseln ausgestreute Springform damit auslegen und einen Rand hochdrücken. Entsteinte Kirschen auf den Teig geben, 20 Minuten backen. Eigelb, Zucker, Sahne und Rum schaumig rühren, steifgeschlagenen Eischnee unterziehen und über die Kirschen gießen. Noch 20–30 Minuten weiterbacken.
Pro Stück etwa 320 Kalorien / 1345 Joule.

Linzer Torte

150 g Butter, 150 g Mehl, 150 g ungeschälte, geriebene Mandeln, 3 hartgekochte, durch ein Sieb gedrückte Eigelb, Saft und abgeriebene Schale einer halben Zitrone, 3 g Zimtpulver, 1 g Nelkenpulver, 1 Prise Salz, 250 g Johannisbeermarmelade, 1–2 Eigelb

Mehl zu einer Grube auf den Tisch schütten, sämtliche Zutaten in die Mitte geben und alles rasch wie Mürbeteig kneten, ohne den Teig zuviel durchzuarbeiten. 2 Stunden ruhen lassen und davon einen runden Boden von 4 mm Dicke ausrollen. Einen Tortenring mit dem Boden ausfüttern, wobei der Teig den Rand leicht überragen soll. Den Boden einstechen und mit kalter Johannisbeermarmelade füllen. Von dem restlichen Teig Streifen von 1 cm Breite schneiden und erst 5–6 in einer Richtung und dann ebensoviel in der entgegengesetzten Richtung anbringen und an den Rand gut andrücken, so daß sie ein Gitter bilden. Die Streifen mit Ei bestreichen und die Torte bei mäßiger Hitze backen. Erst nach völligem Erkalten aus dem Ring nehmen, da die Torte sehr zart ist.
Pro Stück etwa 260 Kalorien / 1090 Joule.

Polsterzipf aus Mürbeteig

Einen Mürbeteig bereiten, rasten lassen, 3 mm dick ausrollen, kleine Quadrate (7 × 7 cm) ausradeln, in der Mitte mit Johannisbeermarmelade füllen, die Teigränder mit verquirltem Ei bestreichen und zu je einem Drittel (»Polsterzipf«) zusammenlegen. In heißem Fett schwimmend goldgelb backen. Mit Puderzucker anzuckern.
Pro Stück etwa 200 Kalorien / 840 Joule.

220 g glattes Mehl, 3 Eigelb, 2 EL saure Sahne, 1 EL Puderzukker, etwas Salz, Zitronenschale, Johannisbeermarmelade, Ei

Fruchtgeleetorte, Obsttorte

Aus den Zutaten einen Mürbeteig bereiten, ½ Stunde kühl zugedeckt rasten, dann ausrollen und eine Springform, mit Alufolie ausgekleidet, belegen. Im heißen Ofen ca. 12 Minuten backen. Stürzen und auskühlen lassen. Auf den Mürbeteigboden die verrührte Marmelade aufstreichen, den Biskuitboden darauflegen. Dann das Fruchtgelee bereiten: 400 g Früchte mit dem Zucker pürieren. Restliches Obst auch reinigen, entsteinen bzw. halbieren oder in Streifen schneiden. Das Fruchtmark mit Zitronensaft und Rum vermischen. Die in Wasser eingeweichten Gelatineblätter ausdrücken, zum Fruchtmark geben, es erhitzen und gut auflösen. Inzwischen die Früchte auf dem Biskuitboden dekorativ anordnen. Das Gelatine-Fruchtmark darübergießen. 2 Stunden im Kühlschrank erstarren lassen. Oder die Torte mit Tortenguß vollenden. Dann das angerührte Puddingpulver (Milch mit Zucker aufkochen, in Milch und Eigelb angerührtes Puddingpulver dazugeben, aufkochen, abkühlen lassen) darauf verteilen, die abgetropften Früchte, zerkleinert und mit Walnußhälften vermischt, daraufgeben. Den Tortenguß darübergießen, den Tortenrand mit gebräunten Mandeln bestreuen. Die Torte mit Mandelstiften und Schlagsahne garnieren.
Pro Stück etwa 305 Kalorien / 1245 Joule.

200 g Mehl, 1 Eigelb, Prise Salz, 60 g Zukker, 120 g Butter, Mehl; Johannisbeermarmelade, 1 Biskuitboden; ¼ l Milch, ½ Päckchen Vanille-Puddingpulver, 1 Eigelb, 2 EL Zucker, 750 g Früchte (aus der Dose), z. B. Ananasringe, Pfirsichhälften, Reineclauden, Erdbeeren, Bananen, Weintrauben, Aprikosen; 50 g Walnüsse
6 Blatt weiße Gelatine, 6 EL Zucker, ½ Zitrone, 1 Glas Rum
Tortenguß: ¼ l Obstsaft, Tortenguß, 30 g Zucker; 50 g blättrige Mandeln, ¼ l Sahne

Vanillekipferl

Die Zutaten gut zerbröselt zu einem Mürbeteig ankneten. Kurz rasten lassen. Aus diesem Teig kleine Kipferln (Hörnchen) formen (etwa 40 Stück), auf das Blech legen und bei mittlerer Hitze backen. Vanillekipferln sollen licht gebacken sein, sie dürfen nicht braun werden. Aus dem Rohr herausnehmen und in Vanillezucker wenden.
Insgesamt 2148 Kalorien / 8990 Joule.

140 g Mehl, 100 g Butter, 50 g geriebene Mandeln oder Haselnüsse, 50 g Puderzucker, Vanillezucker

Quarkkuchen

280 g Mehl, 210 g Butter, 140 g Zucker, 1 Ei, die abgeriebene Schale einer Zitrone, Quarkfülle

Rasch zubereiteten Mürbeteig dünn ausrollen und auf dem Backblech lichtgelb backen.
Quarkfülle: 300 g Quark, 100 g Butter, 60 g Zucker, 3 Eigelb, 1 ganzes Ei, Vanillezucker, die Schale einer Zitrone, 30 g Rosinen, 1/16 l saure Sahne.
Butter mit Zucker, Eigelb und Ei, etwas Vanillezucker und der abgeriebenen Zitronenschale schaumig rühren, mit dem durchs Sieb gedrückten Quark, den Rosinen und Sauerrahm vermengen. Zum Schluß Schnee von 3 Eiweiß hinzufügen, Kuchen damit bestreichen, mit einem Gitter aus Linzer Teig belegen, mit verquirltem Ei bestreichen und fertigbacken.
Pro Stück etwa 240 Kalorien / 1005 Joule.

BISKUITTEIG

Das gute Gelingen einer Biskuitmasse wie auch jeder anderen Tortenmasse hängt hauptsächlich vom richtig geschlagenen Schnee ab. Wenn Eiweiß zu Schnee geschlagen wird, ist es wichtig, unbedingt sauberes Geschirr (Schneekessel und -rute) zu verwenden. Im Geschirr dürfen nicht die geringsten Mehl-, Teig- oder gar Fettreste sein. Das Eiweiß darf keine Spur vom Eigelb aufweisen. Der Schneekessel soll nicht zu groß sein, da der Schnee sonst nicht steif, sondern schmierig oder flüssig wird. Wir beginnen das Eiweiß langsam zu schlagen; erst nach einiger Zeit stärker schlagen, bis der Schnee richtig steif ist. Dann geben wir 1—2 Löffel Zukker (Kristall- oder Puderzucker) dazu und schlagen noch einige Minuten weiter (»den Schnee ausschlagen«). Der fertige Schnee muß fest und steif sein.
Bei kalt gerührten Massen ist die vorgeschriebene Zukkermenge zu teilen, so daß die Hälfte zu den Eigelb kommt und die andere Hälfte für den Schnee bleibt. Schnee ohne Zucker hat keinen Kern, fällt beim Einrühren des Mehls zusammen, und die Masse wird schwer.
Die Masse der hier angeführten Rezepturen wird in Springformen oder in Tortenreifen mit ca. 24 cm Durchmesser gebacken.

Biskuitteig (Grundrezept)

Eigelb und Wasser mit dem Schneebesen schaumig schlagen, nach und nach ⅔ des Zuckers mit Vanillezukker dazugeben, weiterschlagen, bis die Masse cremeartig wird. Eiweiß mit dem restlichen Zucker zu sehr steifem Schnee schlagen, auf die Eigelbmasse geben, das Mehl darübersieben und vorsichtig unter die Eigelbmasse ziehen. Nicht zu stark verrühren! Den Teig in die mit Papier ausgelegte Form füllen und sofort in einem vorgeheizten Ofen bei Mittelhitze backen. Nach der Garprobe herausnehmen, leicht abkühlen lassen, das Papier abziehen und den Kuchen auf einem Rost ausdünsten lassen. Der Teig wird immer in Formen oder auf Blechen gebacken, die man mit einem gefetteten Pergamentpapier ausgelegt hat.
Insgesamt 3164 Kalorien / 13.255 Joule.

6 Eigelb, 6 Eiweiß, 250 g Zucker, 6 EL warmes Wasser, 1 Päckchen Vanillezucker, Gewürze, 250 g Mehl (½ Mehl, ½ Mondamin oder Soßenpulver), ½ Päckchen Backpulver, Nüsse oder Mandeln

Biskuitnapfkuchen

Butter und Zucker schaumig rühren, nach und nach immer je 1 Eigelb, etwas Mehl und 1 EL Milch beigeben. Wenn die ganze Milch der Masse beigefügt wurde, restliches Mehl, vermischt mit dem Backpulver, und zum Schluß den steifgeschlagenen Schnee unter die Masse mengen. In eine ausgebutterte, mit Mehl angestaubte Form füllen. Langsam, ca. 50 Minuten, backen.
Pro Portion etwa 373 Kalorien / 1561 Joule.

140 g Butter, 120 g Zucker, 160 g Mehl, 4 Eigelb, 4 Eiweiß, 5 EL Milch, ½ Päckchen Backpulver

Biskuitroulade

4 Eigelb mit der ½ Zuckermenge, Vanillezucker, etwas Zitronensaft und feingeschnittener Schale schaumig rühren. Von 4 Eiweiß mit dem restlichen Zucker den Schnee schlagen, beides zusammenmischen, dann das Mehl darunterziehen. Auf dünnes Papier fingerhoch aufstreichen und in sehr heißem Ofen ¼ Stunde backen. Mit Mehl leicht anstauben, umdrehen, das Papier herunterziehen, mit heißer Marmelade bestreichen und rasch zusammendrehen. Mit Vanillezucker bestreuen. Wenn das Biskuit in einem nicht richtig heißen Rohr gebacken wird, kann man die Roulade nicht mehr rollen, da sie in Stücke bricht.
Insgesamt etwa 4045 Kalorien / 16.932 Joule.

4 Eigelb, Vanillezucker, ½ Zitrone, 4 Eiweiß, 100 g Zucker, 100 g Mehl, 4 EL Marmelade

Biskuitomeletts

2 Eigelb, 2 Eiweiß, 2 EL heißes Wasser, 60 g Zucker, 1 Päckchen Vanillezucker, 2 Teelöffel Puderzucker, 40 g Mehl, 25 g Speisestärke, 1 Msp Backpulver
Fülle: 200 g Aprikosen aus der Dose, ¼ l Schlagsahne, etwas Zucker

Eigelb mit etwas heißem Wasser schaumig rühren, nach und nach Zucker und Vanillezucker beigeben. Eiweiß mit Puderzucker steif ausschlagen und auf die Eierschaummasse geben. Dann Mehl mit Backpulver und Speisestärke vermengen und darübersieben. Das Ganze recht locker unterheben. Die Masse auf ein mit Butter bestrichenes Pergamentpapier auf dem Backblech aufstreichen. Im vorgeheizten Ofen 10–20 Minuten bei 200 Grad backen. Herausnehmen, rasch vom Papier lösen und zur Mitte hin von beiden Seiten zusammenschlagen. Vor dem Servieren mit würfelig geschnittenen Aprikosen und gesüßter Schlagsahne füllen.
Pro Portion etwa 480 Kalorien / 2009 Joule.

Biskuittorte mit Fruchtcreme

Leichtes Biskuit bereiten (½ Portion mit 3 Eiern) und backen. Quer durchschneiden, den Boden wieder in die Tortenform geben, mit einer der angeführten Cremen füllen und die 2. Hälfte daraufgeben. Restcreme auf die Oberfläche verteilen, glattstreichen, steif werden lassen. Mit Schlagsahne und Früchten garnieren.

Fülle nach Wahl:
Erdbeercreme: 250–300 g Erdbeeren pürieren, ca. 100 g Zucker dazurühren. 3–4 dl Sahne oder ungezukkerte Kondensmilch oder auch nur 2 Eiweiß, steif geschlagen, dazugeben. Zuvor 2–3 Blatt aufgeweichte rote Gelatine (in ca. ½ dl heißem Wasser) dazugeben.
Aprikosencreme: Aus 500 g Aprikosen und 3–4 Blatt Gelatine ein Püree bereiten, Schlagsahne, Zucker, etwas Zitronensaft dazurühren. Mit Likör aromatisieren. Man kann die Hälfte des Aprikosenpürees auch ohne Sahne als Fülle verwenden.
Ananascreme: ¼ l Milch, 50 g Zucker zum Kochen bringen, 2–3 Blatt vorgeweichte Gelatine dazurühren, die steifgeschlagene Sahne darunterziehen, kleingeschnittene Ananas (aus Dose), etwas Zitronensaft und Grand Marnier oder Kirschwasser dazurühren.
Diese Torte kann man statt mit Biskuitboden auch mit Böden von einer Dobostorte bereiten.
Maraschinocreme: Wie eine Ananascreme bereiten, anstelle der Ananas ca. 1 dl Maraschino verwenden. Auch den Tortenboden vor dem Füllen mit etwas verdünntem Maraschino beträufeln. Statt Maraschino kann man auch Kirsch verwenden. Garniert wird diese Torte mit steifgeschlagener Sahne, gehackten Pistazien oder kandierten oder Maraschino-Kirschen.
Insgesamt etwa 3000 Kalorien / 12.600 Joule.

Fruchtgeleetorte

Rezept Seite 349

Aprikosenkuchen

Rezept Seite 363

Biskuitroulade mit Nußfülle

In den festen Schnee langsam 70 g Zucker und 3 Eigelb einrühren, dann nochmals 3 Eigelb und 70 g Zucker, feingeriebene Zitronenschale und das feingesiebte Mehl zufügen. Bei mittlerer Hitze backen, stürzen und mit Nußfülle bestreichen, zusammenrollen, mit Aprikosenmarmelade bestreichen und mit Rumglasur überziehen.
Nußfülle: Den festen Schnee von 5 Eiweiß mit den gemahlenen Nüssen und etwas Puderzucker vermischen.
Insgesamt etwa 4045 Kalorien / 16.932 Joule.

6 Eigelb, 140 g Zucker, 1 Zitrone, 6 Eiweiß, 90 g Mehl, Aprikosenmarmelade, Rumglasur
Nußfülle: 5 Eiweiß, 200 g gemahlene Nußkerne, Zucker

Cremeschnitten

Eigelb mit Zucker gut rühren, geriebene Nüsse oder Mandeln und den festen Schnee zugeben. Auf einem mit Wachs bestrichenen Backblech bei mäßiger Hitze backen. Noch warm in Schnitten schneiden und je zwei und zwei mit der Fülle zusammensetzen.
Fülle: Von Milchkaffee und Mehl einen Brei kochen. Abkühlen lassen. Dann abgerührte Butter und den mit Vanillezucker gemischten Zucker hineinmischen. Die Schnitten füllen und mit Kaffeeglasur überziehen.
Pro Portion etwa 472 Kalorien / 1975 Joule.

3 Eigelb, 70 g Zucker, ½ Päckchen Vanillezucker, 3 Eiweiß, 50 g Haselnußkerne oder Mandeln, Backwachs; Kaffeeglasur
Fülle: ½ Tasse Milch, mit 1 EL Kaffeepulver gemischt, 1 EL Mehl, 40 g Butter, 40 g Zucker, Vanillezucker

Dobostorte

Aus Eiern, Zucker, Vanillezucker und Mehl eine warm geschlagene Biskuitmasse bereiten. Auf gefettete, mit Mehl bestaubte Bleche mit einem Tortenreifen Konturen eindrücken und in diese die Masse einstreichen (ergibt 8 dünne Biskuitblätter). Heiß backen. Sogleich beim Herausnehmen vom Backblech ablösen und mit einem Brett leicht beschweren. Nachher mit dem Tortenreifen gleichmäßig rund schneiden. Ein schönes Blatt wird aufgehoben. Die restlichen Blätter mit einer Schokoladebuttercreme gefüllt übereinanderlegen und außen glatt verstreichen. Das letzte Blatt auf eine glatte Holz- oder Kunststoffplatte legen, rundherum die Platte leicht mit Öl bestreichen. Die Glasur in einem Guß darübergießen, kurz verstreichen (achten, daß nichts an den Rändern abfließt). Das glasierte Blatt mit gefettetem Messer in 16 Portionen teilen. Die glasierten Teile auf die Torte legen und kalt stellen, damit die Creme schön steif wird.
Pro Portion etwa 520 Kalorien / 2177 Joule.

6 Eier, 140 g Zucker, 120 g Mehl, Zitronenschale, Vanillezucker; Schokoladebuttercreme aus 250 g Butter; Glasur: 120 g Zucker, 10 g Butter

Geburtstagstorte

175 g Margarine, 200 g Zucker, 1 P. Vanillezucker, 4 Eier, 300 g Mehl, 2 TL Backpulver, 3–4 EL Milch, ¼ l Sahne, 50 g Butter, Brösel, 50 g Puderzucker, 200 g Schokolade, Schokoladenstreusel

Margarine, Zucker, Vanillezucker und Eier schaumig rühren, Mehl mit Backpulver darübersieben und zusammen mit 3–4 EL Milch unterrühren, bis ein glatter Teig entstanden ist. In eine gefettete, mit Bröseln ausgestreute Springform geben und bei 175 Grad 50 bis 60 Minuten backen, abkühlen lassen und einmal quer durchschneiden. Sahne steif schlagen, Butter und Puderzucker schaumig rühren, Schokolade im Wasserbad schmelzen lassen, löffelweise unter die Butter rühren und zuletzt die steife Sahne unterziehen. Die Torte mit einer Schicht Creme füllen, zusammensetzen und mit der restlichen Creme bestreichen. Den Rand mit Schokoladenstreusel bestreuen.
Pro Portion etwa 500 Kalorien / 2090 Joule.

Grillagetorte

Tortenmasse: 100 g Butter, 60 g Schokolade, 120 g Puderzucker, 5 Eigelb, 5 Eiweiß, 30 g Kristallzucker, 100 g geschälte, feingeriebene Mandeln, 50 g Mehl

Butter mit Puderzucker und erwärmter Schokolade schaumig rühren, nach und nach Eigelb beigeben. Eiweiß mit Kristallzucker zu festem Schnee ausschlagen und gleichzeitig mit den Mandeln und Mehl unterziehen. Die Masse in einen Tortenreifen (Durchmesser ca. 22 cm) füllen und ungefähr 1 Stunde backen. Zu Backbeginn das Rohr ca. 15 Minuten einen Spalt offen lassen. Torte nach Auskühlen zweimal durchschneiden, mit Haselnußcreme oder einer Schokoladen-Buttercreme füllen, zusammensetzen und mit Creme aufspritzen. Den Rand der Torte mit Grillage ausstreuen.
Pro Portion etwa 470 Kalorien / 1967 Joule.

Gerührte Linzer Torte

250 g Butter, 250 g Puderzucker, 250 g geriebene braune Mandeln, 3 Eigelb, 1 ganzes Ei, ¾ KL Backpulver, Mehl, Vanillezucker, Zitronenschale, 1 Prise Nelkenpulver, 1 KL Zimt, 200 g Johannisbeermarmelade, Backoblate

Erwärmte Butter mit Zucker schaumig rühren. Eigelb und das ganze Ei dazurühren, Vanillezucker, Nelkenpulver, Zimt, Mandeln und feingeriebene Zitronenschale beigeben. Mehl mit Backpulver vermischt einrühren. Die Hälfte der Masse in eine Tortenform einfüllen. Eine Backoblate einlegen, mit Marmelade bestreichen, den Rest der Masse gitterförmig darüberspritzen und mit einem gespritzten Rand abschließen. Mit gehobelten Mandeln bestreuen. Eine Dreiviertelstunde backen.
Pro Portion etwa 283 Kalorien / 1185 Joule.

Kaffeecremetorte

Eiweiß mit Zucker zu steifem Schnee schlagen, das Mehl und die geriebenen Haselnüsse, Zimt und Vanillezucker einrühren. Davon auf ein gut gefettetes, gestaubtes Backblech drei Blätter in Tortengröße aufstreichen. Schön braun backen. Nach dem Erkalten die drei Blätter gleichmäßig rund zuschneiden und mit gezuckertem Kaffee tränken. Mit Kaffeebuttercreme füllen, Oberfläche und Rand glatt verstreichen. Den Rand auch mit gehobelten oder gestiftelten, gebrannten Mandeln anstreuen. Obenauf Kaffeecreme dressieren und mit Belegkirschen garnieren.
Oder Oberfläche mit Kaffeefondant überziehen oder Creme aufspritzen, den Außenrand mit Bröseln oder gehackten Nüssen bestreuen.
Pro Portion etwa 235 Kalorien / 984 Joule.

8 Eiweiß, 280 g Zucker, 140 g Haselnüsse, 140 g Mehl, Vanillezucker, Zimt
Kaffeebuttercreme aus 250 g Butter, Mandeln, Kaffee, Belegkirschen

Malakofftorte

Ein ca. 1½ cm starkes Biskuitblatt (siehe Biskuitroulade) in Tortenreifen einlegen, etwas mit Rum benetzen. Abwechselnd Malakoffcreme und Löffelbiskuits je 3 Lagen einfüllen, stocken lassen, ganz mit gesüßter Schlagsahne einstreichen, an der Seite eventuell riffen, den unteren Rand mit gerösteten, gehobelten Mandeln einstreuen, mit Sterntülle aufdressieren und Belegkirschen als Dekor geben.

Löffelbiskuits:
Eigelb mit halber Zuckermenge und Vanillezucker schaumig rühren. Eiweiß mit dem restlichen Zucker zu Schnee schlagen. Beide Massen und das Mehl mischen. Auf Papier mit glatter Tülle Löffelbiskuitstreifen dressieren, mit Puderzucker bestäuben und bei leicht geöffnetem Backrohr backen.

Malakoffcreme:
Milch, Eigelb, Zucker, Vanillezucker über Dunst zu einer Creme aufschlagen, vorgeweichte Gelatine beifügen, kalt weiterrühren, knapp vor dem Stocken die geschlagene Sahne und einen Spritzer Rum einrühren.
Pro Stück etwa 300 Kalorien / 1260 Joule.

Löffelbiskuits (kalte Masse)
4 Eigelb, 4 Eiweiß, 80 g Zucker, 80 g Mehl, Vanillezucker, Puderzucker, geröstete, gehobelte Mandeln, Belegkirschen
Malakoffcreme:
¼ l Milch, 2 Eigelb, 40 g Zucker, 10 g Gelatine, Vanillezucker, ⅛ l Sahne, Rum

Nußtorte

5 Eigelb, 110 g Zucker, 70 g Mehl, 70 g geriebene Nüsse, 50 g Butter, Zimt, Zitronenschale, 5 Eiweiß, Rum, ⅜ l Schlagsahne, 60 g Puderzucker, Vanillezucker, Aprikosenmarmelade, Schokoladeglasur

Eigelb mit der halben Zuckermenge, Zimt und geriebener Zitronenschale schaumig rühren, den Schnee mit dem restlichen Zucker steif schlagen; beide Massen zusammenmischen. Nüsse, Mehl und zum Schluß 50 g flüssige Butter einrühren. ¾ Stunde bei mittlerer Hitze backen. Vollständig auskühlen lassen, einmal durchschneiden. Schlagsahne mit Puderzucker und Vanillezucker steif schlagen, die Torte damit füllen, zusammensetzen, mit Marmelade bestreichen, mit Schokoladeglasur überziehen.
Pro Stück etwa 680 Kalorien / 2845 Joule.

Punschtorte

8 Eigelb, 160 g Zucker, 8 Eiweiß, 160 g Mehl, 40 g Butter, Marmelade
Fülle: 150 g Stückzucker, 1 Orange, 1 Zitrone, 3 EL Rum, 3 EL Marmelade
Glasur: 200 g Fondant, rote Lebensmittelfarbe, etwas Rum

Eine Biskuittorte (vom Vortag, aus nebenstehenden Zutaten) wird in drei Blätter geschnitten (das mittlere etwas dicker). Dann das obere und das untere Blatt mit Marmelade bestreichen. Das mittlere Blatt wird in kleine Würfel geschnitten und in einer Schüssel mit folgenden Zutaten zu einer gebundenen Masse gemischt: 150 g Würfelzukker an der Schale einer ungespritzten Orange abreiben und mit dem Saft der Orange, der Zitrone und ⅛ l Wasser aufkochen, den Rum und 3 EL Marmelade dazugeben. Die Torte damit füllen. Außen mit Marmelade bestreichen, mit rosa gefärbtem, mit Rum verrührtem Fondant glasieren.
Pro Stück 360 Kalorien / 1505 Joule.

Sachertorte

6 Eigelb, 130 g Butter, 130 g Schokolade, 6 Eiweiß, 130 g Mehl, 200 g Zucker, Schokoladefondant, Aprikosenmarmelade

Butter mit der Hälfte des Zuckers schaumig rühren, dann Eigelb und die flüssige, aber noch laue Schokolade kurz einrühren. Eiweiß mit dem restlichen Zucker zu Schnee schlagen. Beide Massen mischen, vorsichtig Mehl einrühren. Die Fettmasse darf nicht zu flüssig sein, aber auch nicht zu fest, sondern soll ungefähr die Konsistenz des Schnees aufweisen. Bei mittlerer Hitze ausbacken. Die Torte soll vor dem Glasieren gut durchgekühlt sein, daher ist es ratsam, sie einen Tag vorher anzufertigen. Die obere Kante der Torte mit einem Messer abrunden. Oberfläche und Rand mit heißer Marmelade dünn glattstreichen, mit Schokoladefondant überziehen.
Pro Stück etwa 480 Kalorien / 2010 Joule.

Schwarzwälder-Kirsch-Torte

Eigelb und Ei mit Zucker und einem EL Wasser schaumig rühren. Biskuitkrümel und geriebene Mandeln, fest geschlagenes Eiweiß und Kakaopulver locker unterziehen. In eine mit Butter ausgestrichene und mit Mehl bestäubte runde Tortenform füllen und bei mäßiger Hitze backen. Nach dem Erkalten in drei Scheiben schneiden. Die erste Scheibe mit Kirschenkompott, mit dem eingekochten und leicht mit Stärkemehl gebundenen Saft vermischt, füllen und mit etwas Schlagsahne bestreichen. Mit dem zweiten Boden abdecken, der mit Kirschwasser-Schlagsahne bestrichen worden ist, und den letzten Boden darauflegen. Die ganze Torte, auch die Seiten, mit Kirschwasser-Schlagsahne bestreichen. Die Seiten mit Schokoladespänen anstreuen, die Oberseite mit Schlagsahnerosetten kranzartig verzieren und in jede Rosette eine halbe Cocktailkirsche stecken. In der Mitte und rund um den Schlagsahnedekor Schokoladespäne anbringen und mit Puderzucker leicht bestäuben. Die gut gekühlte Torte muß frisch gegessen werden.
Pro Stück etwa 600 Kalorien / 2520 Joule.

200 g Zucker, 8 Eigelb, 1 Ei; 100 g Biskuitkrümel, 60 g geriebene Mandeln, 50 g Kakaopulver, 8 fest geschlagene Eiweiß, 400 g entsteinte Weichselkirschen, 6 dl vanillierte Schlagsahne, 5 cl Kirschwasser, Schokoladespäne

Punschschnitten

Eine kalt gerührte Biskuitmasse aus 8 Eigelb, 8 Eiweiß-Schnee, 200 g Zucker und 200 g Mehl bereiten, fingerhoch auf mit Papier belegtes Backblech streichen und gut ausbacken (möglichst am Vortag). Die Hälfte von dem Biskuit in kleine Würfel schneiden. 150 g Zucker an der Schale der Orange abreiben und mit deren Saft sowie Schokolade und ⅛ l Wasser aufkochen. Mit dieser Zuckerlösung die kleinen Biskuitwürfel tränken und 2 Löffel Marmelade und Rum dazugeben, verrühren, bis sich die Masse leicht bindet. Die restliche Biskuitmasse in zwei Böden teilen und mit der restlichen Marmelade bestreichen. Die Punschmasse auf das eine Blatt auftragen und das zweite daraufpressen; mit einem Brett beschweren und einige Stunden pressen. Oben dünn mit Marmelade bestreichen und mit rosa Fondantglasur überziehen.
Pro Stück etwa 328 Kalorien / 1415 Joule.

8 Eigelb, 8 Eiweiß, 200 g Zucker, 200 g Mehl, 1 Orange, 1 Zitrone, 4 EL Marmelade, 50 g Schokolade, ⅛ l Rum, 300 g rosa Fondantglasur, 150 g Stückzucker

HEFETEIG

Hefeteig (Grundrezept)

500 g Mehl, 30 g Hefe, ¼ l Milch, 25 g Zucker, etwas Butter, ½ KL Salz, 1 Ei, evtl. Vanillezucker, feingeriebene Zitronenschale
Alle Zutaten müssen leicht angewärmt sein.

Fein zerbröckelte Hefe in ⅟₁₆ l lauwarmer Milch auflösen; etwas Zucker und so viel Mehl (ca. 2 Eßlöffel) dazugeben, daß wir einen dickflüssigen Vorteig (»Dampfl«, »Gärprobe«) erhalten. Diesen Teig mit wenig Mehl stauben und an einen nicht zu warmen Ort zugedeckt stellen. Wenn die Milch zu heiß ist, verbrennt die Hefe und kann nicht mehr aufgehen; deshalb ist es wichtig, daß man die stets frische Hefe erst dann zur Milch gibt, wenn sie gerade erwärmt ist und man sich durch Fingerprobe überzeugt hat, daß die Temperatur richtig ist. Außerdem prüft man gleichzeitig, ob die Hefe noch Frische und Triebkraft hat. Dann Butter, Ei, Zucker schaumig rühren, Mehl zugeben, abwechselnd den Vorteig und das übrige Mehl unterrühren. Den Teig schlagen, bis er Blasen wirft.

Man kann anstatt nur Milch auch eine Mischung aus Milch und Wasser verwenden. Je nach gewünschter Feinheit können auch mehr oder weniger Eier genommen werden.

Wenn der Teig richtig gemischt und durchgearbeitet ist, daß er seidig glänzend und glatt ist, stellen wir ihn nochmals, mit einem Tuch bedeckt, in die Wärme zum Aufgehen; ist der Teig um die Hälfte seines Volumens aufgegangen, wird er zusammengestoßen, das heißt kurz durchgeknetet, worauf er ausgearbeitet wird. Der Vorgang des Aufgehens und Zusammenstoßens kann aber auch zwei- bis dreimal wiederholt werden, wenn man ein besonders feines, zartes Gebäck erhalten will. Der nicht zusammengestoßene Hefeteig wird immer grobporiger bleiben. Nachdem der Teig ausgearbeitet ist (z. B. auf dem Backbrett ausrollen, zum gewünschten Backwerk formen), wird er vor dem Backen noch einmal zum Aufgehen zugedeckt in die Wärme gestellt. Hefeteigsachen werden bei mittlerer, möglichst gleichbleibender Hitze und bei geschlossenem Rohr gebacken.

Hefeteig mit wenig Fett und Eiern möglichst frisch essen; mit viel Fett, Eiern und anderen Geschmackszutaten (für Stollen, Brot etc.) läßt sich das Backwerk auch längere Zeit aufbewahren (dann mehr Hefe verwenden!).

Backzeit: 20—60 Minuten.

Insgesamt etwa 3270 Kalorien / 13.685 Joule.

Brioches

Aus den Zutaten bereiten wir einen etwas festeren Hefeteig (mit Vorteig), aus dem man 25 gleichmäßige Teigstücke schneidet. Die einzelnen Stücke mit der Handfläche gegen die Tischplatte pressen, unter gleichzeitig drehender Bewegung zu einer Kugel schleifen. Die Teigkugel dann zu Hörnchen, Knöpfen, Weckerln oder Schnecken formen. Stellt sie zum Aufgehen in die Wärme, bestreicht sie dann mit Eistreiche und bestreut sie mit Hagelzucker. 20–25 Minuten im Rohr backen. Oder den aufgegangenen Teig in gefettete Brioche- oder Tortelettförmchen füllen, mit Eigelb bestreichen und ca. 20 Minuten bei 200 Grad backen.
Pro Stück etwa 185 Kalorien / 775 Joule.

500 g Mehl, 20 g Hefe, $\frac{2}{8}$ l Milch, $\frac{1}{8}$ l Wasser, 50 g Zucker, 160 g Butter, 4 Eigelb, Salz, geriebene Zitronenschale, Eistreiche: 1 Eigelb, 1 Ei; Hagelzucker

Buchteln

Einen Hefeteig bereiten, warm stellen. Wenn er aufgegangen ist, auf dem Tisch fingerdick ausrollen, in gleichmäßige Quadrate schneiden, mit Marmelade oder Powidl füllen und die vier Teigecken übereinanderschlagen und den Teig schließen. Die Buchteln reihenweise dicht nebeneinander in eine gefettete Pfanne schlichten (mit dem Schluß nach unten). Immer wieder zerlassene Butter dazwischenstreichen oder jedes einzelne Stück in zerlassene Butter tauchen. Die Pfanne in die Wärme stellen und aufgehen lassen. 25–30 Minuten bei mittlerer Hitze backen. Etwas überkühlen lassen, aus der Pfanne stürzen und anzuckern. Eventuell während des Backens mehrmals oben mit Butter bestreichen.
Insgesamt etwa 3950 Kalorien / 15.025 Joule.

300 g Mehl, 20 g Hefe, $\frac{3}{8}$ l Milch, 50 g Zucker, 3 Eigelb, Salz, Marmelade oder Powidl (Pflaumenmus), 200 g Butter, Puderzucker

Christstollen (aus Hefeteig)

Aus Mehl, Hefe, Zucker, Milch, Butter, Eiern und Prise Salz mit Vorteig einen Hefeteig bereiten. 30 Minuten gehen lassen, dann Korinthen, Rosinen, Mandeln, Orangeat und Zitronat, alles kleingehackt, in den Teig einkneten. Noch einmal 60 Minuten gehen lassen. Einen Stollen formen und auf ein gefettetes Backblech legen. Mit zerschmolzener Butter (100 g) den Stollen bestreichen und bei 175 Grad 60–70 Minuten backen. Noch einmal den Stollen mit 100 g flüssiger Butter sofort damit bestreichen und dick mit Puderzucker bestäuben.
Insgesamt etwa 3700 Kalorien / 15.500 Joule.

500 g Mehl, 50 g Hefe, 2 TL Zucker, 5 TL Milch, 125 g Zucker, $\frac{1}{8}$ l warme Milch, 125 g Butter, 2 Eier, Prise Salz, je 125 g Korinthen, Rosinen und gehackte Mandeln, je 50 g Orangeat und Zitronat, 100 g Butter, Puderzucker

Dampfnudeln

400 g Mehl, 20 g Hefe, 60 g Zucker, ⅛–¼ l Milch, 1 TL Salz, 80 g Butter, 2 Eier, ¼ l Milch, 80 g Butter, 20 g Zucker

Mehl in eine Schüssel sieben. In der Mitte eine Vertiefung anbringen. Die zerbröselte Hefe in die Vertiefung geben, mit etwas Zucker bestreuen, mit einigen Eßlöffeln lauwarmer Milch begießen und zugedeckt gehen lassen. Das Mehl mit der Hefe, dem restlichen Zucker, dem Salz, der zerlassenen Butter und den Eiern vermischen, mit lauwarmer Milch (nach Bedarf) zu einem weichen Teig verrühren, dann schlagen, bis er vollkommen glatt ist und Blasen wirft, zudecken und etwa 1 Stunde gehen lassen. Dann mit einem Eßlöffel hühnereigroße Stücke ausstechen, zu Kugeln formen, auf dem bemehlten Brett ½ Stunde zugedeckt gehen lassen.
Milch, Butter und Zucker in einer großen, flachen Kasserolle erhitzen, die Nudeln hineinsetzen, gut verschließen und bei ganz schwacher Hitze etwa 30 Minuten gar ziehen lassen. Der Deckel darf erst nach beendeter Garzeit, wenn die Nudeln zu »kochen« oder zu »singen« beginnen, wieder geöffnet werden. Die Nudeln haben die Flüssigkeit aufgesogen und sind locker aufgegangen.
Pro Portion etwa 630 Kalorien / 2635 Joule.

Baba mit Rum

150 g Mehl, 10 g Hefe, 12 g Zucker, ca. 1 dl lauwarme Milch, 3 Eier, Prise Salz, 75 g Butter, 50 g Korinthen, 50 g Rosinen, 1 EL Rum, Butter für die Form, ¼ l heißes Wasser, 4 Gläschen Rum, 150 g Puderzucker, Schlagsahne

Mehl in einer Schüssel anhäufen, obenauf eine Grube machen, zerbröckelte Hefe und etwas Zucker hineingeben, mit etwas Milch und etwas Mehl vom Rand einen Vorteig bereiten. Zugedeckt ¼ Stunde an einem warmen Ort gehen lassen. Eier, Salz, weiche Butter, Korinthen und Rosinen, mit 1 Eßlöffel Rum beträufelt, dazugeben und mit der restlichen Milch zum Hefeteig verarbeiten, mit Kochlöffel so lange schlagen, bis der Teig Blasen wirft und sich vom Boden löst. Wieder zugedeckt 20 Minuten an einem warmen Ort gehen lassen. Dann den Teig noch einmal durchschlagen und in eine gut ausgebutterte Zylinderform (Babaform) etwas mehr als zur halben Höhe füllen, zugedeckt an einem warmen Ort so lange gehen lassen, bis die Form voll ist. Im heißen Ofen ca. eine Viertelstunde backen. Sobald die Oberseite zu bräunen beginnt, die Hitze drosseln. Fertigbacken. Kurz rasten lassen, vorsichtig stürzen und sofort mit heißem Läuterzucker und Rum tränken. Mit Puderzucker bestreut anrichten.
Pro Portion etwa 750 Kalorien / 3150 Joule.

Hefeklöße

Zerbröckelte Hefe mit 2–3 Eßlöffeln Milch und 1 Teelöffel Zucker verrühren und zugedeckt gehen lassen. Das Mehl mit der Hefe, mit Salz, dem restlichen Zucker, den Eiern und der zerlassenen Butter vermischen und lauwarme Milch dazugeben, bis ein mittelfester Teig entsteht. Den Teig mit einem großen Kochlöffel schlagen, bis er vollkommen glatt ist und Blasen wirft, kurz ruhen lassen (5 Minuten). Eine dicke Rolle formen und in Stücke teilen. Jedes Stück flachdrücken, mit einem knappen Löffel Pflaumenmus, mit etwas Rum und Zimt abgerührt, füllen, gut verschließen und mit der Nahtseite nach unten auf ein gestaubtes Brett legen. Mit einem sauberen Tuch bedecken, etwa 20 Minuten gehen lassen und dann in kochendes Salzwasser legen. Die Klöße 5–6 Minuten im geschlossenen Topf bei schwacher Hitze kochen, wenden, mit einer Nadel mehrmals einstechen und weitere 5 Minuten in offenem Topf kochen. Die fertigen, gut abgetropften Klöße auf einer gewärmten Platte anrichten, mit gezuckertem, geriebenem Mohn bestreuen und mit der gebräunten Butter übergießen. Man kann die Klöße auch im Dampf garen.
Pro Portion etwa 340 Kalorien / 1420 Joule.

250 g Mehl, 20 g Hefe, 30 g Zucker, Milch nach Bedarf, Salz, 1–2 Eier (nach Größe), 30 g Butter, Pflaumenmus, 50 g Mohn, Rum, Prise Zimt, Puderzucker

Feines Früchtebrot

Sämtliche Früchte, mit Ausnahme der Rosinen und Korinthen, werden nudelig geschnitten und in einer Schüssel mit dem Rum und dem Mehl zu einer Masse vermischt, die in beliebig große, längliche Stücke geformt, dann in folgendem Teig eingeschlagen werden.
Die Hefe wird in der lauwarm gemachten Milch aufgelöst und mit allen anderen Zutaten zu einem glatten Teig angemacht. Auf einem mit Mehl bestaubten Brett wird dieser Teig mit dem Rollholz messerrückendick ausgerollt. Die Früchtemasse wird auf diesen Teig gelegt und damit vollständig eingeschlagen. Die Teigenden werden mit zerquirltem Ei bestrichen. Das so erhaltene Brot wird auf ein gebuttertes Backblech gelegt, mit Ei bestrichen und mit halbierten, geschälten Mandeln belegt. Nach ca. ¾ Stunden Stehenlassen an einem mäßig warmen Ort im heißen Rohr backen.
Insgesamt etwa 5250 Kalorien / 21.977 Joule.

Teig: 200 g Mehl, 70 g Butter, 30 g Zucker, 1 ganzes Ei, 20 g Hefe, 1/16 l Milch, Prise Salz, Ei zum Bestreichen, einige Mandeln; 100 g abgezogene Mandeln, je 100 g ausgelöste Nüsse oder Haselnüsse, je 100 g Datteln und Feigen, 40 g Zitronat, je 100 g Rosinen und Korinthen, 40 g abgezogene Pistazien, 40 g Pignolen, 100 g Mehl, ca. ⅛ l Rum

Dukatenwuchteln

250 g Mehl, 15 g Hefe, 1 Ei, 1 Eigelb, 40 g Zucker, 50 g Butter, ¼ l Milch, Salz, ¼ l Sahne, 40 g feingestoßener Zucker, 40 g zerlassene Butter, Vanillecreme

Hefe fein zerbröckeln und in Milch auflösen, in einer Teigschüssel mit dem Mehl, dem Ei und Eigelb, Zucker, Butter, etwas Salz und der nötigen Milch zu einem zarten Teig anmachen und mit einem Kochlöffel so lange abschlagen, bis er Blasen wirft. Dann zum »Gehen« an einen warmen Ort stellen. Hierauf rollt man den Teig fingerdick aus und sticht runde Krapfen aus, die dann nebeneinander in eine Kasserolle gelegt werden. Vorher hat man in der Kasserolle (ca. 35 cm) die Sahne, den Zucker sowie 40 g zerlassene Butter lauwarm werden lassen. Kasserolle an einen warmen Ort stellen. Sobald der Teig auf die doppelte Höhe gegangen ist, bestreicht man ihn mit dem Rest der zerlassenen Butter und stellt die Kasserolle für ½ Stunde ins Rohr (oder läßt sie mit einem gut passenden Deckel zugedeckt – wobei der Rand des Deckels rundum mit einem feuchten Tuch belegt wird, damit kein Dampf entweichen kann – auf dem Herd backen).
Insgesamt etwa 3000 Kalorien / 12.600 Joule.

Berliner Eierkuchen (Faschingskrapfen)

500 g Mehl, 30 g Hefe, 80 g Zucker, 80 g Butter, Salz, 4 Eigelb, ⅒ l Rum, ¼ l Milch, Zitronenschale, Vanille, Fett zum Backen

Aus ⅛ l warmer Milch, Hefe, einer Prise Zucker und etwas Mehl einen Vorteig bereiten und gehen lassen. Eigelb mit Zucker und Gewürzen warm und kalt schlagen. Die flüssige Butter, die restliche warme Milch, Rum, den Vorteig und Butter, Zucker, Eigelb gut verrühren, mit dem Mehl vermischen und zu einem weichen Teig verarbeiten. 10 Minuten rasten lassen, den Teig in 30 bis 40 g schwere Stücke schneiden, diese zu Kugeln schleifen, auf einem Brett, mit Tuch belegt und Mehl bestaubt, in Abständen auflegen, mit Tuch belegen und gehen lassen. In heißes Fett schwimmend einlegen, die Pfanne zudecken, wenn die Krapfen auf der Unterseite braun sind, diese mit einem Kochlöffelstiel umdrehen und abgedeckt fertig backen. Abtropfen lassen. Noch heiß mit Marmelade füllen und anzuckern.
Oder den Teig ½ cm dick ausrollen, mit Ausstecher markierte Hälfte mit dicker Aprikosenmarmelade füllen, die andere Hälfte ausstechen, markierte Hälfte damit belegen, Ränder mit Teig eindrücken, ganz ausstechen und auf bemehltem Tuch gehen lassen. Wie oben fertigen.
Insgesamt etwa 3470 Kalorien / 14.520 Joule.

Aprikosenkuchen

Aus den Zutaten einen Hefeteig (nach Grundrezept) bereiten, der besonders weich sein soll. Auf ein gefettetes, mit Mehl gestaubtes Backblech halbfingerdick auftragen, mit halbierten, entkernten Aprikosen dicht belegen. In die Wärme zum Aufgehen stellen. Dann heiß im Backrohr backen. Nachher mit Zimt und Zucker bestreuen.
Auf die gleiche Weise kann man auch einen **Zwetschgenkuchen** bereiten: anstelle von Aprikosen belegt man den Teig mit halbierten, entkernten Zwetschgen.
Insgesamt etwa 2520 Kalorien / 10.545 Joule.

250 g Mehl, 10 g Hefe, ⅛ l Milch, 40 g Zucker, 120 g Butter, 2 Eigelb, Salz, geriebene Zitronenschale, Aprikosen, Zimt

Gleiwitzer Plattenkuchen

Aus Mehl, Hefe, Milch, Butter, Zucker, Ei und Prise Salz sowie feingeriebener Zitronenschale einen Hefeteig nach Grundrezept bereiten. Zuletzt auch die gewaschenen und getrockneten Rosinen hineinarbeiten. Im Warmen ¼ Stunde gehen lassen, dann ca. 1 cm dick ausrollen und auf ein Backblech legen. Dann Streusel bereiten: Mehl und Zucker sowie Vanillezucker gut vermischen, die aufgelöste Butter tropfenweise einrühren, dann den Teig mit 2 Gabeln zu Streusel reiben und auf der dünn mit Wasser bestrichenen Teigfläche verteilen. Noch einmal ¼ Stunde gehen lassen, dann im vorgeheizten Ofen etwa 20 Minuten bei 210 Grad backen. Herausnehmen, nach dem Auskühlen aufschneiden.
Pro Portion etwa 300 Kalorien / 1260 Joule.

500 g Mehl, 30 g Hefe, 1 TL Zucker, ¼ l lauwarme Milch, 80 g Butter (oder Margarine), 40 g Zucker, 1 Ei, Prise Salz, 1 Zitrone, 150 g Rosinen, 150 g Zitronat
Streusel: 350 g Mehl, 200 g Zucker, 1 Päckchen Vanillezucker, 200 g Butter oder Margarine

Hefezopf

Hefeteig bereiten, Teig kräftig durchkneten und bearbeiten, bis er glatt, sehr fest und doch elastisch ist. Dann an leichter Wärme (um das Doppelte) aufgehen lassen. Den Teig dann in 2 gleiche Stücke teilen, daraus mit den Händen 80—90 cm lange, zugespitzte Rollen drehen. Je zwei übers Kreuz aufeinanderlegen, dann vierteilig zu einem Zopf flechten, der am Anfang dick, am anderen Ende dünner wird, oder zu einem Kranz zusammenlegen. An leichter Wärme kurz 5—10 Minuten gehen lassen, mit verklopftem Ei oder Eigelb bestreichen, dann an die Kälte stellen (10—20 Minuten). Noch einmal mit Ei bestreichen und in guter Hitze ca. 35 Minuten goldbraun backen.
Insgesamt etwa 6000 Kalorien / 25.200 Joule.

500 g Mehl, 1 TL Salz, 60 g Hefe, 1 TL Zucker, 80 g Zucker, 3 dl Milch, 150 g Butter, 2—3 Eier, 50 g Rosinen

Napfkuchen (Gugelhupf)

350 g Mehl, 25 g Hefe, ca ⅛ l Milch, 100 g Zucker, 140 g Butter, 3 Eigelb, Salz, geriebene Zitronenschale, 50 g Rosinen, 50 g Zitronat, 50 g Mandeln, Vanillezucker

Die Hefe mit etwas Milch und etwas Mehl zu einem Vorteig anrühren und warm stellen. Die Butter weich machen und schaumig rühren. Mit Zucker, Eigelb, Vorteig, Mehl und der restlichen Milch, Salz usw. zusammenmischen und fein schlagen, dann erst die Rosinen und das kleingeschnittene Zitronat dazugeben. Eine mittelgroße Napfform (Gugelhupf) wird mit weicher Butter (keine heiße Butter nehmen) sehr gut ausgefettet, mit den gehackten Mandeln ausgestreut und nachher mit Mehl bestaubt. Den Teig einfüllen, die Form muß zu zwei Drittel voll sein. In die Wärme stellen. Ist der Teig in der Form voll aufgegangen, bei starker Hitze anbacken, dann bei kleiner Flamme eine Dreiviertelstunde fertigbacken. Auf ein Sieb stürzen, mit Vanillezucker bestreuen.
Insgesamt etwa 5300 Kalorien / 22.160 Joule.

Kartoffelbrot

Teig: 500 g Mehl, 30 g Hefe, ca. ⅛ l Milch, 60 g Zucker, 2 Eigelb, 60 g Butter, Salz, 400 g gekochte, passierte Kartoffeln. 1 EL Rum, 100 g Rosinen, 50 g Arancini, 50 g Zitronat, 1 Eigelb zum Bestreichen, 2 TL Milch
Streusel: 100 g Mehl, 50 g Butter, 30 g Zukker, 30 g geriebene Mandeln, Vanillezucker, 1 Eiweiß

Mit einem Vorteig und aus den Zutaten einen festeren Hefeteig bereiten, gut durcharbeiten. Nach dem Ruhen in Wecken- oder Laibform auf ein gefettetes Backblech geben, mit Eigelb, Milch bestreichen und mit Streusel dicht bestreuen. Zum Aufgehen in die Wärme stellen. Bei mittlerer Hitze ¾ Stunde backen.
Insgesamt 3400 Kalorien / 14.200 Joule.

Korinthenstuten

500 g Mehl, 30 g Hefe, 100 g Butter, 1 EL Öl, 50 g Zucker, 1 Prise Salz, 1 Ei, ½ Tasse Milch, ½ Zitrone (Schale), 125 g Korinthen

Einen Hefeteig nach Grundrezept bereiten. Den aufgegangenen Teig in eine gefettete Kastenform füllen, ½ Stunde zugedeckt noch einmal aufgehen lassen. Dann in die Mitte des Teiges mit einem scharfen Messer eine Rille ziehen. Hellbraun 30—45 Minuten bei mittlerer Hitze backen. Aus der Form stürzen. Erkalten lassen. In Scheiben schneiden, mit Butter bestreichen und servieren.
Pro Portion etwa 135 Kalorien / 565 Joule.

Streuselkuchen

Auf der Tischplatte mischen wir alle angegebenen Zutaten und geben nur so viel Eiweiß dazu, als notwendig ist. Man kann auch anstatt Eiweiß einige Tropfen Milch nehmen. Das Ganze wird mit den Händen bröselig verrieben. Hefeteig fingerdick ausrollen, auf rundem gefettetem Blech fingerhoch ausbreiten, mit Streusel bestreuen. Gehen lassen, dann backen. Nach Erkalten eventuell einmal durchschneiden und mit Vanillecreme füllen.
Insgesamt etwa 6000 Kalorien / 25.260 Joule.

Hefeteig: 500 g Mehl, 2 Eier, 125 g Butter, 100 g Zucker, ¼ l Milch, 35 g Hefe, 1 Ei, Prise Salz, Zitronenschale;
Streusel: 150 g Mehl, 50 g Butter, 50 g Zukker, 50 g geriebene Mandeln, Vanillezucker, Eiweiß oder etwas Milch, Prise Zimt

Weihnachtsstollen

Zunächst einen Vorteig bereiten. Butter, weichgemacht, mit dem Zucker und Eigelb schaumig rühren. Wenn der Vorteig gegangen ist, wird alles zu einem festeren Teig angemacht und gut abgearbeitet. Auf dem Brett zugedeckt gehen lassen. Rosinen und das kleingeschnittene Zitronat ganz zuletzt daruntermischen. Den Teig zu einem Rechteck (25 x 18 cm) ausrollen, mit zerlassener Butter bestreichen und dick mit Zimtzucker bestreuen. Der Länge nach zusammenklappen, und zwar so, daß die untere Hälfte ca. 2 cm vorsteht; mit zerlassener Butter bestreichen und in die Wärme stellen. Nach dem Aufgehen im heißen Rohr ca. 30 Minuten backen. Sofort in einem Gemisch von Puder- und Vanillezucker drehen.
Insgesamt etwa 4200 Kalorien / 17.580 Joule.

560 g Mehl, 30 g Hefe, 3/16 l Milch, 50 g Zucker, 180 g Butter, 4 Eigelb, Salz, 150 g Rosinen, 70 g Zitronat, 1 EL Vanillezucker
Zimtzucker: 50 g Zucker, 1 TL Zimt, Butter zum Bestreichen, Puder- und Vanillezucker

BLÄTTERTEIG

Blätterteig, Butterteig (Grundrezept)

Der Butterteig besteht immer aus dem »Vorteig« und dem darin einzuschlagenden Butterziegel. Wird anstelle von Butter Margarine (z. B. Ziehmargarine) verwendet, so heißt der Teig *Blätterteig.* Zur Herstellung von Butter- bzw. Blätterteig muß man wie für den ausgezogenen Strudelteig das beste Mehl verwenden. Die Butter ist vorher gut auszukneten, sollte sie stark wasserhältig sein. Der Butterteig muß immer an einem kühlen Ort bearbeitet werden.

Vorteig: 250 g Mehl, Salz, 1 EL Essig, ca. ⅛ l Wasser;
Butterziegel: 250 g Butter

Die Herstellung des Vorteiges: In ⅔ der Mehlmenge eine Grube machen. Essig, Salz und Wasser hineingeben und daraus einen halbfesten, glatten Teig anmachen, sehr gut abarbeiten, zu einer Kugel formen, diese oben mit einem kreuzförmigen Einschnitt versehen, mit einem feuchten Tuch zudecken und mindestens eine halbe Stunde rasten lassen.

Die Herstellung des Butterziegels: Das restliche Drittel Mehl mit der Butter, die fest, aber knetbar sein muß, glatt abarbeiten, so daß keine Butterstückchen mehr zu spüren sind. Zu einem rechteckigen Ziegel formen, die Ränder glattschneiden und kalt stellen.

Das Einschlagen des Teiges: Der Vorteig wird sodann auf bemehltem Brett zu einem Rechteck ausgerollt. Der Butterziegel in die Mitte gelegt, die Teigecken werden darübergeschlagen, so daß der Teig zur Gänze den Butterziegel umschließt. Dann zusammen erst von der Mitte weg mit der Teigrolle flachklopfen, zu einem fingerhohen Rechteck von 20 x 30 cm ausrollen, dann dreiteilig übereinander zusammenlegen, wieder ausrollen und dann vierteilig übereinanderschlagen. Eine halbe Stunde mit einem feuchten Tuch bedeckt kalt stellen. Dann wiederholen wir den Vorgang, das heißt: den Teig ausrollen, dreiteilig zusammenlegen, wieder ausrollen und vierteilig zusammenlegen. Den Teig immer möglichst kalt verarbeiten. Erneut mit einem feuchten Tuch bedeckt kalt stellen. Bei jedem Zusammenlegen des Teiges immer alle Mehlreste sauber entfernen. Jetzt ist der Butterteig fertig zur weiteren Aufarbeitung.

Jedes Gebäck aus Butter- oder Blätterteig muß vor dem Backen nochmals eine Viertelstunde rasten. Blätter- bzw. Butterteig wird auf ungefettetes Blech, das man vorher mit Wasser besprengt, zum Backen aufgelegt. Den geformten Blätterteig mit Ei bestreichen und mit Zucker bestreuen (je nach Verwendung). Beim Backen zuerst in geschlossenem, heißem Rohr anbacken, dann bei schwächerem Feuer 10—15 Minuten gut durchbacken.

Aus Blätterteig bereitet man Kaffeegebäck, Hörnchen, Golatschen, Strudeln, Cremeschnitten, Schillerlocken, aber auch Pasteten, Pastetchen und Blätterteighalbmonde (Fleurons). Die Stücke, die beim Ausrollen abfallen, können nicht mehr zu Blätterteig verwendet werden, wohl aber zu anderem Kleingebäck.

Insgesamt etwa 3150 Kalorien / 13.180 Joule.

Quarkbutterteig (Grundrezept)

250 g Mehl, 250 g Quark, 250 g Butter, 1 Eigelb, Salz

Aus den angeführten Zutaten einen festeren Teig bereiten und eine halbe Stunde rasten lassen. Teig zu einem Rechteck ausrollen, dreiteilig zusammenschlagen, wieder ausrollen und nochmals dreiteilig zusammenlegen. Wieder eine halbe Stunde rasten lassen und den Vorgang des Ausrollens und dreiteiligen Zusammenlegens noch zweimal wiederholen. Nachdem der Teig neuerdings eine halbe Stunde gerastet hat, ist er zur weiteren Aufarbeitung zu verschieden geformten und gefüllten Bäckereien, wie beim Butterteig angegeben, zu verwenden. Er eignet sich besonders für Hörnchen (Kipferln), Taschen und Strudeln.
Insgesamt etwa 1941 Kalorien / 8125 Joule.

Äpfel im Schlafrock

Blätterteig (Grundrezept): Äpfel, Zitrone, Läuterzucker, Nüsse, Himbeermarmelade, Eistreiche

Blätterteig messerrückendick ausrollen, in Vierecke (zu je 12 cm) schneiden, mit je einem ganzen, geschälten, ausgestochenen und in Läuterzucker mit Zitronensaft halbweichgekochten Apfel belegen. In die Höhlung eines jeden Apfels geben wir geriebene Nüsse und darüber etwas Himbeermarmelade. Man kann aber auch Äpfelstückchen, in Wein gedünstet, verwenden. Die vier Ekken des Teiges mit Eistreiche bestreichen und über dem Apfel zur Mitte zusammenschlagen. Obenauf ein kleines viereckiges oder rundes Blätterteigstück auflegen und ebenfalls mit Eistreiche benetzen. Eine Viertelstunde rasten lassen, dann bei starker Hitze 10—15 Minuten hellgelb backen.
Man kann auch die Äpfel mit Zucker, Zimt und Rosinen ungekocht verwenden. In die Mitte der darübergeschlagenen Blätterteigecken je eine Mandel legen.
Insgesamt etwa 3000 Kalorien / 12.600 Joule.

Polsterzipfe

Blätterteig, Marmelade, Eistreiche

Blätterteig messerrückendick ausrollen, zu kleinen Quadraten (10 × 10 cm) schneiden, Teigränder mit Ei bestreichen. In die Mitte der Flecke Marmelade auftragen. Jeden Fleck einmal diagonal zusammenlegen und auf das Backblech geben. Die Oberfläche mit Ei bestreichen und backen.
Insgesamt etwa 3200 Kalorien / 13.440 Joule.

Apfelstrudel aus Blätterteig

Blätterteig, Butter, Biskuit- oder Semmelbrösel, Äpfel, Zucker, Zimt, Rosinen, Eistreiche

Einen fertigen Blätterteig zu einem 25 cm breiten und etwa 3 mm dicken Streifen ausrollen, der Länge nach einen dünnen Streifen mit Biskuit- oder Semmelbröseln bestreuen und feinblättrig geschnittene Äpfel, gemischt mit Zimt, Zucker und Rosinen, in der Mitte anhäufen. Den Rand des Teigflecks mit Ei bestreichen und dann die leere Teighälfte darüberschlagen. Mit dem Teigschluß nach unten auf das Backblech legen, mit den schmalen Teigstreifen kreuzweise obenauf verzieren, eine Viertelstunde rasten lassen, mit Eistreiche benetzen und den Strudel einigemal anstechen (stupfen), damit der darin entstehende Dampf entweichen kann. Eine halbe Stunde bei mittlerer Hitze backen (dabei zuerst rasch anbacken und leicht Farbe nehmen lassen, dann die Hitze drosseln).

Auf die gleiche Art kann man auch Johannisbeerstrudel, Kirschenstrudel und Quarkstrudel aus Blätterteig bereiten; man benötigt dazu jeweils ca. 300 g Fülle.

Insgesamt etwa 3800 Kalorien / 15.900 Joule.

Kirschtorte

1 Paket Tiefkühlblätterteig, 1 Glas Sauerkirschen, 1 EL Speisestärke, 2 EL Kirschsaft, 1 EL Zucker, ⅛ l Kirschsaft, ½ l Sahne, 50 g Zucker, 1 Paket Vanillezucker, 3 Blatt weiße Gelatine, etwas Wasser, 150 g Puderzucker, 2—3 EL Kirschsaft

Blätterteig auftauen lassen, jeweils 2 Teigplatten aufeinanderlegen und zu Rechtecken ausrollen. Auf ein mit Wasser abgespültes Backblech legen und 15—20 Minuten backen. Sauerkirschen abtropfen lassen; Speisestärke mit 2 Eßlöffeln Kirschsaft und Zucker anrühren, ⅛ l Kirschsaft aufkochen lassen, mit der Speisestärke andicken und mit den Kirschen mischen. Die Kirschen auf einen Boden geben. Sahne steif schlagen. Zucker und Vanillezucker einrieseln lassen. Gelatineblätter einweichen, ausdrücken und in etwas Wasser auflösen. Unter die Sahne rühren, dann die Sahne auf die Kirschen verteilen und den zweiten Boden darauflegen. Puderzukker und Kirschsaft glattrühren und die Torte damit überziehen; ca. 20 Minuten backen.

Pro Stück etwa 900 Kalorien / 3770 Joule.

Gleiwitzer Plattenkuchen

Rezept Seite 363

Äpfel im Schlafrock

Rezept Seite 367

Cremeschnitten

Zuerst den Blätterteig nach dem Grundrezept bereiten oder tiefgekühlt auftauen lassen. Dünn ausrollen und in lange, 10 cm breite Streifen schneiden. Die Unterseite nach oben auf das mit Wasser besprengte Backblech legen. Bei starker Hitze 10–15 Minuten hellgelb backen. Abkühlen lassen. Die Hälfte der Streifen mit Creme auffüllen oder mit Schlagsahne, obenauf mit einem Teigstreifen decken und mit Rumglasur überziehen. Mit einem sehr scharfen Messer in gleichmäßige Schnitten schneiden.
Pro Stück etwa 380 Kalorien / 1591 Joule.

Blätterteig, Vanillecreme (50 g Puderzucker, ¼ l Milch, ¼ Stange Vanille, Salz, 20 g Speisestärke, 4 Eigelb, 5 Blatt Gelatine, ⅛ l Sahne); Rumglasur (125 g Zucker, 1 Glas Rum, 1 EL heißes Wasser)

Pastetchen

Nach dem Grundrezept einen Blätterteig bereiten und 4 oder 6 Touren ausrollen. Den Teig ½ cm dick ausrollen und kleine runde Scheiben ausstechen und doppelt so viele Ringe, als Pastetchen benötigt werden. Die untere Seite der Ringe vorsichtig mit Eiweiß bestreichen (es darf aber daran nichts herunterlaufen, weil sonst der Teig an dieser Stelle nicht aufgeht). Den Ring auf die runde Scheibe auflegen, die man vorher mit der Unterseite nach oben gekehrt hat. Das Innere der ausgestochenen Ringe bildet den Deckel der Pastetchen. Man bepinselt es mit Eigelb. Die Pastetchen werden auf einem mit Wasser besprengten Backblech hellgelb gebacken. Noch warm mit Ragout etc. füllen.
Insgesamt etwa 3150 Kalorien / 13.180 Joule.

250 g Mehl, 250 g Butter, 1 Ei, ⅛ l Wasser

Schillerlocken (Schaumrollen)

Blätterteig messerrückendick zu einem länglichen Rechteck von 30 cm Breite ausrollen. Davon Streifen von je ca. 2 cm Breite schneiden. Leicht mit Eistreiche benetzen, auf die leicht gefetteten Rolleneisen spiralenförmig aufrollen, und zwar am dünneren Ende beginnend und immer jeweils leicht den Teigrand überlappend, dabei aber den Teig nicht in die Länge ziehen. Die Rollen mit dem Teigende nach unten auf das Backblech legen, eine Viertelstunde rasten lassen, mit Eistreiche bestreichen und im heißen Rohr anbacken, dann ausbacken. Sofort durch Aufklopfen des dünnen Endes die Rollen von der Form lösen. Die vollständig ausgekühlten Rollen mit gesüßter Schlagsahne füllen. Anzuckern.
Pro Portion etwa 330 Kalorien / 1385 Joule.

Blätterteig (1 Paket Tiefkühlblätter), Eistreiche, Butter für die Formen, Schlagsahne, Puder- und Vanillezucker

Plunderteig (Hefebutterteig) (Grundrezept)

Hefeteig (Vorteig): 300 g Mehl, 30 g Hefe, ⅛ l Milch, 30 g Butter, 30 g Zucker, 3 Eigelb, Salz, geriebene Zitronenschale, Vanillezucker
Butterziegel: 240 g Butter, 30 g Mehl, Salz

Der Hefebutterteig ist ein gewöhnlicher, fester gehaltener Hefeteig, in welchen nach Art des Blätterteiges frische Butter lagenweise eingeschlagen wird. Im Gegensatz zum Hefeteig wird der Hefebutterteig kühl ausgearbeitet. Der ausgearbeitete Teig muß langsam und gut aufgehen und wird bei stärkerer Hitze gebacken. Hefeteig wie beschrieben herstellen, jedoch nicht zusammenstoßen. Nach kurzem Gehen wird der Teig fingerdick rechteckig ausgerollt, das mittlere Drittel der Teigfläche mit der Hälfte der einzuschlagenden Butter in Form von Flocken gleichmäßig belegt, das zweite Teigdrittel daraufklappen, nun dieses mit der zweiten Hälfte Butterflokken bedecken und das letzte Teigdrittel abschließend darüberdecken. Hierauf mit dem Rollholz flachklopfen, ausrollen, nochmals dreiteilig zusammenlegen und an einem kühlen Ort eine halbe Stunde ruhen lassen. Nach dieser Zeit ausrollen, wieder dreiteilig zusammenlegen, wieder ½ Stunde rasten lassen. Erst dann der weiteren Verarbeitung zuführen. Aus Hefebutterteig wird ausschließlich Kaffeegebäck hergestellt.
Plunderteig braucht nach der Verarbeitung nur kurze Zeit zum Aufgehen gestellt werden, d. h. der größte Teil des Aufgehens erfolgt im heißen Backrohr.
Insgesamt etwa 3900 Kalorien / 16.325 Joule.

Plunderteig (Hefeblätterteig) (Grundrezept)

Vorteig: 500 g Mehl, 80 g Zucker, 50 g Hefe, 80 g Butter, 2 Eigelb, ¼ l kalte Milch, Salz, Zitrone, Vanille
Fettziegel: 400 g Butter, 50 g Mehl gut durcharbeiten und kühl stellen.

Alle Zutaten des Vorteiges zu einem schönen glatten Teig verarbeiten und kalt ¼ Stunde rasten lassen.
Den Fettziegel einschlagen, eine einfache (dreimal) und eine doppelte (vierfach) Tour geben, den Teig eine halbe Stunde kühl rasten lassen.
Insgesamt etwa 3900 Kalorien / 16.325 Joule.

Quarktäschchen

Den Plunderteig messerrückendick ausrollen, in Quadrate von 12 × 12 cm schneiden, die Spitzen mit Eigelb bestreichen und die Teigfläche mit der Quarkmasse füllen. (Der Quark wird passiert, mit den übrigen Zutaten gut verrührt.) Die Enden der Teigquadrate übereinanderschlagen und fest zusammenschließen, mit Eigelb bestreichen, in die Mitte kleine Teigquadrate von 3 × 3 cm legen, ebenfalls mit Eigelb bestreichen, auf gefettetem Backblech zum Aufgehen in die Wärme stellen, dann flott heiß im Rohr backen. Anzuckern. Diese Täschchen können statt mit Quark auch mit Marmelade oder Pflaumenmus (mit Rum und Zimt gut abgeschmeckt) gefüllt werden.
Fülle II: Butter mit Puderzucker schaumig rühren und die übrigen Zutaten der Fülle daruntermischen.
Pro Portion etwa 310 Kalorien / 1297 Joule.

Plunderteig:
Quarkfülle I: 500 g Quark, 160 g Zucker, 2 Eigelb, geriebene Zitronenschale, ¼ l saure Sahne, Vanillezucker, 1 Eigelb
Fülle II: 30 g Butter, 50 g Puderzucker, 10 g Vanillecremepulver, 130 g passierter Quark, Zitronenschale und Saft, Rosinen, Vanille, Salz

Schnecken

Der fertige Plunderteig wird in der Größe eines Rechteckes von 30 × 60 cm ausgerollt, mit flüssiger Butter bestrichen, mit Zimt, Zucker, geriebenen Nüssen, Rosinen, Biskuitbröseln bestreut und wie eine Roulade zusammengerollt. In 30 gleichmäßige Stücke schneiden, das Ende nach unten legen und mit der Schnittfläche auf ein gefettetes Backblech pressen. Zum Aufgehen in die Wärme stellen und nachher rasch im Rohr backen. Solange die Schnecken noch heiß sind, mit Zitronenglasur überstreichen.
Insgesamt etwa 4000 Kalorien / 16.800 Joule.

Plunderteig, Butter, geriebene Nüsse, Rosinen, Zimtzucker, Biskuitbrösel, Zitronenglasur

Anisbögen

Die ganzen Eier mit Zucker und Vanillezucker schaumig rühren, das Mehl einrühren. Mit dem Spritzsack Streifen auf gefettetes Blech spritzen, mit Anis bestreuen und backen. Noch heiß über Formen biegen.
Insgesamt etwa 1100 Kalorien / 4600 Joule.

4 Eier, 200 g Zucker, Vanillezucker, 100 g Mehl, Fett, Anis

Aniszwieback

3 Eier, 8 Eigelb, 120 g Zucker, Vanille, Zitrone, Salz, 120 g Mehl, 12 g Anis

Alle Zutaten außer Mehl und Anis zuerst warm im Wasserbad, dann kalt schlagen, dann Mehl und Anis dazurühren, in eine gebutterte, mehlbestäubte Kastenform füllen und backen. 2 Tage stehen lassen, dann in Scheiben etc. schneiden und auf dem Backblech noch so lange rösten oder toasten (bähen), bis die Plätzchen ganz trocken und knusprig sind.
Pro Portion etwa 105 Kalorien / 440 Joule.

Biskuit-Igel

3 Eigelb, 2 EL Arrak, Salz, 200 g Zucker, 3 Eiweiß, 200 g Mehl; Creme: 150 g Butter, 3 Eigelb, 6 EL Puderzucker, 3 EL Kakao; zum Formen: 2 Pakkungen Kuvertüre, 50 g Mandelstifte, 2 Mandelhälften, 1 kandierte Kirsche, 1 Mandel

Eigelb, Arrak, Salz und Zucker schaumig rühren (30 Minuten). Den steif geschlagenen Eischnee auf die Masse geben, das Mehl darübersieben, unterheben, Masse in eine gefettete Igelform oder eine ovale Form geben. 45 Minuten backen. Erkaltet zweimal durchschneiden, mit der Creme füllen, Igel mit Mandelstiften bestecken und die im Wasserbad aufgelöste Kuvertüre darübergießen. Mit Mandelhälften, Stück von kandierter Kirsche und ganzer Mandel das »Gesicht« des Igels machen.
Creme: Schaumig gerührte Butter mit Eigelb, Puderzukker und Kakao verrühren.
Insgesamt etwa 4000 Kalorien / 16.800 Joule.

Florentiner

⅛ l Sahne, 120 g Zucker, 30 g Butter, 30 g Honig, 120 g Mandeln, 120 g Orangette, 30 g Belegkirschen, Kuvertüre

Sahne, Zucker, Butter und Honig zum Kochen bringen, gehobelte Mandeln und in dünne Streifen geschnittene Orangette dazugeben und durchkochen, die grobgehackten Belegkirschen zum Schluß einrühren. Diese Masse auf ein gefettetes Backblech in kleinen Scheiben (10 cm Durchmesser) auftragen, etwas flachdrücken und anbacken, dann mit nassem Ausstecher zusammenschieben und exakt formen. Fertigbacken. Überkühlen und abheben. Mit der Backseite nach unten auf die Kuvertüre setzen.
Pro Stück etwa 100 Kalorien / 420 Joule.

Nougat

In einer Pfanne Puderzucker unter fleißigem Umrühren hellgelb auflösen, mit den Mandeln vermischen und nochmals gut durchrösten. Auf einem geölten Backblech oder einer Marmorplatte die Masse fingerdick mit einem geölten Messer oder Rollholz gleichmäßig auftragen und vor dem Erkalten in gleichmäßige Stücke schneiden.
Insgesamt etwa 290 Kalorien / 1213 Joule.

400 g Puderzucker, 250 g geschälte, nudelig geschnittene Mandeln

Schokoladetrüffel

Butter schaumig rühren und nach und nach alle anderen Zutaten dazugeben und 1 Stunde in den Kühlschrank stellen. Aus der Masse dann kirschengroße Kügelchen formen, in Schokoladenstreusel kräftig wenden.
Pro Stück etwa 95 Stück / 395 Joule.

125 g Butter, 125 g Puderzucker, 375 g geriebene Schokolade, 1 EL Kakao, 3–4 EL Rum, 125 g Schokoladenstreusel

Teegebäck

Alle Zutaten auf dem Küchenbrett zu einem glatten Mürbeteig kneten, nicht zu dick ausrollen, mit Formen ausstechen, mit Ei bestreichen, mit Hagelzucker oder Mandelspäne bestreuen, auf einem gebutterten Backblech im mittelheißen Ofen backen.
Insgesamt etwa 1950 Kalorien / 8160 Joule.

125 g Mehl, 125 g Puderzucker, 125 g geriebene, geschälte Mandeln, 1 eigroßes Stück Butter, ½ Zitronenschale, 3 Eigelb, Ei, Hagelzucker oder Mandelspäne

Mandelschnitten

Mürbeteig nach Grundrezept bereiten; 3 mm stark ausrollen, damit eine Kapsel (24 × 40 cm) auslegen und halb backen.
Dünn mit Johannisbeermarmelade bestreichen und Mandelmasse einfüllen und fertigbacken.
Mandelmasse: Sahne, Butter, Honig und Zucker bis zum Faden kochen, gestiftelte Mandeln zugeben und nochmals kurz aufkochen. Nach dem Auskühlen in Stücke (2 × 4 cm) schneiden.
Pro Portion etwa 490 Kalorien / 2050 Joule.

Mürbeteig: Johannisbeermarmelade; Mandelmasse: 120 g Sahne, 100 g Butter, 100 g Honig, 300 g Zucker, 300 g gestiftelte Mandeln

Makronen (Grundrezept)

200 g geriebene Mandeln oder Nüsse, 400 g Zucker, ca. 220 g Eiweiß

Mandeln oder Nüsse und Zucker mit Eiweiß abrösten. Vorteilhafterweise wird zuerst eine Backprobe gemacht. Dazu dressiert man einige Plätzchen auf Papier und bäckt bei eingehängter Rohrtüre. Ist die Masse zu fest, wird das Gebäck stumpf wirken und kaum oder ganz grob gerissen sein. Wenn die Masse zu weich ist, laufen die Plätzchen zu breit, die Oberfläche ist blasig und bestenfalls ganz fein gerissen. Reißen die Makronen zu grob, etwas Eiweiß zugeben, reißen sie zu fein, Nüsse und Zucker im Verhältnis 1 : 2 einrühren.

Richtige Makronen müssen eine schön gerissene und glänzende Oberfläche aufweisen. Dafür ist neben dem richtigen Backen (langsam und ohne Dunst) in erster Linie die Konsistenz ausschlaggebend.

Nach dem Backen die Makronen mit dem Backpapier umdrehen und dieses mit Wasser befeuchten, sofort wieder auf das heiße Backblech zurückdrehen und die Makronen abnehmen.

Pro Stück etwa 50 Kalorien / 210 Joule.

Kokosmakronen

4 Eiweiß, 200 g Zucker, 1 Zitrone, 280 g Kokos, Oblaten, Puderzucker

Eiweiß zu steifem Schnee schlagen. Zucker, abgeriebene Zitronenschale und Kokosflocken dazugeben, das Ganze im heißen Wasserbad so lange rühren, bis die Kokosflockenmasse heiß geworden ist. Dann gibt man den Saft einer Zitrone dazu, kräftig durchrühren und mit feuchten Händen kleine Kugeln formen, auf Oblaten setzen, mit Zucker bestäuben und bei leichter Oberhitze kurz backen.

Pro Stück etwa 55 Kalorien / 230 Joule.

Makronen mit Früchten

100 g abgezogene, geriebene Mandeln, 200 g Zucker, ca. 3½ Eiweiß, kandierte Früchte

Geriebene Mandeln zuerst im Mörser mit etwas Eiweiß verreiben, Zucker und wieder etwas Eiweiß dazugeben. Masse im Spritzsack mit Sterntülle in kleinen Spiralen auf Papier (auf dem Backblech) spritzen. In die Mitte dieser Spiralen kleine Stücke von kandierten Früchten legen. In mittelheißem Ofen langsam backen. Makronen vom Papier lösen.

Pro Stück etwa 60 Kalorien / 250 Joule.

Waffeln

Butter mit Zucker, Vanillezucker oder der Zitronenschale und den Eigelb sehr schaumig rühren, dann mit steifgeschlagener Sahne, Mehl und zum Schluß mit dem steifgeschlagenen Schnee vermischen. Die Waffeleisen jedesmal gut erhitzen und mit Butter befetten. Die Waffeln goldgelb backen. Mit Vanillezucker bestreuen.
Die modernen elektrischen Waffeleisen, die selbsttätig das Fertigsein der Waffeln anzeigen, ermöglichen es, die Waffeln am Teetisch vor den Gästen zu backen.
Insgesamt etwa 2400 Kalorien / 10.050 Joule.

100 g Butter, 100 g Mehl, 3 Eigelb, ⅛ l steifgeschlagene Sahne, 3 Eiweiß, etwas Vanillezucker, geriebene Zitronenschale

WEIHNACHTSBÄCKEREI

Spekulatius

Das mit Backpulver gesiebte Mehl im Haufen auf das Brett geben, eine Mulde eindrücken und in die Mulde Zucker, Eier, Vanillezucker, die abgeriebene Schale einer Zitrone, kleingeschnittene Butter, Zimt, Kardamon, Piment, geriebene Gewürznelken und abgezogene, geriebene Mandeln geben und schnell zu einem geschmeidigen Teig verkneten. Eine halbe Stunde ruhen lassen. Dann messerrückendick ausrollen, in Vierecke von der Größe der Formen schneiden und in die bemehlten Formen drücken. Die überhängenden Ränder abschneiden. Auf gefettetem Blech bei mittlerer Hitze backen.
Pro Stück etwa 40 Kalorien / 168 Joule.

500 g Mehl, 1 Päckchen Backpulver, 150 g Zucker, 2 Eier, 1 Päckchen Vanillezucker, 1 Zitrone, 250 g Butter, 1 TL Zimt, 1 TL Kardamon, ½ TL Piment, Gewürznelken, 150 g Mandeln, Mehl, Fett

Springerle

Eier mit Zucker mindestens ½ Stunde lang schaumig rühren, dann mit Mehl vermischen. Die anderen Zutaten dazugeben. ¼ cm dick ausrollen und mit Figurenausstechern ausstechen. Auf mit Wachs befettetem, mit Anis bestreutem Backblech die Springerle legen, mit Anis bestreuen und einige Stunden stehen lassen. In nicht sehr heißem Backrohr hellgelb backen (dürfen keine braune Farbe erhalten). Man kann auch eigene, mit Mehl ausgestaubte Springerleformen verwenden (den Teig dann etwas fester bereiten).
Pro Stück etwa 30 Kalorien / 125 Joule.

4–5 Eier, 400 g Puderzucker, 400 g Mehl, Zitronenschale (gerieben), 1 Päckchen Backpulver, 1 Päckchen Vanillezucker, Wachs, Anis

Lebkuchen

500 g Honig, 250 g Zucker, 500 g grobgehackte Mandeln, 250 g Zitronat und Arancini zu gleichen Teilen, 10 g Zimt, feingestoßenes Nelkengewürz, etwas Salz, 600 g Mehl und 10 g Hirschhornsalz

Honig und Zucker aufkochen, mit den übrigen Zutaten vermischen. Lauwarmen Teig gut durchkneten und zugedeckt 1 Tag ruhen lassen. Dann ½ cm dick ausrollen, mit beliebigen Formen ausgestochen auf einem befetteten Backblech in heißem Rohr braun backen. Noch warm mit Fondantglasur überpinseln.
Pro Stück etwa 100 Kalorien / 420 Joule.

Pfeffernüsse

250 g Mehl, 250 g Zucker, 2 Eier, kleingeschnittenes Zitronat, weißer Pfeffer, 1 KL Backpulver

Eier und Zucker schaumig rühren und mit den übrigen Zutaten vermischen. Nußgroße Kügelchen formen und auf einem gebutterten, mit Mehl bestaubten Backblech bei gelinder Hitze backen. Nach Wunsch mit Zuckerguß überziehen.
Pro Stück etwa 50 Kalorien / 210 Joule.

Nürnberger Plätzchen

500 g Farinzucker (Rohzucker), 4 Eier, 3 EL Honig, 100 g Orangeat und Zitronat, 1 TL Zimt, 1 TL Nelken, 100 g Mandeln, 750 g Mehl, ½ Päckchen Backpulver

Farinzucker mit Eiern und 3 Löffel Honig schaumig rühren. Zitronat und Orangeat, feingeschnitten, Zimt, Mandeln, Nelken und Mehl, mit ½ Päckchen Backpulver gemischt, daruntergeben und alles tüchtig durcharbeiten. Dann walnußgroße Häufchen auf ein mit Wachs gestrichenes Blech setzen, 15–20 Minuten bei Mittelhitze backen.
Pro Stück etwa 55 Kalorien / 230 Joule.

Honigkuchenplätzchen

200 g Honig, 280 g Zucker, 150 g Mandeln, je 150 g Orangeat und Zitronat, Msp Zimt und Nelken, Muskat, 3 Eier, 300 g Mehl, 1 TL Backpulver

Honig mit Zucker so weit warm werden lassen, daß der Zucker schmilzt. Nach dem Auskühlen alle anderen Zutaten zu einem festen Teig verarbeiten, dann über Nacht im warmen Raum ruhen lassen. Am nächsten Tag Teig 3 mm dick ausrollen und mit Förmchen ausstechen. Auf gut gefettetem Blech bei milder Hitze backen. Man kann sie nach dem Erkalten mit Glasur überziehen.
Insgesamt etwa 5290 Kalorien / 22.140 Joule.

Marzipanblättchen

Mehl, Zucker, Salz, Eier, Butter in Flöckchen zu einem Mürbeteig rasch verarbeiten. ½ Stunde im Kühlen rasten lassen, auf mehlbestaubter Fläche ½ cm dick ausrollen, Blättchen (oder Scheiben) ausstechen, auf gefettetem Backblech ¼ Stunde backen.
Marzipanmasse mit Puderzucker und Rum kneten, auf mit Zucker bestreutem Brett ausrollen und gleich große Blättchen oder Scheibchen ausstechen. Die Mürbeteigblättchen mit Aprikosenmarmelade je zwei zusammensetzen, dazwischen kleine Marzipanblättchen legen. Mit dem Zucker-Rumguß aus 100 g Puderzucker, Gläschen Rum und 1 EL Wasser überziehen.
Pro Stück etwa 135 Kalorien / 565 Joule.

Marzipanmasse oder 200 g Rohmarzipan, 200 g Mehl, 100 g Zucker, Prise Salz, 1 Ei, 100 g Butter, Mehl, Fett, 50 g Puderzucker, Gläschen Rum, 1–2 EL Zucker, 100 g Aprikosenmarmelade, Rumguß

TORTENFÜLLUNGEN

Leichte Buttercreme

Puddingpulver mit wenig kalter Milch anrühren, in die restliche, mit Prise Salz und Zucker aufgekochte Milch rühren, einmal aufkochen und erkalten lassen, dabei ab und zu umrühren. Dann die schaumig gerührte Butter und den Puderzucker verrühren und löffelweise in die kalte Puddingmasse (auch **Flammeri** genannt) darunterschlagen.
Insgesamt etwa 2146 Kalorien / 9010 Joule.

1 Päckchen Puddingpulver, ½ l Milch, Prise Salz, 30 g Zucker, 200 g Butter, 50 g Puderzucker

Schwere Buttercreme
(mit englischer Creme)

Milch mit der Vanillestange und Zitronenschale zum Kochen bringen, 10 Minuten ziehen lassen, dann Zitronenschale und Vanillestange entfernen. Eigelb mit Zucker und Prise Salz schaumig rühren, Speisestärke darunterrühren, dann in das heiße Wasserbad stellen (nicht kochen!), nach und nach die heiße Vanillemilch darunterschlagen. Leicht abkühlen lassen. Inzwischen die Butter schaumig rühren, den Puderzucker dazurühren und löffelweise in die **englische Creme** einschlagen.
Insgesamt etwa 2705 Kalorien / 11.350 Joule.

¼ l Milch, ½ Vanillestange, Zitrone, 4 Eigelb, 125 g Zucker, Prise Salz, 10 g Stärkemehl, 200 g Butter, 100 g Puderzucker

Schokoladen-Buttercreme

150 g Schokolade, leichte Buttercreme (Grundrezept), 1 Glas Weinbrand

Schokolade zerkleinern und im Wasserbad schmelzen, leicht abgekühlt mit Weinbrand verrühren und löffelweise unter die Creme rühren.
Insgesamt etwa 2805 Kalorien / 11.870 Joule.

Rum-Buttercreme, Punsch-Buttercreme

Leichte Buttercreme (Grundrezept), 2 EL Sauerkirschsaft, 1 Glas Weinbrand oder Rum, 50 g Mandeln

Kirschsaft, Weinbrand (oder für Rum-Buttercreme: Rum) und gehackte Mandeln vermengen und unter die Buttercreme mischen. Punschtorten tränkt man vor dem Füllen immer mit 2 Glas Rum und etwas Weißwein (etwa 2—3 Eßlöffel voll); Rum und Wein vermischt man vorher.
Insgesamt etwa 2710 Kalorien / 11.780 Joule.

Kaffee-Buttercreme
(Mocca-Buttercreme)

Leichte Buttercreme (Grundrezept), Öl, 50 g Zucker, 50 g Mandeln, 2 EL Pulverkaffee, 1 TL Instant-Kakao, ½ Orange

Ein Backblech mit gefetteter Alufolie belegen. Dann in einer Pfanne Zucker unter Rühren schmelzen, dann die grobgehackten Mandeln dazugeben, das Ganze auf die Folie streichen und 10 Minuten kühlen lassen. Dann fein zerbröckeln und mit den übrigen Zutaten in die fertige Buttercreme rühren.
Insgesamt etwa 2710 Kalorien / 11.780 Joule.

Vanillecreme

¼ l Milch, ¼ Stange Vanille, 20 g Speisestärke, 4 Eigelb, 50 g Zucker, 5 Blatt Gelatine, ⅛ l Sahne

Milch mit aufgeschnittener Vanillestange zum Kochen bringen, etwa 10 Minuten ziehen lassen, Vanillestange entfernen. Speisestärke mit wenig kalter Milch anrühren, in die Milch einrühren, einmal aufkochen lassen. Eigelb und Zucker schaumig rühren und in die Creme einrühren. Vom Feuer nehmen und abkühlen lassen. Die in wenig Wasser vorgeweichten Gelatineblätter ausdrücken, erwärmen und zur Creme geben, die Creme noch einmal leicht erwärmen, vom Feuer nehmen und die steifgeschlagene Sahne darunterrühren, sobald die Creme fest zu werden beginnt. Eignet sich besonders für Cremeschnitten.
Insgesamt etwa 2800 Kalorien / 11.800 Joule.

Mokkacreme

Gemahlenen Kaffee mit Tasse heißem Wasser überbrühen, 5 Minuten ziehen lassen und durchfiltern. 50 g Zukker in einer Pfanne bräunen, mit dem Kaffee ablöschen und abkühlen lassen. Butter und Zucker schaumig rühren, nacheinander Eigelb und den Kaffee dazurühren.
Insgesamt 1480 Kalorien / 6100 Joule.

40 g Kaffee, 1 Tasse Wasser, 50 g Zucker, 125 g Butter, 125 g Puderzucker, 2 Eigelb

Nuß- oder Haselnußcreme mit Schlagsahne

Eigelb mit dem Zucker und der Milch im Schneekessel über Dunst recht dick schlagen, mit der im kalten Wasser eingeweichten und ausgedrückten Gelatine vermischen und kalt stellen. Wenn die Creme gallertartig gestockt ist, die steifgeschlagene Sahne daruntermischen und alles in den Kühlschrank zum Stocken stellen.
Insgesamt etwa 1670 Kalorien / 7000 Joule.

3 Eigelb, 3/16 l Milch, 80 g Zucker, etwas Vanillezucker, 1/4 l Schlagsahne, 100 g geriebene Nüsse, 4 Blatt Gelatine

Orangencreme

Butter und Puderzucker schaumig rühren. Orangenschale und Orangensaft darunterrühren.
Insgesamt etwa 1180 Kalorien / 4950 Joule.

200 g Butter, 250 g Puderzucker, 1 TL abgeriebene Orangenschale, 3–4 EL Orangensaft

Pariser Creme

Schokolade oder Kuvertüre klein schneiden und in die aufgekochte Sahne geben, glattrühren, dann kalt stellen. Gut gekühlt mit der Schneerute bis zu standfester Konsistenz rühren. Sollte die Pariser Creme bei der Verarbeitung zu fest werden, dann leicht anwärmen und erneut glattrühren.
Insgesamt etwa 605 Kalorien / 2530 Joule.

1/4 l Sahne, 250 g Schokolade oder Kuvertüre

Kastanienreis (Maronenreis)

1000 g Edelkastanien (Maronen), 300 g Zucker, ¼ l Schlagsahne, Vanillezucker, Puderzucker, Belegkirschen, Rum oder Maraschino

Zur Bereitung von Kastanienreis für Torten, Pudding und dergleichen werden die Kastanien mit Wasser zugestellt und weich gekocht, dürfen aber nicht vorher aufgeschnitten werden. Oder Kastanien leicht einschneiden und dann im Rohr halb anbraten, so daß sich die Schalen öffnen: Die Früchte lassen sich dann leicht herauslösen, müssen aber mit etwas Milch weich gedünstet werden. 1 kg Kastanien ergeben ungefähr 600 g Kastanienfleisch. Dieses mit 300 g Zucker verrühren, das Ganze durch den Fleischwolf drehen, dann durch ein Drahtsieb passieren. Es darf nicht mehr Zucker dazugegeben werden als vorgeschrieben, da sonst die Masse weich wird und nicht mehr für Kastanienreis oder modellierte Kastanienmasse verwendet werden kann. Wir mischen nun Vanillezucker und Maraschino oder Rum dazu und verwenden diese Masse nach Belieben. Schlagsahne mit Vanillezucker gesüßt, mittels großer Lochtülle auf Glasschüsseln erhaben aufdressieren. Kastanienmasse durch ein grobes Sieb daraufpressen, anzuckern und mit Kirsche garnieren.
Pro Portion etwa 600 Kalorien / 2520 Joule.

Schlagsahne mit Eierschnee

Schlagsahne von ¼ l süßer Sahne, 20 g Puderzucker, fester Schnee von 2 Eiweiß, 80 g feiner Kristallzucker

Schlagsahne leicht mit dem Puderzucker mischen. Kristallzucker unter den festen Eierschnee mischen und diesen dann vorsichtig unter die Schlagsahne ziehen.
Insgesamt etwa 1430 Kalorien / 6000 Joule.

Eierschnee

Fester Schnee von 6 Eiweiß, 150 g feiner Kristallzucker, ⅛ l Wasser, 150 g Puderzucker

Kristallzucker mit Wasser 15 Minuten lang zu einem Sirup kochen und diesen bei ununterbrochenem Rühren tropfenweise unter den Eierschnee mischen. Zum Schluß leicht den Puderzucker unterziehen.
Insgesamt etwa 1510 Kalorien / 6332 Joule.

GLASUREN

Eine Fondantglasur soll bei Verwendung für Backwerk und Torten nur lauwarm sein und entsprechend mit Likör und Läuterzucker verdünnt werden, bis sie die richtige Konsistenz bekommt. Um einen besonderen Hochglanz in die Glasur zur bringen, empfiehlt es sich, etwas Eiweiß dazuzugeben. Die zu glasierenden Gegenstände sollen vorher immer mit Marmelade bestrichen werden. Dazu wird passierte, unverdünnte Aprikosenmarmelade bis zur Streichfähigkeit erhitzt und heiß auf die Oberfläche der Torte, Schnitte, Roulade usw. dünn aufgestrichen. Durch Beigabe erhält man verschiedene Geschmacksnuancen:
Weiß: durch Beifügen von Zitronensaft oder Maraschino.
Orange: mit Orangenaroma versetzen und mit roter und gelber Lebensmittelfarbe färben.
Punsch: Rum beigeben, leicht rosa färben.
Kaffee: mit Kaffeearoma und Zuckercouleur.
Schokolade: erweichte Schokolade oder zerlassene Kakaomasse daruntermischen.

Eiweißglasur (Grundrezept)

1–2 Eiweiß,
200 g Puderzucker,
Zitronensaft

Eiweiß steif schlagen, den Puderzucker und einige Tropfen Zitronensaft zufügen und gut verrühren (15 Minuten). Auch zum Beschriften und Dekorieren von Torten als Spritzglasur zu verwenden.
Insgesamt etwa 810 Kalorien / 3390 Joule.

Arrakglasur

2 Eiweiß,
250 g Puderzucker,
1 EL Arrak

Eiweiß zu Schaum schlagen; Zucker mit Arrak verrühren und das Eiweiß löffelweise dazurühren, bis die Glasur weiß ist.
Insgesamt etwa 810 Kalorien / 3390 Joule.

Butterschokoladenglasur

100 g Schokolade,
80 g Butter

Schokolade mit Butter warm machen, kalt rühren und vor dem vollständigen Steifwerden über die Torte oder das Backwerk gießen. Eignet sich sehr gut zum Glasieren von Eisbomben und Torten.
Insgesamt etwa 400 Kalorien / 1680 Joule.

Kaffeeschokoladenglasur

120 g Schokolade, 20 g Butter, 2 EL gekochter, schwarzer Kaffee

Schokolade warm machen, zuerst mit Butter, dann mit 2 Eßlöffel sehr starkem, schwarzem Kaffee glatt rühren und damit noch warm glasieren.
Insgesamt etwa 600 Kalorien / 2520 Joule.

Mokkaglasur

200 g Puderzucker, 1 Eiweiß, 1 TL Wasser, 2 TL Nescafé

Alle Zutaten zusammen gut verrühren.
Insgesamt etwa 700 Kalorien / 2940 Joule.

Schokoladenglasur

125 g Kochschokolade, 150 g Kristallzucker, 4 EL Wasser, einige Tropfen Öl oder Stück Butter

Kochschokolade vorsichtig erwärmen. Zucker mit Wasser zum Faden kochen, auskühlen lassen und dann langsam zu der warmen Schokolade rühren, und zwar in kleinen Mengen. Immer wieder das Ganze glattrühren, bis die Schokoladenglasur im warmen Zustand den Kochlöffel schön dick überzieht. Der gekochte Zucker muß nicht unbedingt aufgebraucht werden. Man kann auch ein kleines Stück Butter oder einige Tropfen Öl dazurühren. Auf jeden Fall ist es Grundbedingung, daß die Glasur nur lauwarm gemacht werden darf. Eine heiße Glasur ist verdorben und wird niemals glänzend bleiben.
Insgesamt etwa 800 Kalorien / 3360 Joule.

Kuvertüre (Tunkmasse)

200 g Kuvertüre, 10 g Kakaobutter

Ganz besondere Beachtung erfordert die Verwendung der Kuvertüre (ist fertig im Handel erhältlich). Eine beliebige Menge Kuvertüre wird kleingeschnitten und vorsichtig (im Wasserbad) erwärmt. Es darf auf keinen Fall Wasser oder eine andere Flüssigkeit dazukommen, da sonst die Masse verdorben wäre. Zum Verdünnen dürfen wir nur etwas Kakaobutter oder Kokosfett oder etwas Öl verwenden, und zwar soll man höchstens 10 g Kakaobutter auf 200 g Kuvertüre nehmen. Sobald die Kuvertüre aufgelöst ist, wird sie so lange gerührt, bis sie vollständig kalt stockt. Dann nochmals erwärmen, glattrühren und erneut unter ständigem Rühren auf ungefähr 36 Grad Wärme abkühlen (Lippenwärme). Geben wir einen Tropfen Schokolade auf eine kalte Platte und stockt er innerhalb weniger Minuten, so können wir mit dem Glasieren beginnen.
Insgesamt etwa 600 Kalorien / 2520 Joule.

Süßspeisen und Desserts

Strudelteig (Grundrezept)

300 g glattes Weizenmehl,
2 EL Öl, Prise Salz,
½ Tasse lauwarmes Wasser

Das Mehl auf ein Brett sieben, in der Mitte eine Grube machen, 1 Eßlöffel Öl dazugeben, salzen und mit lauwarmem Wasser (Menge hängt von Mehlqualität ab) mittels einer Gabel das Ganze zu einem nicht zu festen Teig anmachen. Dann mit beiden Händen kräftig durchkneten und immer wieder auf das Brett schlagen. Der Teig ist fertig, wenn er sich leicht von Hand und Brett löst und seidenglatt ist. Zu einer Kugel oder mehreren Laibchen formen, oben leicht mit Öl bestreichen, mit einem vorgewärmten Topf bedecken und eine halbe Stunde rasten lassen. Dann auf einem mit Mehl bestaubten Tuch gleichmäßig halbfingerdick ausrollen und durch Untergreifen mit dem Handrücken vorsichtig rundum seidenpapierdünn ausziehen. Den Teig über die ganze Tischfläche ausziehen und über die Tischränder spannen. Die ganze Teigfläche kann etwa 1 m lang, 60—70 cm breit sein. Nach dem Auflegen der Fülle den dicken Teigrand abschneiden.
Wer sich nicht die Mühe machen will, den Strudelteig selbst herzustellen, findet im Handel bereits ausgezogene Strudelteigblätter von ausgezeichneter Qualität. Diese nach Öffnen der Packung sofort auf ein feuchtes Tuch legen, mit Fett bepinseln und dann wie den selbstgemachten Teig weiterverarbeiten.
Den Strudel auf eine der folgenden Arten fertigstellen. Achten Sie beim Füllen darauf, daß vom ausgezogenen Teig an den Seiten etwa 3 cm, am Ende 10—15 cm frei bleiben.
Strudel samt Fülle etwa 3100 Kalorien / 12.975 Joule.

Apfelstrudel

Strudelteig: 1500 g säuerliche Äpfel, 200 g Zucker, Msp Zimt, 150 g Butter, 80 g Brösel, 100 g Rosinen; nach Wunsch 80–100 g Nüsse; Butter zum Backen

Den ausgezogenen Strudelteig (siehe Grundrezept) mit einem Teil der geschmolzenen Butter beträufeln, mit in Butter gerösteten und ausgekühlten Bröseln etwa zwei Drittel der Teigfläche bestreichen. Die in dünne Scheiben geschnittenen, geschälten und entkernten Äpfel mit Zimt und Zucker (eventuell feingeriebene Zitronenschale beimischen) mischen, über die bestreute Fläche des Strudelteigs verteilen, Rosinen und nach Wunsch geriebene Nüsse darüberstreuen, den dicken Teigrand abschneiden und durch Hochheben des Tuches den Strudelfleck einrollen, und zwar so, daß die leergebliebene Seite des Teiges zum Schluß eingerollt wird. Der zusammengerollte Strudel soll von mindestens zwei leeren Teigschichten umgeben sein. Auf ein gebuttertes Blech oder Pfanne legen, mit zerschmolzener Butter oben bestreichen und ca. 40 Minuten bei 200 Grad im heißen Rohr braun backen. Während des Backens noch zweimal mit zerlassener Butter obenauf bestreichen. Leicht überkühlt anzuckern und in Portionen schneiden. Warm oder kalt servieren.
Insgesamt etwa 3100 Kalorien / 12.975 Joule.

Milchrahmstrudel (Sahnestrudel)

Strudelteig: 6 altbakkene Brötchen (200 g), ⅛ l Milch, 60 g Butter, 4 Eigelb, 100 g Puderzucker, 4 Eiweiß, 2 EL Kristallzucker, ½ l fette süße Sahne, 2 EL Grieß oder Brösel, 100 g Rosinen
Überguß: (Eiermilch) ¼ l Milch, 30 g Vanillezucker, 80 g Butter

Die Brötchen abrinden, kleinwürfelig schneiden, mit ⅛ l Milch anfeuchten. Die 4 Eigelb, den Zucker und die Butter schaumig rühren, löffelweise die passierten Brötchen dazurühren, ebenso die Geschmackszutaten, den Grieß (oder die Brösel), die Sahne und die Rosinen. Zum Schluß den Schnee mit 1–2 Eßlöffel Kristallzucker steif ausschlagen und unter die Füllmasse ziehen. Einen Strudelteig ausziehen, ⅔ der Teigfläche mit der Fülle bestreichen, den dickeren Teigrand abschneiden, den freigelassenen Teil mit zerlassener Butter beträufeln. Wie den Apfelstrudel zusammenrollen und in eine mit Butter ausgestrichene, feuerfeste Porzellan- oder Glaspfanne oder Schüssel geben, die halbe Menge des Übergusses darübergießen und eine halbe Stunde im heißen Rohr eher kochen als backen. Dabei mit dem restlichen Überguß und der restlichen Butter nach und nach begießen. Zugedeckt noch 10 Minuten im heißen Rohr ziehen lassen. Im Backgeschirr servieren oder mit einer leichten Vanillesoße anrichten.
Insgesamt etwa 6050 Kalorien / 25.320 Joule.

Zwetschgenstrudel

Butter mit ¾ der Zuckermenge und dem nacheinander beigegebenen Eigelb schaumig rühren. Die mit der Milch befeuchteten Brösel und die mit der Schale geriebenen Mandeln dazugeben. Zuletzt den mit dem restlichen Zukker steifgeschlagenen Eischnee einziehen. Die Masse auf den mit wenig zerlassener Butter bepinselten Strudelteig streichen. Die gewaschenen, halbierten, entsteinten Zwetschgen darauf verteilen und mit Zucker, Zimt und einer Prise Nelkenpulver bestreuen. Den Strudel mit Hilfe des Tuches zusammenrollen und auf einem gefetteten Blech (Nahtseite nach unten) langsam goldbraun backen.
Insgesamt etwa 3100 Kalorien / 12.975 Joule.

Strudelteig: 120 g Butter, 120 g Zucker, 2 Eier, 80 g Semmelbrösel, 2–3 EL Milch, 100 g Mandeln, 40 g Butter, 1000 g Zwetschgen, Zucker, Zimt, Nelkenpulver

Kartoffelteig (für Fruchtklöße)

Kartoffelteig wird entweder aus noch heiß geschälten und heiß passierten Kartoffeln oder aus Kartoffeln vom Vortag hergestellt (dann Kartoffeln reiben). Kartoffelteig möglichst immer erst kurz vor dem Kochen bereiten. Alle Zutaten auf ein Brett geben und mit beiden Händen zügig zusammenwirken. Zu langes Kneten schadet dem Teig. Da sich die verschiedenen Kartoffelarten im Stärkegehalt unterscheiden, sollte immer ein Probekloß gekocht werden. Ist dieser zu weich, dann Mehl beigeben, ist er zu fest, dann zerlassene Butter einmischen.
Pro Portion etwa 295 Kalorien / 1235 Joule.

1000 g Kartoffeln, 150 g Mehl, 80 g Stärkemehl, 80 g Grieß, 40 g zerlassene Butter, 2 Eigelb, Salz

Brandteig (für Fruchtklöße)

Wasser leicht salzen, mit Butter aufkochen. Mehl einrühren und durchrösten, bis die Masse glatt wird, vom Feuer ziehen und mit dem Ei durchkneten. Auf bemehltem Brett weiterbehandeln.
Pro Portion etwa 250 Kalorien / 963 Joule.

250 g Mehl, ¼ l Wasser, 40 g Butter, 1 Ei, Salz

Quarkteig (für Fruchtklöße)

Den passierten Quark mit den übrigen Zutaten rasch zu einer Art Mürbeteig zusammenkneten. Weitere Verarbeitung und Füllung wie bei Kartoffelteigklößen.
Pro Portion etwa 280 Kalorien / 1170 Joule.

500 g Quark, (10%ig; ist er fetter, muß die Mehlmenge erhöht werden), 220 g Mehl, 1 Eigelb, Salz, 60 g Butter

Aprikosenklöße (Marillenknödel)

Kartoffelteig, Quark- oder Brandteig, 500 g Aprikosen, entsprechend Zuckerwürfel, Butter, Brösel, Puderzucker, Salz

Aus einem eher dünn ausgerollten Kartoffel-, Quark- oder Brandteig Vierecke schneiden oder rund ausstechen. Gleichmäßige, mittlere Aprikosen werden entkernt (mit einem Kochlöffelstiel den Kern so herausstoßen, daß die Früchte ganz bleiben, und an Stelle des Kernes 1 Stück Zucker hineinstecken), in den Teig eingeschlagen und Klöße geformt. Diese werden in Salzwasser ca. 20 Minuten gekocht und in mit Butter und Zucker gerösteten Bröseln gerollt.
Auch aus getrockneten Aprikosen kann man Klöße bereiten, wenn man die Aprikosen einige Stunden vorher eingeweicht hat.
Pro Portion etwa 723 Kalorien / 3026 Joule.

Kirschklöße

Quark-, Brand- oder Kartoffelteig, 500 g Kirschen, Butter, Brösel, Zucker, Salz

Einen fertigen Teig auf dem bemehlten Tisch einen halben Zentimeter dick ausrollen und in Vierecke schneiden oder rund ausstechen. 3—4 schwarze nichtentkernte Kirschen in je ein Teigstück einschließen und Klöße formen. Diese in leicht gesalzenem, kochendem Wasser ca. 6—8 Minuten ziehen lassen, aus dem Wasser herausnehmen und in mit Butter gerösteten Bröseln rollen, mit Zucker bestreuen. Raffinierte ersetzen den Kirschenkern durch einen halben Nußkern.
Pro Portion etwa 390 Kalorien / 1630 Joule.

Quarkklöße

60 g Butter, 1000 g passierter Quark (10% Fettgehalt), 3 ganze Eier, Prise Salz, 250 g Mehl, 60 g Puderzukker, Butter und Brösel

Alle Zutaten im Schneekessel verrühren und kurz kalt stellen. Dann aus der Masse kleine Klöße formen, in kochendes Salzwasser legen und etwa 10 Minuten mehr ziehen als kochen lassen, in Bröseln und heißer Butter rollen. Mit heißer Johannisbeermarmelade servieren.
Pro Portion etwa 665 Kalorien / 2790 Joule.

Zwetschgenklöße

Wie Aprikosenklöße zubereiten. Man verwendet dazu Kartoffel- oder Brandteig und 600 g möglichst feste, nichtentkernte Zwetschgen.
Pro Portion etwa 720 Kalorien / 3020 Joule.

Auflauf

Die dazu aufgeschlagene Auflaufmasse ist etwas fester gehalten als die von Soufflés. Durch Zugabe von etwas Backpulver kann man auch Eier sparen. Die Masse muß sehr gut gerührt, der Eischnee sehr fest geschlagen werden. Die Auflaufform muß am Boden und an den Seitenwänden gut mit Butter eingestrichen werden. Die Masse muß gleichmäßig auf dem Boden verteilt werden. Backzeit je nach Menge bis zu 1 Stunde bei mittlerer Hitze. Kurz vor dem Garwerden mit Puderzucker bestäuben und kurz glacieren. Immer sofort servieren.

Vanilleauflauf (Grundmasse)

½ l Milch, 50 g Mehl, 40 g Butter, 60 g Zucker, 3 Eigelb, 3 Eiweiß, Prise Salz, 1 Päckchen Vanillezucker, Butter und Mehl für die Form

Milch, ⅓ der Zuckermenge, Butter, Prise Salz und Vanillezucker zusammen aufkochen. Das Mehl unter stetem Rühren beigeben und einkochen. So lange über Feuer weiterrühren, bis sich die Masse vom Geschirr löst. Dann vom Feuer nehmen, noch heiß das Eigelb nach und nach einrühren. Den Schnee, mit dem restlichen Zucker ganz steif ausschlagen, in die bereits erkaltete Masse einheben (zuerst ⅓, dann den Rest locker einrühren). In eine mit Butter bestrichene, mit Mehl bestaubte Form oder Pfanne zu dreiviertel hoch füllen, in das schwach heiße Rohr stellen und bei leicht geöffnetem Backrohr und gleichbleibender mäßiger Hitze (ca. 160 Grad) ca. ¾ bis 1 Stunde backen. Portionsweise ausstechen, anzuckern, mit Saft oder einer Soße an der Seite anrichten.
Diese Grundmasse kann durch beliebige Beigabe von Zitronenaroma, Orangensaft, passierten Himbeeren, Marmelade, Erdbeersoße, Aprikosensoße, Schokolade, Kaffee usw. variiert werden.
Pro Portion etwa 295 Kalorien / 1230 Joule.

Nudelauflauf

⅜ l Milch, 80 g Butter, 100 g Nudeln, 100 g Zucker, 5 Eigelb, 5 Eiweiß, abgeriebene Schale einer Zitrone, etwas Salz

In die kochende, leicht gesalzene Milch etwas Butter geben, dann die Nudeln dick einkochen und ausdünsten lassen. Die restliche Butter mit dem Zucker schaumig rühren und nach und nach mit Eigelb und der erkalteten Nudelmasse vermischen. Zum Schluß den steifgeschlagenen Schnee vorsichtig mit der Masse vermengen. In einer gebutterten Auflaufschüssel 40 Minuten backen.
Pro Portion etwa 630 Kalorien / 2635 Joule.

Apfelauflauf

8 kleine Äpfel, ¼ l Weißwein, 80 g Zucker, 1 Paket Vanillezucker, 8 TL Aprikosenmarmelade, 4 Eigelb, 4 Eiweiß, 1 Zitrone, 60 g Zucker, 60 g Brösel

Äpfel schälen, vom Kerngehäuse befreien, in den kochenden, mit Zucker und Vanillezucker gewürzten Wein geben und bei geschlossenem Topf 10 Minuten weich dünsten. Dann nebeneinander in eine gebutterte, mit Bröseln ausgestreute Auflaufform stellen und mit der Aprikosenmarmelade füllen. Eigelb mit ⅔ der Zuckermenge, dem Zitronensaft und feingeriebener Zitronenschale schaumig rühren. Die Brösel daruntermischen. Zuletzt den mit dem restlichen Zucker steifgeschlagenen Eischnee einziehen. Die Masse über die Äpfel geben und alles im heißen Ofen 10—20 Minuten überbacken. In der Form servieren. Dazu Vanillesoße.
Pro Portion etwa 300 Kalorien / 1256 Joule.

Kirschmichel

6 altbackene Brötchen (200—250 g), ⅜ l Milch, 125 g Butter, 125 g Zucker, 5 Eigelb, 5 Eiweiß, 1 Prise Salz, 1 Msp Zimt, 1 Msp Kardamom, 100 g Mandeln, 750 g Kirschen, Butter, Brösel

Die Brötchen in feine Scheiben oder Würfel schneiden und mit der leicht erwärmten Milch übergießen. Butter mit etwa 100 g Zucker, Eigelb und Gewürzen schaumig rühren. Die geschälten, geriebenen Mandeln und die eingeweichten Brötchen daruntermischen. Die Kirschen waschen, entsteinen und unter die Auflaufmasse geben. Zuletzt den mit dem restlichen Zucker sehr steif geschlagenen Schnee einziehen. Das Ganze in eine gebutterte, mit Bröseln ausgestreute Form geben und in dem auf 160° erhitzten Ofen 50—60 Minuten backen. Mit geschlagener oder ungeschlagener Sahne heiß oder kalt servieren.
Pro Portion etwa 850 Kalorien / 3560 Joule.

Mannheimer Auflauf

90 g Butter, 90 g Zukker, 90 g geschälte, geriebene Mandeln, etwas gestoßener Zimt, 1—2 EL Mehl, 9 Eigelb, 9 Eiweiß, 350 g Äpfel, 1 Tafeloblate, Zuckerwasser

Butter mit Zucker schaumig rühren und nach und nach mit Eigelb, geriebenen Mandeln, Zimt, Mehl und zum Schluß mit dem steifgeschlagenen Schnee vermischen. Die Hälfte der Masse in die gebutterte Auflaufschüssel füllen, darauf eine Tafeloblate legen und mit den geschälten, geviertelten, in Zuckerwasser weich gekochten Äpfeln belegen. Die Schüssel wird nun mit der restlichen Masse vollgefüllt, ins Rohr gestellt und ca. 40—50 Minuten fertig gebacken. Statt Äpfel kann man auch 400 g rohe entstielte Kirschen oder gekochte Aprikosen, frisch oder getrocknet, nehmen.
Pro Portion etwa 850 Kalorien / 4730 Joule.

Scheiterhaufen

Brötchen (150 g), ½ l Milch, Vanillezucker, 80 g Puderzucker, 3 ganze Eier, 3 Eiweiß, 120 g Kristallzucker, 500 g saure Äpfel, 60 g Butter, Zimt, 60 g Rosinen, 50 g geriebene Nüsse

Die 8 Schneidbrötchen nach Wunsch abrinden, sehr dünnblättrig schneiden, Milch mit Zucker, Vanillezucker und 3 ganzen Eiern gut versprudeln und damit die Brötchenscheiben befeuchten; einige Zeit ziehen lassen. Eine passende Kasserolle wird abwechselnd mit 3 Lagen Brötchenmasse und dazwischen mit 2 Lagen feingeschnittenen Apfelscheiben, die mit Zimt, Zucker, Rosinen und zerlassener Butter gemischt wurden, gefüllt. Das Ganze gut zusammenpressen und, mit gefettetem Pergamentpapier bedeckt, im heißen Rohr ca. 40 Minuten backen. Aus 3 Eiweiß einen steifen Schnee schlagen, 120 g Zucker einschlagen und diese Masse über die fertiggebackene Masse streichen. Mit geriebenen Nüssen und Zucker bestreuen, noch einige Minuten ins heiße Rohr stellen, damit die Schneehaube Farbe annehmen kann.
Pro Portion etwa 695 Kalorien / 2790 Joule.

Soufflé (Grundmasse)

½ l Milch, 50 g Butter, 200 g Zucker, 150 g Mehl, 10 Eigelb, 10 Eiweiß, Prise Salz, 1 Päckchen Vanillezucker
Grundmasse für eine Portion:
20 g Butter, 20 g Mehl, ⅛ l Milch, Vanille, 2 Eigelb, 50 g Zucker, 2 Eiweiß

Soufflés sind leichter als die Aufläufe und bestehen aus einer Grundmasse, die mit beliebigen Geschmacksbeigaben gestaltet und danach auch benannt werden. Die Soufflés müssen vom heißen Ofen weg sofort serviert werden. Die Formen sind mit Butter auszustreichen und mit Zucker zu bestäuben. Soufflés werden bei guter Oberhitze im mittelheißen Ofen gebacken (cremig halten!).
Milch, Butter, halbe Zuckermenge und Vanillezucker zum Kochen bringen, mit dem Schneebesen das Mehl einrühren, die Masse so lange auf dem Feuer bearbeiten, bis sie sich vom Geschirr löst. Dann vom Feuer nehmen; das Eigelb in die noch heiße Masse einrühren, dann erkalten lassen. Dann erst den mit dem restlichen Zucker sehr steif geschlagenen Eischnee darunterziehen. In eine gebutterte, mit Zucker bestreute Form dreiviertel hoch füllen, im mittelheißen Ofen bei guter Oberhitze nicht ganz durchbacken (innen leicht cremig halten). Anzuckern und in der Form sofort auftragen.
Pro Portion etwa 370 Kalorien / 1550 Joule.

Erdbeersoufflé

10 Löffelbiskuits, 375 g Erdbeeren, Zucker, Vanillezucker, 1 EL Kognak, 4 Eigelb, 4 Eiweiß, 50 g Zucker, Butter für die Form

Löffelbiskuits zerbrechen und den Boden einer gebutterten Auflaufform damit auslegen. Die entstielten und gut abgetropften Erdbeeren halbieren, mit Zucker und Vanillezucker mischen, über die Löffelbiskuits geben und mit dem Kognak beträufeln. Eigelb mit ¾ des Zuckers dickschaumig schlagen. Eiweiß mit dem restlichen Zucker sehr steif schlagen und unterziehen und über die Erdbeeren häufen. Im heißen Ofen 10—15 Minuten goldgelb backen.

Pro Portion etwa 230 Kalorien / 965 Joule.

Salzburger Nockerln

5 Eiweiß, 40 g Kristallzucker, Zitronenschale, Vanillezucker, 5 Eigelb, 20 g Mehl, 60 g Butter

Das wichtigste bei den Salzburger Nockerln ist, daß der Schnee besonders steif und fest geschlagen wird. Den Zucker dann dazuschlagen, feingeriebene Zitronenschale und Vanillezucker einrühren, schaumig geschlagenes Eigelb vorsichtig und sehr locker gleichzeitig mit dem Mehl daruntermischen. In einer passenden Pfanne wird die Butter heiß gemacht, aus der Masse werden 3 große Häufchen geformt und daraufgelegt. Auf dem Feuer Farbe annehmen lassen, dann mit der Schaufel vorsichtig umdrehen und zum Fertigbacken 5 bis 6 Minuten in das nicht zu heiße Rohr stellen. Innen noch cremig backen. Mit Vanillezucker gut bestreuen und sofort servieren.

Begleitsoßen zu Salzburger Nockerln: Erdbeersoße oder Erdbeerpüree, mit Zucker in Schlagsahne gerührt, oder Schokoladesoße.

Insgesamt etwa 1350 Kalorien / 5650 Joule.

Savarin

250 g Mehl, ⅛ l Milch, 15 g Hefe, 80 g Butter, 50 g Zucker, 2 Eier, Prise Salz, Zitrone
Rumbad: 250 g Zucker, ⅜ l Wasser, ⅛ l Rum

Aus den angeführten Zutaten einen feingerührten Hefeteig bereiten. In eine gebutterte, mit Mehl bestaubte Ringform (Savarinform) füllen, noch einmal gehen lassen und im heißen Ofen backen. Den warmen Savarin mit der warmen Rumlösung tränken, vollsaugen lassen und entweder kalt, mit Schlagsahne verziert, oder warm anrichten.

Pro Portion etwa 270 Kalorien / 1125 Joule.

Pudding

Der kalte Pudding aus Stärke, Milch und Aromastoff, wie er von der Nahrungsmittelindustrie heute in den Handel gebracht wird, hat mit dem echten Pudding nichts gemein. Dieser Pudding wird im Dunst gekocht und immer heiß mit einer entsprechenden Soße serviert. Als Form werden kleine Portionsförmchen oder für mehrere, aber höchstens vier bis sechs Personen eine größere Puddingform verwendet.
Eine Puddingform (auch den Deckel) mit zerlassener Butter ausstreichen, mit Puderzucker (nie mit Mehl!) stauben, die Form nur zu drei Vierteln (bis fingerbreit vom oberen Rand) füllen. Gut verschließen. Die gefüllte Form dann in ein Geschirr mit Wasser stellen, das aber nur bis zur halben Höhe der Puddingform reichen darf, und auf kleiner Flamme zugedeckt sehr gleichmäßig kochen. Dabei achten, daß immer genug Wasser im Geschirr steht (eventuell kochendheißes Wasser nachfüllen!). Wenn die Puddingmasse aufgegangen oder etwas fester geworden ist, in dem dreiviertel zugedeckten Geschirr fertigkochen (Dauer: ¾ Stunde). Etwas rasten lassen. Stürzen und mit passender Begleitsoße anrichten: Fruchtcreme oder -soße werden über die gestürzte Puddingform gegossen, Fruchtsäfte werden an der Seite des Puddings serviert.

Auflaufpudding (Grundmasse)

80 g Butter, 120 g Mehl, 80 g Zucker, 8 Eigelb, 8 Eiweiß, ¼ l Milch, Butter und Zucker für die Form

Butter zerlassen, Mehl darin kurz durchrühren, mit Milch aufgießen. Masse bearbeiten, bis sie sich vom Geschirr löst. Vom Feuer wegziehen und Eigelb nach und nach einrühren. Eischnee, mit Zucker ausgeschlagen, daruntermischen. Gebutterte Puddingformen mit Zucker ausstauben. Puddingmasse dreiviertelhoch einfüllen. In Geschirr mit kochendem Wasser bis zur halben Puddingformhöhe zugedeckt gleichmäßig ca. 25 Minuten kochen (anfänglich nicht ganz zugedeckt kochen).
Pro Portion etwa 680 Kalorien / 2845 Joule.

Schokoladenpudding

100 g Puderzucker, 50 g Schokolade, 40 g Butter, 60 g Mandeln, 4 Eigelb, 4 Eiweiß, 60 g Mehl; Butter und Puderzucker für die Form

Die weichgemachte Butter und die erwärmte Schokolade sowie die halbe Zuckermenge und das Eigelb – nach und nach dazugeben – schaumig rühren. Den Schnee mit der restlichen Zuckermenge steif ausschlagen und zusammen mit dem Mehl und den geriebenen Mandeln in die Masse einheben. Die Form, gut gefettet und mit Puderzucker ausgestreut, dreiviertel hoch füllen und im Wasserbad kochen. Mit folgender Creme servieren:
¼ l Milch, 50 g Schokolade, 1 Eigelb, 50 g Zucker, 20 g Cremepulver oder Stärkemehl
Milch, Schokolade, Eigelb, Zucker und Cremepulver über heißem Wasserdunst aufschlagen.
Pro Portion etwa 680 Kalorien / 2845 Joule.

Vanillepudding

⅛ l Milch, Vanillezukker, Salz, 40 g Butter, 30 g Zucker, 60 g Mehl, 4 Eigelb, 4 Eiweiß, Butter und Puderzukker für die Form; Vanille- oder Frucht- oder Schokoladesoße

Milch, Vanillezucker, Spur Salz und Butter aufkochen, Mehl beigeben und die Masse so lange über Feuer rühren, bis sich die Masse von Geschirr und Kochlöffel löst. Dann vom Feuer nehmen, leicht überkühlt das Eigelb einrühren. In die bereits erkaltete Masse den mit Zucker steif ausgeschlagenen Schnee – zuerst ein Drittel der Schneemenge, dann den restlichen Schnee – in die Masse einheben. In eine gebutterte und mit Puderzucker ausgestreute Form dreiviertel hoch füllen und im Wasserbad kochen. Mit einer Soße umkränzen und servieren.
Pro Portion etwa 790 Kalorien / 3310 Joule.

Eierkuchen (Grundrezept)

250 g Mehl, Prise Salz, 2 Eigelb, 2 Eiweiß, ¼ l Milch, ¼ l Wasser oder ½ l Milch, 100 g Fett zum Backen

Mehl, Salz, Eigelb, Milch und Wasser verquirlen. Teig ½ Stunde ruhen lassen, dann das steif geschlagene Eiweiß darunterheben und jeweils 1 Schöpflöffel Teig in dem heißen Fett auf beiden Seiten dünn backen. Diese Eierkuchen kann man wie die Palatschinken füllen mit Marmelade, Äpfeln, Kirschen, aber auch mit Ragout, Fleisch, Tomaten, Pilzen, Krabben, Spinat etc.
Pro Portion etwa 440 Kalorien / 1842 Joule.

Palatschinken (Grundrezept)

Für 8–12 Stück: ca. 160–175 g Mehl, ¼ l Milch, ⅛ l Mineralwasser, 2 Eier, 1 Eigelb, Prise Salz, 2 TL Puderzucker; Butter zum Backen, Aprikosenmarmelade, Johannisbeergelee etc.

Milch wird mit einer Prise Salz und dem Mehl glattgerührt (so viel Mehl nehmen, daß ein dünnflüssiger Teig entsteht), Eier und Eigelb dazugerührt und tüchtig zu einem dünnflüssigen Teig verrührt. ½ Stunde rasten lassen. Den Boden einer Pfanne mit ganz wenig Fett erhitzen, eine Portion Teig so dünn wie möglich eingießen, die Pfanne schwenken, daß sich der Teig dünn und gleichmäßig über den Pfannenboden verteilt. Bei guter Hitze backen, wenden und die andere Seite Farbe nehmen lassen, dann herausgeben und warm stellen. So alle Eierkuchen backen und übereinandergelegt warm stellen. Dann mit Aprikosenmarmelade füllen, zusammenrollen, anzuckern und servieren. Um das Zähwerden der Eierkuchen zu vermeiden, ist es vorteilhaft, den Teig vor dem Backen eine halbe Stunde rasten zu lassen und die gebackenen Eierkuchen erst kurz vor dem Servieren mit der heißgemachten, verrührten Marmelade zu füllen.
Pro Stück etwa 295 Kalorien / 1232 Joule.

Palatschinken mit Nußfüllung

12 Palatschinken nach Grundrezept, Fülle: 100 g gemahlene Nüsse, 75 g Zucker, 50 g Butter, ½ Päckchen Vanillezucker, 1 Eigelb, Prise Salz

Fülle: Butter, Zucker, Vanillezucker, Prise Salz, Eigelb schaumig rühren, die geriebenen Haselnüsse dazurühren. Dann das steif geschlagene Eiweiß darunterheben. Die Fülle auf die fertigen Palatschinken verteilen, aufrollen und in eine mit Butter gefettete feuerfeste Form legen. Und im vorgeheizten Backofen noch 10 Minuten überbacken.
Pro Portion etwa 745 Kalorien / 3120 Joule.

Auflaufomelette (Omelette soufflé)

3 Eiweiß, 3 EL Zucker, 2 Eigelb, Vanillezucker, Butter

Eiweiß zu festem Schnee schlagen, den Zucker nach und nach einschlagen. 2 Eigelb und Vanillezucker (oder feingeriebene Orangen- oder Zitronenschale) darunterziehen. Auf gebutterte, zuckerbestaubte Platte hoch aufdressieren und ausfertigen. Anzuckern, im Ofen backen und sofort servieren. Werden gern mit frischen Erdbeeren (halbieren und zuckern) gefüllt.
Pro Portion etwa 745 Kalorien / 3119 Joule.

Quarkeierkuchen (»Topfenpalatschinken«)

3 Eier, 160 g Mehl, ¼ l Milch, Prise Salz
Fülle: 250 g Quark, 20 g Butter, 160 g Puderzucker, 2 Eigelb, Prise Salz, Vanillezukker, 100 g Rosinen, geriebene Zitronenschale, 2 Eiweiß
Überguß: ⅛ l Milch, ¼ l saure Sahne, 50 g Puderzucker, 2 Eigelb, Vanillezucker

Den Teig wie oben angeführt rühren und daraus dünne Eierkuchen backen.
Fülle: Quark passieren. Butter, die halbe Zuckermenge, Eigelb (nach und nach beigeben) und die Geschmackszutaten nacheinander dazugeben und schaumig rühren, den Quark dazurühren und die Rosinen beigeben. Das Eiweiß zu Schnee schlagen, mit restlicher Zuckermenge ganz steif ausschlagen und in die Füllmasse einheben. Die Eierkuchen mit dieser Creme bestreichen, zusammenrollen, in zwei Teile schneiden und dachziegelartig in eine gefettete Pfanne legen. In mittelheißem Backofen backen. Nach 15 Minuten Backzeit übergießt man die angebackenen Eierkuchen mit etwas Überguß und läßt sie fertigbacken. Zum Schluß anzuckern. Eventuell mit einer Vanillesoße umkränzen.
Pro Portion etwa 835 Kalorien / 3555 Joule.

Pfannkuchen (Grundrezept)

70 g Mehl, ⅛ l Milch, 4 Eigelb, 40 g zerlassene Butter, Spur Salz, 4 Eiweiß, 30 g Kristallzucker, Butter zum Backen, Vanillezucker

Pfannkuchen unterscheiden sich von den Eierkuchen durch erhöhte Eibeigabe und Beigabe von Schnee, außerdem wird der Teig dicker in die Pfanne eingegossen und daher nicht zusammengerollt, sondern nur einmal übereinandergeschlagen.
Mehl, Milch, Eigelb (nach und nach), Butter und Salz kurz zu einem glatten Teig rühren, Eiweiß mit Kristallzukker steif ausschlagen und unter die Masse ziehen. In einer Pfanne 30 g Butter heiß machen, die ganze Masse aufgießen und in den heißen Ofen stellen, wobei der Pfannkuchen am Rande 5 bis 6 cm hoch aufsteigt. Ungefähr ¼ Stunde backen. Der Pfannkuchen wird mit Kompott oder Marmelade gefüllt (nur einmal zusammenschlagen), sehr oft auch nur mit einer Zitrone beträufelt, angezuckert und serviert.
Insgesamt etwa 1900 Kalorien / 7950 Joule.

Obstpfannkuchen

Aus Mehl, Salz, Eigelb, Milch und Wasser einen glatten Pfannkuchenteig bereiten. ½ Stunde ruhen lassen. Die Äpfel schälen, entkernen, raspeln und unter den Teig mischen. Zuletzt den mit einer Prise Salz steifgeschlagenen Schnee einziehen. In einer Stielpfanne etwas Fett erhitzen, einen großen Eßlöffel Teig darin hellbraun backen, wenden. Eventuell noch etwas Fett zugeben und auf der anderen Seite goldbraun backen. Die Pfannkuchen zusammenklappen, mit Zucker und Zimt bestreuen und auf einer gewärmten Platte anrichten.
Statt der Apfelstücke kann man Heidelbeeren oder Kirschen unter den Teig mischen **(Apfelpfannkuchen, Heidelbeerpfannkuchen, Kirschenpfannkuchen).**
Insgesamt etwa 1900 Kalorien / 7950 Joule.

200 g Mehl, Salz, 2 Eigelb, 2 Eiweiß, ⅛ l Milch, ¼ l Wasser, 500 g Äpfel, Fett zum Backen, Zucker, Zimt

Omelette (Grundrezept)

Für diese süßen Omeletten gibt man nur eine Prise Salz und etwas Zucker in die Eiermasse. Sie sollen beim Backen auch keine Farbe annehmen, die Mitte muß weich bleiben. Die Oberfläche kann glaciert werden, dazu verwendet man in der modernen Küche einen Elektrostab (im Handel erhältlich).
Eier und Prise Salz, allenfalls auch mit etwas Milch gut verquirlen. In heißer Butter anziehen lassen, dabei mit der Gabel leicht verrühren, bis die Masse zu stocken beginnt. Dann mit dem Rühren aufhören, ganz wenig anbacken, ohne Farbe nehmen zu lassen. Mit beliebiger Marmelade füllen, zusammenschlagen und auf einer vorgewärmten Platte anrichten. Mit Puderzucker bestreuen, mit Elektrostab brennen.
Pro Portion etwa 250 Kalorien / 1045 Joule.

Pro Omelette:
3 Eier, 1 Prise Salz, 1 EL Milch, 20 g Butter, Marmelade

Französische Omelette

5 ganze Eier mit Zucker und Zitronenschale über Dunst aufschlagen. Das Mehl und zuletzt 50 g warme Butter daruntermischen, in Tortenreifen backen. Nach Erkalten einmal durchschneiden, mit Marmelade füllen und mit glühendem Eisenstab Gitter in Zucker brennen. Beilage: Himbeersaft.
Pro Portion etwa 505 Kalorien / 2115 Joule.

5 Eier, 125 g Zucker, Zitronenschale, 125 g Mehl, 50 g Butter

Béchamel-Omelette (Kaiseromelette)

80 g Butter, 3 starke EL Mehl, ¼ l Milch, Prise Salz, 4 Eigelb, 4 Eiweiß, 1 KL Zucker, 40 g Butter zum Backen, Kompott oder Marmelade

Butter in einem kleinen Geschirr (Kasserolle oder Schneekessel) erhitzen, Mehl beigeben, kurz erhitzen und sofort mit Milch aufgießen, leicht salzen, glattrühren und so lange auf dem Feuer rühren, bis sich der Teig vom Geschirr löst. Leicht überkühlt 4 Eigelb dazurühren. Den Schnee von 4 Eiweiß mit einem Kaffeelöffel Zucker steif ausschlagen. Zuerst einen kleinen Teil von dem Schnee zu der Teigmasse mischen und glatt verrühren, dann erst den restlichen Schnee dazumischen, da sich sonst Klumpen bilden und der Schnee zu stark zusammengerührt wird. Auf einer Pfanne die restliche Butter heiß machen, den Teig aufgießen und sehr langsam ungefähr 20 Minuten backen. Mit gemischtem, kleinwürfelig geschnittenem Kompott oder auch mit frischen, gezuckerten Erdbeeren füllen. Die Omelette zusammenschlagen, mit Puderzucker bestreuen und mit glühendem Eisen ein Gittermuster aufbrennen.
Pro Portion etwa 460 Kalorien / 1925 Joule.

Crêpes (Grundrezept)

125 g Mehl, 2 Eigelb, 1 Ei, ⅛ l Milch, Spur Salz, Butter zum Backen

Crêpes sind durch Sahne- und reichliche Eigelbbeigabe verfeinerte kleine, hauchdünne Eierkuchen (Durchmesser ca. 15 cm). Sie werden gerollt, gefaltet, durch spezielle Buttermischungen gezogen oder mit Cremen, Früchten oder Nüssen gefüllt, mit Puderzucker bestäubt oder glaciert, oft auch mit feinem Likör aromatisiert, auch flambiert. Zum Backen gibt es eigene kleine Crêpespfannen.
Alle Zutaten werden mittels der Schneerute zu einem glatten Teig gerührt. (In der feinen französischen Küche wird dieser Teig noch durch ein Spitzsieb passiert.) Eine kleine Pfanne erhitzen, etwas Butter beigeben, wenig Teig eingießen und durch Schütteln der Pfanne gleichmäßig den Teig dünn verteilen. Auf beiden Seiten die Crêpes goldgelb backen. Füllen und zweimal falten.
Pro Portion etwa 425 Kalorien / 1779 Joule.

Brandteig (Grundrezept)

¼ l Milch oder Wasser, 50—75 g Butter, 1 Prise Salz, 150 g Mehl, 2—4 Eier, evtl. Rum

Milch und Butter mit Prise Salz in einem Topf gut aufkochen lassen. Dann vom Feuer nehmen und das Mehl auf einmal hineinschütten. Mit Rührlöffel oder Knethaken des Handrührgerätes auf leichtem Feuer unterrühren, bis sich ein Kloß bildet, sich von Geschirr und Löffel löst und auf dem Topfboden eine weiße Haut zurückbleibt. Den Kloß in eine Schüssel geben und überkühlen lassen. Dann nach und nach die Eier einrühren, dabei die Masse jedesmal ganz glattrühren. Man kann jetzt noch etwas Backpulver hineinrühren. Brandteig ist neutral im Geschmack und läßt sich für salziges wie auch für süßes Gebäck verwenden. Eventuell kann er auch mit etwas Zucker gesüßt werden. Feuchtigkeit erhöht die Treibkraft des Teiges, deshalb eine Tasse Wasser während des Backens in den Ofen stellen. Das Backrohr soll sehr heiß sein und während des Backens (30 Minuten bei starker Hitze) nicht geöffnet werden, sonst fällt das Backwerk zusammen.
Brandteig aus Wasser läuft mehr auf als jener mit Milch. Mit Rumzusatz (1 Kaffeelöffel voll) zieht er weniger Fett ein und wird beim Backen knuspriger (den Rum mischt man in den fertigen Teig ein). Kommt Zucker dazu, wird er mit der Flüssigkeit mitgekocht.
Insgesamt etwa 1440 Kalorien / 6030 Joule

Brandteigkrapfen mit Schokoladecreme

Schokoladencreme: 15 g Kakao, 35 g Stärkemehl, ½ l Milch, 60 g Zucker, 1 Päckchen Vanillezucker, ⅛ l Sahne

Obenstehende Grundmasse mittels Löffels kugelförmig ausstechen. In heißes Backfett (170°) einlegen und backen. Es empfiehlt sich, zuerst einen Probekrapfen zu backen. Sollte er nicht nach Wunsch aufgehen, gibt man ein ganzes Ei oder mehrere in die Masse hinein. Nach dem Backen gut abtropfen lassen, mit Vanille- und Puderzucker- oder Zucker-und-Zimt-Gemisch bestreuen. Mit Schokoladecreme, Fruchtsaft oder einer Fruchtsoße servieren.
Schokoladecreme: Kakao und Stärkemehl und wenig kalte Milch anrühren. Restliche Milch mit Zucker und Vanillezucker kochen, Kakaomilch einrühren, aufkochen lassen. Bis zum Erkalten rühren, dann die Sahne, steifgeschlagen, darunterheben.
Pro Stück etwa 150 Kalorien / 630 Joule

Brandteigküchlein mit Schlagsahne und Schokoguß

70 g Butter, ca. ½ Tasse Wasser, 100 g Mehl, 3 Eier, 1 Prise Salz, etwas Zucker, ¼ l Schlagsahne, 3 EL Zucker; Guß: 140 g Schokolade, 140 g Zucker, 1 Tasse Wasser, 1 TL Stärkemehl

Zuerst einen Brandteig zubereiten und kleine, längliche Küchlein auf dem gefetteten und mit Mehl bestäubten Backblech backen. Nach dem Abkühlen vorsichtig seitlich öffnen und mit gesüßter Schlagsahne füllen.
Guß: Schokolade, Zucker, Wasser und Stärkemehl glatt verkochen und, wenn der Guß abgekühlt ist, über die pyramidenförmig aufgeschichteten Küchlein gießen.
Pro Portion etwa 540 Kalorien / 2255 Joule.

Eclairs (Blitzkuchen)

Brandteig; ½ l Sahne, 50 g Zucker, 1 TL Pulverkaffee, 200 g Blockschokolade, 25 g Kokosfett

Brandteig nach Grundrezept bereiten, den Teig in einen Spritzbeutel geben und zwei fingerlange Streifen auf ein bemehltes Backblech spritzen, den dritten obenauf. Bei 200 Grad 10 bis 15 Minuten backen, quer durchschneiden und abkühlen lassen. Sahne steif schlagen, Zucker und Pulverkaffee einrieseln lassen, je zwei Eclairs damit füllen und zusammensetzen. Schokolade und Kokosfett schmelzen lassen, gut miteinander verrühren und die Eclairs damit überziehen.
Pro Portion etwa 140 Kalorien / 586 Joule.

Schlosserbuben (aus Brandteig)

Brandteig (Grundrezept), 150 g Pflaumenmus (Powidl), Spritzer Rum, 80 g geriebene Blockschokolade, 60 g Puderzucker; Backfett

Die Brandteigmasse mittels Löffels kugelförmig in Nußgröße in Backfett (170°) einlegen, goldbraun backen und abtropfen. Mit kleiner Lochtülle jedes Stück anstechen und den mit Rum gewürzten Powidl einfüllen. Anschließend noch heiß in einer Mischung von Schokolade und Puderzucker wälzen.
Pro Portion etwa 580 Kalorien / 2430 Joule.

Backteig für Früchte

Backteig (Bierteig, Weinteig, Milchteig): 125–150 g Mehl, ¼ l Milch, Wein oder Bier, Prise Salz, 2 EL Öl, 2 Eigelb, 2 Eiweiß, 40 g Zucker

Das gesiebte Mehl mit der Flüssigkeit (Bier, Weißwein oder Milch), Salz, Öl und dem Eigelb rasch glattrühren (mit dem Handrührgerät). Zu langes Rühren würde den Teig zäh werden lassen. 10 Minuten quellen lassen. Dann das Eiweiß mit Zucker zu steifem Schnee ausschlagen und unter den Teig heben. Dann sofort weiterverwenden!
Insgesamt 1600 Kalorien / 6695 Joule.

Spritzkrapfen

Brandteig (Grundrezept), Backfett, Butter, Vanille- oder Zimtzucker, Fruchtsaft oder -soße

Mittels Spritzbeutels mit großer gezackter Tülle (Sternspritze) die Masse auf mit Butter bestrichenen Pergamentpapierstreifen zu Ringen mit ca. 6 cm Durchmesser aufspritzen. Die Streifen entsprechen ungefähr der Oberfläche des Backfettes. Das Fett auf 170° erhitzen, die Papierstreifen umgedreht in das Fett gleiten lassen. Papier ablösen und auf beiden Seiten goldbraun backen. Abgetropft mit Vanille- oder Zimtzucker anzuckern und mit Saft oder Fruchtsoße servieren. Man kann sie auch gleich in das heiße Fett spritzen. Oder die Brandteigmasse durch Sternspritze in fingerlangen Stäben in heißes Fett spritzen und backen.
Pro Portion etwa 460 Kalorien / 1925 Joule.

Mohr im Hemd

90 g Butter, 40 g Puderzucker, 60 g aufgeweichte Schokolade, 1½ Brötchen, etwas Milch, 60 g Nüsse, 50 g Brösel, 3 Eigelb, 3 Eiweiß, 50 g Kristallzukker, Butter und Puderzucker für die Form, Schokoladensoße, Schlagsahne

Butter und Zucker sehr schaumig rühren, dann nach und nach Eigelb einrühren sowie die Schokolade, die in Milch aufgeweichten, ausgepreßten und passierten Brötchen, die geriebenen Nüsse und die Brösel. Alles gut verrühren, Schnee mit dem Kristallzucker steif ausschlagen und in die Masse einheben. In gebutterte, mit Puderzucker ausgestreute Puddingform dreiviertelvoll füllen und im Wasserbad nicht ganz zugedeckt etwa 35 Minuten leicht kochen. Anrichten und mit der Schokoladensoße übergießen. Mit Schlagsahne an der Seite garnieren.
Pro Portion etwa 750 Kalorien / 3150 Joule.

Apfelkücherl (Apfelbeignets)

500 g Äpfel, Zitronensaft, Zucker, 125 g Mehl, Salz, 2 Eigelb, ¼ l Weißwein, 20 g Zucker, 1 EL Öl, 2 Eiweiß, Backfett, Zimtzucker

Aus Eigelb, Mehl, Prise Salz, Zucker, Öl und Weißwein einen Backteig bereiten; ¼ Stunde rasten lassen. Zuletzt den steifgeschlagenen Schnee darunterziehen.
Die Äpfel schälen, das Kerngehäuse ausstechen, ½ cm dicke Scheiben schneiden, mit Zitronensaft beträufeln und leicht ziehen lassen. Mit der Gabel in den Backteig tauchen, kurz abtropfen lassen und in heißem Fett schwimmend 6–8 Minuten auf beiden Seiten backen. Abtropfen lassen. Mit Zimtzucker bestreut servieren.
Pro Portion etwa 298 Kalorien / 1247 Joule.

Arme Ritter

6 altbackene Brötchen, Eiermilch: ca. ½ l Milch, 2 Eier, 1 Msp Salz, 30 g Zucker, 1 Paket Vanillezucker, das Abgeriebene einer ½ Zitrone; Paniermehl, Backfett, 3 EL Puderzucker, 1 TL Zimt

Die Brötchen entrinden (mit Reibeisen abreiben) und halbieren. Die Milch mit den Eiern verquirlen. Mit Salz, Zucker, Vanillezucker und dem Abgeriebenen der ungespritzten Zitronenschale würzen, über die Brötchen gießen und gut durchziehen lassen. Die Brötchen dann in den Bröseln wenden, in das erhitzte Fett geben (wenigstens 1 cm hoch in der Pfanne oder schwimmend im Fettopf) von beiden Seiten goldbraun backen. Abtropfen lassen. Mit Zimt und Zucker bestreuen, auf vorgewärmter Platte anrichten. Mit Kompott servieren.
Pro Portion etwa 600 Kalorien / 2520 Joule.

Wiener Faschingskrapfen

15 Stück: 300 g Mehl, 20 g Hefe, 60 g Butter, 30 g Zucker, 3 Eigelb, Salz, 1 EL Rum, geriebene Zitronenschale, ca. ⅛ l Milch, 150 g Aprikosenmarmelade, Fett zum Backen, Puderzucker

Aus 1/16 l lauwarmer Milch, Hefe, Prise Zucker und etwas Mehl einen Vorteig ansetzen und aufgehen lassen (bis die Masse sich verdoppelt und an der Oberfläche große Risse sichtbar werden).
Restliche warme Milch, Zucker, Salz, flüssige Butter, Rum, Eigelb und Vorteig und das vorgewärmte Mehl zu einem weichen, seidig glänzenden Teig verarbeiten, bis er Blasen wirft. 15 Minuten rasten lassen, dann auf einem bemehlten Brett etwa 1 cm dick ausrollen. Auf der einen Teighälfte mit einem Ausstecher (Durchmesser 6 cm) Kreise anzeichnen, genau in die Mitte der vorgezeichneten Kreise Aprikosenmarmelade (je 10 g) geben und mit einem ebenso groß ausgestochenen, verkehrt darauf gelegten Teigblättchen bedecken. Die Teigränder mit den Fingerspitzen rundherum leicht andrücken. Mit einem kleineren Ausstecher (etwa 5 cm Durchmesser) ausstechen und mit der Oberseite nach unten auf ein mit Mehl bestaubtes Tuch legen, zudecken und an einem warmen Ort dann noch um ein Drittel ihrer Höhe aufgehen lassen.
Die Krapfen mit der Oberseite in ein auf 155 bis 160 Grad erhitztes Fettbad geben, zudecken, nach etwa 3 Minuten die nicht zu braun gebackenen Krapfen mit dem Kochlöffelstiel umdrehen, nochmals etwa 3 Minuten nicht zugedeckt fertigbacken. Gut abtropfen lassen, leicht abgekühlt mit Puderzucker überzuckern (in Sternform). Der Restteig wird mit etwas Milch verarbeitet und nach kurzer Rastzeit weiterverwendet.
Insgesamt 3470 Kalorien / 14.520 Joule.

Kaffeecreme

Rezept Seite 405

Fruchtpickles

Rezept Seite 410

Schneeballen

Mehl, Eigelb, Butter, Sahne, Rum und Salz zu einem Teig bis zur Blasenbildung verarbeiten. ½ Stunde abkühlen lassen, dann ausrollen und viereckige Flecken ausradeln. Bei unversehrtem Rand mehrere fingerbreite Streifen einradeln, Kochlöffelstiel zwischen die Teigstreifen schieben und die charakteristische Form geben. In heißes Fett legen und backen. Mit Zucker bestreuen. Warm mit Himbeersaft servieren.
Insgesamt etwa 1720 Kalorien / 7200 Joule.

200 g Mehl, 5 Eigelb, 50 g Butter, 3 EL Sahne, Rum, Prise Salz

Grießschmarren

Die Milch wird mit Zucker, Prise Salz, Vanillezucker und der Butter aufgekocht. Den Grieß einrühren und anziehen lassen, bis die Masse fest ist, die Rosinen daruntermischen. In einer Pfanne Butter schmelzen und die Grießmasse (in Stücke zerrissen) beigeben. Im heißen Ofen gut trockendünsten und zugleich etwas Farbe nehmen lassen. Der Schmarren wird dabei mit einer Gabel öfter aufgelockert. Anzuckern und mit Kompott, Zwetschgenröster oder Fruchtsaft servieren.
Pro Portion etwa 340 Kalorien / 1423 Joule.

Ca. 180 g grober Grieß, ½ l Milch, 50 g Butter, 30 g Zucker, 60 g Rosinen, Salz, Vanillezucker, 60 g Butter

Kaiserschmarren

Mehl mit Milch zu einem dickflüssigen Teig anrühren, dann erst die 4 Eigelb, eventuell zerlassene Butter, eine Prise Salz und den mit Zucker steifgeschlagenen Schnee einrühren. In einer passenden Pfanne Butter erhitzen, den Teig 2 bis 3 cm hoch aufgießen, Rosinen darüberstreuen und auf einer Seite goldgelb backen. Danach wenden und im Ofen fertigbacken. Zuletzt mit zwei Gabeln auf kleine Stücke zerreißen, anzuckern und mit Zwetschgenröster oder Kompott servieren.
Pro Portion etwa 415 Kalorien / 1735 Joule.

¼ l Milch, Prise Salz, 4 Eigelb, evtl. 60 g zerlassene Butter, 160 g Mehl, 3 Eiweiß, 1 EL Zucker, 60 g Butter zum Backen, 60 g Rosinen

Milchreis (Grundrezept)

Milch mit Butter und Zucker zum Kochen bringen, den gewaschenen, gut abgetropften Reis dazugeben, zugedeckt im Ofen garen. Für manche Zubereitungsarten zum Schluß den Reis mit 2 bis 3 Eigelb abziehen. Mit Zimt und Zucker bestreuen.
Pro Portion etwa 560 Kalorien / 2345 Joule.

½ l Milch, 250 g Rundkornreis, 60 g Butter, 75 g Zucker, Zimt

Apfelreis, gebacken

125 g Reis, ½ l Milch, 1 Päckchen Vanillezucker, 15 g Zucker, 20 g Butter, 5 Eiweiß, 500 g Äpfel, 50 g Zucker, 1 Zitronenscheibe, 125 g Aprikosenmarmelade, 70 g Puderzucker, 1 Prise Salz

Vorbereiteten Reis mit Milch, Zucker, Vanillezucker, Prise Salz und Butter weich kochen, in eine gefettete Auflaufform füllen, mit Aprikosenmarmelade überstreichen. Die geschälten, ausgestochenen, mit Zucker und Zitrone gedünsteten Äpfel darauflegen (man kann auch zuerst eine Backoblate darauflegen). Puderzucker, 2 Eiweiß und Aprikosenmarmelade zu steifem Schaum rühren, den festen Schnee der drei anderen Eiweiß unterziehen und über die Speise geben. ¼ Stunde bei kleiner Flamme im Rohr backen, bis der Schaum zartgelb ist.
Pro Portion etwa 580 Kalorien / 2430 Joule.

Reis auf Hausfrauenart

125 g Reis, ½ l Milch, ¼ l Sahne, 50 g Zucker, 2 Blatt Gelatine, Vanillezucker, Früchte nach Jahreszeit

Vorbereiteten Reis, Vanillezucker und Zucker in Milch kochen. Auskühlen lassen. Geschlagene Sahne und aufgelöste Gelatine unterziehen. Frische Früchte oder abgetropftes Kompott mit dem Reis vermischen, in einer ausgespülten Form kühl stellen. Stürzen und mit Fruchtsaft servieren.
Pro Portion etwa 400 Kalorien / 1680 Joule.

Reis Trauttmansdorff

100 g Rundkornreis, Salz, ½ l Milch, 40 g Zucker, Zitronenschale, Vanille, Zimt, 4 Gelatineblätter, ¼ l Sahne, Vanillezucker, Kompottfrüchte, kandierte Früchte, 1 EL Maraschino, ¼ l Sahne zum Garnieren, Himbeersaft oder Fruchtsoße

Den Reis mit 1 l leicht gesalzenem Wasser ca. 6 Minuten kochen, dann abseihen und mit kalter Milch, Vanille- und Zimtstück sowie etwas fein geriebener Zitronenschale zum Kochen bringen. Reis ganz weich kochen, Zucker mit den in ¹⁄₁₆ l Wasser aufgeweichten Gelatineblättern dazurühren und in heiße Reismasse rühren. Den Reis kalt stellen bzw. in kaltem Wasserbad abkühlen lassen. Unmittelbar bevor die Masse zu stocken beginnt, die mit Vanillezucker steif geschlagene Sahne, die in Maraschino marinierten, würfelig geschnittenen Kompottfrüchte und kandierten Früchte daruntermengen und vorsichtig mit der Reismasse vermischen. In kleine, mit Kaltwasser ausgespülte Portionsförmchen füllen und kalt stellen. Mit Himbeersoße oder Erdbeersoße anrichten, mit Schlagsahne und Kompottfrüchten dekorieren.
Pro Portion etwa 355 Kalorien / 1470 Joule.

DESSERT-CREMES

Diese Cremes werden meistens mit Gelatine bereitet. Man nennt sie dann in der internationalen Gastronomiesprache *Bayrische Creme (Crème bavaroise)*, die aus Milch, Zucker, Eiern oder Eigelb, Frucht-, Vanille- oder Likörzusatz und in kaltem Wasser eingeweichter Gelatine und steifgeschlagener Sahne zubereitet wird. Die Gelatine muß man vorher gut in Kaltwasser quellen lassen und durch leichtes Erwärmen (im Wasserbad) oder in heißem Wasser auflösen. Die noch heiße Gelatinelösung dann unter die warme Creme rühren. Wird die Gelatinelösung mit einer kalten Masse vermischt, muß die Gelatinelösung vorher abkühlen. Man kann zur Gelatinelösung Blätter- oder Pulvergelatine verwenden (1 Päckchen Gelatine = 1 EL Gelatine = 6 Blatt Gelatine). Bereitet man eine Creme mit Eischnee oder steifgeschlagener Sahne, dürfen diese erst dann unterzogen werden, sobald die Creme zu erstarren beginnt. Bekommt eine Gelatine-Creme Klümpchen, stelle man die Schüssel in warmes Wasser und rühre die Creme so lange, bis sie wieder glatt ist.
Diese Cremes werden in mit Wasser benetzte Formen gefüllt, kalt gestellt, dann kurz in heißes Wasser getaucht und gestürzt. Mit Früchten, Soßen, Biskuits und Schlagsahne garniert anrichten.
Oft füllt man sie in Gläser (Sektschalen, Coupgläser). Diese Methode hat nicht nur optischen Vorteil, sondern ist auch geschmacklich besser, da man die Creme durch Reduzierung der Gelatine um die Hälfte luftiger und cremiger herstellen kann.

Gestürzte Creme (Grundrezept)

2 Eier, 3 Eigelb, ½ l Milch, 125 g Zucker, Vanillezucker oder Stück Vanilleschote

Milch und Vanilleschote (oder Vanillezucker) aufkochen, die Vanilleschote wieder entfernen. Eier, Eigelb und Zukker gut verrühren und nach und nach in die Milch einrühren. Dann durch Spitzsieb passieren und in eine dünn mit Butter ausgestrichene Form füllen, im Wasserbad bei nicht zu großer Hitze ca. ½ Stunde pochieren. Erkalten lassen, dann erst stürzen.
Pro Portion etwa 257 Kalorien / 1076 Joule.

Bayrische Creme (Bavarois, Crème bavaroise) (Grundrezept)

½ l Milch, 4 Eigelb, 125 g Zucker, Vanillezucker, 8 Blatt Gelatine, ¼ l Sahne

Gelatineblätter in kaltem Wasser einweichen. Milch mit Eigelb, Zucker und Vanillezucker über Dunst schaumig schlagen (nicht kochen!), die ausgedrückten Gelatineblätter beigeben, kalt stellen, dabei manchmal umrühren. Kurz vor dem Stocken, d. h. wenn man merkt, daß die Creme anzuziehen beginnt, die geschlagene Sahne lokker unterziehen. Sofort in eine mit kaltem Wasser ausgespülte Zylinderform oder in Portionsformen geben und kalt stellen. Zum Stürzen die Form kurz in heißes Wasser tauchen, anrichten und garnieren. Mit Erdbeer-, Himbeer-, Ananas-, Johannisbeer-, Schokoladen- oder Karamelsoße umkränzen, mit Schlagsahne und Früchten garnieren. Man kann die Grundcreme vor der Sahnebeigabe mit Fruchtmark oder Früchten oder Kaffee, Likören oder Schokolade versetzen.
Pro Portion etwa 257 Kalorien / 1076 Joule.

Kognakcreme

3 Eier, 80 g Zucker, 1 Päckchen Vanillezucker, ⅛ l Sahne, 1 EL Gelatine, ¼ l Sahne, 4 EL Kognak, Makronen, Schlagsahne

Eier mit Zucker, Vanillezucker und Sahne im Wasserbad zu einer dicken Creme schlagen (nicht kochen). Die in etwas heißem Wasser gelöste Gelatine und den Kognak dazugeben. Die Creme kühl stellen. Sobald sie zu erstarren beginnt, die steifgeschlagene Sahne unterziehen. In flache Gläser füllen und mit einem Tupfen geschlagener Sahne und Makronen dekorieren. Auf die gleiche Weise kann **Rumcreme** (4 EL Jamaika-Rum) bereitet werden.
Pro Portion etwa 395 Kalorien / 1650 Joule.

Erdbeercreme

500 g Erdbeeren, 150 g Zucker, 6 Blatt Gelatine, 2 EL Kognak, ¼ l Sahne

Erdbeeren waschen, gut abtropfen lassen und passieren oder im Mixer pürieren. Den Brei mit Zucker verrühren und ¼ Stunde ziehen lassen. Die Gelatine in etwas kaltem Wasser quellen lassen, ausdrücken, in 4 EL heißem Wasser lösen und nach dem Abkühlen mit dem Kognak unter den Fruchtbrei mischen. Wenn die Creme zu stokken beginnt, die steif geschlagene Sahne unterziehen. In Portionsgläser füllen und mit geschlagener Sahne und frischen Erdbeeren garnieren. Auf die gleiche Weise kann auch **Aprikosen-** oder **Pfirsichcreme** bereitet werden.
Pro Portion etwa 320 Kalorien / 1340 Joule.

Mandelcreme (Blancmanger)

Frisch abgezogene Mandeln mit wenig Milch feinreiben, mit heißer Milch übergießen, zugedeckt ½ Stunde ziehen lassen. Aufgelöste Gelatine zugeben, passieren. Zucker und Sahne geschlagen darunterziehen. In leicht geölte Formen füllen und kalt stellen.
Pro Portion etwa 382 Kalorien / 1599 Joule.

250 g Mandeln, Milch, ½ l Milch, 15 g Gelatine, 150 g Zucker, ⅜ l Sahne

Kaffeecreme

Gelatine in wenig kaltem Wasser aufweichen, ausdrükken und in den heißen Kaffee rühren, auflösen, Kakao und Zucker einrühren und kalt stellen. Sobald die Creme zu stocken beginnt, die steifgeschlagene Sahne darunterziehen. Creme in Gläser füllen, mit Mokkabohnen, schokoladenüberzogen, garnieren.
Pro Portion etwa 380 Kalorien / 1590 Joule.

¼ l starker Kaffee, 100 g Zucker, 1 EL Kakaopulver, 5 Blatt Gelatine, ¼ l Schlagsahne

Schokoladencreme

Eigelb mit Milch, Zucker und der in kleine Stücke zerbröckelten Schokolade im Wasserbad zu einer glatten, cremigen Masse schlagen, vom Herd nehmen, Kognak beifügen und abkühlen lassen. Die Gelatine in kaltem Wasser quellen lassen, ausdrücken, in 2–3 Eßlöffel heißem Wasser lösen und unter die Creme mischen. Die Eiweiß steif schlagen, ebenso die Sahne und beides locker unterziehen, sobald die Creme zu erstarren beginnt. In Portionsschalen füllen und mit geschlagener Sahne verzieren.
Pro Portion etwa 350 Kalorien / 1465 Joule.

3 Eigelb, ½ l Milch, 60 g Zucker, 100 g Schokolade, 5 Blatt Gelatine, ⅛ l Sahne, 3 Eiweiß, 1 Glas Kognak

Tutti Frutti

Eigelb mit Zucker, Vanillezucker, Stärkemehl und 4 EL Milch verrühren. Die restliche Milch mit einer Prise Salz aufkochen und unter ständigem Schlagen mit einem Schneebesen über das verrührte Eigelb gießen. Alles einmal aufkochen lassen, vom Herd nehmen und den Eischnee unterziehen. Die gewaschenen, abgetropften Früchte nach Geschmack zuckern und auf 4 Glasschalen verteilen. Die Löffelbiskuits in kleine Stücke brechen, mit dem Kognak tränken und über die Früchte geben. Zuletzt die erkaltete, noch nicht erstarrte Creme darübergießen und mit einigen Früchten garnieren.
Pro Portion etwa 463 Kalorien / 1940 Joule.

2 Eigelb, 2 Eiweiß, 40 g Zucker, 2 Päckchen Vanillezucker, 30 g Stärkemehl, ½ l Milch, 1 Prise Salz, 300 g Erdbeeren (oder andere Früchte), Zucker, 8–12 Löffelbiskuits, 4 EL Kognak (oder Sherry, Kirschwasser, Rum)

Apfelcharlotte

Kastenbrot; dick eingekochtes Apfelmus, Vanillezucker, 80 g Butter, ½ l Aprikosensoße mit Rum

Kastenbrot entrinden, in 1 cm dicke Dreiecke schneiden, durch zerlassene Butter ziehen und damit den Boden einer Charlottenform auslegen. Vom gleichen Brot längliche Rechtecke von 3 cm Breite und 1 cm Dicke in der Höhe der Form schneiden, ebenfalls in zerlassener Butter wenden und damit die Wandungen der Form, immer halb übereinandergelegt, ausfüttern. Mit kaltem, sehr dick eingekochtem, vanilliertem Apfelmus hoch füllen und im heißen Rohr backen. Vor dem Stürzen auf einer runden Platte noch einige Minuten ruhen lassen. Mit leichter Aprikosensoße mit Rum umgießen und den Rest der Soße nebenbei servieren.
Diese klassische Form der Charlotte herzustellen, dürfte nicht jedem gelingen. Man kann sie daher auch in einer flachen, viereckigen Form bereiten, wobei man die Brotscheiben auf dem Boden und den Seiten der Form nicht halb übereinander, sondern dicht aneinander legt.
Pro Portion etwa 350 Kalorien / 1465 Joule.

Schaumsoße (Grundsoße)

3 Eigelb, 125 g Zucker, ½ l süße Sahne

Zucker mit wenig Wasser zum kleinen Ballen kochen. Das Eigelb darunterziehen, unter ständigem Rühren mit dem kochenden Zucker vermengen und kalt schlagen. Nach dem vollständigen Erkalten die nur halbfest geschlagene Sahne locker unterziehen. Man kann diese Soße auch mit 2–3 cl Grand Marnier aromatisieren.
Pro Portion etwa 150 Kalorien / 630 Joule.

Chaudeau (Weinschaumsoße)

¼ l Weißwein, 3 Eier, 70 g Zucker, ½ Zitrone

Weißwein, die ganzen Eier, Zucker und der Saft einer halben Zitrone werden im Kessel sehr langsam auf kleiner Flamme schaumig geschlagen, bis die Masse beinahe kochend heiß ist. Wenn große Blasen hochsteigen, sofort vom Feuer nehmen und noch einige Zeit weiterschlagen. Ein geschlagenes Weinchaudeau darf sich nicht absetzen, sondern muß bis auf den letzten Rest steif bleiben.
Andere Art: Anstatt der ganzen Eier nehmen wir nur das Eigelb zum Aufschlagen und ziehen den steifen Schnee von den 3 Eiweiß, mit 80 g Zucker geschlagen, unter die noch heiße Masse.
Insgesamt etwa 800 Kalorien / 3349 Joule.

KOMPOTTE UND ANDERE FRÜCHTEDESSERTS

Obstspeisen als Nachtisch sind leicht, gesund und erfrischend. Sie lassen sich auf viele Arten variieren. Angefangen vom einfachen Kompott – das Sie durch Zugabe von etwas Kognak oder Likör verfeinern können – bis zu den raffinierten Obstsalaten ist Ihrer Phantasie keine Grenze gesetzt. Immer nur frische (oder tiefgekühlte), einwandfreie Früchte verwenden!

Kompott zur sofortigen Verwendung

Obst, Wasser, Zucker, Zitronensaft, Gewürznelke, Zimt

Zuerst wird die nötige Wassermenge mit Zucker, Zitronensaft und Gewürzen einigemal aufgekocht, dann erst gibt man die gereinigten und vorbereiteten Früchte dazu. Allzu langes Kochen ist zu vermeiden, ebenso vermeide man zu reichliche Wasserbeigabe, beides vermindert den Geschmack des Kompottes.

Läuterzucker, stark

500 g Zucker, ½ l Wasser

½ l Wasser aufkochen lassen, dann 500 g Zucker beigeben, weiterkochen, dabei gut abschäumen. Mit der Zukkerwaage messen (soll 22–24 Grad wiegen). Nach 5 Minuten vom Feuer ziehen. Sobald der Läuterzucker vom Feuer genommen wird, kann man das gewünschte Aroma beigeben, z. B. Kirschwasser, Rum, Vanillezucker, Kognak, Anisette (jeweils ca. 1 dl). Ergibt einen **Sirup** (Läuterzucker) von 27 bis 28 Grad. Ist der Läuterzucker zu dünn, gibt man noch etwas Zucker bei, ist er zu dick, gießt man etwas Wasser zu.

Läuterzucker, schwach

250 g Zucker, ½ l Wasser

½ l Wasser zum Kochen bringen, 250 g Zucker beigeben, weiterkochen, gut abschäumen und nach 5 Minuten kalt stellen. Sobald der Läuterzucker vom Feuer genommen wird, kann man das gewünschte Aroma beigeben, z. B. Kirschwasser, Rum, Vanillezucker, Kognak, Anisette (jeweils ca. 1 dl). Ergibt einen Sirup (Läuterzucker) von etwa 16 Grad.

Apfelkompott, Birnenkompott

500 g säuerliche Äpfel oder 500 g Birnen, 2 Tassen Wasser oder Wein, 140 g Zucker, Zitronensaft, 2 Gewürznelken, Zitronenschale, 1 Stück Vanilleschote oder Zimtrinde

Für ein Apfelkompott nur feste Äpfel nehmen. Am besten die Maschansker, Goldreinetten und Zitronenäpfel. Die Äpfel bzw. Birnen schälen, das Kerngehäuse ausstechen, je nach Größe vierteln oder achteln, in Zitronenwasser legen. Zum Dünsten Wasser oder Wein mit Zitronensaft, Vanillestange (oder Zimtrinde), Gewürznelken und Vanillezucker aufkochen lassen und dann die Äpfel oder Birnen nach und nach zugedeckt nicht zu weich dünsten. Die fertiggekochten Äpfel oder Birnen in eine Glasschüssel geben. Zum Schluß mit dem abgeseihten Kompottsaft übergießen und kalt stellen.
Pro Portion etwa 300 Kalorien / 1260 Joule.

Apfelmus, Apfelpüree

500 g mürbe Äpfel, ⅛ l Wasser, 100–200 g Zucker, 1 Stück Zimtrinde, 3 Gewürznelken, 1 Stück Zitronenschale, Weißwein

Die Äpfel vierteln, entkernen und mit dem Zucker und den Gewürzen in etwas Wasser weichkochen (10–15 Minuten). Den Apfelbrei passieren, eventuell noch etwas nachzuckern, mit Weißwein abschmecken und kalt stellen.
Pro Portion etwa 200 Kalorien / 840 Joule.

Aprikosen-, Pflaumen-, Mirabellen-, Pfirsich-, Reineclaudenkompott

500 g Früchte, 100–150 g Zucker, Zimt, Vanillezucker

Früchte waschen, halbieren und entsteinen. Eventuell kurz in kochendes Wasser legen und schälen. Den Zukker in ¼ l Wasser zu einem Sirup kochen. Die Aprikosenhälften hineinlegen, bei schwacher Hitze nicht zu weich dünsten (10–20 Minuten), in eine Glasschüssel legen und mit dem etwas eingekochten Saft, mit Zimt und Vanillezucker abgeschmeckt, übergießen.
Pro Portion etwa 185 Kalorien / 770 Joule.

Dörrobstkompott

250 g Dörrobst, 100–150 g Zucker, 1 Stück Zimtrinde, 1 Stück Zitronenschale

Dörrobst (Äpfel, Birnen oder Pflaumen) gut waschen, in eine Kasserolle geben, mit Wasser oder Apfelsaft bedekken und über Nacht einweichen. Zucker, Zimt und Zitronenschale dazugeben. Die Früchte bei schwacher Hitze im Einweichwasser 20–30 Minuten weich dünsten, herausnehmen, in eine Schüssel legen. Mit dem durchgeseihten Saft übergießen.
Pro Portion etwa 185 Kalorien / 630 Joule.

Erdbeerkompott, Heidelbeerkompott

Zucker in ¼ l Wasser kochen. Die gewaschenen Erdbeeren hineinlegen, einmal aufkochen, sofort vom Herd nehmen und zugedeckt erkalten lassen. Mit Zitronensaft und Zimt abschmecken.
Pro Portion etwa 185 Kalorien / 770 Joule.

500 g Beeren, 150 g Zucker, ¼ l Wasser, Zitrone, Zimt

Holunderkompott

Zucker, Wasser, Zimtrinde 2—3 Minuten kochen, dann die verlesenen, gewaschenen Holunderbeeren dazugeben und vorsichtig weich dünsten. Man kann auch entkernte, halbierte Pflaumen oder geschälte, entkernte, in kleine Stücke geschnittene Äpfel mitdünsten. Im Saft erkalten lassen. Zimtrinde entfernen und mit Zitronensaft abschmecken.
Pro Portion etwa 200 Kalorien / 840 Joule.

500 g Holunder, 100 g Zucker, ca. ¼ l Wasser, 1 Stück Zimtrinde, 100 g Pflaumen oder Äpfel, 1 Zitrone

Preiselbeerkompott

Die Preiselbeeren verlesen, waschen und gut abtropfen lassen. Den Rotwein mit Wasser, dem Zucker und der Zimtrinde kurz kochen. Die gereinigten Beeren hineingeben und ca. 10 Minuten bei kleiner Flamme kochen. Vom Herd nehmen und zugedeckt erkalten lassen.
Pro Portion etwa 210 Kalorien / 882 Joule.

500 g Preiselbeeren, ⅒ l Rotwein, ⅛ l Wasser, 250 g Zucker, 1 Zimtrinde

Rhabarberkompott

Den Rhabarber schälen und in 2—3 cm lange Stücke schneiden. Den Zucker mit Wasser und der Zitronenschale einige Minuten unter anfänglichem Abschäumen kochen. Die Rhabarberstücke partieweise darin kernig weich kochen (sie sollen nicht zerfallen; etwa 10—15 Minuten). Sofort in eine Schüssel geben, den restlichen Zuckersaft etwas einkochen lassen und über den Rhabarber geben.
Pro Portion etwa 180 Kalorien / 755 Joule.

500 g Rhabarber, ⅛ l Wasser, 250 g Zucker, 1 Stückchen Zitronenschale, etwas Weißwein

Sauerkirschenkompott

Die entstielten, gewaschenen Sauerkirschen in dem mit ¼ l Wasser zu einem Sirup verkochten Zucker nicht zu weich dünsten (10—15 Minuten). Mit dem Kirschwasser würzen und im eigenen Saft erkalten lassen.
Pro Portion etwa 180 Kalorien / 755 Joule.

500 g Sauerkirschen (Schattenmorellen), 150—200 g Zucker, 1 EL Kirschwasser

Stachelbeerkompott

500 g Stachelbeeren, 150 g Zucker, 1 Stück Zitronenschale

Die nicht allzu reifen Stachelbeeren von Stiel und Blüte befreien und waschen und mit einer Nadel einigemal einstechen. Den Zucker mit der Zitronenschale in ¼ l Wasser klar kochen. Die Stachelbeeren hineingeben, bei schwacher Hitze weich kochen (10–15 Minuten).
Pro Portion etwa 180 Kalorien / 755 Joule.

Zwetschgenröster (Pflaumenmus)

1000 g Pflaumen, 200 g Zucker, ⅛ l Wasser, Zimtrinde, Zitronenschale und etwas -saft

Zucker, Zimtrinde, Zitronenschale und -saft im Wasser klar kochen. Die halbierten, entkernten Pflaumen dazugeben und vollkommen weich dünsten. Zimtrinde und Zitronenschale entfernen.
Pro Portion etwa 210 Kalorien / 882 Joule.

Fruchtpickles

250 g Ananasscheiben, 250 g Aprikosen, 250 g Feigen, 250 g Pfirsiche, 250 g Erdbeeren, 250 g Orangen oder Mandarinen (alles aus Dosen), 1 TL Nelkenpfeffer (Piment), 1 Nelke, 2 Stück Stangenzimt, 80 g Farinzucker, ⅛ l Essig, Prise Salz, 1 Glas Maraschinokirschen, 2 Glas Weinbrand, ¼ l Schlagsahne, etwas Zucker

Die Früchte auf einem Sieb abtropfen lassen, die Fruchtsäfte mischen, die Gewürze, in ein Mullsäckchen gebunden, dazugeben und in einem Topf erhitzen. Essig, Zukker und Prise Salz dazugeben und 10 Minuten kochen lassen. Dann die Früchte mit den Maraschinokirschen dazugeben und bei geringer Hitze ziehen lassen.
Das Mullsäckchen entfernen, den Weinbrand dazugeben und zugedeckt abkühlen lassen. Dann in den Kühlschrank stellen und gut durchziehen lassen. Als Nachtisch oder Beilage reichen; dazu in Gläser füllen, nach Wunsch mit gesüßter Schlagsahne garnieren. Diese Früchtepickles halten sich im Kühlschrank 3 Wochen.
Insgesamt etwa 1800 Kalorien / 7560 Joule.

Pariser Äpfel

12 gleich große Kompottäpfel, Himbeermarmelade, 50 g Mandeln; Biskuitmasse: 3 Eier, 60 g Zucker, 60 g Mehl, Vanillezucker; Creme: ¼ l Milch, 1 Eigelb, 80 g Zucker, 10 g Cremepulver

Eine warme Biskuitmasse herstellen, auf mit Papier belegtem Backblech fingerhoch aufstreichen und rasch backen. Daraus schneiden wir 12 viereckige Blätter, die mit Himbeermarmelade bestrichen und auf einer Schüssel angerichtet werden. Auf jedes Biskuit stellen wir einen im ganzen gekochten Kompottapfel (das Kernhaus wird vorher herausgestochen, so daß man in die entstandene Höhlung Himbeermarmelade füllen kann) und übergießen nun das Ganze mit der flüssigen Creme, die aus den angegebenen Zutaten heiß aufgeschlagen wird.
Pro Portion etwa 351 Kalorien / 1469 Joule.

Orangen Ilona

Jeder Orange von der Stielseite her einen Deckel ausschneiden; die Orangen aushöhlen. Die Orangenfilets in sehr kleine Würfelchen schneiden, mit etwas Aprikosensoße binden. Die gehackten Ingwerpflaumen unter das Schokoladeneis mischen und die gereinigten gekühlten Orangenschalen damit füllen. Obenauf je einen Löffel Orangenfilets geben. Mit einer Rosette Schlagsahne obenauf dekorieren und reichlich mit gestoßenem, gesiebtem Krokant bestreuen.
Pro Portion etwa 400 Kalorien / 1680 Joule.

4 kernlose Orangen, 4 Portionen Schokoladeneis, 40 g eingelegte Ingwerpflaumen, ¼ l dicke Aprikosensoße, ¼ l vanillierte Schlagsahne, 40 g Krokant

Obstschüsserl

Die Zutaten zum Mürbeteig rasch zusammenarbeiten, um ein Brandigwerden des Teiges zu verhindern.
Schüsselformen mit Mürbeteig auslegen und backen. Mit Tunkmasse dünn auspinseln, dann mit Kirschwassersahnecreme füllen, beliebiges Kompott- oder Frischobst auflegen und mit Gelee glasieren.
Geleezubereitung: Die im Handel erhältlichen Produkte nach Beschreibung herstellen.
Alle Zutaten zur Kirschwassersahnecreme mitsammen abkochen, nach dem Auskühlen vorsichtig ⅛ l geschlagene Sahne und Kirschwasser einrühren.
Pro Portion etwa 215 Kalorien / 900 Joule.

Mürbeteig: 300 g Mehl, 200 g Butter oder Margarine, 100 g Puderzucker, 1 Eigelb, Vanille
Kirschwassersahnecreme: ⅛ l Milch, 15 g Cremepulver, 30 g Puderzucker, 1 Eigelb, ⅛ l Sahne, Kirschwasser

EISSPEISEN

Wer eine Eismaschine zur Verfügung hat, kann sich auch selbst ein Milcheis bereiten. Unabhängig von jeder Maschine ist man bei der Herstellung von Eiscreme (Eisparfait). Diese wird im Tiefkühlfach (minus 16 bis minus 18 Grad) gefroren.
Alle fertigen Eiscremes lassen sich durch Zugabe von frischen Früchten, gehackten Nüssen oder Mandeln und mit einer warmen oder kalten Soße zu Eisspeisen mit »persönlicher Note« machen.

Milcheis

Bei der Herstellung der Grundeismasse muß beachtet werden, daß zuviel Zuckerbeigabe flüssiges, schlecht frierendes Eis ergibt, während durch zuwenig Zuckerbeigabe körniges Eis entsteht. Der Zuckergehalt wird im gewerblichen Betrieb mit der Zuckerwaage gemessen. Die Rezepte der einzelnen Eisarten sind aber bereits auf das Grundmaterial und den Zuckergehalt geschmacklich genau abgestimmt.

Man unterscheidet Milch- und Fruchteissorten (Sahne- oder Cremeeis). Früher wurden die meisten Eisgrundsorten auf warmem Weg angesetzt, heute wird fast ausschließlich eine auf kaltem Weg hergestellte Eisgrundmasse verwendet. Milcheis besteht aus Milch, Eigelb und Zucker, Fruchteis wird aus Läuterzucker und Fruchtpüree bereitet, oft auch mit Sahne verfeinert.

In der modernen Eisherstellung wird vorwiegend Eisbindemittel verwendet. Die Menge der Beigabe ist je nach Hersteller verschieden.

Fruchteis

500 g Beeren (Erdbeeren, Himbeeren, Brombeeren, Johannisbeeren, Heidelbeeren oder Aprikosen), ½ l Wasser, 250 g Zucker, ½ Zitrone (Saft)

Wasser aufkochen, die gereinigten Früchte und Zucker dazugeben und 5 Minuten kochen, durch ein Sieb streichen, mit Zitronensaft abschmecken und in Eiswürfelschalen füllen. 3 Stunden im Gefrierfach oder im Tiefgefrierfach gefrieren lassen. Aus den Schalen nehmen, in Gläsern mit frischen Früchten anrichten.

Pro Portion etwa 300 Kalorien / 1256 Joule.

Fruchteis mit Schlagsahne

500 g reife Früchte (Erdbeeren, Himbeeren, Heidelbeeren, entkernte Aprikosen, Pfirsiche), 100 g Zukker, ½ l Sahne, 1 Päckchen Vanillezucker

Früchte reinigen, grob zerschneiden und durch ein feines Sieb streichen, mit dem Zucker so lange verrühren, bis sich der Zucker ganz aufgelöst hat. Mit Vanillezucker steif geschlagene Sahne darunterziehen. Man kann auch noch einige ganze Fruchtstückchen dazugeben und in einer Schale im Eisfach oder Tiefkühlgerät 2 Stunden gefrieren lassen. Mit frischen Früchten und Schlagsahne garnieren.

Pro Portion etwa 355 Kalorien / 1486 Joule.

Fruchtgelee

400 g Früchte waschen, Kernobst entkernen, mit dem Zucker gut vermischen, mit Gabel oder im Mixer pürieren, restliche Früchte reinigen, in kleine Stücke schneiden und auf einer Platte anrichten. Das Fruchtmark mit Zitronensaft und Rum würzen. In Wasser vorgeweichte Gelatineblätter ausdrücken und in einem Topf auf dem Herd auflösen, dann ins Fruchtmark rühren. In Portionsschalen füllen. 2 Stunden gefrieren lassen. Dann auf eine Platte stürzen, mit den ganzen Früchten und mit Schlagsahne, mit Vanillezucker steifgeschlagen, und Mandelstiften garnieren.
Pro Portion etwa 405 Kalorien / 1695 Joule.

750 g gemischte Früchte (Aprikosen, Pfirsiche, Weintrauben, Erdbeeren etc.), 6 EL Zucker, ½ Zitrone (Saft), 1 Glas Rum, 1 Päckchen Vanillezucker, ¼ l Sahne, 30 g Mandelstifte, 6 Blatt Gelatine

Vanilleeis ohne Eisbindemittel
(Grundrezept)

Vanilleschote in der heißen Milch ausziehen lassen. Eigelb und Zucker gut verrühren, die heiße Milch langsam und unter ständigem Schlagen mit dem Schneebesen dazurühren und auf dem Feuer durchschlagen, jedoch nicht kochen lassen. Durch das Spitzsieb passieren und dann vollständig abkühlen lassen, ehe man die Masse zum Gefrieren in die Eismaschine füllt.
Das Eis kann man noch zarter gestalten, indem man die Eier- und Zuckermenge erhöht, und zwar auf 7 bis 12 Eigelb und 200—250 g Zucker je Liter Milch. Es wird auch feiner, wenn man dem Eis, ehe es fertig gefroren ist, 10% der Menge leicht geschlagene Sahne unterzieht.
Die Proportionen bleiben bei allen Eisrezepten immer die gleichen.
Pro Portion etwa 520 Kalorien / 2174 Joule.

6 Eigelb, 150 g Zucker, ¾ l Milch, ½ Vanilleschote

Vanilleeis mit Eisbindemittel
(Grundrezept)

Die Vanilleschote in der heißen Milch ausziehen lassen und die Milch wieder auskühlen lassen.
Den Zucker und das Eisbindemittel gut verrühren, dann die Milch beigeben und glattrühren. Zum Schluß Eigelb beigeben und alles klumpenfrei verrühren. Wie oben fertigen.
Pro Portion etwa 520 Kalorien / 2174 Joule.

300 g Zucker, Eisbindemittel (Menge laut Beschreibung auf der Packung), 1 l Milch, 2 Eigelb, ½ Vanilleschote

Vanilleeis auf einfache Art

2 Eigelb, 2 Vanillezukker, 2 Tassen Sahne

Eigelb und Vanillezucker schaumig rühren, die steifgeschlagene Sahne unterziehen. Die Masse in den Eiswürfelkästchen-Behälter füllen (Einsatz zuvor herausnehmen). Gefrieren lassen.
Pro Portion etwa 455 Kalorien / 1910 Joule.

Bananen Copacabana

4 Bananen, 10 g Butter, 4 EL Rum, 40 g Zucker, 1 Packung Vanilleeis; 100 g Schokolade, ⅛ l Sahne

Die Bananen schälen, der Länge nach halbieren und in die zerlassene Butter legen. Mit Rum beträufeln, mit dem Zucker bestreuen und im geschlossenen Topf erwärmen. Das Vanilleeis in 4 Portionen auf gekühlte Dessertteller legen. Die Bananen darübergeben und das Ganze mit heißer Schokoladensoße übergießen.
Schokoladensoße: Die Schokolade im Wasserbad schmelzen lassen und die erhitzte Sahne langsam dazurühren.
Pro Portion etwa 300 Kalorien / 1260 Joule.

Birne Helene

1 Familienpackung Vanilleeis, 4 Birnenhälften (aus der Dose), 8 TL Aprikosenmarmelade, 1–2 TL Rum; ⅛ l Sahne, 100 g Schokolade, 1 Päckchen Vanillezucker, 1 TL Rum, 1 Prise Ingwer

Das Vanilleeis in 4 Portionen teilen und in flache gekühlte Glasschüsselchen geben. Die Birnenhälften gut abtropfen lassen, mit der zuvor mit dem Rum verrührten Marmelade füllen und mit der runden Seite nach oben auf das Vanilleeis legen. Das Ganze mit heißer Schokoladensoße überziehen und sofort zu Tisch geben.
Schokoladensoße: Die Sahne mit der Schokolade aufkochen, vom Herd nehmen und Vanillezucker, Rum und Ingwer dazurühren.
Pro Portion etwa 410 Kalorien / 1715 Joule.

Birne Belle Dijonnaise

1 Packung Vanilleeis, 2–3 EL schwarzer Johannisbeersaft, 8 Birnenhälften (aus der Dose), 8 EL Himbeermarmelade, 50 g Mandeln

Das Vanilleeis in 4 Portionen teilen, in gekühlte Glasschüsselchen geben und mit dem Johannisbeersaft beträufeln. Die abgetropften Birnenhälften darauflegen, mit der Himbeermarmelade bestreichen und mit den geschälten, gehackten und gerösteten Mandeln bestreuen. Wenn Sie wollen, können Sie sie zusätzlich mit einem Tupfen Schlagsahne verzieren. Statt Himbeermarmelade kann man frische passierte und mit Zucker verrührte Himbeeren verwenden.
Pro Portion etwa 350 Kalorien / 1465 Joule.

Pfirsich Melba

Das Vanilleeis in 4 gut gekühlte Glasschalen verteilen und die Pfirsichhälften mit der runden Seite nach oben darauflegen. Das Erdbeermark mit dem Kognak glattrühren (wenn es zu fest ist, noch 1–2 TL Wasser dazugeben) und die Pfirsichhälften damit überziehen. Zuletzt mit der steifgeschlagenen Sahne verzieren. Mit gebrannten, gehackten Mandeln bestreuen.
Pro Portion etwa 340 Kalorien / 1420 Joule

1 Familienpackung Vanilleeis, 4 Pfirsichhälften, 4 EL Erdbeermark, 2 TL Kognak, ⅛ l Sahne, Mandeln

Eiscreme

Aus allen Sorten von Speiseeis (Milcheis, Früchteeis) lassen sich auch Eiscremes herstellen, indem man zu 1 l halbfertigem, nicht ganz ausgefrorenem Eis ½ l geschlagene Sahne mischt. Dann fertig ausfrieren lassen.
Oder beliebiges fertiges Eis mit geschlagener Sahne vermischen, anrichten und mit Schlagsahne garnieren.
Die Eiscreme verwendet man hauptsächlich zum Füllen von Eisbomben oder anderen Formen oder auch zum Füllen von Eisgläsern, die mit Früchten garniert oder mit Likören begossen werden.

Eisparfait

Das Eisparfait ist für den Haushalt praktischer und ökonomischer, da man dazu keine Eismaschine, sondern nur die Bombenform (oder jede andere Form) benötigt und außerdem auch nicht so viel Arbeit und Zeit aufwenden muß wie bei anderem Eis.
Das Eisparfait besteht in der Hauptsache aus einer am Feuer aufgeschlagenen Eierschaummasse mit dem jeweiligen Zusatz von Fruchtmark oder anderen Aromaten. Wieder kalt geschlagen, wird nun geschlagene Sahne daruntergerührt und in die Form eingefüllt. Abgeschlossen kann mit einem Blatt Papier werden.
Die Form im Tiefkühlfach (Tiefkühler) bei minus 16 bis minus 18° zwei bis drei Stunden gefrieren lassen. Die Form mit Wasser spülen – das Parfait stürzen, mit Schlagsahne, Früchten, Fruchtsoßen, Nüssen, geschabter Schokolade u. ä. garnieren.
Eisparfait sollte vor dem Servieren nur kurze Zeit in den Kühlschrank gestellt werden. Die ideale Serviertemperatur beträgt ca. minus 8 Grad Celsius.

Parfait-Grundmasse I

3 Eier, 100 g Zucker, Geschmackszutaten, ½ l Sahne

Die ganzen Eier mit 100 g Zucker über Dunst bis Fingerwärme schaumig aufschlagen. Vom Feuer wegnehmen und kalt schlagen. Mit den gewünschten Geschmackszutaten verrühren und mit geschlagener Sahne vermischen. In Formen füllen, gut verschließen und gefrieren.
Für Variationen: Aromatisierter Likör, 1 bis 2 Gläschen, Nougat, Schokolade, Mandeln, Pistazien, Haselnüsse (je 100 g); Fruchtmark, ungesüßt, ⅛–¼ Liter für obige Grundmasse. Bei gesüßten Zutaten, wie etwa Nougat oder eventuell Fruchtmark, ist die Zuckermenge des Rezeptes entsprechend zu reduzieren.
Pro Portion etwa 450 Kalorien / 1890 Joule.

Parfait-Grundmasse II

¼ l Läuterzucker (32 Grad), 8 Eigelb, 4 dl geschlagene Sahne, Aromata

Eigelb mit kaltem Läuterzucker verrühren, im Wasserbad bei mäßiger Hitze aufschlagen, bis die Masse dick und schaumig ist, dann kalt schlagen, das gewünschte Aroma dazugeben, die geschlagene Sahne locker darunterziehen. In die Formen füllen und ca. 2 Stunden gefrieren lassen.
Pro Portion etwa 450 Kalorien / 1890 Joule.

Erdbeer-Parfait

250 g Erdbeeren, Weißwein, 30–50 g Zucker, 1 EL Gelatine, 1 Familienpackung Vanilleeis

Die sauber gewaschenen, abgetropften Erdbeeren im Mixer pürieren (oder passieren) und mit dem Weißwein auf ½ Liter Flüssigkeit auffüllen. Den Zucker mit 2–3 Eßlöffel Wasser aufkochen, abkühlen lassen und zu dem Erdbeermus mischen. Die Gelatine in 1–2 Eßlöffel Wasser quellen lassen, durch leichtes Erwärmen lösen und nach kurzem Abkühlen unter den Fruchtbrei rühren. Das Ganze in den Kühlschrank stellen, bis das Gelee halb erstarrt ist, dann leicht mit dem Vanilleeis vermengen.
Richten Sie das Erdbeer-Parfait in Gläsern an und stellen Sie es noch 15–20 Minuten in das Tiefkühlfach.
Himbeer-Parfait und **Johannisbeer-Parfait** können auf die gleiche Weise zubereitet werden; nur sollten Sie die Früchte hier auf alle Fälle passieren, da die Kerne sonst störend wirken.
Pro Portion etwa 450 Kalorien / 1890 Joule.

Gulascheintopf Rezept Seite 419

Eiscreme mit heißen Himbeeren

Die Butter in einer kleinen Kasserolle schmelzen, den Zucker dazugeben und leicht bräunen. Mit dem Orangensaft aufgießen, die Himbeeren dazugeben und bei geschlossenem Topf erhitzen. Zuletzt mit dem Himbeergeist abrunden. Die Eiscreme in 4 Portionsschüsseln verteilen und die heiße Himbeersoße separat dazu reichen. Diese exquisite Speise kann auch mit Brombeeren zubereitet werden.
Pro Portion etwa 450 Kalorien / 1890 Joule.

20 g Butter, 50 g Zukker, 1 EL Orangensaft, 300 g Himbeeren (tiefgekühlt), 1 EL Himbeergeist, 1 Pakkung Vanilleeis

Grillage-Parfait

Die 4 Eier mit dem Zucker und ⅛ l Wasser heiß aufschlagen, dann zu einer schaumigen Masse kalt schlagen. Die steif geschlagene Sahne sowie die fein gestoßene Grillage und den Vanillezucker daruntermischen. In Formen füllen und zugedeckt gefrieren lassen. Stürzen, mit Schlagsahne garnieren und mit geriebener Schokolade bestreuen.
Pro Portion etwa 450 Kalorien / 1890 Joule.

100 g Zucker, 4 Eier, ½ l Sahne, Grillage von 100 g Zucker, 50 g Mandeln; Vanillezucker, 20 g Schokolade, Schlagsahne

Orangen-Parfait

Die Zuckerwürfel an der Schale der Orange gut einreiben, dann 3/16 l Saft von den ausgepreßten Orangen und den Saft der Zitrone mit 4 ganzen Eiern auf kleiner Flamme wie ein Weinchaudeau aufschlagen, bis sich große Blasen bilden und die Masse beinahe kochend heiß ist; hernach wieder kalt schlagen. Diese Masse muß schön kernig steif sein. ½ l geschlagene Sahne darunterrühren und in eine Ein-Liter-Eisbombe füllen. Mindestens 2 bis 2½ Stunden im Tiefkühlfach gefrieren lassen. Zum Stürzen die Form in Wasser tauchen und auf einen Biskuitsockel stürzen, der mit Johannisbeergelee bestrichen und mit gebrannten, grobgehackten Mandeln bestreut wurde. 100 g Schokolade mit ⅛ l Sahne aufkochen, kalt rühren und im halbflüssigen Zustand über die Bombe streichen.
Pro Portion etwa 450 Kalorien / 1890 Joule.

150 g Würfelzucker, 5 Orangen, 1 Zitrone, 4 Eier, ½ l Schlagsahne; 100 g Schokolade, ⅛ l Sahne; Biskuits, Johannisbeergelee, Mandeln; 1 niedriges Biskuittortenblatt

Eintopf

Balkan-Bohneneintopf

200 g gelbe oder weiße Bohnen, 1 größere Zwiebel, 2 EL Öl, 1 Knoblauchzehe, 200 g frische Wachsbohnen, 200 g frische grüne Bohnen, Bohnenkraut, Thymian, Salz, Pfeffer, Zitronensaft, 250 g durchwachsener Speck

Die vorgeweichten Bohnen im Einweichwasser mit dem durchwachsenen Speck weich kochen. Die würfelig geschnittene Zwiebel in dem heißen Öl goldgelb rösten, die mit etwas Salz zerdrückte Knoblauchzehe mitrösten, zu den kochenden Bohnen geben und zugedeckt insgesamt 1½ Stunden bei mäßigem Feuer weich kochen. Grüne Bohnen und Wachsbohnen waschen, gut abtropfen lassen und brechen. 20 Minuten vor dem Ende der Garzeit in den Bohnentopf geben, frisches Bohnenkraut und etwas geriebenen Thymian dazugeben und 20 Minuten weich kochen. Mit Pfeffer und Zitronensaft abschmekken. Das Fleisch herausnehmen, in kleine Würfel schneiden und wieder in den Bohnentopf geben. Sehr heiß servieren.

Pro Portion etwa 580 Kalorien / 2425 Joule.

Berliner Eintopf

8 Lauchstangen, 80 g Fett, 500 g rohe Kartoffeln, 1¼ l Fleischbrühe, Salz, Pfeffer, 4 Bockwürste, ⅛ l Sahne, Petersiliengrün, gehackt

Das Weiße der Lauchstangen in Scheiben schneiden, in heißem Fett kurz dünsten. Dann die geschälten, kleinwürfelig geschnittenen Kartoffeln beigeben, mit Fleischbrühe aufgießen, salzen und pfeffern und zugedeckt ca. 35 Minuten kochen lassen. In den letzten 10 Minuten auch die Bockwürste zum Heißmachen dazugeben. Mit Sahne verfeinern. Mit Petersiliengrün bestreuen.

Pro Portion etwa 510 Kalorien / 2132 Joule.

Bunter Geflügel-Eintopf

1 zartes Ragouthuhn, reichlich und verschiedenes Gemüse (Sellerieknolle, Lauch, Petersilienwurzel, Karotten, Blumenkohl, Kohl etc.), 1–2 Zwiebeln, 1 EL Fett, Salz, Muskat, Petersiliengrün, 250 g Reis

Das küchenfertige Huhn zerteilen, in heißem Fett mit der feingeschnittenen Zwiebel kurz, aber scharf anbraten, dann mit Salz und Muskat würzen, mit Wasser aufgießen und halbweich kochen. Dann gibt man je nach Dauer der Kochzeit das entsprechend vorbereitete und zerkleinerte Gemüse dazu, schließlich auch noch den Reis und läßt alles langsam gar dünsten. Abschmecken. Mit gehacktem Petersiliengrün bestreut anrichten.

Pro Portion etwa 800 Kalorien / 3360 Joule.

Gulascheintopf

Kleinwürfelig geschnittene Zwiebeln in würfelig geschnittenem Speck anrösten, das Fleisch dazugeben und leicht anbraten, ebenso die Wurst, kleinwürfelig geschnitten, ebenso die kleingeschnittenen Paprikaschoten. Das Ganze mit Edelsüßpaprika würzen, mit Fleischbrühe aufgießen, Tomatenmark dazurühren, mit Salz, Thymian und Zucker würzen. Zugedeckt langsam schmoren lassen, bis das Fleisch gar ist. Zuletzt saure Sahne dazurühren.
Pro Portion etwa 530 Kalorien / 2215 Joule.

100 g durchwachsener Speck, 3 Zwiebeln, 350 g Fleischwurst, 250 g Rindfleisch, 2 grüne Paprikaschoten, 2 EL Paprika edelsüß, 350 g Tomaten, 1 EL Tomatenmark, ¼ l Fleischbrühe, Salz, ½ TL Zucker, ½ TL Thymian, 3 EL saure Sahne

Halászlé (Ungarische Fischsuppe)

Die küchenfertigen Fische in portionsgerechte Stücke schneiden, mit Zitronensaft beträufeln und beiseite stellen. In heißem Fett (oder Öl) die feingeschnittenen Zwiebeln goldbraun rösten, mit Paprika bestäuben, gut verrühren, mit Mehl stauben und kurz durchrösten. Mit 1 l Wasser aufgießen, gut verrühren und ¼ Stunde auf kleinem Feuer kochen lassen. Die Fischstücke in der Brühe mehr ziehen als kochen lassen. Mit Salz und Pfeffer nachwürzen.
Pro Portion etwa 615 Kalorien / 2574 Joule.

600 g verschiedenartige Fischstücke (Hecht, Zander, Karpfen, Aal), Salz, 60 g Fett (oder Öl), 2–3 Zwiebeln, 1 EL Paprika, Pfeffer, 2 EL Mehl

Paella

Huhn auslösen, in kleinere Stücke zerteilen und im heißen Olivenöl anbraten. Zerkleinerte Zwiebeln, zerdrückte Knoblauchzehen, Salz, Pfeffer, Paprika und Tomatenmark dazugeben, dann Sellerie, Mohrrüben, Paprikaschoten, alles kleingeschnitten, sowie die grünen Erbsen. Danach in der Brühe den Safran auflösen und mit dem Reis zu den eingeschichteten Zutaten geben. Einmal umrühren und garkochen lassen. Krabben und Muscheln zum Schluß in die Pfanne geben. Dann im heißen Ofen noch etwa 15 Minuten schmoren lassen.
Pro Portion etwa 1195 Kalorien / 5015 Joule.

250 g Krabbenfleisch, 12 Muscheln, 1 Suppenhuhn, ¼ Tasse Olivenöl, 2 Zwiebeln, 2 Knoblauchzehen, 2 EL Tomatenmark, 1 Paprikaschote, 1 Selleriestange mit Grün, 2 Mohrrüben, 1 Tasse grüne Erbsen, 4 Tassen Brühe, 2 kleine Tassen Reis, Salz, Pfeffer, Paprika, Safran

Pichelsteiner Fleisch

Je 250 g Rind- und Schweinefleisch (nach Wunsch auch noch Hammelfleisch), 1000 g verschiedenes Gemüse (Sellerieknolle, Möhren, Kohlrabi, Blumenkohl, Lauch, Wirsing, Erbsen, Bohnen, Petersilienwurzel), 750 g Kartoffeln, 60 g Fett, 2–3 Zwiebeln, Salz, Pfeffer, ½ l Fleischbrühe, Petersiliengrün

In heißem Fett die feingeschnittenen Zwiebeln rösten, das Fleisch, würfelig geschnitten, ebenfalls kurz mitrösten, bis es Farbe genommen hat, salzen, pfeffern, dann alles zusammen 20 Minuten zugedeckt schmoren lassen. Dann die in Scheiben geschnittenen Kartoffeln und das kleingeschnittene Gemüse dazugeben, mit kräftiger Bouillon aufgießen und noch ¾ Stunden auf kleinem Feuer kochen lassen. Erst wenn alles gar ist, umrühren. Wenn nötig, während des Dämpfens etwas Flüssigkeit nachgießen. Eventuell nachwürzen. Mit gehacktem Petersiliengrün bestreut anrichten.
Pro Portion etwa 450 Kalorien / 1890 Joule.

Schlesisches Himmelreich

750 g Rauchfleisch, 750 g Dörrobst (Dörrbirnen, -pflaumen, Apfelspalten), Salz, 80 g Zucker, Zitrone, Zimtrinde, 1 Gewürznelke, 20 g Butter, 20 g Mehl

Das die Nacht über vorgeweichte Dörrobst zusammen mit Zucker und den Gewürzen, dem Einweichwasser und dem Fleisch langsam ca. 1¼ Stunden weich kochen. In heißer Butter das Mehl aufschäumen, mit der Kochbrühe aufgießen, gut verrühren und zum »Himmelreich« geben. Noch einmal gut durchkochen. Mit Salz, Prise Zucker und etwas Zitronensaft abschmecken. Das Fleisch herausnehmen, in Scheiben oder Würfel schneiden und auf dem Obst anrichten. Dazu nicht zu viel von der Kochbrühe darüberseihen.
Pro Portion etwa 770 Kalorien / 3220 Joule.

Türkischer Pilaw

750 g Schweine- oder Hammelfleisch (oder gemischt), 100 g Magerspeck, 250 g Reis, 60 g Fett, 3 Zwiebeln, 1–2 Knoblauchzehen, 1½ l Bouillon, ⅛ l Rotwein, Salz, Muskat, Paprika, Majoran, 1 Lorbeerblatt, 4 EL Tomatenmark

Reis und den würfelig geschnittenen Speck in heißem Fett glasig rösten, dann die feingeschnittenen Zwiebeln und das in Würfel geschnittene Fleisch dazugeben und rösten, bis das Fleisch Farbe genommen hat. Mit Rotwein ablöschen, mit kochender Fleischbrühe aufgießen, verrühren, das Tomatenketchup und die Gewürze beigeben und zugedeckt ½–¾ Stunde langsam kochen lassen. Sofort servieren. Pilaw soll noch saftig angerichtet werden.
Pro Portion etwa 665 Kalorien / 2784 Joule.

Gerichte im Römertopf

Einen neuen Römertopf 24 Stunden in kaltes Wasser legen, dann gut abbürsten. Auch vor jedem Gebrauch den Römertopf mindestens 10 Minuten in kaltes Wasser legen, dann gut abtropfen lassen.
Die Zutaten immer gleichmäßig im Topf verteilen, mit dem Deckel gut abschließen und dann den Römertopf in das kalte Backofenrohr schieben (auf mittlerer Schiene).
Garzeit soll im eigenen Herd ausprobiert werden, sie ist auf alle Fälle um ¼ höher als die normale Garzeit.
Zuerst kurz im Gasherd auf Stufe 3 anheizen, dann nach 10 Minuten auf die angegebene Temperatur schalten. Beim Elektroherd den Thermostat auf die angegebene Temperatur (250° C) einstellen.
Nach ⅔ der Bratzeit soll die Flüssigkeit kontrolliert werden.
Römertopf nie auf eine heiße Herdplatte oder auf offenes Gasfeuer stellen, weil er dabei springen würde.
Nie kalte, sondern immer nur angewärmte bzw. heiße Flüssigkeit nachgießen. Man kann auch während des Garprozesses den Deckel zur Kontrolle hin und wieder öffnen.
Heißen Römertopf auf ein Tuch stellen, nie auf eine kalte Fläche stellen.
Gebrauchten Römertopf mit heißem Wasser und einer Bürste oder Spezialschwamm reinigen. Nur wenig Spülmittel verwenden! An der Luft trocknen lassen und luftig aufbewahren!
Nach längerem Gebrauch kann man ihn auch einmal ½ Stunde vorsichtig auskochen.
Man verwende für Fleischspeisen, Fischspeisen und Süßspeisen immer je einen eigenen Römertopf.

Bohneneintopf im Römertopf

1 EL Butter, ⅛ l Sahne, 400 g Kartoffeln, 1 Paket dicke Bohnen (aus der Tiefkühltruhe oder Dose), 2 Zwiebeln, 10 g Fett, Salz, Muskat, Bohnenkraut, 200 g magere Speckstreifen, Petersilie

Topf wässern, mit Butter ausstreichen, die Sahne hineingießen und die Bohnen, gewürzt mit Salz, Muskat, Bohnenkraut und Zwiebeln, in Scheiben geschnitten und in Fett in einer Pfanne geröstet, darüber verteilen. Die Kartoffelscheiben dazugeben, die restliche Butter darüberflocken, Topf schließen. In der Backröhre bei 250° C ca. 80 Minuten dünsten. Mit gehackter Petersilie bestreut servieren.
Pro Portion etwa 580 Kalorien / 2132 Joule.

Risotto im Römertopf

5 EL Öl, 3 Tassen Reis (Rund- oder Langkornreis), 1 Dose Erbsen, 9 Tassen Fleischbrühe, 1 Zwiebel, Salz, 100 g geriebener Parmesankäse

Gewässerten Topf mit Öl ausstreichen, die würfelig geschnittene Zwiebel daraufstreuen, ohne Deckel in den Ofen stellen. 250° C einschalten und 10 Minuten rösten. Dann den Reis beigeben, ebenso Erbsen, leicht salzen, kochend heiße Fleischbrühe dazugießen, alles gut verrühren. Zugedeckt in den Ofen stellen und 40 Minuten garen. Deckel abnehmen, geriebenen Parmesankäse daraufstreuen, mit einer Gabel durchrühren.
Pro Portion etwa 505 Kalorien / 2100 Joule.

Sauerkraut und Bohnen im Römertopf

50 g magerer Speck, Kartoffelbrei für 1 Spritzsack voll, 1 Ei, 500 g dicke weiße Bohnen, 2—4 Tomaten, 4 Bratwürstchen, 50 g magerer Speck, gekochtes Sauerkraut

Topf wässern, dann den in Streifen geschnittenen Speck sowie das Sauerkraut hineingeben, darauf die Bohnen und Tomatenstücke geben sowie die Bratwürstchen. Den Topf schließen. Den Ofen auf 250°C schalten und 1 Stunde garen. Dann den Topf öffnen, mit dem Spritzsack einen Rand aus Kartoffelbrei aufspritzen, mit Eigelb bestreichen und offen im Ofen noch 20 Minuten überbacken.
Pro Portion etwa 605 Kalorien / 2530 Joule.

Fisch in Weißwein im Römertopf

800 g Fisch, 40 g Butter, 100 g Zwiebelscheiben, 1 mit 2 Nelken gespickte Zwiebel, Salz, Zitronensaft, 3 EL gehackte Petersilie, ¼ l Weißwein

Topf wässern, mit Butter ausstreichen, Zwiebelscheiben darin verteilen, den gewürzten Fisch, in 4 Portionsstücke geschnitten, und die halbierte, mit Nelken gespickte Zwiebel hineingeben. Weißwein dazugießen, gehackte Petersilie darüberstreuen und restliche Butter dazugeben. Topf schließen, in den Ofen stellen. 250° C einschalten und ca. 1 Stunde garen.
Pro Portion etwa 600 Kalorien / 2510 Joule.

Pichelsteiner Fleisch im Römertopf

Rindfleisch in grobe Würfel schneiden und würzen. Gemüse waschen, putzen, kleinwürfelig oder in Scheiben schneiden. Tomaten enthäuten und in Scheiben schneiden. Fleisch und Gemüse abwechselnd in den gewässerten Römertopf schichten, etwas nachwürzen und die Brühe angießen. Zum Schluß alles mit Tomatenscheiben belegen. 90—100 Minuten bei 225—250° C garen. Mit Kräutern bestreut anrichten.
Pro Portion etwa 450 Kalorien / 1890 Joule.

500 g mageres Rindfleisch, Salz, Fondor, Kümmelpulver, Zwiebelsalz, Paprika (mild), 1 Lorbeerblatt, ca. ¼ l Brühe, je 200 g Wirsing, Kohlrabi, Buschbohnen, Möhren, Tomaten; Kräuter

Rinderlende im Römertopf

Römertopf wässern, mit zerlassener Butter ausstreichen, mit Zwiebel- und Gurkenscheiben auslegen und würzen. Topf schließen, in die kalte Bratröhre stellen, auf 250°C schalten und ca. 20 Minuten garen. Dann das Rindfleisch, dünnblättrig geschnitten, dazulegen, etwas nachwürzen und weitere 20 Minuten geschlossen garen.
Pro Portion etwa 630 Kalorien / 2635 Joule.

40 g Butter, 200 g Zwiebeln, 400 g saure Gurken, 600 g Rinderlende, Kräutersalz, weißer Pfeffer, Thymian

Rindergulasch im Römertopf

Römertopf wässern, feingeschnittene Zwiebeln, grobwürfelig geschnittenes Rindfleisch, Tomatenmark, Kümmel, zerdrückten Knoblauch, Essig, heiße Fleischbrühe, Salz, Pfeffer, Paprika in den Topf geben, schließen, im Ofen bei 250°C 80 Minuten garen. Das fertige Gericht mit etwas saurer Sahne verrühren, mit gehackter Petersilie anrichten.
Pro Portion etwa 1150 Kalorien / 4815 Joule.

1000 g Rindfleisch (Wade, Hesse), ½ l Fleischbrühe, 400 g Zwiebeln, 1 EL Essig, Tomatenmark, Salz, Pfeffer, Kümmel, 1 Knoblauchzehe, 1 EL Paprika (edelsüß), 2—4 EL saure Sahne, Petersilie

Sauerbraten im Römertopf

Essig, Wasser, 1 Lorbeerblatt, 2 Nelken, Pfefferkörner und Zucker einmal aufkochen, auskühlen lassen und über das Fleisch gießen, bis es ganz bedeckt ist. 4 Tage marinieren lassen. In den gewässerten Topf in Streifen geschnittenen Speck geben, das gut abgetropfte Fleisch hinzugeben und bei 250°C ca. 1 Stunde garen. Dann Suppengrün, in Streifen geschnitten, dazugeben, würzen und 1 Stunde garen. Dann Braten warm stellen. Schmorfond passieren, mit Rotwein, mit Stärkemehl verrührt, binden und mit Sahne verfeinern.
Pro Portion etwa 650 Kalorien / 2720 Joule.

1500 g Rindfleisch, ½ l Weinkräuteressig, ¼ l Rotwein, ¼ l Wasser, 150 g Speck, 200 g Zwiebeln, 400 g Suppengrün, 1 Lorbeerblatt, 2 Nelken, 5 Pfefferkörner, 1 EL Zucker, ⅛ l Rotwein, Stärkemehl, ⅛ l Sahne

Geschnetzeltes im Römertopf

40 g Butter, 800 g Kalbfleisch, 400 g Champignons, Salz, Muskat, weißer Pfeffer, ⅛ l Weißwein, Zitronenschale, 3 EL Mehlbutter, ⅛ l saure Sahne, Petersilie

Gewässerten Römertopf mit Butter ausstreichen, in dünne, kurze Streifen geschnittenes Kalbfleisch und in Scheiben geschnittene Champignons darin verteilen, mit Zitronenschale, Salz, Pfeffer und Muskat würzen, mit Weißwein angießen. Zugedeckt bei 250° C ca. 1 Stunde dünsten. Dann Topf öffnen, die Mehlbutter darüberstreuen, verrühren, ebenso die saure Sahne, und alles offen noch 10 Minuten im heißen Ofen übergaren. Mit gehackter Petersilie bestreut anrichten.
Pro Portion etwa 415 Kalorien / 1740 Joule.

Schweinebraten im Römertopf

1500 g Schweinefleisch mit Schwarte aus der Keule oder Bug oder Schulter, die Schwarte mit einem scharfen Messer rautenförmig eingeschnitten, 200 g Schweineknochen, 2–3 Zwiebeln, Suppengrün, 1 gespickte Zwiebel, Salz, Knoblauch, Kümmel
Soße: ½ l Fleischbrühe, 1 EL Tomatenmark, 1–2 EL Stärkemehl

In den gewässerten Römertopf kleingehackte Knochen verteilen, darüber das Suppengrün, in Streifen geschnitten, verteilen und darauf das gewürzte Fleisch legen, mit der Schwarte nach oben. Die in Scheiben geschnittenen Zwiebeln rund um das Fleisch verteilen. Den Deckel auflegen. Topf in der Bratröhre bei 250° C ca. 3 Stunden garen.
Braten aus dem Topf heben und warm stellen. Knochen entfernen, das Wurzelwerk aus dem Römertopf in einen Metalltopf schütten (Fett abgießen). Mit ½ l Fleischbrühe auffüllen und 1 EL Tomatenmark dazurühren. 15 Minuten einkochen lassen. Soße durch ein Sieb passieren, wenn nötig mit angerührtem Stärkemehl binden.
Aufgeschnittenen Braten mit der Soße extra servieren.
Pro Portion etwa 850 Kalorien / 3560 Joule.

Brathähnchen im Römertopf

1 Hähnchen (600–1150 g), Salz, Pfeffer, Paprika (mild), Majoran, 1 Bund Suppengemüse, 2 Tomaten, 1 Tasse Fleischbrühe oder Weißwein

Bratfertiges Hähnchen innen und außen würzen, in den gewässerten, abgetropften Römertopf legen. Suppengemüse putzen, waschen, grob zerkleinern. Tomaten abbrühen, enthäuten, vierteln. Gemüse und Tomaten um das Hähnchen verteilen. Brühe oder Weißwein angießen. In den kalten Backofen schieben. 75–90 Minuten bei 225–250°C garen. Römertopf öffnen, das Hähnchen mit Fond begießen. 10 Minuten bei Oberhitze leicht bräunen. Fleischsaft durchsieben, abschmecken, über das portionierte Hähnchen geben.
Pro Portion etwa 560 Kalorien / 2345 Joule.

Gerichte im Druckkochtopf

Das Suppenkochen im Schnellkochtopf

Wer rasch eine gute Brühe oder Suppe bereiten muß, wird zum Druckkochtopf greifen. Dabei ist zu beachten, daß man alle Zutaten griffbereit vorbereitet hat und daß man auch sofort servieren kann, sobald die Suppe gar ist. Auch für die Brühen und Suppen im Schnellkochtopf gilt die Hauptregel: Will man in erster Linie eine kräftige Brühe, gebe man das Fleisch samt Knochen und Suppenkräutern in das kalte Wasser. Soll aber das Fleisch saftig bleiben, so kocht man zunächst nur die Knochen und Suppenkräuter an und gibt das Fleisch erst in das kochende Wasser. Bevor man den Topf schließt, muß man immer sehr gründlich abschäumen! Bei Brühen, die keine quellenden Beigaben haben, füllt man einen höheren Topf zu ¾, einen niedrigeren Topf nur zur Hälfte an. Gibt man quellende Beilagen dazu, fülle man ihn höchstens nur bis zur Hälfte!

Auch Klößchen, Nockerln u. ä. können nachträglich im Schnellkochtopf gekocht oder darin gegart werden. Teigwaren, die die klare Brühe trüben würden, koche man extra in Salzwasser. Will man eine gebundene Suppe im Schnellkochtopf bereiten, so röstet man eine feingeschnittene Zwiebel, Suppengrün etc. in heißem Fett zunächst im offenen Topf an und gibt dann erst das Wasser und die anderen Zutaten bei.

Zusätzliche Beigaben wie Butter, Sahne, Eigelb, Käse oder frische Kräuter werden erst nach dem Garkochen unmittelbar vor dem Anrichten in die fertige Brühe bzw. Suppe gegeben. Zum Schluß das Abschmecken nicht vergessen!

Man beachte immer, daß im Druckkochtopf keine Flüssigkeit verdunsten kann. Daher gebe man immer nur so viel Wasser bei, als man für die Portion benötigt.

Bohnensuppe im Druckkochtopf

200 g weiße Bohnen, 1 Zwiebel, 60 g durchwachsener Speck, 2 Kartoffeln, 1 Möhre, ½ Lorbeerblatt, 1 Thymianstämmchen, 30 g Butter oder Margarine, 30 g Mehl, Salz, Pfeffer, Spritzer Essig, 1 l Wasser

Die kleingeschnittene Zwiebel in würfelig geschnittenen und im Topf glasig angerösteten Speck kurz rösten, mit Wasser aufgießen, die über Nacht eingeweichten Bohnen, die würfelig geschnittenen Kartoffeln, die blättrig geschnittene Möhre, Salz, Lorbeerblatt und Thymian beigeben und 20 Minuten im Topf kochen lassen.
Aus Butter und Mehl eine helle Mehlschwitze bereiten, mit restlichem Wasser aufgießen, aufkochen und in den Bohnentopf geben und ein paar Minuten verkochen lassen. Mit Salz, Pfeffer und einem Spritzer Essig abschmecken.
Pro Portion etwa 520 Kalorien / 2180 Joule.

Fischsuppe im Druckkochtopf

120 g Fett, 1 Zwiebel, Suppengrün (Mohrrübe, Sellerieknolle, Petersilienwurzel), 4–5 Tomaten, 1 Weißfisch, 500 g verschiedene Fische (Karpfen, Hecht oder Schill), 1 Zitrone, Petersilie, Paprikaschoten, Salz, Paprika (edelsüß)

In heißem Fett feingeschnittene Zwiebel hellgelb andünsten, dann das kleinwürfelig geschnittene Suppengrün hellgelb anrösten, mit Paprika bestreuen, würfelig geschnittene, entkernte Tomaten beigeben (oder etwas Tomatenpüree), mit ¼ l Wasser aufgießen und den in Stücke geschnittenen und gewürzten Weißfisch dazugeben. Auf den ersten Einsatz die würfelig geschnittenen, rohen Kartoffeln geben, auf den zweiten Einsatz die portionierten und gewürzten Fische (Karpfen, Schill oder Hecht). Das Ganze 5 Minuten im geschlossenen Topf garen. Den Weißfisch und die Zutaten passieren, mit den Kartoffeln und den entgräteten Fischen noch einmal kurz aufkochen. Mit Zitronensaft abschmecken, mit Petersilie oder würfelig geschnittenen Paprikaschoten bestreut servieren.
Pro Portion etwa 275 Kalorien / 1151 Joule.

Hühnerbrühe im Druckkochtopf

1 Suppenhuhn mit Hühnerklein (oder nur 3–4 Hühnerklein), etwas Rinderleber, Suppengrün, 1 Lauch, 1–1½ l Wasser, 1 Gläschen Weißwein, Salz, Muskat, Petersilie oder Schnittlauch

Wasser, Suppengrün, Gemüse, wenig Salz und das Huhn (oder Hühnerklein) beigeben, ebenso die Leber. Dann den Topf schließen. 20 Minuten Garzeit. Die fertige Brühe abseihen, mit Salz und Muskat abschmecken, mit einem Gläschen Weißwein verfeinern. Mit gehackter Petersilie oder Schnittlauch bestreut anrichten.
Pro Portion etwa 360 Kalorien / 1520 Joule.

Gulaschsuppe im Druckkochtopf

Kleinwürfelig geschnittenen Räucherspeck auslassen, die feingeschnittenen Zwiebeln darin hellgelb anrösten, mit Paprika bestreuen. Rasch durchrühren und sofort mit ¼ l kaltem Wasser ablöschen und aufgießen, das kleinwürfelig geschnittene Fleisch, Salz, Kümmel, zerdrückten Knoblauch und Majoran beigeben und im Topf 15 Minuten garen lassen. Dann würfelig geschnittene Kartoffeln und ¾ l kochendes Wasser beigeben und noch einmal 5 Minuten kochen lassen. Nachwürzen und abschmecken.
Pro Portion etwa 380 Kalorien / 1600 Joule.

100 g Zwiebeln, 120 g Räucherspeck, 3 KL Edelsüßpaprika, 250 g Rindfleisch, 2 mittelgroße Kartoffeln, Salz, Kümmel, Majoran, 1 kleine Knoblauchzehe, Wasser

Kartoffelsuppe im Druckkochtopf

Den grobwürfelig geschnittenen Speck im Topf anbraten, feingeraffelte Möhre, würfelig geschnittene Zwiebel und blättrig geschnittene frische Pilze (oder vorgeweichte Trockenpilze) und etwas Kümmel dazugeben und mitrösten. Mit etwas Wasser aufgießen, gut verrühren. Dann den gelochten Einsatz in den Topf geben, die würfelig geschnittenen Kartoffeln daraufgeben und mit Wasser auffüllen. Den Topf schließen. Garzeit 8 Minuten. Die fertigen Kartoffeln aus dem Einsatz nehmen und in das Kochwasser geben. Gut aufrühren und einmal aufkochen. Dann mit Salz und Pfeffer abschmecken. Mit gehacktem frischem Petersiliengrün bestreut anrichten.
Pro Portion etwa 230 Kalorien / 960 Joule.

1000 g Kartoffeln, 100 g geräucherter Speck, 1 Möhre, 1 Zwiebel, einige Pilze (trocken oder frisch), Salz, Pfeffer, Kümmel, Petersilie, 1¼ l Wasser

Zwiebelsuppe im Druckkochtopf

Die in Scheiben geschnittenen Zwiebeln in heißer Butter auf dem Topfboden lichtgelb anbräunen. Brühwürfel und Wasser aufgießen und den Topf schließen. 6 Minuten garen. Mit geschlagenem Ei und Sahne, beides gut verquirlt, binden, mit Salz, Pfeffer, Muskat und Weißwein abschmecken. Dann getoastetes Weißbrot in eine Schüssel geben, die heiße Suppe darübergießen und mit geriebenem Parmesankäse bestreuen. Oder getoastetes Weißbrot in Suppentassen geben (oder in eine feuerfeste Form), die Suppe darübergießen und obenauf mit Parmesankäse bestreut im heißen Ofen oder im Grill einige Minuten überbacken (gratinieren).
Pro Portion etwa 435 Kalorien / 1820 Joule.

4—5 größere Zwiebeln, 40 g Butter, 1 l Wasser, Brühwürfel, 1 Ei, ⅛ l Sahne, etwas Weißwein, Salz, Muskat, Pfeffer, 4 Scheiben Weißbrot oder Toastbrot, Parmesankäse, Butter

Erbseneintopf im Druckkochtopf

200 g durchwachsener Speck, 250 g Erbsen, 500 g Sauerkraut, 4 Scheiben Kasseler, 2 Zwiebeln, 50 g Fett, 2 Kartoffeln, ¾ l Wasser, Salz, Pfeffer, Muskat, Streuwürze

Würfelig geschnittenen Speck auf dem Topfboden bei mittlerer Hitze andünsten, die vorgeweichten Erbsen mit Einweichwasser dazugeben. Sauerkraut darüberstreuen, ebenso die feingeriebenen Kartoffeln, obenauf die Scheiben Kasseler. Topf schließen, nach kurzem Dampfen Ventil einsetzen. Zwiebeln in Ringe schneiden und im Fett bräunen. Nach der Garzeit Kasseler herausnehmen. Eintopf mit den Gewürzen abschmecken. Anrichten und Zwiebelringe darübergeben. Fleisch obenauf legen.
Pro Portion etwa 932 Kalorien / 3901 Joule.

Gemüseeintopf im Druckkochtopf

1200 g Gemüse nach Jahreszeit, 300 g Kartoffeln, 50 g Butterschmalz oder Öl, 2 Zwiebeln, Petersilie oder Schnittlauch, ½ l Wasser, Salz

Bei mittlerer Hitze die würfelig geschnittenen Zwiebeln auf dem Topfboden mäßig braun werden lassen. Mit Wasser aufgießen und das gemischte kleingeschnittene Gemüse beigeben, obenauf die Kartoffelwürfel. Topf schließen und garen. Nach dem Öffnen abschmecken. Je nach Würzkraft der verwendeten Gemüse braucht dieser Eintopf wenig oder keine Würze, höchstens eine Prise Salz. Kleingeschnittene Petersilie und Schnittlauch oder andere frische Kräuter darüberstreuen.
Pro Portion etwa 590 Kalorien / 2470 Joule.

Bunter Eintopf im Druckkochtopf

200 g durchwachsener Bauchspeck, 250 g weiße Bohnen, 250 g grüne Bohnen, 700 g Möhren, 250 g kleine feste Kochbirnen, 250 g Kochäpfel, 300 g Kartoffeln, 1 l Wasser, Pfeffer, Zucker, Salz, Petersilie

Speck in kleine Stücke schneiden. Weiße Bohnen vorweichen. Die grünen Bohnen werden je nach Größe gerichtet, die Möhren mittelfein gewürfelt, die Kochbirnen entstielt und entkernt und geviertelt, ebenso die Äpfel. Die Kartoffeln in mittlere Würfel schneiden. Speck auf dem Topfboden bräunen. Darüber die weißen Bohnen mit dem ganzen Einweichwasser geben, den Topf schließen und 12 Minuten vorgaren. Nach dem Öffnen des Topfes Gemüse und Obst dazugeben und leicht mit Pfeffer würzen. Darüber die Kartoffeln 6 Minuten fertiggaren. Topf öffnen, mit Gewürzen abschmecken, anrichten, mit gehackten Kräutern überstreuen.
Pro Portion etwa 800 Kalorien / 3360 Joule.

Hammeleintopf im Druckkochtopf

Feingeschnittene Zwiebeln im Fett auf dem Topfboden andünsten, in Streifen geschnittenes Fleisch beigeben und leicht anbräunen lassen. Ebenso den Reis mit andünsten. Mit Brühe aufgießen, mit Salz, Pfeffer und Curry würzen, durchrühren, Topf schließen und garen. Das fertige Gericht abschmecken, evtl. mit Tabasco schärfen. Mit heißer Butter übergießen.
Pro Portion etwa 665 Kalorien / 2784 Joule.

600 g Hammelfleisch, 2 Zwiebeln, 40 g Fett oder Öl, 250 g Reis, ½ l Brühe, Salz, Pfeffer, Curry, Tabasco, 40 g Butter

Kalbfleisch im Druckkochtopf

Fleisch in Streifen schneiden. Zwiebeln würfelig geschnitten auf dem Topfboden mit mittlerer Hitze mäßig braun in Butterschmalz andünsten; das Fleisch beigeben und vordünsten. Dann mit Wasser angießen. Die vorgeweichten Pflaumen mit dem Einweichwasser darübergeben und mit dem Wein übergießen. Mit Piment, Salz und der Zitronenschale würzen. Im Topf geschlossen garen. Nach dem Öffnen abschmecken, Zitronenschale entfernen und anrichten.
Pro Portion etwa 625 Kalorien / 2616 Joule.

750 g Kalbfleisch, 250 g getrocknete kernlose Pflaumen, 2 Zwiebeln, Piment, Schale einer ungespritzten Zitrone, 50 g Butterschmalz, ¼ l Wasser, ¼ l herber Weißwein, Salz

Krautgulasch im Druckkochtopf

Schweinefleisch und Zwiebeln, würfelig geschnitten, auf dem Topfboden im Fett andünsten. Mit Bouillon angießen, Sauerkraut locker einschichten, Paprika darüberstauben und in Scheiben geschnittene Kartoffeln obenauf legen. Salzen. Den Topf schließen und garen. Nach dem Öffnen mit Kümmel abschmecken und die geviertelten Tomaten daruntermischen.
Pro Portion etwa 810 Kalorien / 3390 Joule.

400 g Schweinefleisch, 400 g Sauerkraut, 200 g Kartoffeln, 250 g Tomaten, 3 Zwiebeln, Salz, 1 EL edelsüßer Paprika, 1 TL Kümmel, 50 g Fett oder Öl, ½ l Bouillon

Rauchfleisch im Druckkochtopf

Auf dem Topfboden würfelig geschnittene Zwiebeln im Fett andünsten. Wasser beigeben und das Sauerkraut mit Wacholderbeeren locker einstreuen. Weißwein dazugießen und das Rauchfleisch auf das Kraut legen, darauf die in Scheiben geschnittenen Kartoffeln. Topf schließen und garen. Eventuell nachwürzen.
Pro Portion etwa 710 Kalorien / 2970 Joule.

4 mittlere Scheiben Rauchfleisch, 2 Zwiebeln, 750 g Sauerkraut, 400 g Kartoffeln, 75 g Schweinefett, 1 Glas Weißwein, 4 Wacholderbeeren

Gerichte in Alu- und Bratfolie

Filetsteaks mit Champignons in Alufolie

4 Rindersteaks (ca. 150 g), Salz, Pfeffer, 250 g Champignons, 2 EL Röstzwiebeln, Rotwein, Öl

Steaks leicht klopfen, mit Salz und Pfeffer einreiben, auf eingeölte Alufolie legen. Geputzte, in Scheiben geschnittene Champignons und Röstzwiebeln darübergeben und alles mit Rotwein beträufeln. Folie gut schließend falzen. Auf Backblech oder Grillrost im stark erhitzten Ofen garen. Nach etwa 30 Minuten Folie an der Oberfläche aufschneiden und Steaks einige Minuten nachbräunen lassen.
Pro Portion etwa 325 Kalorien / 1360 Joule.

Kalbskoteletts auf Mailänder Art, in Alufolie

4 Kalbskoteletts (à 150 g), Salz, Pfeffer, Salbeiblätter, 4 dünne Scheiben Speck, Öl

Koteletts salzen, pfeffern und auf eingeölte Alufolie legen, gehackte Salbeiblätter darauf verteilen und Speckscheiben darüberlegen. Mit Folie gut schließend abdekken. Auf Backblech oder Grillrost im vorgeheizten Bratofen etwa 20 Minuten garen, dann die Folie etwas öffnen und nachbräunen.
Pro Portion etwa 445 Kalorien / 1863 Joule.

Forellen in Alufolie

4 Forellen, 1 Zitrone, Salz, 2 Mohrrüben, 1 Zwiebel, 50 g Butter, Aluminiumfolie

Die vorbereiteten Forellen innen salzen und mit Zitronensaft beträufeln. Mohrrüben und Zwiebel in Scheiben schneiden. Je 1 Forelle auf die mit Butter bestrichene Folie stellen, Mohrrüben- und Zwiebelscheiben darauflegen und die restliche Butter in Flöckchen darauf verteilen. Die Folie zusammenfalten. In die Grillpfanne etwas Wasser gießen, den Grillrost mit den eingepackten Forellen darauflegen und im vorgeheizten Backofen etwa 20 Minuten dünsten. Mit Kartoffeln und Kopfsalat servieren.
Pro Portion etwa 350 Kalorien / 1465 Joule.

Kalbsrollen, gefüllt, in Bratfolie

Kalbfleisch in vier Schnitzel schneiden, leicht klopfen, salzen und pfeffern. 200 g Kalbfleisch durch den Fleischwolf drehen, mit Bröseln und einem Ei eine Farce bereiten. Mit Salz, Curry und etwas Weinbrand abschmecken, grob zerkleinerte Pistazien untermischen. Masse in fingerbreitem Abstand vom Rand auf die Schnitzel streichen. Ein hartgekochtes Ei der Länge nach in vier Teile schneiden und auf die Schnitzel verteilen. Schinken und Paprikaschoten streifig geschnitten danebenlegen. Schnitzel stramm aufrollen, mit Bindfaden umwickeln und salzen. In gut eingeölte Folie geben, schließen, einstechen und bei 200° C 60 Minuten braten.
Pro Portion etwa 315 Kalorien / 1319 Joule.

600 g Kalbfleisch, 200 g Kalbfleisch, Salz, Pfeffer, 2 EL Brösel, 2 Eier, Curry, Weinbrand, Pistazien, 30 g magerer Schinken, 1 rote Paprikaschote, Öl

Kalbsschnitzel mit Tomaten, in Alufolie

Kalbsschnitzel mit Salz und Paprika einreiben und auf eingeölte Alu-Folie legen. Abgezogene, gewürfelte Tomaten sowie gehackte Zwiebel und Petersilie darüber verteilen. In Folien gut schließend einpacken. Auf Grillrost im heißen Backofen im eigenen Saft fertiggaren.
Pro Portion etwa 285 Kalorien / 1195 Joule.

4 Kalbsschnitzel (à 150 g), 500 g Tomaten, Salz, Paprika (edelsüß), 1 EL gehackte Petersilie, gehackte Zwiebel, Öl

Kalbssteak in Alufolie

Steaks würzen, einzeln in gut eingeölte Alufolie einschlagen und 30 bis 40 Minuten in der Pfanne zugedeckt dünsten. Dazu Erbsen- und Karottengemüse sowie Safranreis: Pro Person 1 Tasse Reis in leicht gesalzenem Wasser, dem 3 Faden Safran beigegeben sind, körnig weich kochen.
Pro Portion etwa 335 Kalorien / 1400 Joule.

4 Kalbssteaks (à 150–200 g), Selleriesalz, Rosmarin, Salbeipulver, Öl

Schinken in Alufolie

Den von der Schwarte befreiten Schinken mit der Speckseite nach oben auf die gut eingeölte Alufolie legen. Die Nelken in gleichmäßigem Abstand einstecken, Schinken mit Pfeffer und Koriander bestreuen. Die Folie gut schließen, auf Blech oder Grillrost im gut vorgeheizten Backofen eine Stunde garen.
Pro Portion etwa 460 Kalorien / 1925 Joule.

1 Nußschinken (800 bis 1000 g), 6 Nelken, Pfeffer, Koriander, Öl

Curry-Hähnchen in Alufolie

1 Brathähnchen (ca. 800 g), Salz, 200 g Langkornreis, 2 TL Currypulver, 20 g Butter, Öl

Reis in leicht gesalzenem Wasser 15 Minuten langsam kochen, mit kaltem Wasser abbrausen, gut abtropfen lassen. Mit zerlassener Butter unter Beigabe von Currypulver und Salz durchschwenken. Reis in das innen und außen gesalzene Hähnchen füllen, zunähen, auf eingeölte Alufolie legen, gut schließend falzen, oben einstechen. Auf Backblech oder Grillrost in gut vorgeheiztem Ofen etwa 45 Minuten garen. Dann Folie öffnen, Hähnchen mit wenig Butter bestreichen und knusprig bräunen lassen.
Pro Portion etwa 590 Kalorien / 2470 Joule.

Ente, gefüllt, in Alufolie

1 junge Ente, 20 g Butter, 1 kleine Zwiebel, 75 g gekochter Schinken, 4 EL Brösel, 2 Eier, 2 EL Sahne, Petersilie, Salz, Pfeffer, Majoran, Öl

Bratfertige Ente innen und außen mit Salz und Pfeffer einreiben. Feingeschnittene Zwiebel in Butter hellgelb anschwitzen, feingehackten Schinken, Brösel, Eier, Sahne dazugeben, mit gehackter Petersilie, Salz, Pfeffer und Majoran würzen, zu einer feinen Farce verarbeiten und in die Ente füllen, diese zunähen und auf eingeölte Alufolie legen. Folie gut schließend falzen. Auf Blech oder Grillrost im gut vorgeheizten Backofen etwa 60 Minuten garen. Dann Folie öffnen und Ente knusprig bräunen.
Pro Portion etwa 980 Kalorien / 4100 Joule.

Gans, gefüllt, in Alufolie

1 junge Gans, 250 g gehacktes Schweinefleisch, 2 Eier, 250 g gekochte, geschälte, feingewürfelte Kartoffeln, 500 g geschälte, feingewürfelte Äpfel, 250 g von Schale und Haut befreite, vorgedünstete Kastanien, Salz, Pfeffer, Majoran, Beifuß, 1 große Zwiebel, 1 Möhre, Öl

Bratfertige magere Gans innen und außen salzen und pfeffern. Schweinefleisch, Eier, feingehackte Gänseleber, Kartoffeln, Äpfel und Kastanien gut vermischen, mit Salz, Pfeffer, Majoran sowie Beifuß kräftig würzen und abschmecken. Die Farce in die Gans einfüllen und zunähen. Anschließend Gans auf gut eingeölte Alufolie legen. Zwiebel und Möhre grob zerkleinert beigeben. Die Folie fest falzen. Auf Blech oder Grillrost im gut vorgeheizten Ofen 2 Stunden braten. Dann die Folie öffnen und die Gans unter öfterem Begießen mit dem Fleischsaft knusprig bräunen.
Pro Portion etwa 1650 Kalorien / 6905 Joule.

Hackbraten mit Ei in Alufolie

Hackfleisch mit in wenig Milch eingeweichtem, ausgedrücktem Brötchen, Ei, der in Fett hellgelb gerösteten klein geschnittenen Zwiebel sowie Salz, Pfeffer, Majoran und gehackter Petersilie gut vermischen. Aus der Masse eine Rolle formen, die zwei geschälten Eier der Länge nach hineindrücken und die Masse darüber wieder glattstreichen. Rolle auf eingeölte Alufolie legen und gut schließend falzen. Auf Blech oder Grillrost im gut vorgeheizten Ofen 30 Minuten garen. Dann die Folie aufschneiden, Hackbraten mit Sauerrahm überdecken und noch 10 Minuten bräunen.
Pro Portion etwa 290 Kalorien / 1215 Joule.

600 g gemischtes Hackfleisch, 1 Brötchen, Milch, 1 Ei, 20 g Fett, 1 kleine Zwiebel, Salz, Pfeffer, Majoran, Petersilie, 2 hartgekochte Eier, 2–4 EL Sauerrahm, Öl

Gebratenes Hähnchen in Bratfolie

Bratfertiges Hähnchen innen und außen gut salzen, mit flüssiger Butter bestreichen, 2 Stämmchen Rosmarin zerhackt draufstreuen, in die gut eingeölte Folie geben, verschließen, einstechen und zirka 1 Stunde braten.
Pro Portion etwa 540 Kalorien / 2260 Joule.

1 Hähnchen, Salz, 1–2 EL Butter, Rosmarin, Öl

Fasan in Bratfolie

Bratfertige Fasanen mit Salz, Pfeffer, Thymian und Paprika innen und außen gut einreiben, die Brust mit Speckscheiben bedecken. Zusammen oder einzeln auf eingeölte Bratfolie legen, die Folie fest schließen. Auf Grillrost im gut vorgeheizten Bratofen garen. Nach etwa einer Stunde die Folie öffnen und die Fasanen leicht nachbräunen.
Pro Portion etwa 655 Kalorien / 2740 Joule.

2 junge Fasanen, Salz, Pfeffer, Thymian, Paprika, 150 g dünne Speckscheiben, Öl

Rahmgurken in Alufolie

Die Gurken schälen, halbieren. Die Kerne ausschaben, Gurken in Stücke schneiden. Auf eingeölte Alufolie geben. Mit Salz und Muskat würzen, Dill darüberstreuen. Mit 3 Eßlöffel Wasser und der Sahne begießen. Butterstückchen darauf verteilen. In die Folie locker einschlagen, Ränder gut verschließend falzen. Auf Backblech oder Grillrost im vorgeheizten Ofen bei guter Mittelhitze 25 Minuten dünsten.
Pro Portion etwa 105 Kalorien / 440 Joule.

2 große Gurken, Salz, Muskat, ½ EL gehackter Dill, ⅛ l Sahne, 1 EL Butter, Wasser, Öl

Kalte Platten

Kleine Schaugerichte, sogenannte kalte Platten, können auf möglichst einfache und ökonomische Weise hergestellt werden. Es muß nicht immer das teuerste Material sein, um eine schöne kalte Platte zu machen, auch einfache und billigere Zutaten ermöglichen es, die effektvollsten Gerichte herzustellen.

Partyplatte

Schinkenwurst, Leberpastete, Salami, Schwarzwälder Rauchfleisch, Westfälischer Schinken, saftige Äpfel, Cervelatwurst, 1 kleine Dose Spargel, blaue Trauben, Gewürzgurken, Salatblätter, Butterröllchen

Den Rand von einer großen oder zwei kleinen Platten mit gewaschenen Salatblättern belegen und die verschiedenen Wurstsorten, ausgenommen die Cervelatwurst, dachziegelartig darauf anrichten. Die Äpfel ungeschält in Scheiben schneiden (das Kernhaus entfernen) und darauf je eine Scheibe Cervelatwurst legen. Das Schwarzwälder Rauchfleisch zu Röllchen formen und Spargelstücke hineinstecken. Den Westfälischen Schinken ebenfalls rollen und mit einer blauen Traube oder die Hälfte davon mit in Streifen geschnittenen Gewürzgurken füllen. Die Platte hübsch garnieren. Einige Butterröllchen dazwischensetzen. Dazu verschiedene Brotsorten, Brötchen, Salzbrezeln.

Partyspieße

Frühstücksspeck, 1 Dose Cocktailwürstchen (32 Stück), Jagdwurst im ganzen, Gewürzgurken oder rote marinierte Paprikaschoten, Champignons aus der Dose, Öl, Paprika, geriebener Käse

Den Speck in Streifen schneiden und die Cocktailwürstchen damit umwickeln. Die Jagdwurst in größere Würfel und die Gewürzgurken oder Paprikaschoten in beliebige Stücke schneiden. Alle Zutaten, auch die Champignons, abwechselnd auf Spieße reihen, mit Öl bestreichen und im heißem Grill bräunen oder in einer Pfanne in heißem Fett braten. Mit Paprika und Käse bestreut anrichten. Beilagen: Salate und Weißbrot.

Gemischte Platte

Schweine- und Kalbsbraten, Schinken, Eiweiß und Gurken in feine Streifen schneiden, die Kartoffeln in kleine Würfel, die feingehackten Sardellen, Kapern und Zwiebeln hinzugeben sowie die weißen Bohnen, alles mit 200 g Mayonnaise vermischen und einige Stunden in den Kühlschrank stellen. Das Gemisch dann auf Muscheln verteilen, die Oberfläche mit jeweils 1 Löffel Mayonnaise übergießen und mit 2 Pilzen garnieren. Mit der restlichen Mayonnaise den auf Salatblättern angerichteten Blumenkohl übergießen, noch mit gehacktem Schnittlauch bestreuen und mit den gefüllten Muscheln umstellen. Die Platte mit Zitronenscheiben garnieren.

150 g Schweine- und 150 g Kalbsbraten, 100 g gekochter Schinken, 4 größere süßsaure Gurken, 150 g gekochte Kartoffeln, 2 hartgekochte Eiweiß, 2 entgrätete Sardellen, 50 g weiße Bohnen, 10 g Kapern, 20 g geriebene Zwiebeln, ca. 250 g Mayonnaise, 10 in Essig eingelegte Pilze, 1 gekochter Kopf Blumenkohl (ca. 500 g), grüne Petersilie, Schnittlauch, 1 Zitrone

Cocktailspieße

Alle Zutaten in kleine Würfel etc. schneiden, auf Käse-, Leberpasteten- und Pumpernickelwürfel mit Holzspießchen stecken. Man kann zum Beispiel Spargel in Schinkenscheiben oder Tatar in Rauchfleischscheiben einrollen, Eischeiben, Räucherlachs und Oliven bzw. Eischeiben und Sardinen und Tomaten variieren sowie Bratwurst und Gurkenscheiben, Silberzwiebeln und Pariser Wurst, Westfälerspeck und Gurkenscheiben. Man kann die kleinen Stücke auch auf runde oder dreieckig geschnittene Weiß- oder Schwarzbrotwürfel und -stücke stecken oder, auf längere dünne Holzspießchen gereiht, auf einen halbierten rohen Weißkohlkopf stecken. Weitere Anregungen zu bunten Cocktailspießchen: Vollkornbrot mit geräuchertem Kasseler und Silberzwiebelchen, gebratene Leber, Salatblatt und Apfelstücken sowie einer Kirsche obenauf, oder auf Graubrot Salzgurkenstücke und Mini-Rollmöpse und Zwiebelringe, oder Räucheraal mit Zitronenscheibe auf Stückchen Toastbrot und gefüllte Oliven obenauf, oder auf gebuttertem Graubrot Pfirsichhälfte (aus der Dose) mit Camembertstücken und Kirsche belegen; auf Salatgurkenscheibe Tomatenscheibe und Stückchen gebratene Hühnerbrust oder andere Bratenstücke.

Käse-, Brot-, Pumpernickelwürfel, Räucherlachs, Käse, Nüsse, Schinken, Tatar, Rauchspeck, gefüllte Oliven, Tomaten, Gewürzgurken, Silberzwiebeln, Paprikaschoten, Maiskolben (aus der Dose), Radieschen, Salami, Ananas, Spargel, Leberpastete etc.

Wildplatte

4 dicke Scheiben gebratener Rehrücken (oder anderes Wildfleisch), 4 EL Berberitzen-, Johannisbeer- oder Vogelbeergelee, 1 Spritzer Echte Kroatzbeere, 125 g Chutney- oder Sambal-Spread, 4 Scheiben Toast, Brunnenkresse

Gebratenen Rehrücken oder anderes Wildfleisch sorgfältig anrichten und Brunnenkresse dazulegen, Chutney- oder Sambal-Spread auf Glasteller legen und extra reichen. Fruchtgelee mit Echter Kroatzbeere verrühren und nach Geschmack auch mit Spritzer Zitronensaft vermischen. In Schälchen anrichten. Mit Toast servieren.

Wildpastete

2 Pakete tiefgekühlter Blätterteig (600 g), Speckscheiben, 1 Ei zum Bestreichen
Fülle: 200 g Wildfleisch, 100 g Kalbfleisch, 100 g Schweinefleisch, 150 g Rauchspeckwürfel, 1 Zwiebel, in Fett angeschwitzt, 80 g Champignons, grob gehackt, 1 Brötchen, Milch, Petersilie, 3 Eigelb, Salz, Pfeffer, Pastetengewürz, Kerbel, Estragon, Majoran, 1 Gläschen Kognak

Die Fleischsorten zerkleinern und mit dem eingeweichten, ausgedrückten Brötchen, der Zwiebel, Petersilie und den mitgedünsteten Champignons zwei-, dreimal durch die feine Scheibe der Fleischmaschine drehen. Mit Eigelb und den Gewürzen die Farce gut verarbeiten, mit Kognak abschmecken, die Speckwürfel daruntermischen. Die Tiefkühlblätter auftauen, die Platten übereinanderlegen, auf bemehltem Brett zu einem Rechteck (45 × 35 cm) ausrollen, vom Rand einen 3 cm breiten Streifen abschneiden (zur Verzierung), mit den Teigflächen eine längliche, nicht zu große feuerfeste Kastenform auslegen, über die Ränder hängen lassen und Speckscheiben darauflegen. Dann die Füllfarce, zu einem Ziegel geformt, darauflegen (nie ganz bis zum Rand füllen), die Speck- und Teigblätter darüberschlagen und gut verschließen. Aus dem restlichen Blätterteig verschiedene Zierformen bereiten und obenauf legen. Die Oberfläche mit Ei bestreichen und an der Oberfläche zwei Löcher ausstechen (auch den Speck darunter entfernen). Die Pastete in das mittelheiße Backrohr (ca. 180 Grad) stellen. Sobald sie Farbe genommen hat, die Hitze drosseln und fertigbacken. Backzeit etwa 1½ Stunden. Auskühlen lassen.
Pro Portion etwa 890 Kalorien / 3720 Joule.

Sandwich und belegte Brötchen

Unter Sandwich versteht man die verschiedensten Formen von belegten Brötchen. Sie werden aus Weißbrot (Kastenbrot), Toast (nicht zu stark toasten!) oder Croutonwecken, Vollkornbrot etc. und kleinen, extra dafür gebackenen Formbroten bereitet. Meistens sind ein oder mehrere Sorten Belag zwischen zwei (oder drei) Scheiben Brot oder Brötchen. Für fast alle Formen ist als Unterlage ein Aufstrich notwendig. Diese Aufstriche können aus den verschiedensten Materialien bestehen: Butter (oder Margarine), mit den nach Belieben gewählten Zutaten gut verrührt (Würzbutter, Spread), z. B. Sardellen, passiertem Räucherlachs, Thunfisch, Bückling, Gervais oder Gorgonzolakäse, Schnittlauch, Wurst und Fleischreste fein gehackt. Ebenso können in einzelnen Fällen feingeraspeltes Suppengrün, mit Mayonnaise oder Senf gebunden, Verwendung finden. Als Belag kommt alles zur Anwendung, was die kalte Küche bietet: Schinken, Salami, Wurstsorten, gebratenes Fleisch, Roastbeef, Huhn, Fische, gekochte Eier, verschiedene Hart- und Weichkäsearten, Gemüse etc. Der Fachmann unterscheidet 3 verschiedene Arten von Sandwiches:

1. Das **Vorspeisen-Sandwich,** im wesentlichen aus englischem Kastenbrot geschnitten und mit Butter bestrichen, dann belegt. Dann wird es zusammengeklappt, die Kruste abgeschnitten. Das Sandwich selbst wird rechteckig, viereckig oder dreieckig geschnitten. Als Imbiß und für kleine Büfetts.
2. Das **französische Sandwich** (Originalsandwich), dessen Urtyp aus einer Scheibe gekochtem Schinken zwischen länglichen, mit Butter bestrichenen Brötchen besteht.
3. Das **amerikanische Sandwich,** besteht meist aus drei Lagen Brot mit einer doppelten Füllung und Salatblättern dazwischen. Die »open face sandwiches« sind große Canapés.

Sandwiches, die man nicht sofort servieren kann, übereinanderlegen, mit einem knapp angefeuchteten Tuch zudecken und ganz leicht beschweren. Im Kühlschrank oder Kühlraum aufbewahren.

Club-Sandwich

8 Stück Toastbrot, über Eck geschnitten und leicht geröstet, 1 EL Butter oder Meerrettichbutter, 1 großes Blatt Kopfsalat, 1 TL Mayonnaise, 1 Tasse gekochtes und enthäutetes Hühner- oder anderes Geflügelfleisch, 2—3 kleine, dünne, frisch geröstete Scheiben Frühstücksspeck, Salz, Pfeffer

Die erste Brotscheibe mit Butter bestreichen, rösten, mit dem mit Mayonnaise bestrichenen Salatblatt belegen, darüber das Hühnerfleisch häufen, dieses mit frisch geröstetem Speck überdecken, würzen und zum Schluß die zweite, nicht gebutterte, getoastete Brotscheibe darüber legen. Mit allen anderen Broten ebenso verfahren.

Smörrebröd

4 Scheiben Graubrot, Butter, Senf, 4 Scheiben Leberpastete, Camembert, geröstete Zwiebelstücke oder Röstzwiebeln aus dem Beutel, Salatblätter oder Kressesalat, Mayonnaise

Brote mit Butter, dann dünn mit Senf bestreichen. Darauf Leberpastete legen. Camembert in dünnere Scheiben schneiden und auf die Leberpastete legen. Geröstete Zwiebelstückchen darüberstreichen, auf gewaschenen, leicht mit Mayonnaise betupften Salatblättern oder auch Kressesalat anrichten.

Wurst-Sticks

400 g Lyoner-, Schinken- oder Jagdwurst im ganzen, 2 Ecken Streichkäse, Meerrettich, 1 TL geriebene Zwiebeln, blaue Trauben

Wurst ohne Haut in Würfel schneiden, Käse mit Meerrettich und Zwiebeln vermischen und die eine Seite der Wurstwürfel, so dick es geht, damit bestreichen. Auf jeden Würfel eine blaue Traube setzen und mit Cocktailspießchen zusammenhalten. Oder: Wurst im Mixer pürieren, mit Käse, Meerrettich und Zwiebeln vermischen, in den Kühlschrank stellen und als Brotbelag verwenden.

Snacks

Weißbrotscheiben, Butter, hartgekochte Eier, Salatgurke, Tomaten, in Scheiben geschnittene feine Kalbsleberwurst

Weißbrotscheiben mit Butter bestreichen, Eier, Gurke und Tomaten, in Scheiben geschnitten, abwechselnd auf die Brote legen. Jedes Brot mit einer Scheibe Kalbsleberwurst abdecken.

Wurst-Dip

Wurst ohne Haut pürieren. Quark mit Mayonnaise glattrühren und Wurst mit geriebener Zwiebel und gehackter Petersilie dazugeben. Gut vermischen. Würzen. In ein Schälchen füllen.

150 g Lyoner Wurst im ganzen, 150 g Sahnequark, 100 g Mayonnaise, 1 Zwiebel, 2 EL Petersilie, Senf oder Pfeffer

Liptauer

In die schaumig gerührte Butter passierten Quark und Gervais rühren, feingeschnittene Zwiebel und Schnittlauch, Kümmel, gehackte Kapern, Sardellenpaste, Salz und nach Geschmack Paprika, Senf dazugeben und mit etwas Bier zu einer streichfähigen Konsistenz verrühren.

250 g Quark (oder Brimsen-Schafkäse), mit Gervais gemischt, 125 g Butter, 1 EL Öl, 1 Zwiebel, Schnittlauch, ½ KL Sardellenpaste oder gehacktes Sardellenfilet, Kümmel, einige Kapern, 1—2 EL Bier, 1 KL Senf, Salz, Paprika

Eier mit Mayonnaise

Die zerquirlten, gesalzenen Eier in erhitzter Butter unter ständigem Rühren dickflüssig werden lassen. Geröstete Weißbrotscheiben mit den erkalteten Eiern bestreichen, mit dicker Mayonnaise übergießen und mit Schnittlauch bestreuen.

30 g Butter, 4 Eier, Salz, 8 EL dicke Mayonnaise, Schnittlauch

Eier mit Schinken

Kleingehackte Eier, kleingehackten Schinken, Mayonnaise oder Butter vermischen. Mit Salz und Zitronensaft abschmecken. Statt Schinken kann man auch Salami oder Geräuchertes verwenden.

4 hartgekochte Eier, 120 g gekochter Schinken, 5 EL Mayonnaise oder 50 g Butter, Salz, Zitronensaft

Gervaisaufstrich

Gervais mit feingehacktem Schinken oder Salami und kleingehackter Gurke vermischen. Mit Senf abschmekken. Man kann den Gervais auch mit Butter und feingeriebenen Radieschen vermischen, mit Salz, Pfeffer und Schnittlauch würzen.

2 Gervais, 125 g gekochter Schinken oder Salami, 1 süßsaure Gurke, Senf

Käseaufstrich

150 g Butter, 1 Päckchen Schmelzkäse, 2 Sardellen, ½ Zehe Knoblauch, 2–3 Kapern, 1 TL Zwiebel, Gurken

Schaumig gerührte Butter mit zerdrücktem Käse, entgräteten, zerdrückten Sardellen, zerdrücktem Knoblauch, feingehackten Kapern und Zwiebeln vermischen. Die bestrichenen Brötchen mit feingehackten Gurken bestreuen.

Roquefortcreme

150 g Butter, 150 g Roquefort, 1/16 l Schlagsahne

Butter und Roquefort schaumig rühren und die Schlagsahne leicht untermischen.

Quarkaufstrich

150 g Butter, 150 g Sahnequark, 100 g gekochter Schinken, 2 saure Gurken, 1 Zwiebel, 1 Sardelle, je 1 Msp süßer Paprika und Salz

Schaumig gerührte Butter mit durchgepreßtem Quark, feinst gehacktem Schinken, feingehackten Gurken, feingehackter Zwiebel, zerdrückter Sardelle verrühren. Mit Salz und Paprika abschmecken.

Quarkcreme

500 g Quark, Salz, Kümmel, Paprika, 200 g Butter, 2 Eigelb

Durch ein Sieb gestrichenen Quark mit Salz, Kümmel und Edelsüßpaprika vermischen. Butter zerlassen, den gewürzten Quark beigeben und so lange auf dem Feuer rühren, bis man einen Brei erhält. Dann das Eigelb untermischen, dickflüssig werden lassen und den Käse dann in eine Schüssel gießen.

Fleischaufstrich

1 Zwiebel, 1 Gurke, 50 g Butter, 200 g gekochtes oder gebratenes Fleisch, Pfeffer, Salz, Senf, Worcestershiresauce

Fleisch sehr fein hacken, mit gehackter Zwiebel, Gurke, schaumig gerührter Butter und den Gewürzen gut vermischen und durch ein Sieb streichen.

Wurstaufstrich

Fleischwurst fein hacken und mit allen anderen Zutaten fein verrühren und würzen.

300 g Fleischwurst, 2 entgrätete, durchgepreßte Sardellen, 30 g geriebene Zwiebeln, Senf, 60 g Butter, 1 feingehackte, süßsaure Gurke, 10 g feingehackte Kapern, Salz, Cayennepfeffer

Harlekin-Aufstrich

Schinken fein hacken, Gurke, Eier, Kapern kleinwürfelig schneiden. Sardellen entgräten und durchpressen. Pistazien in feine Streifchen schneiden. Alles gut mit schaumig gerührter Butter verrühren und würzen.

400 g gekochter Schinken, 1 gekochte saure Gurke, 3 hartgekochte Eier, 1 EL Kapern, 12 geschälte Pistazien, 160 g Butter, 120 g Sardellen, Salz, Pfeffer

Pikanter Aufstrich

Sardellen und Eier durchpressen, Petersilie, Schnittlauch und Gurke fein hacken, alles gut miteinander mit schaumig gerührter Butter vermischen und würzen.

3 Sardellen, 2 hartgekochte Eier, 120 g Butter, ½ TL Petersilie, ¼ TL Schnittlauch, 1 saure Gurke, Senf, Salz, Pfeffer, Paprika

Sardinen-Aufstrich

Sardinen enthäuten, entgräten und durch ein Sieb streichen, mit schaumig gerührter Butter vermischen, mit Zitrone und Cayennepfeffer würzen.

10 Ölsardinen, Saft einer halben Zitrone, 60 g Butter, Cayennepfeffer

Meerrettich-Aufstrich

Die Butter schaumig rühren und dann mit allen anderen Zutaten gut vermischen.

1 geriebene Stange Meerrettich, 100 g Butter, 100 g feingehackte, gekochte, geräucherte Zunge, Salz

Heiße und kalte Getränke

Kakao

4 TL Kakao, 3 TL Zucker, Prise Salz, 1 l Milch

Kakaopulver mit Zucker und Prise Salz mit etwas kalter Milch glatt verrühren. Mit der heißen Milch einmal aufkochen, mit Schneebesen schaumig schlagen, nach Geschmack zuckern.

Trinkschokolade

125 g Schokolade, 1 l Milch, Prise Salz, Sahne

Geriebene Schokolade (oder sehr klein geschnittene oder gebrochene Rippen) und Prise Salz in heißer Milch glattrühren, mit dem Schneebesen schlagen und bis zum Kochen kommen lassen. Nach Geschmack zuckern. Man kann die Trinkschokolade abseihen und pro Tasse obenauf eine Haube aus Schlagsahne geben.

Kaffee, aufgegossen

5–8 EL gemahlener Kaffee, 1 l frisches Wasser zu Filterkaffee, für Mokka pro Person 3 gehäufte TL gemahlener Kaffee, 1 Tasse Wasser

Kaffee nicht zu fein mahlen und in eine zuvor erwärmte Porzellankanne geben. Kochendes Wasser in 3 Güssen darüberschütten, nach jedem Guß den Kaffee tüchtig umrühren. Zugedeckt etwa 5 Minuten ziehen lassen. Oder Wasser kochen, das Kaffeemehl hineinschütten, rasch vom Feuer nehmen und gut umrühren. Wieder zurück aufs Feuer stellen und bis ans Kochen kommen lassen. Dreimal wiederholen. Zugedeckt stehen lassen, bis sich der Kaffee gesetzt hat. In eine vorgewärmte Kanne gießen.

Kaffee, gefiltert

Filterpapier, 5–6 EL gemahlener Kaffee, 1 l Wasser

Gemahlenen Kaffee in den eingelegten Filter geben. Im Filter ¾ voll mit kochendem Wasser gießen. Den Kaffee nicht quellen lassen. Immer wieder kochendes Wasser in die Mitte des Kaffees gießen (nicht an den Rand).

Mokka

Den Kaffee aufgegossen oder gefiltert bereiten.

Pro Tasse 10–12 g Kaffeepulver (Mokkabohnen), heißes Wasser

Café Cappuccino

Kaffee mit kochendem Wasser aufbrühen, die Tasse zu drei Viertel füllen. Nicht ganz steif geschlagene Sahne daraufgeben und mit Kakaopulver bestäuben. Zucker extra reichen. Eventuell mit einer Prise Zimt würzen.

62 g Kaffeemehl, ½ l Wasser, ¼ l Sahne, Prise Kakaopulver, Zucker

Eiskaffee

2 EL Vanilleeis in einem Glas mit eiskaltem starken Kaffee übergießen, mit Schlagsahne und Eiswaffeln garniert reichen.

2 EL Vanilleeis, schwarzer Kaffee, Schlagsahne

Irish-Coffee

Vorgewärmte Grroggläser zu ¾ mit heißem, ungezuckertem Kaffee füllen, in jedes Glas einen doppelten irischen Whisky gießen und zuckern. Dann eiskalte Sahne über die Wölbung eines nach oben aufgelegten Kaffeelöffels vorsichtig daraufgießen. Die Schlagsahne muß oben bleiben.

64 g Kaffeemehl, ½ l kochendes Wasser, 4 doppelte Irish-Whisky, 8 Stück Zucker, ⅛ l ungeschlagene Sahne

Mazagran

Vier Whiskygläser (oder hohe Gläser) halbvoll mit zerkleinerten Eiswürfeln füllen, kochendheißen schwarzen Kaffee darübergießen, mit je 1–2 Kaffeelöffel Zucker süßen und in jedes Glas 1 Gläschen Cognac, Rum oder Maraschino geben. Gut verrühren und mit je zwei Trinkhalmen servieren. Oder Cognac (bzw. Maraschino oder Rum) extra in einem Fläschchen zum Dazumischen servieren.

64 g gemahlener Kaffee, ½ l kochendes Wasser, Eiswürfel, 4 Gläschen Cognac, Maraschino oder Rum, 4–8 EL Zucker

Mocca Turque (Türkischer Mokka)

Kaffeemehl mit Zucker und heißem Wasser aufs Feuer setzen (in Kupfer- oder Messingkesselchen mit Stiel), dreimal kurz aufkochen, vom Feuer nehmen, einen Schuß kaltes Wasser zugeben, damit sich der Kaffee setzt. Mit Schaum in kleinen Mokkatäßchen servieren.

5–6 gehäufte TL feingemahlener Kaffee, 4 TL Zucker, 4 Mokkatassen Wasser

Schokoladenkaffee

150 g bittere Blockschokolade, ½ l Milch, Prise Salz, 64 g gemahlener Kaffee, ½ l kochendes Wasser, 2 EL Sherry, ⅛ l Sahne, Kakaopulver

Schokolade in kleine Stücke brechen und in Milch mit einer Prise Salz im Topf erhitzen, dabei kräftig rühren. Mit dem heiß aufgebrühten Kaffee vermischen und Sherry dazugießen. Heiß stellen bzw. in die Tassen füllen, steif geschlagene Sahne daraufgeben und diese mit etwas Kakaopulver bestäuben.

Schottischer Kaffee

4–6 gehäufte KL gemahlener Kaffee, ½ l Wasser, 4 EL brauner Kandiszucker, schottischer Whisky, ¼ l Schlagsahne

In jede Tasse Kandiszucker und Whisky geben, über einer Flamme erhitzen, anzünden und nach 2 Minuten mit dem sehr heißen schwarzen Kaffee löschen. Gut verrühren. Obenauf eine fingerdicke Schicht ungeschlagene eiskalte Schlagsahne gießen.

Wiener Melange

64 g gemahlener Kaffee, ½ l kochendes Wasser, Zucker, ⅛ l heiße Milch

Den fein gemahlenen Kaffee mit kochendheißem Wasser im Filter abbrühen. Die Tassen zu dreiviertel füllen. Heiße Milch dazugießen und nach Belieben zuckern.

Tee

2–3 TL Tee, 1 l frisches Wasser

In eine mit heißem Wasser ausgespülte Teekanne (in der sonst nichts anderes bereitet werden darf) den Tee geben. Mit etwas kochendem Wasser übergießen und kurz ziehen lassen. Das übrige Wasser wieder zum Kochen bringen und über den Tee-Extrakt gießen. Gut durchrühren und etwa 3 Minuten zugedeckt ziehen lassen. Tee in eine vorgewärmte Kanne abgießen oder den Tee-Extrakt in einer kleinen Kanne reichen und die entsprechende Menge Wasser bei Tisch zugeben (am schönsten ist in diesem Fall ein Samowar).
Beigabe: Zitrone, Zucker, kalter Süßrahm oder Rum.

Kräuter- oder Gesundheitstee

4 EL Kräutertee, 1 l frisches Wasser

Blüten und Blätter mit kochendem Wasser überbrühen und etwa 5 Minuten zugedeckt ziehen lassen. Harte Blätter, Schalen und Stengel in kaltem Wasser zusetzen, kurz aufkochen und zugedeckt 8 bis 10 Minuten ziehen lassen.

Mate-Tee

Pro Tasse 1 gehäuften TL grünen oder 1 gestrichenen TL gerösteten Mate in einer vorgewärmten Kanne mit sprudelnd kochendem Wasser übergießen, 5 Minuten ziehen lassen, in eine zweite vorgewärmte Kanne abgießen, nach Belieben mit Zucker, Milch, Zitronensaft oder Rum servieren.

4 TL Mate, 1 l Wasser

Glühwein

Auf ¼ l weißen oder roten Wein geben wir 5 bis 6 Stück Zucker, eine Gewürznelke, ein kleines Stück Zitronenschale, etwas Zitronensaft und etwas Zimtrinde, bringen das Ganze fast zum Kochen und servieren es sofort in einem vorgewärmten Glas, das mit einer Serviette eingehüllt ist. Zuvor Gewürznelke, Zitronenschale und Zimtrinde entfernen. Man kann auch ⅛ l Wasser mit den Geschmackszutaten aufkochen, dann erst den Wein dazugeben und fast bis zum Kochen bringen.

¼ l Wein, 5—6 Stück Zucker, 1 Gewürznelke, ½ Stück Zimtrinde, Zitronenschale und -saft

Grog

Wasser mit Zucker aufkochen, vom Feuer nehmen und mit Rum, Arrak oder Kognak vermengen.
Andere Zubereitung: Rum in Teegläser gießen. Mit heißem Wasser auffüllen. Nach Geschmack süßen.

3 Tassen Wasser, 8—10 EL Zucker, 1 Tasse Rum, Arrak oder Kognak

Eierkognak

Man rührt Eigelb mit Vanillezucker mit der Schneerute glatt. Milch wird mit dem Zucker aufgekocht und langsam in das Eigelb eingerührt. Kalt rühren und dann ¼ l Weingeist oder ⅜ l Kognak dazurühren. In Flaschen füllen und bis zum Gebrauch 2—3 Monate kühl aufbewahren.

4 Eigelb, 1 Päckchen Vanillezucker, ½ l Milch, 350 g Zucker, ¼ l Weingeist oder ⅜ l Kognak

Negus

Wasser und Wein mischen, bis kurz vor dem Siedepunkt erhitzen, mit Zitronenschale und Muskat würzen.

½ Flasche Portwein, ⅜ l Wasser, abgeriebene Zitronenschale, geriebene Muskatnuß

Orangenpunsch

1 Flasche Weißwein, 2½ Orangen (Saft), 2 EL Zitronensaft, ¾ Tasse Zucker, 2 Tassen Tee, ½ Gläschen Arrak

Den Wein mit den Säften und dem Zucker bis zum Kochen kommen lassen. Vom Feuer nehmen und mit dem Tee mischen. Den Arrak zugeben und heiß auftragen.

Rumpunsch

⅜ l Jamaica-Rum, 80 g Zucker, 4 Stückchen Zucker, 1 ungespritzte Zitrone, 1 l Wasser

Zitronenschale an Zuckerstückchen abreiben, mit dem übrigen Zucker, dem Wasser und Zitronensaft kurz aufkochen, den Rum hineingeben und das Getränk auf Trinktemperatur bringen. Nach Belieben anstatt Wasser starken Tee verwenden.

Früchtesaft

250 g Zucker, ½ l Wasser, verschiedene Kompottfrüchte, aromatischer Likör

Zucker mit Wasser aufkochen, nach Überkühlen würfelig geschnittene Kompottfrüchte und passenden Likör beifügen.

Honigmilch

Pro Person: 1 EL Honig, 1 Prise Zimt, 1 Tasse rohe Milch

Ein Glas mit Eiswürfeln füllen. Den Honig mit Zimt und Milch tüchtig schlagen und über das Eis gießen. Mit Strohhalm servieren.

Zitronen- oder Orangenmilch

Pro Person: 1 Zitrone oder Orange, Saft, 1 TL Puderzucker, 1 Tasse Milch

Fruchtsaft mit Zucker verrühren, unter tüchtigem Schlagen nach und nach die abgekochte, kalte, geseihte Milch zugeben. In ein Glas über Eiswürfel gießen. Mit Strohhalm servieren.

Orangen-Bowle

4 Orangen, 1 Flasche Mosel, 1 Flasche Sekt, Würfelzucker

Orangen schälen, in Scheiben schneiden und entkernen, mit dem Zucker vermengen und 30 Minuten auf Eis stellen. Durchseihen und mit Wein und Sekt auffüllen. Einige frische Orangenscheiben zugeben.

Aprikosen-Bowle

Entkernte Aprikosen in schmale Schnitze schneiden, Zucker mit Brandy übergießen, mehrere Stunden zugedeckt auf Eis stellen. Vor dem Auftragen eisgekühlten Mosel und Sekt zugießen.

250 g Aprikosen, Würfelzucker, 1 Glas Apricot-Brandy oder Vanille-Likör, 2 Flaschen Mosel, 2 Flaschen Sekt

Berliner Bowle

Alles gut gekühlt zusammengießen und nach Geschmack zuckern. Sehr dünn geschälte Zitronenschale kurz ziehen lassen.

2 Flaschen Weißbier, ½ Zitrone, Saft und Schale, 1 Flasche Sekt, Zucker

Champagner-Cobbler

Die Sektgläser ½ mit gestoßenem Eis füllen. Die anderen Zutaten darübergeben und mit Sekt aufgießen. Mit Strohhalm servieren.

Eis, 2 Gläser Curaçao oder Kognak, Kirschen, Pfirsichstückchen, Sekt

Cherry-Cobbler

Den Cherry-Brandy, den Zucker und das gestoßene Eis im Mixbecher tüchtig schütteln. In eisgekühlte Sektgläser seihen und mit Sekt auffüllen und die Kirschen zugeben. Mit Strohhalm servieren.

2 Gläschen Cherry-Brandy, 1 EL Zucker, ½ Glas Eis, einige Cocktail-Kirschen

Fruit-Cocktail

Grapefruitstückchen und Ananasstückchen vermengen. Bananen schälen, in Scheiben und diese in Würfel schneiden, daß es zusammen etwa 2 Tassen ergibt. Halb soviel Ananas und Bananen verwenden als Grapefruits. Die Erdbeeren halbieren. Mit dem Wein, Brandy, Zucker und Salz vermengen. In Doppelcocktailgläser, davon das äußere mit Eis gefüllt wird, anrichten. Mit Kirschen garnieren.

Grapefruit, Ananas, Bananen, 8 Erdbeeren, Sherry, 3 EL Apricot-Brandy, ½ Tasse Zucker, wenig Salz, Cocktail-Kirschen

Gin-Sour

Alle Zutaten mit dem gestoßenen Eis ohne das Sodawasser im Mixbecher tüchtig schütteln. In ein Limonadenglas seihen und mit Sodawasser auffüllen. Mit Strohhalm reichen.

1 Glas Gin, ½ Glas Zitronensaft, 1 EL Zucker, Sodawasser, ½ Glas Eis

Manhattan dry

4/5 Bourbon Whisky,
1/5 Vermouth dry,
1 Spritzer Angostura,
1 Stück Zitronenschale

Im Mixglas mit Eis rühren. Abseihen und mit Zitronenschale abspritzen.

Martini-Cocktail

1/4 Wermut trocken,
3/4 Gin, 1 Spritzer Orangenbitter, Eis, Oliven oder Zitronenschale

Alle Zutaten mit Eiswürfeln im Mixbecher tüchtig schütteln. In Cocktailgläser seihen. Mit einem Stückchen Zitronenschale oder 1 Olive garnieren.

White Lady

1/3 Curaçao, weiß,
1/3 Gin, 1/3 Zitronensaft,
Eis

Alle Zutaten mit dem gestoßenen Eis im Mixbecher tüchtig schütteln. In Cocktailgläser seihen.

Gin-Fizz

1/2 Gin, 1/2 Genever, 1 TL Zucker, 1 Eiweiß, Eis

Alle Zutaten mit dem gestoßenen Eis im Mixbecher tüchtig schütteln. In Cocktailgläser seihen. Mit Strohhalm servieren.

Cocktailspieße

Rezept Seite 435

Wildpastete Rezept Seite 436

Einwecken — Einlegen — Konservieren

DÖRREN UND TROCKNEN

Beeren: Ausgereifte Beeren auf Backblech oder Dörrhorden ausbreiten, auf dem Herd, dem Dachboden oder an der Sonne trocknen.
Zwetschgen: Einige Tage an der Sonne trocknen, dann mit Stielöffnung nach oben auf Obsthorden langsam trocknen.
Äpfel: Geschält oder ungeschält in Scheiben oder Schnitze schneiden, an der Sonne oder auf Horden im Rohr bei nicht zu großer Wärme trocknen.
Birnen: Noch nicht ganz reife Birnen teilen oder in Schnitze schneiden, im Kartoffeldämpfer 8 Minuten dämpfen, auf Dörrhorden dörren (öfter wenden). Oder in der Sonne trocknen und im Backofen fertigtrocknen.
Gemüse: Nur junges, zartes Gemüse verwenden. Gleichmäßig schneiden, 1–3 Minuten dämpfen, dann dörren. Zugluft ist dabei unerläßlich. In porösen Leinensäcken hängend an luftigen, trockenen Orten aufbewahren.
Pilze: Nicht waschen, einmal durchschneiden und auf dem Backblech im Backofen trocknen (Tür einen Spalt offen lassen).

EINWECKEN UND EINLEGEN

Am vorteilhaftesten ist das Sterilisieren durch das Einwecken bzw. Einkochen im Weckapparat. Die Gläser, mit Ring, Deckel und Klammer verschlossen, werden auf den gelochten Untersatz im Weckapparat gestellt, der bis 2 Finger breit vom oberen Gläserrand entfernt mit Wasser gefüllt wird. Mit Deckel verschließen. Auf das Thermometer achten. In die Gläser immer nur Kochgut mit gleicher Kochzeit füllen. Sobald das Wasser den notwendigen Wärmegrad erreicht hat, Feuer so klein schalten, daß die erforderliche Temperatur erhalten bleibt.
Zum Einkochen immer nur frisches Obst und Gemüse verwenden, das nicht zu reif ist. Gläser in heißem Sodawasser spülen, die Ringe in Salzwasser auskochen. Kein Aluminiumgeschirr verwenden. Kochgut sauber waschen, bis zum Rand in die auf ein feuchtes Tuch gestellten Gläser füllen.
Zuckerlösung
Pro Liter Flüssigkeit durchschnittlich 400 g Zucker (1 l Flüssigkeit reicht für 2 Einlitergläser). Man kann die Früchte auch nur mit Zucker überstreuen, mit Wasser auffüllen und einwecken.

Äpfel: Schälen, halbieren, entkernen, in Gläser füllen, mit Zuckerlösung übergießen. Einweckzeit: 20 Minuten bei 80 Grad.
Aprikosen: Reinigen, halbieren, mit Schnittfläche nach unten in die Gläser legen, mit der Zuckerlösung übergießen. 25 Minuten bei 75 Grad einwecken.
Beeren: Verlesen, waschen, in Gläser füllen, mit Zucker bestreuen und 20 Minuten bei 80 Grad einwecken.
Birnen: Schälen, halbieren, entkernen, in Zuckerlösung halbweich kochen, in Gläser einfüllen. 20 Minuten bei 80 Grad einwecken.
Dreifrucht: Äpfel, Birnen und Pflaumen reinigen, vorbereiten, in der Zuckerlösung kochen, lagenweise in Gläser füllen, mit Zuckerlösung übergießen und 20 Minuten bei 75 Grad einwecken.
Pfirsiche: Mit heißem Wasser übergießen, enthäuten, halbieren, entkernen. Mit Schnittfläche nach unten in Gläser legen, dicht übereinanderschlichten. Mit Zuckerlösung übergießen und 25 Minuten bei 75 Grad einwecken.
Pflaumen, Mirabellen, Reineclauden: Halbieren, entsteinen, mit Zucker überstreuen, mit Wasser auffüllen. 20 Minuten bei 80 Grad einkochen.
Rhabarber: Abziehen, in gleichmäßige Stücke (3—5 cm) schneiden, mit kochendem Wasser übergießen, abtropfen lassen, in Gläser füllen, mit Zuckerlösung übergießen. 20 Minuten bei 80 Grad einwecken.

Zwetschgen oder Pflaumen

Zwetschgen waschen, einzeln mit einem Tuch abreiben oder gut abtropfen lassen, halbieren und entsteinen. Die Früchte mit der Rundung nach oben in Einkochgläser füllen. Eine Zuckerlösung (pro 1 l Wasser 300—400 g Zucker) zum Kochen bringen, kurz aufkochen lassen, abgekühlt über die Früchte gießen. Gläser verschließen und 30 Minuten bei 75° C einkochen.

Zwetschgen in Essig

1000 g Zwetschgen; Sud: 500 g Zucker, ⅛ l Weinessig, ½ l milder Rotwein, 1 Stange Zimt, 8 Gewürznelken, ½ Zitrone (abgeriebene Schale)

Zwetschgen kalt waschen, gut abtropfen lassen, entsteinen, mit einem Holzspießchen jede Zwetschge mehrmals einstechen. Zucker mit Essig, Rotwein, Zimt, Gewürznelken, Zitronenschalen im Topf aufkochen, Zwetschgen hineingeben und kochen, bis sie glasig sind. Zwetschgen mit Schaumlöffel herausnehmen und sofort in heiß ausgespülte Gläser füllen. Sud im Topf noch 5 Minuten einkochen, dann durch ein Sieb auf die Zwetschgen gießen. Gläser zugedeckt kühl stellen. Dann am nächsten Tag den Sud wieder abgießen, erneut aufkochen und über die Zwetschgen gießen, bis sie ganz mit Sud bedeckt sind. Abgedeckt wieder kühl stellen. Dann mit Einmach-Cellophan zubinden. 3—4 Monate durchziehen lassen.

Rumtopf

Erdbeeren waschen, entstielen, große Früchte halbieren und vierteln, Süßkirschen waschen, entstielen, entsteinen, Aprikosen und Pfirsiche waschen, halbieren, entsteinen, 1½ Minuten in kochendes Wasser legen (nicht kochen lassen), enthäuten, in Stücke schneiden, erkalten lassen. Sauerkirschen waschen, entstielen, entsteinen, Mirabellen waschen, kleine Früchte ganz lassen, große halbieren, entsteinen, Pflaumen waschen, entstielen, entsteinen, häuten, Birnen schälen, waschen, vierteln oder achteln, entkernen, die Birnenstücke in wenig Zuckerlösung weich dünsten, abtropfen und erkalten lassen. Weintrauben waschen, entstielen, halbieren, entkernen, Ananas schälen, zunächst in Scheiben, dann in Stücke schneiden. Der Jahreszeit entsprechend die Früchte in ein vorbereitetes 7-l-Zubindegefäß geben. Je ½ Flasche Rum (350 ccm) mit 250 g Zucker verrühren, über die Früchte gießen, der Flüssigkeitsspiegel muß immer 1 cm hoch über den Früchten stehen (sie am besten mit einem Glasteller beschweren). Den Rumtopf mit Einmachhaut zubinden, kühl und dunkel aufbewahren, bei jeder Fruchtzugabe vorsichtig durchrühren.

500 g Erdbeeren, 500 g Süßkirschen, 500 g Aprikosen, 500 g Pfirsiche, 500 g Sauerkirschen, 500 g Mirabellen, 500 g Pflaumen, 500 g Birnen, wenig Zuckerlösung, 500 g helle und dunkle Weintrauben, 500 g frische Ananas, etwa vier halbe Flaschen Rum (54%ig), etwa 1000 g Zucker

Früchte für den Rumtopf

Von Mai—Juni: 750 g Erdbeeren, 275 g Zucker, 1-l-Flasche 54%iger oder ½-l-Flasche 80%iger Rum.

Von Juni—Juli: 250 g vorbereitete, entsteinte, mit 100 g Zucker gesüßte Süß- und Sauerkirschen.

Von Juli—August: 500 g ausgesuchte, wenig gesüßte Himbeeren und 250 g Brombeeren nach Geschmack gesüßt. ½ geschälte, von den Kernen befreite und in Würfel geschnittene, kaum gesüßte Honigmelone, 750 g saftige, nicht zu weiche, geschälte, entsteinte, kleingeschnittene und nach Geschmack gesüßte Aprikosen oder Pfirsiche.

Von August—September: Eventuell ½ Flasche Rum nachgießen. 500 g entkernte und nach Belieben gesüßte, möglichst auch geschälte Zwetschgen, Mirabellen oder Reineclauden.

Von September—Oktober: ½ frische, geschälte und in kleine Würfel geschnittene Ananas.

Von Oktober—November: 4 Wochen nach Zugabe der letzten Frucht noch ½ Flasche Rum zugießen.

Blumenkohl

Reinigen, zerteilen, 1 Stunde in Salzwasser legen. Dann 10 Minuten in kochendem Wasser ziehen lassen, in Gläser füllen, mit leichtem Salzwasser übergießen und 60 Minuten bei 98 Grad einwecken.

Grüne Bohnen, Wachsbohnen

Eventuell in gleichmäßige Stücke schneiden, 10 Minuten kochen, in Gläser füllen, mit Kochwasser übergießen und 90 Minuten bei 98 Grad einkochen. Nach 3 Tagen noch einmal sterilisieren. Oder abgefädelte Bohnen in Gläser füllen, mit abgekochtem Wasser auffüllen. 120 Minuten bei 100 Grad einwecken.

Grüne Erbsen

Auspellen, 5 Minuten in Wasser kochen, mit Kaltwasser überspülen, in Gläser füllen, mit schwach gesalzenem Wasser übergießen. 70 Minuten bei 98 Grad einwecken. Nach 3–5 Tagen noch einmal einwecken.

Möhren, Karotten

Schaben, eventuell in feine Stifte schneiden, 5 Minuten in Wasser kochen. In Gläser füllen, mit Kochwasser übergießen und 60 Minuten bei 98 Grad einwecken.

Pilze

Säubern, waschen, abtropfen lassen. In Stücke schneiden, im eigenen Saft 15 Minuten dünsten, in Gläser füllen. 60 Minuten bei 98 Grad einwecken.

Spargel

Schälen, gleichmäßig lang schneiden, mit kochendem Wasser übergießen. 5 Minuten ziehen lassen, mit dem Kopf nach unten in Gläser füllen und mit frischem kochendem Wasser übergießen. 60 Minuten bei 110 Grad einwecken.

Tomaten

Mit Holzstäbchen mehrmals durchstechen, in Gläser füllen. Mit frischem Wasser übergießen. 20 Minuten bei 75 Grad einwecken.

Sellerie

Sellerieknollen, 1 l Wasser, 1 Tasse Weinessig, 1 TL Zucker, 2 TL Salz

Knollen schälen, mit Buntschälmesser in dickere Scheiben schneiden, in der angegebenen Flüssigkeit 10 Minuten kochen. In Gläser füllen und 60 Minuten bei 98 Grad einwecken.

Eingelegte Pilze

Steinpilze, Champignons, Pfifferlinge u. a., Wasser, Salz, Zitrone, Lorbeerblatt, Pfefferkörner, Gewürznelken

Junge, feste Pilze, die womöglich noch nicht geöffnet sind, werden sauber geputzt, kalt gewaschen, gut abgetropft und hierauf in dickliche Blätter, Scheibchen oder Vierteln geschnitten. Kleine Pilze kann man auch im ganzen belassen oder halbieren. Auf 1500 g Pilze gießt man gut ¼ l Wasser, würzt mit ein wenig Salz und Saft einer halben Zitrone und läßt sie in einem emaillierten Geschirr tüchtig durchkochen, füllt sie hierauf noch heiß in reine ½-l-Gläser und gibt 1 Lorbeerblatt und einige Pfefferkörner und Gewürznelken dazu. Die Gläser müssen trocken und kühl aufbewahrt werden. Diese Pilze eignen sich für Suppen, Soßen und eingemachte Pilzgerichte und brauchen nur ihrer Bestimmung gemäß fertiggestellt werden, wobei auch der Pilzsud mitzuverwenden ist.

Tomaten-Ketchup

5000 g Tomaten, 40 g Salz, 2 rote Pfefferschoten, 1 große Zwiebel, ½ TL Nelken, 1 Msp Ingwer, ½ TL schwarzer Pfeffer, ½ Tasse Weinessig, ½ EL geriebener Meerrettich, 175 g Zucker

Die Tomaten abreiben und auseinanderbrechen, mit dem Salz bestreuen und über Nacht stehen lassen. Mit den geschnittenen Pfefferschoten und der Zwiebel in einem großen Kessel weichkochen, durch ein feines Sieb streichen und wieder auf Feuer stellen. Essig und übrige Gewürze zugeben, ungefähr 6 Stunden unter öfterem Umrühren auf kleiner Flamme kochen. Den Zucker dazurühren. Nach dem Erkalten in Flaschen füllen und versiegelt aufbewahren.

Gewürz- oder Pfeffergurken (Cornichons)

1000 g Zwerggurken oder Cornichons, 50 g Salz, 2 Nelken, 10 Pfefferkörner, 2 Lorbeerblätter, 1 TL Senfkörner, 1 Peperoni (in Streifen), Knoblauch (1 Zehe), evtl. ½ TL Zucker, 5 Perlzwiebelchen, 1 Zweiglein Estragon, evtl. 1 Scheibe Meerrettich, 5 dl guten Kräuter-, evtl. Weinessig

Die Gurken waschen, am besten mit einem Bürstchen, mit dem Salz in einem Steinguttopf gut durchschütteln und über Nacht kühl stellen. Am nächsten Tag die Gurken auf ein Sieb legen, abtropfen lassen, mit einem Tuch gut abreiben und lagenweise mit den Gewürzen in den Topf füllen. Den Essig aufkochen und leicht abgekühlt darübergießen. Am dritten Tag Essig abgießen, aufkochen und erkaltet zurückgießen. Nach 8 Tagen wieder aufkochen (evtl. jetzt oder auch später mit etwas frischem Essig ergänzen) und abgekühlt über die Gurken gießen. (Wenn nötig mit einem Holzbrettchen beschweren.) Den Topf mit Deckel oder Pergamentpapier verschließen. Größere Gurken (evtl. mit Stengel geschnitten) kann man auf die gleiche Art einmachen.

Rote Beten, eingelegt

1000 g rote Beten, 2 l Wasser, Salz, 2 Äpfel, 3 Zwiebeln, 10 Pfefferkörner, 6 Gewürznelken, 1 Lorbeerblatt; Essig-Zucker-Lösung: ½ l Wasser, ¾ l 5%igen Weinessig, 80 g Zukker, Salz; 1 Stück Meerrettich

Wurzeln und Blätter bis auf 2 cm abschneiden, die Knollen dabei nicht verletzen, dann bürsten und in kochendes Salzwasser geben, aufkochen und 80 Minuten bei schwacher Hitze garkochen. Herausnehmen, mit kaltem Wasser abschrecken, schälen, mit Buntmesser in Scheiben schneiden oder dünn hobeln. Äpfel schälen, entkernen, in kleine Würfel schneiden. Ebenso die Zwiebeln. Die roten Beten mit Äpfel und Zwiebeln in das Einmachglas schlichten, Pfefferkörner, Gewürznelken und Lorbeerblatt dazugeben. Wasser, Essig, Zucker und Salz aufkochen und heiß über die roten Beten gießen. Abkühlen lassen, ein paar dünne Scheiben Meerrettich dazulegen und mit Einmachcellophan verschließen. Kühl aufbewahren. Halten sich etwa 3 Monate.

Sauerkraut

Feste Kohlköpfe, Salz, Wacholderbeeren

Weißkohl fein hobeln, abwechselnd mit Salz in einen Steintopf einstampfen, bis der Saft über dem Kohl steht. Obenauf ein sauberes Tuch legen und mit einem Stein beschweren. 3 bis 6 Wochen gären lassen. Zur Geschmacksverbesserung kann man einige Wacholderbeeren dazugeben, auch einige Apfelscheiben (auf 5 kg Weißkohl rechnet man 100 g Salz und 500 g Äpfel). Das Tuch anfangs öfter auswaschen und sauber auswringen, dann wieder auf das Sauerkraut legen.

Mixed Pickles

Kleine, feste Gurken waschen, mit Salzwasser (auf 1 l Wasser 75 g Salz) bedecken, 12—24 Stunden an einem kühlen Ort stehen lassen, gründlich bürsten, abspülen, abtrocknen, schlechte Stellen entfernen. 1 kleinen Kopf Blumenkohl putzen, in Röschen teilen, waschen, evtl. in Salzwasser legen, um Raupen und Insekten zu entfernen, abtropfen lassen. Grüne Bohnen abfädeln, waschen, in etwa 4 cm lange Stücke brechen oder schneiden. Möhren schrubben, waschen, mit einem Buntschneidemesser in Scheiben schneiden. Blumenkohl, Bohnen und Möhren nacheinander in kochendes Wasser geben, zum Kochen bringen, fast gar kochen lassen. ½ Stange Meerrettich putzen, waschen, in Stücke schneiden. Silberzwiebeln abziehen, waschen, Gurken, Gemüse, Meerrettich, Zwiebeln mit 3 Lorbeerblättern, 20 Pfefferkörnern, 10 Nelkenpfeffer (Piment am besten in einem Mullbeutelchen) fest in die vorbereiteten Einkochgläser schichten.

125 g Zucker, 1½ l Wasser mit 50 g Salz zum Kochen bringen, kurz aufkochen lassen, abschäumen, ¾ l Essig (5%ig) hinzufügen, kurz aufkochen lassen, abschäumen, hinzufügen, abkühlen lassen, über die Mixed Pickles gießen. Gläser schließen und 30 Minuten bei 80°C einkochen.

1000 g Gurken, Salz, 1 Blumenkohl, 250 g grüne Bohnen, 500 g Möhren, Meerrettich, 125 g Silberzwiebeln, 3 Lorbeerblätter, 20 Pfefferkörner, 10 Nelkenpfeffer, 125 g Zucker, 50 g Salz, ¾ l Essig

Fleisch, eingelegt

Gebratenes Kalbfleisch (Brust, Spitze), Schweinefleisch (Bratenstücke, Hals, Mürbebraten), Wild oder Geflügel (Keule, Schenkel, Bruststücke), gekochtes Rindfleisch oder anderes gekochtes oder gebratenes Fleisch in passende Stücke schneiden, in die Gläser einlegen, mit etwas Bratensaft (oder mit Kochbrühe) übergießen. 90 Minuten bei 100 Grad einwecken.

SAFTBEREITUNG

Johannisbeersaft

Schwarze oder rote Johannisbeeren, Zucker

Früchte mit wenig Wasser zum Kochen bringen, in einem Saftbeutel die Nacht über abtropfen lassen. Saft abmessen und mit Zucker 10 Minuten kochen lassen (auf 1 Liter Saft 500 g Zucker), abschäumen und kochend heiß in Flaschen füllen. Sofort verkorken und versiegeln. Auf die gleiche Weise kann man auch **Erdbeersaft** und **Himbeersaft** bereiten.

Apfelsinensaft

12 Apfelsinen, ½ l Weingeist

Von den Apfelsinen die feine Schale in ½ l Weingeist 6 Wochen warm stellen (an der Sonne, im warmen Zimmer). Dann den Extrakt sieben und in Flaschen füllen.

Fruchtsaft

3 l Wasser, 5000 g Zucker, 3000 g Früchte, 80 g Weinsteinsäure

Weinsteinsäure in kochendem Wasser auflösen. Über die Beeren gießen und 24 Stunden stehen lassen. Den ausgepreßten Saft dann filtern, unter Rühren darin den Zucker auflösen. Saft in Steintöpfe füllen, mit Leinen zubinden. 3 Wochen an kühlem Ort gären lassen. Dann Saft in Flaschen füllen, verkorken und versiegeln.

MARMELADE

Nach Möglichkeit nie mehr als 2000 g gleichzeitig einkochen. Die Früchte am Abend vorher mit Zucker bestreuen, die Nacht über Saft ziehen lassen, dann zerkleinern (mit Stampfer oder durch die Maschine). Kristallzucker oder auch Einsiedezucker oder Gelierzucker (dann die Anwendungsvorschriften genau einhalten) verwenden. Marmelade immer heiß in Gläser, auf feuchtes Tuch gestellt, füllen. Erkalten lassen und ein mit Rum oder Branntwein getränktes Stückchen Pergament auf die Masse legen, dann zubinden. Trocken und luftig aufbewahren. Vor Sonneneinfall schützen. Häufig nachsehen.

Aprikosenmarmelade

Aprikosen waschen, entsteinen, mit wenig Wasser weich kochen. Zerstampfen und mit der gleichen Menge Zukker verrühren. Kochen, bis Marmelade dicklich ist. Vom Feuer nehmen. 10 Minuten noch weiterrühren. In Gläser füllen, erkalten lassen. Mit Rumpapier bedecken. Zubinden.

1500 g Aprikosen,
2 Tassen Wasser,
1000—1500 g Zucker,
Rumpapier

Dreifruchtmarmelade

Kirschen entsteinen, mit einem Teil des Zuckers zum Kochen bringen. Nach 30 Minuten die Himbeeren, nach weiteren 10 Minuten die Johannisbeeren dazugeben. Restlichen Zucker dazugeben und alles 10 Minuten kochen lassen. Vom Feuer nehmen. Noch 10 Minuten rühren. In Gläser füllen, erkalten lassen. Mit Rumpapier bedecken und zubinden.

2500 g schwarze Kirschen, 1500 g Johannisbeeren,
1000 g Himbeeren,
2000 g Zucker

Erdbeer-, Brombeer-, Himbeer-, Johannisbeer-, Stachelbeermarmelade

Früchte mit Zucker vermengen, zum Kochen bringen und unter Rühren ¼ Stunde kochen lassen. Vom Feuer ziehen, 12 Minuten weiterrühren. In Gläser füllen. Erkalten lassen, mit Rumpapier bedecken und zubinden.

1500 g Beeren,
1000—1500 g Zucker,
Rumpapier

Kirschmarmelade

Kirschen entsteinen, mit Zucker vermischt einige Stunden ziehen lassen. Auf kleinem Feuer mit Zimtstange kochen lassen. Zimt entfernen, noch warm in Gläser füllen. Erkalten lassen, mit Rumpapier bedecken und zubinden.

3000 g Kirschen,
1000 g Zucker,
1 Stange Zimt,
Rumpapier

Pflaumenmarmelade („Powidl")

Pflaumen entsteinen, zerkleinern, mit Zucker die Nacht über Saft ziehen lassen. In einem Kupferkessel 30 Minuten zu Marmelade kochen, dabei immer weiterrühren bis zum Erkalten. Mit Einmachhilfe vermischen und in Gläser füllen. Mit Rumpapier bedeckt zubinden.

5000 g Pflaumen,
1000 g Zucker,
1 Päckchen
Einmachhilfe

Preiselbeerkompott

1000 g Beeren,
500 g Zucker,
¼ l Wasser

Beeren säubern (in einem Wassertopf), Blätter, Stengel, schlechte und vertrocknete Beeren entfernen, in einem irdenen Topf mit Zucker und Wasser 20 Minuten gut kochen lassen. Dabei immer umrühren. Heiß in Gläser füllen, sofort verbinden.

GELEE

Johannisbeergelee

Beeren am Feuer platzen, aber nicht kochen lassen. Dann durchpressen. Den Saft mit Zucker (pro 500 g Saft 300 g Zucker) zu Gelee kochen. In Gläser füllen und zubinden.

Quittengelee

Die Quitten zerdrücken, mit wenig Wasser bedeckt kochen lassen. Den Saft durch den Beutel laufen lassen. Zucker (auf 1 kg Saft etwa 750 g Zucker) löffelweise dazugeben, während das Gelee kocht. Dann kurz aufkochen lassen, abschäumen. In Gläser füllen, mit einem Tuch bedeckt erkalten lassen und mit Cellophanpapier zubinden. Auf die gleiche Art kann man **Apfelgelee, Stachelbeergelee** etc. bereiten.

Früchtegelee

½ l fruchtiger Weißwein, 1—2 EL Rum, 40 g Zucker, 6 Blatt weiße, 2 Blatt rote Gelatine, 400 g beliebige Früchte (Erdbeeren, Himbeeren, Kirschen, Pfirsiche, Aprikosen, Orangen, Mandarinen, Ananasscheiben, Bananen, Trauben, Melonen etc.)

Weißwein, Rum und Zucker erwärmen. Die in wenig kaltem Wasser aufgeweichte und ausgedrückte Gelatine in der warmen Flüssigkeit lösen. Den Boden der Portionsschälchen 1 cm dick mit dem flüssigen Gelee bedecken und stocken lassen. Eine Lage Früchte darauf ordnen, mit Gelee bedecken und wieder stocken lassen; so weiter verfahren, bis Früchte und Gelee aufgebraucht sind. Dann mehrere Stunden stocken lassen, vor Gebrauch stürzen und mit geschlagener Sahne verzieren.

Man kann verschiedene Fruchtsorten mischen oder auch nur eine Fruchtsorte verwenden. Den Wein kann man zur Hälfte auch durch Fruchtsaft ersetzen.

TIEFGEFRIEREN

Die Haltbarmachung von Lebensmitteln durch das Tiefgefrieren beruht auf dem Prinzip des Wasserentzugs. Die Lebensmittel werden bei einer Temperatur von mindestens −18° C eingefroren; bei neuen Geräten wird eine Temperatur von −30° C erreicht. Dabei wird ihnen reichlich Wasser entzogen, durch die tiefe Temperatur wird auch den Kleinlebewesen der notwendige Nährboden entzogen. Dagegen bleiben die Nährwerte, Geschmacksstoffe, Farbe, Struktur, Form und Aussehen erhalten.

Um im Haushalt Lebensmittel selbst einfrieren und über eine längere Zeit haltbar machen zu können, verwendet man eine Tiefkühltruhe, ein Tiefgefriermöbel (Tiefgefrierschrank) oder Box. Darin werden die entsprechend vorbereiteten Nahrungsmittel in einer festgelegten Zeit (pro 100 l Inhalt innerhalb von 24 Stunden 5 kg Ware) auf eine Kerntemperatur von mindestens minus 18° C gefroren. Die Größenwahl richtet sich nach der Art der Anwendung: Stadthaushalt 60—80 l Inhalt pro Person, Landhaushalt mit weitgehender Selbstversorgung 80—120 l pro Person. Eine weitere Tiefkühlmöglichkeit ist das echte Tiefkühlfach im Kühlschrank, das mit dem Dreisternzeichen *** versehen sein muß. Diese Gefrierschränke sind so geregelt, daß das Gefriergut nach dem Eingefrieren gleichmäßig in einer Lagerraumtemperatur von minus 18°C gehalten werden kann. Die verschiedenen Lebensmittel müssen richtig vorbereitet und sachgemäß verpackt werden.

Tiefgefrorene Lebensmittel müssen nach Unterbrechung der Kühlung (durch Auftauen etc.) und nach dem Auftauen sofort verbraucht werden.

Für Tiefgefrieren eignen sich fast alle Lebensmittel von guter Qualität und Reife, die später gekocht, gedünstet oder gebraten werden sollen. Bei der Auswahl von Gemüse und Obst erzielt man besonders gute Ergebnisse, wenn man gefriergeeignete Sorten kauft oder selbst anbaut. Weniger geeignet sind stark wasserhaltige Obst- und Gemüsesorten von straffer Beschaffenheit, wie z. B.: ganze, frische Tomaten, ganze Gurken, Zwiebeln, grüner Salat, Rettiche, ganze Äpfel oder Birnen, Weintrauben, Essig, Öl, roher Spinat, roher Spargel, Mayonnaise, reines Eiweißgebäck, rohe Kartoffeln.

Richtiges Tiefkühlen

Tiefkühlgerät auf maximale Kälteleistung schalten.

Beim Bestimmen der Warenmenge die Gefrierleistung des Gerätes beachten.

Frische Lebensmittel von der schon tiefgekühlten Ware trennen, um diese nicht einer Erwärmung auszusetzen.

Flache Pakete formen.

Pakete mit der größten Fläche an die kühlenden Wände oder auf die kühlenden Abstellflächen legen, um einen direkten Kältekontakt zu schaffen.

Frische Pakete locker einlegen und erst aufeinander stapeln, wenn sie durchgefroren sind.

Fisch

Zum Eingefrieren stets nur ganz frische Edelfische verwenden (z. B. Forellen, Schleie, Karpfen, Hecht, Zander). Im Handel gekaufte Fische sollten nicht mehr roh eingefroren werden. Die Fische ausnehmen, waschen und schuppen. Auch Rücken- und Schwanzflossen sowie den Kopf entfernen. Wird der Fisch später blau zubereitet, taucht man den vorbereiteten Fisch in kaltes Wasser und stellt ihn auf einer Platte 2—3 Stunden in die Vorgefrierzone des Gefriergerätes. Hat sich um den Fisch eine dünne Eisschicht gebildet, kann man ihn mit Aluminium-Haushaltsfolie oder Polyäthylenfolie verpacken.
Fische, die gedünstet oder gebraten werden, nach dem Waschen verpacken und eingefrieren. Bei fetten Fischen die angegebene Lagerzeit nicht überschreiten.
Gefrorene Fische unter fließendem Wasser auftauen, Fische zum Braten im Kühlschrank auftauen, zum Panieren stets portionsweise teilen. Dressierte Forellen auftauen, sonst unaufgetaut kochen bzw. braten.

Fleisch

Frischfleisch muß nach dem Schlachten gut, mindestens 2 Tage, abgehangen sein. Große Stücke zerlegen, die Portionsstücke sollen nicht schwerer als 2 kg sein. Die Einzelstücke fest in Folie verpacken, es darf keine Luft zwischen Folie und Fleischstücken bleiben (gut glattstreichen!). Kleine Stücke (Schnitzel, Rouladen, Koteletts, Steaks) können mehrere zusammen verpackt werden, aber zwischen jedes Stück eine Folie legen; können angetaut gebraten werden. Geschnetzeltes sofort nach dem Schnetzeln einfrieren und unaufgetaut braten. Suppenfleisch mit Suppengrün einfrieren und unaufgetaut im kalten Wasser zum Kochen bringen. Knochen und Fett vor dem Einfrieren entfernen.
Größere Stücke vor dem Zubereiten an- oder auftauen lassen. Kleine, flache Fleischstücke (Koteletts, Schnitzel und Steaks) können nach kurzer Antauzeit sofort gebraten werden. Die Garzeit ist dann einige Minuten länger als bei vollkommen aufgetauten Stücken. Im übrigen ist die Zubereitung die gleiche wie bei frischem Fleisch. Mageres Fleisch kann länger, fettes Fleisch muß kürzer gelagert werden. Nicht geeignet zum Tiefgefrieren sind Speck, fettes Fleisch, Leberwurst, gebratene Medaillons und andere kleine gebratene Fleischstücke.

Geflügel, Wild

Geflügel wird vor dem Tiefgefrieren auf die übliche Art vorbereitet, also gerupft, gesengt, gewaschen, ausgenommen und küchenfertig dressiert.
Brat- oder kochfertige Tiere einen Tag abhängen bzw. gut auskühlen lassen. Im ganzen oder in große Stücke geteilt brat- oder kochfertig vorbereiten. Einzelne Teile portionsweise unverpackt einfrieren. Kleines Geflügel (Hähnchen, Wildgeflügel, Poularde) im ganzen — auch gefüllt — einfrieren, größeres Geflügel zuerst halbieren oder vierteln. Geflügelklein wird verpackt und gesondert oder im Inneren des Geflügels eingefroren. Geflügel wird meist im Kühlschrank aufgetaut. Geflügelteile werden vor dem Braten angetaut, Suppenhühner werden unaufgetaut zubereitet.

Molkereiprodukte

Nicht geeignet sind homogenisierte Milch, Dosenmilch, Dickmilch, Joghurt, saure Sahne, Hüttenkäse. Butter, möglichst ungesalzene, eignet sich gut zum Einfrieren. Eier immer ohne Schale (platzt in der Kälte) einfrieren. Eigelb und Eiweiß zusammen oder getrennt in verschließbaren Pergamentbechern. Dem Eigelb kann man vor dem Einfrieren Salz bzw. Zucker beigeben. Tiefgefrorenes Eiweiß läßt sich so gut wie frisches zu Schnee schlagen. Eiweiß kann man vor dem Einfrieren in Würfelform in der Eislade frieren (1 Würfel = 1 Eiweiß). Flüssig eingefrorene Sahne läßt sich angetaut und etwas zerkleinert mit dem elektrischen Handrührgerät, ansonsten aufgetaut, sehr gut steif schlagen. Geschlagene Sahne (mit hohem Fettgehalt) vor dem Einfrieren leicht süßen. Milch eignet sich nicht gut zum Einfrieren. Weichkäse eignet sich besser als Hart- und Schnittkäse.

Fertiggerichte

Fertige Gerichte zum Einfrieren nur sehr sparsam würzen und erst beim Verbrauch nachwürzen und abschmecken. Frische Kräuter beigeben. Gemüse ca. 5 Minuten kürzer garen, da es beim Zubereiten noch einmal erhitzt wird. Mit Fett und Speck sparsam umgehen, sie vermindern die Lagerzeiten. Gerichte, mit Räucherspeck bereitet, höchstens 3 Monate lagern. Suppen und Soßen erst beim Verbrauch mit Mehl oder Sahne binden. Die Garzeiten von Gemüse bei der Herstellung um etwa 5 bis 10 Minuten kürzer halten, da beim späteren Aufwärmen der Gerichte der Garprozeß fortgesetzt wird.

Geeignet zum Einfrieren sind: Gulasch, Rouladen, Rinderbraten, Rostbraten, Kalbsbraten, Schweinebraten, Rehkeule (ausgebeint) gebraten. Frikasseegerichte, Gänsebraten, Hühnerklein, Königsberger Klopse, Suppen, Eintopfgerichte, gekochtes und gedünstetes Fleisch, kleine Bratenstücke. Fleischgerichte wie Koteletts, Schnitzel und Steaks verlieren während der Lagerung von ihrem Röstaroma und sollten nochmals aufgebraten werden. Weniger gut eignen sich: Mayonnaise, Rahmsoßen, hartgekochte Eier oder Eiergerichte.

Alle diese Gerichte sollten mit Bratensaft, Kochflüssigkeit oder Soße bedeckt sein. Suppen friert man zweckmäßig eingedickt ein. Alle Fertiggerichte, deren Mengen, z. B. bei großen Braten wie bei Geflügel, für mehrere Mahlzeiten zubereitet worden sind, werden nach dem Abkühlen mit der Soße in Mahlzeit-Portionen in Kunststoffdosen gefüllt, wie üblich verschlossen und gleich eingefroren. Für die erneute Zubereitung läßt man die Gerichte in der Küche etwa 3 Stunden auftauen und erwärmt sie langsam (etwa 30 Minuten) in der Bratensoße. Alle Gerichte, die nach dem Auftauen erneut erhitzt werden, sollen etwa 10 Minuten kürzer gekocht oder gebraten werden als üblich.

Verpackt werden Fertiggerichte erst nach dem möglichst schnellen Abkühlen an kühlem Ort oder im kalten Wasserbad. Als Verpackungsmaterial dienen Aluminiumhaushaltsfolie, Polyäthylenbeutel, Alu- und Kunststoffbehälter, Metalldosen. Kennzeichnung, Inhalt und Datum nicht vergessen.

Obst

Vom Obst lassen sich am besten Heidelbeeren, Himbeeren, Brombeeren, Erdbeeren einfrieren. Die Beeren dabei ausgesucht und gewaschen, gerade reif verwenden. Obst eßreif ernten und sofort verarbeiten. Beerenfrüchte friert man mit Trockenzucker ein (1 Teil Zucker auf 4 oder 5 Teile Beerenfrüchte); feste, fleischige Beeren (zum Belegen von Torten etc.) können auch ohne Zucker eingefroren werden. Erdbeeren für Tortenbelag auf einem mit Folie belegten Backblech 1–2 Stunden anfrieren auf kältester Stufe (schockgefrieren), so bleiben die Früchte einzeln, dann wie üblich einfrieren. Später nur leicht angetaut auf den Tortenboden legen und den Guß darübergeben. Für die Zuckerlösung verwendet man 50–60 g Zucker, auf 500 g Früchte pro ½ l Wasser 150–300 g Zucker. Als Verpackung für Beerenfrüchte ohne Zucker kann man Aluminium-Haushaltsfolie, Polyäthylenbeutel, Pergabecher oder flüssigkeitsdichte Kunststoff- und Aluminiumbehälter (Tiefkühl- und Allzweckformen) verwenden. Steinobst, Kirschen, Aprikosen und Zwetschgen kalt waschen, gut abgetropft auf mit Folie belegten Backblechen anfrieren. Nach ca. 2 Stunden portionsweise in Plastikbeutel oder Plastikdosen verpacken und einfrieren.
Früchte im Kühlschrank oder zugedeckt bei Zimmertemperatur auftauen und möglichst roh essen. Ohne Zucker eingefrorenes Obst mit einer heißen Zuckerlösung übergießen. Mit Zucker eingefrorene Früchte benötigen eine etwas längere Auftauzeit. Jedes angetaute Obst rasch verwerten.

Kräuter

Die frischen Kräuter gut waschen und abtrocknen, ohne dicke Stengel auf ein Tablett legen, im Vorgefrierfach hart frieren lassen (ca. 1 Stunde). Dann herausnehmen, fein zerrebeln, in Tiefkühlbeutel füllen, luftdicht verschließen und wieder in die Tiefkühltruhe geben. Man kann frische Kräuter vor dem Einfrieren fein schneiden, auf trockener Unterlage gut trocknen lassen, bis sie streufähig sind. Dann in vorbereitete Tiefkühlbeutel füllen bzw. in kleine Tiefkühlbehälter verpakken und in die Tiefkühltruhe geben. Oder Kräuter im Mixer mit wenig Wasser fein pürieren und im Eiswürfelbehälter zu kleinen Folienschläuchen verpacken, darin abbinden, daß man später Würfel für Würfel abschneiden kann. Auch Kräuterbutter kann man bis zu 6 Monaten in der Tiefkühltruhe aufbewahren.

Auftauen

Das Tiefgefrorene nach kurzem Antauen entweder im Kochtopf, in Pfanne oder im Backofen unter Beigabe von etwas Wasser erwärmen oder den kochfesten Behälter in ein Wasserbad oder direkt auf die Automatik-Platte stellen. In wärmebeständigen Behältern, z. B. Alu-Schalen, kann das Gefriergut in der Verpakkung im Backofen aufgetaut werden. Gerichte, deren Wohlgeschmack von Röststoffen abhängig ist, sollten beim Erwärmen nochmals starker Hitze ausgesetzt werden, z. B. Pfannengerichte nach kurzem Antauen in der Pfanne, unter dem Grill oder im heißen Backofen.

Teige und Backwaren

Zum Einfrieren eignen sich an Teigen besonders die fettreichen sowie die kalt zu verarbeitenden Blätter- und Mürbeteige. Blätterteig nach vier Doppeltouren zum erneuten Auskühlen zusammenschlagen, auskühlen lassen und in Kunststoff-Folie verpackt einfrieren. Mürbeteig kneten, zur Rolle formen und zum Auskühlen beiseite stellen. Sobald er genug kühl ist, in Kunststoff-Folie verpacken und einfrieren. Bei Blätter- und Mürbeteig kann man jeweils eine größere Teigmenge aus 1—2 kg Mehl kneten. Dann teilt man die Teigmenge durch Abwiegen in diejenigen Mengen, die für die einzelnen Gebäcke gebraucht werden. Als Richtwert gilt dabei die Zutatenmenge laut Rezept.

Als Beispiel: Blätterteig aus 1000 g (1 kg) Mehl, 1000 g (1 kg) Butter oder Margarine, etwas Salz, etwa ½ l Wasser teilt man: in 4 Teile für jeweils zu backendes Kleingebäck und Pasteten, deren Zutatenmenge von 250 g Mehl ausgeht. Fertige Backwaren (Biskuittorten, -rouladen, Blätterteigpasteten, Mürbeteigkuchen, Tortenböden, Hefegebäck, Rührkuchen, Torten mit Füllungen, Fettgebäcke, Brötchen etc.) kann man ebenfalls einfrieren. Dabei achte man, daß die jeweilige Füllung (Marmelade, Gelee, Obst) nicht zu feucht ist. Die Backware würde beim Auftauen sonst zu rasch feucht werden.

Knetteige, Blätterteige, Quarkblätterteige (Plunderteige) sowie Hefeteige werden in Paketen eingefroren. Rührteige unter Verwendung von Backpulver läßt man in den Kuchenformen (Kastenformen, in Alu-Tiefkühl- und Mehrzweckformen) einfrieren. Torten und Rollen (Rouladen) gibt man auf eine feste Pappunterlage, mit Folie bespannt, und packt sie dann erst ein. So können sie nicht deformiert werden. Buttercreme- und Sahnetorten, die garniert sind, läßt man zunächst einige Stunden vorgefrieren, damit die Garnierung nicht beschädigt werden kann; dann verpacken und einfrieren. Gebäcke und Backwerk soll man portionsweise verpacken, einmal aufgetautes Gebäck soll nicht noch einmal eingefroren werden; außerdem lassen sich kleinere Pakete leichter einfrieren.

Nicht einfrieren kann man Zucker-Eiweiß-Schaumgebäcke (z. B. Baisers). Mit Glasur, Guß, Krokant, Obstbelag überzogen und mit Schlagsahne verziert werden Backwerke immer erst nach dem Auftauen.

Blätter-, Hefe- und Knetteige vor dem Weiterverwenden aus der Verpackung nehmen und bei Zimmertemperatur auftauen. Blätterteig zum Auftauen nicht auspacken. Backwaren ohne Verpackung im angewärmten Backofen auftauen. Dazu eignen sich u. a. Napfkuchen, Kastenkuchen, Zuckerkuchen, unbelegte Obstkuchen, Obsttortenböden, Stollen, Kleingebäck, Fettgebackenes, Spritzkuchen etc. Sie werden nach dem Auftauen mit Puderzucker bestäubt. Die Auftauzeit liegt je nach Größe des Stücks zwischen 5 und 20 Minuten. Torten mit Obstfüllung oder Obstsahne brauchen eine längere Zeit zum Auftauen, als solche nur mit Sahne gefüllt. Gebäck ausgepackt bei Zimmertemperatur im Raum aufgetaut benötigt zum Auftauen 2—4 Stunden. Es empfiehlt sich, Gebäcke bereits im etwas angetauten Zustand aufzuschneiden; es läßt sich so leichter schneiden, außerdem verkürzt es die Auftauzeit. Gebackenes Hefegebäck ohne Folie leicht mit Wasser befeuchten und bei guter Mittelhitze im vorgeheizten Backofen aufbacken. Ebenso werden Brot und Brötchen aufgebacken.

Gemüse

Gemüse immer ganz frisch vom Feld oder aus dem Garten einfrieren. Immer gründlich säubern, alle Schadstellen, Druckstellen, welken Teile entfernen. Eventuell nach dem Waschen zerkleinern. Gemüse muß auf jeden Fall vor dem Einfrieren 2–5 Minuten blanchiert werden. Sobald das Wasser wieder zu kochen anfängt, beginnt die Blanchierzeit. Am besten füllt man die geputzten, gewaschenen Gemüse in einen auch seitlich gelochten Durchschlag oder in einen Siebkorb und setzt ihn in das kochende, nicht gesalzene Wasser ein. Damit das Wasser beim Einsetzen nicht zu lange aus dem Kochen kommt, sollte man auf einmal nicht mehr als 1 kg Gemüse in etwa 10 l Wasser vorkochen. Blanchiertes Gemüse sofort in eiskaltes Wasser geben (eventuell Eiswürfel ins Wasser geben). Ausgekühltes Gemüse abtropfen lassen, eventuell auf einem Blech mit Folie überfrieren. In Aluminium-Haushaltsfolie oder Polyäthylenbeutel in Portionen füllen (viereckige Pakete). — Gemüse kann auch fertig zubereitet werden.
Nicht geeignet zum Tiefkühlen sind: Blattsalat, Chinakohl, Endiviensalat, roher Knoblauch, Radieschen, Rettiche, rohe Zwiebeln.
Auftauen: Verpackung entfernen, dann unaufgetaut weiterverarbeiten (nur kurz dünsten, kochen etc.). Garzeit von tiefgekühltem Gemüse ist um ca. ⅓ kürzer als bei frischem Gemüse.

Lagerzeiten in der Tiefkühltruhe

Braten, gekochtes Fleisch	2 Monate
Gulasch	3 Monate
Frikadellen und Klopse	3 Monate
Gemüse und Aufläufe	2 Monate
Klare Brühen	4 Monate
Gebundene Suppen	3 Monate
Süßspeisen	2 Monate
Pommes frites	3 Monate
Selbstgekochte, eingefrorene Speisen	2 Monate
Backwaren	2 Monate
Forellen	2–3 Monate
Sahne	3 Monate
Schinken, gekocht	3 Monate
Fettes Fleisch	4 Monate
Geflügel	4 Monate
Speck	4–6 Monate
Hackfleisch (sofort nach dem Zerkleinern einfrieren!)	4–6 Monate
Gemüse	6 Monate
Butter	6–8 Monate
Wurst	6–8 Monate
Obst	8 Monate
Mageres Fleisch	8–10 Monate
Wild	10–12 Monate

Rumtopf Rezept Seite 451

Eingelegte Pilze

Rezept Seite 453

Schonkost und Diätküche

SCHONKOST BEI SCHWERER ERKRANKUNG

Kraftbrühe

Das Rindfleisch in Stücke schneiden, mit dem blättrig geschnittenen Wurzelwerk und dem Suppengrün kalt zustellen und zwei Stunden kochen lassen. Nach dem Kochen die Brühe abseihen und klar oder mit einer leichten Einlage (getoastete Semmelschnitten) servieren.

250 g Rindfleisch, ½ l Wasser, Wurzelwerk, Suppengrün, ganz wenig Salz

Bouillon mit Ei

In die kochende abgeseihte Fleischbrühe wird ein Eigelb eingequirlt. Heiß servieren.

Einmachsuppe

In die lichte Mehlschwitze gibt man die feingehackte Petersilie und gießt mit der Kalbsknochenbrühe auf, salzt leicht und läßt die Brühe gut verkochen. Das mit der Kalbsknochenbrühe mitgekochte Kalbfleisch wird fein gehackt und mit getoasteten Semmelwürfeln oder kleinen Bröselklößen als Einlage gegeben.

100 g Kalbfleisch, 250 g Kalbsknochen, nußgroß Butter, grüne Petersilie, wenig Salz

Geröstete Grießsuppe mit Ei

Ein Eßlöffel Grieß wird mit einem mittelgroßen Stück Butter und feingehackter Petersilie angeröstet, mit klarer Rind- oder Kalbsbrühe aufgegossen, gut verkocht, leicht gesalzen und mit einem Eigelb legiert.

Selleriesuppe

Die gut geputzte mittelgroße Sellerieknolle wird blättrig geschnitten und in leicht gesalzenem Wasser, dem einige Tropfen Zitrone zugesetzt wurden, weich gekocht und passiert. Die inzwischen gemachte leichte Mehlschwitze wird mit kalter Milch und dem Selleriewasser aufgegossen und nach Beigabe der passierten Sellerie gut verkocht. Man kann ebenfalls mit einem Eigelb legieren oder eine leichte Einlage geben.

Reissuppe mit Wurzelwerk

In etwas Butter läßt man das feinblättrig geschnittene Wurzelwerk anrösten, gibt einen Eßlöffel Reis dazu und gießt mit klarer Brühe auf. Ist alles gut verkocht, wird die Suppe mit einem Eigelb legiert und serviert.

Karottensuppe

250 g Karotten, 50 g Butter, 50 g Mehl, Petersilie, ½ l Milch, etwas Salz

Die geputzten Karotten werden nudelig geschnitten, in heißem Fett mit der feingehackten Petersilie weich gedünstet, dann gestaubt und, wenn das Mehl angeröstet ist, mit kalter Milch aufgegossen, gesalzen und gut verkocht.

Spargelpüreesuppe

Die jungen Spargelspitzen werden in Salzwasser weich gekocht, passiert und in eine lichte Mehlschwitze gegeben. Anschließend mit dem Kochwasser aufgießen und gut verkochen lassen. Die Suppe mit einem Eigelb legieren und eventuell nach Geschmack mit etwas Suppenwürze verbessern. Als Einlage getoastete Semmelschnitten.

Rahmsuppe

½ l saurer Rahm, 50 g Mehl, Kümmel, Salz, 2 Brötchen

In das kochende Salzwasser, dem der Kümmel beigegeben wurde, gibt man das in kaltem Wasser abgesprudelte Mehl, läßt es aufkochen und rührt dann erst den sauren Rahm ein. Der Sauerrahm darf nicht mehr aufkochen. Als Einlage Brot- oder Semmelschnitten.

Gemüseauflauf

1 kleine Rose Blumenkohl, 1/16 l grüne Erbsen, 125 g Möhren, 100 g grüne Bohnen, 1 kleiner halber Kohlkopf, 20 g Butter, 1 Ei, Salz, Zwiebel, Petersilie, 1 Brötchen, 1/16 l Milch, 20 g Brösel, 1 Msp Backpulver

Das vorgerichtete Gemüse wird in Salzwasser weichgekocht, geschnitten und, ausgekühlt, in eine Masse von flaumig gerührter Butter, Eigelb, angerösteter Zwiebel und Petersilie gegeben. Am Schluß mischt man den festen Schnee und die Brösel, die mit dem Backpulver vermengt wurden, dazu. Die Masse wird in eine befettete und mit Bröseln ausgestreute Auflaufform gefüllt, gebakken und warm serviert.

Kartoffelpüree

Roh geschälte Kartoffeln werden in Salzwasser weich gekocht, abgeseiht (das Wasser nicht wegschütten!) und zerstampft. Nun gibt man heiße Milch und die Butter dazu und rührt das Püree schaumig. Ist es zu fest, kann es mit Milch oder dem Kartoffelwasser verdünnt werden. Falls erlaubt, kann man es mit feingehacktem Schinken garniert anrichten.

500 g Kartoffeln, 10 g Butter, ⅛ l Milch

Hirnauflauf

Das Kalbshirn wird mit kochendem Wasser überbrüht und fein gehackt. Dann rührt man Butter mit dem Eigelb, gibt das gehackte Hirn, fein gehackte Petersilie, das in Milch aufgeweichte und ausgedrückte Brötchen, den feingehackten Schinken, Salz und schließlich den festgeschlagenen Schnee dazu und bäckt die Masse in einer befetteten, mit Bröseln ausgestreuten Auflaufform 25 Minuten. Man serviert heiß.

½ Kalbshirn, 50 g Schinken, 1 Ei, 1/16 l Milch, 20 g Salz, ½ Brötchen, 30 g Butter, Petersilie

Hühnerragout

Das geputzte Suppenhuhn wird zusammen mit dem blättrig geschnittenen Wurzelwerk, Zwiebel und Gewürz in Salzwasser weich gekocht. Ist das Huhn gar, wird das Fleisch von den Knochen gelöst und kleinwürfelig geschnitten. Eine lichte Mehlschwitze wird mit Hühnerbrühe aufgegossen, gut verkocht, mit Zitronensaft und Suppenwürze abgeschmeckt und Eigelb eingerührt. In diese Soße gibt man das Hühnerfleisch und die in Butter gedünsteten Pilze. Das nun fertige Ragout wird in kleine befettete Formen oder Muscheln gefüllt, 10 Minuten ins heiße Rohr gestellt und serviert. Bei dieser für vier Personen berechneten Speise ist für 1 Person entsprechend weniger zu nehmen.

1 Suppenhuhn, Sellerie, Petersilie, gelbe Rübe, Zwiebel, Pfefferkörner, 50 g Butter, 40 g Mehl, Hühnerbrühe, 1 Eigelb, Zitronensaft, 100 g Pilze, 20 g Fett, 20 g Brösel, 30 g Butter

Grießauflauf

Der Grieß wird in die kochende, gesalzene Milch eingerührt, unter ständigem Rühren zu einem dicken Brei verkocht, dem man, ausgekühlt, eine Masse aus flaumig gerührter Butter, Eigelb, Zucker, geriebenen Zitronenschalen und Schnee beimengt. Die Masse wird in einer gut gefetteten Form gebacken und mit Johannisbeer- oder Himbeersaft serviert.

¼ l Milch, 100 g Grieß, 25 g Butter, 30 g Zucker, 1 Ei, Salz, Zitronenschalen

Reisauflauf

Zubereitung wie Grießauflauf, unter Beigabe von Rosinen.

Russischer Tee

1 Kaffeelöffel Tee, ca. 1½ l Wasser. In das kochende Wasser gibt man den Tee, nimmt ihn sofort von der Flamme und läßt ihn zugedeckt einige Minuten ziehen.

Kakao

1½ l Milch, 40 g Kakao, 70 g Zucker

Der Kakao wird mit kalter Milch glatt verrührt und in die siedende Milch eingekocht. Nach dem Aufkochen zukkern.

Milchschokolade

3 Rippen Schokolade, 1¼ l Milch

Die über Dunst erweichte Schokolade wird mit kalter Milch verrührt, in die kochende Milch gegeben und aufgekocht.

Milchpunsch

¼ l Milch, 1 Eigelb, 1 Eßlöffel Kognak, Vanille und Zucker nach Geschmack

Eigelb wird schaumig gerührt, der Kognak beigegeben, dann nach und nach etwas Vanille und Zucker dazugegeben und gut versprudelt.

Zitronenlimonade (kalt und warm)

Saft von 4 Zitronen, ca. 100 g Zucker

Der ausgepreßte Zitronensaft wird mit dem Zucker und 1½ l Wasser vermengt, kalt oder warm gegeben.

Himbeerlimonade

2–3 Eßlöffel frische Himbeeren werden durch ein Sieb getrieben, das passierte Mark in ein Glas, in dem sich einige Eiswürfel befinden, gegossen, etwas Zitronensaft und nach Geschmack Zucker dazugegeben und mit Sodawasser aufgegossen.

Orangeade

In den Saft von 2 Orangen gibt man den Saft einer halben Zitrone, 1 EL Honig, läßt das Gemisch 1 Stunde stehen und gießt mit kaltem Mineralwasser auf.

SCHONKOST BEI LEICHTEN ERKRANKUNGEN

Bei Fällen von leichter Erkrankung sind schwerverdauliche Speisen ebenfalls zu vermeiden. Darunter fallen fettes Rind- oder Schweinefleisch, blähendes Gemüse, Schwarzbrot, frische Hefespeisen sowie Alkohol. Sehr zuträglich ist vitaminreiche Kost, viel Obst und Frischgemüse.

SCHONKOST FÜR GENESENDE

Frühstück:
Leichter Milchkaffee, Schokolade, Kakao, dazu Mürbegebäck oder Brötchen mit Butter, Honig, Jam.
Vormittags:
Eier im Glas, rohe Milch, Joghurt, Butterbrot mit Schinken.
Mittags:
Alle in der Krankenkost vorgeschriebenen Suppen, leicht verdauliche, nahrhafte Gerichte aus Butter, Eiern und weißem Fleisch, Fische. Als Beilagen reicht man je nach Verträglichkeit Gemüse oder Salate. Als Nachspeise Süßspeisen mit Schlagsahne, frisches Obst oder Kompotte.
Nachmittags:
Wie am Morgen, statt der Brötchen eventuell feinere Süßspeisen.
Abends:
Eine nahrhafte Suppe, leichte Eierspeise, leicht verdauliche Wurst- oder Fleischbrötchen. Obst.

DIÄTKOST BEI MAGEN- UND DARMERKRANKUNGEN

Die Speisen müssen leicht sein, mit Butter und Sahne zubereitet werden und sollen salz- und gewürzarm sein, um die Schleimhäute nicht zu reizen.
Suppen: Einmachsuppe, Reis- und Grießsuppe, Haferflockensuppe. Um den Nährwert der Suppen zu erhöhen, können sie mit Eigelb gebunden werden.
Fleischspeisen: Kalbfleisch, Huhn, Fisch, Haschee, Hühnerragout, Naturschnitzel, eingemachtes Kalbfleisch. Fisch gekocht oder gebraten, Fisch in Aspik oder gratiniert.
Gemüsespeisen: zartes, nicht blähendes Gemüse mit Butter abgeschmalzen, Gemüseauflauf, leichte Gemüse, wie Karotten, Kürbis, Spinat, Spargel, Kochsalat mit jungen Erbsen und Butter. Zarter Salat mit Olivenöl und Zitrone bereitet.
Beilagen: Kartoffelpüree, Reis, Teigwaren, Nockerl, Spätzle.
Süßspeisen: Biskuit, Pudding, Auflauf, Haferflocken, Reis, Grieß, Himmeltau, leichte Teigwaren in Milch eingekocht. Die Speisen nur wenig süßen.
Obst: nur gekocht, vor allem Apfelkompott.
Backwerk: altbackene Brötchen, Weißbrot, Zwieback.
Getränke: Milch, vor allem in rohem Zustand, dünner Tee mit Milch, Milchkakao, nicht gesüßte Fruchtsäfte.

DIÄTKOST BEI GALLENERKRANKUNGEN

Besonders zu beachten ist: Zum Kochen kein Schweinefett, sondern nur Butter und Öl verwenden. Alle fetten oder in Fett gebackenen Speisen, ebenso Mayonnaisen sind unbedingt zu vermeiden.
Auf Gewürze ist vollkommen zu verzichten, Salz nur soweit als nötig zur Geschmacksverbesserung.
Alle blähenden Speisen sind zu vermeiden, also keine Hülsenfrüchte, kein Kohlgemüse und Schwarzbrot, kein frisches Gebäck und keine Hefespeisen.
Keine zu kalten Speisen, kein Gefrorenes, kein Alkohol.
Viel gekochtes Obst, kleine, aber häufige Mahlzeiten, die langsam gegessen und gut gekaut werden sollen.
Suppen. Außer Erbsen-, Linsen- oder Bohnensuppen werden alle Arten von Suppen, klar, legiert oder gebunden, vertragen.
Gemüse. Zugelassen: Junges, zartes Gemüse, wie Karotten, Blumenkohl, Spargel, Spinat; Kartoffelpüree, Salzkartoffeln, wenig Pilze, junger grüner Salat (nur mit Zitrone ohne Öl bereitet), Tomaten.
Nicht zugelassen: Alle Arten Hülsenfrüchte, Sellerie, Rettich, auch Radieschen, Bratkartoffeln, Pommes frites, Kartoffelklöße. Ebenso Kartoffelsalat, Gurken-, Sellerie- und Heringssalat.
Fleisch und Wurst. Zugelassen: Zartes junges Fleisch aller Art, leicht gebraten oder gekocht.
Nicht zugelassen: Gulasch, Rostbraten, fettes Schweinefleisch, Rauchfleisch, Wiener oder Pariser Schnitzel, Gänsebraten, Backhuhn, fette oder gewürzte Würste, Pasteten, Gänseleber und pikante Soßen.
Fische. Zugelassen: Fluß- und Seefische, gekocht.
Nicht zugelassen: fette Fische, wie Aal, Lachs, Salm, Räucherfische, Ölsardinen.
Milch, Butter, Käse, Eier. Zugelassen: süße und saure Milch, Joghurt, in mäßigen Mengen Butter, weicher Käse, Gervais, Edamer, Emmentaler. Eigelb nur sparsam.
Nicht zugelassen: Schlagsahne, Margarine, Mayonnaisen, gewürzte pikante Käse, harte Eier oder pikante Eiergerichte.
Brot und Gebäck. Zugelassen: Mehl aller Art, Grießwaren, wie Makkaroni, Nudeln, Reis, leichte Süßspeisen aus Backpulverteig.
Nicht zugelassen: Frischbrot, Hefespeisen, Butter auf heißem Toast, Apfelstrudel, Kaiserschmarren, Zwetschkenklöße etc. und mit Fett gebackene Süßspeisen.
Obst. Zugelassen: Nur reife Früchte, Apfelmus, Gelee, Marmeladen, Birnenkompott
Nicht zugelassen: Obstsorten, soweit sie Kerne enthalten, und ungeschältes Obst.
Getränke. Zugelassen: Temperierter Rotwein. Morgens ist auf nüchternem Magen ein Glas heißes Wasser, zu den Mahlzeiten heißer Kamillen- oder Pfefferminztee sehr zu empfehlen.
Nicht zugelassen: Bohnenkaffee, kohlensäurehältige Getränke, Alkohol.

DIÄTKOST BEI ERKRANKUNGEN DER NIERE

Besteht eine akute Nierenentzündung, so wird der Arzt vorerst dem Patienten Speisen und Getränke streichen und erst später Diät vorschreiben. Das wichtigste bei Nierendiät ist der völlige Verzicht auf Salz und scharfes Gewürz. Kein Alkohol und nur sehr wenig Fleisch. Trotzdem sollen die Speisen schmackhaft und abwechslungsreich zubereitet werden. Als Würzstoff kommen Zwiebeln, Knoblauch, Tomatenmark, Zitronensaft, Schnittlauch, Majoran, Thymian, Petersilie, Basilikum, Melisse, Dillkraut und Estragon in Frage.
Gereicht werden an
Suppen: Nur gebunden mit leichter Einlage, Kalbsknochenbrühe, nur in geringer Menge.
Hauptspeisen: wenig und nur weißes Fleisch. Eier sollen möglichst nur zur Bereitung der Speisen verwendet werden.
Fische: Alle Arten mit Ausnahme von Salzfischen.
Beilagen: Reis, Kartoffeln, Teigwaren, Nockerl, Nudeln.
Gemüse: Mit Ausnahme von Hülsenfrüchten und Sellerie alle Gemüse, auch als Rohkost. Mehlspeisen nur salzlos.
Obst: in rohem und gekochtem Zustand, Obstsalate und Kompotte.
Gebäck: Diätgebäck, Zwieback, Simonsbrot, Biskuit.
Getränke: Mineralwässer, Fruchtsäfte, Malzkaffee, Joghurt, Kakao, Schokolade, Ovomaltine.

DIÄTKOST FÜR DIABETIKER (ZUCKERKRANKE)

Zu meiden sind alle Nahrungsmittel, in denen Kohlenhydrate (Zucker und Stärke) enthalten sind. Daher sind Teigwaren, Mehl, Brot, Grieß, Reis, Kartoffeln, Hülsenfrüchte und Zucker vom Speisezettel des Zuckerkranken zu streichen. Als Süßstoff nimmt man Saccharin oder Kandiset.
Erlaubt sind:
Suppen: Fleischbrühe, Gemüsesuppen, Gemüse mit Petersilie und Zwiebel in Fett gedünstet.
Hauptgerichte: Alle Fleisch- oder Fischspeisen ohne Mehl, Eierspeisen, Gemüsespeisen, gedünstet, Mayonnaisen mit Fleisch oder Fisch in Aspik.
Beilagen: Salate und Gemüse, unter anderem: Kochsalat, Spinat, Kürbis, Gurken, grüne Bohnen, Rettich und Radieschen.
Obst: wenig und nur säuerliches. Wenn Kompott, dann nur ohne Zucker.
Süßspeisen: Nur mehl- und zuckerfreie Süßspeisen mit Süßstoff und Diabetikermehl bereitet.

DIÄTKOST BEI HERZLEIDEN UND KREISLAUFSTÖRUNGEN

Zu beachten ist vor allem, daß diese Diätkost salz- und flüssigkeitsarm sein muß. Der Kranke soll täglich nicht mehr als 1 Liter Flüssigkeitsmenge zu sich nehmen. Zu vermeiden sind scharf gewürzte Speisen, Alkohol, Bohnenkaffee, russischer Tee und alle blähenden sowie schwer verdaulichen Speisen. Neigt der Erkrankte zu Fettansatz, ist auch das Einnehmen stärke- und zuckerhältiger Nahrungsmittel soweit wie irgend möglich einzuschränken.
Zu empfehlen sind an
Suppen: klare Brühen, am besten Gemüsebrühe.
Hauptspeisen: leichte Fleischgerichte, gekocht oder gedünstet, milder Schinken, Fische und Eier in jeder Zubereitung.
Beilagen: Reis, Teigwaren und Beilagen aus Mehl, wie Klöße, Nockerl, nur sehr wenig.
Gemüse: alle nicht blähenden Gemüsearten, viel und möglichst als Rohkost.
Süßspeisen: wenn es geht, verzichten! Ansonsten leichte Süßspeisen: Pudding, Biskuit usw.
Obst: so viel wie möglich.
Gebäck: Graham- und Simonsbrot, Weißgebäck, Zwieback.
Getränke: rohe süße Milch, Joghurt, saure Milch, Mineralwasser, Limonaden, Fruchtsäfte, koffeinfreier Kaffee.
Zu empfehlen ist die Einschaltung eines Milch- oder Obsttages wöchentlich.

SCHLANKHEITSDIÄT

Übermäßiger Fettansatz bzw. Fettansammlung im Körper ist gesundheitsschädlich und dem allgemeinen Wohlbefinden abträglich. Es muß daher bei der Zubereitung der Speisen darauf Bedacht genommen werden, um es erst gar nicht soweit kommen zu lassen beziehungsweise durch eine streng geregelte Ernährung die schon vorhandenen Fettansätze abzubauen. Die Fettleibigkeit kann von unvernünftiger Lebensweise (fette, üppige und zuckerreiche Kost) herrühren, oder sie kann infolge einer Unterfunktion der Drüsen veranlaßt sein. Abmagerungs- oder Entfettungskuren dürfen nur unter Aufsicht des Arztes gemacht werden, da Übertreibungen zu schweren körperlichen Schädigungen führen können. Faustregeln sind: vernünftige Lebensweise, entsprechende Ernährung, viel frisches Obst und Gemüse, möglichst in Form von Rohkost, viel Bewegung in frischer Luft und vernünftige sportliche Betätigung.
Speisen, die hauptsächlich Kohlenhydrate enthalten, wie Teigwaren, Süßspeisen, Kartoffeln, Reis, Hülsenfrüchte, sind möglichst zu vermeiden; ebenso fettes Fleisch, Speck und mit Schweinefett bereitete Speisen.
Der Flüssigkeitskonsum, 1½ l täglich, in dem Frühstück und der Nachmittagskaffee eingerechnet sind, soll tunlichst eingehalten werden.
Scharfgewürzte Speisen, vor allem Salz, als Dursterzeuger, sind ebenfalls zu meiden. Alkohol ist auf ein Mindestmaß einzuschränken.

Stichwortverzeichnis